# ROUMANIE
### 1843-1859

# RÈGNE
## DE
# BIBESCO

## LOIS ET DÉCRETS
### 1843-1848

## INSURRECTION DE 1848
#### HISTOIRE ET LÉGENDE

##### PAR LE PRINCE
### GEORGES BIBESCO
###### CORRESPONDANT DE L'INSTITUT

#### TOME SECOND

## PARIS
### LIBRAIRIE PLON
E. PLON, NOURRIT et Cᵢₑ, IMPRIMEURS-ÉDITEURS
10, RUE GARANCIÈRE

### 1894
*Tous droits réservés*

OUVRAGE COURONNÉ PAR L'ACADÉMIE FRANÇAISE
**(Prix Thiers)**

# RÈGNE DE BIBESCO

Ce volume a été déposé au ministère de l'intérieur (section de la librairie) en juin 1894.

## DU MÊME AUTEUR

### A LA MÊME LIBRAIRIE :

BELFORT, REIMS, SEDAN. *Campagne de 1870.* Le 7ᵉ corps de l'armée du Rhin. 5ᵉ *édition*. Un volume in-8° accompagné de trois cartes. 1872. 8 fr.

LE CORPS LORENCEZ DEVANT PUEBLA (5 mai 1862). 3ᵉ *édition*. Brochure in-8°. 1872. (*Épuisé.*)

HISTOIRE D'UNE FRONTIÈRE. *La Roumanie sur la rive droite du Danube.* Un volume in-8° avec cartes. 1883. Prix......................... 8 fr.

RETRAITE DES SIX MILLE. (Au Mexique en 1862.) Un volume in-8° illustré de 23 dessins de Jazet et de 4 cartes. 1887............... 20 fr.

(*Couronné par l'Académie française, prix Boïdin.*)

RECUEIL. *Politique, Religion, Duel.* Un volume in-8°. 1888. Prix...... 6 fr.

RÈGNE DE BIBESCO. (Roumanie, d'Andrinople à Balta-Liman (1829-1849.) Correspondance et documents, 1843-1856. Tome Iᵉʳ. Un volume in-8° accompagné d'un portrait et de tableaux généalogiques. Prix........ .... 8 fr.

AVANT — PENDANT — APRÈS. Exposition universelle de 1889. Roumanie. Un volume in-8° illustré de nombreux dessins de Guillaume. Prix.. 10 fr.

RÉPONSE AU MÉMOIRE ADRESSÉ AU SÉNAT PAR LES MEMBRES DE LA FAMILLE GHICA. Brochure. Ed. Gòbl, Bucarest, 1893.

IGNORANCE OU MAUVAISE FOI. Librairie Georg et Cⁱᵉ, Genève. 1893.

NÉOFITE, MÉTROPOLITAIN DE HONGRO-VALACHIE, JUGÉ PAR SES ÉCRITS ET SES ACTES. Brochure. Georg et Cⁱᵉ, Genève, 1894.

PARIS. TYP. DE E. PLON, NOURRIT ET Cⁱᴸ, RUE GARANCIÈRE, 8.

# ROUMANIE
## 1843-1859

# RÈGNE
### DE
# BIBESCO

## LOIS ET DÉCRETS
### 1843-1848

# INSURRECTION DE 1848
#### HISTOIRE ET LÉGENDE

##### PAR LE PRINCE
## GEORGES BIBESCO
##### CORRESPONDANT DE L'INSTITUT

#### TOME SECOND

## PARIS
### LIBRAIRIE PLON
#### E. PLON, NOURRIT et Cie, IMPRIMEURS-ÉDITEURS
##### 10, RUE GARANCIÈRE

##### 1894
*Tous droits réservés*

La correspondance diplomatique d'un souverain, ses lettres intimes, — ce miroir fidèle de la pensée, — fixent l'histoire sur le but de la politique de ce Prince et sur son caractère; elles lui livrent le secret des luttes engagées, des succès remportés ou des revers subis, des illusions abandonnées aux ronces de la politique.

Les lois dont un Prince dote son pays, et ses actes, confirment l'œuvre de sa plume; ils constituent, quand ils sont dignes de la postérité, le monument de son règne.

Nous avons réuni, dans ce tome II de notre ouvrage, les lois et les décrets les plus importants du règne de Bibesco; les discussions engendrées en 1843 et 1844, par l'hostilité de la Chambre, contre toute grande et saine mesure proposée par la Couronne; les messages du Prince régnant aux Assemblées de 1846 et 1848, et les adresses enthousiastes de celles-ci à leur Souverain. Ces pages renferment, en outre, en regard des pièces authentiques, — siège unique de la vérité, — les audaces épiques d'une calomnie triomphante depuis près d'un demi-siècle, et l'historique du mouvement insurrectionnel de 1848 en Valachie, de ses causes et de ses conséquences. Elles se terminent par un exposé de la situation dans laquelle se trouverait placée la Roumanie en face d'une guerre qui, soudain, emporterait l'Europe en armes, à travers une tourmente de mitraille, de ruines et de deuils; de cette guerre redoutée depuis 1870, de plus en plus redoutable, de plus en plus menaçante pour le repos du monde!

# QUELQUES ACTES

## PRÉCÉDANT L'AVÈNEMENT DE BIBESCO AU TRONE

---

(ANNÉE 1831)

# REFONTE DU RÈGLEMENT ORGANIQUE

ADRESSÉES PAR G. BIBÉSCO,
ALORS QU'IL ÉTAIT SECRÉTAIRE D'ÉTAT AU DÉPARTEMENT DE LA JUSTICE,
A S. EXC. LE GÉNÉRAL KISSELEFF,
GOUVERNEUR GÉNÉRAL DES PRINCIPAUTÉS.

---

## EXPOSÉ

Quand le règlement organique fut achevé, en 1831, le gouverneur général des Principautés danubiennes, Paul Kisseleff, le soumit à l'appréciation de la Sublime Porte et de la Russie. Cependant, après que cette œuvre importante eut subi l'examen et les modifications des Cours suzeraine et protectrice, le général Kisseleff s'aperçut qu'il fallait encore revoir bien des articles.

Georges D. Bibesco fut chargé d'une partie du travail. La pièce que nous reproduisons est le résultat de ses observations et des modifications proposées par lui à S. Exc. le gouverneur général.

L'article 203 et les observations consignées au chapitre VII, méritent une attention toute spéciale. A l'article 203 du chapitre III, G. Bibesco combat la prétention de la Sublime Porte de faire juger, par *d'autres tribunaux* que ceux du pays roumain, *les étrangers qui s'introduiraient sur le territoire valaque sans faire quarantaine,* et il obtient gain de cause. Les observations qu'il fait au chapitre VIII disent nettement que : *admettre* que de simples questions de détail figurent dans le règlement organique et soient déclarées *sacrementelles, ce serait entraver entièrement la marche du Gouvernement et des affaires.*

Le travail du jeune secrétaire d'État témoigne, dans son ensemble, de sa préoccupation de ne pas laisser empiéter sur les droits de son pays, et de conquérir un plus vaste champ à l'action du pouvoir souverain.

DOCUMENT EN LANGUE FRANÇAISE (1).

Année 1831.

1° Les modifications apportées par la mission impériale à Constantinople doivent-elles être insérées dans la nouvelle rédaction du Règlement? Et, dans ce cas, sur quoi dois-je me fonder, n'ayant aucun ordre supérieur, à cet égard, propre à mettre ma responsabilité à couvert et à justifier ces changements ?

2° En vertu des modifications ci-dessus, sont supprimés entièrement la section II du chapitre des finances, relative aux dépenses de l'État, ainsi que les tableaux sous Lit. A et B, l'un déterminant le nombre des employés attachés à chaque branche d'administration et leur traitement respectif, l'autre indiquant le produit approximatif de chaque branche de revenus. Cette suppression est extrêmement juste et même indispensable, car tous les chiffres y consignés sont sujets à variation et ne doivent pas figurer, par conséquent, dans un corps de dispositions règlementaires ; mais, d'un autre côté, elle offrirait l'inconvénient de laisser en dehors le nombre d'employés assigné à chaque branche d'administration et le traitement attribué à chacun d'eux, ainsi que plusieurs dispositions utiles intercalées dans les différents paragraphes de cette section et de ces tableaux.

Au cas, toutefois, où les tableaux ci-dessus devraient être conservés, quels chiffres devrait-on y placer? Y laisser ceux

(1) Toute pièce traduite du roumain en français sera précédée du mot TRA-DUCTION, et tout document en langue *française,* des mots DOCUMENT OU TEXTE EN LANGUE FRANÇAISE.

adoptés par l'Assemblée de Revision? Mais la plupart ont été mo
difiés. Y substituer ceux qui les ont remplacés depuis? Mais
alors à quel taux devra être portée la caisse de réserve, évaluée
par le § 21 de la section II à 1,666,552 piastres, dans la suppo-
sition que les salines continueraient à produire la somme de
4,558,000 piastres? et cette dernière somme restera-t-elle la
même dans le tableau des revenus, ou sera-t-elle approximativement réduite?

3° Au chapitre des quarantaines, il a été apporté plusieurs
modifications et additions, tant dans les pratiques sanitaires que
dans les attributions de différents employés, modifications qui
n'ont été faites qu'en vertu d'un procès-verbal du Conseil extraordinaire, sans qu'elles aient passé par l'Assemblée générale.
Que faut-il faire à l'égard de ce chapitre? Le laisser tel qu'il est?
C'est nous exposer à enfreindre dans la pratique les dispositions
y établies. Le modifier? Mais en vertu de quoi?...

4° L'article 203 (1) du chapitre ci-dessus porte, au § 1er :
« CEUX QUI S'INTRODUIRAIENT SUR LE TERRITOIRE VALAQUE
« sans faire quarantaine seront envoyés aux salines (2) à perpé-
« tuité. »

Il y a été substitué par les modifications faites à Constantinople : « LES INDIGÈNES QUI S'INTRODUIRAIENT SUR LE TER-
« RITOIRE VALAQUE sans faire quarantaine seront envoyés aux
« salines à perpétuité, ET LES AUTRES JUGÉS PAR LEUR AUTO-
« RITÉ COMPÉTENTE. »

Cependant, tout crime commis sur le territoire valaque n'a été
jugé, jusqu'à ce jour, que par la loi et les juges du pays, quels que
fussent d'ailleurs le caractère et la nationalité du coupable. Les
dispositions ci-dessus seraient, en conséquence, une atteinte grave
portée à un droit que le pays a constamment exercé et qui pour-

(1) À l'article 205 (ancien 203), nous lisons la note suivante : *Ce paragraphe a
été remanié en conformité de la communication du consulat général de Russie.*
(2) Salines ou travaux forcés.

rait, en outre, avoir pour résultat de rendre illusoire l'établissement des quarantaines.

5° L'institution de la Cour de Revision, qui forme un quatrième degré de juridiction, n'a été confirmée par Son Excellence que provisoirement, en attendant que l'expérience ait prouvé son utilité.

L'essai de deux années a malheureusement démontré que cette institution était bien loin de remplir son but. En conséquence, les dispositions y relatives doivent-elles être insérées dans le Règlement organique?

6° L'article 380 du Règlement relatif à la milice, tel qu'il a été modifié à Constantinople, est ainsi conçu : « Il sera organisé dans « la Principauté de Valachie des gardes armés destinés à assurer « la police et le bon ordre dans les villes et les campagnes, ainsi « que l'exécution des lois. » Cette définition conviendrait plutôt au corps des *Dorobantzes* (1), la milice étant spécialement chargée de la sûreté des quarantaines, de la garde des frontières, des prisons d'État et de la police intérieure de la capitale. — Il y aurait même à craindre qu'en adoptant la définition ci-dessus, on ne s'en prévalût pour nous astreindre au seul corps de la milice qui ne pourrait jamais suffire aux besoins des différents services.

7° Les modifications apportées à Constantinople excluent toutes les dispositions, relatives à la milice, comprises dans les articles 388 et suivants, ainsi que tous les tableaux annexés à la fin du règlement militaire.

Que deviendront ces dispositions, ainsi que toutes celles qui ont été postérieurement adoptées par l'Assemblée générale relatives au recrutement, à la garde des frontières, à la sûreté des quarantaines, etc.? En cas, néanmoins, où ces dispositions seraient maintenues dans la nouvelle rédaction, laissera-t-on l'article 421 tel qu'il est aujourd'hui et portant « que le Spathare (2), « selon les circonstances et les observations locales qu'il sera

(1) Dorobantzi.
(2) Spathare : ministre de la guerre.

« dans le cas de recueillir, pourra diminuer ou augmenter à
« volonté les troupes réparties dans les différents points de la
« Principauté » ; ou bien cet article sera-t-il modifié d'après
l'esprit des observations de la mission, qui déclare l'Hospodar
chef suprême de la milice, ce qui sous-entend qu'aucun mouvement de troupes ne pourra être fait sans son consentement?

8° Dans les modifications de Constantinople, il est dit que,
« toutes les dispositions de détail ou modifications qui auront été
« confectionnées ainsi, pendant l'occupation des provinces par
« les troupes de la Cour de Russie, auront force de loi et seront
« considérées comme faisant partie des Règlements ci-dessus. A
« l'avenir, toute modification ultérieure que voudraient entre-
« prendre les Hospodars dans les Règlements organiques, ne
« sauraient avoir lieu, ni être mise en vigueur, qu'à la suite
« d'une autorisation spéciale de la Sublime Porte, avec l'assen-
« timent de la Cour de Russie. »

Parmi les dispositions du Règlement organique, il y en a de
fondamentales, et qu'on doit, par conséquent, déclarer comme
sacrées et immuables, telles, par exemple, celles relatives aux
principes d'administration, aux attributions de l'assemblée générale, à l'assiette et à la perception des impôts, aux droits réciproques du propriétaire et du paysan, aux trois degrés de juridiction, à l'établissement des quarantaines, à l'institution de la
milice et autres semblables ; mais il y en a aussi plusieurs qui ne
sont que de simples dispositions de détail qui, à la rigueur, ne
devraient pas figurer dans un Règlement organique, mais pourraient être soumises à toutes les variations que le temps et l'expérience démontreraient utiles et nécessaires. Déclarer toutes ces
dispositions sacramentelles, ce serait entraver entièrement la
marche du Gouvernement et des affaires.

*Signé :* G. BIBESCO.

# A PROPOS DE L'ÉLECTION DE G.-D. BIBESCO

## COMME PRINCE SOUVERAIN DE VALACHIE.

———

Lorsque, après la chute du Prince A. Ghika, la *Caïmacamie* dressa la liste des boyards de première classe ayant le droit de poser leur candidature au trône, le nom de George-Démètre Bibesco n'y fut point inscrit. Il n'avait pas, pensait-on, quarante ans révolus, âge exigé par le règlement organique.

Bibesco s'adressa à la Chambre, qui se fit l'interprète du jeune député de Craïova auprès de la *Caïmacamie* (1) et appuya sa réclamation.

### *Adresse de l'Assemblée générale ordinaire à l'honorable Caïmacamie.*

TRADUCTION.

27 novembre 1842 (n° 13).

« M. le logothète Georges-D. Bibesco expose, — dans la protestation adressée à l'Assemblée le 21 du présent mois de novembre, — que, dans le bulletin publié le 9 de ce même mois sous le n° 90, on n'a pas inscrit son nom parmi ceux des prétendants au trône, comme on aurait dû le faire pour se conformer à l'art. 26 du Règlement organique, et que cette omission résulterait du doute qu'auraient eu MM. les Lieutenants princiers (Caïmacami) au sujet de son âge (2). M. le logothète Bibesco pense qu'il suffit, — pour dissiper ce doute, — de rappeler que, lorsque la ville de Craïova l'élut, en 1831, député à l'Assemblée générale, et qu'il fut admis au sein de cette Assemblée, il remplissait les conditions

———

(1) Caimacamie ou Lieutenance princière.

(2) Les actes de l'état civil n'existent en Roumanie que depuis 1861. Jusqu'à cette époque les naissances étaient inscrites par les prêtres, sur leurs registres particuliers. On exigeait des candidats au trône qu'ils eussent quarante ans révolus.

exigées, et qu'il en résulte qu'il avait l'âge de trente ans. Toute-
fois, M. le logothète Bibesco joint à sa pétition deux autres actes
revêtus, l'un des signatures de plusieurs boyards de la ville de
Craïova, et l'autre d'un certain nombre de boyards de la ville de
Tîrgul-Jiului, qui déclarent qu'il est exact que M. le logothète
Bibesco soit né au mois d'avril de l'année 1802.

« Le réclamant demande donc la rectification de l'erreur commise au *Bulletin* et son inscription parmi les candidats au trône.

« L'Assemblée, dans sa séance du 21 novembre, prenant en
considération, d'abord les arguments de M. le logothète Bibesco,
et en second lieu les susdits actes qui lui paraissent inattaqua-
bles, a l'honneur de prier, après délibération, l'honorable Lieutenance princière de vouloir bien inscrire M. le logothète Bibesco
au nombre des candidats au trône.

« Conformément à la décision de l'Assemblée, le secrétariat
porte respectueusement cette décision à la connaissance de l'honorable Lieutenance princière (1).

> « *Le Président de l'Assemblée générale :* NEOFIT,
> Métropolitain de Hongro-Valachie; — *Secré-*
> *taires :* A. VILARA; C.-G. FILIPESCU ; — *Sous-*
> *secrétaires :* C.-N. FILIPESCU ; Th. POPESCU. »

La Caïmacamie fit droit à la demande de l'Assemblée générale;
le nom de Bibesco (Georges-Démètre) fut inscrit sur la liste des
boyards de première classe candidats au trône.

Le dimanche 20 décembre 1842 (2), conformément aux formes
prescrites par le Règlement organique, tous les électeurs, au
nombre de 179, se rendirent à la Sainte Métropole, à sept heures

_____

(1) Voir l'*Abeille roumaine*, n° 99, du 13 décembre 1842.
(2) 1ᵉʳ janvier 1843 d'après le calendrier grégorien. — Cela constitue un
écart de douze jours entre les deux calendriers.

et demie du matin. A huit heures, ils entrèrent dans la cathé-
drale et assistèrent à l'office divin. S. S. le Métropolitain, revêtu
de ses habits archiépiscopaux, prononça la prière suivante, pour
relever les assistants des serments qu'ils avaient pu faire :

TRADUCTION.

« Seigneur tout-puissant, Toi qui élèves et détruis les empires
« pour Tes fins mystérieuses, aie pitié aussi du malheureux
« peuple roumain. Inspire, Seigneur, tous ceux qui sont aujour-
« d'hui appelés à décider du sort de ce pays orthodoxe.

« Purifie et éclaire leur cœur, afin que le choix qu'ils vont
« faire lui porte bonheur et Te soit agréable ! Pardonne, Sei-
« gneur, à tous ceux qui, par surprise ou par peur, se seraient
« servis en vain de ton nom, asservissant d'avance par quelque
« serment leur libre arbitre, et reçois le serment qu'ils viennent
« prêter, en ce jour, devant Tes saints autels ! Comble de Ta
« miséricorde ceux qui seront restés fidèles à leur parole, et laisse
« tomber Ta colère sur ceux qui auront forfait à leur serment.

« Au nom du Seigneur, tous ceux d'entre vous qui auriez fait
« quelque promesse au sujet du vote que vous êtes appelés à
« donner aujourd'hui, vous êtes déliés de ce serment afin de
« vous lier en ce moment même par un autre, dont aucun pou-
« voir confessionnel ne saurait vous délier (1). »

On se rendit ensuite dans la salle des séances, où, après un
discours du Métropolitain (2) sollicitant l'Assemblée d'élire le
plus digne, on procéda à l'élection du Prince. Georges-D. Bibesco
fut proclamé souverain de Valachie à la presque unanimité des
voix (3).

(1) Voir t. I, p. 40.
(2) *Bull. off.* n° 103, 20 décembre 1842.
(3) Voir t. I, p. 41 et 42. — Lire au t. I, p. 42, ligne 5, Étienne Balaceano
*au lieu de* Étienne Baleano. — Voir à l'Appendice les poésies du temps relatives
à l'avènement de Bibesco.

# PREMIÈRE PARTIE

1843 — 1848

# ANNÉES 1843 ET 1844

## PROCLAMATION

*Nous Georges-Démétrius Bibesco, Voïvode, par la grâce de Dieu Seigneur et Maître de toute la Valachie.*

*Aux habitants des villes, bourgs et villages de la Principauté de Valachie.*

Le premier acte du Prince en prenant le pouvoir est, — après avoir constaté que les Cours suzeraine et protectrice ont reconnu au pays son ancien droit souverain d'élire le Chef de l'État (1), — d'affirmer aux paysans que leurs plaintes ne resteraient plus vaines comme par le passé, de leur promettre à tous le règne de la légalité (2).

TRADUCTION.

30 janvier/11 février 1843 (*Bull. off.* n° 8).

L'ancien droit dont jouissait le pays d'élire lui-même ses Princes ayant été de nouveau consacré sous les bienfaisants auspices des Cours suzeraine et protectrice, Nous avons été placé à la tête de cette Principauté par le choix de la nation

---

(1) Les différentes lois ou décrets rendus par Bibesco, au cours de son règne, dans les questions intéressant les paysans, feront voir comment Son Altesse a tenu ses promesses.

(2) Le pays avait perdu, en fait, ce droit d'une façon définitive, depuis la nomination, par la Porte, des Princes grecs aux trônes des Principautés, c'est-à-dire depuis 1711 en Moldavie, et 1716 en Valachie. Bien que rentrés en posses-

auquel Elles ont donné leur haute sanction. En prenant en main les rênes du Gouvernement, Nous vous faisons savoir que Nous connaissons les maux dont vous avez souffert et que Nous n'ignorons pas que vos plaintes — à vous surtout, habitants des villages, — sont restées le plus souvent vaines.

Nous avons donné les ordres les plus sévères pour que les lois et règlements en vigueur soient scrupuleusement observés, et Nous apporterons la plus vigilante attention à ce que les fonctionnaires publics ne s'écartent pas de leurs devoirs. Nous mettrons tous Nos efforts, toute Notre activité, à vous assurer une vie paisible et à vous préserver contre les abus qui pourraient être commis. S'il arrivait, pourtant, qu'en dépit de ces mesures vous ayez à souffrir d'injustices ou de violences, Notre sein paternel vous serait toujours ouvert, toujours prêt à recevoir, avec amour et compassion, les plaintes dont la justice aurait été démontrée, et à leur faire droit, conformément aux lois, car Notre ferme volonté est que vous puissiez tous vaquer en paix à vos travaux, que vous vous réjouissiez d'un avenir plus heureux, qu'il ne vous soit fait aucune injustice, qu'aucune atteinte ne soit portée aux droits qui vous ont été garantis par la législation de l'État.

Mais Nous demandons et ordonnons en même temps que vous remplissiez vos devoirs avec exactitude et empressement, que vous obéissiez aux ordres du Gouvernement, que vous soyez soumis aux lois et aux fonctionnaires publics; que vous vous absteniez de tout acte qui pourrait léser le bien public et vos concitoyens; car, de même qu'il sera fait droit à vos plaintes lorsqu'elles seront justes, de même, non seulement la plus légère infraction à vos devoirs légaux ne sera pas pardonnée, mais encore elle sera punie avec toute la rigueur des lois.

Conformez-vous donc soigneusement à Nos conseils paternels

sion de ce droit en 1829, grâce au traité d'Andrinople, signé entre la Russie victorieuse et la Turquie, les Roumains ne furent autorisés à l'exercer qu'à l'occasion de l'élection de Bibesco en 1843.

et à Notre volonté princière, et soyez parfaitement assurés que votre Souverain ne cessera de veiller avec sollicitude à l'amélioration de votre condition, et à votre bonheur.

# PROCLAMATION

*Nous Georges-Démètre Bibesco, par la grâce de Dieu, Prince de toute la Valachie,*
*Au Conseil administratif extraordinaire.*

Le Prince espère que tous les fonctionnaires de l'État vont apporter dans l'exercice de leurs fonctions, zèle, probité et dévouement.

TRADUCTION.
                          30 janvier/11 février 1843 (*Bull. off.*, n° 8).

La voix de la Patrie et la bienveillance des deux hautes Cours Nous ont appelé à prendre les rênes du gouvernement de cette Principauté.

Cette haute confiance, les espérances d'un heureux avenir et les précieuses institutions dont jouit cet État Nous imposent des devoirs aussi graves que rigoureux.

Afin de Nous montrer digne de cette confiance, de répondre à ces espérances et de faire exécuter scrupuleusement les règlements et les lois en vigueur, il est indispensable que, d'une part, Nous donnions Nous-même l'exemple de l'exact accomplissement de Nos devoirs et de l'exercice impartial de la justice, et que, d'autre part, Nous veillions avec la plus grande vigilance à ce que tous les fonctionnaires observent exactement leurs devoirs, se gardent soigneusement de tout écart et se renferment, — chacun en ce qui le concerne, — dans le cercle des attributions qui leur sont prescrites.

A cet effet, aussitôt après avoir pris en main les rênes du gouvernement, Nous avons jugé nécessaire de faire connaître à tous les fonctionnaires relevant des départements de la justice, de l'administration et de l'armée, grands et petits, exerçant dans l'étendue de cette Principauté, qu'ils aient tous, sans exception, à se pénétrer des devoirs attachés à leur fonction, à les remplir avec l'équité et l'activité voulues, et à apporter la plus grande diligence dans l'expédition des affaires qui sont de leur compétence; car autant Nous apprécierons le mérite et Nous Nous plairons à récompenser les services rendus avec zèle, honorablement, dans l'intérêt du bien public et de la dignité du Gouvernement, autant Nous serons attentifs aux infractions faites aux lois, et Nous punirons impitoyablement les abus de nature à nuire au bien public et à porter atteinte — s'ils n'étaient réprimés — à la considération due à ce Gouvernement.

Cette décision est irrévocable, et aucune considération ne pourra la changer, étant donné que Nous avons à rendre compte de Nos actes à Dieu et à la Patrie, aux deux hautes Cours et à Notre conscience avec laquelle Nous désirons être toujours en repos.

Nous ne doutons point que tous les fonctionnaires, — quels que soient leur grade et la branche à laquelle ils appartiennent, — n'aient sans cesse présente à la mémoire Notre décision irrévocable, qu'ils ne s'efforcent de remplir leurs devoirs avec la plus scrupuleuse exactitude, afin de mériter l'approbation et les récompenses du Gouvernement, et n'évitent d'encourir toute la rigueur des lois.

Le Conseil administratif extraordinaire donnera à Notre présent ordre et proclamation la plus grande publicité, pour l'ample information de tous les fonctionnaires.

BIBESCO.

*Le secrétaire d'État :* Constantin SOUTZO.

# ORDRE DU JOUR A L'ARMÉE

TRADUCTION.

14/26 février 1843.

SOLDATS,

Vous avez acquis un nouveau frère d'armes qui, bien que n'ayant ceint le sabre que depuis peu de jours, a toujours été des vôtres, de cœur et d'âme.

Quand, après un siècle et demi, une voix amie et protectrice des droits de Notre Patrie s'est élevée au milieu de vous, appelant ses fils sous les armes, J'étais un des premiers à répondre à cette voix ; mais des circonstances indépendantes de Ma volonté M'ont fermé une carrière pour laquelle Je Me sentais destiné par Mon penchant et par l'exemple de Mes proches. Je ne vous ai jamais perdus de vue.

Avec une vive satisfaction, J'ai été au-devant de votre amour, heureux présage d'un avenir plus stable et plus brillant. J'ai suivi avec attention toutes vos actions, joyeux de tout ce qui Me rappelait l'esprit belliqueux de Nos ancêtres, attristé par les obstacles qui survenaient au cours de votre carrière.

La Providence, qui lit au plus profond de Mon cœur et connaît les vœux que Je n'ai cessé de faire pour vous, a bien voulu Me confier votre commandement et votre sort.

Soldats ! Je n'ignore pas que dur est le service que vous devez à la Patrie ; aussi Mes soins paternels ne cesseront-ils pas de veiller sur vous, sur vos besoins. Je veillerai à ce que vos droits soient scrupuleusement respectés, que les récompenses soient décernées conformément aux services et aux capacités de chacun de vous.

J'espère que vous vous appliquerez à répondre à Mes bons conseils, et que vous ne mettrez jamais votre Prince dans la dure nécessité d'avoir recours à la sévérité des lois militaires.

Soyez soumis à vos devoirs, à vos supérieurs ; suivez les règles d'une bonne discipline. Doux dans vos rapports avec vos concitoyens, hardis dans le danger, soyez redoutés des ennemis du bon ordre et de la tranquillité, afin de rester toujours pour Moi, pour la Patrie, le plus grand sujet de fierté.

# DISCOURS DU PRINCE

## A SON AVÈNEMENT AU TRONE.

Le Prince dit à l'Assemblée qu' « *il est temps d'arracher du sein de la Patrie les mauvais germes qui s'y sont développés de nouveau...* » Il conseille le repentir aux coupables ; « *demain* », ajoute-Il, « *s'elèvera, plus forte que la Mienne, la voix de la loi qu'il Me faudra faire respecter* ».

TRADUCTION.

14/26 février 1843.

MESSIEURS,

La position à laquelle l'amour de Mes compatriotes M'a élevé et la confiance des deux hautes Cours, la pompe et les honneurs qui M'entourent, ce siège où Je suis assis, et, au-dessus de tout, la joie et l'espérance qui brillent dans vos yeux, devraient ne faire naître en Moi qu'un sentiment de bonheur. En vérité, Je n'en éprouverais point d'autre si Je ne songeais qu'à la pureté de Mes intentions, à l'amour ardent que J'ai nourri pour ma Patrie, à la volonté constante que J'ai de suivre le chemin de la justice, sans en dévier.

Mais, vous connaissez tous, Messieurs, les difficultés des circonstances dans lesquelles Je prends les rênes du gouvernement: ce sont ces difficultés qui viennent troubler Mon âme, au milieu de toute cette allégresse. Ne croyez pas, pourtant, que cette inquiétude soit de nature à Me décourager et à M'enlever tout espoir d'améliorer le sort de Notre Patrie. Non, jamais Je n'ai eu plus de motifs d'avoir confiance dans l'avenir. Il suffit de nous rappeler ce que nous étions il y a un an et ce que nous sommes aujourd'hui. Combien nous étions tombés bas dans l'opinion publique, et combien nous nous sommes relevés !

Soyons sages et sachons apprécier notre position politique ; contentons-nous des bienfaits que nous devons à une sollicitude haute et éclairée ; dépouillons toute passion personnelle ; unissons-nous tous pour marcher vers un seul et même but, le bien-être général, et soyons certains que nos espérances dans l'avenir seront encore dépassées. En ce qui Me concerne, Je n'épargnerai ni fatigue ni sacrifices, quand il sera question de Mon devoir et du bonheur de la Patrie. Prince, Je serai l'homme que vous avez connu comme ministre et membre de l'Assemblée générale : juste envers tous, Je récompenserai le bien et punirai le mal.

Il est temps d'arracher du sein de la Patrie les mauvais germes qui s'y sont développés de nouveau, et qui auront bientôt tari toute source de prospérité, si l'on ne se hâte de les faire disparaître. Aujourd'hui, pour la dernière fois, Ma voix s'élève pour conseiller le repentir à ceux qui persisteraient encore dans des habitudes vicieuses ; demain s'élèvera plus forte que la Mienne la voix de la loi qu'il Me faudra faire respecter.

Messieurs, en rentrant au sein de vos familles, faites-leur connaître toute la pensée de votre Prince ; respectez la loi et l'autorité qui a besoin de son concours ; donnez-Moi l'occasion, — par de louables actions, — de vous témoigner tout l'amour que Je vous porte.

# DISCOURS DU PRINCE

## A L'OUVERTURE DE L'ASSEMBLÉE GÉNÉRALE ORDINAIRE.

Le Prince espère que l'Assemblée lui prêtera tout le concours nécessaire à la réalisation de ses projets.

TRADUCTION.

19 février/3 mars 1843 (*Bull. off.*, n° 14).

« Messieurs les Députés de l'Assemblée générale,

En vous rappelant aujourd'hui pour vous entretenir de vos travaux habituels, Je ne chercherai pas à vous exprimer ce que J'éprouve au fond de Mon âme, en Me voyant, de nouveau, au milieu de ceux qu'hier encore J'appelais avec joie mes collègues, et à la même place d'où Ma voix s'est élevée avec la leur pour réclamer un soulagement aux maux de notre Patrie. Messieurs, pour l'Assemblée générale, l'année qui vient de s'écouler aura été belle; elle laissera un souvenir éternel dans les annales de notre histoire par le calme, la sagesse, le patriotisme et la dignité dont vous avez fait preuve. Pour Moi, elle sera de glorieuse mémoire, parce que, dans ces circonstances désastreuses, il m'a été donné d'être un de vos collaborateurs.

C'est ce même esprit, — dû à votre impulsion — qui a sans doute présidé aux sages travaux de la dernière Assemblée générale extraordinaire qui, en élisant un des membres de votre Assemblée de 1842, a voulu mieux faire éclater la reconnaissance et l'allégresse de tous les habitants du pays.

Faites en sorte, Messieurs, que dorénavant, votre conduite réponde à ce commencement digne d'éloge et à la bonne opinion que vous avez su acquérir dans le monde. Votre fardeau sera léger, en ce qui dépendra de l'autorité; car vous trouverez, de sa part, toute l'assistance désirable et conforme aux lois. Elle trouvera aussi, J'espère, en vous, la bonne volonté qui est indispensable pour la réalisation de Nos projets. Mais, Messieurs, Je conserve l'espoir que nos relations, bien qu'elles aient changé de nature, n'en resteront pas moins ce qu'elles ont été dans le passé; et que cette Assemblée écoutera la voix de son Souverain avec ce même sentiment d'affection qui lui faisait accueillir, l'an dernier, la parole de son secrétaire.

Je ne vous parlerai pas, Messieurs, de Mes principes, pensant que vous les connaissez suffisamment; mais tenez pour certain qu'ils resteront invariables. Je ne vous ferai pas la description de l'état actuel du pays, car vous l'avez fait en détail dans l'adresse de l'année dernière, et, depuis, la situation provisoire des affaires n'a pu apporter que de nouveaux embarras. J'espère cependant qu'à la session prochaine Je serai assez heureux pour vous faire part de l'accomplissement de la plus grande partie de la tâche que nous avons à remplir pour répondre aux espérances générales. »

A lire attentivement ce discours, il semble que le Prince pressente déjà l'*opposition systématique* de la Chambre — les ennemis mêmes de Son Altesse la signaleront dans leurs écrits — aux projets de réforme les plus utiles au pays. Or il importe de le dire et de le prouver avant d'aller plus loin : les pressentiments du Prince n'étaient que trop justifiés. Cette année même, que devaient marquer de leur empreinte souverainement humaine, libérale et morale, les lois sur l'affranchissement des Bohémiens de l'État et des particuliers, sur le bien dotal et sur l'exploitation des mines, MM. Jean Ghica, Nicolas Balcesco et *deux autres personnes* de leurs amis, faisaient le serment au camp de Filaret de tout faire pour *détruire* Bibesco, l'Élu de la nation (1).

(1) Voir les *Souvenirs d'exil,* par M. Jean GHICA, p. 40.

# ABOLITION DE L'ESCLAVAGE

(PREMIÈRE LOI DU 22 MARS 1843)

———

## HISTORIQUE DE LA QUESTION

# ABOLITION DE L'ESCLAVAGE

## HISTORIQUE DE LA QUESTION

On comptait autrefois en Valachie trois sortes de Bohémiens esclaves : 1° les Bohémiens nomades, connus sous les dénominations de *lingurari*, de *rudari*, de *aurari* ou chercheurs d'or, qui payaient leur *capitation* avec les paillettes d'or qu'ils recueillaient principalement sur la rivière de l'Olto; 2° les Bohémiens placés sous la dépendance de la Métropole, des monastères, des églises, de tous les établissements publics; 3° les Bohémiens appartenant aux particuliers.

L'Assemblée de 1831, en votant le règlement organique, avait consacré un article (l'art. 95) aux Bohémiens, à leur classement par catégories, à l'impôt que chaque catégorie aurait à payer, à l'institution des *vatasi* (ou *vatafi*), chargés de percevoir les taxes et de les verser entre les mains des sous-administrateurs des Bohémiens; à l'exemption de tout impôt en faveur de ces employés qu'on assimilait aux *purcalabi* des villages dont les fonctions étaient analogues (1).

En 1832, dans la séance du 5 novembre, M. le grand vestiar

---

(1) Voir, en ce qui touche la *réglementation du vagabondage des Bohémiens appartenant à l'État, aux monastères ou aux particuliers, destinée à habituer ces nomades au travail de la terre, et relativement aux contributions auxquelles ils devront être soumis,* la discussion et le vote auxquels elle a donné lieu, dans la séance du mardi 28 avril 1831 (à Bucarest); dans la séance de l'Assemblée générale extraordinaire de Revision du 14 mars 1831 (à Bucarest) (*Annales parlementaires,* 1ʳᵉ année, vol. I, 1831, p. 11, n° 9); — dans la séance du 20 mars 1831 (*Annales parlementaires,* 1ʳᵉ année, vol. I, p. 8, 10, et p. 558, n° 83).

(ministre des finances), Alexandre Nenciulesco, présenta à l'honorable Assemblée générale ordinaire le message de S. Exc. M. le Président plénipotentiaire des Divans, aide de camp général Kisseleff. Ce message était daté du 3 novembre, sous le n° 752, et accompagné d'un projet relatif à un *nouveau mode de répartition des impôts sur les Bohémiens de l'État* (1).

Les cinq premiers articles de la *section I* traitent des Bohémiens chercheurs d'or (*aurari*); ils déterminent la taxe qu'ils auront à payer à l'avenir, — soit 55 piastres par an, dont 50 au trésor, 5 à la ville où ils se trouvent, — et les conditions imposées aux Bohémiens demandant à faire partie de cette catégorie. L'article 6 astreint toute autre famille de Bohémiens de l'État à un impôt de 30 piastres annuelles, plus la dîme, soit 33 piastres, comme tout contribuable soumis à la capitation. A ce prix, le Bohémien a le droit de se livrer à tel métier qui lui convient, à l'exception de la recherche de l'or, réservée exclusivement à la catégorie des *aurari*. L'article 7 maintient sous la dépendance des *starosties* des corporations, — conformément au § 2 de l'art. 95 du Règlement organique, — les Bohémiens qui se livrent à différentes industries et séjournent dans la ville.

La *section II* est consacrée à la perception et à l'emploi de la contribution des Bohémiens de l'État.

Les articles 12 et 13 traitent de l'achat éventuel de Bohémiens, au profit de l'État.

ART. 12. — *Toute somme restant, après la dépense faite par les vatasi, — dépense montant à quatre piastres pour un auraru, et à deux pour les Bohémiens des autres catégories, — ne sera employée strictement qu'à l'achat de Bohémiens, dans le but d'en augmenter graduellement le nombre au profit de l'État.*

ART. 13. — *Pour atteindre ce but, le Vornic des prisons devra insister énergiquement, chaque fois qu'il apprendra ou qu'il devi-*

(1) *Annales parlementaires,* t. III, *Le pays roumain* (Tzara romaneasca), 1832-1833, p. 126-132 (n° 59).

*nera qu'une vente de Bohémiens, soit sédentaires (de vatrâ) (1),
soit nomades (de lae) (2), va avoir lieu, pour que ces Bohémiens
lui soient vendus, et il les inscrira, — aussitôt le marché conclu,
— au nombre des Bohémiens contribuables de l'État.*

Ce projet mis à l'étude, voté le 12 décembre (n° 77) par l'Assemblée, fut sanctionné par le Président le 3 janvier 1833. (Message du général Kisseleff, n° 853.)

En résumé, nous ne trouvons dans ces dispositions qu'une mesure fiscale. Le Bohémien, esclave de l'État, était sans doute plus libre que l'esclave des particuliers, mais il n'en était pas moins esclave.

Sous le règne du Prince Alexandre Ghika, la loi du 18 mars 1840 améliore le sort des Bohémiens des monastères, *livrés au bon plaisir des fermiers,* et leur étend la mesure des 33 piastres d'impôt annuel payé par les Bohémiens de l'État. A dater de 1846, cet impôt devait être porté à 40 piastres, dont 4 destinées au salaire des percepteurs (3).

M. Nicolas Blaramberg fait remonter l'initiative pour l'émancipation graduelle des Cigains au Prince Alexandre Ghika. « *On débuta,* dit-il, *par l'affranchissement de ceux qui appartenaient à l'État* »; et il cite à l'appui de ce qu'il avance ce passage du livre de M. A.-L. de Grammont, maréchal du Palais durant le règne de ce Prince : « Pour les tirer de l'état d'abjection et de misère où ils sont plongés et les faire renoncer à la vie nomade et souvent de brigandage à laquelle ils s'adonnent, l'administration actuelle a prononcé, en 1837, l'émancipation de ceux qui appartiennent à l'État et a ordonné qu'il fût pourvu à leur établissement sur les terres des particuliers (4). »

---

(1) *Vatrî :* âtre.
(2) *Laetsi :* gens déguenillés.
(3) Il est à noter qu'il ne restait de la dîme de chaque Bohémien qu'une piastre par an pour le rachat des Bohémiens.
(4) *De l'administration provisoire russe en Valachie,* par le vicomte A.-L. DE GRAMMONT, p. 84-85. — Voir BLARAMBERG, *Essais,* etc., p. 550.

A la page 539 du même ouvrage, M. N. Blaramberg rapporte également, à propos de ce fait, le passage d'un livre de M. F. Colson (1), dans lequel l'auteur donne son appréciation sur l'acte du prince Ghika.

« Les Cigains (ou Bohémiens) de la couronne, qui s'élevaient en Valachie à 27,910, ont été, l'année dernière, appelés à l'état de paysans. Ils n'ont pas été établis sur les domaines de l'État, mais par une rouerie qui fait honte au Prince Ghika, il les a donnés à des propriétaires, ses partisans politiques, ou à des familles qu'il voulait gagner. N'allez pas croire que ce soit par humanité, comme un journal d'Allemagne soudoyé l'a osé dire. Les Cigains de la couronne ne payaient au trésor que de 35 à 50 piastres. Leur industrie les faisait vivre, ils se suffisaient à eux-mêmes. Aujourd'hui, ils doivent au gouvernement une contribution égale ou plus forte, et de plus ils payent au propriétaire des domaines sur lesquels ils sont établis les redevances multipliées d'un paysan. A ce marché, je ne vois que les boyards qui aient gagné ; ils ont doublé leurs revenus. »

Sans insister sur cette question, nous ferons simplement remarquer que M. de Grammont, maréchal de la cour du Prince Ghika, aussi bien que M. Colson, commettent une erreur capitale. Il n'est pas plus exact, en effet, de dire que *les Bohémiens appelés à l'état de paysans* — qu'ils l'aient été par un sentiment d'humanité ou par intérêt politique — furent au *nombre de 27,000*, que d'affirmer qu'*en 1837 l'administration a prononcé l'émancipation des Bohémiens de l'État*. Quatre mille d'entre eux seulement furent établis sur les terres des particuliers. — La preuve en est la loi de Bibesco, du 22 mars 1843.

Arrivons au règne de Bibesco, qui transforme les lois fiscales

---

(1) *État présent et avenir de la Moldavie et de la Valachie,* par M. F. COLSON. Paris, 1839.

relatives aux Bohémiens en lois humanitaires, qui débute par affranchir les Bohémiens esclaves de l'État, par élargir considérablement le cadre de l'*émancipation des Bohémiens appartenant aux particuliers*, et qui, en 1847, abolira l'esclavage en affranchissant les Bohémiens de la Sainte Métropole, des évêchés, de tous les monastères, couvents, églises, et de tous les établissements publics, sans distinction, compris dans sa Principauté.

Le Prince Bibesco, depuis longtemps préoccupé de cette réforme humanitaire, voulant qu'un souffle de liberté saluât comme un heureux présage l'aube de son avènement, mais manquant des moyens nécessaires pour accomplir l'œuvre de l'émancipation qu'il réalisera en 1847 (1), et qui deviendra une des pierres angulaires de son règne, — décrète la seule mesure en son pouvoir, l'élargissement du cadre de l'émancipation des Bohémiens appartenant aux particuliers, et pour en assurer l'exécution, il crée une économie importante. Comme depuis 1832 il existait une caisse dite de réserve destinée par le Règlement organique au rachat de Bohémiens esclaves, et qu'alimentait la capitation (taxe par tête) que chaque Bohémien nomade était tenu de payer jusqu'au jour où, se fixant sur la terre, il se trouvait incorporé dans la classe des paysans laboureurs et devenait par ce fait contribuable de l'État (2), le Prince décréta que les Bohémiens nomades, relevant de l'administration de la *Vornicia* (3) des prisons, passaient sous l'administration des préfets.

Cette mesure, en rendant inutile le personnel des bureaux de la Vornicia des prisons, — employé à la perception des *capitations*, — créa du même coup une économie de 47,600 piastres. Son Altesse décida que l'État augmenterait le fond de la caisse de réserve de la moitié de cette somme, qu'il bénéficierait de l'autre moitié, soit

(1) Voir la loi de 1847 sur l'abolition de l'esclavage, à la fin de ce volume.
(2) Devenu paysan laboureur, le Bohémien était tenu de payer à la caisse communale l'impôt auquel était assujetti tout paysan.
(3) Direction des prisons.

de 23,800 lei, et que le jour où les Bohémiens nomades seraient
devenus paysans laboureurs et auraient cessé de payer la capitation, il verserait annuellement la somme entière de 47,800 lei
dans la caisse de réserve.

On ne peut s'empêcher d'admirer, en dehors du côté humain
de cette loi, qui permet à Bibesco de doubler le nombre annuel
des affranchis, son côté financier. En effet, la loi du 2 mars réalise
une économie définitive pour l'État de la somme de 47,600 lei,
dont la moitié (23,800 lei) augmente le fonds de la caisse de
l'État; l'autre moitié le fonds de la caisse d'émancipation. Ce
n'est pas tout : le jour où les Bohémiens esclaves deviennent
paysans laboureurs et qu'ils cessent d'alimenter la caisse de
réserve, l'État y verse les 23,800 piastres qu'il avait retenues sur
les 47,600 : donc cette caisse ne perd rien. De son côté la caisse
de l'État se trouve remplacer les 23,800 dont elle fait abandon,
par la contribution que payent les Bohémiens devenus paysans.

En résumé la loi aura produit une économie de 47,600 piastres,
et un bénéfice représenté par la contribution de tous les Bohémiens devenus stables.

# LOI DU 22 MARS 1843

## (DÉCRET 233)

# ABOLITION DE L'ESCLAVAGE

## POUR LES BOHÉMIENS DE L'ÉTAT

« *Par la loi du 22 mars 1843, tous ceux qui payaient l'impôt de l'administration de la Vornicia des prisons (Bohémiens de l'État) ont passé
sous l'administration des préfets des districts, mesure par laquelle ils ont*

*été affranchis de l'esclavage et rangés dans la catégorie des Roumains soumis à l'impôt personnel* » (1). (Braïloï, Codes, p. 22.)

Cette loi crée une économie de 47,600 piastres en faveur de la caisse d'émancipation et un bénéfice, pour l'État, représenté par la contribution de tous les Bohémiens devenus stables.

TRADUCTION.

ARTICLE 1er. — Tous les Bohémiens contribuables qui se trouvent actuellement sous l'administration de la *Vornicia* (direction) *des prisons* passent directement sous celle des préfets à partir du premier jour du trimestre au cours duquel ce projet aura acquis force de loi, dans les mêmes conditions où ils se trouvent sous celle de la Vornicia des prisons, c'est-à-dire qu'ils continueront à être soumis à la capitation fixée par les articles 5 et 6 de la loi de 1832, n° 6. Cette capitation sera perçue par les sous-préfets gérant les arrondissements, et par leurs subordonnés, jusqu'au début de la quatrième période du prochain recensement, si jusque-là il appert que leur sort s'est amélioré et qu'ils ont cessé d'être nomades. Par suite, toute la chancellerie financière de la Vornicia des prisons, et celle des sous-administrateurs qui dépendent d'elle, seront complètement supprimées, et les sommes que la Vornicia des prisons percevait de leur capitation, — conformément aux articles 10, 11 et 12 de la susdite loi, — seront conservées dans la caisse de l'État, et le chef du Département du trésor (ministre des finances) se conformera aux dispositions des articles 12, 13, 14 et 15 de la même loi, et aux conditions prescrites par l'article 15, concernant le rachat des Bohémiens. Les actes porteront la signature du chef du Département du trésor et seront scellés du sceau princier; ils seront soumis au contrôle, selon les règles générales établies pour celui des comptes de l'État.

ART. 2. — Comme, par suite de cette mesure, il résulte chaque

(1) *Vornicia,* Ministère de l'Intérieur; dans cette phrase, *vornicia* doit être traduit par : Direction.

année une économie de 47,600 lei au profit de la caisse de réserve, il y aura lieu d'ajouter à la somme des fonds constitués pour le rachat des Bohémiens (jusqu'à l'inscription complète de ces derniers dans la classe des paysans laboureurs), la capitation qu'ils payent actuellement et 23,800 piastres qui seront prises dans la caisse du Trésor, et qui représentent la moitié de la somme économisée de 47,600 piastres.

Comme le jour où les Bohémiens feront partie de la classe des paysans laboureurs ils cesseront, naturellement, de payer leur dîme, parce qu'ils auront à acquitter une contribution envers les caisses des villages, le Trésor versera à la caisse de réserve les 47,600 lei, résultat de l'économie obtenue par la suppression de la chancellerie.

---

# DÉPARTEMENT DES AFFAIRES DE L'INTÉRIEUR

## MINISTÈRE DE L'INTÉRIEUR.

Dispositions relatives à l'établissement des Bohémiens vagabonds appartenant à des propriétaires.

TRADUCTION.

28 août 1843 (*Bull. off.* n° 80).

Attendu que nombre de Bohémiens appartenant à des particuliers mènent une vie errante et vagabonde; qu'ils changent continuellement leur tente de place et ne possèdent aucun domicile connu,

Le Gouvernement, — pour arriver à exécuter la disposition prise en vue de l'établissement général de cette catégorie d'individus, — prévient, par la présente publication, tous les propriétaires de Bohémiens de cette Principauté qu'ils devront prendre, — dans le délai de dix-huit mois à partir d'aujourd'hui, — les mesures nécessaires pour établir lesdits Bohémiens sur leurs terres ou sur d'autres propriétés et pour les fixer d'une façon stable dans des maisons (1), à l'exemple des autres habitants. Dans le cas où, le terme de dix-huit mois écoulé, il se trouverait des Bohémiens errants dans l'étendue de cette Principauté, le Gouvernement prendrait des mesures pour leur établissement, — sans tenir compte d'aucune considération.

## APPROBATION DES COMPTES DE 1844

Cette pièce est relative à l'exercice régulier de la loi de 1843. Le Prince approuve en 1846 les comptes de la caisse de l'émancipation relatifs à l'exercice de 1844.

Bucarest, 27 décembre 1846 (n° 474).

Nous, Georges-Démètre Bibesco, Voïvode,

Vu le rapport n° 208 qui Nous a été présenté, signé par le président et les secrétaires de l'honorable Assemblée générale, duquel il résulte que vérification a été faite des comptes du fonds réservé au rachat des Bohémiens appartenant aux particuliers, — comptes relatifs à l'année 1844, — et qu'ils ont été trouvés conformes aux explications fournies par le contrôle général, comme aussi à la balance indiquée, accusant une réserve, tous frais payés, de 1,641 lei 124 paras;

En vertu de l'article 49 du Règlement organique, Nous approuvons ces comptes tels qu'ils ont été adoptés par l'honorable Assemblée générale.

(1) La force de la tradition et de l'habitude fut telle, qu'au début les Bohémiens mettaient leurs cochons dans la maison et plantaient leur tente à côté.

M. le Chef du Département des finances est chargé de lire cette adresse.

### ANNEXE AU RAPPORT N° 474 DU 27 DÉCEMBRE 1846

#### REVENUS :

1° Un acte daté du 1ᵉʳ janvier 1844, conforme au compte
établi, après vérification, *pour l'année* 1843 . . . . . . . . . .  15,301  89
2° Provenant de la dîme des impôts de l'État durant l'an-
née 1844, nommément :

    Pour le trimestre de janvier. . . . . . . . . . . 3,114  60
    Pour le trimestre d'avril . . . . . . . . . . . . . 3,143  15
    Pour le trimestre de juin . . . . . . . . . 3,119  30
    Pour le trimestre d'octobre. . . . . . . . . . . 3,163  30
              En tout . . . . . . . . . . . . . .  12,540  35
3° Du budget de 1844. . . . . . . . . . . . . . . . . . . . . . . . . .  23,800

                                                   51,641  124

#### DÉPENSES :

1° Pour 221 individus Bohémiens rachetés à M. le grand
vornic Barbu Stirbei, à raison de 12 ducats chacun, sur
la somme convenue de 83,638 lei, qui devaient être acquittés cette année (déduction faite de 33,538 lei qui
restent à être acquittés en 1845) (1), il a été payé . . . . .  50,000
Reste en caisse au 1ᵉʳ janvier 1845, nommément :
Un acte de l'honorable ministre des finances de.  1,612  124
Un reste à recevoir du district de Dolj . . . . . .  29
               Soit . . . . . . . . . . . . . . .  1,641  124

                                                   51,641  124

(1) Cette somme sera versée à qui de droit sur l'exercice de 1845.

# QUESTION DES MINES

## (1843—1844)

Nous réunirons, au cours de ce travail, en un seul groupe tous les documents relatifs à une même question.

# QUESTION DES MINES

## HISTORIQUE

En mars 1843, M. Trandafiloff, représentant d'une société
russe, adressa au gouvernement du Prince Bibesco une requête
qui exprimait le désir de la société d'exploiter les mines de
métaux que les monts Carpathes pouvaient renfermer. Cette
société sollicitait d'abord pour ses ingénieurs l'autorisation de
parcourir et d'étudier les montagnes, afin de trouver les gise-
ments des minéraux, puis le droit de passer des marchés de gré à
gré avec les propriétaires possesseurs de mines. Elle s'engageait
à payer à l'État, conformément au règlement organique, la taxe
qui lui revenait de droit.

En ce qui concernait les propriétaires auxquels les moyens
d'exploitation pourraient manquer ou qui ne voudraient pas louer
leur terre, la société priait le Prince de lui permettre de se substituer au Gouvernement dans les droits que lui reconnaissait
l'article 179 du Règlement. Mais contrairement à cet article, la
requête, quelque peu obscure, semblait vouloir faire courir le
délai de dix-huit mois accordé aux propriétaires pour commencer leurs travaux d'exploitation, à dater du jour où serait
donnée l'autorisation de découvrir les mines, tandis que le Règlement faisait bénéficier ces derniers de dix-huit mois pleins à
partir du jour de la découverte de chaque mine en particulier. La
durée de la concession avait été limitée par le Prince au terme

de douze années, et ce terme Lui avait été certainement inspiré par un sentiment de haute prévoyance nationale.

Séduit par la perspective d'augmenter, grâce à cette société, les revenus de l'État et des particuliers, le Prince envoya la requête de Trandafiloff au Conseil administratif extraordinaire, appela toute son attention sur l'importance de cette demande et l'invita à Lui faire connaître, sans retard, son opinion.

Le Conseil prit en considération les avantages que l'État et les particuliers pouvaient retirer de la proposition Trandafiloff; il exprima l'avis que « *les minéralogistes délégués fussent auto-* « *risés à parcourir les montagnes du pays pour y découvrir des* « *mines* », — et qu'il leur fût permis ensuite de contracter des engagements avec les propriétaires des mines qui seraient consentants, mais que le *Gouvernement se renfermât, à l'égard des propriétaires qui ne voudraient pas faire de contrat, dans les prescriptions de l'article 179* (1). — Le Conseil fut favorable au terme de douze années, mais en insistant sur ce point, resté obscur dans la pétition de Trandafiloff, que *le terme légal courrait à partir de la signature du contrat pour chaque mine en particulier*. A la suite de ce procès-verbal, le Prince estimant que autoriser les ingénieurs de Trandafiloff à étudier les montagnes, et repousser sa demande de substituer la société qu'il représentait au Gouvernement, dans le cas où les propriétaires ne pourraient pas exploiter eux-mêmes leurs mines, c'était se conformer à l'esprit et à la lettre du Règlement; d'autre part, jugeant qu'une pareille entreprise justifiait pleinement une concession pour douze années, Son Altesse approuva l'avis du Conseil et ordonna au grand Vornik (2) de donner à l'affaire la suite qu'elle comportait.

Cependant, contre toute attente, la réponse de l'Assemblée à Son Altesse, — le 6 février 1844, — fut hostile à l'entreprise

(1) Art. 178 et 179. (Voir p. 44.)
(2) Grand vornik : ministre de l'Intérieur.

Trandafiloff. — Sur quels motifs basait-elle cette hostilité, puisque le Prince avait pris soin d'observer strictement la loi, et de sauvegarder le droit de propriété? Elle la basait, non pas sur l'arrêté du Prince, mais sur un projet de contrat qu'entre temps Trandafiloff avait pris sur lui d'adresser au public (17 février 1844), en lui faisant connaître les conditions dans lesquelles la Compagnie était prête à exploiter les mines, tout comme s'il avait déjà obtenu cette autorisation. Or, il n'était pas encore en possession de l'autorisation sollicitée pour ses ingénieurs de parcourir les montagnes pour y découvrir les mines. Au surplus, cet acte, simple projet émanant d'un particulier, *n'étant revêtu d'aucune sanction*, n'avait, par cela même, aucune valeur. L'Assemblée, pourtant, ne s'arrêta pas à cette considération; son siège était fait, son parti pris d'opposition (1) irrévocable.

En effet, elle rappela, dans son adresse, les articles 178 et 179 du Règlement; elle s'étonna « qu'on laissât en circulation « des feuilles imprimées, *présentant le caractère de contrats,* « *basés sur l'autorisation obtenue par la Compagnie de découvrir* « *et d'exploiter les mines en vertu du journal du Conseil admi-* « *nistratif extraordinaire* du 19 août 1843, confirmé par Son « Altesse; elle ajouta *que le contenu de cette publication,* qui « *n'était pas conforme* au sens des deux articles du Règlement « précité, *avait* TOUT DE MÊME ÉTÉ PRIS EN CONSIDÉRATION « PAR LE CONSEIL; elle confondit comme à plaisir l'exploitation « volontaire des mines avec l'exploitation prévue par l'article 179 « du Règlement, et elle termina *en priant respectueusement* le « Prince *d'annuler,* pour ces motifs, *le journal du Conseil admi-* « *nistratif comme contraire aux lois en vigueur* ».

En résumé, toutes les observations de l'Assemblée, sans en excepter une seule, portaient à faux, car le Gouvernement avait scrupuleusement respecté les articles 178 et 179; il n'avait donné

---

(1) *L'Assemblée fit au Prince une opposition systématique.* (XÉNOPOL, p. 175, *Histoire des Roumains,* t. VI.)

qu'une autorisation, celle de permettre aux ingénieurs d'étudier les montagnes. Il ne s'était occupé que des contrats volontaires, et avait repoussé la demande de Trandafiloff concernant l'exploitation des mines des propriétaires qui ne pourraient pas les exploiter eux-mêmes.

A toutes les fautes qu'elle avait commises, l'Assemblée avait ajouté le manque de respect envers le Prince, en demandant à Son Altesse d'annuler un acte revêtu de Sa signature, de porter en quelque sorte Lui-même atteinte au prestige de la couronne.

Blessé par le rapport de l'Assemblée, jugeant utile de dévoiler les perfides insinuations répandues dans le public, la malveillance qui avait cherché à donner le change sur les mesures prises par le Conseil administratif extraordinaire, — mesures conformes aux articles 178 et 179 du Règlement organique, — Son Altesse ordonna, par son message en date du 14 février 1844, de faire imprimer sans délai la requête de Trandafiloff, l'apostille du Prince, et le procès-verbal revêtu de sa sanction, « *afin que chacun pût se convaincre des sentiments dont avait été animée l'autorité suprême, qui n'avait qu'un but : celui d'assurer une nouvelle source de richesses à l'État et aux propriétaires. Le devoir du chef de l'État eût été d'agir de même à l'égard de telle autre société que celle de Trandafiloff* ».

Puis, s'adressant à l'Assemblée générale, — message du 15 février, — le Prince la blâma « *d'avoir dépassé les limites qui lui* « *étaient tracées par ses attributions, d'avoir foulé aux pieds les* « *convenances, et d'avoir manqué au respect qu'elle devait à l'Au-* « *torité suprême* ». — « *L'Assemblée aurait dû* », lui dit le Prince, « *lire avec attention l'arrêté du Conseil; elle aurait* « *vu qu'il était fondé sur ces mêmes articles du Règlement* « *qu'elle invoquait, et que cet arrêté se bornait à l'autorisation* « *donnée de parcourir les montagnes pour faire de simples* « *recherches.* » — La prévoyance du Gouvernement était allée jusqu'à fixer pour l'exploitation le terme de douze années, afin d'empêcher plus d'un propriétaire, sans expérience, de commettre la faute grave de faire un contrat pour un temps illimité.

La fin de l'adresse du Prince ressemblait fort à une menace : après avoir considéré « *qu'une pareille conduite, de la part de* « *l'Assemblée, ne pouvait s'expliquer que par un regrettable* « *entraînement*, Son Altesse l'engagea *à apporter plus de mesure* « *dans ses paroles et ses actes, et* Elle lui rappela *que son avenir* « *dépendait de l'assistance qu'elle donnerait avec bonne foi, avec* « *loyauté, au Gouvernement* ».

L'Assemblée générale sentit bien qu'elle s'était mise dans son tort, mais elle ne voulut pas en convenir, et sa nouvelle adresse au chef de l'État, — 14 février, — ne fut pas plus heureuse que la première, puisqu'elle accusa de la façon la plus nette son parti pris d'opposition. Ne pouvant plus, en présence du message du Prince, reproduire ses critiques sans objet, elle se borna, — tout en protestant de son respect, — à prier Son Altesse « *d'annuler* dans le procès-verbal du 19 août « *tout ce qui n'était pas conforme* « *aux lois en vigueur* », et s'emparant, comme d'une arme, du terme de la concession fixé à douze ans par le Prince, — sans vouloir admettre que cette condition fût, de la part du Souverain, un acte de prévoyance, — elle dit « *qu'il aurait fallu ajouter* « *cette disposition à la loi, comme annexe, d'après les formes* « *prescrites par le Règlement...* ». Enfin, ne voulant pas laisser le dernier mot au chef de l'État, qui l'avait menacée *dans son avenir*, elle répondit « *qu'elle croyait pouvoir trouver une conso-* « *lation dans l'espoir que son existence et la situation qu'elle* « *occupait se trouvaient protégées par les deux hautes Cours* « *suzeraine et protectrice* ».

Le 4 mars 1844, le Prince prononça la clôture de la Chambre.

On pourrait croire que le Prince, débarrassé de la Chambre, fort de l'appui de la Porte, de celui de la Russie, — dont l'amour-propre, intéressé au succès de Trandafiloff, fut blessé d'une opposition visiblement dirigée contre la Puissance protectrice, —

que le Prince, disons-nous, ait eu hâte de donner une satisfaction
à la Russie en faisant droit à la demande de Trandafiloff. Mais il
aurait fallu pour cela que le Prince fût guidé par un autre sentiment que celui du « bien faire », par un autre désir que celui de
lancer Son pays dans la voie du progrès et de la richesse. Céder
à des sentiments de rancune eût été indigne de Son caractère ;
accorder la concession, — dans l'état de frayeur où les « perfidies »
répandues dans le pays avaient jeté les esprits, — pour complaire
au cabinet de Saint-Pétersbourg, eût été indigne de son patriotisme. Le Prince envisagea froidement la situation, et prit le
parti de rejeter la requête de Trandafiloff.

A quelque temps de là, le chevalier Ignace Jancovenco, ayant
sollicité du Gouvernement l'autorisation de pouvoir se livrer à la
recherche des mines qui pouvaient se trouver sur les terres des
propriétés soumises à l'autorité ecclésiastique, vit sa demande
également repoussée (1).

(1)        ARTICLES 178 ET 179 DU RÈGLEMENT ORGANIQUE.

ART. 178. — Si l'on découvre une mine sur le domaine d'un particulier, celui-
ci sera libre de l'exploiter lui-même ou de la faire exploiter sous conditions de
donner au Gouvernement le dixième en nature, ou de payer au trésor le dixième
du gain réalisé, déduction faite, dans les deux cas, de toutes les dépenses d'exploitation.

ART. 179. — S'il est prouvé que le propriétaire sur la terre duquel une mine
aura été découverte n'a pas, — après le terme de dix-huit mois que lui aura
concédé le Prince, — le moyen de l'exploiter lui-même et qu'il se refuse à l'affermer, le Prince et l'Assemblée générale ordinaire prendront, s'ils le trouvent
utile, les mesures nécessaires pour l'exploitation de ladite mine, en donnant au
propriétaire le dixième des bénéfices, — déduction faite des frais de l'entreprise,
— et les dommages-intérêts auxquels il aurait droit, pour les dégâts causés sur
la terre par le forage et autres travaux miniers. — (Voir les *Annales parlementaires,* p. 264.)

# DOCUMENTS

---

*Requête de M. Trandafiloff à S. A. S. le Prince* (1).

TRADUCTION.

Mars 1843.

Une société de l'empire de Russie, dont le soussigné est le fondé de pouvoir, convaincue que ce pays béni de Dieu de par les droits que lui ont assurés le très puissant empire de Russie ainsi que la Sublime Porte, a fait choix d'un Prince juste, éclairé et en tout utile à la Patrie, a décidé de sacrifier un capital considérable pour tenter l'exploitation de tout métal gisant dans les Carpathes de ce pays, en faisant d'avance avec les propriétaires des conventions à l'amiable, et en payant à l'État les redevances réglementaires.

Mais, cette société jugeant nécessaire d'envoyer, tout d'abord, quelques minéralogistes pour visiter les montagnes du pays, je prie humblement Votre Altesse d'ordonner, à qui de droit, que ces ingénieurs, dont je donnerai les noms au Département de l'intérieur, aient la permission de circuler, et qu'au besoin il leur soit accordé aide et protection.

En outre, si les propriétaires dans les terres desquels on trouverait des métaux n'avaient pas les moyens de les exploiter eux-mêmes dans le délai de **dix-huit** mois, — terme fixé dans le le Règlement, — ou, s'ils ne voulaient pas s'entendre avec la

---

(1) D'après ce texte un peu obscur, Trandafiloff n'aurait pas voulu faire courir le terme des dix-huit mois à partir de la découverte de chaque mine en particulier et de la mise en demeure du propriétaire de la mine d'exploiter, mais, d'une manière générale, à partir de l'autorisation d'exploiter donnée par le Prince.

société pour les exploiter, — en vertu de contrats conformes à la loi, cette société prierait Votre Altesse de lui assurer les droits que donne l'article 179 du Règlement, pendant au moins douze années à dater de l'accord que la société ferait dans le courant de ces dix-huit mois, qui compteront du jour où des ordres seront donnés à cet effet.

J'ose espérer, Altesse Sérénissime, que la demande de la société recevra de Vous un accueil favorable, étant donné, d'une part, que l'État est assuré d'un bénéfice considérable, sans avoir rien à débourser ; que, d'autre part, les propriétaires en tireront également un avantage, et que les habitants des montagnes où les mines seront exploitées, feront de leurs journées un emploi lucratif.

Signé : TRANDAFILOFF.

## Le Prince au Conseil administratif extraordinaire.

Le Prince recommande la requête de Trandafiloff à l'examen du Conseil.

TRADUCTION.

Mars 1843.

En envoyant cette requête à l'examen du Conseil administratif extraordinaire, Nous appelons toute son attention sur la demande qui Nous a été adressée, attendu qu'elle intéresse l'augmentation des revenus de l'État et des particuliers.

Au cas où l'entreprise proposée serait de nature à être exécutée, le Conseil Nous enverrait dans le plus bref délai possible un rapport détaillé sur les mesures à prendre.

*Procès-verbal du Conseil administratif extraordinaire.*

19 août 1843.

Ce jourd'hui, jeudi 19 août 1843, en séance du Conseil administratif extraordinaire : prenant en considération l'apostille de Son Altesse sur la requête que lui a présentée Alexandre Trandafiloff, à l'effet d'être autorisé à exploiter, par contrats à l'amiable avec les propriétaires, tous métaux qu'il découvrira dans les montagnes de la Principauté, à charge par lui de payer à l'État la redevance prévue par l'article 179 du Règlement ;

Le Conseil a pris les résolutions suivantes :

1° La demande de ladite société, représentée par A. Trandafiloff, mérite toute l'attention du Gouvernement, comme offrant un moyen d'augmenter les revenus de l'État et celui des particuliers. Le Conseil, considérant le projet comme sérieux, autorise la mise à exécution de cette entreprise ; à cet effet, il permet aux minéralogistes délégués de visiter toutes les montagnes du pays pour y rechercher les mines, sans toutefois causer de dommages aux propriétaires.

2° Le Département de l'intérieur donnera des ordres aux préfets des districts ; il les informera que ces minéralogistes, délégués de la société, sont autorisés à faire toutes sortes de recherches pour découvrir et constater l'existence des mines ; et il fera sentir aux propriétaires le profit qu'ils retireront de la découverte de mines qui resteraient à jamais inconnues sans ces recherches, et pour lesquelles il faut de grandes dépenses et le concours d'hommes sérieux.

3° Après que les recherches auront été faites par lesdits ingénieurs, M. Trandafiloff s'engage, — par tels moyens qu'il jugera convenables, — à conclure des contrats avec les propriétaires des terres sur lesquelles on aura découvert des mines, et à donner à l'autorité une liste des noms tant des propriétaires qui auront accepté ses propositions que de ceux qui n'auront pas voulu conclure avec lui. En ce qui concerne les premiers, il pourra recevoir, — dès que la liste aura été envoyée, — l'autorisation de commencer son exploitation ; quant aux seconds, le Gouvernement suivra à leur égard les prescriptions des articles 178 et 179 du Règlement.

4° Le terme de douze années, demandé pour l'exploitation, courra, — *pour chaque mine en particulier*, — du jour où l'autorisation de commencer le travail aura été donnée.

La société devra entreprendre ces travaux dans l'année même où elle recevra l'autorisation de les commencer.

Le procès-verbal sera soumis à Son Altesse. Le Département de l'intérieur exécutera sa décision.

### Adresse de Son Altesse Sérénissime au Département de l'intérieur.

Le Prince approuve le procès-verbal du Conseil administratif extraordinaire et ordonne qu'il lui soit donné sans retard la suite qu'il comporte, c'est-à-dire qu'il soit soumis à la Chambre, avec la requête Trandafiloff.

TRADUCTION.

21 octobre 1843 (n° 653).

Vu le procès-verbal du Conseil administratif extraordinaire, en date du 19 août courant, qui Nous a été soumis avec le rapport de ce Département, n° 1982. Vu la délibération du Conseil touchant la demande, contenue dans la requête de M. A. Trandafiloff, d'exploiter, après convention faite à l'amiable avec les propriétaires, toute mine métallifère qu'il découvrira dans les montagnes de la Principauté, à charge par lui de payer à l'État le droit fixé par l'article 179 du Règlement organique.

Nous approuvons l'avis du Conseil au sujet de cette requête, et ordonnons qu'on lui donne, sans retard, la suite qu'elle comporte.

Le Grand Vornic de l'Intérieur est chargé de la stricte exécution du présent décret.

———

*Projet de contrat publié et distribué par Trandafiloff,* **sans l'autorisation du gouvernement.**

TRADUCTION.

(1843).

Le soussigné certifie par le présent contrat que, conformément aux articles 178 et 179 du Règlement organique, et en vertu de l'autorisation de S. A. le Prince Georges-Démétrius Bibesco, confirmant le rapport du Conseil administratif extraordinaire, — daté du 21 octobre de l'année 1843, n° 653, — la Compagnie formée pour la découverte de filons d'or ou d'autres métaux est autorisée à se livrer à leur recherche, sur toutes les propriétés appartenant à M....., de la Principauté de Valachie. Si la Compagnie découvre un des métaux énoncés ci-dessus, elle pourra poursuivre ses travaux en vue de leur exploitation, en donnant au propriétaire sa prime légale d'un dixième, — fixée par le Règlement au profit du propriétaire M....., — et une part égale à l'État, sur tout bénéfice qu'elle réalisera, conformément au contenu des articles cités plus haut. Le propriétaire M....., pour mieux assurer sa part dans les profits, pourra déléguer un fondé de pouvoir qui assistera dès le début aux opérations de l'exploitation. Le soussigné offre cet engagement aux conditions suivantes :

1° Les fondés de pouvoir de ladite Compagnie ou leurs délégués auront le droit de se livrer à la recherche des filons d'or

II.                                                      4

ou autres métaux pouvant exister dans les montagnes, dans les plaines, et au bord des rivières, le long des berges, sur les propriétés de M....., en suivant le cours des fleuves. Ils ne devront causer aucun dommage aux moulins et autres bâtisses sises sur ces terres, ou dans leurs environs, ni occasionner des dégâts aux récoltes des habitants. La Compagnie est responsable de tout dommage occasionné par la faute de ses agents. Lorsqu'elle aura découvert un de ces métaux, elle pourra suivre ses travaux sur toute l'étendue des veines ou couches, le terrain fût-il même couvert d'habitations et cultivé. Dans ce cas, la Compagnie aviserait le fondé de pouvoir de M....., afin qu'il s'entendît avec elle pour le règlement de l'indemnité.

2° Les délégués de la Compagnie peuvent aussi, s'ils le jugent à propos, construire sur les lieux, et à leurs frais, une fabrique pour le lavage de l'or, et les bâtisses qui leur seront nécessaires. Toutefois, — c'est là une condition, — après l'achèvement des travaux d'exploitation de l'or et des autres métaux ou minéraux contenus dans ces veines ou couches, soit encore après l'expiration du privilège concédé pour douze ans aux délégués de la Compagnie, la fabrique et toutes ses dépendances construites sur la propriété de M..... resteront en la possession de ce dernier, sans que les constructeurs des immeubles aient droit à aucun remboursement. La Compagnie devra également laisser, à l'expiration du terme de l'exploitation, les canaux, fosses et autres travaux, dans l'état où ils se trouveront à ce moment. A cette fin, nous étendons toutes les conditions énoncées plus haut aux héritiers de M....., pour qu'elles soient observées à la lettre durant le terme de douze années, au cours desquelles cette Compagnie est autorisée à exploiter les mines de cette Principauté. L'exploitation comptera du jour où commenceront les travaux (1).

(1) A part le décousu qui règne dans cet acte, commençant par l'offre de Trandafiloff et finissant par la signature du propriétaire de la mine, il faut encore

A ces conditions seront astreintes toutes les personnes qui deviendraient, à n'importe quel titre, possesseurs de la propriété de M......

En foi de quoi le présent contrat a été donné à M. Rosmitra Trandafiloff, fondé de pouvoir de ladite Compagnie.

---

*Adresse de l'Assemblée à S. A. S. le Prince de Valachie.*

L'Assemblée se montre hostile à l'entreprise de Trandafiloff. — Dans sa hâte à la critiquer, elle ne s'aperçoit pas que les erreurs qu'elle commet, dans son adresse au Prince, prouvent qu'elle n'a pas étudié le projet de Son Altesse. — L'adresse se ressent de ces dispositions ; elle est embarrassée et difficile à comprendre (1).

TRADUCTION.

6 février 1844 (n° 166).

Les articles 178 et 179 du Règlement organique consacrant, avec l'article 64, le droit de propriété, basé sur les principes inébranlables du bon droit et de la justice, ont concédé au propriétaire dans les terres duquel des mines seraient découvertes, le droit de les exploiter ou de les affermer, suivant qu'il le jugerait convenable, en l'obligeant seulement à remettre à la vistiarie la dixième partie du gain net, déduction faite de tous les frais. L'Assemblée générale considérant, d'une part, le droit reconnu aux propriétaires par ces dispositions de la loi, désirant d'autre part la prompte réalisation de ces dispositions, susceptibles de procurer de nombreux avantages aux propriétaires dans le cas

---

remarquer que Trandafiloff ne spécifie pas, comme le Prince a eu soin de le faire, que le délai de douze années compterait *à partir de l'exploitation de chaque mine en particulier.*

(1) Les critiques de la Chambre tombent à faux : elle confond l'exploitation volontaire des mines avec l'exploitation prévue par l'article 179 du Règlement.

d'une juste application des principes contenus dans les deux articles précités, n'a attendu que l'initiative du gouvernement pour se prononcer sur le cas de propriétaires ne pouvant pas disposer de moyens suffisants pour entreprendre le travail des mines découvertes sur leurs terres, ou même se refusant à les affermer. Mais nous voyons, contre toute attente, qu'avant même qu'on soit en état de faire les recherches nécessaires pour la découverte des mines et en mesure d'accomplir les formalités prescrites, on laisse circuler des feuilles imprimées qui sont distribuées avec largesse; et, bien que celles-ci traitent de préparatifs en vue de découvertes minières, elles n'en présentent pas moins le caractère de contrats, basés sur l'autorisation obtenue par la Compagnie de rechercher et d'exploiter les mines, en vertu du journal du Conseil administratif extraordinaire daté du 19 août 1843, confirmé par Votre Altesse (Adresse n° 653 de de la même année), à la suite du rapport du Département de l'Intérieur. Or, l'on peut constater qu'il règne un complet désaccord entre les dispositions de la loi et le texte des exemplaires de contrat répandus dans le public. Conséquemment, ces projets de contrat pourraient être considérés comme de nul effet, du moment qu'ils ne sont pas conformes aux prescriptions légales; il est à craindre, cependant, qu'à l'expiration des dix-huit mois, comptés à partir de la date de la publication, on ne tienne pour valables les contrats qui auraient été passés, sous le prétexte que les formalités légales auraient été remplies. En réalité, une semblable mise en demeure ne saurait être faite qu'à chaque propriétaire en particulier, et celui-ci devrait pouvoir jouir, pendant ce laps de temps, de la liberté de conclure un contrat de louage avec telle personne de son choix, et au mieux de ses intérêts.

Pour ces motifs, l'Assemblée prie humblement Votre Altesse de vouloir bien prendre en considération les remarques précédentes, de donner l'ordre que tout ce qui est contraire aux lois en vigueur, dans le journal précité du Conseil administratif, soit annulé, et qu'en même temps les publications imprimées soient infirmées et retirées de la circulation. De cette façon l'État aussi bien que les propriétaires pourront exercer librement leurs droits et jouir de leurs bénéfices légaux, conformément aux dispositions du Règlement organique.

---

### Le Prince au Conseil administratif.

#### DÉCRET.

Le Prince ordonne de publier toutes les pièces relatives à la requête Ţrandafiloff, afin de permettre à tout le monde de se rendre compte *des insinuations perfides répandues dans le public pour le tromper.*

TRADUCTION.

14 février 1844 (Arch. n° 15).

Vu le rapport qui nous a été adressé par l'Assemblée générale, sous le n° 166, au sujet de l'exploitation des mines, vu les perfides insinuations qui, — paraît-il, — ont été répandues dans le public — au sujet des mesures prises, à cet égard, par le Conseil, — et l'esprit de malveillance qui a cherché à le tromper, et à inspirer des inquiétudes aux propriétaires ;

Nous ordonnons que la requête que la Compagnie Trandafiloff Nous a présentée, dans le but de prendre des arrangements avec les propriétaires sur les terres desquels elle pourrait découvrir des mines, que Notre arrêté touchant cette requête et le procès-verbal du Conseil revêtu de Notre sanction, soient imprimés sans délai, afin que chacun puisse se convaincre que l'Autorité, — uniquement soutenue par l'espoir de créer une nouvelle source de richesses pour l'État, et encore plus pour les particuliers, — n'a fait que son devoir.

Le Gouvernement eût agi de même avec telle autre Compagnie qui lui eût adressé la même demande en vue d'être autorisée à visiter les montagnes pour y découvrir des mines, et il lui eût imposé (comme à Trandafiloff) le devoir de respecter les droits des propriétaires en ce qui concerne les conventions particulières, et de conformer toutes ses opérations aux dispositions des articles 178 et 179 du Règlement organique.

L'Autorité, dans sa sollicitude paternelle, craignant que des propriétaires inexpérimentés n'engageassent leurs terres par contrats illimités, a poussé la prévoyance jusqu'à imposer à ladite Compagnie de ne dépasser, en aucun cas, le terme de douze ans d'exploitation.

Nous espérons que ce qui vient de se passer servira de leçon au public; qu'à l'avenir il ne se laissera plus tromper aussi aisément par des insinuations perfides, et qu'il restera convaincu que Notre unique désir, la plus douce récompense de Nos fatigues et de Nos sacrifices est et sera de voir chacun jouir, en paix, des droits que les lois lui garantissent.

M. le Grand Vornic est chargé de l'exécution du présent décret : il veillera à ce que la décision légale contenue dans ledit procès-verbal soit exécutée, sans qu'il soit toléré la moindre infraction de la part de la Compagnie (1).

---

### Message du Prince à l'Assemblée générale.

Le Prince rappelle la Chambre au respect qu'elle doit à l'Autorité suprême. Il déplore qu'elle *n'ait pas lu avec attention* Son arrêté et qu'elle *ait dénaturé Ses intentions les plus pures*. Son Altesse engage la Chambre à mesurer ses paroles et ses actes ; Elle lui rappelle que *son avenir dépend du concours loyal qu'elle donnera au Gouvernement.*

15 février 1844 (n° 154).

L'Assemblée générale a dépassé non seulement les limites qui lui sont tracées par ses attributions, mais elle a foulé aux pieds

(1) Le Prince avait donc eu la prévoyance d'imposer le terme de douze ans : le Règlement n'avait prévu aucun terme.

les convenances et manqué au respect qu'elle doit à l'Autorité
suprême, en demandant, par son rapport n° 166, l'annulation
d'un arrêté du Conseil, confirmé par Nous, sans se donner même
la peine d'en examiner les termes. En effet, si l'Assemblée générale avait voulu s'éclairer sur les mesures prises, dans cette circonstance, par le Gouvernement, elle aurait dû lire avec attention
cet arrêté, et elle aurait vu qu'il est fondé sur ces mêmes articles
du règlement que l'Assemblée invoque aujourd'hui; que l'arrêté,
loin d'attenter, ainsi qu'il a été dit dans le rapport de l'Assemblée, au droit de propriété, ne fait que le consacrer dans toute
son étendue, et prévoit, avec une sollicitude paternelle, les erreurs
dans lesquelles auraient pu tomber, par manque d'expérience,
bien des propriétaires, en engageant leurs mines à perpétuité.
Dans ce but, il a défendu à cette Société d'étendre, dans aucun
cas, son droit au delà du terme de douze années.

Nous ne pouvons trouver d'expressions pour exprimer la douloureuse impression que nous a causée la lecture de ce rapport,
dans lequel le Gouvernement se voit accusé d'avoir violé les lois
et les droits de propriété, alors qu'animé du désir de faire réussir
toute entreprise d'utilité publique, il nourrissait l'espoir d'ouvrir
à l'État, et plus encore aux propriétaires, une nouvelle source
de richesses.

Toutefois, comme Nous ne pouvons admettre qu'une pareille
conduite de la part de la majorité de l'Assemblée ne soit pas
l'effet d'une erreur, Nous tâchons de surmonter Notre juste afflic-
tion et Nous conseillons à l'Assemblée d'être, à l'avenir, plus
mesurée dans ses paroles ainsi que dans ses actes. Qu'elle ne
perde surtout pas de vue que son avenir dépend de l'assistance
qu'elle prêtera loyalement à un gouvernement qui, du jour où il
a pris en main la direction des affaires, n'a donné que les preuves
les plus pures de ses intentions et de l'activité la plus infatigable
pour le bien public.

### Adresse de l'Assemblée à S. A. S. le Prince.

L'Assemblée se défend de l'accusation, portée contre elle, d'avoir manqué aux règles de la bienséance. Elle veut prouver qu'elle a étudié la question, se place sur un nouveau terrain et tombe dans de nouvelles erreurs. Elle porte au Prince une sorte de défi, en *se flattant de l'espoir qu'elle peut compter sur la protection des deux hautes Cours suzeraine et protectrice.*

TRADUCTION.

24 février/8 mars 1844 (n° 205).

L'Assemblée générale a pris connaissance du contenu de l'Adresse n° 154, que Votre Altesse a bien voulu lui adresser en réponse à son rapport n° 166, et elle a été grandement affligée de cette observation : qu'elle aurait dépassé les limites de ses attributions et qu'elle aurait foulé aux pieds les règles de la bienséance et du respect dû à l'autorité, en demandant l'annulation du procès-verbal du Conseil administratif extraordinaire concernant l'exploitation des mines, et confirmé par Votre Altesse. Ladite Adresse ajoute que l'Assemblée ne s'est pas pénétrée du contenu du procès-verbal en question, basé précisément sur les dispositions des articles qu'elle invoque dans son rapport. A cet égard, l'Assemblée générale sollicite de Votre Altesse la liberté de lui faire connaître respectueusement qu'ayant toujours sous les yeux les articles 54, 56 et 57 du Règlement organique qui, entre autres obligations, lui imposent celle d'apprécier l'utilité de toutes les mesures prises dans les questions générales, elle croit n'avoir pas dépassé ses attributions si, en examinant la question des mines au point de vue des intérêts généraux du pays, elle a jugé utile et conforme aux devoirs que lui impose la loi organique, de prier Votre Altesse, — après s'être bien pénétrée du contenu du procès-verbal, — de vouloir bien en ordonner l'annulation, en tout ce qui ne serait pas conforme aux lois en vigueur. Elle demande aussi qu'on anéantisse les exemplaires du contrat, imprimés et distribués, et qu'on empêche de mettre les autres dans la circulation, attendu que leur teneur n'est pas conforme aux lois. L'Assemblée ne leur aurait jamais donné de l'importance, s'ils n'avaient pas été revêtus d'un caractère officiel.

Telles sont, Altesse Sérénissime, les raisons pour lesquelles l'Assemblée, dans son humble prière, témoigne le désir de voir le Gouvernement limiter les décisions prises au sujet de l'exploitation des mines aux articles 178 et 179 du Règlement organique. Elle croit aussi, — pour ne pas parler ici d'autres mesures propres à assurer les revenus de l'État, — que le terme de la concession pour douze années est un point capital digne de la plus grande attention, comme n'étant pas compris dans lesdits articles (1). Si le législateur avait jugé utile de fixer ce terme, il aurait dû ajouter cette disposition à la loi comme annexe, — dans les formes prescrites par l'article 58 du Règlement, — pour ne pas entraver les contrats volontaires qu'il peut convenir aux propriétaires de conclure.

L'Assemblée ne s'attendait pas à recevoir de Votre Altesse une réponse qui non seulement ne tient pas compte des sentiments de respect qu'elle Lui porte, mais encore l'accuse d'oublier les devoirs que lui imposent les articles 54, 56 et 57.

L'Assemblée se borne donc à renouveler son humble prière, en demandant, respectueusement, l'accomplissement des vœux qui font l'objet de son rapport n° 166.

Quant à l'avenir de l'Assemblée, — dont Votre Altesse veut bien s'occuper à la fin de son Adresse, — celle-ci croit devoir Lui assurer qu'elle n'oublie pas et qu'elle n'oubliera jamais ses devoirs envers l'Autorité suprême. Elle se flatte aussi de l'espoir que son existence et la place qu'elle occupe relèvent de la Suzeraineté et de la protection des deux hautes Cours nos bienfaitrices.

(1) Il ne faut pas s'étonner si ces mêmes hommes, qui faisaient un crime à Bibesco de mesures propres à garantir l'avenir des propriétaires, adressaient des réclamations à la Russie contre le Prince, ainsi qu'on le verra plus loin.

JOURNAL DU CONSEIL ADMINISTRATIF

Le chevalier russe Jancovenco ayant sollicité, l'année suivante, l'autorisation de rechercher les mines qui pourraient se trouver sur les terres soumises à l'autorité ecclésiastique, le Conseil administratif extraordinaire, chargé par le Prince d'étudier l'affaire et de faire son rapport, émet l'avis de repousser la demande du chevalier (1).

TRADUCTION.

19 février 1845.

« Le Conseil administratif, dans sa séance du 19 février, vu la proposition présentée par le chevalier de 5ᵉ classe M. Ignace Jancovenco, fondé de pouvoir de la Compagnie formée pour rechercher des métaux en Valachie; attendu que cette demande tend à la conclusion d'un contrat avec le Gouvernement pour obtenir l'autorisation de rechercher les métaux sur toutes les propriétés soumises à l'autorité ecclésiastique, c'est-à-dire appartenant à la Métropole, aux évêchés et à tous les monastères et couvents situés dans cette Principauté, conformément aux conditions formulées dans le projet annexé à ladite proposition;

Prenant également en considération la haute décision de Son Altesse Sérénissime le Prince régnant, décision inscrite sur ladite demande;

Le Conseil déclare :

Que par le journal du 19 août 1843, confirmé par décret du Prince nᵒ 653, les mesures relatives à l'exploitation des mines ont été arrêtées, — conformément aux dispositions des articles 178 et 179 du Règlement organique, — en vue d'autoriser ladite Compagnie à faire tels essais qu'elle voudra, dans le but de découvrir des mines et de conclure, pour leur exploitation, des contrats de gré à gré avec tout particulier, dans le cas où celui-ci consentirait à concé-

(1) Nous avons pensé que cette pièce, qui clôt la question des mines, devait figurer à cette place, bien qu'elle soit de 1845.

der ce droit à la Compagnie, sans transgresser toutefois les conditions exposées par ledit journal et en se soumettant aux principes légiférés par les articles, cités plus haut, du Règlement organique;

Que le journal dressé plus tard, le 28 septembre 1844, et confirmé par décret princier n° 26, n'a aucun rapport avec la demande qui nous est soumise par le représentant de ladite Compagnie; car, en effet, dans l'acte précité, le Gouvernement ne s'occupe que de la question des métaux qu'on pourrait découvrir dans les terres appartenant aux autorités ecclésiastiques, question qu'il règle conformément aux anciens usages et aux lois existantes, afin que le droit immuable que l'État a eu de tout temps sur ces objets et métaux ne puisse jamais être ni discuté ni mis en doute;

Que lui, Conseil extraordinaire, n'a pas été et n'est pas en droit de statuer sur des propositions de la nature de celles qui sont formulées par le fondé de pouvoir de la Compagnie, attendu qu'elles dépassent, par leur teneur, ses attributions, les principes légaux du Règlement organique, et qu'il est incompétent pour prendre une décision dans des affaires qui relèvent uniquement de l'Assemblée générale et du Gouvernement;

Pour ces raisons, le Conseil, après délibération, déclare ne pouvoir pas admettre la demande en question, et engage le fondé de pouvoir de la Compagnie minière à se conformer aux dispositions prises depuis longtemps par le Gouvernement et qui sont basées sur les articles 178 et 179 du Règlement.

M. le grand Vornic soumettra ce journal à la connaissance de Son Altesse pour en obtenir la confirmation. »

Par son message au Département des Cultes, en date du 18 octobre 1844, le Prince confirme les mesures arrêtées par le Conseil administratif extraordinaire. — La demande de Jancovenco est repoussée.

## COMMENT ON ÉCRIT L'HISTOIRE

La question des mines d'après MM. Élias Regnault, Ubicini, Vaillant, Héliade, Billecoq et Démètre Stourdza (1).

M. Élias Regnaut, *Histoire des Principautés danubiennes*, p. 240, 241 et 242 :

TEXTE EN LANGUE FRANÇAISE.

« Avec les résistances de l'Assemblée, on vit redoubler les ser- vilités de Bibesco auprès de la Puissance protectrice. Un agent russe, nommé Trandafiloff, était venu en Valachie sous prétexte d'établir une grande exploitation de mines. Bien accueilli du Prince, recommandé par lui à ses ministres, il avait obtenu des *concessions illimitées* sans égards pour les droits des propriétaires et *annonçait* hautement qu'il *allait faire venir de Russie cinq mille travailleurs*. C'était une véritable *aliénation du sol;* c'était de plus l'introduction d'une *garnison russe* à l'ombre d'un contrat pacifique. Tout cela se faisait *sans prendre conseil de l'Assem- blée*, seul juge légitime d'une question qui *touchait en même temps et à la propriété et à la sécurité de l'État.* Les hommes éclairés prirent l'alarme.

L'opinion publique, avertie, se souleva tout entière contre la convention Trandafiloff. L'Assemblée, entraînée par l'émotion générale, demanda des explications, et dans une adresse au Prince, lui signifia qu'il n'était pas en droit de faire une con- cession de cette nature, sans consulter préalablement le pays.

Bibesco, que toute opposition entraînait en de puériles fureurs fit une réponse en termes inconvenants : « Je considère, dit-il, cette Assemblée comme incapable de toute délibération sérieuse. »

(1) Nous soulignons à dessein, dans les citations que nous faisons, les parties qui mettent plus particulièrement en relief l'esprit d'invention et le sans-souci de la vérité desdits auteurs.

En même temps, il ordonna la suspension de l'Assemblée, quoique
le budget ne fût pas encore voté. »

Ubicini, *Histoire des Provinces danubiennes,* p. 184 :

TEXTE EN LANGUE FRANÇAISE.

« Dans le courant de l'année précédente, le gouvernement avait
concédé à un industriel russe, nommé Trandafiloff, un privilège
pour l'exploitation des mines de Valachie. Le consulat s'était
beaucoup entremis en faveur de cet individu, qui était arrivé de
Pétersbourg, muni des plus puissantes recommandations, tandis
que des correspondances privées, émanant également de personnages considérables, le présentaient comme un homme suspect et dont il fallait se méfier. Et le gouvernement, soit qu'il
fût dupe ou complice, *avait signé avec lui un contrat* par lequel
il lui accordait le droit exclusif d'exploiter pour son compte et
même par voie d'expropriation toutes les mines de la Valachie
sous la seule obligation de payer un droit de 10 pour 100 au
trésor. — Ce privilège exorbitant constituait, à la fois, de la part
du pouvoir *qui l'avait consenti,* une atteinte portée à la propriété
et une *infraction au Règlement,* qui exigeait pour de telles concessions le consentement préalable de l'Assemblée générale.
Envisagée dans ses conséquences, l'affaire devenait plus grave
encore. Trandafiloff, qui avait amené avec lui de Russie une
centaine d'aides et d'ouvriers, *parlait d'en faire venir cinq mille
autres.* La Valachie pouvait se croire à la veille d'une *nouvelle
invasion moscovite.* L'Assemblée générale évoqua l'affaire
comme seule juge dans une question qui *touchait en même temps
à la propriété et à la sécurité de l'État.* Et rédigea une adresse
au Prince pour demander la résiliation du marché.

… Le gouvernement céda et l'Assemblée générale, encouragée
par son triomphe, *commença dès lors à lui faire une opposition
systématique, en rejetant sans examen tous les projets de loi qui*

*lui étaient présentés.* Cependant, parmi ces projets de loi il y en avait qui devaient tourner à l'avantage du pays, tels que celui qui réclamait une augmentation de l'effectif de la milice. — Bibesco, irrité de cette opposition, ordonna la clôture immédiate de l'Assemblée, comme incapable de toute délibération sérieuse. »

VAILLANT, *La Roumanie,* p. 436-438. (Artus-Bertrand, éditeur, 1844) :

TEXTE EN LANGUE FRANÇAISE.

« Cependant l'effervescence de l'Assemblée prend un caractère plus grave. On reproche au Prince l'emploi de mesures arbitraires, et comme *il a pris sur Lui* de contracter avec une compagnie russe pour l'exploitation des mines du pays, l'Assemblée, qui a reconnu que cette compagnie n'offre *aucun caractère de garantie,* demande que le *marché passé sans son agrément* soit à l'instant résilié. *La légèreté de l'*Hospodar en cette circonstance avait été, en effet, on ne peut plus inconcevable, *car il s'était arrogé, à lui seul,* des droits que la Chambre partage avec lui. Cette conduite, à laquelle il ne faut attribuer que les meilleures intentions, avait néanmoins fait planer sur Lui de fâcheux soupçons. La compagnie russe *est bientôt en désaccord,* elle s'est divisée déjà en deux compagnies, dites *Trandafiloff* et *Zaparovsky.* D'ailleurs, ni l'une ni l'autre n'avoue son capital, n'en détermine la nature, n'en indique le dépôt, ne fait connaître les véritables prétentions et ne tient enfin aucun compte, ni de la valeur des domaines, ni des indemnités en cas de dommages. D'ailleurs encore, la *concession pour douze années,* comme elles le demandent, est un terme *trop court* pour ne pas faire craindre la répétition des ravages de 1810 à 1812. En somme elles prouvent de deux choses l'une : ou qu'elles sont venues dans l'arrière-pensée de préparer à leur gouvernement l'entière occupation du pays, ou qu'elles

sont du nombre de ces sociétés d'industriels qui ne basent leur
spéculation que sur la naïveté de leurs actionnaires et la cré-
dulité publique.

Aussi, grâce à la noble attitude de la Chambre, grâce à la
conduite habile des Hospodars, la compagnie russe n'a réussi
qu'à demi, et cette demi-réussite est sa perte. »

Vaillant est un écho; il parle de la question des mines comme
un homme qui n'en connaît pas le premier mot; il fait allusion,
comme MM. E. Regnault, Héliade, Ubicini, à un contrat qui
aurait été signé entre le gouvernement et Trandafiloff, et qui
n'a jamais existé. La différence entre Vaillant et ceux qu'il copie,
c'est que Vaillant est de bonne foi. En proclamant la *noble attitude* de l'Assemblée et l'*habileté du Prince,* il croit avoir traité
la question.

Il n'est pas jusqu'à la *concession des douze années,* à propos de
laquelle on ne lui fasse commettre une grossière erreur : en
effet, il n'a pas compris que plus le terme était court, plus il
constituait une garantie pour les propriétaires.

M. HÉLIADE RADULESCO, *Protectorat du Czar,* p. 27 :

TEXTE EN LANGUE FRANÇAISE.

« Bibesco reçut avec bienveillance M. Trandafiloff avec ses
acolytes et le recommanda spécialement à son ministère. Celui-ci
*conclut des contrats* avec l'exploiteur russe, ordonna aux administrateurs des districts de lui prêter aide et protection, c'est-à-
dire *de forcer les propriétaires* de montagne à subir ses conditions, tout à fait dans le sens du communisme cosaque : « Le
« tien est le mien, sans que le mien soit le tien. »

Trandafiloff, qui venait de *prendre possession* de nos montagnes
*pour un terme illimité,* AVAIT EN OUTRE PLEINS POUVOIRS
D'APPELER DE LA RUSSIE 4 A 5,000 TRAVAILLEURS; et si ces

hommes étaient des soldats ou des sapeurs déguisés, tant mieux, disait-on, car ils seraient des hommes soumis et disciplinés.

Cet acte arbitraire, cet acte qui violait le Règlement, etc. »

C'est ainsi que s'exprime, avec sa bonne foi habituelle, l'historien Héliade; quant au poète, trouvant dans la situation une occasion d'exercer sa verve, il composa une fable, « le Jardinier et la Ronce ». La fable, qui a eu du succès, n'est... qu'un conte !

Citons encore M. Adolphe Billecoq, ancien consul général de France à Bucarest, que nous sommes forcé de considérer, — en présence de l'affirmation de plusieurs auteurs, — comme l'auteur de *la Principauté de Valachie sous le Hospodar Bibesco, par B. A., ancien agent diplomatique dans le Levant*. Cet *ancien agent,* dans cette même brochure, insulte, en ignorant, aux souvenirs historiques les plus chers aux Roumains, et parle de *Michel le Brave comme d'une gloire valaque ignorée de l'histoire; ...de ce Michel le Brave donné en pâture à des imaginations malades qu'on prend plaisir à pervertir* (1). L'auteur de cette brochure, qui n'a jamais perdu l'occasion d'affirmer son parti pris contre le prince Bibesco, qualifie de TRÈS RESPECTUEUSE et TRÈS DIGNE (2) la réponse adressée par l'Assemblée à Son Altesse le 24 février/8 mars 1844 et dont M. Xénopol relève *le manque de tact, les accusations erronées, la malveillance, et l'offense au souverain* (3). M. A. Billecoq donne une singulière idée de ce qu'il entend par *respect* et *dignité*.

En résumé, il n'y a que deux mots pour qualifier ces attaques: *ignorance* et *mauvaise foi*.

Cependant, là ne devaient pas s'arrêter les attaques dirigées

(1) *La Principauté de Valachie sous l'Hospodarat : Bibesco,* par B. A., ancien agent diplomatique dans le Levant, p. 123.

(2) *Id.,* p. 131.

(3) Voir M. XÉNOPOL, *Histoire des Roumains,* p. 164.

contre la question des mines, mais visant, en réalité, le Prince et la
Russie. En 1888, bien des années après les publications des auteurs
que nous venons de citer, M. Démètre Stourdza a cru utile de
reprendre la question des mines, de rééditer les calomnies, — que
nous venons de mettre en relief au moyen des documents relatifs
à cette affaire, — et les accusations dirigées, depuis près d'un
demi-siècle, contre le Prince Bibesco (1).

On se demandera quel intérêt, quel mobile a pu déterminer
M. le rédacteur de la *Revue nouvelle* à choisir cette question et
à la traiter dans cet organe de publicité. Il y a vu un intérêt
politique de parti. M. D. Stourdza a voulu apporter son appui à
la légende de 1848, que, depuis si longtemps, les intéressés ont
eu l'habileté de faire passer pour de l'histoire ; il a eu le désir
d'obéir à ce mot d'ordre de l'insurrection de 1848 : « Sus au règne
de Bibesco et au Prince ! » Calomnier l'élu de 1842 et dénaturer
les actes de son règne, les meilleurs, avait été, en effet, considéré par les auteurs de l'insurrection, comme le seul moyen de
justifier aux yeux de la postérité et des ignorants le mouvement
du 23 juin, et de faire oublier une des plus lamentables époques
de l'histoire de la Roumanie (2).

Peut-être aussi qu'en faisant paraître son étude sur la question des mines en juin 1888, M. D. Stourdza a-t-il voulu se
venger sur le Prince Bibesco des vérités que le fils avait écrites
sur le ministre D. Stourdza, au mois de janvier de la même
année ? Notre brochure *Avant la bataille* avait été, en effet,
publiée à cette époque, c'est-à-dire peu de mois avant la chute
de M. Jean Bratiano et de M. Stourdza.

La conduite de M. D. Stourdza, dans une autre circonstance,
rend notre hypothèse plus que vraisemblable. Ce n'est pas la première fois, si nous avons bonne mémoire, qu'il nous témoigne *sa*

----

(1) Voir le t. I de cet ouvrage, *Règne de Bibesco, Correspondance.*
(2) Voir plus loin le chapitre intitulé : *L'insurrection de 1848 ; son histoire,
sa légende.*

*bienveillance;* à l'occasion de l'Exposition universelle de 1889, il s'est exprimé à l'Académie (1) sur le rôle que la section roumaine avait joué parmi les peuples de l'univers, et sur les dépenses qu'elle avait faites, en de tels termes que nous avons été dans la nécessité de le rappeler au respect de la vérité, et de prouver, par documents, le contraire de ce qu'il avait affirmé.

M. l'ex-ministre de feu M. J. Bratiano n'aura pas plus de succès avec la question des mines, car l'historique que nous venons d'en tracer, appuyé sur les documents de l'affaire, la correspondance du règne de Bibesco, que nous avons fait paraître au commencement de cette année, et l'étude consciencieuse que M. Xénopol, — membre de l'Académie roumaine et collègue de M. D. Stourdza, — a publiée récemment dans le tome VI de son remarquable ouvrage sur l'histoire des Roumains, font ressortir surabondamment l'inutilité et l'inexactitude du labeur de M. le rédacteur de la *Revue nouvelle.*

Il ne suffit pas de produire des documents, encore ne faut-il pas leur faire dire le contraire de ce qu'ils contiennent ; il ne suffit pas de débuter par des phrases ronflantes telles que celle-ci : *Rien ne développe plus la conscience nationale que l'étude de l'histoire. L'histoire de la Patrie devrait être pour chaque citoyen son livre de prédilection* (2), etc., encore faut-il que l'historien fasse preuve de conscience et de bonne foi, qu'il ne présente pas

---

(1) « Sans considération pour la vérité, qu'il connaissait, ni pour l'Académie roumaine, dont il a l'honneur d'être membre, M. Démètre Stourdza n'a pas hésité à faire la déclaration suivante : « *On a dépensé* 500,000 *francs pour la section roumaine de l'Exposition de Paris où, de l'avis de tout le monde, le pays a été absolument mal représenté.* » (*Moniteur officiel* du 15 février 1890). Cette phrase contient deux affirmations : l'une fantaisiste, l'autre calomnieuse : 1° la section roumaine n'a dépensé que 396,000 francs, et elle a réalisé 65,000 francs d'économie; la situation que la Roumanie a eue à l'Exposition a été une des plus enviables et des plus enviées, et s'il faut à M. D. Stourdza un autre démenti que celui que lui donne la notoriété publique, qu'il le cherche dans les pièces officielles de cet ouvrage : il sera servi à souhait ». (Voir p. 432 du livre sur l'Exposition universelle : *Avant, Pendant, Après,* par G. BIBESCO. Typ. Kugelmann, rue de la Grange-Batelière, Paris.

(2) Question Trandafiloff, par D. Stourdza. *Revue nouvelle.* p. 1.

les événements, les faits, les actes, au gré de ses passions, ou dans un intérêt de parti ; encore faut-il que l'histoire soit l'expression de la vérité.

Il y a plus : dans la circonstance présente, la qualité de membre de l'Académie roumaine, — qui honore M. D. Stourdza, — aussi bien que le sujet qu'il avait choisi et qui, jusqu'à nos jours, avait été traité au rebours du bon sens et de l'exactitude, lui faisaient un devoir de loyauté historique, voire d'originalité. Eh bien, M. le rédacteur de la *Revue nouvelle* a-t-il apporté dans son travail l'esprit d'impartialité auquel il était tenu ? A-t-il émis une idée nouvelle ? soulevé un point de discussion nouveau ? Non. Pourtant, il faut reconnaître que son article sort de la banalité. L'auteur, en publiant les documents relatifs à l'affaire Trandafiloff, témoigne d'une témérité extraordinaire, car il nous prouve qu'il lui est aussi aisé d'y découvrir ce qui ne s'y trouve pas que de n'y pas voir ce qui saute aux yeux. L'histoire et le lecteur auraient mérité d'être traités avec plus d'égards.

Et avec quel art M. Stourdza ne cherche-t-il pas à s'emparer de l'esprit de ce lecteur, avant même de lui avoir exposé le sujet ! Écoutons-le : *Que pouvait faire le Prince lorsque, dès le début, Trandafiloff lui rappelait qu'il avait été élu en vertu des droits octroyés au Pays par le tout-puissant Empereur de Russie ? Que pouvait-il faire lorsque Trandafiloff lui disait clairement qu'il espérait que le Prince, juste, sage, toujours soucieux de l'intérêt public, accepterait avec joie la demande de la société* (1) ? On voit que M. D. Stourdza ne dédaigne pas les insinuations ; mais, en vérité, celle-ci était bien superflue, la réponse étant tout entière dans la conduite du Prince ; elle se résume en deux mots : *le devoir.* M. Xénopol ne nous dit-il pas comment Bibesco fit le sien : *en restant dans la stricte limite de la loi ; en ne commettant pas la moindre infraction au Règlement* (2).

(1) La *Revue nouvelle,* p. 242.
(2) *Histoire des Roumains,* par M. Xénopol, p. 169.

Pourquoi M. Stourdza a-t-il écrit qu'*on observait d'abord que Trandafiloff considérait la disposition de l'article 179 du Règlement comme un droit incontestable pour la société russe ?* Cette prétention n'existe nulle part dans le document invoqué (1).

Comment M. l'académicien ose-t-il affirmer que *la décision du Prince était une violation du Règlement, parce que Son Altesse était tenue, aux termes de ce Règlement, — de prendre cette décision de concert avec la Chambre* (2) ?

Il n'est pas besoin d'être grand clerc ni d'avoir été professeur de droit avant de devenir historien, — comme c'est le cas de M. Xénopol, — pour acquérir la preuve que la loi n'exigeait en aucune façon que le Prince consultât la Chambre pour accorder à Trandafiloff la permission de *faire des recherches* dans les montagnes.

M. D. Stourdza veut-il parler de l'autorisation de passer des contrats ? Mais il sait bien que la requête de Trandafiloff a été soumise à la Chambre, à cette fin d'obtenir son vote, puisqu'il prend la peine de produire, à ce sujet, la discussion de cette Chambre et son refus d'accorder l'autorisation demandée ! *On soutenait encore,* poursuit M. le correspondant de la *Revue* de M. Hajdeu, *que les dispositions du Message du Prince portaient atteinte aux droits des propriétaires.* Cet argument fut l'arme de combat que la Chambre adopta lorsque, acculée dans son parti pris d'hostilité par les considérants sévères renfermés dans le Message princier en date du 15 février, « *convaincue de s'être fourvoyée, mais ne voulant pas reconnaître qu'elle s'était trompée* (3) », elle porta les efforts de sa résistance sur un autre terrain, *le délai de douze ans* fixé par le chef de l'État dans l'intérêt même des propriétaires. M. Xénopol loue la prévoyance du Prince dans toutes les mesures prises par lui pour protéger

---

(1) Voir plus haut la requête de Trandafiloff.
(2) Voir la *Revue nouvelle,* p. 244.
(3) *Histoire des Roumains,* par M. XÉNOPOL, p. 175.

les propriétaires de mines ; son collègue préfère fouler le chemin battu par MM. Élias Régnault, Ubicini, Billecoq, Héliade, qui n'ont pas écrit une ligne sur cette période de 1842-1849 sans altérer la vérité. Pourtant M. Ubicini, — il faut lui rendre cette justice, — n'a pas résisté au besoin d'exprimer son opinion, — nous l'avons rapportée plus haut, — sur cette Chambre qu'*une opposition systématique poussa à rejeter, sans examen, des projets qui devaient tourner à l'avantage du pays : tels l'augmentation de l'effectif de la milice* », et le projet de loi sur le Bien dotal. C'est de cette Chambre (1) que M. l'académicien se fait le défenseur ; c'est le nom des membres qui ont signé les adresses 166 et 205 qu'il cite avec orgueil (2) !

A un certain passage de son travail M. D. Stourdza s'écrie : « *Bibesco n'avait que faire de s'arrêter devant l'émotion générale du public roumain ! Il n'avait que faire de cela ! Il était le représentant d'une idée et il la poursuivait avec la ténacité qui caractérise les agents grands et petits du puissant Empire*

(1) Voir, t. I, l'opinion de Kisseleff sur cette Chambre.

(2) L'Adresse n° 166, relative à l'affaire Trandafiloff, porte les signatures suivantes :

Président : Ilarie, év. d'Argesiu.

Membres : C. Contacuzino, Al. Sc. Ghika, Const. G. Ghica, Joan Vacarescu, Const. Sutzu, Alexandru Ghika, Gr. Cantacuzino, Scarlat Gr. Ghika, C.-J. Filipescu, Nicolas Baleanu, J. Balaceanu, Scarlat Cretzulescu, C. Costescu, C. Filipescu, G. Poppescu, D. Cezianu, A. Cocorescu, C.-N. Brailoiu, N.-A. Nicolescu, G. Lipanescu, Gr. Bengescu, D. Draganescu, N. Izvoranu, P. Poenaru.

L'Adresse n° 205, relative à la même affaire, est signée par :

Président : Neofit Mitropolit.

Membres : Ilarie, év. d'Argesiu, Joan Vacarescu, Const. Gr. Ghika, Const. Sutzu, Alexandru Ghika, C.-G. Filipescu, Gr. Cantacuzino, Scarlat Gr. Ghika, C. Filipescu, J. Slatineanu, J. Balaceanu, A. Cocorescu, Joan Campineanu, N.-A. Nicolescu, C.-N. Brailoiu, C. Costescu.

L'Adresse n° 206, relative à la question de l'augmentation des milices, porte les signatures suivantes :

Nifon Mitropolitul, Ilarie, év. d'Argesiu, Joan Vacarescu, Const. Gr. Ghica, Scarlat Gr. Ghika, Gr. Cantacuzino, C. Sutzu, Alexandru Ghika, J. Balaceanu, C.-J. Filipescu, C. Filipescu, J. Slatineanu, A. Cocorescu, N.-A. Niculescu, C.-N. Brailoiu, Joan Campineanu, C. Costescu. (*Deux signatures illisibles.*)

Voir la *Revue nouvelle,* l'affaire Trandafiloff, par M. D. Stourdza.

*russe* (1). » — Cette calomnie bien vieillie déjà en 1888, et que
M. D. Stourdza a tenté de rajeunir, a fait son temps (2).
Mais puisque M. l'académicien ne craint pas de chercher à en
tirer encore parti, de s'en faire, quand même, une arme contre
le Prince, il aurait dû en user avec logique. Car, de deux choses
l'une : ou bien Bibesco était, avant tout, un agent de la Russie,
un Prince étranger aux émotions de son peuple, — comme
M. D. Stourdza le dit en termes clairs, — et, dans ce cas, sa
conduite était toute tracée : il n'avait qu'à se venger, — dès le
lendemain de la dissolution de la Chambre, — de l'opposition
systématique de cette assemblée, de son manque de respect au
souverain, et donner à la Russie protectrice de Trandafiloff et
irritée de la campagne spécialement dirigée contre elle une satisfaction impatiemment attendue, c'est-à-dire l'autorisation, pour
l'ingénieur russe, d'exploiter les mines roumaines; — ou bien
Bibesco était, avant tout, soucieux des intérêts de son pays,
et dans ce cas il ne pouvait qu'envisager froidement la situation, déplorer, peut-être, l'émotion de ses sujets, mais en tenir
compte et repousser la requête de Trandafiloff. Eh bien, n'est-ce
pas à cette dernière résolution que s'est arrêté le Prince? et
n'y avait-il pas quelque courage à causer une pareille déception
au cabinet de Saint-Pétersbourg, à affronter sa colère? Poser
la question, c'est la résoudre : mais, voilà où l'homme de ressources se révèle dans M. D. Stourdza. M. le correspondant
de la *Revue nouvelle* échappe à ce dilemme : « *Si la requête de
Trandafiloff ne fut pas accueillie*, dit-il, *la faute n'en est pas
à la mauvaise volonté du Prince; il faut en chercher la cause
dans les prétentions sans cesse grandissantes de Trandafiloff, dont
la morgue effraya à ce point* MÊME LE CONSEIL ADMINISTRA-
TIF, QUE CE DERNIER SE DÉCIDA *à lui mettre un frein* (3). »

(1) Voir la *Revue nouvelle*, p. 242, 1ʳᵉ année, nº 7.
(2) Voir *Règne de Bibesco*, t. I et II. — Voir le sixième volume de l'*Histoire
des Roumains*, par XÉNOPOL; voir *Quelques mots sur la Valachie*.
(3) Voir la *Revue nouvelle*, p. 253.

Ainsi, aux yeux de M. D. Stourdza, le Prince ne fut pour rien dans cette décision. Bien que de tout temps le Prince et son conseil n'aient formé qu'une seule et même personne, que cette vérité ait été éclatante sous le règne de Bibesco, qui était à la fois la tête et le bras de son gouvernement, M. D. Stourdza les sépare pour les besoins de la cause. Devant ce trait génial de puérilité, il n'y a qu'à saluer et à passer.

Nous ne nous attarderons pas davantage à la question des mines (1), choisie à dessein, par les ennemis du Prince, comme paraissant offrir à la calomnie un bon terrain d'attaque; nous ne relèverons pas non plus les déclamations de M. D. Stourdza, — renouvelées du temps jadis, — sur le péril immense dont la requête de Trandafiloff a menacé le pays roumain, — il n'aurait été question de rien moins que sa conquête par la Russie! — ni sur le service extraordinaire que l'opposition a rendu. C'est là une politique connue : inventer un danger, mener grand tapage autour de ce péril de circonstance, pour paraître l'avoir conjuré; se poser en sauveur, en patriote; et, le cas échéant, rappeler les droits qu'on prétend avoir à la reconnaissance de la patrie! C'est moins compliqué, paraît-il, que cela n'en a l'air, et cela réussit toujours, mais pour un temps seulement, car la vérité que les gens osés parviennent à mettre sous le boisseau, avec la complicité naïve des uns et l'indifférence des autres, finit toujours par échapper aux ténèbres et par reprendre sa place au grand soleil.

Nous ne nous arrêterons plus que sur une erreur de date commise par le correspondant de la *Revue nouvelle* et qu'il importe de signaler, parce qu'il y insiste. Nous lisons en effet, page 251 de la *Revue nouvelle : Les adresses de l'Assemblée générale furent votées et signées le 29 février. Quatre jours plus tard, le 4 mars, la Chambre fut fermée par le Message*

---

(1) Si nous ne produisons pas les discussions ou plutôt les procès-verbaux des différentes séances consacrées à cette affaire, c'est qu'elles ne représentent aucun intérêt après la publication des adresses de la Chambre au chef de l'État.

*n° 300 publié au* Bulletin officiel *du 6 mars 1844, n° 22* (1).
Cela n'est pas exact : la date du 29 février figure en tête de
la réponse que la Chambre fait au message du Souverain qui l'a
blâmée d'avoir rejeté le projet de *loi sur l'augmentation de la
milice,* et lui a retiré les projets de loi qui lui avaient été soumis; — tandis que la date du 24 février est celle de la réponse
de l'Assemblée dans la question concernant les mines. M. D.
Stourdza en trouvera la confirmation non seulement dans les
documents, mais encore dans un numéro de la *Gazette de Transylvanie* que nous reproduisons plus loin comme document
curieux, et qui est daté du 23 mars 1844.

Donner la date du 29 février à la réponse du 24 février, avec cette
observation que *quatre jours après le Prince prononçait la clôture de la Chambre,* c'est laisser supposer que Son Altesse,
cédant à la colère, a répondu par la clôture au rejet de la
requête de Trandafiloff. Tout au contraire, Bibesco, malgré le
défi contenu dans l'adresse de l'Assemblée (24 février), a su
attendre le vote sur la question de la milice, dans l'espoir de voir
se produire au sein de l'opposition un revirement patriotique.
— On sait que l'attente fut vaine.

OPINION DE M. XÉNOPOL :

Terminons en citant encore ce passage du livre de M. Xénopol,
seul auteur qui se soit donné la peine de faire de la question des
mines et du règne de Bibesco une étude consciencieuse et impartiale.

*Dans cette question,* — écrit M. Xénopol, — *la Chambre a eu
le tort d'offenser le Prince, qui n'a combattu que pour la légalité* (2). *L'Assemblée, au lieu d'exposer au Prince ce qu'elle trou-*

(1) On verra p. 129 et 130, à propos du projet de loi sur la milice, le parti
que MM. Ubicini, Élias Regnault, Héliade Radulesco et Billecoq tirent de cette
confusion de dates.
(2) *Histoire des Roumains,* par A.-D. XÉNOPOL, membre de l'Académie roumaine, p. 175.

*vait de dangereux dans la concession demandée, fit à Son Altesse une opposition systématique, l'accusant avec aussi peu de tact que de raison d'avoir violé la loi, ce qui était inexact. Le Prince irrité, à bon droit, voulut donner au Pays les preuves qu'Il n'avait en rien transgressé le Règlement, et que les accusations de l'Assemblée étaient portées sans connaissance de cause et dans un but malveillant..... Le Prince avait la meilleure des raisons de se sentir blessé dans son amour-propre : il ne s'agissait de rien moins que de Son prestige comme Chef de l'État.*

---

*Gazette de Transylvanie*, 23 mars 1844 (n° 24), p. 94 :

Cet article de la *Gazette de Transylvanie*, écrit en dehors des passions politiques, mérite d'être reproduit.

## LE PAYS ROUMAIN (I).

- TRADUCTION.

Olt, 8 mars.

Avant d'essayer de vous faire une description sommaire des débats qui ont eu lieu à l'Assemblée générale nationale de Bucarest cette année, j'éprouve le besoin de vous faire connaître le nom de quelques députés qui soutiennent le gouvernement, ainsi que celui de quelques membres de l'opposition. Catargi, Cretzulesco, J. Otetelechano, A. Philippesco, Jean Vacaresco, M. Philippesco, P. Poenaro, Bengesco, Isvorano, l'évêque d'Argesh, Jianu, Bujoreano et encore quelques têtes et caractères connus des oppositions d'antan, se rallient au projet du gouvernement et le trouvent des plus nationaux. Dans l'opposition, nous voyons les noms des Soutzo, des Cantacuzène, de quelques membres de la nombreuse famille Ghica et de beaucoup d'autres. Le métropoli-

(I) De tout temps, la *Valachie* fut connue sous la dénomination de *Tzara romaneasca, le Pays roumain.*

tain Néophite, président, a été longtemps malade et n'a pu assister aux séances; l'évêque de Buzeu ne s'est pas prononcé suffisamment.

Parmi les questions qui devaient être débattues à la Chambre — en dehors de l'élaboration du budget du pays et d'autres travaux ministériels qui se présentent chaque année — il y avait celle concernant les frais d'intronisation et du voyage à Constantinople, la question des mines, l'augmentation de la milice à établir sur les frontières du pays, le soulagement des villages qui gardent les piquets sur la ligne du Danube, et autres projets du cabinet.

Quant à vous donner des éclaircissements détaillés, ceci n'est pas en mon pouvoir. Je me contenterai de vous indiquer les points principaux sur lesquels le gouvernement et l'opposition n'ont pu s'entendre.

Remarquons ici que, depuis 1833, plusieurs ministres ont fait des propositions à des capitalistes indigènes et à des étrangers anglais et français, en vue de la création d'un établissement de bains; mais il ne s'est présenté personne, si ce n'est H. Moscu, qui a fait banqueroute. Il y avait également dans le pays des gens qui disaient que le moment n'était pas venu de faire connaître au monde ce que contenaient les entrailles de notre sol. Les diplomates étrangers le savaient parfaitement; aussi je me demande s'il conviendrait qu'un gouvernement refusât de laisser approfondir aux uns ce qu'il a permis aux autres de connaître.

Les articles 178 et 179 du Règlement organique disent clairement que, si l'on découvre une mine dans le terrain d'un propriétaire, celui-ci peut l'exploiter seul ou la louer à qui bon lui semble, en donnant au gouvernement le dixième des bénéfices en nature; mais si le propriétaire, dans le délai de dix-huit mois que lui accordera le Prince, n'a pas les moyens de l'exploiter seul ou ne veut pas la louer à un autre, alors le Prince, d'accord avec l'Assemblée générale ordinaire, décidera de l'opportunité et des moyens à employer pour exploiter ces mines, etc.

Le gouvernement, s'appuyant, sur lesdits articles, a donné la faculté à une société russe (dont les agents sont Trandafiloff, Zaporovski, etc.) de faire des recherches dans nos montagnes, afin de voir si elles ne contenaient pas des métaux et de passer des contrats avec les propriétaires désireux d'en consentir. L'opposition, se basant aussi sur les mêmes articles de loi, ne voulut pas reconnaître ce droit au gouvernement et demanda l'annulation du procès-verbal dressé à ce sujet par le Conseil administratif extraordinaire. Ajoutons que ceux de nos Roumains qui sont en dehors de l'opposition, ayant peur, les malheureux! de leur propre ombre, se sont effrayés de l'entreprise proposée, et qu'il résulte que l'opposition a, aujourd'hui, l'opinion publique plutôt en sa faveur.

Jusqu'au 1er février, il n'y a eu que de légères disputes, mais le 1er et le 3 a commencé la grande lutte. Le Prince régnant s'est vu forcé d'émettre, le 13 février, deux messages, l'un relatif aux mines. Après avoir démontré avec quelle circonspection le gouvernement avait procédé, Il conseilla à l'Assemblée d'être plus mesurée dans ses paroles et sa conduite, et, ajouta ces paroles remarquables : « et notamment *de ne pas perdre de vue que son avenir* (de l'Assemblée) *dépendrait de l'aide qu'elle apporterait avec loyauté* à un gouvernement qui, du jour où il avait pris la barre en main, n'avait donné que des preuves de pensées saines et de dévouement infatigable pour le bien public. »

Je tiens de source certaine que le Prince, avant d'émettre ce message, a soupiré profondément en disant : « Ah! moi, du moins, je suis Roumain », etc., etc.

Jeudi devait avoir lieu la réponse de l'Assemblée, mais l'opposition, paraît-il, n'était pas préparée; elle disait que le Prince l'avait bravée. Le samedi 19 février, la salle et les galeries étaient tellement remplies de monde de toutes les classes et de tous les âges, qu'on ne pouvait respirer. On a assisté à une scène parlementaire comme on n'en n'avait jamais vu dans notre Chambre. Parmi les ministres, Barbu Stirbei a défendu de tout cœur et avec toute la puissance de son éloquence le gouvernement et le ministère. Tout le monde a approuvé les moyens qu'il a employés, avec une finesse particulière, pour défendre la dignité du trône, et la puissance des arguments avec lesquels il s'est efforcé de convaincre l'opposition.

D'autres orateurs parlèrent également en faveur du ministère avec la même chaleur, le même feu, la même force, mais en vain. Outre Stirbei, un autre grand orateur s'est fait entendre : Catargi. Mais l'opposition a persisté à répondre qu'elle n'avait pas mérité d'être bravée, et que l'on devait supprimer le procès-verbal du Conseil administratif sur l'exploitation des mines. *Bien des membres de l'Assemblée n'étaient guidés que par leurs passions.* Le ministère a quitté peu à peu la salle, et l'on n'a rien pu terminer, l'Assemblée n'étant plus en nombre.

Le 22 février, la salle était bondée comme le 19. Le métropolitain primat, qui n'avait assisté qu'au début de deux séances, était présent. Le plus grand orateur fut encore Barbu Stirbei, qui, après avoir défendu le gouvernement avec une grande éloquence, déclara sous serment, comme un vrai Roumain, que, dans la cause des mines, la sécurité de la patrie n'était pas compromise! Le métropolitain s'est offert comme intermédiaire entre la Chambre et le gouvernement, mais le ministère n'a pas accepté ses conditions.

Ce jour-là, il y eut dans la salle même des enfants de quatorze ans, voire des Juifs. LE 24 FÉVRIER, même affluence de monde, lutte acharnée. M. Barbu Stirbei n'était pas présent. Le ministère demanda lui-même le vote. Il y eut 22 voix pour l'opposition et 18 pour le gouvernement. Les autres députés étaient malades.

# RÉGIME DOTAL

PROJET DE LOI

# PROJET DE LOI SUR LE RÉGIME DOTAL

## EXPOSÉ

L'article 17 du code Caradja est ainsi conçu : « *La dot pro-mise prime toutes les créances de celui qui a fait la promesse de cette dot, et dont les créances sont postérieures à ladite pro-messe.* » En d'autres termes, en cas de conflit entre le créancier d'une dot promise et les propres créanciers de celui qui l'a con-stituée, c'est d'abord la dot qui doit être servie; les autres créan-ciers ne sont admis qu'ultérieurement à faire valoir leurs droits.

Le Prince Bibesco résolut de modifier cette loi, qui permettait d'établir par témoins que la promesse de la dot était antérieure à la dette contractée, et de garantir le créancier hypothécaire contre la mauvaise foi de son débiteur. « C'est une disposition, disait le Prince dans son message à l'Assemblée, qui, dans l'état actuel des choses, est aussi impérieusement réclamée par la morale publique que par les intérêts matériels du pays. »

Aux termes du projet de loi qu'Il soumit à la Chambre le 16 mars 1843, il fallait, pour que la promesse de dot jouît du privilège de la loi sur les dots, « qu'elle *fût inscrite* et jus-tifiée dans les mêmes formes que l'acte dotal. *La femme qui signait devant le juge la déclaration qu'elle n'avait aucune reprise dotale à exercer sur l'immeuble de la fortune de son mari, au moment où celui-ci contractait un emprunt hypothécaire, n'était plus admise à invoquer son droit de privilège contre le créancier.* »

Dans le même projet, — article 4, — le Prince « abolissait, *comme étant contraire aux bonnes mœurs et à l'état actuel de la civilisation, le chapitre* XVI *de l'article 34 du code Caradja, qui donnait à la femme le droit d'aliéner sa dot pour faire avancer son mari dans les rangs de la Boïarie* », ainsi que le chapitre qui « *condamnait la femme adultère à perdre la moitié de sa dot au profit du mari* ».

La modification du § 1 mettait fin à une foule de procès, elle relevait le crédit public, elle donnait satisfaction à la morale; la modification relative au § 4 s'imposait par les raisons morales invoquées dans le projet de loi.

Cependant les membres du Divan, dans leur *parti pris* (1) d'opposition contre le Prince, repoussèrent le § 1, point capital du projet de loi. Il ne leur convint pas d'admettre que la déclaration de la femme, exigée par le projet du Prince, coupât court à tout procès futur; qu'il ne laissât plus de porte ouverte aux faux témoignages, au dol en matière d'acte dotal, ni aux complaisances d'un président de tribunal.

Le § 4 trouva grâce à leurs yeux; mais en modifiant le § 5, MM. les députés ne s'aperçurent pas que leur amendement constituait une inégalité entre les droits des filles à la dot, attendu qu'en spécifiant que *la dixième partie de la fortune des parents, affectée comme dot à chaque fille, serait calculée sur ce qui resterait de la fortune après le mariage de chacune d'elles*, il résultait que, l'aînée des filles étant dotée, la dot de chacune des autres s'écarterait d'autant plus du dixième proposé que celles-ci seraient nées plus tard.

Le Prince, mécontent, répondit à l'Assemblée par un message en date du 18 mai 1843. — Il exprima au Divan les regrets que « *l'on n'eût pas compris que le but du Gouvernement était de*

---

(1) Voir l'*Histoire des Roumains*, par XÉNOPOL, p. 175. — *Les hommes politiques*, par ZOSSIMA, un des membres de l'insurrection de 1848. — UBICINI, *Histoire des Principautés danubiennes*, p. 184. — *Kisseleff* (t. Iᵉʳ.)

*mettre un terme à la mauvaise foi pratiquée par ceux qui empruntaient sur hypothèque, et de donner une sécurité aux prêteurs ;*
« *— Que la dot immobilière de la femme restait sacrée et invio-*
« *lable ;* que le projet de loi l'entourait de garanties nouvelles ;
« que les dispositions qui, précisément, *la mettaient autrefois en*
« *péril étaient abolies ; —* que le Gouvernement avait cherché à
« empêcher un mal qui menaçait la société d'une complète démo-
« ralisation, et tenté d'assurer les emprunts, de faciliter les
« transactions. *Bref le Divan* », disait le Prince, « *a méconnu*
« *l'esprit et le but du projet de loi.* »

DOCUMENTS

*Adresse de l'Assemblée à Son Altesse le Prince.*

L'Assemblée modifie le projet de loi du Prince.

TRADUCTION.

16 mai 1843 (n° 269. Arch. de la Chambre).

ALTESSE,

A la suite du message de Votre Altesse, l'Assemblée générale mettant en discussion le projet concernant certaines dispositions, contenues dans la loi du pays, chap. XVI, 3ᵉ partie, — *De la dot*, — et l'acceptant avec les modifications qu'elle a jugé convenable d'y introduire, a l'honneur d'annexer au présent rapport : d'une part, le projet tel qu'il lui a été envoyé, de l'autre, les modifications introduites, et prie Votre Altesse de vouloir bien confirmer ce projet modifié.

Ce projet et le rapport ont été acceptés par l'Assemblée générale à la majorité des voix, conformément au § 9 de l'article 48 du Règlement organique.

(Signé : Le président de l'Assemblée générale.)

*Projet de loi. — De la dot.*

Le projet explique et modifie certaines dispositions contenues dans la loi du pays, ch. XVI, 3ᵉ partie : *De la dot*. L'Assemblée élude la question capitale du projet du Gouvernement; elle se place volontairement à côté de la question, elle reste fidèle à son système d'obstruction à tout projet de loi soumis à ses délibérations (1).

TRADUCTION.

(16 mars 1843. — Arch. de la Chambre, n° 269, Registre 92.)

PROJET DU CONSEIL.

PROJET MODIFIÉ PAR L'ASSEMBLÉE.

1. — L'hypothèque étant une aliénation tout comme la vente, à cette différence près que la première est une aliénation sous condition, la constitution d'une dot ne saurait conférer un droit plus puissant sur l'objet hypothéqué, que celui accordé par la loi dans le cas de vente d'un immeuble de la fortune du mari.

Donc, quand la femme, interrogée par la justice, déclarera sous sa propre signature qu'elle n'a pas de reprises dotales à exercer sur l'immeuble que le mari voudra hypothéquer, elle ne sera plus admise à réclamer, — sous quelque prétexte que ce soit, — un droit de privilège sur cet immeuble, qui sera, dès lors, réservé au créancier.

2. — On entend par dot, d'après l'esprit de la loi, seulement la fortune mobilière ou immo-

*1. — Lorsque le mari voudra hypothéquer un immeuble qui lui appartient, le tribunal aura le devoir de lui demander l'acte dotal. Cet acte sera montré au prêteur, et lui fera connaître que, pour tous les immeubles compris dans cet acte, la femme aura un privilège sur les créanciers hypothécaires. Ces créanciers ne pourront exiger pour le remboursement de leur créance que le surplus de la valeur de l'objet hypothéqué.*

2. — On entend par dot, d'après l'esprit de la loi, seulement la fortune mobilière ou immo-

(1) Nous soulignons, dans le projet modifié par la Chambre, tous les changements apportés au projet du Conseil.

bilière passée dans l'acte dotal signé et confirmé d'après les formes requises par les lois du pays.

Il s'ensuit que les étrangers mariés dans d'autres pays, et qui viendraient s'établir ensuite en Valachie, ne pourraient jouir du privilège que la loi accorde aux nationaux, dans le cas de diminution de la dot, qu'après leur établissement dans le pays, leur soumission aux formalités légales, et la confirmation de leur acte dotal. Mais, dans ce cas, le privilège ne commencera qu'à partir du jour de la confirmation de cet acte, et il ne pourra pas être opposé aux créanciers antérieurs à ladite confirmation.

3. — Toute promesse de dot, — pour donner le droit de jouir du privilège de la loi sur la dot, — doit être, en première lieu, inscrite et justifiée dans les mêmes formes que l'acte dotal. Dans ce cas, si cette promesse représente un immeuble, celui qui aura constitué la dot ne pourra ni vendre, ni hypothéquer cet immeuble dont il aura cessé d'être propriétaire absolu, et la personne dotée aura un

privilège sur cet objet avant tout autre créancier postérieur à la promesse; mais si la promesse dotale consiste en argent ou en objets meubles, cette promesse ne jouira jamais d'un privilège sur l'objet qui aurait été engagé avant la date de la promesse.

4. — La disposition contenue dans l'art. 34, chap. XVI, qui donne à la femme le droit d'aliéner sa dot pour élever son mari dans les rangs de la boïarie, ainsi que celle contenue dans l'art. 44 du même chapitre, aux termes de laquelle la femme adultère est condamnée à perdre la moitié de sa dot, étant contraires aux bonnes mœurs et à l'état actuel de la civilisation, seront abolies des lois du pays.

5. — La femme doit, même après la dissolution du mariage, contribuer à parts égales avec le mari, et suivant ses moyens,

---

aura un privilège sur cet objet avant tout autre créancier postérieur à la promesse; mais si la promesse dotale consiste en argent ou en objets meubles, cette promesse ne jouira jamais d'un privilège sur l'objet qui aurait été engagé avant la date de la promesse.

4. — La disposition contenue dans l'art. 34, chap. XVI, qui donne à la femme le droit d'aliéner sa dot pour élever son mari dans les rangs de la boïarie, ainsi que celle contenue dans l'art. 44 du même chapitre, aux termes de laquelle la femme adultère est condamnée à perdre la moitié de sa dot, *et le mari qui entretient une concubine au payement de la moitié de* la dot, étant contraires aux bonnes mœurs et à l'état actuel de la civilisation, seront abolies des lois du pays; *mais la femme adultère et le mari qui entretiendra une concubine seront punis par l'exil, conformément à l'art. 5, chap. X, 6e partie.*

5. — La femme doit, même après la dissolution du mariage, contribuer à parts égales avec le mari, et suivant ses moyens, à

à l'entretien et à l'éducation des enfants ; mais lorsque la femme n'aura point de fortune, cette charge incombera au mari. La femme devra également contribuer à doter ses filles, pendant le mariage et après sa dissolution. Mais, dans le cas où les époux ne pourraient tomber d'accord pour la part qui doit incomber à la femme, celle-ci ne pourra être obligée de contribuer que tout au plus pour la 5ᵉ partie de sa fortune, si elle n'a qu'une fille, ou pour la 10ᵉ partie pour chaque fille, si elle en a plusieurs. Si la femme ne possède point de fortune, la charge d'assurer la dot incombera seulement au mari, qui sera toujours tenu de doter ses filles en les mariant. En cas de mauvais vouloir de la part du mari, la femme, — ou les parents de cette dernière, si elle était décédée, — pourront exiger que le mari soit contraint à remplir, au moins, les devoirs fixés plus haut pour la femme.

Toutes les dispositions contenues dans le chap. XVI, 3ᵉ partie, de la loi du pays sur la dot, qui n'ont pas été modifiées par la l'entretien et à l'éducation des enfants, *conformément à la position et à l'état actuel de la famille, sans pourtant que cette contribution puisse dépasser, au cas où il y aurait plusieurs enfants, le tiers des revenus de la femme, quelle que soit leur provenance.* Mais, lorsque la femme n'aura point de fortune, cette charge incombera au mari. La femme devra également contribuer à doter ses filles, pendant le mariage et après sa dissolution ; mais dans le cas où les époux ne pourraient tomber d'accord pour la part qui doit incomber à la femme, celle-ci ne pourra être obligée de contribuer, que tout au plus pour la 5ᵉ partie de sa fortune, si elle n'a qu'une fille, ou pour la 10ᵉ partie pour chaque fille, si elle en a plusieurs. Si la femme ne possède point de fortune, la charge d'assurer la dot incombera seulement au mari, qui sera toujours tenu de doter ses filles en les mariant. En cas de mauvais vouloir de la part du mari, la femme, — ou les parents de cette dernière, si elle était décédée, — pourront exiger que présente loi, resteront en vigueur.

le mari soit contraint à remplir, au moins, les devoirs fixés plus haut pour la femme. *Cette dixième partie sera toujours calculée sur ce qui restera de la fortune après le mariage de chaque fille.*

Toutes les dispositions contenues dans le chap. XVI, 3ᵉ partie, de la loi du pays sur la dot, qui n'ont pas été modifiées par la présente loi, resteront en vigueur.

*Nous, Georges-Démètre Bibesco, par la grâce de Dieu Prince de toute la Valachie,*
*A l'honorable Assemblée générale ordinaire.*

Le Prince répond à l'Assemblée qu'il *regrette de voir qu'elle a méconnu l'esprit et le but du projet de loi.*

TRADUCTION.
18 mai 1843 (Arch. n° 440).

En recevant le rapport de l'honorable Assemblée, n° 269, ainsi que les modifications qui ont été faites par elles aux dispositions de la loi sur la dot, Nous voyons que l'honorable Assemblée a perdu de vue que le but du Gouvernement, en envoyant ce projet à l'examen de la Chambre, n'a pas été autre que de mettre un terme à la mauvaise foi pratiquée, aujourd'hui, par ceux qui empruntent sur hypothèque, et de donner une assurance aux prêteurs qui, confiants dans la déclaration des juges, mettent souvent leur avoir en péril, et nuisent ainsi au crédit et à la morale publique.

Nous n'avons voulu léser aucun des conjoints, attendu que Nous avons laissé à la femme la garantie de sa dot qui lui est assurée par la loi du pays, et Nous n'avons pas donné au mari plus de facilités, — qu'il n'en a eu jusqu'à ce jour, — pour en user au profit du ménage.

Dans le projet du Gouvernement la dot immobilière de la femme reste sacrée et inviolable, le mari ne pouvant l'aliéner dans aucun autre cas que ceux prévus par la loi du pays. Le projet supprime même, parmi ces cas, celui qui, précisément, aurait pu mettre le plus souvent en péril la dot de la femme : l'avancement du mari dans les rangs de la boïarie. Quant à la fortune mobilière de la femme, — qui a toujours eu pour garant plutôt l'honneur du mari que son propre avoir, — elle a été laissée dans les mêmes conditions que précédemment, car la loi n'a jamais empêché le mari de vendre, d'hypothéquer, ou de faire donation d'une partie ou de toute sa fortune, en tant que la femme ne réclamait pas; et la loi a donné à celle-ci le droit de réclamer en faveur de la garantie de sa dot, dans le cas seulement où le mari serait convaincu de dissipation.

Ainsi, le projet du Gouvernement n'a rien changé à l'état de choses réglé par la loi en vigueur, si ce n'est pour empêcher un mal qui, si on n'y portait remède, menacerait la société d'une complète démoralisation. Il a expliqué que, de même que la loi interdit à la femme de réclamer le privilège de sa dot dans le cas de vente ou de donation de l'immeuble du mari, de même elle lui refuse un pareil privilège en cas d'hypothèque de l'immeuble, si elle n'a pas protesté au moment de la prise d'hypothèque, attendu que l'hypothèque est une véritable aliénation conditionnelle.

Pour augmenter les garanties de la femme, on a ajouté dans ledit projet la stipulation que, toutes les fois que le mari voudra hypothéquer ses biens, la femme devra prendre connaissance de la situation, afin de pouvoir, si elle le juge nécessaire, demander sa garantie, conformément au droit qui lui est reconnu par la loi. Cela prouve avec évidence que le projet du Gouvernement (si on en saisit bien l'esprit), sans enlever à la femme aucune des garanties que la loi lui confère, cherche à assurer, en même temps, les emprunts, pour faciliter les transactions et mettre un obstacle à la mauvaise foi. Voilà quel a été le but du Gouvernement, et voilà pourquoi aussi il a cru devoir se hâter de prendre en considération la situation actuelle.

Or, l'Assemblée, dans l'article Ier de ses modifications, a complètement méconnu cet esprit et ce but; elle a ajouté encore d'autres obstacles à l'établissement du crédit, comme si ceux qui existent n'étaient pas suffisants! Elle a soumis le mari à une obligation ruineuse, — à laquelle la loi précédente ne l'obligeait nullement, — et sans entourer la dot de plus de garanties; car, si l'on permet au mari de vendre sans le consentement de sa femme, comme d'autre part il ne peut constituer hypothèque, il sera dans l'obligation de vendre avec perte, et il marchera à sa ruine.

Voilà les motifs pour lesquels Nous appelons la sérieuse attention de l'Assemblée générale sur l'article Ier dudit projet. Quant aux autres dispositions, Nous consentons aux modifications introduites; mais Nous pensons que le deuxième paragraphe ajouté à l'article IV n'est point conforme à la générosité qui découle de l'article Ier dont l'Assemblée a voulu faire bénéficier la femme, et qu'il n'est fondé sur aucun besoin impérieux. Il en est de même de la modification apportée au § Ier de l'article V, qui décide que la femme contribuera jusqu'à concurrence du tiers de son revenu pour l'entretien et l'éducation des enfants, lorsqu'ils seront plusieurs; cette modification pourra, Nous pensons, être en maintes circonstances très onéreuse pour la femme, surtout dans le cas où il n'y aura qu'un ou deux enfants.

Nous estimons donc, puisque l'Assemblée a voulu entrer dans

de plus amples discussions au sujet de cette contribution, qu'il serait utile de prendre la même base que pour la dotation, autrement dit que la femme soit obligée de donner tout au plus la cinquième partie de son revenu, au cas où il n'y aurait qu'un enfant; et lorsqu'il y en aurait plusieurs, la dixème partie pour chacun d'eux, sans que cette contribution puisse jamais dépasser le tiers de son revenu.

Vu l'urgence qu'il y a à faire accepter ce projet, qui contient des dispositions salutaires, Nous Nous déterminons, par acquit de conscience, à présenter ces observations à l'honorable Assemblée.

(Suit la signature de Son Altesse Sérénissime.)

Ce projet de loi a été repoussé.

## IGNORANCE ET MAUVAISE FOI (1)

---

Voici ce qu'ont imaginé d'écrire, sur ce projet de loi, les ennemis du Prince Bibesco, à la politique desquels il importait de
marquer ses actes les plus utiles au coin des sentiments les moins
élevés :

M. UBICINI, *Univers pittoresque : Valachie et Moldavie*,
p. 163 et 169 :

« Bibesco présenta une loi tendant à modifier le régime dotal
« dans une de ses dispositions les plus essentielles; celle qui
« interdisait au mari d'hypothéquer les biens de sa femme. L'opi-
« nion se montra très alarmée de cette proposition, dont les véri-
« tables motifs ne lui échappaient point d'ailleurs et qui aurait
« dépouillé la femme des garanties que la loi lui offrait très sage-
« ment contre la dissipation et les entreprises hasardeuses du
« mari. » Et M. Ubicini d'ajouter : « *Les revenus de la dot de la*
« *Princesse Zoé Brancovano, sa femme, ne suffisaient plus à*
« *Bibesco, il avait voulu s'approprier le fonds, et tel avait été le*
« *but secret de la loi touchant la modification du régime dotal*
« *qu'il avait soumise à l'Assemblée.* »

M. ÉLIAS REGNAULT écrit dans un livre intitulé : *Histoire politique et sociale des Principautés Danubiennes*, p. 228 et 229 :

« Une nouvelle spéculation de Bibesco, plus audacieuse que
« les précédentes, contraignit les députés à faire acte de courage.
« Une loi fut présentée par le Gouvernement pour modifier la

---

(1) M. XÉNOPOL, p. 164 de son *Histoire des Roumains,* t. VI.

« loi civile sur le régime dotal en accordant au mari le droit
« d'hypothéquer les biens de sa femme. *Il paraît que les revenus*
« *de la dot de la Princesse ne suffisaient pas à Bibesco, et tel*
« *était le secret de la nouvelle loi,* secret qui, du reste, n'échap
« pait à personne, etc. »

M. A. BILLECOQ, avec la *sincérité* et la *fidélité d'historien*
qu'il se reconnaît (p. 192 de son pamphlet : *l'Hospodarat Bi-*
*besco*), affirme que *le projet était si absurde qu'il provoqua une*
*répulsion générale. On n'ignorait pas que les déplorables démêlés*
*de l'Hospodar avec sa femme et sa belle-mère, ainsi que sa réso-*
*lution de divorcer et de garder en même temps leur fortune, étaient*
*le seul motif qui le portait à vouloir modifier une loi sur laquelle*
*vivaient tranquilles les intérêts des familles depuis un temps im-*
*mémorial, loi d'ailleurs conforme aux principes qui régissent la*
*matière.*

M. Adolphe Billecoq, qui se déclare (p. 154) *diplomate exercé,*
*se connaissant en hommes,* ne se connaissait à coup sûr pas en
morale ni en progrès : il vient de faire, sans vergogne aucune,
sa profession de foi. Il est vrai qu'en écrivant le pamphlet *dont*
*on l'avait chargé* (1), l'ami du prince Alexandre Ghica ne se doutait pas qu'un jour ses fantaisies de langage passeraient sous le
feu de documents écrasants.

L'armée de la calomnie, dont nous venons de citer les principaux chefs, a, comme toujours, ramassé, pour frapper Bibesco,
les armes malpropres d'un vilain personnage qui se cache sous le
pseudonyme de Chainoi, et qui écrit : « *Le but du Prince, en*
« *proposant le projet de loi du 16 mars, était de se réserver*
« *l'usufruit de la dot de la Princesse après son divorce avec*

---

(1) « Les boyards valaques... nous ont prié... de les aider de notre coopération
par la voie de la presse. Nous n'avons pas cru devoir leur refuser notre coopération. Nous avons été fidèle historien, sincère en tout, etc., etc. » *Hospodorat*
*Bibesco,* par B.-A. (lisez : Billecoq Adolphe). Bruxelles, 1848. Wouters frères,
imprimeurs-libraires.

« *elle.* » (Voir *Dernière occupation des Principautés*, p. 158.)

Il faut remarquer que ces appréciations sont d'ailleurs absolument étrangères au projet de loi ; ceux qui les ont faites n'ont pas eu d'autre but que de répandre à l'étranger, contre le Prince, tous les bruits de nature à discréditer l'homme et son règne. Elles nous imposent un devoir, celui de donner un mot d'explication sur un sujet grave, auquel il nous est douloureux de toucher, et de produire l'acte inscrit au *Moniteur* du 17 novembre 1844, témoignage vivant de la délicatesse du Prince et de la fourberie de ses diffamateurs.

Depuis longtemps la princesse Zoé avait été atteinte d'une maladie cruelle et qui avait été déclarée incurable. Le Prince ayant résolu de divorcer, et la Princesse *étant dans l'impossibilité morale de gérer ses biens,* Son Altesse prit les mesures nécessaires pour sauvegarder la fortune de sa femme et des enfants issus de leur mariage. Il fit prononcer l'interdiction de la Princese, *et nommer une curatelle de ses biens.* Les membres qui furent appelés à composer cette curatelle furent choisis parmi les personnages les plus considérables et les plus honorables du pays.

Voici l'acte de l'institution de cette curatelle :

*Nous, Georges-Démètre Bibesco, par la grâce de Dieu Prince de toute la Valachie,*
    *Au département de la Justice.*

TRADUCTION.

17 novembre 1844 (*Bull. off.*, n° 140).

Relativement à l'interdiction de S. A. la princesse Zoé, Notre épouse bien-aimée, interdiction rendue nécessaire par l'affaiblissement de ses facultés mentales et l'impuissance morale dans lesquelles elle se trouve depuis tant d'années ;

Vu le rapport de ce département, n° 4347 ;

Vu la décision des sections unies du Divan suprême, — n° 79

du 15 courant, — qui a eu les preuves que la maladie de S. A. la Princesse est de celles qui, d'après la loi, enlève la faculté de contracter des engagements valables ;

Étant donnée *Notre décision de ne plus garder en notre pouvoir la fortune de S. A. la Princesse* et la nécessité impérieuse *d'instituer une curatelle* représentant, en tout, la Personne de la malade, et *veillant à Ses intérêts, ainsi qu'à ceux des enfants nés de Notre union ;*

Le Divan, se basant sur la loi du pays, article 2 du chapitre IV, première partie, prononce l'interdiction de S. A. la Princesse et déclare tout acte fait par Elle comme nul et non avenu, laissant à Notre disposition le soin de désigner comme curateurs les personnes que Nous jugerons les plus dignes ;

Prenant en considération que cette décision est conforme à la loi du pays et définitive, Nous confirmons, — en vertu de l'article 8 de la loi de l'année 1840 sur les décisions des Divans, — ladite décision rendue par le Divan suprême en sections réunies, et pour sa mise à exécution Nous désignons comme curateurs : Sa Sainteté l'évêque de Bouzeu, ainsi que MM. les honorables et fidèles boyards le ban Alexandre Filipesco, le logothète Emmanuel Baleano, le logothète Alexandre Vilara et le paharnic Georges Opran, *en leur imposant l'obligation de recevoir, de Notre main, toute la fortune de S. A. la princesse Zoé,* fortune qui se trouve en Notre possession. Ils recevront non seulement la fortune qui revient à la Princesse d'après sa feuille dotale, mais encore celle qui Lui a été reconnue par la convention intervenue entre Nous et la Baneassa Brancovano le 2 juillet 1838. De cette façon, Nous serons complètement déchargé de cette affaire.

Les membres de la curatelle s'occuperont sans retard de la rédaction des feuilles dotales des princesses Élisabeth et Catherine, issues de Notre mariage avec S. A. la princesse Zoé, et arrivées en âge de se marier, pour la portion qui leur revient de la fortune de leur mère, en dehors de ce que Nous leur donnerons

Nous-même. Les feuilles dotales seront portées à Notre connais sance.

MM. les curateurs prendront soin de faire rentrer les revenus des terres, à partir de l'année prochaine, en respectant les contrats concédés par Nous jusqu'à l'expiration de leurs termes. *Ces revenus seront employés, d'abord, aux besoins et au bien-être de la Princesse,* ensuite à l'éducation des enfants, à laquelle nous contribuerons également pour notre part. Ces revenus subviendront aux dépenses nécessaires pour conserver et améliorer cette fortune. Le surplus servira à l'achat d'immeubles au profit des mineurs.

MM. les curateurs veilleront aussi à ce qu'il soit fait, au commencement de chaque année, un budget des revenus et dépenses, et à ce qu'il soit soumis à Notre approbation. A la fin de chaque année, on Nous présentera un compte détaillé des dépenses.

En dehors des dépenses prévues par le budget annuel et acceptées par Nous, la curatelle ne pourra, sous aucun prétexte, employer une somme, quelle qu'elle soit, avant d'avoir fait un rapport et obtenu Notre autorisation.

En remettant aux personnages désignés, l'administration de cette fortune dont Nous sommes obligé de Nous démettre, — en raison de circonstances d'intérêt majeur, sans pourtant Nous affranchir de la surveillance qui Nous incombe, — Nous avons pleine confiance qu'ils en prendront soin comme de véritables pères de famille, qu'ils veilleront aux intérêts de cette fortune, et se rendront ainsi dignes de la gratitude et de la reconnaissance de Nos enfants.

· M. le chef du Département de la justice exécutera notre présent ordre.

(Suit la signature de Son Altesse.)

*Le grand Logothète de la justice :* Al. VILARA.

Il est certain qu'après la production de cet acte, si noble par
les sentiments qui l'ont dicté et qui balaye si rudement au ruisseau la boue de calomnie des Chainoi, des Élias Regnault, des
Ubicini, des Billecoq, il n'y aurait rien à ajouter. Cependant, il
ne nous est pas permis de passer outre sans donner sur cette
question l'opinion de M. A. Xénopol. — Nous lui laissons la
parole :

TRADUCTION.

&laquo; *Les dispositions du projet de Bibesco étaient entièrement*
&laquo; *conformes à la raison et à l'équité, et si elles rencontrèrent*
&laquo; *dans l'Assemblée une opposition presque unanime,* LE FAIT NE
&laquo; PEUT S'EXPLIQUER QUE PAR L'INTÉRÊT PRIVÉ DES DÉPU-
&laquo; TÉS, DE LEURS FAMILLES OU DE LEURS AMIS, QUI VOU-
&laquo; LAIENT CONSERVER DANS LES LOIS DU PAYS LES MESURES
&laquo; DE SPOLIATION QUE LE PRINCE DÉSIRAIT ABOLIR. &raquo; &laquo; *Les*
*calomniateurs du Prince Bibesco, qui ont raconté plus tard son*
*règne, se sont surtout servis, pour l'attaquer, de la loi sur le*
*régime dotal. Ils lui ont reproché d'avoir voulu, par ce projet,*
&laquo; *donner au mari le droit d'hypothéquer l'avoir de sa femme* &raquo;.
(Voir *les Principautés danubiennes,* par É. Regnault, p. 238 ;
et *l'Hospodarat Bibesco,* par Adolphe Billecoq, p. 129.) — *Or,*
*le projet ne contenait pas un seul mot sur un droit aussi anormal,*
*et les écrivains qui attribuent à Bibesco cette invention,* FONT
PREUVE D'IGNORANCE OU DE MAUVAISE FOI. *Ils rattachent*
*cette prétendue disposition aux affaires privées du Prince... On*
*a accusé le Prince d'avoir conçu le projet de ruiner sa femme*
*avant de divorcer. Nous voyons, tout au contraire, le Prince*
*se désintéresser, immédiatement après la constatation légale de la*
*maladie de la Princesse, de la fortune de Son Altesse, — et la*
*placer sous une tutelle chargée de prendre soin de l'intérêt des*
*enfants issus de son mariage avec elle. Cette tutelle fut com-*

*posée de l'Évêque de Bouzeu, du grand Ban Filipesco* (1), *du Logothète Baleano, du Logothète Vilara et du Paharnic Opranu.* (Bulletin officiel *1844, n° 140, p. 55.*)

« *C'est ainsi qu'on écrivait l'histoire dans ce temps d'aveugle déchaînement des passions* (2). »

(1) Le nom de Filipesco est souvent écrit de la manière suivante : Philippesco.
(2) *Histoire des Roumains,* par M. XÉNOPOL, membre de l'Académie roumaine, p. 164.

# LOIS ET PROJETS DE LOI

DU 8 MARS 1843 AU 29 FÉVRIER 1844

# LOIS ET PROJETS DE LOI

## DU 8 MARS 1843 AU 29 FÉVRIER 1844.

---

### Loi du 8 mars 1843.

(Décret 193.)

Création de la fonction de Président du Conseil administratif extraordinaire (1).

TRADUCTION.

L'article 148 du Règlement organique indiquant à quelles personnes peut échoir la présidence du Conseil administratif, et l'article 149 ne s'expliquant pas sur cette prérogative, lorsque le Conseil extraordinaire doit se réunir sous une autre présidence que celle du Prince pour débattre des questions d'une importance capitale; le gouvernement de M. l'ex-Président (2) ayant senti la nécessité, depuis l'établissement du Règlement, de faire présider ce Conseil par un des boyards les plus élevés en rang, dont l'habileté et l'expérience fussent une garantie pour l'État, ladite fonction a été créée par un message spécial de ce gouvernement. Plus tard, ce message a été renouvelé par S. A. le Prince, lors de la nomination, à ce poste, de M. le Ban Grégoire Baleano, — avec des émoluments fixes de quatre mille piastres

---

(1) Le Conseil administratif extraordinaire était une sorte de Conseil d'État qui se réunissait quand le Prince le jugeait nécessaire.

(2) Général Kisseleff.

par mois, — en considération de son mérite, de son âge et de son rang. En conséquence, jugeant qu'il est indispensable de régler définitivement cette question (la création de la fonction), nous décidons ce qui suit :

1° Aux membres qui, conformément à l'article 149 du Règlement organique, composent le Conseil administratif extraordinaire, il en est adjoint un nouveau qui présidera ce Conseil dans les séances où les chefs des différents Départements (les Ministres) · auront à faire discuter et résoudre certaines questions.

2° Le Président sera élu parmi ceux des boyards, les plus élevés en rang et les plus âgés, qui auront donné des preuves d'une entente réelle des affaires de l'État.

3° Quand le Prince présidera ces séances, ce Président prendra place au milieu des autres ministres.

<hr>

*Loi du 22 mars 1843.*

(Décret 236.)

Suppression temporaire de trois escadrons de cavalerie, et versement projeté de 1,440 soldats d'infanterie dans les trois régiments existants.

TRADUCTION.

ARTICLE 1ᵉʳ. — Tous les villages dont le nombre, depuis 1833, est venu s'ajouter à ceux qui furent désignés, à cette époque, pour former les piquets (1) des bords du Danube, seront exemptés de cette obligation et les piquets seront formés par des soldats.

ART. 2. — Le nombre des six escadrons restant intact, — conformément à l'article 389 du Règlement organique, — deux pelotons, les officiers y compris, seront momentanément supprimés

(1) Piquets : gardes-frontières fournies par les villages situés au bord du Danube.

dans chaque escadron. Chaque escadron conservera trois officiers; — il y aura pour deux escadrons un capitaine commandant.

Lorsque les finances du pays seront rétablies, les cadres seront
de nouveau complétés d'après les prescriptions du Règlement.
On ajoutera à l'infanterie 60 hommes par bataillon, soit 480 par
régiment, au total 1,440 hommes, pour les trois régiments existants.

ART. 3. — La somme de 62,769 piastres (1), nécessaire pour
compléter les régiments par le nombre d'hommes indiqué plus
haut, sera acquittée par le Trésor et ajoutée, chaque année, au
budget de la Milice (2).

ART. 4. — La caisse de réserve du Trésor fournira, cette
année, deux cent mille piastres pour l'acquisition de 1,440 nouveaux fusils destinés aux nouveaux soldats, ainsi que pour la
réparation des anciens fusils.

*Remarque.* — La constitution des piquets du Danube était
une charge très pénible pour les paysans. Le Prince chercha
le moyen d'en exonérer quelques villages sans que le service en
souffrît et sans occasionner de trop grands frais à l'État. A cet
effet il augmenta l'effectif de l'infanterie, à laquelle il confia ce
service, et il réalisa une économie en faveur de l'État, au moyen
de la suppresion temporaire d'une partie de la cavalerie. On
retrouve dans cette loi, comme dans celle de 1843 sur les Bohémiens, ce sens pratique et économique concourant au même but :
l'allègement du sort des classes souffrantes.

(1) La piastre valait environ 0 fr. 33 ou 40 paras.
(2) Milice : l'armée,

## L'ASSEMBLÉE AU PRINCE

*Réponse de l'Assemblée au Message princier, n° 83.*

L'Assemblée constate que les paysans soumis à une prestation en argent ou en nature, tendent à remplacer le nombre de jours de corvée dus par eux au propriétaire par une contribution en argent. Elle fait ressortir le danger d'un pareil état de choses, tant pour le paysan qui s'habitue à la paresse, que pour le propriétaire qui se voit menacé de n'avoir pas assez de bras pour l'exploitation de la terre. Elle demande que des mesures soient prises dans le but d'obliger le corvéable à acquitter en travaillant au moins la moitié des journées de corvées auxquelles il est assujetti.

Conformément au message du Prince, l'Assemblée propose de diminuer les taxes à verser par les familles qui acquittent la prestation due au propriétaire en argent et non en nature.

TRADUCTION.

3/15 avril 1843 (*Moniteur*, n° 174).

ALTESSE,

Conformément au message de Votre Altesse, n° 83, l'Assemblée générale, prenant en sérieuse considération la recommandation qui lui a été faite de fixer, pour les trois années qui vont suivre, le prix de la journée de corvée, de le mettre en harmonie avec le salaire que le paysan obtient pour une journée de travail, et de tenir compte de l'état de dénuement dans lequel il se trouve actuellement, a d'abord demandé à l'honorable département de l'Intérieur (1) les listes des prix du travail de la terre pour les trois dernières années. Puis, sans tenir compte des chiffres moyens qui auraient pu être formés à l'aide de ces listes, guidée par les indications du Règlement, elle a choisi dans les prix de ces listes les moins élevés. Néanmoins, ces prix dépassent encore de beaucoup ceux que payent aujourd'hui les habitants corvéables. On peut s'en convaincre par ce qui suit :

(1) Ministère de l'Intérieur.

| La journée de travail manuel . . . | 2 piastres 12 paras. | | |
|---|---|---|---|
| » | » avec 2 bœufs . | 4 » 30 | » |
| » | » avec 4 bœufs . | 8 » 20 | » |

En comparant donc ces prix avec l'état matériel du paysan, l'Assemblée générale, pour tenir compte des nombreuses souffrances endurées par ce corvéable au cours des périodes précédentes, a cru devoir réduire encore ces prix. Elle pense que, pour le terme futur de trois ans, le prix de la journée de corvée manuelle et celle du travail avec deux bœufs et avec quatre bœufs devra être réduit de façon que le paysan ne se trouve plus avoir à payer pour le terme prochain que les prix suivants :

| La journée de travail manuel, par tête. | 1 piastre 20 paras. | | |
|---|---|---|---|
| (prestation en nature) | | | |
| » | » avec 2 bœufs . . | 2 » 10 | » |
| » | » avec 4 bœufs . . | 3 » 10 | » |

Cette réduction, calculée approximativement pour le nombre des familles astreintes à la prestation en argent, représente un total de plus de deux millions pour chaque année et de plus de six millions pour trois ans. On voit, par ce qui précède, qu'en raison de la réduction faite aujourd'hui, la contribution imposée au corvéable est de moitié moins élevée que les salaires les plus bas qu'il reçoit pour prix de sa journée de travail. Cela est vrai pour les trois catégories de paysans, comme le prouvent les états susmentionnés.

Il faut pourtant remarquer que cette réduction sur le prix courant, tel qu'il existe dans les diverses parties de la Principauté, conduit les corvéables à penser, — surtout s'ils comparent ce qu'ils peuvent gagner avec ce qu'ils doivent payer au propriétaire, — qu'il est plus profitable pour eux de payer que de travailler. Cela les mène à leur propre ruine; car, dans l'espoir de pouvoir acquitter en argent leurs journées de corvée, ils s'adonnent à la paresse, et, en se faisant du tort, ils en font également aux propriétaires, qui se trouvent avoir des corvéables qui ne leur sont d'aucune utilité à l'époque du travail. Il résulte de ce qui précède que, plus les prix seront réduits par rapport aux prix courants, plus le travail de la terre sera négligé ; tandis que, pour atteindre le but souhaité, il faudrait que les prix devinssent menaçants et contraignissent les paysans au travail, au lieu de leur laisser l'espoir de pouvoir acquitter leurs journées de corvées en les payant, et de s'affranchir ainsi du travail de la terre.

Étant donné que les propriétaires prennent pour base, en général, le travail de la terre, — l'équivalent en argent devant être réservé uniquement pour le cas où il y aurait des journées non employées, — il faut exprimer le vœu, qui sera sans aucun doute exaucé (1), que l'Administration, dans sa paternelle sollicitude, accueille la demande de ces propriétaires, et que, tenant compte du grand sacrifice qu'ils font, il oblige les corvéables à la prestation de leurs journées de travail, aux époques fixées par la loi, et en temps utile pour les différents travaux agricoles. Les propriétaires s'estiment heureux de payer 60 paras par journée de travail, et même le double de cette somme, pourvu que les travaux de la terre se fassent à temps. Si cette condition n'était pas observée, les travaux seraient retardés, et les corvéables qui auraient l'espoir de payer leur dette en argent se verraient tout à coup, — après la cessation des travaux, — obligés d'acquitter, en espèces, des journées de travail qu'ils n'auraient pas acquittées en nature. D'une part, les paysans ne pourraient pas se libérer en une seule fois ; d'autre part, les propriétaires se trouveraient lésés dans leurs intérêts ; ceux-ci pour avoir payé la journée — à l'époque des travaux — plus du double du prix qu'ils ont à recevoir du corvéable, ceux-là pour n'avoir pas achevé à temps, par suite des mêmes causes, leurs travaux agricoles (2).

---

(1) Cette phrase à l'adresse du Gouvernement est comminatoire ; on y voit, en quelque sorte, sourdre l'hostilité de cette Chambre.

(2) Voir Zossima, Xénopol, Kisseleff, Billecoq et Ubicini.

En conséquence, l'Assemblée générale pense que la mesure la plus équitable est d'imposer l'obligation de la corvée rien qu'en travail.

Elle juge donc nécessaire :

1° *D'obliger le corvéable à donner toutes ses journées de corvée en travail,* ou de n'en donner, en travail, que la moitié, si le propriétaire s'en contente. Il sera également défendu aux propriétaires de surcharger les corvéables de travaux, au delà du nombre de journées fixé pour les différentes époques de la culture des champs, en partageant la totalité des journées imposées entre les trois époques de l'année (art. 141). La dette de chaque corvéable doit être liquidée tous les ans, soit en travail, soit en argent, d'après le prix fixé, et sous la surveillance de l'Administration, ainsi que la Chambre l'a déjà décidé dans son Rapport n° 30 du 14 juillet 1837.

2° La mauvaise condition du travail de la terre a été aussi occasionnée, jusqu'à présent, par la non-application des dispositions des différentes parties de l'article 142 du Règlement, également expliquées par l'annexe n° 13. Les corvéables, en effet, ayant pris l'habitude de commencer le travail pour le propriétaire après le lever du soleil, comme dans leurs propres maisons, fournissent un travail tardif et mal soigné. On doit donc imposer au corvéable d'accomplir son devoir, — les jours de travail, — exactement d'après les dispositions prévues et légiférées par le Règlement. Les propriétaires, à leur tour, devront être obligés de distribuer les terrains qu'ils font travailler en corvée, par pogones (1) d'une étendue exacte, afin que les devoirs réciproques entre les propriétaires et les corvéables soient remplis aux termes du Règlement, que les uns et les autres s'adonnent au travail avec plus de zèle et que le but atteint profite, comme chez nos voisins, à notre agriculture.

(1) Le pogone vaut en ares : 50,12.

Tel est le résultat des délibérations de l'Assemblée, que son secrétariat s'empresse de porter à la connaissance de Votre Altesse.

(*Signé :* Le Président de l'Assemblée générale.)

---

### Message de S. A. le Prince Georges Bibesco
### à l'Assemblée générale ordinaire.

Le Prince exige avant tout que les propriétaires appliquent le Règlement avec impartialité, et qu'ils ne tolèrent plus les abus des fermiers. A ce prix il promet le concours bienveillant du Gouvernement. La Chambre, dans sa réponse à Son Altesse, se plaçait davantage au point de vue des intérêts des propriétaires; le Prince prend en main les intérêts des paysans.

TRADUCTION.

5 avril 1843 (*Moniteur*, n° 303).

Après avoir pris connaissance du Rapport de l'honorable Assemblée, — n° 174, — concernant le prix des journées de corvée, Nous lui témoignons Notre satisfaction pour la concession, faite aux habitants corvéables, d'une réduction de 10 paras sur le prix de la journée de travail. Reconnaissant également comme justes, comme conformes à l'esprit du Règlement et à l'intérêt réciproque des propriétaires et des corvéables, les désirs exprimés par le Rapport de l'honorable Assemblée, Nous Nous efforcerons d'exaucer ces désirs. Mais, pour atteindre ce but, le Gouvernement a besoin du bon vouloir de tous les propriétaires, qui doivent veiller de près au respect du Règlement et à son application impartiale, aussi bien en faveur d'une des parties que de l'autre. C'est le seul moyen de déraciner les abus encore exercés, de nos jours, par les fermiers.

Nous sommes convaincus que, sous ce rapport, les propriétaires qui composent aujourd'hui l'honorable Assemblée générale seront les premiers à donner ce salutaire exemple; aussi peuvent-ils compter, pour atteindre ce but, sur le concours bienveillant de l'Administration.

(Suit la signature de Son Altesse.)

---

*Message de S. A. le Prince Georges Bibesco à l'honorable Assemblée générale ordinaire.*

(Livre de la chancellerie du Prince, p. 299.)

Le Prince propose à l'Assemblée d'élever une statue au général Kisseleff, bienfaiteur de la Roumanie.

TRADUCTION.

5/17 avril 1843 (*Bull. off.* du 12/24, n° 32).

Nous avons à payer une grande dette de reconnaissance nationale; elle est de celles qui ne souffrent point de retard. C'est à l'empressement que l'on met à s'acquitter de pareilles dettes qu'il est permis de juger de la moralité d'un peuple et des sympathies dont il est digne. Un homme chargé d'une haute et noble mission a paru, il y a quelques années, au milieu de nous, et sa présence a été pour le pays le signal de l'espérance et le gage d'une vie nouvelle. Nous nous trouvions au milieu de la situation la plus désespérée quand, grâce à son habile et prudente direction, tout s'est transformé. Le nom de cet homme remarquable est gravé dans le cœur de tous les vrais Roumains; il se trouve inscrit sur chacune des pages de nos institutions.

Aucun témoignage, cependant, ne confirme aux yeux des étrangers ce sentiment qui est général; aucun monument n'a encore consacré, jusqu'à ce jour, une des époques les plus importantes de notre histoire, époque qui honore autant celui qui lui a laissé son nom, comme un héritage inappréciable, que la nation qui a prouvé sa sagesse et son intelligence à mettre à profit les éléments de nature à augmenter son bien-être et à la pousser dans la voie du progrès.

La justice Nous impose de rendre hommage à l'Assemblée générale qui, en 1841, a proposé l'érection d'un monument de ce genre. Mais l'on ne donna alors aucune suite à cette proposition.

Le moment est venu d'accomplir ce vœu national en élevant sans retard, dans la capitale, la statue de notre bienfaiteur et aimé concitoyen le comte Paul Dimitrievitz Kisseleff. Élevons-la en commémoration de cette heureuse époque, et comme un encouragement à faire le bien pour ceux qui, dans l'avenir, seront appelés à gouverner cette Principauté.

Notre espoir, en remplissant au début de Notre Règne ce devoir sacré, et en réveillant les souvenirs de la glorieuse année qui vient de s'écouler, est qu'il nous portera bonheur.

Nous invitons donc l'Assemblée générale à prendre en haute considération le présent projet et à en faire, au plus tôt, l'objet de ses délibérations.

(Suit la signature de Son Altesse Sérénissime.)

*Projet pour l'érection d'un monument
à S. Exc. le Président plénipotentiaire comte Paul Kisseleff.*

ARTICLE I<sup>er</sup>. — Une statue sera érigée à S. Exc. le comte Paul Kisseleff sur l'emplacement du *han* (1) de Filaret, pour éterniser la mémoire des bienfaits que ce personnage a prodigués à la Valachie.

ART. 2. — Comme il avait été précédemment décidé que, sur l'emplacement de ce han, s'élèverait l'institut des enfants pauvres, on achètera, sur les fonds du *paragraphe des économies*, un

_____

(1) Mot turc : hôtel, auberge ; auberge de village.

autre emplacement situé dans une position plus convenable et plus appropriée au but de cet institut.

ART. 3. — Le trésor versera, de la part de l'État, la somme de dix mille ducats (1), à prendre sur la caisse de réserve de 1844.

ART. 4. — Les caisses de la Métropole, des Évêchés et des Monastères, donneront cinq mille ducats, à répartir entre elles, proportionnellement à leurs revenus.

(Suit la signature de Son Altesse Sérénissime.)

*Le Grand Vornic de l'Intérieur,*

T. VACARESCO.

---

*Loi du 8/20 avril 1843.*

(Décret 315.)

Création de sources de revenus qui viennent s'ajouter aux revenus des municipalités.

La loi fixe l'impôt à payer pour les chariots chargés et leurs attelages, pour les vins et les eaux-de-vie entrant en ville; elle impose les cartes à jouer et détermine la peine à prononcer contre tous ceux qui contreviendront au Règlement.

TRADUCTION.

ARTICLE 1er. — Tout chariot et autres véhicules, — quel qu'en soit le chargement, — attelé d'un ou de plusieurs chevaux, ainsi que les chevaux de bât, payeront net quatre paras par tête d'animal, — bœuf ou cheval, — toutes les fois qu'ils entreront en ville. L'argent sera versé entre les mains du magistrat (2).

ART. 2. — Les droits d'octroi (accises) payés à l'entrée de la

---

(1) Le ducat valait 11 fr. 75 centimes.

(2) Le *magistrat* était le nom par lequel on désignait l'administration municipale.

ville pour chaque tonneau de vin ou d'esprit sont doublés, indépendamment de la taxe prévue, à l'article I$^{er}$, sur les animaux
composant l'attelage.

ART. 3. — La vente des cartes à jouer est libre; mais pour
chaque jeu, les vendeurs payeront un sfantzig (1) le timbre que doit
y apposer le magistrat. Sera condamné à payer double taxe
celui qui osera vendre un jeu de cartes dans le magasin, soit
encore dans la maison duquel on trouvera un jeu de cartes ne
portant pas ce timbre.

Ces revenus seront versés entre les mains des percepteurs;
toutefois l'impôt dont il est parlé à l'article I$^{er}$ sera de deux
paras au lieu de quatre, dans toute ville autre que Bucarest.

*Loi du 13 mai 1843.*

(Décret 431.)

Interprétation des articles 163 et 164 du Règlement organique, relativement à la corvée à laquelle sont assujettis les paysans pour l'entretien
des chemins.

TRADUCTION.

ARTICLE I$^{er}$. — Tout paysan, sans exception, consacrera six
jours de corvée par an, avec son chariot et ses bœufs, à l'entretien des chemins. S'il n'en possède pas, il donnera le travail de
ses bras.

ART. 2. — Nul corvéable ne pourra être éloigné de plus de
trois postes de son domicile.

ART. 3. — Toutes les journées de corvée seront acquittées
dans l'année; et l'on ne pourra exiger comme arriéré, que les

(1) Le sfantzig valait environ 0 fr. 80.

journées de corvée qui n'auront pas été faites au cours de l'année précédente. »

Cet article, comme tous les actes du Prince, témoigne de sa sollicitude constante pour le paysan, du soin qu'il met à combattre les abus dont ils souffrent. Pour les paysans, une des plus grandes vexations était l'obligation de former les piquets du Danube; aussi verra-t-on Bibesco faire tous ses efforts pour remédier à ce mal, proposer dans ce but un projet de loi sur l'augmentation de la milice, et attirer l'attention de la Chambre sur la nécessité de le voter pour empêcher l'émigration des paysans. Mais on constatera également sans surprise, que cette Chambre de 1843 et 1844, mue par un esprit d'opposition déplorable, se refusera à toute réforme.

Cela n'empêchera pas la calomnie de rendre le Prince responsable du manque de patriotisme de MM. les Députés :

M. UBICINI préfère attribuer l'émigration au travail des routes et à la corvée plutôt qu'à l'obligation de former les piquets. « *Le recensement* opéré cette année, écrit-il, avait constaté une diminution assez notable dans la population rurale , — causée par l'émigration de près de quarante mille familles que l'oppression de la claca (corvée) et du travail des routes avait contraintes de s'expatrier (1). »

La fameuse REQUÊTE AU SULTAN (2), datée de Bucarest 3/15 août 1848 et signée de M. N. GOLESCO, J. HÉLIADE, C. TELL, membres de la Lieutenance Princière, après avoir fait de la situation du paysan le tableau suivant, non moins épouvantable que fantaisiste : « La terre qu'il arrose de ses sueurs est stérile pour lui; il ne jouit d'aucun des biens à la participation desquels Dieu a appelé toutes ses créatures; épuisé de fatigue

---

(1) M. UBICINI, *Valachie et Moldavie*, p. 169.
(2) Requête à S. H. le Sultan. — Pièces justificatives des droits des Moldo-Valaques.

ou succombant aux atteintes du désespoir, il se couche dans le sillon qu'il vient de creuser, et ne se relève pas même sous le fouet du dorobantz », — accuse Bibesco d'avoir en quelque sorte *attaché le paysan à la glèbe!…*

« *Il établit (le Prince) une corvée de six journées de travail*
« *par an, conversibles en argent, sous prétexte de créer un*
« *système régulier de routes qui devaient relier entre elles*
« *les villes principales de la Principauté. Mais aucune route*
« *ne fut construite, et les sommes énormes qui résultèrent de ce*
« *nouvel impôt servirent à améliorer les domaines particuliers*
« *du Prince et de ses favoris, ou à exécuter des travaux d'em-*
« *bellissement sans utilité publique.* »

Ainsi, le desséchement des marais de Cisméjiu transformés en parc, le chaussée Kisseleff, les greniers d'abondance pour les cas de disette; les chaussées entre Orsova et Skela Cladova, entre Riu Vadului, Kineni et Rimnick, entre Tomos et Campina; le pont sur l'Olto, considéré de tout temps comme impossible à établir; le théâtre de Bucarest, les travaux exécutés à Ploiesti, à Bouzeu, Craïowa, Slatina, Pitesti; les quais construits à Braïla et à Giurgevo n'*existent pas* pour ces messieurs, ou *sont sans utilité!*

Cette requête au Sultan est bien digne de ce gouvernement qui a abdiqué la Souveraineté nationale, qui a livré au Sultan les droits de l'État roumain (1).

---

*Loi du 15 mai 1843.*

(Decret 434).

Au sujet des règles à observer, à l'avenir, pour les cessions de terrains à faire par les monastères dédiés ou non dédiés, ou par les prieurés libres, sous la réserve d'un droit d'emphytéose.

(1) Voir dans ce volume le chap. IV de la 2ᵉ partie intitulée : *Insurrection de 1848 : histoire, légende.*

TRADUCTION.

ARTICLE I^er. — L'inscription de terrains ne sera plus admise
sous la réserve d'un droit emphytéotique, dont il est parlé à l'article I^er du chap. V, livre XXIV, du Code du pays, que dans les
villes et bourgs libres. Leurs conseils urbains auront le droit,
— s'ils trouvent que ces emplacements peuvent servir à l'embellissement de la ville, ou à tout autre but d'utilité publique, — de
retenir à leur compte ces emplacements, aux mêmes conditions
qu'ils auraient été cédés à des particuliers. A cet effet, Nous
imposons au Logothète des églises (ministre des Cultes) l'obligation de donner connaissance aux Conseils urbains des contrats
d'emphytéose qui lui seraient présentés. Les Conseils auront
un terme de quarante jours pour décider s'ils prennent ou non
l'emplacement au compte des villes. Ce terme expiré, les contractants seront libres de conclure.

ART. 2. — Il est fait défense aux hégoumènes (1) des monastères dédiés ou non dédiés, comme aussi aux curateurs des
prieurés, de céder à l'avenir, de leur propre autorité et sans l'assentiment du Gouvernement, des terrains, sous réserve d'un
droit d'emphytéose.

ART. 3. — Les hégoumènes des monastères et les curateurs
des prieurés devront présenter au Ministère toutes les demandes
de cette nature et les propositions qui y sont jointes.

'ART. 4. — La Sainte Métropole, d'accord avec le ministère des
Cultes, fera un rapport au Prince, Auquel il appartient d'autoriser ou non la conclusion du contrat. Les actes seront homo-
logués par le ministère des Cultes, qui observera les dispositions
de l'article I^er (2).

(1) Hégoumène : *Hegoumenos,* qui conduit, qui administre (administrateur).
Voir, t. I, *La question des Saints Lieux,* p. 59-144.
(2) Le but de cette loi est surtout de mettre un terme aux spéculations des
hégoumènes. Voir t. I, p. 59-144.

*Loi du 5 août 1843.*

(Décret 585. *Bull. off.* n° 71.)

Mesures pour faciliter et développer le commerce du port de Braïla, et pour embellir la ville.

TRADUCTION.

Nous, Georges-Démètre Bibesco par la grâce de Dieu Prince de toute la Valachie,

Au département des affaires de l'intérieur.

A la suite de Notre visite au port de Braïla, Nous Nous sommes convaincu que l'avenir du pays est intimement lié à l'amélioration de ce port, le principal du pays et grâce auquel l'agriculture et le commerce peuvent atteindre leur entier développement. Voilà pourquoi Nous appelons la plus sérieuse attention de ce Département sur les travaux nécessaires et demandons son avis sur les mesures à prendre pour subvenir aux dépenses suivantes :

1° La construction de la route entre Braïla et Galatz, pour mettre en communication les plus grands centres de commerce des deux Principautés ;

2° Les travaux indispensables au port pour l'accostement des navires, à l'endroit destiné aux chargement et déchargement des marchandises ;

3° Les constructions destinées à garantir de l'inondation toute l'étendue du terrain sur lequel sont situés les magasins ;

4° La consolidation de la rive du Danube du côté de la ville, rive sans cesse rongée par les eaux, et qui s'effondre si rapidement que les maisons situées, autrefois, à une grande distance du fleuve menacent d'être englouties ;

5° La construction, — en amont du Danube, entre les deux îles, — de travaux destinés à briser les blocs de glace et à rompre la violence du courant, laissant ainsi le passage libre vers la branche mère du fleuve et offrant, en outre, un abri aux bâtiments entre les deux îles.

C'est au Département, — dans le rapport qu'il Nous soumettra, — à proposer des mesures qui soient dans la limite de nos moyens; ainsi, en ce qui concerne le port et la consolidation de ses rives, il écartera tout plan qui exigerait l'emploi de la pierre taillée ou d'autres travaux nécessitant de grandes dépenses, car ce sont des projets de cette nature qui, dépassant les moyens dont nous pouvons disposer, ont été l'obstacle permanent à toutes les améliorations réclamées par cette ville.

En dehors des travaux susmentionnés, il y en a d'autres qui n'exigent ni un temps aussi long ni des dépenses aussi considérables, et qui ne peuvent plus être ajournés; tels sont :

1° Le prolongement de la chaussée vers le port; cette voie n'étant pas terminée, les eaux venant de la ville ne peuvent s'écouler vers le fleuve et forment, autour des magasins, des marais d'eau croupissante qui obstruent la circulation entre le port et les entrepôts;

2° La défense d'employer de la terre prise sur la rive pour exhausser les emplacements;

3° L'interdiction aux navires de jeter leur lest entre les deux îles. Si on ne prend pas, à cet effet, les mesures les plus sévères, dans peu de temps cet endroit n'aura plus la profondeur nécessaire au tirant des navires du tonnage de ceux qui entrent dans le port de Braïla.

Le Département aura donc :

1° A imposer une amende à tout navire qui contreviendra à la défense de jeter le lest dans cet abri naturel;

2° A déterminer l'endroit où les navires pourront déposer leur lest, lequel sera employé à l'exhaussement et à la consolidation des rives.

Il a été porté à Notre connaissance que beaucoup de propriétaires possédaient plus de terrain qu'ils n'auraient le droit d'en avoir aux termes de leurs contrats. — Le Département ordonnera une enquête dans le plus bref délai, soit pour les obliger à payer le surplus du terrain qu'ils détiennent indûment, soit pour le restituer à qui de droit.

Le magistrat de Braïla s'est plaint à Nous de ce que plusieurs personnes résidant, les unes à Braïla, la plupart dans d'autres villes, possédaient des emplacements dont ils ne tiraient aucun parti, ce qui nuisait à l'agrandissement et à l'embellissement de la ville ; en conséquence, on donnera aux propriétaires le terme d'un an pour qu'ils commencent à élever des constructions d'après un plan régulier et conforme à la nature du terrain. — Le délai expiré, s'ils n'ont pas commencé à bâtir, le magistrat leur payera la valeur desdits emplacements et en usera pour les besoins de la ville, ou les vendra à d'autres personnes désireuses de s'établir à Braïla.

La ville de Braïla a un impérieux besoin d'un hôpital et d'une prison ; nous appelons sur cette question l'attention du chef du Département de l'intérieur, dont les connaissances étendues, la longue expérience, le zèle infatigable pour le bien public Nous donnent l'assurance que sous sa surveillance, et grâce à ses efforts, tous ces travaux seront menés à bonne fin.

A cette occasion, Nous chargeons M. le grand Vornic (1) de témoigner notre satisfaction à M. le colonel Jacompbson (Jacobson) pour les preuves qu'il Nous a données de sa bonne conduite et de l'intégrité de son administration au cours des travaux du district de Braïla. — Nous sommes certain que le colonel est pénétré de Notre profond désir de donner tout le développement possible à la ville et au port de Braïla, et qu'il s'efforcera de justifier les espérances que Nous fondons sur son mérite.

(Suit la signature de Son Altesse Sérénissime.)

*Le Secrétaire d'État :* E. BALEANO.

_____

(1) Ministre de l'Intérieur.

Ibraïla, — aujourd'hui Braïla, — de tout temps peuplée d'étrangers, n'a cessé d'être le foyer de complots contre le Gouvernement. Les agissements des hétairies gréco-slaves y ont, entre autres, causé beaucoup d'ennuis aux Princes roumains. (Voir t. I, p. 205, 213, 217.) Sous le règne d'Alexandre Ghica, un mouvement a éclaté à Ibraïla et y a été réprimé avec énergie. Bibesco y a également étouffé un complot en 1843.

A ce sujet, M. Ubicini, toujours inexact quand il raconte les événements survenus en Valachie, — écrit, page 105 de son livre « les Principautés Danubiennes » : « *Lorsqu'on vint à parler dans la Chambre de l'affaire des insurgés d'Ibraïla, dont le procès s'instruisait depuis près d'une année devant la cour criminelle réunie au Divan suprême (haute cour), le grand logothète Chrysoscoléo, dit Bouzoiano, coupa court à la discussion en s'écriant : « Tout ceci, messieurs, est l'œuvre de « l'Empereur Nicolas; c'est à celui qui a fait le nœud de le « défaire. » En apprenant cette audacieuse sortie, l'Hospodar, sur la demande de M. Daschkoff, décréta Bouzoiano d'accusation; toutefois ils reculèrent l'un et l'autre devant les plaintes des boyards, rendues plus inquiétantes par le mécontentement populaire, et l'affaire n'eut pas de suite.* »

M. Ubicini et ses pareils ont une manière de raconter l'histoire qui consiste à affirmer sans prouver. Le règne du Prince nous fait voir au contraire que, s'il était possible d'adresser à Bibesco un reproche, ce serait plutôt de n'avoir jamais reculé, alors qu'il avait à défendre les droits du pays. Nous n'en donnerons pour preuve que son attitude dans l'affaire de Trandafiloff. D'ailleurs, à qui M. Ubicini fera-t-il croire que le Prince — qui devait refuser à Duhamel d'exiler Héliade — *ait décrété d'accusation* un grand boyard pour des paroles couvertes dans tout pays par l'immunité parlementaire?

M. Adolphe Billecoq, — l'ancien ami du Prince Ghica, — estime que *les travaux exécutés par Bibesco* sont inutiles (p. 158),

que *le quai de Braïla est mesquinement exécuté,* et que *les améliorations pompeusement annoncées* n'ont abouti qu'à un jardin
presque inutile à la capitale — Cismejiu — (p. 147). M. Billecoq,
chargé par les Roumano-Fanariotes de publier à Bruxelles son
pamphlet *l'Hospodorat de Bibesco* (voir p. 192), trouve inutile de
parler des autres travaux du Prince et de dire que le Cismejiu
était, au centre de la capitale, un vaste marécage, foyer permanent de fièvres pernicieuses.

### Loi du 29 octobre 1843.

(Décret 680. *Bull. off.* n° 97.)

Le Prince ordonne de publier le Firman qui reconnaît aux douanes
valaques le droit de percevoir 5 pour 100 au lieu de 3 pour 100 sur toute
marchandise entrant dans les Principautés, et ne taxe que du même droit
de 5 pour 100 les produits valaques entrant en Turquie. Le Firman
exempte de tout impôt le sel, ainsi que les marchandises qui traversent
en transit l'Empire turc (1).

Nous, Georges-Démètre Bibesco, par la grâce de Dieu Voïvode Souverain de toute la Valachie,
    Au Conseil administratif ordinaire.

Les intérêts du pays ont été le seul but vers lequel aient con-
vergé Nos efforts pendant la durée de Notre séjour dans la
capitale de l'Empire ottoman. S. M. l'Empereur, notre Suzerain, prenant en sérieuse considération les plaintes que Nous
n'avons cessé de lui adresser sur la ruine qui frapperait le commerce de cette Principauté, si les produits roumains étaient

---

(1) Voir t. I, de la p. 148 à la p. 174, l'exposé relatif à cette question, la
correspondance diplomatique du Prince qui y a trait, et le Firman.

soumis aux droits de douane auxquels les nouveaux arrangements et traités astreignent les habitants de l'Empire ottoman, a bien voulu délivrer le firman ci-annexé en original et traduction. Par ce firman, Sa Majesté reconnaît aux produits qui seront exportés, de Notre pays en Turquie, le droit de ne payer que 5 pour 100, conformément à ce qui a lieu pour les marchandises qui sont importées de l'étranger, et cela avec le droit de réciprocité, c'est-à-dire avec le droit pour nous de percevoir une taxe de 5 pour 100 au lieu de 3 pour 100 que nous percevions jusqu'à ce jour sur les marchandises nous venant de l'étranger. Sa Majesté nous accorde, en outre, un droit beaucoup plus important, celui de ne payer aucune taxe douanière pour les marchandises et produits du pays qui passeront en transit par les provinces turques pour être vendus dans d'autres pays. Sa Majesté a bien voulu également reconnaître et confirmer, par ce haut firman l'entière exemption, pour l'avenir, de tout droit en faveur du sel de Notre pays.

Nous ordonnons donc au Conseil administratif ordinaire de déposer l'original et la traduction de ce firman aux archives de l'État, pour que ces pièces y soient conservées, et en même temps de les publier dans le *Bulletin officiel* et dans d'autres organes, afin qu'elles soient portées à la connaissance de tous.

*Signé :* BIBESCO.

*Le Secrétaire d'État,*
    E. BALEANO.


M. Xénopol, en parlant de cet acte considérable, rappelle que « *le Prince fut reçu à Constantinople avec honneur et amitié, et que les rapports qu'il entretient avec les différents grands dignitaires de la Porte Lui facilitèrent plus tard la négociation de plus d'une affaire et principalement celle de la question de très haute importance : les douanes du Pays* (1). *Ce qui était plus important encore qu'un gain matériel, c'était le droit reconnu aux Roumains de se prononcer eux aussi sur leurs intérêts, droit enterré depuis si longtemps par le despotisme turc, et escamoté depuis si longtemps par le protectorat russe.* »

(1) *Histoire des Roumains,* par M. XÉNOPOL, t. VI, p. 180 et 181.

# DE L'AUGMENTATION DE LA MILICE

PROJET DE LOI, FÉVRIER 1844.

MESSAGE DU PRINCE QUI RETIRE A LA CHAMBRE LES PROJETS DE LOI

PRÊTS A ÊTRE DISCUTÉS.

RÉPONSE DE L'ASSEMBLÉE, 29 FÉVRIER 1844.

# DE L'AUGMENTATION DE LA MILICE

## EXPOSÉ

Ce projet est la continuation de l'œuvre entreprise par la loi du 22 mars 1843.

En effet, le Règlement organique avait confié à quelques villages riverains du Danube le service des piquets en échange de certaines immunités. Plus tard, le nombre de ces villages fut augmenté. Leur service étant une ruine pour le paysan, le Prince projeta d'y soustraire tous les villages qui avaient été imposés par des mesures postérieures au Règlement, et il chargea de ce service 1,440 soldats appelés à augmenter les cadres de l'infanterie, tandis qu'il supprima en même temps une partie de la cavalerie. (Voir p. 102 et 103 de ce volume.)

Cette fois, Son Altesse voulut décharger du service des piquets même les villages auxquels le Règlement l'imposait. Outre cette mesure d'un intérêt supérieur, la loi de Bibesco avait deux autres buts : elle augmentait la force armée du pays, et annulait, par une réforme intérieure, un article du Règlement. C'était un acte d'indépendance tout au profit de la nation.

Il ne faut pas oublier qu'il n'était pas éloigné ce temps où le prédécesseur de Bibesco était forcé de consentir à ajouter au Règlement organique un article final (1) qu'avait rejeté la Chambre, — dissoute aussitôt après cet acte de patriotisme, sur la demande de M. le consul général de Russie, — article aux termes duquel nul

---

(1) C'est à ce propos que fut organisé contre le Prince Ghica le complot dont firent partie Philippesco, Vaillant, N. Balcesco et quelques-uns de leurs amis. Découverts, ils furent jugés et condamnés. Balcesco fut gracié par Ghica comme mineur ; Philippesco et ses amis obtinrent leur grâce dès le lendemain de l'avènement de Bibesco. Vaillant obtint plus tard de rentrer à Bucarest.

changement ne pourrait être fait au Règlement sans l'autorisation de la Cour protectrice. Bibesco, élu à vie par la nation, fort
de Sa Souveraineté, qui n'était plus exposée au caprice d'une
Chambre ou au froncement de sourcils d'une Puissance suzeraine
ou protectrice, s'attacha, dès le début de son règne, à maintenir
le protectorat de la Russie, dans ses limites légitimes, sans éveiller
ses susceptibilités. Il lui arriva plus d'une fois, à propos de questions d'administration, — telles la question des mines, celle des
élections de 1846, celle de l'instruction publique, 1847, et la présente loi sur la milice, — de faire subir des changements au
Règlement, sans en référer à la haute Cour.

Une Chambre qui eût été animée des mêmes sentiments que
son Souverain eût certainement mis tout son zèle à l'aider
dans cette voie. Or, la Chambre de 1843 et 1844, — héritage du
règne précédent, — fit tout le contraire, et on la retrouve, à propos
de l'augmentation de la milice, ce qu'elle fut dans la question des
mines : une Chambre d'obstruction. On se souvient qu'à cette
occasion elle osa protester contre la prévoyante mesure des douze
années imposées par le Prince à Trandafiloff, — comme limite
des contrats d'exploitation à passer avec les propriétaires, — sous
prétexte que *cette mesure n'était pas dans le Règlement* (1). C'est
le même mauvais esprit qui détermina M. Ion Ghica et ses amis, à
adresser au Czar SEUL, contre le Prince, une pétition qui ne resta
lettre morte que par le refus de Grégoire Grâdisteano de signer
un acte qui était l'abdication des droits du pays (2).

---

### Message du Prince à l'Assemblée générale.

L'Assemblée générale ayant repoussé le projet de loi sur l'augmentation
de la milice, le Prince l'informe que, ne pouvant attendre d'elle aucune
délibération sérieuse, il lui retire les projets de loi qui lui ont été soumis.

(1) Adresse au Prince en date du 24 février/8 mars 1844.
(2) Voir Zossima, p. 12, et note 5, p. 61.

TRADUCTION. Février 1844 (n° 166).

Nous sommes informé par Nos ministres que l'honorable Assemblée générale a repoussé, à la suite d'un vote, Notre projet de loi
relatif à une augmentation de l'effectif de la milice, projet de loi
dont le but était d'exempter les villages des bords du Danube,
préposés à la garde de cette frontière, de leur pénible service.
Cette même Assemblée, dans deux rapports adressés au Gouvernement, avait fait la même demande, à des époques beaucoup
plus paisibles que celle que nous traversons.

En ce moment, en effet, toutes les populations riveraines du
Danube se trouvent en fermentation ; des bandes de quatre à
cinq cents brigands rôdent le long de nos frontières ; des tentatives de complots ont été faites, elles ont causé et font naître
encore de l'inquiétude dans le pays ; douze mille familles nous
menacent, — de l'aveu même de l'Assemblée de 1842, — de déser-
ter sur la rive droite du Danube. Or, Nous ne sommes parvenu,
jusqu'à ce jour, à empêcher cette désertion, que par la seule promesse que ces populations seraient bientôt délivrées de leur
pénible service.

Nous avions tout lieu d'espérer que tout Roumain considérerait
comme un devoir, non seulement d'accepter avec empressement
ce projet de loi, mais encore de le réclamer avec instance, si,
dans les circonstances actuelles, le Gouvernement avait négligé
de le proposer.

Cela étant, comme Nous avons acquis la certitude que Nous ne
pouvions plus attendre aucune délibération sérieuse de cette
Assemblée sur les autres projets de loi qui lui sont soumis, Nous
avons donné à Nos ministres l'ordre de les retirer et de ne laisser
au Divan que les comptes du budget, les conditions des affer-
mages publics et autres travaux courants qui ne peuvent pas
être considérés comme projets de loi.

### Adresse de la Chambre à Son Altesse Sérénissime.

L'Assemblée cherche à expliquer le motif qui l'a déterminée à repousser le projet relatif à l'augmentation de la milice ; elle invoque des raisons qui ne touchent en rien à la question. Son langage, sous une fausse apparence de respect, *manque de tact* (1), dit M. Xénopol ; il témoigne d'un *parti pris* (2) non déguisé, d'un *non possumus,* à l'égard de tout progrès proposé par la couronne.

TRÀDUCTION.

29 février 1844 (n° 206 du registre 104, p. 18).

L'Assemblée générale ayant pris connaissance des observations contenues dans l'adresse n° 166, que le Prince a jugé bon de lui adresser, après avoir lu le rapport ministériel concernant le rejet du projet de loi relatif à l'augmentation de la milice, vient humblement Lui exposer le principal motif qui l'a déterminée à refuser cette augmentation.

Ce motif n'est autre que la nécessité absolue de ne plus mettre une charge nouvelle sur le paysan tombé dans une affreuse misère sous l'administration précédente. Il est juste qu'on allège aujourd'hui les charges du paysan, que l'on rende son sort plus supportable, et qu'il profite aussi, comme on le lui a fait espérer, de la situation générale, qui s'est améliorée. C'est là une vérité incontestable et que Votre Altesse Elle-même reconnaît. Ajoutons que les mesures proposées par l'honorable Gouvernement dans la dernière session, pour la construction et l'entretien des voies de communication en Valachie, ont été adoptées. L'Assemblée a fait, alors, à ce projet un accueil chaleureux et elle l'a voté avec un empressement évident, bien qu'on ne puisse nier que cette loi n'ait, — en quelque sorte, — fait peser de nouvelles charges

(1) Voir l'*Histoire des Roumains*, par XÉNOPOL, t. VI, p. 175.
(2) Voir XÉNOPOL, p. 175; UBICINI, p. 166, *Provinces roumaines;* ZOSSIMA, page 11; KISSELEFF, t. I, p. 222.

sur la masse des paysans déjà si éprouvée par bien des malheurs répétés. Telles sont les raisons qui ont déterminé l'Assemblée à ne pas prendre la responsabilité d'imposer au corvéable de nouveaux fardeaux.

Bien que l'Assemblée constate que le Prince, dans son Message, recommande de soulager les familles encore astreintes au service des piquets du Danube, elle a cependant jugé préférable d'alléger, pour le moment, le sort de la masse, qui se fût trouvée condamnée, par le projet, à fournir un nombre considérable de recrues. L'Assemblée a également pris en considération ce fait que les familles chargées du service des piquets doivent jouir, en réalité, de certaines immunités qu'une sage mesure du Gouvernement provisoire leur a assurées, et ne plus faire qu'à leur tour de rôle et plus rarement le service qui leur est imposé.

L'Assemblée a appris avec peine la nouvelle des incursions des pillards de la rive droite du Danube, — fait sur lequel Votre Altesse a bien voulu attirer son attention comme étant, à Ses yeux, une des raisons principales qui militent en faveur de l'acceptation du projet; — mais elle espère que, dans l'avenir comme dans le passé, la milice saura, en pareille occurrence, repousser par son courage et son audace ces tentatives d'invasion. Quant aux complots intérieurs rappelés dans cette adresse, l'Assemblée est convaincue que l'avènement de Votre Altesse, qui a rempli d'espoir le cœur de tous les Roumains, est pour eux la meilleure garantie de bonheur.

Elle est également certaine qu'en dehors de la protection assurée à la nation par l'armée, le respect absolu de la loi, — la Chambre ne doute pas que le Gouvernement ne la fasse respecter, — lui servira de bouclier.

Il est à présumer que de telles tentatives ne pourront se faire jour à l'intérieur du pays, dont les habitants sont généralement soumis et ne font pas de distinction entre la déférence et le respect qu'ils ont pour le nom de Votre Altesse et ceux qu'ils conservent pour les institutions politiques établies, bienfait inestimable dû aux deux hautes Puissances.

Le message apprenant, en outre, à l'Assemblée que Votre Altesse, n'attendant plus d'elle aucune délibération sérieuse, a trouvé bon d'ordonner aux Ministres de retirer les projets soi-disant non encore mis en délibération (ce mépris témoigné pour ses travaux et pour les sentiments qui la guident dans ses actions la remplit de tristesse), celle-ci s'est bornée à porter son activité dans l'étude des questions qui lui ont été soumises, et particulièrement du budget et autres questions financières, sans oublier les devoirs sacrés qui lui sont imposés par les articles 54, 56 et 57 du Règlement organique. Loin de là, l'Assemblée, représentant le peuple, se fera en toutes circonstances, auprès de Votre Altesse, l'interprète fidèle et respectueux de ses plaintes et restera le gardien des droits du pays.

Ce rapport a été adopté par l'Assemblée générale à la majorité des voix, conformément au § *g* de l'article 48 du Règlement.

> *Signé :* Le Président de l'Assemblée générale,
> C.-Gr.-C. Ghica ; Cantacuzène ;
> Charles-Gr. Ghica; I. Slatineano;
> I. Balaceano; C.-T. Philippesco;
> A. Cocoresco; N.-A. Nicolesco.

Voilà assurément un singulier moyen de s'intéresser à la sécurité du pays : le Prince avise la Chambre des incursions des brigands et des complots qui se trament, et celle-ci lui répond que cela est sans doute regrettable, mais qu'elle compte sur le courage de la milice; et loin de voter l'augmentation demandée, elle propose de diminuer le tour de service imposé aux piquets des bords du Danube. On ne sait vraiment qu'admirer le plus du sans vergogne ou du manque de patriotisme de cette Chambre.

M. Xénopol ne parle pas du projet de loi sur la milice. A ce propos nous remarquons qu'il donne à l'adresse que la Chambre fait parvenir au Prince, au sujet de la question des mines, la date du 29 février et non la date vraie du 24 février 1844, nº 205. — La date du 29 février est celle de l'adresse de la même Chambre au Prince, en réponse au message par lequel Son Altesse blâme l'Assemblée d'avoir rejeté la loi sur l'augmentation de la milice.

Cette erreur· de date s'explique par la source à laquelle M. Xénopol — si exact d'habitude — a puisé; nous lisons, en effet, à la page 174 du sixième volume de son *Histoire des Roumains,* cette indication: « *D. Stourdza, Question Trandafiloff, Revista noua* » (I, p. 242 et suivantes). Or, elle a son importance, cette date, car elle permet de constater que le Prince, en ne suspendant pas cette Chambre, — systématiquement opposée à toute réforme, — aussitôt après la clôture de la question des mines, et malgré le défi lancé à Son Altesse, en essayant au contraire de la ramener et en lui soumettant le projet de loi sur la milice, a donné la mesure d'une longanimité sans exemple.

On comprendra l'intérêt qu'il y a à rappeler que l'adresse de la Chambre relative à l'augmentation de la milice — 29 février 1844 — est postérieure à l'adresse ayant trait à la question des mines, — 24 février 1844, — quand on aura jeté un coup d'œil sur les appréciations, qui suivent, de MM. Ubicini, É. Regnault, Héliade Radulesco, Billecoq et Démètre Stourdza.

M. UBICINI oublie pour un moment son parti pris contre Bibesco pour parler en termes peu flatteurs — nous les avons rapportés à propos de l'affaire des mines — de l'opposition systématique de cette Chambre qui *rejette, presque sans examen, des projets de loi avantageux pour le pays, tel le projet sur l'augmentation de la milice.* Mais M. Ubicini ne se maintient pas longtemps dans ce courant de vérité historique; quelques lignes plus bas il ajoute ces mots : « *La Chambre fut dissoute avant le vote du budget* », ce qui est inexact et se trouve démenti par la réponse même de la Chambre.

M. Élias REGNAULT (p. 241 de l'*Histoire des Principautés Danubiennes*) préfère ne pas parler du projet de loi relatif à la milice, pour laisser croire que la Chambre a été suspendue à la suite de la question des mines. Il affirme aussi que *l'Assemblée a été suspendue avant le vote du budget.*

M. HÉLIADE RADULESCO, dans le passage de l'adresse à Sa Hautesse, — 3/15 août 1848, — consacré à cette question, va plus loin encore dans la voie de l'inexactitude : « *L'Hospodar Bibesco parvint, chose inouïe, à surpasser le Règlement organique en violences et en arbitraire. C'est ainsi qu'une Assemblée s'est rencontrée qui paraissait disposée à exercer* UN CONTROLE SÉVÈRE *sur ses actes;* IL LA CASSA SUR L'HEURE... »

Enfin M. BILLECOQ écrit, p. 135 de son pamphlet publié à Bruxelles, *Hospodorat Bibesco* : « *On suspend* DE NOUVEAU *l'Assemblée* », — il eût été bien embarrassé de dire quand on la suspendit pour la première fois, — « *et cette fois sans l'ombre d'un motif.* »

Pour M. Billecoq l'ordre chronologique n'existe pas; il place la question de la milice avant la question des mines, ce qui lui permet de laisser croire que Bibesco a fermé la Chambre à cause de la question des mines. C'était un mot d'ordre.

La *Gazette de Transylvanie,* que nous avons citée plus haut, s'exprime ainsi, dans son numéro du 23 mars 1844, sur « *la réponse de l'opposition* » : « *La voici brièvement* », dit-elle. « *Comme les villages sont maintenant surchargés par la con-* « *struction des routes, l'Assemblée ne peut pas les accabler* « *encore.* » *Ce qui revient à dire que nous ne devons jamais avoir de milice, car les recrues sont considérées comme une surcharge pour le peuple. Et, naturellement, cela devra être ainsi toujours! Quant aux bandes de brigands et à l'agitation qui règne sur les bords du Danube, l'opposition s'en remet au courage de la milice!* »

# DÉCRETS

DU 29 FÉVRIER 1844 AU 1ᵉʳ DÉCEMBRE 1846

# DÉCRETS

---

Le Prince ayant retiré à la Chambre, le 29 février 1844, tous les projets de loi qui étaient à discuter, pour la punir de son *opposition systématique*, et la prorogation indéfinie de cette assemblée ayant été prononcée le 22 octobre de la même année, la période de février 1844 à décembre 1846 n'est marquée par aucune loi.

Le Prince a rendu, pendant cette période, plusieurs décrets, quelques-uns très importants, entre autres le décret relatif à la construction d'un théâtre à Bucarest, celui qui déclare nulle l'épitropie soi-disant du Saint-Sépulcre, celui qui prononce l'expulsion de deux Hégoumènes, celui qui ordonne l'installation des fontaines à Bucarest, et le décret prescrivant le desséchement du marais de Cismejiu, situé au centre de la capitale, et sa transformation en jardin public.

Cette période a été également employée par le Chef de l'État à la préparation des grands projets de loi qu'Il présentera à la nouvelle Chambre pendant les sessions de 1847 et 1848.

*Décret du 10/22 août 1844* (n° 374) *au sujet de l'incendie*
*de Jassi.*

Le Prince donne des ordres pour qu'une souscription soit ouverte en
Valachie, dans le but de venir au secours des incendiés de Jassi. Son
Altesse contribue elle-même pour une somme de dix mille piastres (1).
Déjà à propos de l'incendie de Ploiesti, le Prince avait provoqué, — par
un message à l'Assemblée (*Bull. off.*, 1843, n° 30), — une souscription
en tête de laquelle Il s'était inscrit pour six mille piastres. (*Bull. off.*,
1843, n° 79.)

TRADUCTION.

(*Bull. off.* n° 92.)

## S. A. S. le Prince Bibesco au Département de l'intérieur.

Nous, Georges-Démètre Bibesco, Voïvode, par la grâce de
Dieu Souverain de toute la Valachie :

Les liens naturels qui Nous unissent à nos voisins et frères de
Moldavie ne sauraient Nous laisser insensible à l'affreux malheur
qui vient de les frapper, à la suite de l'incendie qui a dévoré une
grande partie de la ville de Jassi.

Bien que le gouvernement de la Moldavie, dans sa douleur et
sa sollicitude paternelle, ait pris les mesures nécessaires pour
adoucir le sort des malheureux qui sont aujourd'hui sans abri et
sans moyens d'existence, Nous voulons, Nous aussi, leur donner
une preuve de fraternelle compassion.

En conséquence, pour aider les personnes généreuses qui, dou-
loureusement émues par ce malheur, désireraient faire parvenir

---

(1) Ce secours aux frères moldaves, sans être un acte politique, est cependant
un premier pas vers l'union des Principautés, à laquelle il prédispose les cœurs.
Bientôt, par la suppression des douanes entre les deux pays, par les facilités que
le Prince accordera aux Moldaves pour devenir citoyens de Valachie, — facilités
plus grandes qu'elles n'existent aujourd'hui pour les Roumains de Transylvanie qui demandent à devenir citoyens du Royaume de Roumanie, — Son
Altesse préparera cette union entre les deux Principautés sœurs.

leur obole aux affligés, Nous ordonnons au Département de l'intérieur de faire connaître par la voie de la publicité, aux habitants
de Bucarest comme à ceux des districts, que c'est entre les mains
de l'administration locale qu'ils devront remettre leur secours.
Celle-ci prendra soin de publier le nom des donateurs.

Nous remettons aussi à ce Département dix mille piastres prises sur Notre cassette particulière ; cette somme sera envoyée à
Jassi avec les souscriptions à recueillir dans ce but par les
comités.

(Suit la signature de Son Altesse Sérénissime.)

*Le Secrétaire d'État,*

M. Baleano.

---

*Adresse du Prince au Conseil administratif extraordinaire*
(n° 565).

Le Prince institue une commission pour l'érection d'un théâtre, sur la
place Kisseleff.

TRADUCTION.

19/31 juillet 1843.

L'Assemblée générale ayant décidé, dans sa dernière session
et à la suite de Notre proposition, que l'emplacement sur lequel
est bâti aujourd'hui le han de Filaret serait affecté à l'aménagement d'une place sur laquelle doit être érigé le monument consacré à l'ex-président plénipotentiaire ; une somme de quinze mille
ducats ayant été réservée à cet effet, Nous nommons et chargeons une commission composée de MM. le grand vornic Barbu
Stirbei, le grand logothète Jean Filisano et le logothète Vladimir
Blaremberg (1), ingénieur de l'État, de procéder en toute hâte

---

(1) Père de M. Nicolas Blaremberg, l'éloquent orateur de la Chambre et
auteur de plusieurs ouvrages d'histoire et de législation. M. N. Blaremberg a été
ministre de la justice ; il est commandeur de la Légion d'honneur.

aux opérations préalables à exécuter sur cette place, qui prendra
le nom de *Place Kisseleff*, et de veiller à ce qu'elle soit, en tout,
digne du nom qu'elle est destinée à porter.

Désirant que le souvenir de ce nom se rattache à la réalisation
d'un autre vœu public, Nous chargeons cette même commission
d'étudier et d'adopter toutes les mesures propres à la construction d'une salle de théâtre sur ce même emplacement du han
Filaret, et de se mettre en mesure de faire commencer les travaux
au printemps prochain.

Pour le moment, la commission fera démolir les bâtiments qui
se trouvent sur ledit emplacement et le fera niveler, en profitant,
autant que possible, du matériel provenant de ces bâtiments ;
puis, relevant le plan de la place, elle se mettra, en temps opportun, en correspondance avec un des architectes les plus en renom
de l'Europe pour arrêter le plan du théâtre sur les bases les plus
favorables et se prononcer sur sa construction.

A cet effet, Nous mettons actuellement à la disposition de la
commission la somme de..... piastres, fonds qui se trouvent dans
la caisse de la Municipalité ; et, quant aux sommes qui seront
affectées aux travaux d'embellissement de la place, elles seront
prélevées sur celles que l'Assemblée générale a votées, et dont
cinq mille ducats se trouvent déposés à la Caisse centrale.

Le Conseil administratif fera connaître le contenu de cette
adresse aux membres nommés dans cette commission. A ces
membres Nous adjoignons M. le clucer (1) Pierre Poenaro, l'architecte de la ville, et Notre aide de camp le paroucic Floresco (2).

---

(1) Un des titres de noblesse les plus modestes. Pierre Poenaro a été directeur
du collège Saint-Sava et membre de l'Éphorie des écoles. Il est un des auteurs
du dictionnaire français-roumain qui porte son nom.

(2) Le lieutenant Floresco deviendra plus tard le gendre du Prince et général.

*Rapport de la Commission instituée pour la construction du Théâtre national.*

La commission rend compte au Prince de ses travaux.

TRADUCTION.

13/25 août 1843 (Extrait du *Bull. off.*, n° 77, p. 307 et 308).

*A Son Altesse Sérénissime Georges-Démètre Bibesco, Voïvode* (1), *Prince de toute la Valachie.*

ALTESSE SÉRÉNISSIME,

Par l'ordre n° 565 (2) Votre Altesse a chargé la présente Commission de choisir la place destinée à porter le nom de Kisseleff et de veiller à ce qu'un théâtre fût construit sur cet emplacement. Cette commission a pris connaissance des nouvelles instructions (n° 611) que Votre Altesse a adressées à l'honorable Conseil administratif, en lui transmettant, — conformément au désir de S. Exc. le comte Kisseleff, — l'ordre d'employer la somme de quinze mille ducats, — votée pour cet édifice par l'Assemblée générale, — à l'installation des fontaines, comme représentant un des seuls travaux d'utilité publique que Son Excellence verrait accomplir avec joie par les Roumains, en souvenir de son admi nistration.

La commission, se conformant au contenu de cette seconde adresse, va procéder aux travaux de la construction du théâtre.

Dans ce but, elle a calculé la surface nécessaire à un édifice de cette importance, et, jugeant que l'emplacement du han (3)

(1) Voïvode, en hongrois, signifiait Vice-Roi de Transylvanie ou du Banat, titre pris par ces Voïvodes en leur qualité de·chefs de l'armée. Ce titre a été adopté par les Princes roumains.

(2) Dans le texte, il y a ces mots : « *Luminat ôficiu — Ordre éclairé* », reste des formules turques. C'est ainsi qu'aux fils du Prince on disait autrefois : *Luminatsia Ta, — Ta splendeur.*

(3) Voir p. 110.

Filaret est insuffisant, elle propose d'y ajouter la propriété voisine de Mérisheschti. Établissant donc les comptes des sommes
à dépenser pour la construction du théâtre, la commission est
arrivée au résultat suivant : 362,500 piastres, fonds que le conseil communal est chargé de recueillir pour l'érection de ce monument, jusqu'à la fin de l'année 1845 ; cinquante-deux mille piastres, laissées par testament de feu Constantin Mano, pour contribuer à la construction du Théâtre national.

Ces derniers fonds sont assurés par des propriétés sises dans
les montagnes et acquises avec cet argent.

Total : 414,500 piastres, soit environ 13,000 ducats.

D'autre part, la commission a établi le calcul approximatif
des débours à ordonnancer pour la construction du théâtre,
savoir :

    1,800 ducats pour l'acquisition de l'emplacement de Méri-
              sheschti.

    2,500   »   pour le nivellement de l'emplacement de Filaret.

   14,000   »   pour la construction du théâtre.

    2,000   »   pour les machines nécessaires aux décorations
              et pour l'ameublement du théâtre.

  20,300 ducats.

Il ressort de ce compte qu'une somme de sept mille ducats
devra être ajoutée aux treize mille ducats fournis par le Conseil
communal et mise à la disposition de la commission jusqu'à la fin
de l'année 1845, époque probable de l'achèvement des travaux.

La commission soumet à Votre Altesse le résultat de ses délibérations, et Lui adresse l'humble prière d'accorder Sa haute
autorisation à l'acquisition de l'emplacement de Mérisheschti sur
les fonds du Conseil communal, au commencement des travaux
de nivellement de l'emplacement de Filaret, et à la conclusion de
contrats pour l'approvisionnement du matériel nécessaire. La
compétence de la commission se bornera à la construction du

théâtre, conformément à un plan qui sera dressé dans le sens de l'ordonnance de Votre Altesse (1). Votre Altesse daignera, en outre, donner l'ordre d'inscrire au budget du Département des finances la somme de 7,000 ducats, que la commission demande pour pouvoir achever la construction des bâtiments, à savoir :

3,000 ducats, à porter au budget de l'année 1844, et 4,000 ducats à celui de 1845.

*Signé :* B. STIRBEI, Jean PHILIPPESCO,
P. POENARO, BLARAMBERG.

*Décret du 15 août 1843 (n° 1).*

En réponse aux rapports de la commission instituée pour la construction du théâtre, le Prince sanctionne les mesures proposées pour l'achat du terrain, pour la construction du théâtre, son ameublement et ses décors. « *La construction d'un théâtre à Bucarest,* écrit le Prince, au bas de son décret, *est non seulement une œuvre utile pour cette capitale, mais encore pour toute la nation roumaine, par l'influence salutaire qu'elle aura sur les mœurs, par les progrès qu'elle fera faire à la langue nationale, et l'essor qu'elle donnera à la littérature roumaine.* »

Nous eussions désiré que ce théâtre fût construit rien qu'avec le capital de 13,000 ducats à constituer jusqu'à la fin de l'année 1845 ; et Nous faisons de nouveau appel aux efforts et aux soins de la commission pour qu'elle réalise toutes les économies possibles. Toutefois, si au cours des travaux il devenait urgent d'ajouter les 7,000 ducats qui excèdent la somme déjà prévue, — pour les travaux du théâtre, — jusqu'à la fin de l'année 1845, cette dernière somme serait prélevée soit sur les fonds de la ville, si cela était possible, soit sur le para-

(1) N° 565.

graphe des dépenses extrordinaires du budget des finances. La construction d'un théâtre à Bucarest est non seulement une œuvre utile pour cette capitale, mais encore pour toute la nation roumaine, par l'influence salutaire qu'elle aura sur les mœurs, par les progrès qu'elle fera faire à la langue nationale et l'essor qu'elle donnera à la littérature roumaine (1). En conséquence, la commission devra procéder sans retard aux travaux préparatoires, afin que la construction du théâtre puisse être entreprise dès le printemps prochain (2).

(Suit la signature de Son Altesse.)

(1) Cela s'appelle : pour M. Héliade Radulesco, *frapper la langue roumaine.* (Voir *Le Protectorat du Czar,* p. 28.) — Pour MM. Ubicini et Élias Regnault, copistes fidèles du pamphlétaire Chainoi, cette sollicitude du Prince pour les progrès de la langue nationale est synonyme de : *expulser la langue roumaine des écoles, commettre un attentat à la nationalité.* (M. UBICINI, *Provinces roumaines,* p. 170. M Élias REGNAULT, *Histoire des Principautés roumaines,* p. 249. *L'anonyme Chainoi,* p. 249. — Voir également la page 202 du présent volume.)

(2) Il ne nous a pas été possible de nous procurer, en temps voulu, tous les actes qui devraient trouver place dans cette publication; c'est la raison pour laquelle ces trois dernières pièces, qui sont de 1843, figurent à cette place.

# RÈGLEMENT

SUR LES

# CAISSES COMMUNALES

# RÈGLEMENT

SUR LES

# CAISSES COMMUNALES

---

Ce Règlement interdit, pour l'avenir, les impôts qu'on exigeait illégalement du paysan en vue des besoins imprévus de la commune, et place les
caisses communales sous l'autorité des notables, du prêtre et du maire.

## DÉPARTEMENT DE L'INTÉRIEUR

---

*Ordre circulaire aux préfets des districts.*

TRADUCTION.

6 octobre 1844 (*Bull. off.*, n° 118).

La loi qui a institué les caisses de réserve des villages a été
créée dans cet esprit, que les caisses des villages subvinssent
aux besoins des communes rurales, — afin d'éviter au paysan
l'abus des impôts extraordinaires usités auparavant, — comme
les fonds des caisses municipales satisfont aux besoins pécu-
niaires des villes. Cela ressort des articles 104, 105 et 106 du
Règlement organique et de la loi n° 5 de 1832.

Ce Département, animé du désir d'appliquer ces lois, si larges
dans leur esprit, et de faire profiter le paysan de leurs bons effets,
a pris les dispositions suivantes, qui devront être appliquées dans
tous les villages de la Principauté à dater du présent recensement, et être considérées comme des règles générales immuables.

1. Les propriétaires sont chargés de dresser, — au commencement de chaque trimestre., — d'accord avec le prêtre, les notables et le maire de la commune, un tableau exact des jeunes gens, fils de veuves, — en n'en prenant qu'un par maison, — âgés de vingt ans, aptes au travail et astreints par la loi à payer cinq piastres par tête, — au profit de la caisse communale. Cette liste comprendra également toutes autres personnes contribuables de cette caisse. Ce tableau, signé de toutes les personnes chargées de le dresser, sera envoyé aux sous-préfectures, et une copie conforme en sera conservée dans chaque commune pour servir de base à l'établissement des comptes des caisses communales, à partir du trimestre de janvier de l'année prochaine 1845.

2. Il est expressément interdit, dorénavant, d'exempter de l'impôt aucune des personnes inscrites dans ce tableau, ainsi que d'acquitter l'impôt de l'une d'elles des fonds communaux, même sous prétexte de misère, sans une autorisation expresse de la préfecture. Cette autorisation devra être basée sur une recommandation émanant du prêtre, des conseillers jurés de la commune et des notables, dont les signatures devront toujours être certifiées authentiques par le propriétaire de la terre ou son fondé de pouvoir. Cette formalité accomplie, on fera une enquête sérieuse pour vérifier si la misère ou les suites d'une maladie ont réellement placé tel paysan dans la situation de ne pas pouvoir payer ses impôts et s'il mérite d'être secouru par le village.

3. Les notables du village, — sous la surveillance directe du propriétaire de la terre, — sont chargés de veiller dorénavant, dans toute l'étendue de leur commune, à la stricte application des Règlements relatifs aux délits de pâturage, ou à ceux du vagabondage des bêtes. Dans ce but, on formera un enclos dans chaque village; chaque notable sera chargé, — à tour de rôle et pendant deux semaines, — de séquestrer les bestiaux qui auraient causé quelques dégâts ou qui se trouveraient en état de vagabondage, et de percevoir les amendes encourues, dont une part

revient au notable de garde, et l'autre à la caisse communale. Les notables doivent, à la fin de leur quinzaine, rendre au propriétaire, au prêtre et au caissier, des comptes clairs et nets de l'argent qui revient à la caisse communale. D'après ce Règlement, dans les grands villages le tour de chacun des six notables viendra une fois par trimestre, et toutes les six semaines dans les petites communes qui ne comptent que trois notables. Tout fermier ou régisseur de propriété convaincu de n'avoir pas fait séquestrer dans l'enclos communal les bestiaux ayant causé des dégâts ou se trouvant en état de vagabondage, — séquestre destiné à forcer le propriétaire de l'animal au payement de l'amende fixée par la loi, — sera obligé de payer (la sous-préfecture l'y contraindra au besoin) le double de l'amende, tant au profit du notable de garde qu'au profit de la caisse communale.

4. Les notaires des communes devront expédier tous les dimanches, à la sous-préfecture, par les courriers que les villages y envoient pour leurs affaires, un rapport indiquant le nom de ceux qui, parmi les inscrits sur le tableau, seraient décédés dans le courant de la semaine, se seraient mariés, ou se trouveraient dans les conditions voulues pour payer cinq piastres au profit de la caisse. Ce même rapport fera connaître le nombre des bestiaux séquestrés, le nom des personnes frappées d'amendes, le montant des amendes perçues, et il dira si l'état de cette caisse est prospère, si les sommes qu'elle contient sont intactes. Ces informations seront conservées par les sous-préfectures, pour chaque village séparément, jusqu'à la fin de chaque trimestre, afin de servir à la vérification des comptes d'entrée et de sortie des fonds de la caisse, — comptes que les villages enverront, — et de donner une idée des revenus disponibles sur le trimestre suivant.

5. A la fin de chaque trimestre, le propriétaire de la terre ou son fondé de pouvoir, les notables de la commune et le prêtre, se réuniront soit à la maison communale, soit à la résidence du

propriétaire, où les agents communaux leur remettront le compte des revenus de la caisse communale, celui des dépenses et le reliquat des recettes. Ensuite, ils dresseront ensemble les comptes du trimestre en deux exemplaires, et sur des imprimés que le département des finances délivrera à chaque commune, d'après le nombre des familles. Ces comptes, dûment signés par toutes les personnes désignées plus haut, seront envoyés aux sous-préfets, au plus tard dans la première quinzaine de chaque trimestre. Les sous-préfets les étudieront en détail, les compareront aux rapports hebdomadaires des agents communaux, et, s'ils trouvent que tous les revenus figurent à leurs chapitres respectifs, et que des dépenses réglementaires ont seules été inscrites, ils y apposeront leur signature pour attester la régularité des opérations. Un exemplaire sera transmis à la commune pour y être conservé par les notables, et l'autre sera expédié à la préfecture du district, accompagné de tous les rapports hebdomadaires formant dossier, afin que, sur la foi de ces actes, le Préfet puisse dresser un abrégé des comptes et, conformément à ses instructions, le faire parvenir au Trésor. Mais, si les sous-préfets s'aperçoivent, à la suite de l'enquête, s'ils acquièrent la preuve que des irrégularités patentes ont été commises, dans ce cas, ils noteront au bas du compte le déficit constaté sur les encaissements, ou les dépenses faites illégalement; ils exposeront clairement leurs observations (1), afin qu'on puisse établir, — tout en tenant compte des irrégularités, — le montant du revenu trimestriel et des dépenses. Ces fonctionnaires enverront ces actes au village et à la préfecture, — comme il est dit plus haut, — pour servir de base à l'établissement des comptes du trimestre courant.

6. Si le sous-préfet soupçonne qu'on ait commis des irrégularités ou des fraudes aux dépens de la caisse, il devra se rendre aussitôt dans le village, réunir dans la maison du propriétaire ou

_____

(1) Mot à mot : d'une manière claire et nette, afin qu'on puisse bien comprendre.

dans celle de l'autorité locale les notables, le prêtre et le propriétaire ou son fondé de pouvoir; faire en leur présence le relevé des comptes et les rectifications nécessaires, conformément à l'article 5. Dans ce cas, le sous-préfet doit inspecter les caisses, pour s'assurer que leur capital est intact, mais il les inspectera toujours en présence des membres désignés plus haut; il les invitera à ouvrir la caisse, à compter l'argent et à le remettre dans la caisse, sans que lui-même y ait porté la main.

7. Les propriétaires et la communauté du village apporteront le plus grand soin dans le choix des notables, qu'ils désigneront, chaque année, parmi les plus en vue et les plus riches du village. La communauté devra désigner, le même jour, parmi les six notables, le propriétaire ou le prêtre, la personne qui devra avoir la garde de la caisse. Tous les fonctionnaires sont placés sous la surveillance et sous la responsabilité du propriétaire et de la communauté. La caisse ne sera jamais ouverte qu'en la présence du propriétaire ou de son fondé de pouvoir, du prêtre gardien des clefs de la caisse, du notaire et des deux tiers au moins des notables. Ce sera toujours en leur présence que sera compté le capital de la caisse, qu'on y déposera la recette du trimestre ou qu'on y prendra l'argent nécessaire pour faire face à une dépense urgente ou pour couvrir un déficit. Pour toute opération, le notaire du village dressera, en présence de tous, deux procès-verbaux constatant les sommes renfermées dans la caisse; l'une des deux pièces y sera enfermée, l'autre sera conservée par le détenteur de la caisse, pour qu'il ait connaissance de l'argent confié à sa garde, et cette opération aura lieu, en cas de besoin, à la sortie de l'église, le dimanche, jour présentant plus de facilité pour cette réunion.

Le département a pris les mesures nécessaires pour la publication de ces dispositions, et l'honorable Gouvernement les portera le plus rapidement possible à la connaissance des sous-préfets, comme aussi de tous les habitants du département, en veillant soigneusement à ce que tous, fonctionnaires, propriétaires ou paysans, observent exactement ces instructions, dont ils devront accuser réception au département.

*Le grand Vornic :* B. STIRBEY.

### Discours de Son Altesse Sérénissime
### à l'Assemblée générale.

Le Prince expose la situation dans laquelle une opposition hostile *de parti pris* au chef de la Nation, et usant *des moyens les plus perfides pour égarer le cœur et l'esprit de Ses sujets,* place le pays et son Souverain. Son Altesse déclare qu'Elle a résolu de ne tolérer à l'avenir, ni les menées de ceux qui servent à entraver la marche du Gouvernement, ni les écrits diffamatoires, ni les écarts aux convenances.

Ce discours a été prononcé lors de la prorogation de la Chambre, fermée depuis le mois de mars.

TRADUCTION.

22 octobre 1844.

« Très Saints Pères évêques et très honorables boyards,

S'il existe pour Nous une consolation au profond chagrin que Nous ressentons en ce moment, elle réside dans l'espoir de ramener dans le chemin, dont ils se sont écartés, ceux qui ont cru pouvoir, jusqu'à la fin, poursuivre leurs coupables agissements contre le Gouvernement et dépasser impunément toute mesure.

Notre devoir eut été, peut-être, de réprimer sévèrement ces menées, dès le début. Nous le pouvions, jouissant alors comme aujourd'hui de la confiance de la nation et de l'appui des deux hautes Cours. Si ce pouvoir Nous avait fait un seul instant défaut, Nous n'aurions pas conservé les rênes d'un gouvernement que

Nous n'avons ni désiré ni demandé (1), ainsi que vous l'avez constaté tous.

Mais Nous avons pensé qu'il fallait faire la part des faiblesses humaines et laisser aux passions, — qui naissent naturellement dans des circonstances comme celles où nous nous sommes trouvés, — le temps de se calmer. Nous Nous sommes donc borné à les observer de loin, en opposant la patience aux obstacles dressés contre tous les progrès que Nous avions à réaliser en vue du bien-être général.

Pour pouvoir apprécier l'étendue de la douleur qui accompagnait cette patience, il faudrait que vous vous missiez à Notre place et que vous vous rendissiez compte de toutes les inimitiés, de tous les dangers qu'un gouvernement tombé laisse en héritage à celui qui s'élève. Alors seulement vous pourriez vous rendre compte de ce que peut ressentir, au fond de son âme, un Prince pénétré de l'amour de la patrie, du désir de faire son bonheur, et qui voit Ses efforts neutralisés par une malveillance servie par les moyens les plus perfides, et dont le but est d'égarer le cœur et l'esprit de Ses sujets.

Par malheur, les uns, aveuglés par leurs passions (2), ont considéré cette patience comme de la faiblesse, les autres l'ont prise pour de la crainte, sans songer qu'un Prince toujours prêt à paraître devant les hommes et devant Dieu le front serein et la conscience nette ne saurait, quand il fait son devoir, être accessible à la crainte.

Messieurs, c'est un malheur pour une nation d'avoir un gouvernement faible, incapable de faire respecter sa dignité; et cela est surtout vrai, quand une nation est dans la situation morale et politique où se trouve la nôtre. En pareil cas, on ne peut attendre

(1) On se rappelle, en effet, que le Prince, avec une rare modestie, avait voulu, le jour de l'élection, faire reporter ses voix sur son frère aîné B. Stirbey : ses partisans s'y sont refusés (t. I, p. 48 et 49).

(2) Voir, dans ce volume (*L'insurrection de 1848*), le serment de Filaret.

pour elle aucune tranquillité dans le présent, aucun progrès pour l'avenir.

Ne voulant pas qu'on puisse Nous accuser d'une pareille faiblesse, Nous avons résolu de ne tolérer, à l'avenir, ni les menées de ceux qui cherchent à entraver la marche du Gouvernement, ni les écrits diffamatoires dont le but est de troubler la conscience du peuple et de le tromper, ni les écarts aux convenances qui, — pour ceux qui les commettent, — sont un moyen d'afficher leur peu de respect pour le Pouvoir suprême et leur insouciance à porter atteinte à Sa dignité.

Messieurs, Nous oublions le passé.

Pour l'avenir, Nous avons voulu vous faire connaître Notre résolution irrévocable, fruit de longues réflexions et qui Nous est dictée par un devoir sacré. Nous avons tenu en outre à ne vous laisser aucun doute sur les moyens dont Nous disposons pour agir conformément à Notre volonté. Cet avertissement doit vous faire comprendre Notre désir d'éviter l'emploi de pareilles mesures et le chagrin que Nous en ressentirions, si Nous étions forcé de les mettre à exécution. Cet avertissement ne s'adresse d'ailleurs qu'à un nombre très restreint d'entre vous ; quant à la plus grande partie des boyards et au reste du public, Nous leur adressons nos plus sincères remerciements pour l'amour, la confiance et la soumission dont ils Nous ont donné tant des preuves. Elles sont et resteront la plus douce récompense de Nos fatigues et le plus précieux appui dans la lutte que Nous soutiendrons, jusqu'au bout, contre les difficultés et les inimitiés qui Nous entourent. »

Dans la même séance, lecture fut donnée du Sublime Firman Impérial paru au milieu du mois de Gemozuil-Ahir, en l'an de l'hégire 1260. Ce Firman débute avec la solennité orientale de l'époque : « Toi, l'honneur de la race du Messie ! Toi, le premier d'entre les plus illustres de la famille de Jésus, Prince de Valachie, Georges Bibesco! Puisse-tu rester éternellement dans la haute sphère où tu planes! » Puis, il reconnaît que *le soin empressé* que le Prince *a mis à suspendre l'Assemblée générale a été considéré par le Sultan comme un effet de prudence réclamée par les circonstances et les intérêts du pays...;* il approuve la suspension de la Chambre, et laisse le soin au Chef de l'État « *d'ajourner la réouverture de l'Assemblée générale jusqu'au jour où Il considérera que les esprits égarés sont rentrés dans la voie du bien,* C'EST-A-DIRE AUTANT DE TEMPS QU'IL LE JUGERA NÉCESSAIRE ».

# SUPPRESSION DE L'ÉPITROPIE

SOI-DISANT DU SAINT-SÉPULCRE

———

# EXPULSION DE DEUX HÉGOUMÈNES

# SUPPRESSION DE L'ÉPITROPIE

## SOI-DISANT DU SAINT-SÉPULCRE

------------

*Décret du 11 janvier 1845, n° 4.*

Le Prince déclare nulle l'existence de l'Épitropie, soi-disant du Saint-Sépulcre, qui prétend s'arroger certains droits, en violation des règlements et des traditions de l'autorité suprême.

TRADUCTION.
(Le Nouvelliste roumain, 23 janvier 1845, n° 7).

*Nous Georges-D. Bibesco,*
*Au Département des Affaires ecclésiastiques;*

Vu le rapport du Logothète ecclésiastique, accompagné du journal signé par lui ainsi que par Sa Sainteté le Métropolitain;

Prenant en sérieuse considération le contenu de ce rapport,

Sachant que les anciens règlements et usages observés, dès le principe, dans l'administration des monastères dédiés, sont toujours en vigueur;

Attendu qu'ils n'ont été modifiés par aucun code nouveau;

Constatant que cette Épitropie soi-disant du Saint-Sépulcre, et qui veut s'arroger des droits aussi contraires aux règlements et aux traditions anciennes qu'aux droits de l'autorité, n'est qu'une de ces innovations qui se sont introduites abusivement, pendant ces dernières années, dans l'administration des monastères dédiés;

Nous déclarons nulle et non avenue l'existence illégale de cette tutelle (1) sans précédents, et nous prions Sa Sainteté le Métro-

---

(1) Cette Épitropie sera rétablie par l'ex-Prince A. Ghica quand, en 1856, après la guerre de Crimée, il sera nommé, par la Porte, Caïmacam de Valachie. (Voir Boléac.)

politain, en même temps que Nous ordonnons au Logothète ecclésiastique de veiller, à l'avenir, à ce que les règlements et usages
auxquels sont soumis les couvents dédiés continuent à être
observés, tant en ce qui concerne la nomination des hégoumènes,
— elle dépend des qualités morales qu'ils doivent posséder (1),
— que l'administration des biens des monastères.

Vous aurez soin de toujours Nous faire connaître les besoins
de ces saints lieux, afin que Nous puissions faire ce qui convient
et ce qu'exige le respect qu'on doit témoigner pour les choses
saintes.

Nous Ordonnons aussi qu'aucune investiture ne soit accordée
pour plus de trois ans, et seulement dans les conditions que
Nous avons acceptées pour les monastères non dédiés.

(Suit la signature de Son Altesse Sérénissime.)

*Le chef du Département :*
M. FLORESCO.

---

*Décret du 2 février 1845.*

Le Prince prononce l'expulsion des deux hégoumènes qui ont refusé
de se soumettre aux ordres du Prince et du Métropolitain.

TRADUCTION.

(*Le Nouvelliste roumain* du 6 février.)

*Nous Georges-D. Bibesco.*
*Au Département des Cultes,*

Vu le journal, signé par S. S. le Métropolitain ainsi que par le
chef de ce Département, — qui nous a été soumis avec le rapport
nº 296, — concernant les hégoumènes des deux monastères dédiés,
Sainte-Catherine de Bucarest et Rimnic, du district de Slam

---

(1) Voir, *Règne de Bibesco*, t. I, p. 64.

Rimnic; vu les termes inconvenants, inexcusables, dans lesquels ces deux hégoumènes ont osé contester la soumission qu'ils doivent au Prince et à S. S. le Métropolitain et leur refuser de reconnaître les conditions arrêtées, — au sujet de l'affermage des domaines des monastères, — dans le but de mettre un terme aux irrégularités qui se commettaient lors de la conclusion des contrats particuliers;

Considérant que c'est la première fois que le Gouvernement et S. S. le Métropolitain constatent une pareille résistance de la part des hégoumènes, résistance accompagnée de prétentions à des droits injustifiables, — comme le démontrent les dispositions des fondateurs et les actes Princiers qui les confirment, — et que les hégoumènes n'ont jamais émis;

Vu l'avis formulé par ledit journal, à savoir : qu'il n'est pas convenable de laisser plus longtemps l'administration des monastères aux mains de ces révoltés; que les maintenir dans leurs fonctions serait d'un exemple funeste et contraire aux droits de l'administration ecclésiastique, à laquelle incombe le devoir de surveiller avec soin le corps du clergé;

Nous partageons l'opinion émise dans ledit journal, et ordonnons que ces deux moines soient expulsés du pays pour leur résistance sans exemple. Le Logothète des affaires ecclésiastiques s'entendra avec S. S. le Métropolitain en ce qui concerne l'avoir de ces deux monastères, et avec l'Aga au sujet du renvoi des deux moines de la Principauté;

En même temps, S. S. l'Ephore du Saint Monastère de Sinaï sera informé de la conduite coupable des deux hégoumènes et invité à en envoyer d'autres qui soient animés de la crainte de Dieu, qui possèdent les qualités requises, et que le Gouvernement puisse admettre à administrer les couvents dédiés, avec la certitude que les intérêts de ces établissements ne seront pas lésés, et que les droits des monastères indigènes seront respectés. Jusque-là, S. S. le Métropolitain et le Logothète des affaires ecclé-

siastiques auront soin de désigner deux administrateurs provi-
soires, choisis parmi les ecclésiastiques que leur bonne conduite
et le respect des choses saintes recommanderont avant tous
autres, et qui auront à se consacrer de tout cœur à l'administration desdits monastères, jusqu'à l'arrivée des hégoumènes envoyés
par les Saints Lieux. Les revenus seront déposés à la Métropole.

(Suit la signature de Son Altesse Sérénissime.)

*Le chef du Département,*
M. FLORESCO.

## COMMENT ON ÉCRIT L'HISTOIRE.

« *L'abbé du monastère de Saint-Georges, à Bucarest, avait
perdu les titres des terres dépendant de ce monastère dans l'incendie qui dévora, en 1847, une notable partie de la ville. Il demanda que les copies qui existaient de ces titres fussent légalisées.
Mais il lui fut répondu qu'on ne lui accorderait le paragraphe
nécessaire que moyennant le don d'une terre qui rapportât
65,000 piastres de revenu. Il dut subir la condition de cet onéreux pot-de-vin. Les exigences devenant chaque jour plus oppres-
sives, les moines furent obligés de recourir de nouveau à la
protection moscovite.* »

C'est M. Élias Regnault qui parle (p. 328), et il s'inspire
comme toujours de l'honnête anonyme Chainoi, auquel il renvoie (*Principautés Danubiennes*).

M. Ubicini parle aussi, à propos de cette question, *des exactions de Bibesco qui contraignirent les hégoumènes à implorer de
nouveau l'assistance de la Russie* (p. 178).

Nous avons reproduit dans notre premier volume la lettre du

Prince Bibesco racontant à son ami de Cambyse comment il a découvert à l'étalage d'un libraire le *pamphlet* « Principautés Danubiennes », par Regnault, *tissu grossier d'odieux mensonges et affreux pêle-mêle de citations incohérentes.* Et le Prince de s'écrier : *Et si je vous disais ce qu'est ce prétendu auteur !* Que de mépris dans ces quelques mots !

Dans cette lettre, le Prince raconte son entrevue avec le Prieur de Saint-Georges, et il termine par ces mots : *Mais la condition que je mis à mon consentement fut qu'il commencerait, tout de suite, à faire reconstruire l'église, d'après le plan que je lui enverrais ; car ce Prieur était un de ces hégoumènes grecs qui laissent tomber en ruine les monastères confiés à leur surveillance, pour s'en approprier la totalité des revenus. Je n'ajoutai à cette condition que la promesse de contribuer de mes deniers à l'érection et à l'embellissement du maître-autel* (1).

(1) T. I, p. 367, 368, 369.

*Décret du 28 janvier 1845, n° 47.*

Le Prince ordonne l'installation de fontaines à Bucarest, et à cet effet l'achat de deux machines élévatrices et la construction des bâtiments de première nécessité.

TRADUCTION.

(*Bull. off.* n° 16, 30 janvier.)

Nous, Georges-Démètre Bibesco, Voïvode, par la grâce de Dieu Souverain de toute la Valachie,

Au Département de l'intérieur.

A la suite du procès-verbal annexé au rapport de ce Département, n° 330, et dressé par le Conseil administratif extraordinaire, le 23 de ce mois; après la discussion du projet présenté par M. Marsilion, ingénieur des eaux, pour l'installation de fontaines dans Notre capitale de Bucarest, — projet que Nous avions soumis à la délibération du Conseil, par Notre adresse n° 18;

Attendu que le Conseil, après l'étude des deux modes d'installation présentés par ledit projet pour ces fontaines, à savoir : 1° captation des eaux de source d'un volume d'eau maximum de 1,200,000 oques (1) par vingt-quatre heures, nécessitant une dépense maxima de 81,160 ducats; 2° captation des eaux de la Dâmbovitza, au moyen d'une machine à vapeur donnant un volume d'eau de 3 millions d'oques par vingt-quatre heures, et réclamant une dépense de 41,286 ducats;

Attendu que le Conseil est d'avis de donner la préférence à l'installation de fontaines par captation des eaux de la Dâmbo-

(1) Oque ou oca, mesure de capacité.

vitza, afin de diminuer les dépenses et d'obtenir un volume d'eau qui soit en rapport avec les besoins de la ville;

Attendu que, tenant compte des ressources dont on peut disposer en vue de ces travaux, et désirant arriver à s'en faire une idée plus exacte, il conclut à une installation graduelle de ces fontaines, de manière à en établir — au cours de cette année — quelques-unes, seulement, de celles qui ont été destinées à la rue Mogosoia;

Prenant en considération les motifs qui ont guidé le Conseil dans l'adoption de cette solution, Nous approuvons son projet d'installer des fontaines dans Notre capitale, au moyen de machines hydrauliques qui devront élever et répandre l'eau de la Dâmbovitza sur toute l'étendue de la ville. Nous approuvons également que l'on procède graduellement à ces travaux, autant à cause de l'insuffisance de Nos ressources actuelles, que pour l'avantage qu'on peut retirer d'une expérience faite à la suite de travaux moins précipités et mieux étudiés.

En conséquence, étant donné l'avis du Conseil administratif extraordinaire annexé au procès-verbal, Nous ordonnons que le Département de l'intérieur prenne toutes les mesures nécessaires pour faire commencer, cette année même, les travaux de cette installation utile et unanimement réclamée. A cette fin, la somme de 12,468 ducats, restant de la somme destinée à l'érection d'un monument à S. Exc. le général Kisseleff, — qui, dans son amour pour les habitants de cette ville, a bien voulu l'affecter à une œuvre utile, — sera employée, cette année, à l'achat de deux machines avec leurs filtres, d'un nombre de tuyaux suffisant pour les besoins de la rue de Mogosoia, et à la construction des bâtiments absolument indispensables.

S'il y avait, pourtant, un déficit, qui ne saurait être considérable, parce que les travaux de cette année ont été limités, le conseil municipal le couvrirait avec des fonds pris sur sa propre caisse, comme devant bénéficier du revenu éventuel de ces travaux le

jour où ils seront achevés. Toutefois, comme le conseil doit faire
face à ses dettes passées, et que, par suite, il ne saurait être en
état de subvenir à cette dépense, le Département des finances
l'aidera dans cette opération en lui faisant un prêt.

En ce qui concerne les dépenses qui seront exigées pour
l'achèvement complet de ces travaux, tels qu'ils ont été conçus,
l'expérience acquise par les premiers essais nous donnera la mesure
des dépenses réelles qu'il faudra faire ; c'est sur ces données que
l'on calculera les sommes pour lesquelles il est juste que le conseil municipal contribue, et que l'on déterminera sur quels fonds
devront être imputées les dépenses pour l'achèvement des travaux.

M. le chef du Département de l'intérieur s'entendra avec qui
de droit pour l'exécution de notre volonté.

(Suit la signature de Son Altesse.)

*Le Secrétaire d'État :* M. BALEANO.

*Réponse du Prince Bibesco, le jour de l'inauguration des fon-
taines de Bucarest, aux témoignages de gratitude de la municipalité.*

Les ordres donnés par le Prince pour l'établissement de fontaines à
Bucarest, — *bienfait vainement attendu sous les Gouvernements précédents,* — ont reçu leur exécution. Les études faites, les projets approuvés, le Gouvernement a fait venir de Paris des machines hydrauliques
à vapeur avec le personnel nécessaire pour en diriger le service, et en
1846 les fontaines de la capitale furent inaugurées.

TRADUCTION FRANÇAISE (1).

30 janvier 1845.

... Oui, Messieurs, Dieu a voulu qu'au milieu des labeurs

(1) *Quelques mots sur la Valachie.*

continuels et des soucis inséparables de la position où il lui a plu
de M'élever, il y ait aussi quelques moments de consolation et de
bonheur. Ce ne sont pourtant pas ceux pendant lesquels Je Me
trouve, comme vous le dites, seul avec ma conscience dans le
silence de la nuit; car alors se réveillent au fond de Mon âme
les désirs les plus vifs et les vœux les plus ardents pour la
prospérité de notre pays; et Ma pensée, sans s'arrêter jamais sur
le peu qui a été fait, se porte sur ce qui reste à faire, en comparant avec abattement l'immensité des besoins à l'exiguïté des
ressources.

Les moments de consolation et de bonheur sont ceux où Je
vois, comme aujourd'hui, dans ces lieux, comme il y a quelques
jours sur les bords de l'Olto, les signes de vie et les promesses d'avenir que donne chaque jour davantage un peuple qui
paraissait condamné, à cause de ses souffrances, à une éternelle immobilité. Mes vrais moments de bonheur sont ceux où Je
vous vois joyeux autour de Moi, M'apportant, au nom du peuple,
l'assurance que Mes intentions et Mes efforts sont appréciés.
Plein de joie alors et de reconnaissance, oubliant Mes ennuis, Je
Me dis que Ma vie ne saurait être assez pénible, si Je parviens à
préparer les destinées que Je demande au ciel pour notre chère
Patrie, et à lui laisser, pour le temps où Je ne serai plus, quelques marques de l'amour que Je lui porte.

———

*Ordre du Prince au Département de l'intérieur.*

Expropriation des propriétés avoisinant le marais de Cisméjiu, et desséchement de ce marais, situé au centre de la ville de Bucarest.

TRADUCTION.
                    15 février 1845 (*Bull. off.* n° 23, du 15 février).

La commission que Nous avons chargée, l'an dernier, de prendre les mesures nécessaires pour le desséchement du marais de Cis-méjiu, Nous a fait connaître, par son rapport n° 107, qu'elle a examiné les documents des propriétaires voisins de ce marais, et ceux du monastère de Sârindaru, auquel ces propriétaires reconnaissent payer un droit d'emphytéose pour la possession de ces terrains ; elle a constaté :

1° Que ces documents prouvent que de temps immémorial ce marais, ainsi que les terrains avoisinants, ont été propriété de l'État ;

2° Que, plus tard, le terrain désigné sous le nom de Fîntina Boului a été concédé par Mes prédécesseurs au monastère de Sârindaru, ainsi qu'à d'autres personnes dans toute son étendue, jusqu'au dit marais ;

3° Que ce marais a toujours été propriété de l'État, et qu'il résulte des documents mêmes des propriétaires voisins, que leur possession a pour limites les bords du marais ;

Vu l'avis de ladite commission de commencer l'arpentage immédiat des emplacements avoisinant le marais, afin de constater si leur étendue est telle qu'elle est spécifiée dans les documents de possession, ou si les terains ont empiété sur le marais ;

Nous ordonnons ce qui suit :

Le conseil municipal prendra immédiatement en sa possession tout l'emplacement dans lequel se trouve compris le marais, — qui n'a jamais cessé d'être propriété de l'État, — ainsi que tout autre emplacement qui se trouvera n'avoir pas de propriétaire.

Quant aux terrains avoisinant le marais qui seraient occupés, la commission aura soin d'en rechercher les titres de propriété. Ceux qui auront usurpé un terrain non spécifié dans ces documents seront dépossédés, conformément à la loi sur les empiétements, de tout ce qu'ils ne détiendront pas légalement. Ceux qui ne pourront pas justifier, par actes, de leurs droits de possession, verront trancher leur cas conformément aux dispositions de la loi sur la prescription. La commission devra également rechercher si, parmi les propriétaires dont les documents ne prouvent leur droit de possession que jusqu'aux bords du marais, il n'en est pas qui aient fait des travaux pouvant leur constituer des droits, même sur l'emplacement occupé par le marais.

M. le Grand Vornic de l'Intérieur fera parvenir cet ordre à la connaissance du conseil municipal et de la commission à laquelle il exprimera Notre satisfaction pour toutes les explications qu'elle Nous a fournies, et rappellera Notre impatience de voir terminer le travail d'enquête dont Nous l'avons chargée. — M. le Grand Vornic invitera M. Marsilion à étudier les travaux de desséchement à exécuter, et à Nous soumettre son avis pour que Nous donnions les ordres en conséquence.

(Suit la signature de Son Altesse.)

*Le Secrétaire d'État,*

M. BALEANO.

*Décret du 27 février 1845.*

Ordre pour l'exécution des chaussées dans toute l'étendue de la Valachie (1).

*S. A. S. le Prince Georges-Démètre Bibesco au Conseil administratif extraordinaire.*

TRADUCTION.

(*Bull. off.* n° 26, du 28 février.)

Nous, Georges-Démètre Bibesco, Voïvode, par la grâce de Dieu Souverain de toute la Valachie,

Vu le projet qui Nous a été présenté, le rapport du Départe-

(1) Voir la loi sur la Corvée, p. 112 de ce volume.

ment de l'intérieur (n° 331) rédigé par M. Balzano, ingénieur des ponts et chaussées en Valachie, et la carte du pays indiquant ces chaussées,

Nous envoyons ce projet et la carte qui l'accompagne au Conseil et lui ordonnons de l'étudier au point de vue de son application, d'indiquer le mode d'exécution le plus simple et le plus approprié à nos ressources.

Nous devons tout spécialement attirer l'attention de Notre Conseil sur quelques points qui Nous paraissent être de toute importance pour obtenir les résultats poursuivis, attendus avec une égale impatience par tous les Roumains, et qui révèle de la façon la plus évidente le commencement de la civilisation chez un peuple.

Le Conseil doit d'abord déterminer les grandes lignes : de *Bucarest à Verciorova* par *Craïova; de Bucarest à Focsani*, à *Braïla, à Chaîneni et à Brasov,* en suivant le chemin le plus court, autant du ·moins que la nature du terrain et la facilité des approvisionnements en matériel le permettront. Entre ces grandes lignes, d'autres seront tracées ; elles établiront les communications entre les différents districts et les frontières, de manière que le travail soit logiquement réparti entre les districts de la Valachie, dans toute l'étendue de la Principauté, et que la distance entre les points où s'effectueront les travaux ne dépasse pas trois postes ; de cette manière, *les six journées auxquelles est astreint le paysan ne seront pas perdues* et le travail avancera avec rapidité.

A cette occasion, Nous recommandons spécialement la construction des voies reliant les districts de *Gorj à Vulcani* et de *Dâmbovitza à Bran.*

Toutefois, comme le manque de bras et les moyens restreints de surveillance ne permettraient point de commencer à la fois, — sur toute l'étendue des lignes déterminées, — un travail dont l'exécution réclamerait, même dans les pays les plus civilisés, plusieurs années d'efforts, on relèvera les points où le travail pourrait se faire dans les meilleures conditions, et ceux qui rendent actuellement les communications plus difficiles. Chaque année, progressivement, on s'occuperait d'abord des points relevés.

La plus grande difficulté, à Notre avis, — et pour la vaincre, Nous demandons spécialement l'aide de la science et de la longue expérience des membres qui composent Notre Conseil extraordinaire, — consiste à réglementer les six journées de corvée obligatoire, pour arriver à ce qu'elles soient toutes employées pour les besoins publics, qu'aucune ne soit perdue, que le plus grand profit soit réalisé en faveur des travaux, et que cette corvée soit, pour le paysan, le moins pénible possible. Il n'échappera certainement pas au Conseil que le résultat de cette grande entreprise, qui lui vaudra la reconnaissance publique, dépend des sages mesures qu'il conseillera.

M. le chef du Département de l'intérieur présentera cet ordre au Conseil.

(Suit la signature de Son Altesse.)

*Le Secrétaire d'État,*
M. BALEANO.

---

*A S. A. S. le Prince Georges-Démètre Bibesco,*
*Le Département de l'intérieur.*

TRADUCTION.

Rapport n° 3241, du 25 juin 1845 (*Bull. off.* n° 62, 30 juin.)

Relativement à certaines difficultés que le Département de la justice a rencontrées, en 1836, à l'occasion de différentes demandes ayant pour objet, de la part de particuliers, la mise sous séquestre de voitures, chevaux et meubles appartenant à des boyards ou autres personnes privilégiées, ainsi que de bestiaux de labour appartenant aux paysans (1), ledit Département ayant demandé des instructions et des ordres, à ce sujet, à l'ex-Prince, — rapport n° 9,346 du mois de juillet de la même année, — a reçu avec l'adresse du 7 août, n° 1,537, envoyée par le secrétaire d'État, communication des décisions suivantes :

« Faute de loi explicite, nous guidant sur les précédents et sur l'esprit de la loi qui régit la matière, Nous estimons qu'il ne faut pas autoriser le séquestre des objets de première nécessité, tels que les aliments en quantité minime, le lit, les vêtements nécessaires, les instruments de travail absolument indispensables pour chaque métier, les habits et les armes du soldat. Dans la même catégorie doivent être rangés, comme le cas se présente pour *Notre évêque* (2) *très aimé de Dieu*, — les vêtements sacerdotaux, l'équipage dû à son rang ; — tous autres objets demeurant susceptibles d'être séquestrés. »

Voyant, par cette décision de l'ex-Prince, que les bêtes de labour du paysan restent sous la menace du séquestre ; considérant que, du moment où les bestiaux sont pour le laboureur de véritables instruments de subsistance (devant être assimilés aux instruments indispensables aux ouvriers), il serait équitable que, du nombre des bestiaux appartenant au paysan laboureur, deux bêtes de labour et une vache fussent à l'abri de tout séquestre ou vente pour dettes envers les particuliers, et demeurassent libres de tout engagement, à l'entière disposition du laboureur (à moins de dettes envers l'État), ainsi que cela se pratique dans la Principauté voisine,

(1) La sollicitude du parti roumano-fanariote, en 1837, à l'égard du paysan, ne lui assurait pas ses bêtes de labour.
(2) Un évêque, en effet, s'était vu séquestrer, pour dettes, même ses vêtements sacerdotaux.

Le Département a cru de son devoir de prendre sur ce point l'avis et les ordres de Votre Altesse.

*Le grand Vornic, Ministre de l'intérieur,*

B. STIRBEI.

---

*S. A. S. le Prince Bibesco au Département de l'intérieur.*

(Décret du 28 juin 1845.)

Dispositions prises pour mettre à l'abri de tout séquestre et vente publique les objets de première nécessité, ainsi que deux bêtes de labour et une vache, considérées comme instruments indispensables d'existence.

TRADUCTION.

(*Bull. off.* n° 62, 30 juin.)

Nous, Georges-Démètre Bibesco, Voïvode, par la grâce de . Dieu Souverain de toute la Valachie,

Vu le rapport de ce Département, n° 3,241 ; vu l'avis qui Nous y est soumis sur la nécessité et le strict devoir de mettre à l'abri de toute poursuite et vente publique, — pour dettes envers les particuliers, — deux bêtes de labour et une vache, bestiaux distraits de la totalité de ceux qui constituent l'avoir du paysan laboureur, regardés comme de véritables instruments assurant sa subsistance, rentrant dans la catégorie des instruments indispensables aux ouvriers, et par cela même exempts de toute poursuite, ainsi que le prescrivent les dispositions spéciales de la loi de 1836, Nous déclarons partager en tous points l'avis du Département. Nous trouvons cet avis très équitable, très humain et conforme à l'intérêt public ; il est la conséquence naturelle du principe, — inscrit dans les lois des nations les plus civilisées, — qui interdit la vente ou le séquestre des objets indispensables à l'ouvrier pour gagner sa vie :

En conséquence, Nous ordonnons qu'on se conforme en tous points à ce décret... au sujet duquel M. le grand Vornic se consultera avec le Logothète de la justice (1).

(Suit la signature de Son Altesse.)

*Le Secrétaire d'État,*

M. BALEANO.

---

(1) Il est heureux pour le paysan que la Chambre qui a repoussé la loi sur les milices ait été dissoute ; ces résolutions aussi justes qu'humaines n'auraient certainement pas plus trouvé grâce devant *son opposition systématique* que la loi sur le régime dotal ou la loi sur les milices.

1846

# QUESTION ÉLECTORALE

DÉCRET DU 27 OCTOBRE 1846
DISCOURS D'OUVERTURE DU PRINCE A L'ASSEMBLÉE
RÉPONSE DE L'ASSEMBLÉE A SON ALTESSE

EXPOSÉ

# QUESTION ÉLECTORALE

## EXPOSÉ

TRADUCTION.

« Le Prince se rappela en cette circonstance les conseils de
« Kisseleff pour obtenir une majorité dans la Chambre. Seule-
« ment, au lieu de se servir des moyens de corruption (1) comme
« Kisseleff le lui avait indiqué, il arriva au même résultat légale-
« ment, en appliquant strictement les dispositions électorales
« contenues dans le Règlement, qui lui donnaient le moyen de
« diminuer, dans la représentation nationale, le nombre des
« grands boyards, si facile à enrégimenter dans l'*opposition sys-
« tématique*. Jusque-là la Chambre avait été composée presque
« entièrement de grands boyards qui, bien qu'habitant de fait
« Bucarest, avaient des terres dans les districts et se faisaient
« élire là où ils avaient leurs propriétés, contrairement à l'ar-
« ticle 46 du Règlement organique. Cet article spécifiait que
« *les dix-huit députés des districts et ceux de la ville de Craïova
« seraient élus parmi les plus grands boyards, ou leurs fils, habi-
« tant dans la localité où devaient avoir lieu les élections.*

« Par Sa convocation, Bibesco ordonne que, cette fois, les
« élections soient faites légalement, et que les boyards habi-
« tant Bucarest n'aient plus le droit de se faire élire dans leurs
« districts. Cette mesure, à laquelle les boyards ne s'attendaient
« pas et qui les frappa comme un coup de foudre, provoqua dans
« leurs rangs un mouvement extraordinaire, et donna lieu à des

---

(1) Le mot est vif, quand on sait comment les Gouvernements opèrent en
matière d'élections.

« protestations — aussi vives que peu fondées — qu'ils adres-
« sèrent à la Porte et au Cabinet de Saint-Pétersbourg. Cepen-
« dant, le texte de la loi n'offrant prise à aucun doute, le succès
« final resta au Prince. Par cette mesure, Son Altesse se rap-
« procha du parti démocratique existant alors, c'est-à-dire de
« tous les éléments autres que les grands boyards, et surtout des
« petits boyards, qui purent ainsi entrer dans cette Chambre,
« entièrement fermée à tous ceux qui n'étaient pas nobles (1). »

---

*S. A. le Prince Bibesco au Conseil administratif extraordinaire.*

(Décret du 27 octobre 1846, n° 330.)

TRADUCTION.

(*Bull. off.* n° 79, p. 233.)

Nous Georges-Démètre Bibesco, Voïvode, par la grâce de
Dieu Prince Souverain de toute la Valachie,

L'ouverture de l'Assemblée générale ordinaire devant avoir
lieu le 1ᵉʳ décembre prochain, le jour de l'élection des députés
est fixé, — en vertu de l'article 60 du Règlement organique,
et pour cette nouvelle période de cinq ans, — au 15 novembre
prochain, en ce qui concerne les vingt boyards de première classe
et les dix-neuf députés des districts qui, — d'après l'article 45,
— doivent composer l'Assemblée générale.

On procédera à l'élection des boyards de première classe, dans
la capitale et dans la salle des séances de l'Assemblée générale,
à neuf heures du matin; à celle des députés des districts, aux
chancelleries des préfectures, et à la même heure.

---

(1) Nous empruntons ces quelques lignes, sur les élections de 1846, au résumé
fait par M. Xénopol sur le *Règne de Bibesco,* dans son t. VI, nouvellement paru, de
l'*Histoire des Roumains,* p. 86. — On ne saurait être ni plus exact ni plus précis.

Nous croyons nécessaire de rappeler ici les qualités requises par la loi pour être électeur et éligible. Les vingt boyards de première classe doivent, — aux termes du § B des articles 45 et suivant des vieilles coutumes du pays, — être indigènes ou avoir obtenu l'indigénat, et être âgés de trente ans révolus. Ceux qui sont appelés à les élire doivent être, — d'après le § B de l'article 46, — boyards de première classe indigènes ou ayant obtenu l'indigénat.

Les dix-neuf députés des districts seront choisis, — aux termes du § B de l'article 45, — parmi les propriétaires fonciers du district qui seraient boyards, fils de boyards et âgés de trente ans révolus. Leurs électeurs, — conformément au § 13 de l'article 46, — ne sauraient être que les boyards les plus marquants, domiciliés dans le district où doit avoir lieu l'élection, et âgés de vingt-cinq ans révolus.

Tout précédent qui ne répondrait pas aux susdits articles de la loi ne serait point pris en considération, attendu que les précédents en opposition avec les lois existantes demeurent sans autorité.

A cette occasion, Nous ne saurions trop exhorter les électeurs à apporter, dans l'accomplissement du droit que leur donne la loi, un *esprit de paix, d'amour du bien public,* et à réunir leurs voix sur les candidats les mieux pénétrés des besoins du district, exempts de toute passion et aimant leur patrie.

M. le grand Vornic fera publier ce décret et le fera parvenir, sans retard, aux préfets ; ceux-ci les communiqueront aux sous-préfets, qui en donneront connaissance aux électeurs de leur district. Le grand Vornic rédigera en même temps, pour ses subordonnés, les instructions nécessaires, en prenant pour modèle celles du gouvernement provisoire de 1831, afin que, bien pénétrés de ces instructions, ils fassent respecter les droits de chacun.

(Suit la signature de Son Altesse.)

*Le Secrétaire d'État :* M. BALEANO.

## INSTRUCTIONS POUR L'ÉLECTION DES DÉPUTÉS
### DES DISTRICTS.

ART. 1ᵉʳ. — Tous boyards et fils de boyard domiciliés dans les districts et âgés de vingt-cinq ans révolus devront se rendre au chef-lieu du district, avant le 10 novembre, pour fournir au préfet et au président de l'Assemblée des électeurs la preuve des droits qu'ils ont de faire partie de cette Assemblée le 15 novembre, jour de l'élection. Le district de Dolj élira deux députés, l'un pour le district même, l'autre pour la ville de Craïova. De même, le district de Dâmbovitza en élira deux, l'un pour le district, l'autre pour occuper la dix-neuvième place de député qui reviendrait au district de Saac, s'il n'avait pas été supprimé (1). Ces mesures sont conformes au dernier alinéa du § 13 de l'article 45 du Règlement, et à la décision du Conseil administratif en date du mois de septembre 1844, sanctionnée par le décret princier n° 439. Les préfets, en recevant ces instructions, devront les faire connaître à tous ceux qui ont le droit d'être électeurs, — conformément au § 13 de l'article 46 du Règlement, — et les inviter à se trouver au chef-lieu le 10 novembre au plus tard, pour la formation de la liste des personnes réunissant les qualités exigées par le § 13 du susdit article 46. L'on fera les mêmes communications à tous ceux qui, d'après le § B de l'article 45 du Règlement, ont le droit d'égilibilité, afin d'en dresser la liste.

ART. 2. — Ne pourront être élus députés que ceux qui, étant, — d'après le § B de l'article 45 du Règlement organique, — propriétaires de terres dans le district, sont boyards attitrés, fils de boyard, et âgés de trente ans révolus.

ART. 3. — Ces listes dressées, les préfets auront soin, — (deux jours avant la date fixée pour la réunion de l'Assemble élective), — d'annoncer à tous ceux qui se trouveront avoir la qualité d'élec-

---

(1) Ce district (département) avait été annexé à celui de Dâmbovitza; on donna un député de plus au district de Dâmbovitza.

teur, — c'est-à-dire à tous ceux qui, répondant aux conditions du § 13 de l'article 46, figureront parmi les boyards les plus importants, ou fils de boyard domiciliés dans le district où doit avoir lieu l'élection, — d'annoncer, disons-Nous, qu'ils doivent se réunir dans la chancellerie de la préfecture, au jour désigné du 15 novembre, à neuf heures du matin (heure d'Europe), à l'effet de procéder à l'élection.

ART. 4. — Tout électeur éligible qui ne sera pas présent au vote le jour où la Commission élective se réunira, perdra le droit d'être élu, à moins de circonstances majeures, telles que maladie dûment constatée ou autre empêchement légal. En pareil cas, il devra en donner avis au président de l'Assemblée élective, un jour au moins avant le vote.

ART. 5. — Les préfets présideront les Assemblées électives des districts, sans y avoir droit de vote ni droit d'éligibilité. Les élections seront faites dans les chancelleries des préfectures. Les préfets veilleront à ce que le bon ordre soit observé, et que les opérations aient lieu dans le calme le plus parfait. Dans ce but, les électeurs seuls seront admis dans la salle du vote. On nommera comme assesseurs du président, deux secrétaires choisis parmi les électeurs les plus titrés, sans que, pour cela, ils perdent leur droit de vote.

ART. 6. — Les préfets donneront, sans retard, la plus grande publicité aux instructions qui précèdent, et à cet effet, ils en enverront un exemplaire à chaque sous-préfet, afin qu'il puisse en donner connaissance dans les arrondissements, à qui de droit.

ART. 7. — Au jour et à l'heure fixés, après la réunion des membres reconnus comme électeurs, le Président invitera ces derniers à choisir les secrétaires parmi les plus titrés d'entre eux. Le bureau ainsi constitué, le Président fera l'appel des électeurs ; l'un des secrétaires dressera la liste des présents, et, au bas de cette liste qu'ils signeront, le Président et les secrétaires constateront le nombre des présents.

ART. 8. — L'appel nominal terminé, le Président lira, à haute et intelligible voix, le décret de S. A. le Prince, relatif aux élections (n° 330); le § B de l'article 45 et le § B de l'article 46, — publiés plus bas sous la lettre B, — pour que chacun se pénètre des exigences de la loi à l'égard des électeurs et des éligibles. Le préfet lira ensuite la liste des membres éligibles et invitera les électeurs à voter pour les personnes les mieux famées, les plus dévouées au bien public, les plus dignes de la haute mission qui incombe au député.

ART. 9. — Le Président appellera ensuite chaque électeur d'après son rang, lui remettra un bulletin et l'invitera à y inscrire le nom et le titre de la personne digne, — d'après lui, — d'être élue. Dans le district de Dolj, tout électeur inscrira deux noms sur son bulletin, l'un pour le district et l'autre pour la ville. Ceux du district de Dâmbovitza inscriront également deux noms, pour se conformer à l'article premier des présentes instructions. A cet effet, l'Électeur, passant dans une autre chambre où une table et un encrier auront été préparés, inscrira le nom de son candidat, puis, en revenant, il jettera *lui-même* son bulletin dans l'urne placée dans la salle de l'Assemblée. Ces bulletins auront tous le même format et seront pliés de la même manière.

ART. 10. — Après que tous les membres de l'Assemblée auront voté, l'un des secrétaires retirera de l'urne les bulletins un par un; il les lira à haute et intelligible voix et les déposera ensuite sur la table. L'autre secrétaire inscrira au fur et à mesure, sur une liste, le nom écrit sur le bulletin et poursuivra l'opération jusqu'à ce que tous les bulletins aient été retirés et lus. Le candidat qui aura réuni le plus de voix sera proclamé député. Mais s'il arrive qu'il y ait parité de voix entre deux candidats, l'on ne pourra voter un second tour que pour l'un des deux.

ART. 11. — Enfin, l'élection sera certifiée valable, en présence de l'Assemblée, au bas de la liste sur laquelle auront été inscrites les voix. A la fin de la séance, le Président délivrera au député élu, sa carte de député, signée du Président et des secrétaires, et rédigée conformément au modèle ci-joint : lettre A.

ART. 12. — Aussitôt après, le Président fera son rapport au grand Vornic en envoyant deux listes : celle de l'appel nominal, prouvant le nombre d'électeurs présents, et celle du vote, en leur joignant toutes les pièces relatives à l'élection, le tout cousu et scellé du cachet de la préfecture.

ART. 13. — Tous les députés élus devront se réunir à Bucarest pour être présents à l'ouverture de la séance du 1er décembre. Ils devront présenter leur carte signée du Président de l'Assemblée élective, des deux secrétaires, et rédigée comme suit :

## LETTRE A.

Aujourd'hui, 15 novembre 1846, les électeurs du district de.......... réunis à la chancellerie de la préfecture, au nombre de.........., — nombre prouvé par l'appel nominal, — et présidés par M. le préfet du district, ont élu M.......... député de ce district à la majorité des voix. En foi de quoi ils lui ont délivré le présent certificat.

## LETTRE B.

ART. 45 du Règlement, § B : « Les dix-neuf députés des districts, un par district et un pour la ville de Craïova, — seront élus parmi les propriétaires fonciers du district qui sont boyards ou fils de boyard et âgés de trente ans révolus. »

ART. 46, § B : « Les dix-huit députés des districts et celui de la ville de Craïova seront de même élus, au scrutin, par les boyards les plus marquants ou leurs fils domiciliés dans le district où doit se faire l'élection, et âgés de vingt-cinq ans révolus. »

## COMMENT ON ÉCRIT L'HISTOIRE

Nous avons tenu à donner pour sommaire à ce décret, c'est-à-dire à faire précéder les instructions libérales qu'il renferme et qui ont provoqué la colère des prétendus libéraux, — comme d'ailleurs toutes les mesures prises par Bibesco dans l'intérêt du développement moral, matériel et intellectuel de son pays, — une opinion basée sur une étude impartiale : celle de M. Xénopol. Passons en revue les appréciations de l'anonyme Chainoi, de MM. les Lieutenants princiers N. Golesco, Héliade, Tell, et aussi celles de MM. Élias Regnault et Ubicini, qui prennent comme d'habitude pour base de leurs récits les calomnies des premiers.   .

L'ANONYME CHAINOI (1) :

TEXTE EN LANGUE FRANÇAISE.

« Tout en déclarant vouloir s'en tenir strictement aux dis-
« positions réglementaires, Il (Bibesco) envoya aux administra-
« teurs des instructions complètement contraires à l'esprit de la
« loi électorale, aussi bien qu'à tout ce qui s'était fait jusque-là.
« Il élimina les neuf dixièmes des éligibles; quant aux électeurs,
« il n'en diminua pas le nombre, mais il obligea la plupart d'entre
« eux d'aller voter dans la capitale. Il s'assurait ainsi dix-huit
« candidats en en condamnant un. Par ce système, il y eut dans
« le district d'Ilfow, à Bucarest, près de mille électeurs, tandis
« que les autres collèges n'en comptaient que de cinq à vingt. »

(1) *Dernière occupation,* par l'anonyme CHAINOI. (Librairie Dumaine, Paris, 1853.)

TEXTE EN LANGUE FRANÇAISE.

N. Golesco, I. Héliade, C. Tell, membres de la Lieutenance princière, déclarent, dans leur plainte « *au Sultan* (1), « *que Bibesco, après avoir laissé le pays pendant trois ans* « *sans représentation nationale, convoqua à son gré, en faus-* « *sant la loi électorale, une nouvelle Chambre, cette fois bien à* « *lui, dont le premier acte fut de voter un bill d'indemnité au* « *Prince pour toute sa conduite passée* (2). »

C'est le plus bel éloge que — sans y prendre garde — MM. les Lieutenants princiers font de cette Chambre et du Souverain, si l'on veut bien considérer les réformes dont Bibesco dota son pays au cours de ces trois années, et les grands actes qu'il accomplit avec la nouvelle Assemblée pendant les années 1847 et 1848.

M. E. Regnault (3) :

TEXTE EN LANGUE FRANÇAISE.

« Bibesco envoya aux administrateurs des instructions en op-
« position directe avec l'esprit de la loi électorale. Les lois
« n'étaient pas faites pour lui, le Règlement organique lui-
« même, ce palladium de la Russie, accordait trop à la libre
« volonté des citoyens. Autorisé par Daschkoff, il en viola les
« principales dispositions. De sa pleine autorité, il élimina les
« neuf dixièmes des éligibles, sans prétexte, à la façon d'un
« pacha. Quant aux électeurs, il n'en diminua pas le nombre,
« mais il changea toutes les circonscriptions électorales, en
« obligeant la plupart d'entre eux d'aller voter dans la capitale.

(1) Voir aux *Pièces justificatives des droits moldo-valaques* : « *La requête au Sultan,* par la Lieutenance princière. — 3/15 août 1848, p. 55. (Imprimerie Cosson, rue du Four-Saint-Germain, 47). Voir à l'Appendice de ce volume.

(2) Voir dans ce volume l'*Historique de l'insurrection de 1848.*

(3) *Histoire des Principautés danubiennes,* p. 256.

« Par ce système, il y eut dans le district d'Ilfow, à Bucarest,
« près de mille électeurs, tandis que les autres collèges n'en
« comptaient que de cinq à vingt. Il sacrifiait un collège pour
« être maître de tous les autres.

« Au surplus, de pareils faits ne s'accomplissent que dans
« un pays qui les justifie par un lâche silence. Deux boyards
« seulement tentèrent auprès de Daschkoff de timides représen-
« tations en invoquant son assistance plutôt que leurs droits. Le
« dédaigneux accueil qu'ils rencontrèrent leur démontra une
« complicité dont ils n'auraient pas dû douter.

TEXTE EN LANGUE FRANÇAISE.

M. UBICINI ne parle pas de cette loi; mais il ne perd pas l'occasion que lui fournit la composition de cette nouvelle Chambre
pour ajouter à ses récits quelques nouveaux détails fantaisistes :

« Lors de la visite que l'Hospodar fit au Sultan à Routchouk,
« Réchid-Pacha, alors ministre des affaires étrangères, instruit,
« sous main, de ces faits par plusieurs mémoires que les Valaques
« avaient fait parvenir au Divan, Lui avait enjoint de réunir
« l'Assemblée générale. A son retour, Bibesco convoqua les col-
« lèges électoraux pour le 25 novembre de l'année suivante, afin
« de se donner le temps de composer une Chambre à Sa guise.
« Il y réussit selon Ses vœux, en sorte que l'Assemblée dont la
« Cour suzeraine avait provoqué la réunion, dans le dessein de
« réprimer les exactions et les abus de pouvoir du Prince, ne servit
« qu'à donner une apparence de légalité aux mesures administra-
« tives et financières les plus désastreuses pour le pays (1). »

Une première inexactitude : la date de la convocation des collèges électoraux est du 15 et non du 25 novembre. En second
lieu, le Firman du 22 octobre 1844 donne un démenti à toutes les
allégations de M. Ubicini. La Cour suzeraine, qui *approuve*, dans

(1) *Moldo-Valachie,* par M. UBICINI, p. 169.

ce Firman, *la suspension de l'Assemblée, reconnaît que parmi les boyards et le haut clergé* quelques membres, *séduits sans doute par les coupables intrigues de quelques malveillants, ont commis des actes blâmables, de nature à troubler le bon ordre et à égarer l'esprit public; que ces personnes ont laissé voir dans la dernière Assemblée générale leurs mauvais penchants, et que ce sont là les causes qui ont contraint la Haute Sagesse et la Prudence du Prince à prononcer la clôture de ladite Assemblée.*

Loin *de provoquer la réunion de l'Assemblée dans le dessein,* prétend M. Ubicini, *de réprimer les exactions et les abus de pouvoir du Prince,* le Firman laisse le soin à Bibesco *de proroger la réouverture de l'Assemblée générale jusqu'au jour ou Il considérera que les esprits égarés sont rentrés dans la voie du bien,* C'EST-A-DIRE AUTANT DE TEMPS QU'IL LE JUGERA NÉCESSAIRE (1).

« Bibesco ne réunit pas l'Assemblée pendant tout le reste de la période législative, c'est-à-dire jusqu'en 1846, époque à laquelle le mandat de cette Assemblée venant à expirer, le pays se trouva dans la nécessité de procéder à de nouvelles élections (2). »

---

## DISCOURS D'OUVERTURE

PRONONCÉ PAR LE PRINCE BIBESCO A L'ASSEMBLÉE GÉNÉRALE DE 1846.

TEXTE EN LANGUE FRANÇAISE.

Messieurs les Députés de l'Assemblée générale,

I. — Je suis heureux de vous voir réunis autour de Moi. Ce sentiment est d'autant plus vif qu'il est accompagné de l'espoir que ce jour marquera l'ère d'une étroite union entre le Gouver-

---

(1) Firman donné au milieu du mois de Gemozuil-Ahir, en l'an de l'hégire 1260.
(2) M. XÉNOPOL, p. 186.

nement et l'Assemblée générale. L'intérêt du pays la réclame, et
Je viens vous tendre une main qui ne saurait vous être suspecte.
Vous Me connaissez depuis longtemps. Cependant, depuis quatre
ans que la Providence et le choix de Mes compatriotes M'ont
appelé au Gouvernement de ce pays, vous avez eu l'occasion de
vous mieux convaincre que dans ce cœur, entièrement dévoué à
Ma patrie, il n'est pas de désir ni de souhait qui n'ait pour but
son progrès et sa prospérité. C'est donc avec une conscience
tranquille que Je viens vous rendre compte du résultat de Mes
efforts pendant ces dernières années.

II. — La Cour suzeraine et la Cour protectrice ont bien voulu
ajouter, à Ma prière, par un nouveau bienfait, un nouveau droit
à Notre reconnaissance, en assurant sur des bases plus positives
et plus étendues les intérêts de notre commerce.

III. — La Sublime Porte a reconnu à cette Principauté, avec
le droit de transit, celui d'une parfaite réciprocité, en adoptant
le tarif de 5 pour 100 pour toutes les marchandises importées ou
exportées. De plus, notre modeste pavillon se trouve protégé
aujourd'hui dans les mers de l'Empire Ottoman à l'égal des autres
pavillons, et notre commerce, comme notre agriculture, prend
de jour en jour un nouvel essor.

IV. — Le Gouvernement russe a bien voulu consacrer, de son
côté, par son dernier traité de commerce, l'intégrité des droits de
nos douanes, en déclarant les marchandises russes qui entreraient
dans notre pays passibles d'un droit de 5 pour 100, sans distinction du lieu de leur provenance. Nous pouvons donc espérer,
sous peu, un accroissement assez considérable dans les revenus
de l'État par le développement que nous promettent nos douanes.

V. — Un projet de convention avec la Principauté de Moldavie sera soumis à votre examen, à l'effet d'amener un rapprochement plus intime des intérêts de ces deux Principautés, par la
suppression du cordon douanier qui les sépare.

VI. — Il n'a pas été en Mon pouvoir de réunir aussi, comme

Je l'aurais désiré, l'affermage de leurs salines respectives, réunion qui aurait écarté une concurrence aussi préjudiciable à l'une qu'à l'autre. Je puis toutefois vous donner l'assurance qu'il n'en résultera pas de baisse dans le prix de notre fermage.

VII. — Pour mieux organiser l'exploitation de cette branche importante de nos revenus, j'ai cru devoir faire venir de l'étranger des officiers mineurs réunissant les connaissances théoriques et pratiques nécessaires, à l'effet d'introduire dans cette partie du service les facilités et les améliorations que les sciences et les arts y ont apportées dans d'autres pays. Les plans et projets relatifs aux mesures proposées seront envoyés à votre examen.

VIII. — Si nous reportons maintenant, Messieurs, nos regards sur Notre état intérieur, nous avons la satisfaction de le trouver prospère comme à aucune autre époque. J'ai eu le bonheur de M'en convaincre, par Moi-Même, dans la dernière tournée que J'ai faite dans nos districts, et dont J'ai emporté les plus douces impressions, ayant trouvé partout l'ordre, l'aisance, le progrès, réunis aux sentiments de confiance et d'affection pour Notre Gouvernement.

IX. — Le fléau de l'épizootie est venu troubler dans certaines localités, pendant l'été dernier, cet état de prospérité. Cependant l'efficacité des mesures qui lui ont été opposées, et l'abondance des récoltes dont il a plu à la miséricorde divine de Nous consoler, ont fait que le mal a été moins fortement senti. Ces mesures seront maintenues dans toute leur vigueur, jusqu'à ce que Nous ayons acquis la certitude que le fléau a entièrement disparu.

X. — La tranquillité publique n'a été troublée sur aucun point de la Principauté durant les quatre dernières années, et ceux qui, dans leur irrésistible penchant pour le mal, ont cru pouvoir tromper la surveillance du Gouvernement et échapper à la vindicte des lois n'ont par tardé à s'en repentir. Nous pouvons même nous flatter, que notre pays offre aujourd'hui une sécurité égale à celle qu'on pourrait trouver dans les États les mieux organisés, bien que les peines soient, chez nous, plus légères que partout ailleurs, et que la peine de mort soit, comme vous le savez, abolie de fait. C'est avec la plus grande satisfaction que Je M'empresse de rendre ici la justice qui est due au peuple valaque, en reconnaissant que ce résultat est dû en grande partie à la douceur de ses mœurs.

XI. — Les abus ruineux qui se commettaient naguère au grand jour, et pesaient plus particulièrement sur les habitants des villages, ont disparu en très grande partie, et, s'il en reste qui aient pu échapper à la vigilance du Gouvernement, la cause en est, Messieurs, aux difficultés que présentent la réforme morale et l'extirpation des habitudes vicieuses, alors qu'elles datent de loin. On ne peut espérer de parvenir à cette extirpation qu'avec du temps et moyennant une persévérance constante dans le bien, de la part de tous, mais surtout de la part de ceux qui sont appelés à remplir des fonctions publiques. La culpabilité des employés du Gouvernement, s'il y en avait qui persistassent dans ces habitudes criminelles, serait d'autant plus grande qu'ils ne pourraient prétexter aujourd'hui, comme par le passé, qu'ils obtiennent leurs places ou leur avancement au détriment de leur fortune.

XII. — Les cotisations, qui avaient reparu dans les communes avec tous les maux qui les accompagnent, les transactions des villages avec les recrues, les dépenses incessantes réclamées pour l'entretien de nos piquets sur le Danube, aussi bien que celles exigées tous les ans pour les constructions éphémères destinées à les abriter, ont été abolies comme autant de sources des plus fâcheux abus. Les caisses des villages, exemptées de toute dépense non prévue par la loi, ne servent qu'à subvenir aux besoins pour lesquels elles sont instituées. Les rapports des cultivateurs avec les fermiers sont devenus plus réguliers, et les plaintes ont diminué dans une très grande proportion, par suite de la juste sévérité des mesures prises pour assurer les droits de chacun.

XIII. — Les mesures adoptées l'année dernière, pour faire face à la disette dont nous fûmes menacés, ont été de nature à satisfaire à tous les besoins de la consommation intérieure, tout en ménageant les intérêts du commerce, par le maintien de la libre exportation.

XIV. — En examinant maintenant, Messieurs, l'état de nos finances, vous serez à même de vous convaincre que, si elles sont encore loin de répondre à des besoins qui se développent chaque jour, cependant, malgré cette insuffisance, malgré les graves embarras que présente naturellement un budget arrêté une fois pour toutes, et dans un temps où nous n'étions pas encore entrés dans la voie du progrès où nous marchons aujourd'hui, nos moyens n'ont pas été dépassés. Il a été suppléé à leur modicité par la plus stricte économie. La caisse de la Vestiarie est aujourd'hui affranchie de ces dettes ruineuses dont les intérêts venaient ajouter à ses embarras, en absorbant une partie de ses recettes, et la balance en faveur de ces dernières a été telle qu'il Nous a été permis de couvrir plusieurs dépenses extraordinaires survenues dans le courant des dernières années.

XV. — Toutes les autres caisses publiques sont dans un état encore plus prospère. Ainsi, les caisses municipales des villes offrent une réserve réelle d'un million de piastres, celle des communes, de près de trois millions; la caisse centrale possède un capital de plus de quatre millions, nonobstant les nombreuses dépenses d'utilité générale auxquelles ces diverses caisses ont dû faire face.

XVI. — Notre milice fut, dès le commencement de Mon administration, le premier objet de Ma sollicitude comme elle est la première garantie du repos public. Je ne parlerai pas ici, Messieurs, de sa discipline ni de son courage : le soldat valaque sera toujours un modèle sous ces rapports; mais Je vous dirai que J'ai donné les soins les plus assidus à ce qui concerne son bien-être moral et matériel. Je n'ai rien négligé de ce qui pouvait alléger et faciliter son service. J'ai augmenté son personnel. J'ai amélioré sa nourriture et son habillement. J'ai multiplié ses munitions. Des compagnies d'élite ont été formées dans chaque régiment pour l'instruction des recrues. J'ai fait élever des abris pour nos soldats partout où le besoin l'a réclamé d'une manière plus impérieuse. Des casernes spacieuses et en pierre ont été construites à Bucarest, à Craïova, aux salines. Cent quatre-vingt-quatorze constructions sur pilotis ont été faites pour nos piquets sur toute la ligne du Danube, depuis Vertzorova jusqu'au Séreth, offrant un abri sûr contre les intempéries et les inondations, au besoin même contre un coup de main. Les hôpitaux militaires sont, sous tous les rapports, les mieux entretenus et les mieux pourvus. J'ajouterai ici l'institution du corps des pompiers, qui, organisé militairement, est en outre un renfort apporté à notre milice. Toutes ces améliorations, bien faibles sans doute en comparaison de celles que Je souhaite à notre état militaire, mais très considérables en raison de l'exiguïté de nos moyens, ont été faites sans avoir eu besoin de nouveaux subsides, et seulement au moyen d'économies effectuées sur les allocations ordinaires.

XVII. — Je serais heureux, Messieurs, si Je pouvais vous entretenir aussi d'améliorations introduites dans l'administration de la justice et dans celle de l'instruction publique. J'ai fait, à cet égard, tout ce qui a dépendu de Moi, n'ayant pas cessé d'exercer une active surveillance et de prodiguer les conseils. Mais les réformes judiciaires exigent des dispositions législatives qui réduisent le nombre des procès et en activent le jugement ; l'instruction publique réclame une organisation nouvelle, plus en harmonie avec les besoins de notre société, et une augmentation de fonds. J'avais besoin, par conséquent, pour les unes comme pour l'autre, de votre concours et de vos lumières.

XVIII. — Les travaux qui seraient considérés comme fort difficiles dans les États les plus riches, ont été entrepris sur tous les points de cette Principauté. Quelques-uns ont été terminés, les autres se poursuivent avec activité et sont l'objet de toute la surveillance que leur importance exige.

XIX. — Nos prisons étaient encore dans l'état où le passé les avait laissées, offrant un spectacle aussi pénible que repoussant. Ces cloaques infects et pestilentiels ont été remplacés dans plusieurs districts, ainsi qu'à nos salines, par des bâtiments appropriés à leur destination et qui pourraient être comparés, pour leur aménagement intérieur comme pour le régime auquel les détenus y sont soumis, à ce qu'on voit chez les nations les plus avancées en civilisation. J'aurais désiré, Messieurs, pouvoir compter cette amélioration parmi celles qui ont été faites dans notre capitale. C'était une des premières à laquelle J'avais pensé : mais les ressources n'étant pas en rapport avec les besoins, J'ai dû l'ajourner, sans toutefois perdre l'espoir de pouvoir l'exécuter bientôt.

XX. — La barrière qui séparait la petite Valachie de la grande et entravait leurs communications sera levée, pour toujours, par la construction sur l'Olto d'un pont permanent, que de vieux préjugés faisaient regarder comme impossible, et qui, J'espère, sera terminé dans le courant de l'été prochain.

XXI. — Le quai d'Ibraïla, commencé il y a trois ans, offre aujourd'hui au commerce les avantages qu'il réclamait impérieusement depuis longtemps.

XXII. — La ville de Giurgevo a été sauvée de la ruine dont la menaçaient les fréquentes inondations du Danube, par les digues puissantes qui ont été opposées au fleuve, et Je ne doute pas qu'elle ne prenne maintenant le développement auquel sa position l'appelle.

XXIII. — Notre capitale a eu aussi une large part dans les améliorations que Nous avons pu accomplir; tels sont : le desséchement des marais de Cisméjiu, qui seront bientôt convertis en jardin public; le jardin Kisseleff, qui est aujourd'hui le plus bel ornement de notre ville, les greniers de réserve destinés à maintenir le prix du pain à un taux modéré dans les temps de disette;

les fontaines, qui réaliseront, dès l'année prochaine, une espérance tant de fois conçue et tant de fois trompée, en répondant à un des besoins les plus impérieusement sentis.

XXIV. — Un plan général de ponts et chaussées a été arrêté et a déjà commencé à recevoir son exécution dans plusieurs localités, autant qu'ont pu le permettre les difficultés que présente toujours, au commencement, l'organisation d'une entreprise aussi compliquée et que rendait plus grandes encore le manque d'hommes doués des connaissances nécessaires. La chaussée entre Orsova et Skela-Cladova est terminée, avec toutes les constructions d'art que la position dangereuse du lieu exigeait. La chaussée de Riou-Vadouloui, vers Kinéni, dans une position bien plus difficile et plus dangereuse encore, est tellement avancée, qu'elle pourra être terminée dans le courant du printemps prochain pour être continuée vers la ville de Rimnik. On a aussi commencé la route entre Tômôs et Kîmpina, où l'on a également à lutter sans cesse, contre les obstacles que présente la nature des localités. Vous pouvez être sûrs, Messieurs, que ces trois routes à travers les monts Carpathes, et longeant trois rivières torrentueuses, pourront, sous peu, être comparées aux meilleures que l'on voit ailleurs dans de pareilles localités. J'ai eu occasion de visiter les deux premières, et Je me trouve encore sous l'impression du sentiment de bonheur que J'y ai éprouvé. — Les autres points où des travaux de cette nature ont été commencés sont : Bucarest, Ploësti, Buzéo, Craïova, Slatina et Pitesti. — Aidé de l'expérience de ces deux dernières années et des lumières dont il cherche à s'entourer, le Gouvernement espère pouvoir donner à cette grande entreprise une organisation plus sûre et plus active, avec un développement plus considérable.

XXV. — Vous voyez donc, Messieurs, que les résultats obtenus jusqu'ici par les essais partiels qui ont été faits, sont tous de nature à nous encourager à persister dans notre entreprise, et à ne nous laisser abattre, ni par les difficultés que nous pourrions rencontrer, ni par les sacrifices qui seront exigés.

XXVI. — Nous avons eu soin, vous le savez, pour ne pas trop charger l'habitant des campagnes, de limiter par une loi spéciale, à six jours, le travail annuel qu'il doit fournir pour la confection des routes. Cette charge, toute modique qu'elle est, ne peut sans doute que lui être encore sensible; mais si on la compare aux corvées continuelles auxquelles il était soumis pour réparer sans cesse des routes qui restaient toujours impraticables, si l'on pense surtout aux avantages immenses qu'il devra en retirer bientôt, on a la consolation de se convaincre que les sacrifices qui lui sont demandés aujourd'hui sont minimes, en comparaison de ceux auxquels il était tenu par le passé, et surtout en comparaison du bien qui, sous peu, en résultera pour lui.

— La civilisation, Messieurs, entre avec plaisir là où elle trouve le chemin aplani et la route facile. Les nations qu'elle a plus particulièrement favorisées sont celles qui ont su se raidir contre les difficultés qu'elles ont rencontrées. Il ne faut pas que nous perdions de vue cette vérité, si nous voulons arriver aussi là où sont parvenus les peuples qui ont commencé comme nous.

XXVII. — Parmi tant d'efforts, au milieu de cette impulsion générale que J'ai tâché de donner à notre Pays en le dirigeant vers un avenir meilleur, Je ne pouvais pas perdre de vue les améliorations réclamées par l'état de nos monastères, ni oublier qu'indépendamment du devoir que nous impose la sainte destination de ces établissements, il y en a un autre non moins sacré pour nous, car sur leurs murs se trouve écrite une grande partie des annales de notre histoire, et sous leurs voûtes se conservent encore des cendres qui nous sont chères. Cette dette, nous aurons le bonheur de la voir bientôt acquittée. Nos monastères sortiront de leurs ruines plus beaux et plus majestueux qu'ils n'ont jamais été. Bistritza est presque achevé; Dialou avance; Tismana, Cozia et Ardgesch seront commencés au printemps prochain.

XXVIII. — Tels sont Mes actes et Ma conduite depuis que

J'ai pris les rênes du Gouvernement. J'aime à croire qu'ils répondent suffisamment aux impostures répandues par la malveillance
pour appeler la désaffection sur Mon Gouvernement. J'ai donné,
Messieurs, à Mon pays tout ce que Mes forces M'ont permis de
lui donner jusqu'à présent, en regrettant sans cesse de n'avoir
pas pu faire davantage. Il est possible que, par suite de cette
faiblesse commune attachée à la nature humaine, Je Me sois
parfois trompé dans Mon zèle; mais, en cherchant bien, vous
trouveriez, au fond de ces erreurs mêmes, l'amour le plus pur et
le plus ardent du bien et de la patrie.

XXIX. — Assisté par vous, Éclairé de votre expérience et de
vos lumières, Je pourrai marcher d'un pas plus sûr vers ce but
d'un avenir meilleur auquel tendent tous Mes efforts et toute
Mon ambition. Quant à vous, Messieurs les Députés de l'Assemblée générale, indépendamment de Mon affection et de Ma gratitude, vous trouverez, pour le concours que vous M'aurez accordé,
une récompense plus douce dans l'amour, la considération et la
reconnaissance de la nation.

---

## RÉPONSE DE L'ASSEMBLÉE GÉNÉRALE

#### AU MESSAGE DU PRINCE RÉGNANT, LE 12 DÉCEMBRE 1846.

*L'Assemblée générale rend hommage à la vérité en reconnais-
sant qu'à aucune époque l'état intérieur du pays n'a offert un
aspect aussi prospère; Elle dépose aux pieds de Son Altesse le
tribut de sa très respectueuse gratitude, pour tous les grands
actes accomplis : aisance et sécurité publiques assurées; soulagement apporté aux habitants des campagnes; économie introduite
dans les finances; amélioration de l'état de la milice; efforts pour
détruire les habitudes vicieuses, tristes restes des temps malheu-*

*reux; nouveaux avantages garantis au commerce; liens resserrés*
*entre les deux Principautés; réformes appliquées dans l'exploi-*
*tation des salines; travaux considérables entrepris sur toute*
*l'étendue de la Valachie; monastères relevés de leurs ruines; sol-*
*licitude infatigable du Prince, au dehors comme au dedans, pour*
*les intérêts publics...*

PRINCE,

I. — L'Assemblée générale, heureuse de se voir appelée à concourir aux vues généreuses de Votre Altesse Sérénissime, vient vous présenter l'hommage de son dévouement et de sa fidélité; elle s'empresse de saisir avec respect cette main paternelle que vous voulez bien lui tendre, et dans laquelle elle voit la garantie de l'avenir du pays.

II. — Les Valaques, Prince, avaient appris à apprécier vos hautes vertus, alors qu'ils vous choisirent pour leur chef; mais ces vertus, quand elles purent s'exercer sur une scène plus vaste, brillèrent d'un éclat plus vif, et elles ont attiré de plus en plus sur la personne de Votre Altesse l'amour de la nation.

III. — C'est avec le sentiment d'une profonde reconnaissance que nous avons appris les nouveaux avantages garantis à notre commerce par les Cours suzeraine et protectrice. Nous y avons vu avec joie un nouveau gage de leur généreuse bienveillance pour notre pays, et en même temps une marque de haute confiance envers la personne de Votre Altesse. Mais ce qui a touché surtout l'Assemblée, c'est, Prince, cette sollicitude infatigable qui se porte avec la même vigilance, au dehors comme au dedans, sur les intérêts publics.

IV. — Les efforts tendant à resserrer les liens qui unissent les deux Principautés, par la suppression de leur ligne douanière et par le rapprochement de leurs intérêts matériels, répondent trop aux vœux de l'Assemblée pour qu'elle n'en éprouve pas la plus vive satisfaction. L'Assemblée prendra en mûre considération le projet de convention qui lui sera envoyé à ce sujet. Elle donnera également une attention scrupuleuse au projet concernant les améliorations à introduire dans le système d'exploitation de nos salines. Tout en regrettant que des obstacles indépendants de la volonté de Votre Altesse aient empêché la fusion de la ferme des salines des deux Principautés, nous sommes heureux de recevoir l'assurance qu'il n'en résultera pas de diminution pour cette branche importante de nos revenus.

V. — Nous rendons hommage à la vérité, Prince, en reconnaissant qu'à aucune époque l'état intérieur du pays n'a offert un aspect aussi prospère. A côté de l'aisance et de la sécurité publiques, on voit se manifester partout une vie nouvelle et un mouvement général vers un avenir meilleur. Il ne pouvait pas en être autrement après tant de veilles consacrées par Votre Altesse pour soulager les habitants des campagnes, pour introduire l'ordre et l'économie dans nos finances, pour améliorer l'état de notre milice, enfin pour détruire ces habitudes vicieuses, tristes restes de temps malheureux.

VI. — Les travaux que Votre Altesse a entrepris sur toute l'étendue de la Valachie seraient considérables même pour des États bien plus grands et plus riches que le nôtre. Il était donc tout naturel qu'ils offrissent ici des difficultés qui exigeaient, pour être surmontées, un amour ardent du bien et une volonté sachant se raidir contre les difficultés. Ces travaux, puissants éléments de civilisation et de richesse, ouvriront bientôt une ère nouvelle de prospérité à notre pays et immortaliseront le règne de Votre Altesse.

VII. — L'état de nos monastères en ruine ne pouvait pas échapper longtemps à la pieuse sollicitude de Votre Altesse. La Providence, Prince, en vous comblant de ses faveurs, vous avait réservé aussi celle d'accomplir cette grande œuvre de piété. Les mânes de nos ancêtres, qui reposent sous ces voûtes à demi renversées, doivent en tressaillir de joie, et nous venons déposer aux pieds de Votre Altesse le tribut de notre très respectueuse gratitude.

VIII.— Des titres aussi nombreux que ceux que Votre Altesse s'est acquis à la reconnaissance et à l'affection du pays ne peuvent, Prince, que rendre la malveillance impuissante et confuse, en même temps qu'ils font un devoir à l'Assemblée générale d'unir ses humbles vœux, pour le bonheur de Votre Altesse, aux bénédictions qu'elle a recueillies de toute part pendant sa dernière tournée.

IX. — Prince, l'Assemblée générale apprécie tout ce qu'il y a de grand dans votre caractère et de pur dans vos intentions. Elle s'estimera donc heureuse si, par son concours, elle peut parvenir à alléger le pénible fardeau que Votre Altesse Sérénissime supporte avec tant de courage et d'abnégation.

# ANNÉE 1847

———

## LOIS ET DÉCRETS

# LOI SUR L'INSTRUCTION PUBLIQUE

## 21 FÉVRIER 1847 (Nº 169)

────────

## COMPLÉMENT A L'EXPOSÉ (1) DE LA QUESTION

(1) Voir t. I, p. 333.

# LOI SUR L'INSTRUCTION PUBLIQUE

21 FÉVRIER 1847 (N° 169)

---

## EXPOSÉ

Nous reproduisons la loi sur l'instruction publique, que nous avons déjà publiée dans notre premier volume, avec un exposé de la question, parce qu'elle y faisait corps avec la correspondance (1) échangée entre le Prince et le Gouvernement français.

Nous pensons qu'il est utile de rappeler ici cet acte important, dont les ennemis du Prince Bibesco se sont fait une arme pour accuser le chef de l'État : M. Élias Régnault, *d'avoir expulsé la langue roumaine des écoles* (2) ; M. Héliade Radulescu, *d'avoir frappé la langue nationale dans les écoles, martyrisé par le ridicule et la persécution les auteurs nationaux* (3) ; d'autres, *d'avoir frappé l'instruction publique d'une taxe qui la rendait inaccessible aux classes inférieures*.

Il suffirait de répondre à ces accusations intéressées en rappelant le but de la création du théâtre de Bucarest, que le Prince définit ainsi dans son décret du 15 août 1843 : *Cette construction est une œuvre utile, non seulement pour cette capitale, mais encore pour toute la nation roumaine, par l'influence salutaire qu'elle aura sur les mœurs, par les progrès qu'elle fera faire à la langue nationale et l'essor qu'elle donnera à la littérature roumaine* (4).

---

(1) Voir au t. I l'exposé de la question sur l'instruction publique, la lettre du Prince Bibesco à M. le professeur D... de Louis le Grand, et sa correspondance avec S. Exc. M. de Salvandy, ministre de l'Instruction publique en France, p. 335-344.

(2) *Histoire des Principautés danubiennes,* par E. REGNAULT, p. 258.

(3) *Le Protectorat du Czar,* par Héliade RADULESCO, p. 28.

(4) Voir le décret du 15 août 1843, p. 142 de ce volume.

Nous pourrions encore citer le *Bulletin officiel* n° 97, du 17 octobre
1845, qui nous apprend que le Prince a fait décorer Héliade de la
croix du Nicham, à cause de son labeur, des sacrifices faits pour
le développement de la langue et de la littérature roumaines, et
des succès qu'il y avait obtenus ; ou faire connaître la *gratification de douze mille piastres attribuée à S. Marcovici, homme de
lettres*. (*Bull. off.*, 31 décembre, n° 119.)

Cependant, la modicité du budget, — trente-sept millions environ pour la Principauté, — n'imposait-elle pas au Prince les
mesures adoptées par lui en vue d'élever l'enseignement des écoles roumaines au niveau de celui des Puissances étrangères ?
N'était-il pas dit dans la loi qu'en faisant fonctionner accessoire-
ment la langue roumaine dans la nouvelle Académie, *on ne créait
qu'une situation* TEMPORAIRE ? Le Prince n'avait-il pas exprimé
nettement sa pensée et déclaré que *les cours seraient faits en
roumain le jour où l'on aurait obtenu, dans l'idiome national, les
livres nécessaires et formé les professeurs en état de l'appliquer
fructueusement aux différents cours de science et d'histoire* (1) ?
N'était-il pas entendu que cette Académie avait pour but de
créer une pépinière de jeunes professeurs roumains destinés à
remplacer les professeurs français ? N'était-il pas prescrit, à l'article 5 de la loi, qu'*à l'Académie on continuerait à se perfectionner
dans la langue nationale par des exercices continuels* ? Le niveau
des études primaires et secondaires auxquelles la langue valaque était spécialement consacrée ne devait-il pas être élevé ?
Cette Académie, par le fait, n'était-elle pas une Faculté où, —
étant donné le but poursuivi, — une taxe par élève externe et
interne s'imposait (2) ? Enfin, toute grande idée, livrée, pour sa
mise en œuvre, aux mains d'ouvriers experts et sûrs, n'a-t-elle
pas besoin de la complicité du temps pour produire les résultats

(1) Lettre du Prince à M. D..., professeur au collège Louis le Grand, t. I,
p. 339.
(2) Voir t. I, p. 239.

espérés, et n'était-ce pas le cas de l'instruction publique, confiée, en Roumanie, aux savants professeurs français dont le gouvernement de S. M. le roi Louis-Philippe avait autorisé l'entrée à l'Académie de Bucarest, dans des conditions exceptionnelles de bienveillance ?

Mais, quelle valeur ces raisons pouvaient-elles avoir auprès des meneurs de la campagne contre Bibesco ? Aucune, nous l'avons vu. — Bibesco ayant abdiqué, ayant quitté son pays, on ne continua pas son œuvre, comme si on avait craint de laisser debout un monument qui rappelât aux générations à venir le patriotisme du souverain roumain !

Voici quelques passages de la lettre de M. de Nion (1) à M. Guizot, qui complètent l'exposé que nous avons fait de la question de l'Instruction publique dans notre premier volume, et qui nous donne la raison pour laquelle le cabinet de Saint-Pétersbourg n'osa pas opposer une prohibition formelle à la création du lycée français à Bucarest.

« L'objet qu'elle se propose (la loi) n'est pas tant de modifier dans son ensemble le plan tracé par le Règlement organique de 1832, que d'en régulariser et d'en faciliter l'application. Écoles primaires dans les communes, écoles élémentaires dans les villes, enseignement supérieur ou complémentaire à Bucarest, tel est et tel continuera d'être le cadre de cette organisation, suffisamment appropriée à l'état actuel du pays, si les bons effets qu'on avait droit d'en attendre n'avaient été presque entièrement annulés par une exécution imparfaite. On doit l'attribuer surtout à la modicité des fonds primitivement affectés à cette destination sur la caisse qui reçoit, chaque année, l'excédent du revenu des biens monastiques. Le développement de l'institution n'était pas moins sérieusement entravé par la difficulté de trouver des maîtres présentant les garanties nécessaires de moralité et d'aptitudes ; car l'école supérieure de Bucarest, qui devait à cet égard

(1) M. de Nion à M. Guizot, 10 septembre 1847. (Archives des affaires étrangères, Paris.)

tenir lieu d'école normale, était elle-même trop faiblement constituée pour remplir cette mission. Connaissant mieux que personne
les inconvénients d'un tel état de choses, le prince Bibesco était
vivement préoccupé de la nécessité d'y porter remède ; mais ses
efforts échouaient devant l'impossibilité où il était de vaincre seul
la résistance opposée par le clergé à l'accroissement d'une dotation prélevée sur les fonds de réserve. Il ne fallait pas moins,
pour y parvenir, que le concours d'une Assemblée docile et l'assentiment du cabinet russe, assentiment sans lequel aucune
déviation des bases posées par le Règlement organique n'est
permise au gouvernement valaque, surtout en matière de finance.
Cette adhésion s'est en quelque sorte offerte d'elle-même par
suite de dispositions fort étrangères, sans doute, à un véritable
esprit de bon vouloir pour les progrès de l'instruction publique,
mais que le Prince, avec raison, s'empresse de mettre à profit.
Votre Excellence sait avec quel déplaisir la cour protectrice voit
l'usage où sont les principales familles valaques d'envoyer leurs
enfants faire leurs études à Paris. N'osant peut-être, quant à présent, opposer une prohibition formelle à cette tendance, elle a pensé
que les effets en seraient, au moins, singulièrement atténués s'il
existait à Bucarest un établissement d'instruction publique capable
d'offrir à la jeunesse indigène, sous la surveillance et le contrôle
des agents russes, l'enseignement qu'elle va maintenant chercher,
à grands frais, à une si grande distance du foyer paternel. »

Nous avons dit, dans notre premier volume, que le gouvernement russe avait décidé d'admettre à suivre les cours de droit professés à la Faculté impériale de Saint-Pétersbourg les jeunes gens
natifs des Principautés, *pourvu qu'ils fussent nobles, porteurs de
certificat de bonne conduite* et en état d'acquitter les frais d'étude.

M. de Nion voit dans cette mesure « une manifestation indi
recte, mais parfaitement significative, du déplaisir avec lequel la
Russie envisage le penchant qui entraîne la jeunesse moldo-va-
laque vers la langue, la littérature et les idées françaises. C'est,

dit-il, un avertissement comminatoire pour les familles qui osent, après tant d'insinuations officieuses, confier à notre Université l'éducation de leurs enfants : c'est le présage et l'essai d'une interdiction plus formelle (1)... »

« Toujours est-il qu'un tel patronage assuré au projet de loi ne laissait aucune incertitude sur son adoption. La dotation annuelle de l'Instruction publique a été plus que doublée, et une année de cette augmentation, allouée d'avance et hors ligne, à l'Hospodar, le met, dès ce moment, en état d'effectuer la plupart des améliorations qu'il projetait depuis longtemps. Quelles que soient d'ailleurs les intentions et les idées qui lui sont venues en aide en cette circonstance, on doute fort que le prince Bibesco se croie tenu de les suivre à la lettre dans l'exécution pratique de la nouvelle loi. Ainsi, par exemple, l'étude de l'idiome slave, inscrite pour la première fois au programme de l'enseignement, n'y occupera en réalité qu'un rang très secondaire. On dit que tous les cours seront faits en langue française, par des professeurs français, et autant que possible dans une exacte conformité avec le plan d'études adopté par l'Université de France. Le Prince ne se dissimule pas, en effet, que, même avec les nouvelles ressources dont elle va disposer, l'Académie de Bucarest ne pourra, de longtemps, lui fournir des sujets capables de le seconder dans les diverses branches du service public. Aussi y a-t-il forte raison de croire que, dans sa pensée intime, cette Académie ne sera autre chose, pendant bien des années encore, qu'une sorte d'école préparatoire d'où la plupart des élèves sortiront pour aller terminer leurs études en France.

« Rien ne serait, au reste, plus d'accord avec le vœu général des pères et des enfants, et ces derniers auraient, en outre, un puissant motif d'émulation dans l'intention où est le Prince d'envoyer et d'entretenir à Paris, aux frais de l'État, ceux qui se seront le

(1) M. de Nion à M. Guizot, 25 janvier 1847. (Archives des affaires étrangères, Paris.)

plus distingués à Bucarest. Toutes ces vues se réaliseront-elles ? Le Prince Bibesco trouvera-t-il en lui et autour de lui la force nécessaire pour les mettre en pratique, au risque des embarras que leur accomplissement est de nature à lui susciter ? On ne saurait l'affirmer ou le nier d'avance, sans méconnaître tout ce qu'il y a de précaire dans la situation du Prince et dans celle du pays... »

M. de Nion ayant pensé que le taux de la rétribution exigée des jeunes gens admis à suivre les cours de l'Académie de Bucarest était trop élevé, principalement pour les externes, profita d'un entretien avec le Prince pour Lui suggérer l'idée — Son Altesse en a apprécié le but — « de l'établissement d'une salle d'asile ouverte aux externes dans l'intervalle des classes ».

« Le Règlement organique avait prescrit l'établissement d'une maison consacrée à l'éducation gratuite de jeunes filles dénuées de fortune et dont les parents auraient bien mérité de l'État. Ce projet était resté jusqu'ici sans exécution, faute de fonds nécessaires. Le Gouvernement vient de se les procurer (voir art. 9). »

*Message.*

### DE L'ORGANISATION DES ÉCOLES

TRADUCTION.

21 février 1847 (n° 169).

Nous, Georges-Démètre Bibesco, Voïvode, par la grâce de Dieu Prince Souverain de tout le pays roumain,

A l'honorable Assemblée générale ordinaire.

Vu le rapport n° 443 qui Nous a été présenté sous les signatures du Président et des secrétaires de l'honorable Assemblée générale ordinaire, et qui porte à Notre connaissance que cette Assemblée, après avoir délibéré sur le projet de loi relatif à l'organisation des écoles et à l'établissement du pensionnat des jeunes filles, l'a adopté tel qu'il lui a été présenté, — Nous Nous conformons à l'article 49 du Règlement organique et sanctionnons le projet de loi voté par l'honorable Assemblée.

M. le chef du Département des Cultes est chargé de lire ce message à l'Assemblée.

(Suit la signature de Son Altesse Sérénissime.)

*Le Secrétaire d'État,*

M. BALEANO.

## LOI SUR L'INSTRUCTION PUBLIQUE

VOTÉE PAR L'ASSEMBLÉE GÉNÉRALE ORDINAIRE DE VALACHIE
DANS SA SÉANCE DU 2 MARS 1847, ET SANCTIONNÉE PAR LE PRINCE .

ARTICLE Ier. — L'instruction publique sera divisée en deux parties en tant qu'elle concerne les garçons et les filles.

ART. 2. — L'instruction concernant les garçons sera divisée en trois sections, savoir :

Écoles des villages ou communales; écoles des villes ou élémentaires, et écoles complémentaires ou académiques.

ART. 3. — Dans les écoles communales, les études se borneront à apprendre à lire, à écrire, à étudier le catéchisme et les quatre premières opérations de l'arithmétique.

ART. 4. — Dans les écoles élémentaires des villes, outre les classes ci-dessus assignées à la lecture, à l'écriture, au catéchisme et aux quatre premières opérations de l'arithmétique, on ajoutera deux classes pour la grammaire, les éléments de l'histoire, la géographie et l'arithmétique jusqu'aux fractions inclusivement.

Trois de ces écoles seront établies à Bucarest, et une dans la ville de Craïova, avec l'addition d'un cours de connaissances usuelles et de dessin linéaire appliqué aux arts et métiers.

ART. 5. — Les cours complémentaires seront suivis dans une Académie qui sera instituée dans la ville de Bucarest, et dans laquelle on apprendra les langues latine, grecque, française, allemande et slave, en se perfectionnant en même temps dans la langue nationale par des exercices continuels.

On apprendra, en outre, l'histoire universelle, la rhétorique, les éléments de la philosophie et des sciences physiques et arithmétiques.

Tous ces cours seront divisés en douze classes.

Les quatre premières classes de cette Académie seront aussi organisées à Craïova.

Il sera attaché à cette Académie une Faculté où l'on suivra le droit valaque, complété par la connaissance du droit romain, et d'une comparaison avec la législation des autres nations.

Ces cours dureront deux ans.

ART. 6. — Comme annexe à cette Académie, il sera institué auprès du Département de la milice une école d'application, dans le double but de préparer les aspirants aux grades militaires et ceux qui devront être employés aux travaux des ponts et chaussées, des mines et autres œuvres du génie civil.

ART. 7. — Les élèves de l'Académie seront divisés en internes et en externes.

Parmi les internes, il y en aura vingt-quatre qui seront entretenus aux frais de l'État. Ils seront choisis parmi les fils des personnes qui auront rendu des services signalés au pays et qui se trouveraient sans fortune. On accordera toutefois la préférence aux élèves qui se distingueront le plus dans leurs études.

ART. 8. — Les cours des écoles communales et des écoles élémentaires seront suivis sans aucune rétribution. Mais, pour les cours académiques, ainsi que pour les cours de langues étrangères qui seront établis à Craïova ou dans d'autres villes, les élèves payeront, et les sommes qui en proviendraient formeront partie du revenu des écoles.

A l'Académie, la rétribution sera, pour les externes, de 3 ducats (36 francs), et, pour les internes, de 20 ducats (240 francs) par trimestre.

Pour les classes de langues étrangères, chaque élève payera 2 ducats (24 francs), et dans les autres villes où il y aura de pareilles classes, 1 ducat (12 francs) par trimestre.

ART. 9. — Pour ce qui concerne l'instruction des filles, il sera institué dans la capitale un pensionnat ; et comme le fondateur du monastère de Saint-Spiridon statue par son testament que sur l'excédent des revenus il sera doté annuellement un certain nombre de jeunes personnes ; — vu d'ailleurs qu'une bonne éducation est une dot morale bien plus utile que le modique secours que l'on accorde aujourd'hui à cet effet ; — il est arrêté qu'un pensionnat de jeunes personnes sera institué dans un bâtiment qui sera construit soit sur l'emplacement appartenant à ce monastère, s'il répond à ce but, soit ailleurs, et qu'on prélevera sur les revenus du monastère de Saint-Spiridon, au profit de ce pensionnat, la somme annuelle de 40,000 piastres (15,000 francs).

Il appert des comptes de ce monastère que ladite somme provient de l'excédent des revenus sur les dépenses, et qu'il reste encore une réserve pour faire face aux dépenses extraordinaires. De plus, si les revenus venaient à augmenter, la subvention du pensionnat augmenterait aussi.

On entretiendra, dans cette institution, sur les revenus qui viennent de leur être assignés plus haut, douze jeunes personnes dont les parents auraient rendu des services importants à l'État et seraient dans le dénuement. Il sera ajouté à ce revenu la somme de 50,000 piastres (18,750 francs) pour subvenir aux autres frais de l'institution et pour venir, en cas de besoin, au secours d'autres pensionnats qui seraient établis dans le pays pour l'éducation des filles.

ART. 10. — Pour la mise à exécution de cette nouvelle organisation, il sera prélevé annuellement sur l'excédent des revenus
de la caisse centrale (1), outre l'allocation actuelle de 350,000 piastres (131,250 francs), une allocation additionnelle de 500,000 piastres (187,500 francs), et de plus, une fois pour toutes, sur la
réserve de la même caisse, la somme de 500,000 piastres pour la
construction des bâtiments nécessaires et jusqu'à concurrence de
ladite somme (2).

(1) Cette caisse est celle qui reçoit l'excédent des revenus du clergé régulier
sur les dépenses autorisées par le Gouvernement.

(2) A la suite de cet arrêté, il y a un tableau des écoles de la Valachie qui
présente un total de 2,513 écoles (dont 2,309 communales, 187 particulières,
18 normales), suivies par 56,300 élèves.

En outre :

1º École centrale à Craïova : 504 inscrits, 449 examinés, 8 professeurs.

2º Collège national de Saint-Sava, classes primaires : 487 inscrits, 238 examinés, 3 professeurs.

Universités : 416 inscrits, 295 examinés, 13 professeurs.

Classes complémentaires : 17 inscrits, 16 examinés, 3 professeurs.

Droit : 2 inscrits, 2 examinés.

Mathématiques : 5 inscrits, 2 examinés.

Soit un total de 2,518 écoles, 49 professeurs, 57,351 élèves.

# LOI DU 28 FÉVRIER 1847

## SUR LA GRANDE ET LA PETITE NATURALISATION

---

EXPOSÉ

# LOI DU 28 FÉVRIER 1847

## SUR LA GRANDE ET LA PETITE NATURALISATION

### EXPOSÉ

Le projet de cette loi avait été élaboré en 1846 (Registre 124, p. 54).

Cette loi détermine les conditions nécessaires pour obtenir la petite et la grande naturalisation; elle constitue un privilège pour les Moldaves, elle rapproche les Roumains des deux Principautés sœurs.

Sous le règne du Prince Bibesco, l'étranger n'avait le droit de posséder dans le pays aucune sorte d'immeubles, et cette loi restrictive était pour la Roumanie, dans les conditions où elle se trouvait, une garantie nationale. La loi votée pendant le ministère de M. J. Bratiano a rétabli, à l'égard de l'étranger, la même restriction, mais rien que pour les terres, l'étranger restant libre de posséder des maisons.

Remarquons que, pour obtenir la naturalisation, les Moldaves rencontraient, en 1847, plus de facilités que n'en ont les Transylvains depuis 1866. La Constitution fait une différence entre la naturalisation ordinaire et ce qu'on appelle *la reconnaissance de la qualité de Roumain*. Cette dernière est réservée à toute personne de race roumaine née sujette d'un autre État; mais, en réalité, l'une ne diffère guère de l'autre que par les termes, car la seconde pas plus que la première ne peut se passer du vote de la Chambre. Or, celle-ci est libre de ne pas l'accorder; tandis que, par la présente loi, le Moldave obtenait de plein droit la naturalisation à la suite d'une simple demande adressée au Prince.

On voit que le Chef de l'État était toujours guidé par l'idée d'union fraternelle entre les deux Principautés.

# LOI

TRADUCTION.

ARTICLE 1ᵉʳ. — La petite naturalisation donnera à l'étranger qui l'obtiendra le droit de posséder des immeubles dans le pays, d'être admis aux fonctions, — celles de ministre, de président des tribunaux et cours exceptées, — de recevoir des titres nobiliaires dont il se serait rendu digne, de prétendre à la pension de la fonction publique qu'il aurait remplie pendant le terme fixé par la loi, d'être éligible et électeur dans les conseils communaux et d'être désigné pour le poste de sous-préfet.

Cette naturalisation sera obtenue conformément aux dispositions et aux règles établies par l'article 379 du Règlement organique.

ART. 2. — La grande naturalisation, outre les droits concédés par la petite naturalisation, permettra d'être électeur et éligible à l'Assemblée générale ordinaire, d'être ministre, président des tribunaux et cours; elle constituera de cette façon l'indigénat complet.

Cette naturalisation ne pourra être obtenue que par les fils dont les parents auront acquis la petite naturalisation, et rien que par ceux de ces enfants qui seront nés après l'obtention de la petite naturalisation par leurs parents, et dans le seul cas où ces derniers auront été domiciliés dans le pays. Les fils nés avant que leur père ait obtenu la petite naturalisation jouiront du même droit s'ils sont nés, dans le pays, d'une mère indigène.

ART. 3. — Tout fils d'un homme ayant obtenu la petite naturalisation, qui voudra jouir des droits attachés à la grande naturalisation, présentera une pétition au Prince, dans l'année de sa majorité, et y annexera toutes les preuves constatant qu'il remplit les conditions exigées par l'article 2 de cette loi pour obtenir le diplôme d'indigénat et pour jouir de tous les droits civils et politiques d'un indigène.

ART. 4. — Par une exception basée sur les liens qui unissent la Principauté de Moldavie à celle de Valachie, les personnes nées en Moldavie qui auront toujours habité et eu leur domicile légal sur le territoire moldave, acquerront la naturalisation, si elles s'établissent dans Notre Principauté, par le fait seul de leur établissement dans Notre pays et par une simple demande adressée au Prince. Elles ne seront pas astreintes aux autres conditions prévues par l'article 379.

Les fils des Moldaves naturalisés jouiront tous de la grande naturalisation, conformément à l'article 2 du projet (1).

*Réponse de l'Assemblée générale à S. A. le Prince.*

L'Assemblée fait connaître au Prince qu'elle a adopté le projet de loi sur la naturalisation.

TRADUCTION.

28 février 1847 (n° 460).

Le projet sur la petite et la grande naturalisation, envoyé à l'Assemblée générale par le message de Votre Altesse n° 133, a été admis, après délibération, avec les modifications contenues dans la présente annexe.

Le secrétariat porte donc humblement ce projet et la susdite annexe à la connaissance de Votre Altesse, pour qu'Elle leur donne sa haute sanction.

Ce projet et ce rapport ont été admis par l'Assemblée générale à la majorité des voix, conformément au § *g* de l'article 48 du Règlement organique.

(Signature du Président de l'Assemblée générale.)

(Suivent vingt-neuf signatures.)

(1) Voir l'*Histoire des Roumains,* par M. XÉNOPOL, t. VI, p. 189.

## LOI 1847

ORGANISATION D'UNE DIRECTION DES TRAVAUX PUBLICS.

TRADUCTION.

ARTICLE Iᵉʳ. — La direction des travaux publics comprendra quatre services :

I. — Service des ingénieurs, rattaché au département de l'intérieur.

II. — Service des ponts et chaussées.

III. — Service de l'architecture.

IV. — Service des travaux hydrauliques.

ART. 2. — Le premier service sera composé comme il suit :

Un chef de section possédant les connaissances propres à l'ingénieur ;

Un chef de section auquel seront confiées la correspondance et la comptabilité ;

Un chef de bureau ;

Un sous-chef ;

Cinq copistes ;

Un préposé à l'enregistrement ;

Deux topographes ;

Un dessinateur ;

Deux ouvriers, l'un maçon, l'autre charpentier ;

Un magasinier.

ART. 2. — Les services 2, 3 et 4 seront composés d'un chef, un sous-chef ayant la même spécialité, un dessinateur et un interprète. Tout employé de l'État appartenant à une branche quelconque se rapportant à la spécialité de l'un de ces trois services sera considéré comme dépendant du service respectif.

ART. 4. — Les services 1, 3, 4 toucheront ce qui leur est dû, à la Vistiairie (Ministère des finances) ; les dépenses concernant le service n° 2, ainsi que tous autres payements dus aux employés des travaux des chaussées, — tels qu'ingénieurs, conducteurs, surveillants et autres, — seront prélevés sur le chapitre des chaussées. Comme les fonds prévus pour ce chapitre ne suffisent pas à couvrir toutes les dépenses prévues par la présente loi, attendu que la loi de 1843 dispose que chaque paysan fera six jours de corvée pour le travail des chaussées, mais qu'elle défend qu'ils soient éloignés de leur domicile de plus de trois postes ; attendu que l'expérience a démontré qu'il est impossible d'employer tous les habitants au travail des chaussées et de commencer les travaux en même temps sur plusieurs points de chaque section ; — pour ces motifs et pour que l'on puisse plus facilement faire face aux dépenses, les habitants qui auraient à faire leurs journées de corvée à plus de trois postes de leur domicile seront rémunérés aux prix fixés actuellement, ou d'après ceux qui seront établis à l'avenir par l'Assemblée générale, pour les corvéables donnant le travail de leurs bras. A ces sommes seront également ajoutées celles qui proviennent, chaque année, des revenus des ponts construits ou à construire aux frais de l'État. Le Ministère de l'intérieur tiendra les comptes de chaque chapitre conformément aux règles de la comptabilité ; il les soumettra, chaque année, au contrôle, pour être envoyés ensuite à l'examen de l'Assemblée générale.

ART. 5. — Tous les rapports du Ministère de l'intérieur avec la direction des travaux publics, exécutés dans l'intérêt général, passeront, — en ce qui concerne la répartition des six jours de corvée, la facilité de se procurer le matériel nécessaire, la tenue de la comptabilité, — par le service des ingénieurs, qui servira d'intermédiaire entre le Ministère et les autres services.

ART. 6. — Pour tout travail que le Gouvernement désirerait entreprendre, le Ministère proposera un [programme explicatif d'après lequel le Département respectif des travaux [publics établira un projet détaillé, avec les devis prescrits par le bureau compétent. Ce projet, remplissant les conditions demandées par le programme, sera soumis à la sanction du Souverain.

ART. 7. — S'il arrive qu'on propose un plan meilleur ou qu'il se présente dans une question technique une difficulté à résoudre, le Ministre réunira les chefs des différents services, qui formeront le *comité de direction des travaux publics,* et la leur soumettra. Au sein de ce comité pourront, au besoin, être appelés pour être interrogés ou pour donner leur avis d'autres ingénieurs ou architectes de l'État; mais, en pareille circonstance, les rapports ne seront signés que par les chefs de service, qui auront soin de consigner l'avis de tous ceux qui auraient été présents.

ART. 8. — Dès que le projet aura été sanctionné, le Ministère fera commencer les travaux; il donnera toutes facilités pour qu'on puisse se procurer le matériel, et il fournira les ouvriers fixés par le devis. — La conduite et l'exécution des travaux demeurent, — conformément au projet, — entièrement à la charge et sous la responsabilité du chef du service respectif.

ART. 9. — Les instruments de toute sorte seront conservés au Ministère, dans un magasin spécial, et seront livrés suivant les besoins, — contre récépissé, — à chaque service. Celui-ci en sera responsable.

ART. 10. — Les travaux des chaussées de toute la Principauté seront répartis entre un nombre de sections déterminé, en raison du nombre des chaussées à entreprendre chaque année. C'est pourquoi le chef du Département (le Ministre) s'occupera jusqu'au printemps suivant, — dès la cessation des travaux des chaussées, qui a lieu à la fin de l'automne, — de dresser les plans et les devis pour l'année suivante, afin de pouvoir déterminer le personnel nécessaire d'après les plans, les moyens dont il disposera et les besoins du moment.

ART. 11. — Chaque section du travail des chaussées, comprenant plusieurs parties, sera confiée à un ingénieur versé dans la science des ponts et chaussées; chaque partie aura pour employés spéciaux :

. Un conducteur de première classe;

Un commissaire;

Deux conducteurs de seconde classe;

Huit surveillants;

Deux copistes (1).

ART. 12. — Les travaux cessant le 1ᵉʳ novembre pour n'être repris qu'au 1ᵉʳ avril, et les conducteurs de première et de deuxième classe étant permanents, ceux de première classe s'occuperont, — sous les ordres des ingénieurs des sections respectives, — à dresser le plan détaillé des travaux qui devront être entrepris l'année suivante; ceux de seconde classe se rendront dans la capitale, où ils acquerront des connaissances théoriques plus étendues. De cette façon, on ouvrira une carrière à ces jeunes gens, qui deviendront conducteurs de première classe, au mérite et à l'ancienneté.

ART. 13. — Les employés dont l'on devra se servir pour les travaux techniques des différents services seront pris parmi ceux qui, indépendamment des preuves — diplômes ou certificats — qu'ils fourniront, témoigneront qu'ils ont acquis les connaissances théoriques exigées, — au moins pour les mathématiques élémentaires, — et qu'ils possèdent également des connaissances pratiques pour les services auxquels ils seront destinés. Au sujet de ces connaissances pratiques, ils auront à subir un examen devant le comité.

ART. 14. — Ceux qui, à la suite de ces examens, seront jugés capables, recevront un certificat de capacité délivré par le Comité et seront recommandés par le Ministère au choix de Son Altesse (2).

(1) Calculés pour 960 ouvriers. Le nombre augmenterait ou diminuerait dans la même proportion que celui des ouvriers.

(2) L'institution prévue par le règlement fut fondée en 1832 par Kisseleff (décret n° 633). Les dépenses se montaient à 4,800 piastres par mois. Il n'y avait qu'un seul service et un seul ingénieur chef. En 1834 même (décret n° 81), les dépenses furent réduites à 2,300 piastres par mois. Le service fut quelque peu réorganisé en 1841, et il coûtait à cette époque 4,100 piastres par mois. Ce ne fut que sous le Prince Bibesco qu'on lui donna une plus grande importance.

## Rapport de l'Assemblée générale
## à S. A. S. le Prince Georges-D. Bibesco (1).

L'Assemblée demande à Son Altesse Sérénissime la solution définitive de la question des monastères dédiés. On retrouve dans ce rapport le sentiment si souvent et si énergiquement exprimé par le Prince dans Ses lettres et mémoires au Cabinet de Saint-Pétersbourg ; — on y retrouve même des expressions de ces mémoires. Il est bien certain que cet acte a été adressé au Prince par l'Assemblée, d'accord avec Son Altesse, et que le Cabinet de Bucarest l'a fait parvenir au Gouvernement du Czar.

TRADUCTION.

28 février 1847 (n° 462).

ALTESSE !

Il y a dix-sept ans que de nouvelles institutions, transformant le passé de ce pays, lui ont assuré des avantages durables, basés sur des principes d'équité et répondant à ses besoins. Alors que tout s'organisait, que tout prenait une forme satisfaisante et légale, il était impossible qu'une des branches les plus importantes de l'État restât en arrière et qu'elle ne suivît pas l'impulsion générale. En 1834, de sages et bienfaisantes dispositions ont prescrit les règles selon lesquelles l'on devait administrer tous les Monastères; plus tard, et par suite de l'insistance des saints Pères qui les dirigeaient, la Métropole et les Archevêchés ont obtenu de nouvelles réformes utiles pour ces institutions et pour le peuple. La preuve en est dans les changements heureux que chaque jour apporte dans les questions qui s'y rattachent, dans les rapides progrès dignes de tous les éloges qui, grâce à la sollicitude paternelle et à l'appui de Votre Altesse, relèvent les monastères de leurs ruines. Malgré tout ce zèle pour le progrès et cette tendance générale vers un état meilleur, un triste et affligeant spectacle s'offre aux yeux de tout le peuple. Les

(1) BOLÉAC, p. 169.

Monastères *dédiés aux Saints Lieux* se trouvent dans un abandon absolu, et dans beaucoup d'entre eux on n'officie même plus.
De fidèles chrétiens les ont construits et enrichis pour que le
pauvre y trouve du pain, le voyageur un abri, le malheureux
un secours, et avec la pensée de s'acquitter de saints devoirs
envers la Patrie, en assurant ces intérêts par des dispositions
testamentaires dignes de la bénédiction de leurs descendants.
Eh bien, les tombes de ces fondateurs sont trop souvent boule-
versées, reléguées dans les lieux les plus ignorés, et leurs cendres
mêlées à la poussière des chemins. Un si triste état de choses
a provoqué, et provoque le mépris et l'indignation du peuple; il
annule toutes les dispositions légales consacrées par le Règlement organique et toutes les lois qui l'ont précédé. Il était donc
impossible qu'une pareille situation n'attirât pas la sérieuse attention de cette Assemblée. Elle croirait manquer à son devoir si
elle ne la mettait pas sous les yeux de Votre Altesse, si elle ne
faisait appel aux nobles et patriotiques sentiments dont elle Lui
voit donner sans cesse des preuves par Ses efforts pour le bien de
la nation qu'Elle gouverne; si elle ne Lui dépeignait pas son
immense tristesse et ses inquiétudes. Ce qui fait naître ces
angoisses, c'est l'absolu désordre qui règne dans ces monastères,
— élevés et dotés par nos ancêtres, dans le but exclusif d'être
utiles à notre pays, et rien qu'en témoignage éternel de leur amour
pour la religion et la Patrie, — et cela, en dépit de tout principe
d'équité et des lois qui nous régissent. Ce qui est plus grave, c'est
l'exemple donné d'une insubordination exceptionnelle autant
que nuisible à la soumission due aux institutions du pays et au
bon ordre. Si nous voulons examiner de près nos droits, — ils
sont inscrits, tout au long, dans les dernières volontés des testa-
teurs, — nous en pouvons retrouver le texte dans ces établissements de bienfaisance, car on ne peut dissimuler l'existence de
tels actes; nous les trouverons encore dans les archives de la
Sainte Métropole et dans celles des Archevêchés. On y peut voir

la preuve irrécusable du droit que le Gouvernement et les Assemblées générales de cette époque ont toujours eu de fixer le quan-
tum de l'impôt que ces monastères étaient obligés de payer pour
les besoins généraux, à une époque où leurs revenus n'attei-
gnaient même pas la dixième partie de ce qu'ils sont actuellement. Aujourd'hui, grâce aux nouvelles lois de 1834, les revenus
ont décuplé, et l'on pouvait légitimement espérer que, conformément à toutes les lois, les Saints Lieux suivraient l'exemple des
autres monastères et subviendraient aussi dans la limite de leurs
moyens aux nombreux besoins qui se manifestent chaque jour.
Dans l'état insuffisant de nos ressources, alors que des sacrifices
sont impérieusement réclamés par l'instruction publique et par la
nécessité de réaliser certains progrès, — progrès qui s'imposent
même au clergé et qui doivent être pour lui une grande préoccupation, et pour la nation une garantie de bonheur, — il est douloureux de voir gaspiller ces immenses revenus par ceux-là mêmes
qui les administrent, sans profit aucun pour le bien public.

L'Assemblée pourrait ajouter que ces personnes sont d'un
funeste exemple pour les bonnes mœurs. Cédant à la clameur
publique et pénétrée des tristes résultats qu'engendre cet état
de choses, l'Assemblée générale, pleine de confiance dans l'amour
de Votre Altesse pour la justice et dans Sa haute sagesse, Lui
fait respectueusement connaître cette situation par l'organe
même de son président, et La prie humblement de vouloir bien
ordonner qu'on verse à la caisse centrale au moins l'excédent
des revenus de ces monastères, par application des dispositions
du Règlement organique.

Il serait injuste que cette somme fût abandonnée à la triste
administration de ceux qui sont aujourd'hui à la tête des monastères. Cet excédent de revenus n'a point été, jusqu'à ce jour,
soumis aux règlements généraux des monastères, règlements éla-
borés à la suite des lois qui ont eu pour effet l'augmentation considérable des revenus de ces établissements.

Entièrement confiants dans les sentiments de profonde équité de Votre Altesse, nous ne doutons pas qu'Elle ne trouve les moyens propres à forcer ces monastères à se soumettre aux lois du pays, aux vœux des fondateurs, inscrits dans leurs testaments, aux lois et coutumes, tant anciennes que nouvelles, non moins obligatoires pour ces monastères que pour les autres, et à l'empire desquelles ils ne peuvent se soustraire sans augmenter encore la haine et le mépris du public.

*Le Président de l'Assemblée générale*, Néophyte, Métropolitain de la Hongro-Valachie. — *Secrétaires :* C. G. Philipesco, Jean Mano. — *Adjoints :* Constantin Roschiano, S. Poroinepno.

---

*Le Prince à l'Assemblée générale ordinaire.*

Le Prince répond qu'il ne négligera rien pour arriver au résultat désiré, et il conseille d'avoir confiance dans la justice de la haute Cour protectrice.

Ayant pris connaissance du contenu du rapport de l'honorable Assemblée générale n°s 462 et 472, relatif aux monastères dédiés, Nous Nous plaisons à reconnaître et à apprécier les sentiments qui ont dicté le vœu qui s'y trouve exprimé, et les justes arguments qui lui servent de base. Nous n'avons jamais cessé, depuis que Nous avons pris les rênes du gouvernement, de faire tous Nos efforts pour obtenir que cette question fût réglée d'une manière conforme aux droits du pays; Nous n'aurions pas voulu Nous créer le remords de n'avoir pas cherché à profiter de toutes les occasions pour atteindre ce but. Nous continuerons, à l'avenir, à suivre la même voie pour la réalisation de ce vœu légitime, dont Nous attendons l'accomplissement d'un pouvoir supérieur, auquel est réservé le droit de se prononcer, et dans la justice duquel Nous devons avoir toute confiance.

M. le Secrétaire d'État est chargé de lire cette Adresse.

(Suit la signature de Son Altesse Sérénissime.)

LOIS DU 28 FÉVRIER ET DU 4 MARS 1847

RÉFORMES JUDICIAIRES

# RÉFORMES JUDICIAIRES

*Lois du 28 février 1847.*

Cette loi, comme celle qui limite la prescription en matière d'usurpation de terres, a pour but de diminuer le nombre des procès, dus à la manie processive de la classe élevée, et d'en abréger la durée. Pour atteindre ce but, le Prince réduit à trois, — en supprimant la Cour de revision, — le nombre des instances judiciaires. Il rend plus prompte l'expédition de la procédure des affaires jugées en première instance, soumises à l'appel et devant être confirmées par le Souverain ; Il augmente la taxe à verser, avant chaque comparution, par le demandeur, — pour lui et pour son adversaire, — quitte au premier à rentrer, s'il gagne, dans la taxe avancée au nom de l'adversaire.

TRADÚCTION.

(Décret 181, *Bull. off.* n° 19.)

Nous, Georges-Démètre Bibesco, Voïvode, par la grâce de Dieu Prince régnant de toute la Valachie,

A l'honorable Assemblée générale ordinaire.

Le rapport n° 459, qui Nous a été présenté, signé par le président et le secrétaire de cette honorable Assemblée, porte à Notre connaissance qu'à la suite de la discussion provoquée par les projets de lois adressés avec Notre Message n° 61, l'un concernant une plus prompte (1) expédition de la procédure rela-

(1) « Le nombre des procès s'est réduit dans une très forte proportion » — écrit, un an plus tard à M. Guizot, M. de Nion, — « tant par suite de la fixation « d'un délai fatal pour les contestations en matière d'empiétement de terrains « que par l'élévation de la taxe qui doit être consignée préalablement à l'ouver- « ture de toute action civile. » M. de Nion à M. Guizot, Bucarest, 7 février 1848. (Archives des affaires étrangères.)

tive aux jugements soumis à l'appel et devant être confirmés par le Prince, le second relatif à l'augmentation (1) de la taxe et à la réforme du mode de payement de cette taxe pour l'introduction des causes en justice, — l'honorable Assemblée les a acceptés avec les modifications contenues dans les annexes de son rapport.

En vertu de l'article 49 du Règlement organique, Nous confirmons les deux projets dans la forme que l'Assemblée leur a donnée.

M. le chef du Département de la justice est chargé de la lecture de cete adresse.

(Suit la signature de Son Altesse Sérénissime.)

---

## PREMIÈRE LOI

POUR LA PROMPTE EXPÉDITION DE LA PROCÉDURE DANS LES JUGEMENTS SOUMIS A L'APPEL ET POUR LEUR CONFIRMATION PAR LE PRINCE.

### PREMIÈRE PARTIE.

ARTICLE 1ᵉʳ. — La cour de revision instituée en l'année 1840 comme quatrième instance judiciaire, pour connaître des arrêts du haut divan (2) et de la cour d'appel de commerce, est définitivement supprimée.

ART. 2. — Le haut divan, partagé actuellement en deux sections, n'en formera plus qu'une, sous le nom de haute cour; elle

---

(1) « Il semblerait à craindre que cette disposition ne fût particulièrement défavorable à la classe pauvre, mais il ne faut pas oublier que, comme on l'a vu plus haut, les procès d'une valeur de 250 piastres (92 fr. 50) et au-dessous, — seules causes où les individus de cette classe puissent se trouver intéressés en Valachie, — sont exempts de toute taxe et de toute consignation de cette nature. » M. de Nion à M. Guizot, 18 août 1847. (Archives des affaires étrangères, Paris.)

(2) Haut divan ou haute cour

sera composée de neuf membres, mais elle pourra également siéger avec sept membres, la majorité des voix exigée pour rendre les arrêts étant fixée à cinq. — A cet effet, on nommera quatre nouveaux membres à la première section du haut divan, pour en porter le nombre à neuf, tandis que la seconde section de ce divan sera supprimée.

ART. 3. — Le divan criminel, les divans des jugements civils de Bucarest, ainsi que celui de Craïova, porteront à l'avenir le nom de cours d'appel, attendu qu'elles reçoivent et jugent les appels faits des décisions des tribunaux de première instance ; le premier portera le nom de cour d'appel criminelle, les autres celui de cours d'appel civiles.

ART. 4. — On ajoutera aux deux sections de la cour d'appel civile de Bucarest une troisième ; elle sera organisée de la même manière et possédera les mêmes attributions. A toutes les sections on adjoindra un suppléant dont les émoluments seront de 1,500 piastres par mois. La première section jugera les affaires du district d'Ilfov, de la ville de Bucarest, ainsi que des districts d'Argèche, de Dâmbovitza et de Prahova ; la deuxième, celles des districts de Slam-Rîmnic, de Bouzéo, de Braïla et de Jalomitza ; et la troisième, les causes concernant les districts de Vlasca, de Téléorman, d'Olt et de Muschel.

Le tribunal de première instance jugera en dernier ressort les causes ne dépassant pas une valeur de 500 piastres, tandis que les cours d'appel civiles et de commerce jugeront en dernier ressort les causes d'une valeur de 7,000 piastres, soit un revenu de 700 piastres (en respectant toujours les dispositions de l'article 322 de la *sixième* section du septième chapitre du Règlement organique), lorsqu'elles confirmeront les sentences du juge de première instance ; dans le cas contraire, les cours d'appel, — aussi bien les cours civiles que la cour de commerce, — jugeront en dernier ressort seulement les causes d'une valeur de 1,000 piastres ou d'un revenu de 100 piastres. Pour que toutes les cours d'ap-

pel aient la même orgnanisation, il faut que la cour d'appel de
Craïova, à l'exemple de celle de Bucarest, soit complétée par un
suppléant à la première section et deux à la seconde.

## DEUXIÈME PARTIE.

ARTICLE 1ᵉʳ. — Les décisions des cours d'appel civiles, tant
celles de Bucarest que celles de Craïova et de la cour d'appel
de commerce, seront directement soumises à la confirmation princière (1).

ART. 2. — Tous les appels des arrêts des cours d'appel civiles
et de commerce seront envoyés par le Prince à la haute cour (2)
lorsque ces décisions ne confirmeront pas les sentences des tribunaux de première instance, ou lorsqu'elles auront transgressé
les formes ou les lois. Cette haute cour rendra son arrêt définitif
à la majorité des voix, et cet arrêt sera confirmé par le Prince.
A cet effet, pour prendre connaissance de toutes les décisions et
rédiger les rapports au Prince, on instituera près du ministère de

---

(1) « L'événement n'a pas moins justifié les craintes que j'exprimais sur l'extension donnée à l'intervention Princièιe. C'est sur les décisions de cette nature
prises par l'Hospodar que se fondent, à tort ou à raison, la plupart des griefs
articulés et si activement exploités contre Lui dans ces derniers temps... La
réponse invariable du Prince Bibesco aux observa.ιons qui Lui sont faites à cet
égard repose sur le défaut absolu de garanties que présente l'organisation
actuelle de la magistrature, ainsi que sur l'impossibilité où Il se voit Lui-même de
remédier à un état de choses que l'amélioration des mœurs et de l'éducation
publique pourra seule modifier efficacement. L'intervention du Prince pourrait
se justifier, à meilleur titre, par une considération qu'Il n'allègue pas, mais qui
n'en est pas moins réelle. C'est que bien d'autres que Lui s'ingèrent dans l'administration de la justice, et que si l'Hospodar délaissait le droit de contrôle et
de revision que la nouvelle loi Lui confère d'accord avec l'ancienne coutume, Il
ne ferait en dernière analyse que transférer cette importante prérogative à une
influence étrangère beaucoup moins légitime encore que la sienne. » M. de Nion
à M. Guizot, 7 février 1848. (Archives des affaires étrangères  Paris.)
« Ce n'est pas la volonté qui manqua au Prince pour supprimer l'ingérence
de l'autorité supérieure dans les affaires judiciaires ; mais l'état moral des tribunaux du pays, et l'opinion publique qui voyait dans cette ingérence, — sous le
règne surtout de ce Prince, — une garantie puissante, s'opposaient fortement à
cette suppression. » — (*Quelques mots sur la Valachie*, p. 42. Dentu, édit., Paris.)
(2) En donnant à cette cour de troisième instance les attributions appartenant
à la Cour de cassation, le Prince préparait la création de cette instance suprême.

la Justice deux assesseurs, gens de caractère, d'expérience et possédant la science des lois, chacun avec un traitement de quinze cents piastres par mois.

ART. 3. — Les appels dirigés contre les décisions de la cour d'appel criminelle de Bucarest, ainsi que de la cour d'appel civile de Craïova, en ce qui regarde les causes criminelles ou correctionnelles, seront envoyés à la haute cour selon les formalités prévues par la loi pour les affaires criminelles.

## TROISIÈME PARTIE.

ARTICLE Ier. — Les procès qui se trouvent aujourd'hui pendants devant la cour de revision seront jugés par la haute cour, composée de membres qui n'auront point pris part aux arrêts rendus précédemment dans ces mêmes causes. La haute cour complétera, au besoin, avec des membres de la cour d'appel le nombre de neuf membres.

ART. 2. — Les causes actuellement pendantes devant les deux sections du haut divan seront soumises par le Département de la justice à Son Altesse, pour être confirmées ou envoyées à la haute cour, conformément à ce qui a été dit plus haut à l'article 2 de la deuxième partie.

## DEUXIÈME LOI

POUR L'AUGMENTATION ET LA RÉFORME DU MODE DE PAYEMENT
DE LA TAXE POUR L'INTRODUCTION DES CAUSES EN JUSTICE.

### PRIX DE LA TAXE.

ARTICLE Ier. — La taxe pour l'introduction des causes devant les tribunaux du pays, tant civils que commerciaux, est fixée pour l'avenir conformément à ce qui suit :

a) Pour toute action intentée en première instance, deux ducats ;

*b*) Pour les appels devant les cours d'appel et de commerce, et civiles, cinq ducats;

*c*) Pour l'appel direct au Prince par l'intermédiaire du Département de la justice, dix ducats.

ART. 2. — Seront exemptes de cette taxe les causes qui se trouveront être déjà soumises à des juges, si quelque acte a déjà été dressé et que la taxe ait été payée, conformément à l'ancienne loi.

### MODE DU PAYEMENT DE LA TAXE ET DE LA RÉCEPTION DE LA RÉCLAMATION.

ART. 3. — Le demandeur ou son avocat, voulant intenter un procès, se présente devant le procureur du tribunal; il paye la taxe double, c'est-à-dire une pour lui et une pour son adversaire, qui devra lui restituer cette dernière s'il perd le procès, sans préjudice de ce que le tribunal accordera comme frais de justice. Le demandeur reçoit du procureur un reçu de la somme, ainsi conçu : « Le nommé (un tel), intentant procès à (un tel) pour une question de terre ou pour toute autre affaire, a acquitté à (tel), procureur, la taxe légale, et a le droit de présenter sa requête au président de ce tribunal. » Il joint cette quittance à sa requête, qu'il remet au président. Celui-ci y inscrit aussitôt la date de la réception et ordonne au greffier de l'enregistrer, de lui donner un numéro d'ordre et de délivrer sous sa signature, au demandeur, une reconnaissance, avec la mention de l'année, du mois et du jour, rédigée comme il suit : « Un tel a intenté procès pour terre ou pour tout autre motif devant le tribunal de tel district, et, après avoir acquitté la taxe de jugement entre les mains du procureur de ce tribunal, sa requête a été retenue au tribunal, ainsi que la quittance donnée par le procureur, et passée au registre sous le numéro..... »

ART. 4. — Les mêmes formalités seront également observées pour les appels qui seront adressés à la cour d'appel de commerce, ainsi qu'aux cours d'appel civiles. On observera les mêmes formes pour les appels directs au Prince par l'intermédiaire du Département de la justice, en se conformant à cette simple modification, à savoir, qu'au Département de la justice le procureur sera remplacé par le caissier, et le président par le chef du Département ou, en cas d'absence, par le directeur.

ART. 5. — Les reçus qui devront être remis aux parties par les procureurs et les employés de l'enregistrement, ainsi que par le caissier et le préposé à l'enregistrement du Département de la justice, seront imprimés en nombre suffisant pour l'acceptation des appels directs au Prince, — réserve faite des blancs nécessaires, — et seront déposés à tous les parquets, aux greffes des tribunaux et cours, et en nombre suffisant au Département de la justice, pour les appels directs au Prince.

ART. 6. — Après la confirmation du présent projet de loi, toute requête introductive d'instance qui serait présentée au Département ou qui aurait été remise au Prince et envoyée par Son Altesse au grand Logothète, sera restituée au demandeur avec une note signée du chef du Département ou du directeur, qui le renverra avec sa plainte au président du tribunal local, à charge par lui d'acquitter préalablement, au parquet, la taxe légale.

### COMPTABILITÉ.

ART. 7. — Tous les procureurs sont astreints à envoyer, le 1er de chaque mois, au grand Logothète, un rapport et l'argent provenant des taxes, ainsi qu'une liste relatant les noms de ceux qui ont payé la taxe et la date à laquelle ils l'ont acquittée.

ART. 8. — Le même jour, les présidents seront tenus d'envoyer, avec les adresses et les rapports, une liste des plaintes introductives qu'ils auront reçues dans le courant du mois, en indiquant le nom des demandeurs, le jour de la réception de la plainte, la nature de la cause. On indiquera dans une colonne spéciale les actes de procédure qui auront été remplis.

Art. 9. — Les mêmes formalités seront observées à la chancellerie du Département de la justice par le caissier, qui reçoit la taxe, et par le préposé à l'enregistrement, chargé d'inscrire les appels directs au Prince.

Art. 10. — Le chef du Département ou le directeur contrôlera ces listes, et, s'il les trouve rédigées conformément aux indications ci-dessus, s'il constate qu'il n'y a pas de déficit dans les sommes versées, il ordonnera l'inscription dans le registre du caissier. Dans le cas où il découvrirait un déficit, il devra prendre les mesures nécessaires pour arriver à le combler aux frais du coupable.

Art. 11. — Tous les trois mois, on dressera un état de toutes les sommes provenant de cette taxe, et cet état, accompagné du rapport du Logothète, sera soumis au Prince. Cet argent sera versé directement au Trésor et inscrit comme revenus de l'État.

---

*Loi du 4 mars 1847.*

(Décret du 8 mars 1847.)

Cette loi limite la prescription, en matière d'empiétement de terrains, — à trente ans lorsqu'il y aura eu mauvaise foi, à dix ans pour les empiétements de seconde main ; — elle établit la véritable acception des termes, *possession de bonne* ou *de mauvaise foi,* dans les questions de cette nature (1).

(Projet de loi élaboré en 1846 (2), Registre 124, p. 57.)

TRADUCTION.

PREMIÈRE PARTIE.

Article 1er. — L'alinéa 3, — § 7, chapitre *a* de la sixième partie de la loi du pays, — relatif à la non-limitation des prescriptions en matière d'usurpations de terres, est abrogé.

(1) En dépit de l'urgence d'une réforme réclamée par les possesseurs de bonne foi, la Chambre de 1843-1844 avait rejeté ce projet de loi.

(2) Outre les questions que le Prince avait pu, — en l'absence des Chambres,

ART. 2. — La prescription concernant l'usurpation des terres rentre dans la catégorie générale des prescriptions établies par la loi du pays pour la possession de bonne ou mauvaise foi des biens immeubles.

ART. 3. — Est réputée possession de mauvaise foi l'usurpation qu'exerce la personne qui l'a commise la première ; cette usurpation ne peut être prescrite qu'au bout de trente ans, terme *le plus long*.

Est réputée possession de bonne foi, et soumise au terme de la prescription de dix années, celle d'un terrain usurpé au voisin et qui, avec la propriété principale, se trouve en la possession d'une tierce personne à laquelle elle serait échue par héritage, achat, donation, dot ou tout autre moyen d'acquérir.

## DEUXIÈME PARTIE.

ARTICLE 1er. — Celui qui, de mauvaise foi, aura usurpé un terrain sera obligé de le restituer au propriétaire, avec l'équivalent des produits dont il aura joui pendant le temps de l'usurpation.

ART. 2. — Celui qui, de bonne foi, aura usurpé un terrain sera tenu de le restituer au véritable propriétaire avec l'équivalent des produits dont il aura joui, depuis le jour seulement où la réclamation lui aura été adressée par voie judiciaire, attendu qu'avant cette date, ou bien il usurpait inconsciemment, ou bien le véritable propriétaire tolérait cette usurpation.

ART. 3. — A partir du vote et de la publication de cette loi, il est accordé un terme d'une année, conformément à l'article 3 de la première partie, à tous ceux pour lesquels le terme de la prescription aurait expiré, afin de leur permettre, — s'ils ont eu à souffrir d'une usurpation, — d'intenter un procès avant l'expiration dudit terme. Après ce délai, toutes les causes pour usur-

— résoudre directement par un décret, il avait encore préparé les travaux de la future Assemblée.

pation de terres seront indistinctement jugées d'après les principes généraux établis par la présente loi.

---

### Adresse de la Chambre à S. A. S. le Prince.

La Chambre adopte le projet de loi sur la limite de la prescription en matière d'usurpation de terres.

TRADUCTION.

Le projet qui limite la prescription en matière d'usurpation de terres, projet qui détermine la véritable acception des termes *bonne* ou *mauvaise foi*, en matière d'usurpations, — envoyé à l'Assemblée générale par l'adresse de Votre Altesse, n°..., a été voté, après mûre délibération, avec les amendements contenus dans l'annexe ci-jointe.

Le secrétariat adresse à Votre Altesse ce projet et l'annexe en La priant humblement de la revêtir de la sanction légale.

Ce projet et ce rapport ont été votés par l'Assemblée générale, à la majorité des voix, conformément au § *g* de l'article 48 du Règlement organique (1).

(Le Président de l'Assemblée générale.)

*(Suivent 27 signatures.)*

---

(1) Par suite de toutes les mesures qui précèdent, l'arriéré des procès, qui au 1ᵉʳ janvier 1847 était de 18,000, n'était plus au 1ᵉʳ janvier suivant que de 4,000 (Discours d'ouverture à l'Assemblée générale de 1848.)

Pour avoir une idée de la sollicitude infatigable du Prince pour cette branche capitale de l'administration, qu'on nomme la Justice, de ses conseils, de ses ordres, de ses admonestations répétées aux présidents, aux juges, aux procureurs, aux avocats, il faut lire le *Bulletin officiel* du 2 avril 1843, nᵒˢ 119 et 30, p. 118; — du 7 avril 1843, n° 31; — du 2 mai 1843, n° 48; — du 9 juin 1843, n° 50, p. 198 : — du 9 juin 1843, n° 50, p. 199; — du 25 juin 1843, n° 57.

DÉCRET DU 31 MARS 1847

SUPPRESSION

# DES DOUANES ET DES FRONTIÈRES

ENTRE LA VALACHIE ET LA MOLDAVIE
QUI DEVIENNENT LES PRINCIPAUTÉS UNIES
EN MATIÈRE COMMERCIALE

# SUPPRESSION DES DOUANES ET DES FRONTIÈRES

## ENTRE LA MOLDAVIE ET LA VALACHIE

---

*Décret du 31 mars 1847.*

La suppression des douanes entre la Moldavie et le pays roumain supprime les frontières entre ces pays frères. Par cette mesure, qui fond leurs intérêts, Bibesco *a préparé* LEUR UNION (1). Déjà elles ne s'appellent plus — dès ce jour, — que PRINCIPAUTÉS UNIES.

TRADUCTION.

Nous Georges-Démètre Bibesco, Voïvode, par la grâce de Dieu Prince souverain de toute la Valachie,

Après avoir étudié de près la convention du 30 janvier de l'année de l'ère chrétienne 1846 et portant le n° 210, conclue entre les Principautés de Valachie et Moldavie, par les boyards revêtus de pleins pouvoirs et représentant : le grand Logothète de la justice, le chevalier Alexandre Villara, notre Gouvernement ; — MM. le Logothète de la justice, le chevalier Théodore Bals, et le Logothète de l'intérieur, le chevalier Jordache (2) Ghica, S. A. le Prince Démètre Stourdza, fils de Prince (3), général inspecteur de la milice et chevalier, le grand Vistiar et Vornic le chevalier Lascar Cantacuzène, le secrétaire d'État Hatman le chevalier Nicolas Mavrocordato, et S. A. le Prince Nicolas

---

(1) *Histoire des Roumains,* par M. XÉNOPOL, p. 181.
(2) Prénom répondant au prénom de Georges.
(3) *Beizadé.* Les fils de Prince portaient ce nom sous les Fanariotes. Avant les Grecs, ils s'appelaient *Domnisor,* diminutif de *Domnu* (Souverain).

II.                                                          16

Soutzo, fils de Prince, Logothète et chevalier, le gouvernement de la Moldavie; et après avoir trouvé cet acte en tous points conforme aux intérêts respectifs des deux principautés,

Nous ratifions par le présent acte ladite convention, et la déclarons valable dans les termes y spécifiés, pour la durée qui s'y trouve mentionnée, et Nous ratifions et déclarons également valables les modifications qui, — par entente commune des deux Gouvernements et par acte séparé, — ont été apportées à la fin du premier alinéa de l'article 2, relatif aux jeunes gens de Principauté différente qui s'uniront par les liens du mariage.

Donné sous Notre signature et revêtu de Notre sceau, à Bucarest, en l'an du Christ 1847, le 31 mars, en la cinquième année de Notre règne.

*Signé :* Georges-Démètre BIBESCO, Voïvode.

*Le Secrétaire d'État,*

E. BALEANO.

ACTE

Convention entre les Principautés voisines de Moldavie et de Valachie pour la seconde période.

TRADUCTION,

30 janvier 1846, n· 210 (*Bull. off.*, n° 49 et supplément du n° 49 du 7 juillet 1847).

Le terme de sept années fixé par l'article 25 de la Convention conclue en 1835 entre les Principautés voisines de Moldavie et de Valachie ayant expiré le 16 juillet de l'année 1842 (1), et les

---

(1) Les mots roumains « *anului trecut* », de l'année dernière, ne peuvent pas être traduits mot par mot, car cela impliquerait la date de 1845; or le texte roumain porte la date de 1842.

Nous pensons que les mots *anului trecut* doivent être traduits par « l'autre année » 1842, ou simplement : de l'année 1842.

Gouvernements de ces deux Principautés s'étant sentis animés du même zèle et du même désir de s'unir désormais par des liens solides témoignant une harmonie vraie et pleine de sollicitude pour les relations de bon voisinage entre les habitants des deux pays, pour leurs rapports qu'il importe de favoriser, pour la satisfaction à donner au public au point de vue des relations et des transactions commerciales, — ces Gouvernements ont créé, l'année même de l'expiration du terme, c'est-à-dire en 1842, à la frontière des deux Principautés, après avoir rempli toutes les formalités exigées, une commission mixte de quatre membres : MM. le Vornic Jordache Pruncul et le Spatar Athanase Danul, représentant la Moldavie; MM. le Logothète des cultes et chevalier Jean Mano et l'Aga et chevalier Demètre Falcoyano, représentant la Valachie.

Ceux-ci, après de longues délibérations et pour se conformer aux instructions reçues des conseils de leurs Gouvernements respectifs, ont dressé — leurs travaux terminés — l'acte de convention pour la seconde période et fixé sa durée à dix ans, comptés à partir de l'expiration de la première convention. Ils ont ensuite présenté cet acte aux autorités compétentes. Cependant des circonstances particulières sont survenues et ont rendu nécessaire l'échange d'une correspondance et d'observations nombreuses entre les conseils respectifs. Il en est résulté que cette œuvre si nécessaire a été ajournée sans qu'on eût atteint le but souhaité.

Quoi qu'il en soit, aujourd'hui LL. AA. SS. les Princes régnants de ces Principautés, pénétrées du même zèle et du même désir de maintenir de bonnes et cordiales relations de voisinage entre leurs sujets, de donner plus d'extension aux relations et transactions commerciales des habitants des deux États confiés à leur haute direction et de mettre définitivement un terme aux désastreux obstacles qui — l'expérience des années précédentes l'a prouvé, — ont frappé leur commerce, ont nommé dans ce but, après-une entente-commune entre Leurs

Altesses et conformément aux décisions des conseils respectifs, une nouvelle commission spéciale. S. A. le Prince de Moldavie y a délégué les membres de son conseil administratif extraordinaire, MM. le Logothète de la justice et chevalier Théodore Balche; le Logothète de l'intérieur et chevalier Jordache Ghika; S. A. le Prince Démètre Stourdza, fils de Prince, général inspecteur de la milice et chevalier, le Vel Vistiar Vornic et chevalier Lascar Cantacuzène; le secrétaire d'État Hatman; le chevalier Nicolas Mavrocordato, S. A. le Prince Nicolas Soutzo, fils de Prince, Logothète et chevalier.

De son côté, S. A. le Prince de Valachie a nommé pour le représenter le grand Logothète de la justice et chevalier, Alexandre Villara.

Selon les instructions qui leur ont été données, ces messieurs se sont réunis aujourd'hui le 30 janvier 1846, et ont conclu l'acte de convention dont le texte suit :

ARTICLE Iᵉʳ. — La Convention sanctionnée en 1835 restera en vigueur jusqu'à la fin de 1847; à partir du 1ᵉʳ janvier 1848, une nouvelle convention est conclue entre les deux Principautés dans les termes suivants :

ART. 2. — Les habitants imposables des villages et des villes qui s'enfuiraient d'une Principauté dans l'autre, tels que les tziganes, — tant ceux de l'État que ceux des boyards et d'autres particuliers, ou encore ceux des monastères de Valachie, — seront rendus à leurs maîtres. Ceux qui leur auront donné l'hospitalité seront condamnés, comme punition, à payer pour chaque habitant imposable ou tzigane qu'ils auraient accueilli le double de la capitation, et ils devront les livrer sans retard. Chaque État est respectivement tenu de s'emparer de pareils individus, — avec le concours des autorités des districts, — de les renvoyer, sous escorte, à la frontière, et de les livrer à l'autorité la plus proche. Si ces individus étaient poursuivis par des gendarmes, il faudrait donner à ces derniers tout l'appui nécessaire pour que les prescrip-

tions ci-dessus, relatives à la capture de telles gens, ne restent pas
lettre morte. Toutefois, les fils des habitants payant l'impôt, qui
passeraient d'une Principauté dans l'autre pour se marier, seraient
libres de s'établir, s'ils le voulaient, là où ils se seraient mariés.

Tous les tziganes d'une Principauté qui seraient trouvés dans
l'autre, et dont la fuite remonterait à une date antérieure au
15 juillet 1835, ne pourront être réclamés, — quel que soit leur
maître actuel, — ni par leurs anciens maîtres, ni par l'État qu'ils
ont abandonné. Ils demeureront définitivement au pouvoir de
celui chez lequel ils auront été retrouvés.

ART. 3. — Tous les habitants passant d'une Principauté dans
l'autre, pour leurs affaires, temporairement, devront être munis
d'un passeport de leur Gouvernement, qui indique leur qualité de
contribuable, de boyard titré, de noble, de marchand, afin qu'ils
soient reconnus comme tels par les autorités de la Principauté
voisine et ne soient soumis à aucune des obligations de cette
Principauté. Ils y seront, au contraire, assurés de tout l'appui
des autorités, s'ils se soumettent, durant leur séjour, à toutes
les lois de l'État où ils séjourneront.

En acquérant des immeubles dans la Principauté voisine, ces
personnes acquerront aussi les mêmes droits et prérogatives
reconnus aux propriétaires, et dont jouissent les indigènes, à
condition de se soumettre à toutes les charges dont le Gouvernement local grève les propriétés de ces derniers. Cependant ils
n'auront pas le droit de prendre part aux élections qui pourraient
avoir lieu dans le district où ils ont des propriétés, c'est-à-dire
qu'ils ne pourront être ni éligibles, ni électeurs : n'étant pas
établis définitivement dans la Principauté, ils ne sauraient y
jouir des droits politiques.

ART. 4. — Si des malfaiteurs, des criminels d'État, des déser-
teurs et des faillis cherchaient à passer d'une Principauté dans
l'autre sans avoir un passeport de leur Gouvernement, les autorités locales des deux Principautés devront, conformément aux

ordres qu'elles recevront, renvoyer ces individus sans passeport
au Gouvernement sur le territoire duquel ils seront arrêtés, et
celui-ci les diriger sous escorte, — après constatation qu'ils se
sont enfuis de la Principauté voisine, — sur la frontière de cette
Principauté, avec tous les objets qui seront trouvés en leur possession ou recélés chez des tiers. On ne prendra cette mesure
qu'à l'égard des individus au sujet desquels des réclamations
seraient faites.

Chaque Gouvernement est tenu de faire de sa propre autorité
arrêter ces individus par les autorités locales et de les livrer à
l'autre Gouvernement; il agira de même envers les individus qui
auraient trouvé moyen de s'introduire sur son territoire à l'aide
de passeport, ou sous le nom d'une autre personne, ou, en qualité de sujet étranger, avec un passeport visé par un consulat.
En pareil cas, s'il est prouvé, par les recherches de la police locale,
que ce sont des gens sans aveu, ou s'il existe contre eux quelque
réclamation émanant de la Principauté voisine, on les fera arrêter et on les renverra au Gouvernement du pays d'où ils se sont
enfuis sans passeports réguliers.

Si l'un de ces individus possédait un passeport étranger, alors le
Gouvernement local devrait s'entendre pour les démarches à faire
avec le consulat de la nation qui aurait délivré ledit passeport.

Dans les poursuites dirigées contre les malfaiteurs, la police
qui sera à leur poursuite pourra, — dans le but de ne pas les
perdre de vue ou de ne pas perdre leurs traces, — passer la frontière, entrer dans le district voisin, tâcher de s'emparer d'eux,
pourvu qu'elle en informe immédiatement la police locale ou la
préfecture, si elle est à proximité, ou la sous-préfecture de l'arrondissement, ou les surveillants de cantons ou les gardes-frontières; et s'il arrivait que l'on se saisît des malfaiteurs, à la suite
d'une commune entente, par l'action seule de la police, il faudrait
les consigner, avec tout ce qu'ils auraient sur eux, à la préfecture du district de la Principauté sur le territoire de laquelle ils

auraient été capturés, et procéder ensuite, par écrit, aux démarches à faire pour leur extradition.

ART. 5. — Les villageois des deux Principautés voisines de la frontière pourront passer librement d'une Principauté dans une autre pour leurs affaires, à condition d'être en mesure de produire, chaque fois qu'ils se déplaceront, un billet des jurés de leur village, sans être tenus d'avoir le passeport prévu à l'article 3, passeport non imposé aux possesseurs de pareils billets.

Les propriétaires de la Principauté voisine pourront sans crainte passer des contrats pour les travaux des champs avec les personnes possédant les billets susmentionnés. Ces personnes, que leurs affaires feraient passer sur le territoire voisin, ne seraient inquiétées ni par les percepteurs, ni par les habitants des villages où elles résideraient temporairement ; on ne pourrait leur demander de payer aucun impôt ni au compte de l'État, ni à celui des caisses des villages. Ces mesures seront appliquées aux Olteni ou habitants de la petite Valachie qui d'habitude, pendant l'été, passent d'une Principauté dans l'autre pour gagner leur vie, de même qu'aux autres habitants adonnés aux travaux de la terre, qu'ils appartiennent à l'une ou à l'autre des deux Principautés. S'ils sont possesseurs de billets signés par les jurés de leur village, ils ne pourront être soumis à l'impôt personnel ni à d'autres redevances pendant leur séjour temporaire dans la Principauté voisine.

ART. 6. — Les habitants des bourgs voisins de la frontière sont libres, pour leurs besoins domestiques, de passer d'une Principauté dans l'autre, — pour une durée de 3 jours, — afin de se rendre aux foires voisines, ou aux propriétés qu'ils posséderaient au delà de la frontière, telles que terres, vignes, etc. ; et ne seront point astreints à prendre un passeport ou un billet visé par les jurés.

ART. 7. — Le flottage du Sereth sera exempt pour toujours de toute redevance, quelle qu'elle soit ; les habitants des deux Principautés pourront librement transporter sur cette rivière, par flottage, soit en amont, soit en aval, leurs marchandises ou produits, qu'ils les portent au Danube ou qu'ils remontent le Sereth.

ART. 8. — Les obstacles et les formalités douanières existant jusqu'à ce jour, et qui seront maintenus à la frontière des deux Principautés jusqu'au 1ᵉʳ janvier 1848, sont et resteront abolis pour toujours, sans toutefois qu'une atteinte quelconque soit portée aux revenus des conseils municipaux ou des éphories touchant les objets destinés à être consommés dans l'intérieur des villes et soumis à une taxe.

A cet effet, sont décrétées les mesures suivantes, qui demeureront immuables :

*A*. — Les marchandises et produits indigènes : bois, pierres, bestiaux, boissons et tous autres produits des deux Principautés voisines, sans distinction, sont libres — à titre de réciprocité — d'entrer d'une Principauté dans l'autre sans payer un droit de douane, ni l'accise (1), ni une taxe ou un impôt quelconque, et sans être soumis à aucune revision. Le sel est excepté, son transport d'une Principauté dans l'autre étant interdit à cause de la différence des prix de consommation dans le pays. Ce prix est fixé par le Règlement organique.

*B*. — Si l'un des produits ci-dessus désignés, passant d'une Principauté dans l'autre, est exporté au delà des frontières, il payera le droit d'exportation au Gouvernement du pays dont il aura franchi la frontière.

*C*. — Toutes marchandises et produits étrangers qui ont libre accès dans les deux Principautés en acquittant le droit d'importation à la douane d'entrée, seront libres de passer dans l'autre Principauté sans payer de taxe; mais celles qui traversent une Principauté pour être importées dans l'autre, c'est-à-dire par transit en traversant l'autre Principauté, seront soumises, à la

_____

(1) Accise, droits d'octroi.

frontière par laquelle elles entreront, aux règles du transit et payeront des droits de douane dans la localité où les caisses seront ouvertes, soit encore dans celle où les objets seront transportés pour être mis en vente.

*D*. — L'été prochain, une commission mixte composée d'hommes spéciaux et munis des ordres, et des instructions de leurs Gouvernements fixera les règles des douanes communes aux deux Principautés, ainsi qu'un tarif pour tous les objets qui seront soumis aux taxes douanières, soit un trois pour cent. Ce tarif sera renouvelé tous les six ans. Il est bien entendu que dans ce tarif ne sera pas comprise l'exportation des bestiaux et des sucres, une taxe particulière étant fixée pour ces objets. Dans le but d'établir la taxe de trois pour cent pour chaque objet, — après évaluation du prix de la marchandise, — la commission devra prendre pour base la moyenne des prix ayant eu cours dans les deux Principautés Unies (1) pendant les trois dernières années.

*E*. — Sous ces conditions et après que le tarif aura définitivement subi toutes les formalités requises, les douanes de Moldavie et du Pays roumain (de la Valachie) seront affermées, par licitation, à un seul et même acheteur ou à une seule et même compagnie pour une période douanière égale pour les deux Principautés ; il en sera de même pour toutes les périodes qui suivront. On observera, chaque fois, les formalités voulues qui seront publiées pour toutes les licitations de ce genre relatives aux revenus publics. Le Gouvernement du pays dans lequel aura lieu la vente s'engage à prendre pour l'autre toutes les sécurités nécessaires, conformément aux conditions stipulées, et d'envoyer cet acte de garantie à la Trésorerie du pays voisin, pour y être conservé jusqu'à l'expiration du contrat.

(1) Cette dénomination PRINCIPAUTÉS UNIES, employée pour la première fois, dont Bibesco se servait en 1847 à propos de la convention douanière, devait devenir le *titre officiel* du pays à partir de la double élection de Couza comme Prince de Moldavie et de Valachie, jusqu'à la proclamation de la Royauté.

*F.* — Le dernier prix de la licitation, qui sera celui du contrat passé entre l'acheteur et le Gouvernement du pays où aura eu lieu cette licitation, sera partagé en trois parts égales : une de ces parts sera versée à la Vistieria (Ministère des finances) de Moldavie et deux à la Vistieria de Valachie.

ART. 9. — Conformément à la chrysobulle de feu le Prince Alexandre Muruzi, Voïvode, la Moldavie étant restée redevable, — pour la captation d'eau de source qu'elle a faite en Valachie dans le but de construire des fontaines en Moldavie, — de six mesures d'eau à prendre du réservoir de Focsani pour servir une fontaine de la partie valaque de Focsani, — mesures dont le tirage se fait au compte des habitants de la partie valaque de la ville, — cette obligation sera exactement remplie et strictement observée à l'avenir.

ART. 10. — Pour les transactions qui auront lieu entre les habitants des deux Principautés, on conservera comme mesure la chila employée habituellement dans chaque pays; les produits de la Moldavie seront vendus à la chila (1) de deux cent quarante ocas, et ceux de Valachie à la chila de quatre cents ocas, excepté le cas d'entente contraire entre les vendeurs et les acheteurs.

ART. 11. — Le délai pendant lequel cette convention restera en vigueur, en ce qui touche les articles 2, 3, 4, 5, 6, 7, 9 et 10, sera de dix ans à partir du 1er janvier 1848.

ART. 12. — L'article 8 de ce projet de convention sera soumis aux délibérations des honorables Assemblées générales ordinaires des deux Principautés dans la session prochaine; et après que ces formalités auront été accomplies, l'échange des ratifications aura lieu dans la capitale de Jassy, dans le délai de quinze jours, ou plus tôt si faire se peut.

Nous soussignés munis de pleins pouvoirs par décrets de

(1) La chila, mesure représentant en Valachie, 508 kil. 800 gr. (l'oca valaque étant de 1 kil. 272 gr.); et, en Moldavie 309 kil. 840 gr. (l'oca Moldave étant de 1 kil. 291 gr.).

LL. AA. les Princes régnants, c'est-à-dire celui de S. A. le
Prince de Moldavie n°... (1) et de S. A. le Prince du pays roumain (Valachie) n° 2, avons dressé et signé cette convention
et y avons apposé nos sceaux.

Passé dans la capitale de Jassy, l'année 1846, le 30 janvier, n° 210.

*Signé :* Théodore BALS; Jordache GHICA,
grand Logothète; D. STOURDZA, CAN-
TACUZÈNE, grand Vistiar; N. MAVRO-
CORDAT, grand Postelnic; N. SUTZU;
A. VILARA.

*Le Département de la Vistiairie* (des Finances).

La suppression des frontières entre la Valachie et la Moldavie ayant
été décrétée,     prend des mesures pour l'affermage des deux douanes.

TRADUCTION.

8 mai 1847, n° 729 (*Bull. off.* du 16 mai 1847, n° 35).

A la suite de la ratification de l'article 8 de la Convention conclue
entre les Principautés de Valachie et de Moldavie, relative à
l'union des douanes entre ces deux pays et à leur affermage,
concédé à partir du 1er *janvier* 1848, *pour le terme de six ans,*
au même entrepreneur ou à la même compagnie; et conformément à la décision princière figurant au Rapport du 6 de ce
mois, que M. le grand Logothète A. Vilara, chargé de l'échange
des ratifications, a présenté à Son Altesse : il est porté à la
connaissance de tous que la licitation pour l'affermage de ce
revenu aura lieu à Iassy, pendant la session de l'honorable
Assemblée générale ordinaire de Moldavie, aux jours dés 10, 15
et 20 du mois de novembre prochain. Les conditions de l'affer-

(1) Le numéro manque dans le *Moniteur.*

mage des deux douanes réunies, ainsi que les tarifs douaniers fixés par les deux Principautés pour les objets indigènes qui seraient exportés au delà de leurs frontières, se trouvant en ce moment sous presse, seront distribués comme Annexe au *Bulletin officiel* dès qu'elles auront paru.

*Le chef du Département :* C. HERESCO.

« Le Prince de Valachie, Georges Bibesco, écrit M. Xénopol (1), fait un grand pas vers la fusion des intérêts des deux Principautés sœurs, en supprimant en 1843 (*lapsus calami*, lisez 1847) les douanes qui les séparaient. Cette mesure si favorable aux deux tronçons roumains, la Valachie et la Moldavie, leur fit apprécier les heureuses conséquences produites par la suppression d'un aussi désastreux obstacle. *Cette grande mesure* permit d'écrire, en 1853, dans le projet des conditions d'affermage des douanes des deux Principautés, les très remarquables lignes qui suivent :

« Partout où dans ces conditions il est parlé de frontières (granitza, margini ou hotar), l'on doit comprendre la ligne qui entoure les deux Principautés (2). »

« C'est ainsi que depuis 1843 (lisez 1847) les Roumains commencèrent à s'habituer, peu à peu, à l'idée des frontières d'une Patrie commune, idée qui ne tarda pas à passer du terrain commercial dans toutes les manifestations de leur existence. Aussi voyons-nous dans la *Foia pentru minte* (mot à mot : *l'Organe du bon sens*), de 1843 (3), un anonyme attribuer la décadence des Roumains au fait que

« jamais la Moldavie et la Valachie n'ont formé une union entre elles, mais qu'elles ont été toujours ennemies et, à l'intérieur, toujours déchi-

---

(1) Voir *Histoire des Roumains,* par M. XÉNOPOL, p. 523.
(2) *Bulletin officiel* de Valachie, 1853, 21 mai, p. 128.
(3) *Foia pentru minte inima si literatura,* 1843, p. 124.

rées par les dissensions des boyards. Le nom du Milcove, de ce fleuve qui a engendré tant de malheurs au lieu de laver une bonne fois les fautes politiques de la nation moldo-roumaine, sépare aujourd'hui ces deux pays, par son cours paresseux, non seulement géographiquement parlant, mais aussi au point de vue politique, voire de toutes façons ».

La suite de l'article a été supprimée par la censure autrichienne.

*Note*. — La phrase qui précède le passage que nous venons de citer rappelle qu'en 1842 plusieurs boyards firent proposer par M. Jean Ghica, au Prince Stourdza, qui régnait en Moldavie, la Couronne de Valachie. Ces boyards étaient des partisans du Prince récemment déchu, A. Ghica; ils redoutaient l'arrivée au pouvoir de Georges Bibesco.

LOI-MARS 1847

(DÉCRET DU 8 MARS N° 177)

———

# DES BIENS ET DES REVENUS

## ECCLÉSIASTIQUES

# DES BIENS ET DES REVENUS ECCLÉSIASTIQUES

LOI

*Mars 1847.*

(Décret du 8 mars, n° 177.)

## EXPOSÉ

Par cette loi, le Prince règle l'emploi des biens et des revenus ecclésiastiques. Il organise les séminaires et améliore les conditions des serviteurs de l'Église.

M. de Nion (1), consul général de France à Bucarest depuis la disgrâce de M. Billecoq, donne à M. Guizot des renseignements utiles sur cette loi. « Cette loi abroge, dit-il, et remplace une loi de 1834, dont les dispositions vagues et incomplètes n'avaient guère servi qu'à couvrir d'une apparence de légalité les désordres trop justement signalés de tout temps dans la gestion des biens ecclésiastiques en Valachie.

« Quelques exemples feront aisément ressortir les principales

_____

(1) M. de Nion à M. Guizot, Bucarest, 2 avril 1847. (Archives des affaires étrangères, Paris.)

Nous laisserons la parole à M. de Nion, dans l'appréciation des différentes lois rendues par le Prince, parce que son opinion n'est pas l'expression d'un parti pris favorable à l'Élu de 1842, — comme celle de son prédécesseur à l'égard du Prince Ghica, — attendu que M. de Nion est arrivé à Bucarest prévenu contre le Souverain actuel, qu'il ne l'a connu et admiré qu'en l'étudiant, qu'il témoigne dans sa correspondance d'une grande indépendance, et que le langage de M. le Consul français peut être considéré comme absolument impartial. — Une garantie, s'il en fallait une, serait la haine dont les hommes de l'insurrection de 1848 et leurs amis ont poursuivi, dans leurs écrits, le représentant de la France à Bucarest.

différences qui existent entre les deux systèmes. Sous le régime antérieur, la totalité des revenus de l'épiscopat était divisée en plusieurs parts, affectées chacune à une destination spéciale ; mais le taux de ces parts étant proportionnel et par cela même essentiellement variable, il en résultait un état d'incertitude qui tournait toujours au profit personnel des évêques et au détriment des établissements placés sous leur direction.

« La nouvelle loi, par les articles 5 et 6, attribue à chaque branche du service une allocation fixe : elle assure aux prélats un traitement honorable, mais sans leur laisser désormais aucune participation éventuelle dans les autres allocations, non plus que dans l'excédent des recettes sur les dépenses. Cet excédent formera un fonds de réserve (article 8)...

« La passation des baux, qui s'opérait jadis à huis clos et sans autre intervention que celle des prélats et de leurs agents, aura lieu désormais par voie d'enchères publiques, en présence du ministre des cultes et d'une commission financière nommée par l'Assemblée générale. On doit donc espérer de voir cesser le scandale de ces baux à long terme, que les détenteurs des propriétés ecclésiastiques concédaient à des fermiers de leur choix, pour un prix bien inférieur à la valeur réelle, en se réservant, par un accord secret, une forte part dans les bénéfices de l'exploitation (1).

« L'article 13 met fin à un abus non-moins grave, celui de la redevance que les membres du clergé subalterne étaient tenus de payer annuellement à leurs supérieurs. Il affranchit en outre les desservants de toute contribution soit au profit des propriétaires sur le domaine desquels ils résident, soit au profit de l'État.

« La classe à laquelle s'appliquent ces exemptions a plus de droits, il est vrai, au respect et à l'intérêt publics par la sainteté de sa mission que par la manière dont ses membres savent géné-

---

(1) Voir t. I, *Règne de Bibesco : Les biens conventuels.*

ralement en comprendre l'esprit et en remplir les devoirs. La nouvelle loi s'est aussi efforcée de remédier à cet état de choses (articles 9, 10 et 11) en augmentant le nombre et la dotation des séminaires, en y organisant un meilleur système d'études, et surtout en rendant ces études strictement obligatoires pour l'admission dans les Ordres.

« Une disposition de pure forme au premier aperçu, mais importante sous plus d'un rapport, est celle de l'article 7, d'après lequel les comptes des diverses administrations épiscopales seront soumis chaque année au gouvernement, et non plus comme autrefois à l'Assemblée générale. La nécessité d'un vote de complaisance, pour couvrir les vices de cette comptabilité, obligeait l'épiscopat à s'assurer les suffrages d'un certain nombre de députés influents ; et ces dévouements intéressés, groupés autour du banc ecclésiastique et du fauteuil de la présidence (qui est occupé de droit par le métropolitain) formaient d'ordinaire le noyau d'un parti systématiquement hostile à toute idée de progrès, à toute innovation réclamée par l'intérêt du pays...

« Il restait à vaincre la résistance du Métropolitain, aujourd'hui seul représentant de l'épiscopat et seul défenseur officiel des prérogatives. Pressenti avec ménagement, circonvenu avec habileté, il lutta de tout son pouvoir contre les instances du Prince, fortement secondé par M. de Daschkoff. On put même craindre un instant que, ralliant à la cause du clergé quelques-uns de ses anciens pensionnaires qui hésitaient encore entre les traditions du passé et les exigences du présent, il ne parvînt à créer dans l'Assemblée un parti d'opposition plus ou moins embarrassant. Cette tentative décida l'Hospodar. Le projet de loi, présenté à l'improviste, fut adopté séance tenante, malgré la retraite du Métropolitain, dont les fonctions présidentielles furent exercées par un suppléant élu d'avance à cet effet parmi les hauts dignitaires de la Boyarie. Si le Prince Bibesco n'a pas cru devoir suivre ostensiblement le conseil que lui donnait M. de Daschkoff

de laisser au Métropolitain la jouissance viagère des avantages
attachés à la dignité, il y a quelque raison de croire que ce prélat
se trouvera, en définitive, indemnisé plus qu'à demi, et par la facilité que l'on a mise à passer l'éponge sur les irrégularités de
la comptabilité arriérée, et par la promesse d'une compensation
occulte dont peut-être même il aurait déjà reçu des arrhes.

« De magnifiques donatives accompagnaient jadis la nomination
des évêques : la vacance des trois sièges donnait au maintien de
cet antique usage un intérêt plus immédiat et plus puissant
encore. On portait à plus d'un demi-million de francs la valeur
des offres déjà faites par les prétendants à l'épiscopat, offres
impossibles à réaliser dans les conditions financières du régime
actuel. Le Prince n'a pas tenu compte de l'usage. Il a même,
dit-on, saisi avec empressement l'occasion qui se présentait à Lui,
de prouver son désintéressement personnel et de couper court,
dès le principe, aux obsessions auxquelles il était exposé. »

La lutte que le Prince a dû soutenir contre le Métropolitain à
propos de cette réforme se renouvellera, — M. de Nion nous
en fera le récit, — dans la question de l'émancipation des esclaves
appartenant aux établissements ecclésiastiques. Ces révélations
jettent un jour nouveau sur le règne de Bibesco, sur les difficultés que ce Prince eut à faire le bien. La lettre adressée
par Bibesco à Kisseleff, de Bréaza, le 16 août 1847 (1), sou-
lève bien un côté du voile derrière lequel s'amoncellent les
obstacles qui rendent pénible et retardent la marche du Pays
dans la voie du progrès où il est poussé, quand même, par une
volonté qui ne désarme pas; le Prince n'y cache pas à son ami
le *sentiment de dégoût* et *d'abattement* qu'il *éprouve* bien souvent,
et *auquel* Il prévoit difficilement combien Il pourra résister, car
*la vie Lui est fort dure. « Chaque soir,* dit-il, *en quittant mon*

(1) T. I, p. 310. Lettre de Bibesco à Kisseleff.

« cabinet de travail, je me sens comme dans un état complet de
« prostration, et, chaque matin, je me réveille en sursaut,
« croyant entendre, comme le Juif errant, une voix qui me crie :
« Marche ! marche ! Et il faut reprendre encore, jusqu'à la nuit,
« la tâche pénible de la veille, de tout entendre, de tout voir, de
« tout écrire, de tout faire par soi-même, sans quoi rien ne se ferait
« ou ne se ferait qu'à rebours, et, ce qui est bien plus pénible
« encore, de parer à mille intrigues, de se défendre contre mille
« calomnies, de ménager mille prétentions, mille suceptibilités,
« mille caprices d'autant plus difficiles à satisfaire qu'ici on ne
« connaît guère ni règle ni mesure. Et, au milieu de cette lutte
« continuelle, de cette agitation de tous les instants, pas un
« homme, fût-il même notre plus proche, qui nous vienne en aide
« de bonne grâce ! Chacun y apporte ou la rancune d'un espoir
« déçu, ou l'arrière-pensée d'une illusion qu'il poursuit sans
« relâche, ou telle autre passion mesquine, ayant tous l'air de
« nous dire, en nous observant les bras croisés : Tire-toi de là
« comme tu pourras. Vous concevez que, pour peu qu'on ait ce
« que vous appelez le feu sacré, on doit se sentir brûlé comme en
« enfer. »

Si ces confidences à Kisseleff en disent long sur les luttes de
chaque jour que le Prince est obligé de soutenir, la correspondance de M. de Nion est précieuse par les détails qu'elle donne.
On y voit le Souverain aux prises avec les obstacles vivants, les
plus inattendus.

## LOI

### *Mars 1847.*

(Décret du 8 mars 1847, n° 177.)

La loi régularise les biens et les revenus du clergé ; elle organise les séminaires ; elle améliore la condition des prêtres.

TRADUCTION.

(*Bull. off.* n° 22).

## SECTION I. — RÉGULARISATION DES BIENS ET DES REVENUS.

ARTICLE 1er. — Les revenus de la Métropole, des évêchés, des couvents qui en dépendent, seront considérés, en ce qui concerne leur administration, comme formant une seule et même caisse.

ART. 2. — Toutes les propriétés foncières de la Métropole et des évêchés seront affermées par adjudication, aux enchères publiques, pour un terme de cinq ans : pour les biens de la Métropole en présence du Métropolitain, et pour ceux des évêchés en présence du Chiriarque (1) de chaque diocèse. Le Logothète des cultes et la commission financière élue par l'Assemblée devront également être présents, lorsque celle-ci ne se réunira pas.

Les conditions de l'affermage seront fixées par le Métropolitain de concert avec le Logothète des cultes ; elles seront présentées à l'approbation du Prince, et publiées au bulletin officiel une année avant l'expiration du terme du dernier contrat.

Les enchères auront lieu six mois avant l'expiration dudit terme. Le résultat en sera soumis au Prince, et ensuite les contrats, signés par le Chiriarque respectif de chaque diocèse et par le Logothète des cultes, seront délivrés aux fermiers.

(1) Fonctionnaire de l'administration religieuse.

ART. 3. — La vente des forêts appartenant à la Métropole, aux évêchés et aux couvents qui relèvent desdits évêchés, reste prohibée comme par le passé; il en sera de même pour tous les autres monastères, en attendant l'élaboration d'une loi réglant la coupe des forêts d'après des conditions déterminées et préservatrices. Au cas, toutefois, où, dans un intérêt public, il serait nécessaire de prendre du bois dans ces forêts, l'autorisation en serait accordée, après une entente préalable entre le Chiriarque du diocèse et le Logothète des cultes. Cette autorisation serait soumise à l'approbation du Prince.

ART. 4. — Les fonds qui proviendront des fermages, des loyers, des emphytéoses et d'autres revenus annuels des propriétés de la Métropole, des évêchés et des couvents qui en relèvent, seront déposés dans une caisse générale conservée à la Métropole.

Cette caisse sera sous la garde et sous la responsabilité d'un caissier, secondé par le nombre d'employés de chancellerie nécessaire, et qui sera nommé par le Prince, sur la recommandation du Métropolitain et du Logothète des cultes.

ART. 5. — Les revenus annuels, réunis dans la caisse générale, seront répartis de la manière suivante :

Pour les dépenses exigées pour la personne et la maison du Métropolitain, ainsi que pour ses actes de charité, on mettra à la disposition de Sa Grandeur. . . . . . . 200,000 piastres.
de l'évêque de Rimnic. . . . . . . . 100,000 —
de l'évêque de Bouzéo. . . . . . . . 100,000 —
de l'évêque d'Argèche. . . . . . . . 100,000 —

Total. . . . . . . . . . 500,000 piastres.

ART. 6. — Le reste des revenus sera partagé en cinq parts, à savoir :

§ A. Entretien des églises et de tous leurs serviteurs, y compris les dépenses nécessaires à tous les services; celles du Con-

sistoire, de la Chancellerie, de l'Économat et tous autres traitements en dehors de ceux des protopopes, savoir :

| | |
|---|---|
| Pour la Métropole. . . . . . | 250,000 piastres. |
| Pour l'évêché de Rimnic. . . . | 120,000 — |
| Pour l'évêché de Bouzéo. . . . | 100,000 — |
| Pour l'évêché d'Argèche. . . . | 80,000 — |
| Total. . . . . . . | 550,000 piastres. |

§ *B*. Traitement des protopopes et des proiestosses, conformément aux dispositions de l'article 5 de la loi de 1833, savoir :

| | |
|---|---|
| Pour la Métropole. . . . . . | 56,000 piastres. |
| Pour l'évêché de Rimnic. . . . | 49,000 — |
| Pour l'évêché de Bouzéo. . . . | 21,000 — |
| Pour l'évêché d'Argèche. . . . | 14,000 — |
| Total. . . . . . . | 140,000 piastres. |

§ *C*. Pour l'entretien des séminaires :

| | |
|---|---|
| A la Métropole. . . . . . . | 120,000 piastres. |
| A l'évêché de Rimnic. . . . . | 80,000 — |
| A l'évêché de Bouzéo. . . . . | 60,000 — |
| A l'évêché d'Argèche. . . . . | 40,000 — |
| Total. . . . . . . | 300,000 piastres. |

§ *D*. Pour constructions, réparations et autres dépenses extraordinaires. . . . . . . . . . . . . 300,000 piastres.

§ *E*. Réserve calculée sur le total de deux millions représentant
l'ensemble des revenus de tous les diocèses. 210,000 piastres.

ART. 7. — Pour les dépenses prévues aux paragraphes *A*, *B*
et *C*, chaque année il sera dressé pour chaque diocèse, par les
soins du Logothète des cultes et du Chiriarque du diocèse, un
budget séparé que ces fonctionnaires soumettront à l'approba-

tion du Prince. Ces budgets, après avoir été approuvés, serviront de base au caissier général pour délivrer, chaque trimestre, les sommes déterminées, et conformes à la demande que chaque diocèse lui adressera par l'intermédiaire du Logothète des cultes.

. A l'expiration de chaque année, les comptes de chaque diocèse seront établis par le Chiriarque, soumis au Prince par le Logothète des cultes, et communiqués par le Prince à l'Assemblée.

ART. 8. — L'excédent des économies qui résulterait des susdits paragraphes, ainsi que l'accroissement des revenus, seront ajoutés au paragraphe de la réserve, et il ne sera fait aucun emploi de ces sommes, pas plus que de celles destinées aux constructions, sans l'autorisation du Prince.

Pous les petites réparations qui peuvent survenir dans le courant de l'année, on emploiera, — à titre de dépenses courantes, et sans autorisation, — une somme ne dépassant pas 5,000 piastres par an pour la Métropole, et 3,000 piastres pour chaque évêché.

## SECTION II. — SÉMINAIRES.

ART. 9. — Les séminaires seront au nombre de quatre, un par diocèse; ils seront composés ceux : des évêchés, de quatre classes au moins; celui de la Métropole, de sept, dont les trois dernières, destinées aux supérieures, tiendront lieu du séminaire central mentionné dans la loi de 1840.

ART. 10. — Dans le séminaire de la Métropole, cent élèves internes seront entretenus aux frais de cet établissement; dans celui de Rimnic, quatre-vingts élèves; dans celui de Bouzéo, cinquante élèves, et dans celui d'Argèche, quarante.

En dehors des élèves internes, on recevra aussi comme externes, — à leurs frais, — ceux qui se destinent au sacerdoce, et personne ne pourra à l'avenir être admis dans les Ordres s'il n'a pas terminé les cours de l'un de ces séminaires.

Art. 11. — Les inspecteurs et les professeurs des séminaires seront nommés, sur la recommandation du Chiriarque, par un décret princier.

## Section III. — Dispositions spéciales.

Art. 12. — Les titres de propriété de la Métropole et des évêchés seront transcrits par la commission instituée *ad hoc*, en triple exemplaire, dont l'un sera déposé aux archives de l'État, le second dans les archives de chaque diocèse, et le troisième au Département des affaires ecclésiastiques.

Les dons offerts par les fidèles seront enregistrés sous la signature même du donateur, dans un registre cousu, scellé du sceau princier, et revêtu des signatures du Chiriarque du diocèse et du Logothète des cultes. Ce registre sera tenu en triple exemplaire et déposé aux endroits susnommés.

Art. 13. — Les protopopes, les prêtres, les diacres et tous les autres serviteurs de l'Église seront exemptés de toute charge envers l'État et de toute contribution envers leurs supérieurs à titre de Plokon (présent.) En outre, les prêtres des villages obtiendront des propriétaires, — sans exiger d'eux ni dîme ni redevance en numéraire, — un terrain double de celui concédé à un corvéable possédant quatre bœufs.

Art. 14. — Pour les casuels provenant des baptêmes, mariages, enterrements et autres cérémonies, il sera préparé un projet de loi par le Métropolitain et les évêques, en commun avec le Logothète des cultes, à cette fin de fixer au profit des desservants de l'Église une taxe déterminée, dont on ne pourra s'écarter.

Art. 15. — Toutes les dispositions des lois antérieures relatives à cette matière continueront à être en vigueur tant qu'elles n'auront point été modifiées ou infirmées par la présente loi.

(Suivent les signatures du président et des secrétaires.)

# MESSAGE DE CLOTURE

## (11 MARS 1847)

# MESSAGE DE CLOTURE

Message de clôture de la Chambre pour la session de 1847.

Le Prince félicite l'Assemblée pour le calme, la dignité, la sagesse dont elle a fait preuve, et grâce auxquels les travaux entrepris ont pu être menés à bonne fin.

Cette session, dit Son Altesse, restera mémorable dans les annales de notre histoire.

TRADUCTION.

11 mars 1847, n° 212 (*Bull. off.* n° 21, du 12 mars 1847).

*Nous Georges-Démètre Bibesco, Voïvode, par la grâce de Dieu Souverain de toute la Valachie,*

*A l'honorable Assemblée générale ordinaire.*

Les travaux dont l'honorable Assemblée avait à s'occuper pendant cette session ayant pris fin, Nous prononçons sa clôture conformément à l'article 60 du Règlement organique.

A cette occasion, Nous ne pouvons Nous empêcher de témoigner à l'honorable Assemblée, et spécialement à son Président, Sa Sainteté le Métropolitain, Notre satisfaction particulière et l'expression de Notre reconnaissance pour le calme, la dignité et la sagesse dont l'Assemblée a fait preuve au cours de ses travaux. Le sentiment que Nous exprimons dans cette enceinte n'est pas seulement le Nôtre ; si l'honorable Assemblée consultait l'opinion publique, elle resterait convaincue qu'elle a fait une conquête d'un bien autre prix, en s'assurant l'amour et la considération générale, — digne récompense de son labeur, — que Nous lui avions prédits à l'ouverture de la session.

Cette session restera mémorable dans les annales de notre

histoire; en dehors des souvenirs fortifiants qu'elle laissera dans l'esprit de tous ceux qui ont pris part à ses travaux, elle sera aussi pour chacun un enseignement utile, car elle prouvera que les plus heureux résultats peuvent être obtenus, quand on est uni pour atteindre le même but, et que ce but est le bien public.

Nous ne doutons pas que l'honorable Assemblée ne poursuive la belle carrière qu'elle vient d'inaugurer. Elle Nous trouvera toujours prêt à lui tendre la main pour concourir au développement, à la consolidation du bonheur de Notre chère patrie.

Monsieur le secrétaire d'État est chargé de donner lecture de ce message.

(Suit la signature de Son Altesse.)

*Le Secrétaire d'État,*

M. BALEANO.

# INCENDIE DE BUCAREST

(1847)

# INCENDIE DE BUCAREST

Dispositions prises à l'occasion du grand incendie qui a éclaté à Bucarest dans la nuit de Pâques 1847.

TRADUCTION.

26 mars 1847 (*Bull. off.* n° 24).

*Nous Georges-Démètre Bibesco, par la grâce de Dieu Prince régnant de toute la Valachie,*
    *Au Département de l'intérieur.*

L'incendie, ce terrible fléau qui vient de frapper Notre capitale et de détruire les quartiers les plus peuplés, a laissé dans Notre âme la plus profonde douleur. Si Nous cherchions une consolation, Nous la trouverions dans cette conviction de Notre cœur que tout ce qu'il a été humainement possible de faire sur le lieu même du sinistre, pour combattre le mal, a été tenté; et dans cet espoir que non seulement les habitants sauvés providentiellement accompliront avec joie un devoir sacré en venant en aide aux victimes, mais que tous les habitants du pays contribueront à l'envi, dans les limites de leurs moyens, à l'allègement des souffrances de leurs frères qui sont aujourd'hui sans abri et sans pain.

Dans ce but, et après Nous être concerté avec Sa Sainteté le Métropolitain et avec Notre Conseil extraordinaire, Nous ordonnons que les caisses publiques versent les sommes suivantes :

La Métropole et les Évêchés, le quart de leur revenu annuel
soit. . . . . . . . . . . . . .      500,000 piastres.

La Caisse centrale, toute la somme restant disponible sur l'année courante, après
qu'il aura été fait droit aux dépenses prévues
pour les établissements de bienfaisance. .      200,000      —

Les Monastères dédiés, deux dixièmes
de leur revenu sur l'année courante (exception faite pour le monastère Saint-Georges
le Nouveau), soit environ. . . . . .      700,000      —

La caisse de la Vistiairie (du paragraphe
de la réserve). . . . . . . . . .      300,000      —

Les fonctionnaires civils et militaires,
leur traitement d'un mois s'ils touchent au
delà de trois cents piastres. Sont exceptés
ceux qui ont souffert de l'incendie. . .      300,000      —

Et la réserve des caisses municipales de
toutes les villes de la Principauté. . .      200,000      —

Total. . . . . . . .      2,200,000 piastres.

Ces sommes seront réunies, dans le plus bref délai possible, à la
caisse de la Vistiairie, à la suite de l'entente qui aura lieu entre
le grand Vistiar, le chargé des fonctions de grand Vornic et le
Logothète des cultes, et elles seront distribuées avec celles provenant d'autres secours, conformément aux décisions qui seront
prises après l'enquête destinée à faire connaître les personnes à
secourir.

Les souscriptions seront reçues dans la capitale : pour la classe
des boyards, par MM. les Logothètes Emmanuel Baleano, Jean
Filipesco, et le cloutschiar G. Marcovici; pour la classe des commerçants, par les cloutschiar Opran, Hillel Manoach, le pitar
M. Califar et MM. Cerlenti, Czanto et Jean Ghermani (1).

(1) Le Prince a fait don sur sa cassette particulière d'une somme de deux cent

Les noms de tous ceux qui viendront en aide aux victimes, et les sommes qu'ils auront données, seront publiés dans le bulletin officiel. Dans la petite Valachie, cette mission incombera à Notre bien-aimé frère le Logothète Jean Bibesco, de concert avec les administrateurs des districts; et dans les districts de la grande Valachie, les administrateurs exhorteront tous ceux qu'animeront des sentiments de charité et d'humanité à apporter leur obole, certains d'attirer sur eux, en accomplissant cet acte, les bénédictions du Ciel et la reconnaissance des hommes.

L'argent recueilli de toutes ces souscriptions sera envoyé : celui de la capitale, directement au département de la Vistiairie, et celui des districts au Département de l'intérieur, en même temps que la liste des donateurs, ce qui permettra de donner suite aux dispositions relatives aux publications ci-dessus indiquées.

Le Département de l'intérieur portera ces dispositions à la connaissance de qui de droit, pour qu'elles reçoivent une prompte exécution.

(Suit la signature de Son Altesse.)

*Le secrétaire d'État,*

M. BALEANO.

---

*Le Prince au Département de l'intérieur.*

TRADUCTION.

26 mars 1847 (n° 238).

Comme il est indispensable de dresser un état de tous ceux qui ont été victimes du terrible incendie et des pertes que chacun d'eux a subies, ainsi qu'une liste de tous ceux qui sont

mille piastres (en dehors de trente mille francs ajoutés plus tard), soit près du tiers de sa liste civile.

restés sans moyens d'existence et dont la situation réclame un prompt secours, Nous désignons, pour établir ces actes, outre le chef de la police et le président de la municipalité, les personnes dont les noms suivent :

MM. le... G. Opran; le pitar M. Califaru; le pitar Lazar Calenderoglu; le pitar Ivancea Gherasim; Jean Manovici; Michel Xanto; Anghel-Hagi Pandele; Démètre-Georges le Cojocar (1); Basile Damovin; Hilel Manoah; Jean Pancu; Apostol Braschoveanu (2); Crâciun Heraru (3); Nicolas Stamatiadi; Triandafil Olaru (4); Ghitza (5) Muzicâ; Étienne Cumbâcaru; Diamandi Anghelovici.

Ces personnes recueilleront avec la plus grande impartialité les renseignements les plus sûrs, et Nous soumettront leur travail dans le plus bref délai, pour Nous permettre de prendre toutes les mesures possibles, dans le but de soulager les malheureux.

M. le chef du Département portera cet ordre à la connaissance de qui de droit.

(Suit la signature de Son Altesse.)

*Le secrétaire d'État,*

M. BALEANO.

---

*Le Prince au Département de l'intérieur.*

26 mars 1847 (n° 237).

Notre Altesse étant informée que, parmi ceux qui font le commerce de matériaux de construction, il se trouve des commer-

---

(1) Le fabricant de *cojocs*. Le cojoc est le petit manteau fourré du pays.
(2) Ce nom vient de Brasov (Cronstadt). — *Brasovenii,* articles fabriqués à Brasov, draps, etc.
(3) Si l'on traduisait ce nom, cela donnerait Noël le forgeron (de *her* pour *fer*).
(4) Rose le Potier (olla).
(5) Ghitza : diminutif de Georges.

çants dont l'intention est de profiter de l'incendie pour spéculer sur le malheur public, — action que nulle loi ne saurait tolérer et que Nous ne saurions permettre, — Nous ordonnons audit Département de donner immédiatement, dans toute la capitale, la plus grande publicité à cet ordre, à savoir : qu'il est défendu à quiconque d'élever, sous aucun prétexte, les prix des matériaux de construction au-dessus de ce qu'ils étaient avant la catastrophe; qu'il est également défendu aux ouvriers et aux manœuvres d'exiger une paye plus élevée que celle admise jusqu'à ce jour. Ceux qui seront convaincus d'avoir enfreint ces ordres seront sévèrement punis, et perdront même la somme qui leur serait due.

Monsieur le chef du Département de l'intérieur s'informera auprès du Conseil municipal des prix des matériaux et du taux du salaire payé jusqu'à ce jour, et il prendra les mesures les plus propres à assurer l'exécution des dispositions énoncées ci-dessus.

(Suit la signature de Son Altesse.)

*Le secrétaire d'État,*

M. BALEANO.


Au sujet de l'*Incendie de Bucarest,* M. de Nion écrit à M. Guizot (1) :

« Le Prince aurait droit, personnellement, à une part aussi
« large qu'incontestable dans les louanges qu'il accorde à la cha-
« rité publique à l'occasion de l'incendie du 4 avril. Le total des
« secours qu'Il a distribués sur sa cassette particulière ne s'élève
« pas à moins de cent mille francs. Cette somme est précisément
« égale au total réuni des donations envoyées par le sultan Abdul-
« Medjid et par l'empereur de Russie. »

(1) Bucarest, 7 février 1848. Archives des affaires étrangères, Paris.

Le Prince donnait, par le fait, le tiers de sa liste civile pour venir en aide à un malheur public.

TRADUCTION.

ANTON PANN, le poète populaire de l'époque, s'exprime en ces termes dans l'opuscule intitulé : *Mémorable Incendie de la nuit de Pâques, 23 mars (vieux style) 1847* : « Le Prince contem-
« plant les larmes aux yeux cette catastrophe, ce deuil, donne
« aux malheureux, de son propre avoir, de grandes sommes ; et
« tout le monde, rempli de compassion, suit l'exemple du Prince,
« joint ses dons aux siens ; il en vient même des contrées les
« plus éloignées.

« Le Prince visite tous les infortunés et répand sur eux ses
« bienfaits, — qu'ils soient roumains ou étrangers, — comme
« s'ils étaient ses propres enfants. Et sa charité fait tarir les
« pleurs et des milliers d'actions de grâce s'élèvent vers le ciel
« comme un encens.

« Vive Bibesco ! répètent mille bouches ; que le Tout-Puissant
« Lui donne longue vie et long règne (1). »

---

(1) Voir à l'appendice la poésie tout entière. Voir à propos de l'incendie de Bucarest la lettre de Kisseleff, tome I<sup>er</sup>, p. 308 et 309. — Rappelons que le Prince avait déjà donné, à propos, de l'incendie de Iassy une somme de dix mille piastres (décret du 10 août 1844, n° 374), et qu'au début de son règne, en 1843, lors de l'incendie de Ploiesti II avait provoqué, par un message à l'Assemblée, (*Bull. off.* n° 30, année 1843), une souscription, en tête de laquelle Il s'était inscrit pour six mille piastres (*Bull. off.,* 1843, n° 79.)

*A S. S. le Prince régnant de tout le Pays roumain*
*Georges-Démètre Bibesco,*
*Le chef de l'état-major de Votre Altesse.*

Rapport au sujet d'un plan relatif à la construction de nouveaux piquets (1).

TRADUCTION.

13 avril 1847, n° 42 (*Bull. off.* n° 30, du 28 avril 1847).

Votre Altesse désirant rendre moins pénible pour les villages formant le cordon du Danube l'obligation (2), à laquelle ils ont été soumis, de construire des piquets le long du fleuve, aux endroits exposés à l'inondation, — inondation nécessitant, deux fois par an, la construction de la plupart de ces piquets, — et voulant rendre plus efficace la garde de cette frontière, a bien voulu m'ordonner de faire un plan relatif à la construction des nouveaux piquets qui, devant être permanents au bord du fleuve, n'auraient plus à être déplacés au moment de la crue des eaux, ainsi que cela a toujours eu lieu. Conformément à cet ordre, j'ai eu l'honneur de présenter à Votre Altesse un plan de piquet élevé sur pilotis, ainsi que le devis montant à la somme de 3,800 piastres par piquet; et Votre Altesse, en approuvant ce plan, a prescrit aux préfets de Mehedintzi, de Dolj, de Teleorman, de Vlaschka et de Jalomitza, de s'enquérir de la somme nécessaire à la construction d'un piquet conforme au plan donné. A cette demande, il a été répondu que :

Dans le district de Mehedintzi, outre le bois, le matériel et

(1) Nous avons vu que l'on donnait le nom de *piquets* aux gardes-frontières fournis par les villages situés aux bords du Danube. (Voir p. 102.) Dans le cas présent, ce mot s'applique aux obstacles en bois élevés le long du Danube.

(2) Si ces villages étaient encore astreints à cette obligation, la faute en était à l'Assemblée de 1844, qui avait repoussé la loi sur la milice. (Voir p. 125-131 de ce volume.)

son transport au bord du fleuve, la construction seule du piquet reviendrait à 2,000 piastres (1);

Dans le district de Dolj, le bois seul sans la construction coûterait 4,858 piastres 28 paras;

Dans celui de Teleorman, 7,175 piastres 20 paras;

Dans celui de Vlaschka, 2,435 piastres outre les grands pieux et les dépenses de construction;

Dans celui de Jalomitza, 5,400 lei.

Votre Altesse, prenant connaissance de ces prix, a donné l'ordre de construire un piquet d'essai : ce piquet a été dressé dans la petite Valachie, près de l'île de Galsana, et a coûté 2,278 piastres 30 paras.

Sur cette base, Votre Altesse a arrêté qu'il serait établi 194 piquets aux endroits exposés à l'inondation. Leur construction ayant été terminée l'année dernière, livraison en a été faite, contre quittance, aux commandants des divers points de la frontière.

La solidité de ces piquets ressort de ce fait que quelques-uns d'entre eux, faits en 1844 et 1845, n'ont nullement été endommagés par l'inondation. L'expérience a été plus concluante encore cette année. Tous les piquets ont été en général exposés, lors du dégel, au choc des glaçons, et principalement ceux qui portent les n°s 176, 183, 187 et 190, situés entre Cocargeava et Gura Ialomitzei; et cependant le choc des glaçons ainsi que les grandes eaux qui ont baigné ces piquets pendant longtemps n'en ont pu endommager aucun. Seuls quelques poteaux de défense, qui n'avaient pas été garantis par des pieux contre le choc des glaçons, ont subi quelques légères avaries.

Ces 194 piquets ont coûté, tous comptes vérifiés, la somme de 358,013 piastres 13 paras 1/3, ce qui revient pour chacun d'eux à 1,845 piastres 18 paras.

(1) La piastre (ou leu ancien) valait quarante paras, environ trente-trois centimes, le tiers du leu actuel ou franc.

J'ai donc l'honneur de soumettre à Votre Altesse ce qui précède, et de Lui présenter, en même temps que la liste des piquets nouvellement établis, le relevé des sommes reçues, d'après Ses ordres, de la Caisse militaire. Ces sommes s'élèvent au total de 359,560 piastres, dont 1,541 piastres 26 paras 1/2 — non employées — ont été restituées, les dépenses ne s'étant montées qu'à 358,018 piastres 13 paras 1/2. Je présente en même temps à Son Altesse un compte résumé des dépenses effectuées pour la somme de 360,608 piastres 3 paras 1/2, c'est-à-dire 358,018 lei 13 paras 1/2 reçus de la Caisse militaire, et 2,589 piastres 30 paras, produites par la vente de certains matériaux, et je La prie de vouloir bien m'autoriser à remettre à la personne qu'Elle désignera les comptes et les preuves à l'appui, afin qu'ils soient vérifiés et contrôlés.

*Le chef de l'état-major,*

Colonel BANOV.

---

*Le Département de l'intérieur aux Préfets des districts.*

### ORDRE CIRCULAIRE.

Les administrateurs sont rappelés à l'application du Règlement organique, art. 355, en ce qui touche le choix des sous-administrateurs (sous-préfets) qui doivent être les premiers à veiller au maintien de l'ordre, de la sécurité publique, de la PROTECTION DUE AUX PAYSANS, et au RESPECT DU DROIT DE PROPRIÉTÉ.

TRADUCTION.
23 mai 1847, n° 2745 (*Bull. off.*, 26 mai 1847; n° 37).

Nul n'ignore que, pour tous les travaux de l'administration, ce sont les sous-préfets des arrondissements qui les commencent et les terminent. Ils sont les premiers organes du gouvernement,

qui veillent dans le pays entier au maintien de l'ordre, à la
sécurité publique, à l'exécution des ordres reçus, à la protection
*à donner aux des paysans contre toute injustice qui leur serait*
*faite,* et au respect du *droit de propriété.* Par suite, lorsque le
mérite et le choix de ces sous-préfets répondront réellement à la
mission qui leur incombe, on pourra être certain que la loi sera
exécutée à temps, qu'elle ne rencontrera dans l'application aucun
obstacle, qu'elle ne déviera pas du but; qu'on aidera à tous les
progrès moraux et matériels, dont nous avons un besoin urgent;
et que chacun sera heureux de jouir d'une foule de bienfaits que
nous procurent les lois en vigueur. Si au contraire leur choix
était fait contrairement aux principes posés par la loi, toutes
les aspirations vers un état meilleur seraient paralysées.

Le Règlement organique, en confiant l'élection de ces fonctionnaires à la conscience et aux lumières des nobles propriétaires,
— article 355, — a poursuivi deux buts importants : celui de
garantir au gouvernement la bonne conduite, le mérite et la
capacité de ces fonctionnaires, — garantie au sujet de laquelle
une majorité de voix représentant l'opinion publique ne lais-
serait pas de doutes, — et celui de donner aux propriétaires la certitude d'être à l'abri de toutes violences ou empiétements de la
part des paysans qui vivent sur leurs terres.

Il est arrivé, par malheur, que dans plusieurs localités on n'a
pas suffisamment pris en considération ces précautions importantes pour le choix qu'on a fait de certains sous-préfets; le
besoin réel des administrés aurait pourtant dû éclairer la conscience des électeurs. Par malheur, dans ces choix sont inter-
venues les questions de faveurs, de protections, et peut-être
d'autres manœuvres encore, raisons pour lesquelles on a vu
figurer, parmi les élus, des gens entièrement étrangers au district où ils fonctionnent, sans aucune aptitude, sans le moindre
mérite, ne possédant pas les connaissances réclamées par leur
fonction, et ignorant les devoirs qu'ils avaient à remplir. Aussi

les résultats ont-ils été désastreux, et le mécontentement témoigné aux électeurs, de toute justice.

Le Département, appelant l'attention de Monsieur le Préfet et des boyards électeurs sur tout ce qui précède, les invite à se pénétrer sérieusement du devoir important qui leur incombe, à comprendre le grand avantage qu'il y aurait à faire des choix dictés par la conscience, à se garder conséquemment de toute partialité et à s'efforcer d'élire des gens qui réuniraient le mérite, la connaissance du service, la droiture et une capacité reconnue. Tels sont les sentiments dont ils devront s'inspirer, lors de l'élection annoncée par l'adresse du Département, en date du 19 de ce mois. Ils voudront bien prendre en considération qu'autant une bonne élection leur fera honneur, autant la moindre partialité en faveur des personnes qui manqueraient des qualités requises leur serait nuisible.

Monsieur le Préfet devra, — le jour de l'élection, — donner lecture dans la salle de l'assemblée, en présence de tous les électeurs présents, des instructions concernant les élections des sous-préfets. Il y ajoutera ce qu'il croira utile, et veillera, en présidant aux opérations, à ce que l'amour du bien public et les sentiments honnêtes en soient l'âme.

*Le grand conseiller,*

A. VILARA.

---

DÉCRET DU 13 JUIN 1847, N° 36.

*Au Chef de l'armée.*

Le Prince crée une école militaire à Bucarest.

TRADUCTION.

(*Bull. off.*, 24 juin, n° 16.)

Prenant en considération les motifs contenus dans les annexes

A et B qui accompagnent le rapport de la commission instituée pour l'élaboration du projet d'*organisation d'une école militaire*, Nous avons trouvé ces motifs conformes à Nos vues et à Notre désir. Les dispositions comprises dans l'annexe, lettre A, seront mises à exécution avec les développements que l'expérience et les besoins indiqueront, aussitôt que l'école militaire sera ouverte dans le bâtiment qui doit être construit à cet effet. Vous veillerez à ce que les plans Nous en soient soumis sans retard. En attendant, on installera provisoirement l'école de sous-officiers dans la caserne de la cavalerie, conformément aux données exposées dans l'annexe B. Nous ordonnons à cet effet ce qui suit :

1° La somme de 10,000 piastres nécessaire à la mise en état des chambres destinées au logement et à l'instruction des élèves sera prise sur les économies de l'armée ;

2° La somme de 16,000 piastres par an, jugée nécessaire à l'entretien des élèves tant pour leur assurer une nourriture suffisante que pour leur fournir des livres et autres objets d'étude, sera couverte par la somme de deux ducats par mois, payés par les familles des élèves militaires ;

3° La somme de 30,000 piastres affectée aux appointements des professeurs sera prise sur la somme attribuée, par la loi de l'année 1847, à l'établissement d'une école militaire. Les sous-officiers qui, à la fin des deux années de cours, auront prouvé le plus de capacité pour les études et les sciences qu'on aura exigées d'eux, — aux termes du § 2 de l'annexe, lettre B, — avant leur passage aux exercices pratiques, et qui durant cette dernière année se seront montrés bien disciplinés et capables, acquerront un droit à l'avancement pour le grade d'officier.

(Suit la signature de Son Altesse.)

*Le Département de l'intérieur aux Préfets des districts.*

ORDRES (1).

Ces ordres font connaître les formalités que doivent remplir les sous-préfets nouvellement élus et les obligations qui leur incombent dans l'exercice de leurs fonctions.

TRADUCTION.

1er juillet 1847 (*Bull off.* n° 48).

Attendu que tous les travaux d'administration concernant les charges imposées aux préfets sont exécutés par les sous-préfets, il nous a paru urgent, à l'occasion du choix de ces derniers, de faire connaître aujourd'hui à MM. les Préfets comment les sous-préfets nouvellement nommés doivent entrer en fonction, et sur quels principes ils doivent se baser pour exercer les fonctions qui leur ont été confiées.

Il en résultera que le travail qui leur est demandé sera plus régulier, et la méthode employée plus conforme aux bases reconnues par la loi. Le gouvernement pourra alors être assuré que le bon ordre sera observé et que tous les habitants du pays, à quelque classe qu'ils appartiennent, obtiendront effectivement et à temps la satisfaction qui leur est due; que les droits bien fondés seront dûment respectés, comme le sont, grâce à la sollicitude paternelle du gouvernement, ceux de tous les citoyens, sans distinction.

Prenant en considération ce qui précède, les Préfets imposeront aux sous-préfets nouvellement élus les obligations suivantes :

1° De prêter, — chacun à leur tour, et dans la chancellerie de la Préfecture, — le serment exigé par l'article 357 du Règlement

(1) Nous croyons utile de faire connaître ces ordres; ils prouvent le souci du Prince et de ses ministres pour la légalité et leur sollicitude pour le paysan.

organique, en observant toutes les formes prescrites, savoir : de lire à haute et intelligible voix ledit serment, de façon qu'il soit entendu de tous ceux qui sont présents à la chancellerie, d'appuyer la main droite sur l'Évangile, puis de signer le serment et de le remettre lui-même au Préfet, comme une preuve véritable, irrécusable, de la résolution qu'il prend devant Dieu, devant le Souverain et le Pays, de se conduire dans l'accomplissement de ses devoirs suivant les principes de la fidélité et de la morale ;

2° Le même jour, ou au plus tard le lendemain, il partira sans faute pour sa sous-préfecture, où, par suite des renseignements qu'il obtiendra et de la lecture des ordres qu'il y trouvera, — que ces ordres soient arrivés depuis peu ou depuis quelque temps déjà, qu'ils n'aient pas pu être éxécutés ou qu'ils aient eu un commencement d'exécution, — il mettra tout en œuvre pour y donner suite ;

3° Dans le délai de quinze jours il devra, — en lisant tous les dossiers de la sous-préfecture, toutes les instructions données à différentes époques, et principalement celles du commencement de l'année 1843, également publiées par les feuilles publiques, — se pénétrer des devoirs qui incombent aux sous-préfets, et les suivre à la lettre ;

4° Un mois après son entrée en fonction, il visitera tour à tour tous les villages de son arrondissement, situés dans la plaine et dans la montagne (1), afin de connaître de près tous les habitants ; il leur donnera des conseils sur tout ce qui touche à leurs intérêts ; il les assurera qu'ils obtiendront toujours satisfaction quand ils seront dans leur droit ; il les obligera à remplir promptement les ordres du gouvernement, ainsi que leurs obligations envers les propriétaires des terres sur lesquelles ils habitent et où ils trouvent leur existence ; enfin, il leur fera comprendre à tous que, autant les habitants soumis, travailleurs et ayant une

(1) Les arrondissements des plaines s'appellent *plàsi* (plaine) ; ceux des montagnes, *plaiu1i* (plateaux).

bonne conduite, seront protégés et soutenus, autant ceux qui désobéiront, qui seront voleurs et brigands, et ceux qui ne se soumettront pas aux lois existantes, subiront l'impitoyable sévérité des lois. Cela sera un moyen de les rendre meilleurs et de faire des exemples qui puissent servir aux autres;

5° Dans cette inspection, le sous-préfet se servira de ses chevaux et de sa voiture et ne sera accompagné que de deux ou trois dorobantzi au plus, pour éviter d'occasionner des dépenses aux villages. A son arrivée dans chaque village, il vérifiera, en présence du propriétaire ou de son fondé de pouvoir, du prêtre et des notables, la situation de la caisse de réserve; il comptera l'argent en leur présence, et il fera l'inventaire du magasin. Pour l'un et l'autre il dressera un état que signeront toutes les personnes présentes; il y notera tous les faits accomplis : puis il dressera des registres publics pour tous les villages, il les signera et les enverra en temps opportun à la préfecture, qui les transmettra au ministère. Ces états, dressés dans chaque village et signés par les personnes compétentes, — comme il est dit ci-dessus, — seront réunis en dossiers, cousus, ayant leur bordure et leurs pages numérotées. M. le sous-préfet les conservera dans sa chancellerie afin de pouvoir les produire comme preuve aux questions qu'on lui adressera;

6° Si, lors de la vérification du contenu des caisses de réserve ou de l'inventaire des produits des magasins de réserve, on constatait un déficit qui n'eût pas une justification légale, et que ce déficit dût incomber aux habitants du village, le sous-préfet aurait pour devoir de les obliger à le combler sans retard; et, s'il survenait d'autres faits analogues, il les mentionnerait dans les registres qui doivent être envoyés à la préfecture, en face de chaque somme énoncée dans la colonne spéciale : « Observations »;

7° Nul sous-préfet n'a le droit de s'occuper d'affermage, de labour, où d'autres spéculations, dans le rayon de son arrondissement, qu'il le fasse en son nom, comme tiers ou comme associé.

Celui qui contreviendra à ces dispositions sera immédiatement destitué;

8° Toute demande faite à un village par le sous-préfet, ou sur l'ordre du préfet, ou à la suite d'une réclamation quelconque, devra être écrite et adressée, dans les formes prescrites, aux notables des villages; le dorobantz porteur de cet ordre insistera auprès d'eux pour qu'il soit exécuté, et les notables, de leur côté, seront tenus de l'exécuter et de conserver la pièce dans les archives du village, pour qu'elle puisse, au cas d'une enquête, servir à établir la vérité. Conséquemment à cette décision, tout ordre donné par un sous-préfet à un dorobantz pour faire exécuter une obligation de ce genre, sans que les notables des villages en soient informés, sera considéré comme nul et non avenu, et le sous-préfet qui aura osé contrevenir aux ordres donnés sera immédiatement suspendu et puni, après enquête, suivant la gravité de sa faute;

9° Dans toute question d'oppression que les habitants des villages subiraient de la part des propriétaires, de leurs intendants ou de leurs fermiers, en violation des lois qui consacrent des droits réciproques, les sous-préfets seront tenus de donner suite immédiatement aux plaintes des premiers et de leur faire bonne et prompte justice, en ordonnant à leurs oppresseurs de rester dans la limite vraie de leurs droits. Toutefois et pour les mêmes motifs, ils seront tenus de faciliter aussi les besoins des propriétaires, par les ordres qu'ils donneront aux notables des villages, et en se servant des dorobantzi qui sont chargés de veiller, dans les villages, à l'accomplissement des obligations imposées aux corvéables, dans le cas où ceux-ci ne les reconnaîtraient pas ou qu'ils n'auraient cure des contrats légaux passés en temps voulu par eux avec les propriétaires. — Quoi qu'il en soit, les sous-préfets se garderont bien, même dans ce cas, d'accepter un

cadeau quelconque *qui aurait pour résultat d'autoriser de nouvelles injustices contre les paysans;* il ne devra pas négliger de
prendre à temps toutes les mesures que comporte la situation,
sans quoi il résulterait, dans l'un comme dans l'autre cas, de
grandes pertes pour les propriétaires, et leur responsabilité serait
de toutes façons gravement compromise ;

10° D'après les rapports verbaux que les sous-préfets reçoivent,
chaque dimanche, des gardiens, et d'après les autres informations qu'ils ont à se procurer sur l'état de chaque village, ils
peuvent arriver à connaître à fond leur arrondissement. Leur
devoir est d'exercer sans cesse la plus grande surveillance,
de mettre tous leurs soins à ce que rien ne vienne porter
atteinte à la sécurité des villages, que pas un vol n'y soit commis, qu'on n'y relève ni feu mis par des mains coupables à des
meules de foin ou de blé. Pour parer à cette grave éventualité,
le sous-préfet forcera tous les paysans à se garder avec le plus
grand soin : il leur fera comprendre que, dans le cas d'un pareil
sinistre, le village tout entier serait rendu responsable, — conformément aux lois en vigueur, — des dommages causés aux
victimes, et que la peine la plus sévère contenue dans la loi
serait prononcée contre le coupable ;

11° Attendu que les copistes de la sous-préfecture, auxquels
on a donné le nom d'adjoints, sont choisis et nommés directement
par le sous-préfet, chaque sous-préfet est prévenu qu'il sera
responsable de toute contravention de ces copistes aux devoirs
qui leur incombe, de tout détournement des fonds publics, de
toute perception illégale.

Aussi MM. les sous-préfets doivent-ils, quand ils nomment ces
fonctionnaires, prendre sur leur conduite tous les renseignements
possibles, les surveiller et les empêcher de commettre, soit en
leur présence, soit en leur absence, la moindre négligence ou
infraction à la règle ;

12° Comme ces employés attachés à la sous-préfecture ne

sont pas de ces fonctionnaires publics qui prêtent le serment exigé par le Règlement organique, mais qu'ils sont nommés dans le seul but d'aider et de faciliter le travail du sous-préfet, leur signature sur les actes publics, — tels que livrets, accords, contrats et autres actes qui seraient présentés à la préfecture, — ne saurait, par cette raison même, être valable. Les légalisations ne sont valables qu'autant qu'elles portent la signature des sous préfets.

*Le grand Vornic,*

A. VILARA.

# ABOLITION DE L'ESCLAVAGE

## 11 FÉVRIER 1847

## Message relatif à l'abolition de l'esclavage.

Le Prince soumet à l'Assemblée un projet de loi pour l'émancipation des Bohémiens appartenant à la sainte Métropole, aux évêchés et aux monastères. Son Altesse propose également que la capitation des Bohémiens devenus citoyens serve à racheter les esclaves appartenant aux particuliers.

*Vous acquerrez, en votant cette loi,* dit le Prince en s'adressant à la Chambre, *un des droits les plus puissants à la reconnaissance de l'humanité et dè la postérité* (1).

TRADUCTION.

8 février 1847 (n° 130).

Nous, Georges-Démètre Bibesco, Voïvode, par la grâce de Dieu Prince souverain de toute la Valachie,

A l'honorable Assemblée générale ordinaire.

Prenant en considération que la somme affectée par les lois des années 1832 et 1843 au rachat des Bohémiens appartenant à l'État est très petite et ne correspond nullement au but à atteindre; que les revenus de la sainte Métropole, des évêchés et de tous les monastères de ce pays, donnent aujourd'hui un bénéfice net, Nous avons cru accomplir un devoir dicté par l'amour de l'humanité et de la religion en soumettant à l'Assemblée, —à la suite du rapport qui Nous a été adressé par Notre conseil extraordinaire, — le projet de loi ci-joint, sur l'émancipation des Bohémiens appartenant aux susdits établissements. D'après ce projet, ces Bohémiens devant être dorénavant soumis au régime des autres citoyens libres, le produit de leur capitation devra être

(1) Voir, p. 26-35 de ce volume, l'Exposé de la question sur l'émancipation des esclaves.

employé exclusivement à racheter les esclaves appartenant à ceux des particuliers qui voudraient vendre les leurs.

Connaissant les sentiments qui animent les membres de l'honorable Assemblée générale, Nous ne doutons point qu'ils ne trouvent dans ce projet l'occasion d'acquérir les droits les plus sacrés à la reconnaissance de l'humanité et de la postérité.

M. le chef du département du contrôle donnera lecture de ce message.

(Suit la signature de Son Altesse.)

*Le chef du département du contrôle,*

M. FLORESCO.

*Projet de loi sur l'émancipation des Bohémiens de la sainte Métropole, des évêchés, de tous les monastères et couvents, des églises et des établissements publics.*

TRADUCTION.

ARTICLE Iᵉʳ. — Sont libérés de l'esclavage tous les Bohémiens de la sainte Métropole, des évêchés et de tous les monastères et couvents en général, ainsi que ceux des églises et de tous les établissements publics, sans distinction, dans toute l'étendue de la Principauté de Valachie.

Ces Bohémiens, de même que ceux de l'État soumis à la même condition, seront libres, et ils jouiront du droit de se marier avec des Roumaines, et les Bohémiennes avec des Roumains.

ART. 2. — La capitation légale qui sera perçue de ces Bohémiens sera versée à la Vistiairie (ministère des finances) et réunie à la somme destinée au même but par l'article 12 de la loi de l'année 1832 et par l'article 10 de la loi de 1843 ; elle sera uniquement employée à l'émancipation des Bohémiens vendus par les particuliers de leur plein gré. Il sera tenu un compte exact des sommes encaissées et du nombre des familles rachetées chaque année, et ce compte sera soumis, en même temps que les autres, à l'examen de l'Assemblée générale.

ART. 3. — La capitation qui sera perçue des familles bohémiennes rachetées aux particuliers, — au fur et à mesure, — sera également ajoutée, d'après les dispositions indiquées plus haut, au capital destiné à l'émancipation, et employée au rachat des Bohémiens, aussi longtemps qu'il y en aura à vendre.

---

*Rapport de l'honorable Assemblée générale*
*à S. A. le Prince.*

L'Assemblée vote à l'unanimité le projet de loi.

TRADUCTION.

11 février 1847 (n° 361).

ALTESSE,

L'Assemblée générale, prenant connaissance, avec toute l'attention désirable, du Message de Votre Altesse, n° 130, et du projet de loi qui l'accompagne, concernant l'émancipation des Bohémiens de la Métropole, des évêchés, de tous les monastères et couvents qui en dépendent, des églises et de tout autre établissement public; voyant le bel exemple donné par S. S. le Métropolitain, président de l'Assemblée générale, qui a invité l'Assemblée à voter cette loi, en exprimant le vœu que cet acte servît à tous de modèle;

L'Assemblée, pénétrée de reconnaissance pour cette paternelle bienveillance de Sa Sainteté, a voté à l'unanimité ledit projet de loi, décidant qu'il fût soumis à Votre haute approbation.

Le secrétariat, conformément à la décision de l'Assemblée, soumet donc avec respect ledit projet à la haute confirmation de Votre Altesse.

(*Signé :* Le président de l'Assemblée générale.)

## *Message.*

Le Prince sanctionne la loi relative à l'émancipation des Bohémiens, loi « que l'esprit du siècle et les progrès de la civilisation rendaient indispensable ». — « *La séance du 11 février 1847 fera époque* », dit le Prince, « *dans les annales historiques de notre Patrie.* »

TRADUCTION.

13 février 1847, n° 143 (*Bull, off.* du 17 février, n° 13).

Nous, Georges-Démètre Bibesco, Voïvode, par la grâce de Dieu Prince souverain de toute la Valachie,
A l'honorable Assemblée générale.

Vu le rapport n° 361, qui Nous a été présenté revêtu de la signature du président et du secrétariat de cette honorable Assemblée, et portant à Notre connaissance que, à la suite de l'examen du projet de loi concernant l'émancipation des Bohémiens de la sainte Métropole, des évêchés, de tous les monastères et couvents en général, de ceux des églises et de tous les établissements publics, sans distinction, qui se trouvent dans la Principauté de Valachie, l'honorable Assemblée a admis ledit projet dans toutes ses parties ;

Conformément à l'article 49 du Règlement organique, Nous sanctionnons cette loi telle qu'elle a été votée par l'honorable Assemblée.

Nous estimons, en même temps, de notre devoir d'exprimer à cette occasion notre satisfaction particulière, tant à S. S. le Métropolitain (1) pour avoir donné, avec amour et un profond sentiment d'humanité, son louable concours à un projet d'une si haute importance, qu'aux membres de l'Assemblée, qui ont mis tant de chaleur à voter une loi que *l'esprit du siècle et la marche de la civilisation* rendaient depuis longtemps indispensable.

La séance du 11 février 1847 de la session de 1846 *fera époque dans les annales historiques de notre patrie.*

M. le secrétaire d'État est chargé de la lecture de ce Message.

(Suit la signature de Son Altesse.)

*Le Secrétaire d'État,*

M. BALEANO.

Le gouvernement insurrectionnel de 1848 cherchera à s'attribuer le mérite de cette œuvre de civilisation en décrétant « l'abolition de l'esclavage », tout comme si les lois de Bibesco n'avaient pas affranchi les Bohémiens de l'État, de la Métropole, des établissements ecclésiastiques, et que l'affranchissement progressif des Bohémiens appartenant aux particuliers ne fût pas un fait acquis depuis 1843.

Mais il lui paraîtra utile de jeter à l'Europe ce grand mot *d'affranchissement des esclaves.* Cette mesure prise en hâte, sans étude préalable, basée sur un dédommagement que l'État sera dans l'impossibilité de servir aux propriétaires des Bohémiens, aura pour résultat de jeter un trouble profond entre ces derniers et leurs maîtres, et de créer un élément de désordre.

(1) Le Prince est plein de bienveillance pour S. S. le Métropolitain ; Il lui adresse des félicitations et des remerciements ; mais M. de Nion nous apprend, d'autre part, que le chef de l'État n'a pas rencontré moins de résistance, de la part de Sa Sainteté, dans la question relative à l'affranchissement des Bohémiens que dans celle des Biens ecclésiastiques. (Voir p. 257 de ce volume. — Voir la *Gazette de Transylvanie.*)

En 1850 (1), le prince de Stirbei rendra une excellente ordonnance à l'égard de cette catégorie de Bohémiens, en prescrivant à son conseil administratif d'empêcher « qu'une famille de Bohé-
« miens soit divisée, dans le cas de donation ou de vente, et de
« veiller à ce que l'acte de vente ou de donation, pour être con-
« firmé, porte le nom des parents et de leurs enfants ». Il décidera aussi que « toute vente de Bohémiens qui comprendra de
« une à trois familles aura] pour acquéreur le ministère des
« finances ».

En 1856 (2), peu de temps avant l'expiration de son mandat septennal, le prince Stirbei fera paraître une loi ayant pour titre :
« *Loi pour l'émancipation de tous les Bohémiens de la Princi-*
« *pauté.* » Ce titre, — qui laisse supposer que cette loi est une loi d'émancipation générale des esclaves de la Principauté, — n'est pas celui qui lui aurait convenu. Il eût été plus exact, pensons-nous, de la désigner par ces mots : « Loi de dédommagement pour l'émancipation des Bohémiens appartenant aux propriétaires et non encore affranchis. »

La loi de Bibesco assurait, sans dépenses pour l'État, l'alimentation de la caisse de réserve fondée en 1832, et la libération de tous les Bohémiens appartenant aux propriétaires, d'une manière continue, sans que les droits des particuliers fussent lésés. Le gouvernement de 1856 déclarera libres tous les dits Bohémiens, mais fera attendre aux propriétaires, pendant deux ans au moins, le prix que l'État devra leur payer, et il abaissera ce prix de deux ducats par tête, en le fixant à dix ducats, en même temps qu'il élèvera l'impôt à payer par les Bohémiens libérés, de trois à six piastres.

(1) 22 novembre 1850 (*Bull. off.*, n° 102).
(2) 8 février 1856 n° 249 (*Bull. off.* 6/12 février, n° 13).

## *Loi 1847* (1).

### CRÉATION D'UN CORPS DE POMPIERS DANS LA CAPITALE DE BUCAREST.

TRADUCTION.

ARTICLE Iᵉʳ. — On formera un corps (compagnie) de pompiers qui sera soumis à une discipline militaire, et qui comprendra 7 officiers, 23 sous-officiers et 256 soldats gradés et non gradés, ainsi qu'il est prévu au tableau n° I, pour le service de six grandes pompes attelées et six petites pompes à bras. Deux grandes pompes attelées et une petite à bras auront leur quartier général à la préfecture ; quatre grandes pompes attelées et cinq petites à bras seront réparties dans les cinq circonscriptions (couleurs) de la ville.

ART. 2. — L'effectif complet de cette compagnie sera divisé en six sections, correspondant à six circonscriptions, à savoir : une section occupera la sous-préfecture de police, sous le commandement du capitaine commandant en chef de la compagnie, et les cinq autres, les cinq circonscriptions (couleurs) de la ville, chacune sous le commandement d'un officier. La compagnie restera sous les ordres du commandant en chef.

Ces six sections auront leurs quartiers à la sous-préfecture de police et aux commissariats des circonscriptions (couleurs). En cas d'incendie, elles seront sous les ordres immédiats du chef de la police et des commissaires.

ART. 3. — Les officiers de tous rangs seront recrutés dans les cadres de la milice, afin qu'ils soient aptes à rompre le soldat à la discipline militaire.

Les soldats, au nombre de 279, seront remplacés, au cas

(1) Voir Règlement organique, p. 625.

échéant, par des recrues fournies par toutes les villes de la Principauté, par les familles des agriculteurs, par les villages dépendant de la ville, conformément aux règles du recrutement.

ART. 4. — Attendu que l'augmentation du nombre de recrues à verser dans l'armée ne peut être faite qu'en tenant compte du nouveau recensement auquel on procédera en 1845, la formation de cette compagnie se fera au commencement de cette même année.

ART. 5. — Sept officiers, à savoir : 1 capitaine, 3 lieutenants et 3 sous-lieutenants, seront choisis par le grand Spatar parmi les officiers de l'armée.

ART. 6. — En ce qui concerne les 279 pompiers, dont 23 sous-officiers, ils seront choisis par le grand Spatar dans l'armée ; 56 devront être au service depuis 1840, 56 depuis 1841, 56 depuis 1842, 56 depuis 1843 et 55 depuis 1844.

ART. 7. — Les vides qui se produiraient pendant la première année de la formation de cette compagnie, soit par décès, soit par suite de désertion ou de libération du service militaire, seront comblés par un nombre correspondant d'hommes de la dernière classe habitués aux règles de la discipline et à l'enseignement militaire.

ART. 8. — Les officiers qui feront partie de cette compagnie seront inscrits dans l'armée par ordre d'ancienneté ; on spécifiera qu'ils font partie du corps des pompiers, et, en cas de vacances, pour pouvoir être promus dans l'armée, ils devront avoir par devers eux un certificat de bonne conduite délivré par le grand Aga, sur la recommandation du chef de la milice. On pourvoira à leur remplacement dans la compagnie des pompiers.

ART. 9. — Les soldats devront servir six ans, et on tiendra compte du service qu'ils auront fait dans l'armée active. Conséquemment, lors de leur passage dans la compagnie des pompiers, le commandant de l'armée enverra les états de service de chacun de ces hommes au commandant de ladite compagnie.

ART. 10. — On se conformera aux mêmes règles que dans l'armée pour la tenue des registres de cette compagnie, la stricte observance des règles de la comptabilité en ce qui touche à la solde, à l'habillement, au bon ordre général et à la correspondance.

ART. 11. — La solde affectée aux soldats de cette compagnie, ainsi que leur entretien, figurent au tableau n° 1.

ART. 12. — Sur le total de la solde, on prélèvera 1 para 3/4 par piastre, somme qui sera envoyée au commandant de l'armée pour être portée au compte des revenus des hôpitaux, ainsi que cela se pratique dans l'armée.

ART. 13. — Les soldats malades seront envoyés à l'hôpital militaire, et l'on portera au chapitre des revenus de cet établissement l'allocation qui sera affectée à leur nourriture, pendant toute la durée du séjour qu'ils y feront.

ART. 14. — La forme des vêtements des officiers de cette compagnie sera la même que celle de l'infanterie, avec cette différence, pourtant, que les tuniques seront courtes, que les hommes ayant leurs quartiers à la préfecture porteront des parements rouges à la tunique et au pantalon, et ceux des différentes circonscriptions des parements aux couleurs de la circonscription à laquelle ils seront attachés. — Ils seront coiffés d'un casque en cuivre portant, en arrière, une crinière noire retombant sur la nuque, et devant, les armes du pays. En cas d'incendie, le soldat de service aux pompes portera un pantalon de gros drap, un spencer en drap bleu de Prusse, une ceinture de cuir et un casque en cuivre sans crinière, mais surmonté du numéro de la circonscription.

Cependant, ceux de la préfecture auront sur la face antérieure du casque les armes au lieu du numéro. Leur uniforme se composera d'une tunique courte et d'un pantalon de toile bleu foncé, avec passepoil. — Comme il a été dit plus haut, ils porteront le casque. — Les sous-officiers auront le briquet et le porte-baïonnette; les soldats, le porte-baïonnette ou porte-sabre, la giberne et la courroie de giberne, le tout en sautoir, et le fusil à baïonnette.

Pendant l'été, ils porteront un pantalon de toile lorsqu'ils ne seront pas de service, la capote en gros drap ou la blouse de toile. L'uniforme des soldats, ainsi que les différentes parties de l'équipement, sont détaillés au tableau n° 3.

ART. 15. — En dehors du matériel que possède déjà le corps des pompiers, on achètera 48 nouveaux chevaux, à raison de 400 piastres pièce. On préparera encore huit harnais, — en plus des quarante existant, — des ceintures, des ceinturons; on achètera des haches, des flambeaux, des pelles en bois et diverses clefs, comme cela est indiqué au tableau n° 4.

Les chevaux actuellement en service seront vendus aux enchères, et le produit de cette vente sera versé à la caisse du Trésor.

Pour compléter le matériel nécessaire au service en cas d'incendie, et pour acheter des chevaux en remplacement de ceux qui seront réformés, il sera affecté, par an, une somme de 8,500 piastres pour la remonte, et, toujours par an, la somme de 11,520 piastres, à raison de 20 piastres par mois et par cheval, ainsi que cela est clairement détaillé dans le tableau ci-dessus, pour la nourriture et le ferrage du nombre de chevaux indiqué plus haut.

Cette somme de 8,500 piastres, qui figure dans cet article pour la remonte des chevaux et pour les appareils d'incendie, ainsi que celle de 11,520 piastres concernant le fourrage des chevaux, sont approximatives; les dépenses annuelles que ces besoins nécessiteront seront basées sur le résultat des enchères qui auront lieu, pour chaque article revêtu de l'approbation princière. Toutefois, le contrôle général devra, à la fin de chaque année, réunir les comptes et les documents, conformément aux règles du contrôle établies pour toutes les dépenses faites par les différents chefs, chacun pour les articles de sa compétence.

Quant à la somme nécessaire à la solde des cadres des soldats, à l'entretien des hommes, à leur habillement, à l'achat des accessoires, des chevaux de remonte, à la nourriture et au ferrage, elle est clairement établie au tableau n° 5 et calculée, par année, pour une période de neuf ans, au bout de laquelle une grande partie des soldats de l'armée aura atteint le terme de son service.

ART. 16. — Seule l'augmentation de la somme de 35,117 piastres (trente-cinq mille cent dix-sept), nécessaire au Trésor pour faire face aux exigences de la préfecture, d'après la loi de l'année , sera couverte par la caisse de la ville; les autres sommes de 129,120 piastres seront payées à l'avenir par le Trésor. Un compte en règle sera donné à la fin de l'année et soumis au contrôle de l'Assemblée générale.

ART. 17. — Pour l'instruction de cette compagnie de pompiers dans la manœuvre des pompes, on fera venir à bref délai, de l'étranger, deux Brand-Meister, un instructeur et un sous-instructeur, auxquels on affectera pendant une période de trois ans, c'est-à-dire à peu près le temps nécessaire pour instruire la compagnie, des appointements annuels stipulés par contrat et qui courront, — l'indemnité de voyage comprise, — à partir du jour de leur arrivée à Bucarest. Toutefois, ces sommes seront payées à part ; elles seront prélevées sur le paragraphe extraordinaire du Trésor.

ART. 18. — Le commandant de la compagnie dirige les sections de toutes les circonscriptions ; il répond de leur bonne tenue et en rend compte à qui de droit.

ART. 19. — La compagnie est placée, sans intermédiaire, sous les ordres de la préfecture. Celle-ci les communiquera au commandant de la compagnie.

Lorsqu'une des sections se trouvera en action dans un incendie, c'est à son commandant seul qu'il appartiendra de commander sur le terrain.

ART. 20. — La compagnie de pompiers étant formée, on fera en sorte qu'à la préfecture et aux commissariats des circonscriptions (couleurs) il y ait les installations nécessaires pour les hommes, les chevaux, le matériel, et des emplacements pour les magasins d'équipement.

# DE L'ÉPIZOOTIE

## ORDRES

*Le Département de l'intérieur aux Préfets.*

Le gouvernement exprime aux préfets son très vif mécontentement de ce que ses ordres pour combattre l'épizootie n'aient pas été exécutés.

## CIRCULAIRE DU 4 AOUT 1847, N° 1917.

TRADUCTION.

(*Bull. off.* n° 57, du 11 août 1847.)

L'épizootie ayant, par malheur, de nouveau sévi cette année, le gouvernement espérait qu'à la suite des mesures prises, des instructions publiées et des exhortations plusieurs fois renouvelées, le mal aurait partout complètement disparu au bout de vingt jours, au plus d'un mois. Or, — et cela est grave, — il est prouvé que Monsieur le Préfet n'a pas justifié la confiance du Département, qu'il n'a pas apporté en ces circonstances, dans l'accomplissement de ses devoirs, l'empressement dont il aurait dû faire preuve.

En effet, du moment qu'il avait été constaté que la maladie était contagieuse et non épidémique, on l'aurait certainement enrayé et fait disparaître, si les mesures prescrites avaient été prises énergiquement, c'est-à-dire si l'on avait séparé, — dès le début de la maladie, — les animaux malades de ceux qui ne l'étaient pas encore ; si l'on avait immédiatement éloigné du village et transporté dans un emplacement spécial les propriétaires des animaux malades avec leurs bêtes, sans leur donner le temps de communiquer avec les autres villageois ; si les étables et pâturages destinés aux animaux malades avaient été désinfectés sur l'heure, avec le plus grand soin, en y employant soit l'eau, soit le feu, en retournant la terre ou en usant de tel moyen propre à faire renaître la salubrité. Si l'on avait pris toutes ces mesures, on aurait été certainement en droit de s'attendre à ce que la maladie

ne prît pas d'extension, et même à ce qu'elle disparût complètement.

<hr />

### *Le Département de l'intérieur aux Préfets.*

Les dispositions contre l'épizootie n'ayant pas été observées, le Ministre
donne des ordres sévères pour arriver à la faire disparaître.

### CIRCULAIRE DU 4 AOUT 1847, N° 1917.

TRADUCTION.

(*Bull. off.* n° 57, du 11 août 1847).

Le Département constate avec peine le peu de zèle que l'administration a apporté dans l'accomplissement de ses devoirs, et le
mal irréparable, les pertes énormes qui ont été causés aux habitants par sa négligence.

En effet, en dehors de la mortalité qui frappe les animaux, les
récoltes des laboureurs pourrissent dans les champs, et les transactions souffrent de l'interdiction faite aux villages de communiquer entre eux, avant que la maladie ait complètement cessé.

En conséquence, le Département publie cet ordre spécial,
adressé à Monsieur le Préfet, et qui oblige ce fonctionnaire à supprimer sans retard, énergiquement, — au reçu de cette adresse,
— toute communication entre les villages contaminés et ceux
qui ne le sont point ; à procéder à la désinfection des parties du
village où la maladie aurait, au début, fait son apparition, ainsi
que des emplacements qui auront servi d'étables ou de lieux de
pacage aux animaux malades.

Bref, le Préfet devra employer, dans ce but, tous les moyens en
son pouvoir, et se conformer aux nombreuses instructions qui lui
ont été déjà transmises ; il devra mettre tous ses efforts à faire
disparaître la maladie dans le plus bref délai, en obligeant, —
chaque fois qu'il visitera un arrondissement, — les sous-préfets et
les notables des villages à remplir strictement les devoirs prescrits.

Il aura soin d'appeler leur attention sur ce point, à savoir, que si l'épizootie reparaissait, on ne saurait l'attribuer à une autre cause qu'à l'incurie des fonctionnaires inférieurs, sous-préfets et notables de villages. En pareil cas, les premiers perdraient leur place, comme taxés d'indignité et d'insouciance, et les notables seraient châtiés par la police, sur la place de leur village, en présence de tous. Si quelqu'un venait à être convaincu d'abus, — que le mobile ait été la faveur ou la concussion, — il serait livré, comme coupable, aux tribunaux criminels.

*Le Grand Vornic*, A. VILARA.

---

*Le Département de l'intérieur aux sous-préfets.*

Le Ministre défend aux sous-préfets de faire partie de sociétés constituées en vue de l'affermage des terres dans les départements placés sous leur autorité. Il *empêche ainsi les profits illégaux faits au préjudice des malheureux paysans et de l'État.*

CIRCULAIRE DU 1ᵉʳ SEPTEMBRE 1847, Nº 5130.

TRADUCTION.

(*Bull. off.* nº 62, du 6 septembre 1847.)

Le Département a été informé, d'une façon positive, que quelques sous-préfets, sans tenir compte des instructions qu'ils ont reçues, lors de leur nomination, seraient actuellement entrés en association avec des personnes privées, pour l'affermage des terres, dans les arrondissements mêmes dont l'administration leur est confiée. Ces sous-préfets, en agissant ainsi, sont la cause de deux maux sur lesquels on ne saurait fermer les yeux : d'abord, ils *écrasent les habitants corvéables en les surchargeant de prestations non prévues par la loi*, et ils sont tellement pressés d'arriver à leurs fins que les *dorobantzi sont toujours à harceler les pauvres paysans;* en second lieu, préoccupés de réaliser des gains illégaux, ils ajournent les journées de prestation que ces habitants doivent consacrer aux travaux publics, et ils causent par là un retard et un préjudice à l'État.

Le Département conseille encore une fois à de tels fonctionnaires de suivre une autre ligne de conduite, de ne plus abuser, à l'avenir, de la fonction qui leur a été confiée, et de se soumettre sans réserve aux instructions qui leur ont été données. Il leur est formellement déclaré qu'à la suite des enquêtes qui seront faites ils subiront, — à la moindre plainte, — les châtiments prévus par lesdites instructions, sans qu'ils puissent s'y soustraire, quelque moyen qu'ils emploient. En même temps, il est ordonné à Messieurs les Préfets de veiller avec soin à l'accomplissement de leurs devoirs, de surveiller de près tous leurs employés, et de ne permettre à aucun d'eux de se départir des règles de la justice. Si le contraire arrive, le préfet sera considéré comme coupable et, naturellement, rendu responsable de toute négligence constatée dans l'accomplissement de ses devoirs.

*Le Grand Vornic,* A. VILARA.

*Rapport du 29 septembre 1847, sur la nouvelle organisation des travaux dans les salines.*

### EXPOSÉ.

Dans la question des salines, le gouvernement eut à poursuivre deux buts, l'un humanitaire, l'autre économique.

Le Prince, à son avènement, connaissait les conditions atroces dans lesquelles vivaient les condamnés aux salines (travaux forcés), employés à l'extraction du sel, et Il avait résolu de les modifier sans retard. La réforme qui s'attaqua aux cloaques infects servant de maison de force, — où souvent les simples prévenus se trouvaient confondus avec les condamnés à des peines infamantes, — et qui, en créant un régime nouveau emprunté aux peuples civilisés, leur substitua des prisons en pierre, fut étendue aux salines (1).

Le Prince, qui en 1832 accompagnait le général Kisseleff dans sa visite aux grandes salines, et qui n'avait oublié ni l'impression pénible qu'ils en avaient rapportée, ni le désir exprimé par le *gouverneur général* de voir *améliorer promptement le sort des condamnés aux salines,* fit construire, dès qu'il fut élu, des casernes pour les surveillants, et, pour les prisonniers, des bâtiments, des clôtures et des infirmeries, ce qui permit de les amener chaque jour à l'air pur et à la lumière (2).

Le Prince Bibesco n'a pas cessé de s'occuper de l'amélioration du régime des prisons et de l'amélioration morale des condamnés. Il aurait voulu que tous les condamnés ne fussent pas traités de même, leur culpabilité n'étant pas égale (*Bull. off.* n° 112, du 25 septembre 1844) ; — Il prit des mesures pour que le prix du travail des condamnés ne leur fût pas dérobé (*Bull. off.* n° 144, du 30 novembre 1844) ; — Il insista sur la nécessité de séparer les jeunes détenus des vétérans de l'armée du crime.

Son ministre Manuel Floresco, père du général, aurait voulu la suppression de la condamnation aux mines de sel. (Voir M. BLA-RAMBERG, *Essais,* p. 345.)

La question économique fut traitée à son tour. Le Prince, qui espérait, — au moment où disparaissait le cordon douanier qui séparait les deux Principautés, — établir un même contrat d'affermage pour les deux Provinces, mais dont l'espoir fut déçu, s'occupa de changer le système suranné de l'exploitation en usage, en confiant les travaux à des ingénieurs appelés de l'étranger, et capables d'apporter dans le pays les perfectionnements dont la science avait doté les grandes nations.

. (1) *Quelques mots sur la Valachie,* p. 29. — Dentu, édit., Paris, 1857.
(2) *Quelques mots sur la Valachie,* p. 30. — Dentu, édit., Paris, 1857.
˙ Voir aussi le discours du Prince à l'ouverture de l'Assemblée générale de 1846.

*Le Ministre de l'intérieur au Prince.*

Changement du système d'exploitation.

TRADUCTION.

29 septembre 1847.

ALTESSE,

En allant à Ocnele-Mari, pour me rendre compte du sytème de travail employé dans les salines, sur les conseils de M. Foit, ingénieur, — demandé en vue de ces opérations par Votre Altesse au gouvernement autrichien, — j'ai fait les constatations suivantes que je soumets humblement, comme c'est mon devoir, à Votre Altesse.

Ces salines auront, en tout, trois ouvertures, dont deux serviront à l'exploitation du sel, par la méthode de bennes bien travaillées et bien entendues ; la troisième sera à degrés pour l'entrée et la sortie, soit que l'on établisse un escalier en colimaçon, soit que l'on pratique plusieurs étages.

Chaque ouverture présente un puits s'enfonçant dans la terre ; et par tous ces puits l'on pénétrera jusqu'au niveau où l'on devra décider de pratiquer l'ouverture des galeries souterraines, — correspondant d'un puits à l'autre ou suivant d'autres directions, — devant aboutir à la meilleure couche de sel.

Tous ces puits seront revêtus, jusqu'au fond, de chemises de palplanches en chêne dégrossies sur trois faces et chevronnées entre elles ; entre les parois de terre et de sel, on damera fortement de la terre, de façon qu'il ne se produise ni échappement d'air, ni écoulement d'eau vers les parois.

Les galeries pour l'exploitation du sel ne seront percées que dans le sel, en largeur, et jusqu'à trente stangènes (1) ; elles auront des parois de sel et une voûte d'un stangène, au plus, en hauteur. Leur ouverture ne sera jamais fermée, afin de permettre d'établir

(1) Le stangène valait 1,966.

des marches au niveau de la couche de sel, et qu'à ce niveau plusieurs mineurs puissent travailler à la fois après le même bloc et enlever le sel d'une seule et même paroi.

Les bennes sont très solides : elles sont reliées entre elles en plusieurs endroits par des crampons, et reposent sur de larges assises en fer établies en proportion des poids qu'elles auront à extraire du puits. Elles sont si bien équilibrées que deux câbles en mouvement dans une ouverture seront mus avec grande facilité et peu de chevaux. Pour éviter le choc des bennes et l'enchevêtrement des câbles, on a établi au milieu de la bouche une séparation au moyen de gros madriers dégrossis sur les quatre faces et formant une espèce de mur, de la largeur d'une demi-brique, depuis le fond du puits jusqu'à l'orifice.

Les outils dont on se sert pour extraire le sel, c'est-à-dire les marteaux, sont autrement faits que les nôtres ; ils laissent perdre bien moins de sel fin que les marteaux employés, jusqu'ici, par nos ouvriers.

Pour l'écoulement et l'épuisement des eaux dans les salines, on emploiera à la fois deux moyens : l'un consiste à former un grand nombre de petits réservoirs correspondant entre eux par des canaux souterrains — d'après un bon nivellement, — de façon que l'eau commençant à s'écouler à partir d'une certaine profondeur, c'est-à-dire du niveau du fond du puits, passe de réservoir en réservoir, jusqu'à ce qu'elle sorte dans la vallée, à la surface du sol, et de là tombe dans la rivière qui coule au bas du coteau, où se trouvent les salines. L'autre moyen, c'est d'enlever le peu d'eau qui restera au moyen des bennes : en temps sec, l'on ne se servira que d'une outre, et en temps de pluie ou d'humidité, de deux outres, au plus.

Ces réservoirs ont des ouvertures très petites ; ils sont consolidés par quelques madriers et des planches, ont leur fond en bois et correspondent l'un avec l'autre, d'après leur nivellement, jusqu'à la rivière, par les galeries ci-dessus mentionnées, doublées elles-mêmes de madriers reliés entre eux et en petit nombre sur terrain ferme, en plus grand nombre sur les terrains offrant peu de solidité. Toutefois, partout des planches solides les étayent afin d'éviter les éboulements, qui arrêteraient l'écoulement des eaux.

Par la grande chaleur, alors que dans toute saline le travail est suspendu à cause de l'air qui devient trop lourd, — et cela est surtout vrai pour une saline construite d'après le système des puits descendant jusqu'au fond, — on aérera au moyen de petits moulins ayant chacun quatre branches et pourvus d'une manivelle en fer facile à manœuvrer par un seul homme, ou bien l'on prolongera les galeries au moyen d'une machine, de façon que le travail ne soit pas arrêté.

Les travaux exécutés avant mon arrivée sont les suivants :

Une ouverture des salines pour charrier ;

La pose de madriers d'après le mode indiqué ci-dessus, presque jusqu'à la surface du terrain ;

Trente stangènes de galeries souterraines pour l'écoulement des eaux ;

Trois réservoirs doublés de madriers et de planches en quantité voulue ;

Une benne, plus petite, manœuvrée par des hommes, les locaux suffisants pour travailler le bois, le fer, et pour servir de dépôt aux outils et à tout le matériel.

Tous ces travaux mentionnés plus haut ne pourront être terminés que dans quatre ans, mais on en retirera des avantages importants, ainsi que nous le constatons plus loin.

1° Il ne faut ouvrir sur une petite surface de terrain que deux puits, et faire, sous terre, tout le travail de l'exploitation du sel, au moyen de galeries horizontales qui suivent la couche de sel ; on formera ainsi une saline qui, pendant deux cents ans au moins, c'est-à-dire jusqu'au jour où l'on aura épuisé tout le sel de cette montagne, pourra fournir largement, — comme l'ont prouvé les expériences faites dans ce but, — à la consommation et à l'exportation.

2° Les facilités données au travail et les économies paraissent devoir être importantes, — si l'on considère l'état actuel, — et annoncer une augmentation annuelle considérable des revenus de l'État.

D'abord, le travail, étant solidement fait et bien exécuté, présentera des conditions de stabilité pour un grand nombre d'années, c'est-à-dire l'inutilité de réparations qui entraînent, chaque année, des dépenses ; en second lieu, le puits étant muni de marches, tous les ouvriers pourront se mouvoir et transporter le matériel nécessaire aux travaux, sans le moindre embarras, sans le moindre encombrement, sans la moindre difficulté et sans la nécessité d'employer les câbles.

3° Les bennes étant équilibrées par rapport à la pesanteur des blocs qu'elles auront à extraire de la saline, on aura besoin de moins de chevaux, et, par suite, on réalisera une économie sur les achats à faire et sur la nourriture de ces bêtes.

4° Les blocs de sel sont amenés jusqu'aux orifices des deux puits au moyen de brouettes, sur un plan incliné fait en planches, et, par suite, les câbles ne servant qu'à amener le sel du fond des puits jusqu'à la surface du sol, il en résulte une grande économie sur le chapitre des gros frais actuels d'achat de ces câbles.

5° Enfin, les débris que laissent les marteaux employés pour ces travaux étant en quantité bien inférieure à ceux des marteaux de nos ouvriers, l'extraction du sel s'opère avec plus de facilité et à moins de frais.

A toutes ces observations, Altesse, j'ai cru devoir ajouter les éloges qui reviennent de droit à M. Foit, directeur des travaux de la saline, exécutés d'après le système indiqué.

Les ouvriers qui travaillent sous ses ordres ne sont qu'au nombre de cinq, dont quatre étrangers ; ils ne possèdent pas tous les mêmes connaissances ; un seul est indigène ; et tout le travail fait jusqu'à présent, et celui qui s'exécute en ce moment, sont en majeure partie l'œuvre des détenus mis à la disposition du directeur ; et le progrès que l'on constate dans les travaux est uniquement le résultat du grand zèle et de l'ardeur sans bornes déployés dans cette branche d'industrie par le directeur. En effet, non seulement il dirige, il surveille constamment le travail avec la plus grande attention, mais il enseigne encore, — avec une persévérance infatigable, — aux détenus, à faire n'importe quel travail : aussi bien le travail qui concerne l'ouverture des puits et l'extraction du sel que celui du bois et autres ouvrages qui lui sont utiles.

Il évite ainsi au gouvernement une foule de dépenses pour les ouvrages des métiers spéciaux ; il est utile aux malheureux détenus, qui, à leur sortie des salines, sauront un métier qui sera leur gagne-pain.

Voici donc les résultats auxquels Votre Altesse désirait parvenir au moyen d'une nouvelle organisation des travaux des salines :

1° Économie dans les frais d'exploitation.

2° Introduction d'une comptabilité régulière et du bon ordre qui est observé dans d'autres pays pour des travaux de ce genre. — Ils permettent à l'État d'en faire lui-même l'exploitation, s'il le désire.

3° Observance des devoirs exigés par l'amour de l'humanité envers les condamnés aux travaux forcés.

Nous pouvons dire que parmi ces résultats nous avons en partie atteint ce dernier : quant aux deux autres, on les obtiendra sous peu, et ils figureront parmi les nombreux et importants bienfaits dus à Votre Altesse.

*Le grand Vornic,* A. VILARA.

(*Bull. off.* n° 70, du 9 octobre 1847.)

# DISPOSITIONS

## RELATIVES A

# L'ADMINISTRATION DES HOPITAUX

### DÉCRET DU 29 JUILLET 1847
### LOI DU 6 MAI 1848

# ADMINISTRATION DES HOPITAUX

*Le Prince au Département du contrôle (Ministère des finances).*

(Décret du 29 juillet 1847, n° 425.)

Le Prince décrète la réunion de tous les hôpitaux sous une seule et même curatelle (administration) confiée à un éphore (curateur), dans le but d'établir l'ordre dans ces établissements, d'en réduire les dépenses générales, d'en faciliter le contrôle, et d'augmenter les moyens de secourir la souffrance et la misère.

## RÉUNION DES DIVERSES ADMINISTRATIONS DES HOPITAUX
### SOUS UNE SEULE DIRECTION.

TRADUCTION.

(*Bull. off.* du 2 août 1847, n° 55.)

## DISPOSITIONS GÉNÉRALES

Vu le rapport concernant les hôpitaux, qui nous a été soumis par le chef du Département, vu les comptes y annexés pour l'année expirée (1846), ainsi que le budget de l'année courante (1847), Nous ordonnons, en ce qui regarde l'apurement de ces comptes, qu'ils soient envoyés au contrôle. Nous approuvons provisoirement le budget, en ce qui concerne les dépenses ordinaires, et Nous Nous réservons de statuer plus tard sur les dépenses extraordinaires et sur les augmentations proposées aux traitements.

Actuellement, la nécessité et le devoir d'introduire avant tout, dans ces institutions, l'ordre depuis longtemps désiré, — afin que l'accroissement des revenus permette d'augmenter progressivement les secours accordés aux malheureux, sans faire de dépenses qui n'aient pas pour objet immédiat le bien de l'humanité souffrante, — forment le but en vue duquel lesdits revenus ont été créés.

Nous décrétons ce qui suit, conformément aux dispositions du Règlement :

Afin de réduire les frais d'administration, tous les hôpitaux seront réunis sous une seule et même épitropie ou direction, n'ayant qu'une seule caisse pour tous ces hôpitaux. Cette direction sera composée d'un épitrope (curateur), d'un caissier, d'un secrétaire et du personnel de copistes nécessaire. L'épitrope prendra soin des affaires et intérêts de tous les hôpitaux; le caissier recevra les revenus de toutes ces institutions, tiendra des comptes séparés pour les revenus et dépenses de chaque hôpital en particulier.

L'ancienne éphorie est dissoute. Après mûre délibération, et en vertu de Notre seule volonté, personne n'ayant en cette question un droit d'immixtion, en dehors de celui naturellement dévolu au Prince sur de tels établissements, Nous nommons comme curateurs MM. le *logothète Michel Racovitza*, le *logothète Constantin Heresco* et le *logothète Charles Ghica*. Un médecin chargé de la surveillance spéciale médicale de ces hôpitaux est adjoint à cette éphorie. Il prendra part à tous les travaux de l'éphorie qui auront trait à sa spécialité.

L'éphorie veillera à ce que tous les employés de l'épitropie, aussi bien que les personnes chargées de l'administration intérieure de chaque hôpital, s'acquittent honnêtement et exactement de leurs devoirs.

Elle s'entendra avec le Ministre des cultes pour toute amélioration ou tout changement à introduire dans ces établissements, ainsi que pour la nomination des employés; et toutes les dispositions prises seront soumises, par le Ministre, à Notre signature. En ce qui touche les membres du clergé dont le concours sera nécessaire dans les hôpitaux, le Ministre des cultes s'entendra préalablement avec S. S. le Métropolitain pour ce qui regarde le caractère ecclésiastique de ces personnes, et Nous soumettra, selon l'usage, leur nomination.

L'éphorie sera toujours présente à l'affermage des terres des hôpitaux, à laquelle assistera également le Ministre des cultes. On se conformera, pour cette opération, à toutes les règles établies pour l'affermage des terres appartenant aux monastères; et on aura soin de Nous soumettre à temps, — avant le jour de la licitation, — les conditions de l'affermage, et plus tard, les résultats obtenus, afin que Nous les confirmions.

A la fin de chaque année, l'éphorie Nous soumettra, par l'organe du Ministre des cultes, les comptes de gestion, afin qu'ils soient envoyés à l'examen du contrôle, ainsi que le budget de l'année suivante. Après avoir été confirmé par Nous, ce budget servira de base aux dépenses à effectuer dans le courant de ladite année. S'il arrivait qu'un changement ou une augmentation dans les dépenses fût reconnue nécessaire, l'Éphorie en ferait l'objet d'un rapport spécial qui serait soumis, en temps utile, et par le Ministre des cultes, à Notre approbation.

Nous ne doutons pas que les membres de cette nouvelle éphorie, pénétrés de la confiance que Nous plaçons en eux et du désir qui Nous anime de voir croître les bienfaits dus à ces établissements, ne Nous donnent tout leur concours et ne mettent tout leur zèle à réaliser Nos souhaits.

M. le Ministre des cultes portera Notre décret à la connaissance de qui de droit, et il veillera à ce que ses dispositions reçoivent l'exécution la plus prompte, sans négliger, à l'avenir, de remplir toujours exactement les devoirs et attributions qui lui incombent par l'article 364 du Règlement

(Suit la signature de Son Altesse.)

*Le Secrétaire d'État,*

C.-G. FILIPESCO.

*Le Prince à l'honorable Assemblée générale ordinaire.*

(Décret du 17 mars 1848, n° 224.)

Le Prince sanctionne la loi relative à l'administration des hôpitaux.

TRADUCTION.

Vu le rapport n° 219, qui soumet à Notre sanction le projet relatif à l'administration des hôpitaux en même temps que les modifications contenues dans l'annexe qui l'accompagne, Nous confirmons, en vertu de l'article 49 du Règlement organique, ledit projet, tel qu'il a été accepté par l'honorable Assemblée générale.

M. le chef du Département des cultes est chargé de la lecture de ce message (1).

(Suit la signature de Son Altesse.)

LOI POUR L'ADMINISTRATION DES HOPITAUX.

TRADUCTION.

6 mai 1848 (*Bull. off.* n° 23).

ARTICLE Iᵉʳ. — Les hôpitaux de la Philanthropie, de Coltza et de Pantéléimon, avec leur succursales, ainsi que tous autres

_____

(1) « Les hôpitaux fondés à Pitesci, à Târgoviste, à T.-Jiul, à Calarasi, à Turnu Severin, à Câmpu Lung, à Slatina, à R. Sarat, à Caracal, à Târgu Màgurele, à R. Vàlcea, à Giurgiu, datent de 1845. » (*Apàràtorul Sànàtatii.*)

hôpitaux qui seraient fondés soit dans la capitale, soit dans les villes des districts, seront placés sous une seule et même administration.

ART. 2. — Cette administration sera composée d'une éphorie (curatelle) formée de trois membres, d'un médecin inspecteur et d'un épitrope général avec un personnel de chancellerie. Toutes ces autorités seront nommées par le Prince.

ART. 3. — Chaque hôpital en particulier aura son intendant spécial, son médecin et son chirurgien, ainsi que les employés nécessaires, en proportion du nombre des malades. La nomination des trois premiers fonctionnaires sera soumise à la sanction du Prince.

ART. 4. — Les revenus de tous les hôpitaux seront réunis dans une seule et même caisse et seront conservés par le caissier de la caisse centrale, qui remettra successivement les sommes requises conformément au budget, sur demandes adressées par l'éphorie au Département. Le caissier de l'éphorie tiendra des comptes en règle pour chaque établissement en particulier. Lorsqu'un de ces hôpitaux sera en déficit, ceux qui auront des réserves lui viendront en aide.

ART. 5. — La réserve qu'on possède aujourd'hui, jointe à l'excédent que les revenus de ces hôpitaux présenteront à l'avenir, sera, avant tout, affectée à la construction, dans la capitale, d'un hôpital central, devant répondre aux nécessités qui augmentent de jour en jour, et il sera donné à ce bâtiment des dimensions assez vastes pour que la réunion d'un plus grand nombre de malades dans un seul hôpital permette de réduire sensiblement les dépenses occasionnées par plusieurs administrations séparées.

ART. 6. — Le besoins les plus impérieux de la capitale une fois satisfaits, on emploiera l'excédent à établir des hôpitaux secondaires dans d'autres villes importantes du pays.

ART. 7. — L'hôpital de Pantéléimon se trouvant en dehors de

la capitale et à une distance encore assez grande, sera, comme
par le passé, affecté au traitement des maladies chroniques. Il
aura un nombre de lits en rapport avec ses dimensions.

ART. 8. — L'éphorie aura la surveillance générale et veillera
à ce que les règles établies soient observées, à ce que les
malades soient bien traités, à ce que chacun remplisse son
devoir. Elle veillera également à la rentrée des revenus, aux
époques fixées ; à leur emploi réglementaire, comme aussi à la
conservation et à l'administration de la fortune de ces établissements. Elle cherchera les moyens les plus propres à améliorer
et à augmenter ces biens, et arrêtera les dépenses extraordinaires à faire dans ce but. Elle soumettra toutes ces décisions à
l'approbation du Prince par l'intermédiaire du Ministre des cultes.
A cet effet, les éphores se réuniront au moins une fois par
semaine, et en outre toutes les fois que le besoin s'en fera
sentir. Ils rédigeront des procès-verbaux de leurs délibérations,
et les signeront avec le médecin inspecteur, qui prendra part aux
séances dans tous les cas où l'exigera l'intérêt des malades.

ART. 9. — A l'expiration de chaque année, l'éphorie aura soin
de fixer les comptes de l'exercice écoulé, et de les soumettre au
Prince, afin qu'ils soient ensuite envoyés au contrôle, qui, après
les avoir vérifiés, les fera présenter à l'Assemblée. Après que
celle-ci les aura examinés, le Prince les confirmera ainsi qu'il le
fait pour les comptes des autres caisses publiques. L'éphorie
établira de même le budget des revenus et dépenses pour l'année
suivante, et ce budget sera soumis à l'approbation et à la confirmation princière.

ART. 10. — Le docteur inspecteur sera particulièrement
chargé de la surveillance générale de la partie sanitaire ; il visitera souvent les hôpitaux pour se rendre compte de la manière
dont les malades sont soignés ; il s'entendra avec les différents
médecins, de chaque hôpital, pour les mesures à prendre à cet
effet, et il devra rapporter à l'éphorie toutes ses observations

afin d'aviser avec elle sur les besoins de ces établissements.

ART. 11. — L'épitrope général ou directeur fera sanctionner les décisions de l'éphorie par le Prince. Il sera le chef de la chancellerie, où toute la correspondance et tous les comptes relatifs à l'administration des hôpitaux seront rédigés. Il devra prendre le plus grand soin de la fortune des hôpitaux et exercer une surveillance directe sur l'intendance de chaque hôpital, faisant connaître à l'éphorie, quand il y aura lieu, le résultat de ses observations.

ART. 12. — L'affermage des terres des hôpitaux aura lieu par licitation publique, par-devant l'éphorie, d'après les règles établies pour l'affermage des biens de la métropole et des évêchés. Les mêmes formalités seront suivies pour l'affermage des terres appartenant aux monastères dépendant de ces hôpitaux. Les revenus de ces monastères formeront trois parties : l'une servira à l'entretien de ces monastères, l'autre entrera dans la caisse des hôpitaux et la troisième sera déposée comme réserve à la caisse centrale, pour être employée aux besoins extraordinaires tant des hôpitaux que des monastères.

(Suivent les signatures du président et du secrétariat.)

La loi de Bibesco ayant pour but de faire cesser le désordre dans les établissements hospitaliers, de réduire les dépenses générales, d'en faciliter le contrôle, d'augmenter les moyens de secourir la souffrance et la misère, n'a pas eu l'heur de contenter les membres de la famille Ghica.

Ceux-ci ont cru devoir rappeler dans un mémoire adressé au Sénat le 12 janvier 1893 (1), — à l'occasion d'un projet de loi sanitaire, — que le prince Grégoire Ghica V, — nous pensons qu'il

---

(1) *Moniteur* du 19 janvier 1893, n° 20. Ce mémoire adressé au Sénat est signé par le Prince D. Ghica et MM. G. M. Ghica, C. Gr. Ghica, Al. Sc. Ghica, Nicolas Blaramberg et Jon Al. Ghica.

s'agit de Ghica III (Grégoire II), attendu que les chrysobulles invoquées sont de 1735 et 1750, et qu'à ces deux dates le trône se trouvait occupé par Grégoire II (Ghica III) (1) — a fondé et institué, le 12 octobre 1735, l'*hôpital* et l'église de *Pantéléimon*, et qu'en 1750 il a attaché à cet établissement le monastère de Fédelesoï avec toutes les terres et autres biens dont ce monastère était doté, *usant du droit de patronage qu'il avait sur ce monastère comme descendant de son grand-père le Prince Grégoire I^er (Ghica II), fondateur de ce prieuré* (2); que ces établissements ont été successivement dotés par plusieurs princes de la famille Ghica; que le droit de curatelle et de direction a été réservé exclusivement à cette famille de génération en génération; que ce droit, enfin, est hors de toute contestation.

Les honorables signataires du mémoire ajoutent que l'état de choses créé par leurs ancêtres s'est perpétué jusqu'au règne de Bibesco qui, par un décret en date du 29 juillet 1847, n° 424, a dissous l'ancienne éphorie.

En effet, l'élu de 1843 mit fin, — comme le prouvent les documents que nous venons de produire, en 1847 et 1848, à une situation pleine de périls pour l'œuvre de la charité publique; l'acte qu'il a accompli a, de nos jours encore, — en partie du moins, — force de loi, et il comptera parmi les actes importants de son règne.

Telle, cependant, n'est pas l'opinion des auteurs du mémoire. A leur avis, « le Prince Bibesco a tenté de S'EMPARER (?) *de ces établissements... Il a fait un vrai coup d'État... Il a commis un abus de pouvoir* (3)... », et ils citent à l'appui des droits de leur famille une lettre du général Kisseleff à l'autorité métropolitaine en date du 26 janvier 1833 (4).

(1) Voir le tableau des Princes Ghica dans l'ouvrage de M. XÉNOPOL, l'*Époque des Fanariotes,* p. 61.
(2) Voir, à l'Appendice, la chrysobulle du Prince Alexandre Ghica VI, de 1767.
(3) Voir le *Moniteur* du 19 janvier 1833, p. 139 et 140.
(4) *Idem.*

Loin de nous la pensée de contester les droits que la famille Ghica peut avoir, mais nous répondrons aux accusations portées contre le Prince Bibesco, et nous prouverons :

1° Que l'hôpital et l'église, fondations du Prince Gr. Ghica III, n'ont pas été fondés sur une terre appartenant à la famille Ghica ;

2° Que les mesures .prises par le Prince Bibesco en 1847 et 1848 avaient déjà été jugées nécessaires en 1833, — au regard de Pantéléimon et au regard des prétentions de la famille Ghika, par l'Assemblée et par le général Kisseleff, alors gouverneur plénipotentiaire des Principautés ; et que « le gouverneur *avait refusé d'admettre que l'administration d'établissements destinés par les fondateurs à des actes d'utilité publique fût livrée à l'autorité de MM. les éphores le Vornik Ghica et le logothète Racovità* » (1).

Ce décret est passé sous silence dans le mémoire.

3° Que le Prince Bibesco ne s'est écarté en rien, dans les décisions qu'il a prises, de la chrysobulle de 1767, émanée d'Alexandre Ghica VI, — resté lui-même fidèle aux dispositions de l'acte constitutif, — qu'il a agi, au contraire, en ce qui concerne le choix des curateurs, conformément à l'esprit et à la lettre de cet acte, le plus important, sans conteste, de tous ceux que l'on peut produire, et dont il est profondément regrettable que le mémoire du 12 janvier ne mentionne même pas l'existence.

En effet :

1° Le monastère de Pantéléimon a été fondé, — ainsi que cela résulte de l'acte de 1767, — par le Vornic *Tchernica,* qui lui donna pour dot la terre d'*Obileaska.* Le Prince Ghica III ayant bâti à Pantéléimon une église et un hôpital, les dota, en 1750, en leur affectant comme domaine une partie de la ville de Bucarest, qui fut soumise, dès lors, à un *embatic* (droit d'emphytéose) envers

(1) Voir l'*Office* (décret) du Président plénipotentiaire Kisseleff au conseil d'administration, 30 mars 1833, n° 424.

le monastère. Comme, dans la suite des temps, la terre d'Obileaska était passée entre les mains de la Métropole, l'éphorie de
Pantéléimon, voulant rentrer en possession de cette ancienne
terre du Vornic Tchernica, donna en échange à la Métropole,
entre 1750 et 1767, une partie des droits que le monastère possédait sur la terre *domaniale* de Bucarest.

La terre d'*Obileaska* représente donc :

Un don du Vornik Tchernica ;

Un droit de l'État, cédé par le Prince Ghica III au détriment
des particuliers.

Il faut toutefois faire abstraction de 125 toises de la terre
*Dobroesti*, achetées par le Prince Ghica III et annexées à la terre
d'*Obileaska* (1).


2° En 1833, l'Assemblée saisie d'un projet concernant les
institutions de bienfaisance voulut, en ce qui regardait Pantéléimon, « *faire verser dans la caisse des hôpitaux de l'État les
revenus de cet établissement et les mettre sous la direction d'une
éphorie générale, en le faisant contribuer à l'entretien de cette
même éphorie* (2) », et désirant être fixée sur la validité des titres
de la famille Ghica touchant Pantéléimon, elle demanda que les
documents concernant ce monastère lui fussent communiqués.
M. M. Ghica les lui a refusés. Pourquoi? « *Parce que*, dit-il, *je ne
me reconnaissais pas en devoir de venir au-devant d'une demande
que la commission n'aurait pas faite, si elle avait voulu se tenir
dans les bornes que lui avait prescrites l'office susmentionné* (3).
Il semble, au contraire, qu'il eût été de son intérêt de démontrer,
actes en mains, les droits que le fondateur aurait reconnus expressément à ses descendants.

Le mémoire du 12 janvier insiste sur ce que le général Kis-

(1) Voir la chrysobulle du Prince A. Ghica VI, p. 22.
(2) Voir le *Moniteur* du 15 janvier 1893, p. 140.
(3) *Idem.*

seleff, en réponse aux protestations de M. Ghica, — 15 janvier 1833, — et de M. Racovitza, — 18 janvier 1833, — a rendu une décision absolument favorable aux réclamants. Nous affirmons, nous, que le Président plénipotentiaire a rendu un décret en date du 30 mars 1833, sous le n° 424, repoussant leurs prétentions.

Le général a donc écrit une lettre et rendu une sentence, cette dernière, très certainement, en connaissance de cause.

Or, c'est précisément cette sentence *postérieure à la date du 26 janvier,* que MM. les signataires du mémoire ne font pas connaître, et que nous produisons, avec la date certaine du 30 mars 1833, n° 424 (1).

Depuis, dit le Prince dans sa lettre au général Kisseleff, la prérogative de l'autorité supérieure est restée entière, tandis que celle prétendue par la famille Ghika, au détriment de la première, n'étant fondée ni sur les dispositions de quelque loi, ni sur celles de l'acte de fondation, devenait une anomalie que rien ne pouvait justifier.

3° Quand le Prince Bibesco fut amené, à son tour, à examiner de près la question des établissements de bienfaisance, le désordre

---

(1)      *Office du président plénipotentiaire*
    *au Conseil administratif, en date du 30 mars 1833, n° 424.*

S. Ém. Néophyte, évêque de Rimnick et gérant de la Métropole, a soumis à ma solution un protêt présenté par MM. le vornik Ghica et le logothète Racovitza contre les renseignements qui leur sont demandés par la commission des hôpitaux nommée auprès de l'Assemblée générale. Par'ce protêt ils réclament que le projet concernant l'administration des hôpitaux Pantéléimon et Coltza, présenté par eux-mêmes, soit considéré comme non avenu, et qu'on s'en rapporte, pour cette administration, à leurs soins.

Prenant donc en considération que l'Assemblée générale est déjà close, j'ai pensé qu'il était nécessaire de m'adresser, en attendant, au Conseil, pour lui faire connaître que je ne saurai admettre la demande de MM. les éphores M. Ghika et M. Racovitza contre un projet qui m'a été présenté par eux-mêmes, pas plus que la demande tendant à ce que l'administration d'établissements destinés par les fondateurs à des actes d'utilité publique soit livrée à leur autorité.

KISSELEFF.

régnait en maître ; Son Altesse y décréta l'ordre. Après mûre délibération, et non par « *bon plaisir* », traduction que le mémoire donne, à tort, des mots « *buna noastra chibzuintza* », et qui ne saurait être dans l'esprit du document ; en vertu des dispositions générales prescrites le 29 juillet 1847 et de la loi du 6 mars 1848 (1), les hôpitaux « de la Philanthropie, de Coltza et de Pantéléimon avec leurs succursales, ainsi que tous les autres hôpitaux qui pourraient être fondés dans la capitale ou dans les districts, furent réunis sous une seule et même administration ayant son personnel de chancellerie et à sa tête trois curateurs et un médecin inspecteur ».

« *Réduire le grand nombre de caissiers et d'épitropes, qu'on avait multipliés à dessein, afin d'isoler chaque hôpital et le rendre indépendant de l'administration générale, ce qui rendait tout contrôle fort difficile et les abus aussi faciles que nombreux* » (2), voilà la nécessité impérieuse qui s'imposait ; « *réduire les dépenses générales et augmenter les moyens de secourir dans une plus large mesure la souffrance et la misère* » (3) : tel était le but à atteindre.

Le Prince nomma curateurs, MM. les logothètes M. Racovitza, C. Heresco, et Ch. Ghika ; — un médecin leur fut adjoint.

N'avons-nous pas avancé que le Prince Bibesco s'était conformé à la chrysobulle de 1767, du Prince Alexandre Ghica VI (4) ? Nous le prouvons. Voici ce qu'on lit dans la chrysobulle de ce Prince :

*Nous conformant également aux dispositions du Prince Grégoire Ghica II, nous nommons grands curateurs de l'établissement Saint-Pantéléimon, en les prenant parmi les premiers*

---

(1) Voir les dispositions de 1847 et la loi du 6 mai 1848, p. 319 et suiv., et 322 de ce volume.
(2) Lettre du Prince Bibesco à Kisseleff, 1847. Elle fait partie de notre dossier.
(3) *Idem*.
(4) Voir à l'Appendice.

*grands dignitaires de notre conseil, le grand logothète Pirvo Cantacuzène et le grand vestiar Badea Stirbei, qui seront remplacés par ceux qui leur succéderont dans leurs charges.*

Et, comme pour expliquer cette éphorie de l'État (qui s'est trouvée transformée en éphorie de famille) et ces nominations de curateurs faites parmi les grands dignitaires de son conseil, — auxquels devaient succéder tous autres dignitaires occupant les mêmes charges, — Son Altesse introduit dans sa chrysobulle un tableau aussi détaillé qu'intéressant de toutes les terres et autres droits constituant, en 1767, les biens des établissements philanthropiques, de leur provenance et du nom de leurs donateurs (1).

« *Il résulte de la teneur de cette chrysobulle* », écrit le Prince Bibesco au comte Kisselef, « *que la dotation de l'hôpital de Pan-*
« *téléimon, — à l'exception de deux pièces de terre minimes, — est*
« *composée de biens domaniaux, de biens dus à la charité des*
« *particuliers, et de biens appartenant également à l'État*
« *ou à des particuliers et offerts, dans le principe, à des*
« *Prieurés, sur lesquels, s'il était permis à quelqu'un de*
« *réclamer un droit quelconque, ce serait moins à la famille*
« *Ghica qu'aux descendants des véritables donateurs ; — qu'au-*
« *cune ingérance, de quelque nature qu'elle puisse être, n'a été*
« *réservée à ses descendants par le fondateur, qui, du reste, ne*
« *pouvait pas le faire. En effet, en disposant de biens qui ne lui*
« *appartenaient pas et qui même, dans le principe, avaient été*
« *affectés par leurs prporiétaires à d'autres actes de piété, tels*
« *les biens des dix prieurés qui, — contrairement au vœu de*
« *leurs fondateurs, — furent détournés de leur destination et*
« *enclavés à l'hôpital Pantéléimon, le Prince Grégoire Ghica II* (2)
« *n'exerçait pas un droit personnel, mais agissait comme chef*
« *du gouvernement du pays, de même que ses successeurs ont agi*
« *après lui, en sanctionnant ses dispositions et en se considérant*

(1) Voir la chrysobulle (traduction littérale) d'Alexandre Ghica VI en 1767.
(2) Grégoire Ghica II ou (Grégoire II) Ghica III.

« *à leur tour comme fondateurs. Il élimina donc formellement*
« *ses descendants en statuant que les éphores seraient pris parmi*
« *les principaux conseillers du Prince régnant, en recomman-*
« *dant le tout à la sanction et à la surveillance de ce dernier,*
« *jusqu'à l'émission des billets pour la réception des malades.*

« *Par ces motifs, l'établissement du Pantéléimon est l'établis-*
« *sement qui, de tout temps, fut considéré comme relevant plus*
« *particulièrement de l'autorité du Prince régnant.*

« *Si cet hôpital pouvait être considéré comme fondation parti-*
« *culière, il ne resterait plus ni écoles, ni monastères, ni aucun*
« *autre établissement public sur lesquels les familles des fonda-*
« *teurs ne se crussent autorisées à élever des prétentions bien*
« *autrement fondées* (1). »

L'opinion émise par le Prince repose, comme on peut le voir, sur une étude minutieuse des chrysobulles et sur l'inspection du tableau compris dans celle de 1767. Nous donnons à ce tableau une disposition spéciale plus saisissante pour le lecteur, et grâce à laquelle il pourra constater aisément qu'à cette époque l'apport personnel de la famille Ghica, à la grande institution philanthropique, était dans une proportion minime (2).

Quoi qu'il en soit, il n'est pas sans intérêt de constater que le Prince Bibesco a été bien moins radical que le Prince Alexandre Ghica VI, car il a nommé curateurs MM. les Logothètes Mich. Racovitza, Constantin Heresco et le Prince Charles Ghika, tandis que *l'auteur de la chrysobulle de 1767 avait réservé ces postes aux dignitaires occupant et devant occuper, dans l'avenir, les fonctions de grand Logothète et de grand Vestiar.*

Cela étant, pouvait-on s'attendre à ce que les honorables signataires du mémoire se fissent de cette bienveillance du Prince un argument contre lui ? En vérité, non. C'est *le remords,* ont-ils

(1) S. A. S. le Prince Bibesco à S. Exc. le Comte Kisseleff; pièce de notre dossier.
(2) Voir le tableau à l'Appendice.

dit, qui a déterminé la conduite du Prince ! Cet argument, inventé pour les besoins de la cause, capable, tout au plus, de produire un effet passager dans une plaidoirie, mais sans valeur dans un document sur lequel le temps permet de se faire un jugement, devient une arme contre ceux qui ont tenté de s'en servir.

Je m'explique : le choix du Prince a été dicté, comme il le dit lui-même dans son décret, « *par la confiance* » que les hommes de son choix lui inspiraient, et la certitude qu'il avait de trouver chez eux « *tout le concours, tout le zèle* » nécessaires au développement de cette grande institution de bienfaisance.

Il prouve de la part du chef de l'État une impartialité absolue, jointe à un sentiment de haute bienveillance.

En accomplissant l'acte de gouvernement jugé par lui nécessaire, le Prince a certainement voulu atténuer ce que la mesure pouvait avoir de pénible pour la famille Ghica. D'ailleurs, les hommes qu'il a choisis ont compris que Son Altesse avait agi suivant son droit, au nom de la justice et du bien général, car ils n'ont pas protesté ; ils ont été touchés de la délicatesse de leur souverain, qui les avait choisis *quoique* appartenant à ladite famille, car ils ont accepté la mission qui leur était confiée.

La conduite pleine de tact et de dignité des curateurs choisis par le Prince prouve que la confiance de Son Altesse ne s'était pas égarée (1).

(1) Voir à l'Appendice le principal acte de fondation de l'hôpital Saint-Pantéléimon émis en 1767 par le Prince Alexandre Ghica.

*Remarque.* — L'ex-Prince Alexandre Ghica devenant Caïmacam en 1856, sépara par un simple décret l'administration de l'hôpital Philanthropie de celle de l'Éphorie. Or cet acte ne nous paraît être conforme ni au droit, ni aux pouvoirs conférés au Caïmacam : au droit, parce que le Caïmacam ne pouvait pas détruire de sa seule autorité une loi, c'est-à-dire un acte émanant de la Chambre ; — à ses pouvoirs, parce que les pouvoirs du Caïmacam n'étaient pas égaux à ceux du Prince régnant. (Voir art. 18 du *Règlement organique;* 2ᵐᵉ section, chap. 1ᵉʳ.)

# DISCOURS D'OUVERTURE DU PRINCE

## A L'ASSEMBLÉE GÉNÉRALE DE 1848

---

## RÉPONSE DE L'ASSEMBLÉE GÉNÉRALE

# DISCOURS D'OUVERTURE DU PRINCE BIBESCO

## A L'ASSEMBLÉE GÉNÉRALE DE 1848.

———

TEXTE EN LANGUE FRANÇAISE.

Messieurs les Députés de l'Assemblée générale,

I. — En vous voyant de nouveau réunis autour de Moi, J'éprouve la satisfaction que donnent une confiance mutuelle et le sentiment de services rendus, en commun, à la patrie.

II. — Les travaux qui ont marqué votre dernière session et qui seront consignés, avec honneur, dans nos annales, portent déjà une grande partie de leurs fruits.

III. — Dix mille familles, dont vous avez brisé les fers, bénissent votre nom, en goûtant les bienfaits de la liberté. Le faible tribut qu'elles payent à l'État accroît, chaque jour, le nombre des affranchis. Il n'est, sans doute, aucun de vous qui ne pense avec bonheur, que, dans peu d'années, la terre valaque ne nourrira plus que des hommes libres (1).

(1) BRAÏLOÏ, *Des Esclaves et des Bohémiens*, p. 22 et 222. Codes.

« Par la loi du 22 mars 1843, tous ceux qui payaient l'impôt à l'administration de la Vornicia des prisons (Bohémiens de l'État) ont passé directement sous l'administration des préfets des districts, mesure par laquelle ils ont été affranchis de l'esclavage et rangés dans la catégorie des Roumains soumis à l'impôt personnel.

« De même ont été affranchis les Bohémiens des monastères par la loi du 13 février 1847, qui, dans son premier article, contient ce qui suit :

« Sont affranchis tous les Bohémiens de la Sainte Église métropolitaine, ceux des évêques et généralement ceux de tous les monastères et couvents comme aussi de tout établissement public sans exception qui se trouvent sur le territoire roumain.

« Ceux-ci, à l'instar des Bohémiens de l'État, soumis à la même législation

IV. — L'instruction publique, en ce qui concerne les écoles primaires et élémentaires dans nos villes et communes, a déjà reçu toutes les améliorations qu'elle réclamait. J'ai tout lieu d'espérer que bientôt Je serai parvenu à surmonter aussi les difficultés que présente l'organisation de l'enseignement supérieur (1), afin que nos fils ne soient plus obligés de s'expatrier à un âge où les souvenirs du sol natal, trop faibles encore, finissent par s'effacer, pour faire place à des impressions dont l'effet ordinaire est de les rendre étrangers parmi les leurs, et inhabiles à comprendre les affaires de leur pays.

V. — La loi que vous avez votée sur l'amélioration du sort du bas clergé et sur la régularisation des revenus de la métropole et des évêchés, a été exécutée en partie. Nous pouvons espérer que ses dispositions salutaires recevront, dans le courant de cette année, leur entière application.

VI. — La réunion de nos douanes avec celles de la Moldavie a levé les entraves qui empêchaient, au détriment des deux pays, le libre échange de leurs produits ; cette réunion nous a valu en même temps une augmentation dans nos revenus. Le prix obtenu aux dernières enchères effectuées dans la capitale de la Moldavie a dépassé, pour la part qui nous revient dans le produit de cette ferme, le taux obtenu pendant les années précédentes.

VII. — Les sommes que vous avez allouées pour remplacer par un système régulier et économique le mode vicieux suivi jusqu'à présent dans l'exploitation de nos salines sont destinées à nous procurer des bénéfices considérables. Les travaux qui y

seront libres et pourront, hommes et femmes, se marier à leur gré avec des personnes de race roumaine. »

Maintes fortunes ne reposant que sur la propriété des esclaves, le Prince ne voulut pas décréter l'affranchissement complet de tous les Bohémiens ; il fit la loi et commença par une large application de cet affranchissement, estimant qu'il était préférable, pour arriver au but final, de suivre une sage progression afin de ne point créer au Trésor des embarras, — aux finances une surcharge, — à la société des dangers auxquels elle est exposée lorsque toute une classe d'hommes est soudainement jetée hors de sa condition première.

(1) Voir pages 209, 210, 211, et 212.

ont été exécutés dans le courant de l'année dernière ont dépassé
toutes nos espérances; ils nous donnent la certitude que, bien
avant l'expiration du dernier contrat de ferme, nous aurons
atteint le double but de posséder un système d'exploitation
mieux entendu, et d'avoir opéré les améliorations que les devoirs
de l'humanité réclamaient depuis longtemps en faveur des grands
coupables condamnés aux travaux forcés.

VIII. — La partie judiciaire a reçu de notables améliorations;
vous avez mis un frein à l'esprit de chicane, en instituant des
frais de justice moins onéreux, il est vrai, mais suffisants pour
prévenir bien des poursuites injustes; vous avez assuré à la propriété cette stabilité qui lui est indispensable, en accordant la
prescription pour la possession immobilière.

IX. — Par suite de ces sages dispositions, les procès ont
diminué dans une proportion considérable. Sur dix-huit mille
affaires pendantes au commencement de l'année dernière, il n'en
reste plus que quatre mille.

X. — Voilà, Messieurs, les résultats d'une seule session. Ils
sont bien glorieux pour vous, et ils donnent la mesure de ce que
peut l'harmonie entre le Gouvernement et l'Assemblée.

XI. — Au milieu de la joie générale et des espérances que vos
travaux avaient laissées dans tous les cœurs, une grande calamité
est venue nous frapper, en réduisant en cendres la partie la plus
populeuse et la plus riche de notre capitale. Le Gouvernement a
eu de pénibles devoirs à remplir dans cet affreux malheur, et J'ai
la consolation de pouvoir penser qu'il s'en est acquitté convena-
blement. Je ne doute pas qu'il n'obtienne aussi votre approbation
relativement aux secours que les caisses publiques ont dû ajouter
aux offrandes de la charité privée, dont le zèle s'est élevé au-
dessus de tout éloge.

XII. — Les Hautes Cours suzeraine et protectrice nous ont
donné en cette circonstance des preuves touchantes de leur
constante sollicitude et de leur inépuisable générosité; nos cœurs

en sont pénétrés de la plus vive reconnaissance; S. M. l'Empereur de Russie a, en outre, autorisé, dans l'intérieur de Son Empire, une souscription dont le produit a soulagé encore bien des infortunes.

XIII. — Il fallait de promptes mesures pour faire tourner cette catastrophe au profit de la prospérité future de la ville, et bien des difficultés s'opposaient à leur exécution. Toutefois, grâce à la bonne volonté des habitants, ces difficultés ont été aplanies, et nous pouvons espérer que le nouvel aspect que présentera bientôt notre Capitale achèvera d'effacer les regrets du passé.

XIV. — Il M'est impossible, Messieurs, de Me rappeler ce désastre sans éprouver, avec la terreur que ce souvenir réveille dans Mon âme, une vive émotion d'orgueil national en pensant au courage des victimes et à l'empressement que chacun a mis, le lendemain même du sinistre, à remplir ses engagements. Le bon ordre n'a pas été troublé un seul instant et notre crédit, sorti victorieux de cette terrible épreuve, que devait bientôt aggraver la crise survenue à l'étranger, est aujourd'hui mieux assis que jamais, grâce à l'activité et à la loyauté de nos commerçants.

XV. — Nos finances sont sans doute loin d'être en rapport avec les besoins qui se développent chaque jour; cependant, par suite de la règle que Je Me suis imposée, dès le principe, de ne jamais dépasser les ressources disponibles, elles peuvent être considérées comme étant en très bon état. Aucune de nos caisses publiques ne présente de déficit, et la plupart même possèdent un excédent assez considérable, comme vous aurez lieu de vous en convaincre par les comptes qui seront soumis à votre contrôle.

XVI. — Je vous avais promis, au commencement de l'année dernière, le pont sur l'Olto (1), des aqueducs pour notre capitale, et l'ouverture, à travers les Carpathes, de la route de Kinéni. Vous le savez, ces promesses ont été accomplies de manière à laisser à

(1) Voir à l'Appendice cette question importante.

ceux qui viendront après nous de véritables monuments, témoignage du zèle et du talent de ceux qui M'ont aidé dans leur exécution. Plusieurs autres travaux importants destinés à faciliter nos communications et à nous ouvrir de nouvelles sources de prospérité ont été entrepris sur différents points de la Principauté, et ils seront poursuivis, dès le retour de la belle saison, avec cette confiante ardeur que donnent le succès et l'expérience.

XVII. — Si, à côté de ce tableau rapide de ce qui a été fait dans l'espace d'une seule année, nous considérons l'état de calme, de sécurité et de bien-être dont jouit notre pays, nous ne pouvons que nous en féliciter et bien augurer de l'avenir; mais c'est à la condition de ne pas nous arrêter; car, pour les peuples qui reviennent à la vie, s'arrêter c'est reculer. Nous sommes, Messieurs, dans la bonne voie, continuons à y marcher en nous donnant la main; il faut la réunion de nos efforts pour vaincre les obstacles qui encombrent la route de la civilisation. La patrie vous sera reconnaissante de tout ce que vous aurez accompli pour elle. »

Ce discours, comme celui que le Prince a prononcé à l'ouverture de l'Assemblée générale de 1846, et les réponses de l'Assemblée, qui sont le résumé des actes accomplis par Bibesco depuis son avènement, trouvent dans les décrets et les lois réunis dans cet ouvrage (1) une consécration que, seule, l'autorité du document donne à une page d'histoire. — Par ce fait que des phrases ne remplacent pas le document, et que cette consécration manque aux discours et aux écrits des auteurs de l'insurrection de 1848 et de leurs amis, leurs tentatives de justification sont condamnées sans appel, elles sont sans valeur aucune pour l'histoire.

(1) Voir dans ce volume, pages 185-197.

Les inepties les plus audacieuses ayant été écrites par les auteurs déjà cités sur la question financière, pendant le règne de Bibesco, nous croyons utile de donner sur ce sujet quelques indications.

Rappelons, d'abord, cet exposé de la situation financière du pays, fait par le Prince dans son discours d'ouverture à l'Assemblée générale de 1846 : *La caisse de la Vestiarie est aujourd'hui affranchie de ces dettes ruineuses dont les intérêts venaient ajouter à ses embarras, en absorbant une partie de ses recettes, et la balance en faveur de ces dernières a été telle qu'il nous a été permis de couvrir plusieurs dépenses extraordinaires survenues dans le courant des dernières années.*

*XV. — Toutes les autres caisses publiques sont dans un état encore plus prospère. Ainsi,* LES CAISSES MUNICIPALES DES VILLES *offrent une réserve réelle* D'UN MILLION DE PIASTRES; CELLES DES COMMUNES, *de près de* TROIS MILLIONS; LA CAISSE CENTRALE *possède un capital de plus de* QUATRE MILLIONS, *nonobstant les nombreuses dépenses d'utilité générale auxquelles ces diverses caisses ont dû faire face.*

Voici, d'autre part, le tableau (1) des recettes et dépenses de la Principauté, pour l'exercice de 1847, que M. de Nion adresse au gouvernement français :

### RECETTES.

|  | Piastres. | Francs. |
|---|---|---|
| 1° Revenus directs et indirects compris dans le tableau officiel qui est ci-annexé, sous le n° 1. . . . . . . . | 18,004,510 | 6,661,668 |
| *A reporter* . . | 18,004,510 | 6,661,668 |

(1) M. de Nion à M. Guizot, lettre du 25 octobre 1847. (Archives du Ministère des affaires étrangères, Paris.)

|  | Piastres. | Francs. |
|---|---|---|
| *Report* . . . . . | 18,004,510 | 6,661,668 |
| 2° Valeur des prestations en nature ou en numéraire acquittées par quatre cent mille contribuables, à raison de 9 piastres (3 fr. 33) par homme et par an. . . . . . . . . . . . | 3,600,000 | 1,332,000 |
| 3° Versements annuels des Monastères qui relèvent du Gouvernement (1). . . . . . . . . . | 2,233,780 | 826,498 |
| 4° Produit du droit d'exportation sur les céréales, droit non compris au budget, et affermé, en 1847, pour la somme de. . . . . . . . . . . | 768,000 | 284,160 |
| Total des recettes. . . . . . | 24,606,290 | 9,104,326 |

### DÉPENSES.

|  | Piastres. | Francs. |
|---|---|---|
| 1° Services publics spécifiés dans le tableau officiel ci-joint, sous le n° 2. . | 17,082,944 | 6,320,689 |
| 2° Travaux d'utilité publique, ponts et chaussées, etc. (somme égale à la valeur des prestations portées en recettes dans l'état ci-contre, § 2). . . | 3,600,000 | 1,332,000 |
| 3° Dépenses fixées par le Gouvernement pour l'entretien des Monastères qui relèvent de lui. . . . . . . | 500,000 | 185,000 |
| 4° Secours accordés aux hospices, hôpitaux et autres établissements de | | |
| *A reporter*. . . | 21,182,944 | 7,837,689 |

(1) Ces versements se composent de la partie du revenu desdits monastères qui reste disponible, déduction faite des sommes affectées à l'administration et à l'entretien personnel du clergé régulier.

|  | Piastres. | Francs. |
|---|---|---|
| *Report*. . . . | 21,182,944 | 7,837,689 |
| charité, pour suppléer à l'insuffisance de leurs dotations. . . . . . | 250,000 | 92,500 |
| 5° Instruction publique. . . . . | 850,000 | 314,500 |
| 6° Fonds mis à la disposition de l'Hospodar pour indemnités et gratifications (somme égale au produit du droit d'exportation des céréales, portée en recette dans l'état ci-contre, § 4). . . | 768,000 | 284,160 |
| Total des dépenses. . . . | 23,050,944 | 8,528,849 |

RÉCAPITULATION :

|  | | |
|---|---|---|
| Recettes. . . . . . . . . | 24,606,290 | 9,104,326 |
| Dépenses . . . . . . . . | 23,050,944 | 8,528,849 |
| Excédent des recettes sur les dépenses pour l'année 1847. . . . . | 1,555,346 | 575,477 |

Cet excédent, qui se renouvelle chaque année, ajoute-M. de Nion, est versé dans deux caisses distinctes l'une de l'autre : La plus importante, la Caisse centrale, reçoit l'excédent des versements des Monastères sur les dépenses qui sont à la charge du fonds spécial, et notamment de celles qui figurent dans l'état ci-dessus, p. 3, 4, 5.

« Au commencement de la présente année la CAISSE DE RÉSERVE proprement dite POSSÉDAIT **2,202,422** PIASTRES (814,896 francs), ET LA CAISSE CENTRALE **4,529,479** PIASTRES (1,675,907 francs).

« *La Principauté de Valachie* N'A PAS DE DETTES. *Les emprunts contractés sous la* PRÉCÉDENTE *administration et pour lesquelles* ELLE A PAYÉ JUSQU'A 18 POUR 100 *d'intérêts annuels sont complètement soldés...* »

Ce n'est pas l'avis des membres de la Lieutenance princière, qui, dans leur humiliante requête au Sultan, s'expriment ainsi :

« Le Trésor est au pillage ; le budget de la capitale est en déficit, malgré la notable augmentation des revenus due aux nouvelles taxations que l'Assemblée de 1843 avait votées au profit des villes ; il absorbe, dans l'espace de quatre années, près de 100,000 piastres, tant en impôts ordinaires qu'en impôts extra-ordinaires, et EN RÉSERVES LAISSÉES PAR L'ADMINISTRATION PRÉCÉDENTE (1). »

Ces affirmations sont aussi inexactes que toutes celles qui émanent de la Lieutenance. 1° Le tableau ci-dessous prouve qu'en prenant les quatre années les plus chargées les revenus de l'État n'ont pu monter qu'à la somme de 79,100,000 piastres. 2° Le *Bull. off.* (n°ˢ 107, 108 et 109 ; décret n° 726 du 19 nov. 1843), nous apprend qu'au lieu de RÉSERVES la ville de Bucarest avait, à la fin du règne de Ghica, une dette de 1,033,494 PIASTRES 5 PARAS (2).

Mais les affirmations de MM. les Lieutenants princiers se trouvent encore démenties par M. Xénopol, qui termine son étude de la question financière pendant le règne de Bibesco par ces mots : « *Bibesco arrive à équilibrer les recettes et les dépenses, malgré l'augmentation de ces dernières, motivée par les nombreux travaux d'utilité publique que Son Altesse a entrepris.* EN 1846 TOUTES LES DETTES ÉTAIENT PAYÉES, *et la caisse centrale disposait d'une réserve de quatre millions de piastres* (3). »

En 1848 le Prince annonce à l'Assemblée générale qu' «-au-

(1) Voir la requête au Sultan, 3/15 août 1848.

(2) Au 1ᵉʳ novembre 1842, la ville de Bucarest devait 1,033,494 piastres 5 paras.

De cette dette il reste, le 1ᵉʳ novembre 1843, à payer 163,305 piastres 18 paras.

Les revenus de la ville ont augmenté de 243,953 piastres, et des économies, montant à 58,466 piastres 70 paras, ont été faites sur le budget. (*Bull. off.* n°ˢ 107 ; 108 ; 109. — Décret n° 726 du 19 novembre 1843.)

(3) *Histoire des Roumains,* par XÉNOPOL, p. 182, 183.

*cune des caisses publiques ne présente de déficit et que la plupart même possèdent un excédent assez considérable* (1) ».

Cependant le gouvernement provisoire ne reconnaît avoir pris dans les caisses des villages (cutiile Satelor) que 777,000 piastres, et au Trésor 349,064 piastres 3 paras (2); mais nous avons déjà constaté, — nous le prouverons de nouveau dans la deuxième partie de ce volume, — qu'il n'est prudent d'accepter, que sous bénéfice d'inventaire ce qu'il a plu à MM. les membres de ce gouvernement et à leurs alliés d'écrire dans l'intérêt de leur légende.

(1) Budget des travaux publics, d'après les chiffres du ministère du contrôle, pour les années :

|         |              |
|---------|--------------|
| 1843... | 244,000 piastres. |
| 1844... | 300,000 — |
| 1845... | 290,000 — |
| 1846... | 144,000 — |
| 1847... | 330,000 — |
|         | 1,308,000 piastres. |
| Soit...... | 431.640 francs. |

Revenus de l'État d'après les comptes clos par le Ministère du contrôle, pour les années :

|         |              |
|---------|--------------|
| 1843... | 18,700,000 piastres. |
| 1844... | 18,400,000 — |
| 1845... | 22,000,000 — |
| 1846... | 19,000,000 — |
| 1847... | 19,700,000 — |
|         | 97,800,000 piastres. |
| Soit ... | 32,274,000 francs. |

(2) Voir l'article de C. BALCESCO dans *Romania Viitoare* de 1850, p. 41, et plus loin dans la troisième partie de ce volume, et la publication, pleine d'enseignement, faite sur l'année 1848, dans les *Convorbiri literare*, n[os] 11 et 12, du 1er mars et du 1er avril 1893, par M. N. MANDREA, conseiller à la Cour de cassation.

## ADRESSE DE L'ASSEMBLÉE GÉNÉRALE

### DU 7 FÉVRIER 1848.

L'Assemblée se dit *pénétrée d'émotion et de reconnaissance. En effet, la réforme de l'instruction publique, l'affranchissement des esclaves des monastères, la diminution des procès, l'amélioration du sort du bas clergé, le libre échange des produits de deux peuples unis entre eux par tant de liens, sont des faits qui donnent leur nom à l'époque où ils s'accomplissent.*

*L'Assemblée voit, avec les sentiments de satisfaction et de gratitude les plus vifs, le nouveau système introduit dans l'exploitation des salines, dans les améliorations réclamées par l'humanité, dans celles qu'a reçues la capitale dans la partie déjà sortie de ses ruines, à la suite de l'incendie de 1847. Elle éprouve un sentiment d'orgueil national en voyant le crédit public sauvé par la probité des négociants et par leur activité; elle ressent une véritable satisfaction de l'état prospère des finances, de l'imposante construction du pont sur l'Olto, des aqueducs de la capitale, de la route de Kineni ouverte à travers les Carpathes, de tant d'autres travaux entrepris.....*

TEXTE EN LANGUE FRANÇAISE.

I. — Prince, la parole de Votre Altesse Sérénissime, toujours puissante sur les cœurs des Valaques, a pénétré l'Assemblée d'émotion et de reconnaissance.

II. — Nous nous estimons heureux de recevoir de Votre Altesse l'assurance que nos travaux de la session dernière ont répondu à Ses vœux et à nos efforts.

III. — En effet, la réforme de l'instruction publique, l'affranchissement des esclaves des monastères, la diminution des procès, l'amélioration du sort du bas clergé, le libre échange des produits de deux peuples unis entre eux par tant de liens, sont de ces faits qui donnent leur nom à l'époque où ils s'accomplissent. Ces faits sont le résultat des nobles inspirations de Votre Altesse et nous sommes heureux d'avoir pu contribuer à leur réalisation.

IV. — C'est avec un sentiment de satisfaction non moins vive que nous avons appris quels avantages nous promet le nouveau système introduit dans l'exploitation de nos salines, destiné qu'il est à concilier les intérêts de l'État avec les améliorations réclamées par l'humanité, en faveur de ceux de ses membres que la société est obligée de rejeter de son sein.

V. — Une grande catastrophe est venue frapper notre capitale et répandre le deuil parmi nous; mais plus le malheur a été grand, plus Votre Altesse s'est montrée charitable et compatissante. Elle a atténué le mal par les consolations de toute espèce qu'Elle a répandues autour d'Elle; aussi le peuple porte-t-il à la personne de Votre Altesse un amour reconnaissant.

Le pays a applaudi à la mesure adoptée par Votre Altesse de faire contribuer les caisses publiques pour fournir des secours dans cette circonstance malheureuse, et l'Assemblée ne peut que s'associer au sentiment général. La touchante sollicitude dont les hautes Cours suzeraine et protectrice nous ont donné de nouvelles preuves, en venant avec générosité soulager une si grande infortune, a excité dans tous les cœurs valaques les sentiments de la plus vive gratitude. Les améliorations qu'a reçues notre capitale dans la partie qui est déjà sortie de ses ruines, nous font pressentir le magnifique aspect qu'elle offrira, lorsque le plan, tracé par les soins prévoyants de Votre Altesse, aura reçu son entière exécution.

VI. — Si nous considérons la conduite que nos négociants ont tenue dans les circonstances critiques que nous venons de traverser, nous ne pouvons, en effet, qu'éprouver *un sentiment d'orgueil national* en voyant notre crédit public sauvé, par leur probité commerciale et par leur activité, de deux crises consécutives, également périlleuses.

VII. — L'Assemblée générale n'a pu voir sans une véritable

satisfaction l'état prospère que présentent nos finances, malgré les nombreuses dépenses auxquelles il faut faire face.

VIII. — L'imposante construction du pont sur l'Olto, les aqueducs de la capitale, la route de Kineni ouverte à travers les Carpathes, tant d'autres travaux entrepris sur différents points afin d'ouvrir à notre pays de nouvelles sources de prospérité, témoigneront à jamais de la haute sagesse de Votre Altesse et de l'amour du bien dont Elle est animée.

IX. — Cet hommage, Prince, que la postérité rendra aux actes et aux vertus de Votre Altesse, l'Assemblée générale est heureuse de Vous l'offrir en ce jour au nom du pays, en Vous priant de croire qu'elle fera tout ce qui dépendra d'elle pour resserrer entre le Gouvernement et l'Assemblée les liens dont dépend le bonheur de tous. A cet effet, l'Assemblée s'empressera de prêter son concours à Votre Altesse pour tout ce qui pourra aplanir la route de la civilisation, que Vous cherchez, Prince, avec tant de sollicitude à ouvrir devant nous. Nos efforts seraient payés d'une bien douce et glorieuse récompense, si notre nom pouvait rester dans l'avenir associé à celui de Votre Altesse (1).

*Président :* Le Métropolitain de Hongro-Valachie.
*Membres :* Théodore VACARESCO, Michel CONESCO, Démètre RALLET, Grég. GRADISTEANO, Em. FLORESCO, Charles Gr. GHICA, Jean GOLESCO, Jean MANO, Nicolas GOLESCO, Jean SLATINEANO, Ch. CRETZULESCO, Jean OTTÉTÉLECHANO, Pierre OBÉDEANO, Grégoire OBÉDEANO, D. FALCOIANO, Jean C. ROSETTI, Démètre BELLIO, Nicolas MANÓ, A. ZADARICEANO, G. R. LIPANESCO. N. PRISACÉANO, N. Const. HIOTU, Gr. BENGESCO, Cluciar Dém. ZIANO, N. SOCOLESCO, Paharnic Const. ROSIEANU; Paharnic C. LIPANESCO, Paharnic J. DELEANO, Paharnic Charles IARCA; Serdar D. LEHLIO, C. D. BUTCULESCO, Serdar S. POROINÉANO, N. OPRAN.

(1) Ce précieux document a été conservé par le Prince et retrouvé dans ses papiers avec sa traduction.

Il y a un curieux rapprochement à faire entre ce document, qui est l'expression de la reconnaissance du pays, et les accusations lancées, quatre mois plus tard, 9/21 juin 1848, contre le même Prince, par le gouvernement insurrectionnel, dans sa proclamation au peuple roumain (1).

(1) Voir la deuxième partie.

*Fac-simile de la Réponse de l'Assemblée générale au Discours du trône, 4 février 1848.*

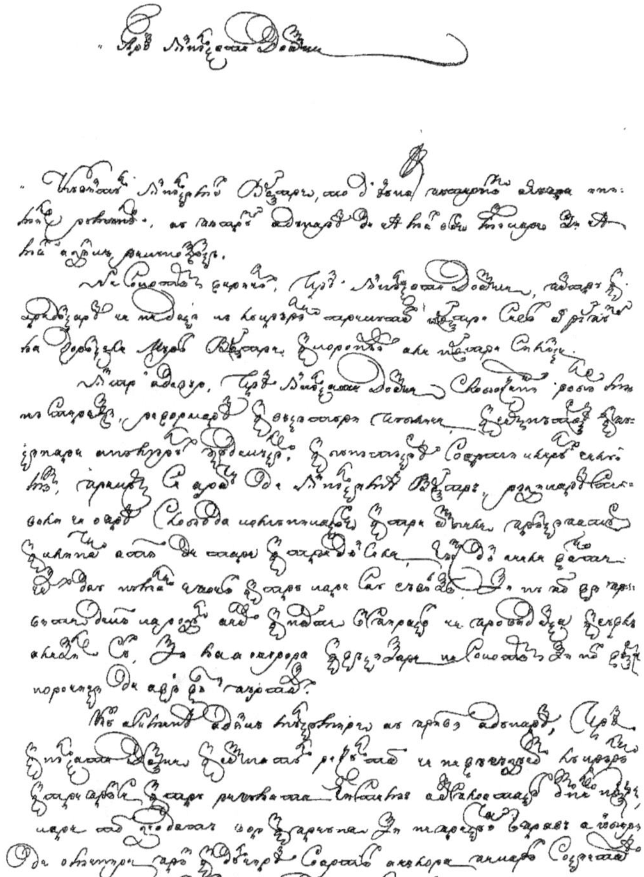

Le Président de l'assemblée ordinaire, Métropolitain de Hongro-Valachie (¹).
Théodore Vacaresco. — Michel Cornesco. — Démètre Ralet. — Grégoire Gradisteano.
Em. Floresco. — Charles Gr. Ghica. — Jean Golesco.
Jean Mano. — N. Golesco. — J. Slatineano.
Ch. Creyzulesco. — Jean Ottetelechano. — Pierre Obedeano. — Grég. Obedeano.
D. Falcoiano. — Jean C. Rosetti.

N° 77

Année 1848. — Janvier 14.                      Démètre Bellio. — N. Mano.

A. Zadaricrano.
G. R. Lifanesco. — N. Prisaciano. — N. Const. Hiotu. — Gr. Benuesco.

(1) Néofite.

SLUCIAR DÉM. ZIANO. — N. SOCOLESCO. — PAHARNIC BUJOREANO. — CONST. A. NICOLESCO.
PAHARNIC CONST. ROSIEANO. — PAHARNIC CONST. LIPANESCO.
PAHARNIC JEAN DELEANO. — PAHARNIC CHARLES JARCA.
SERDAR D. LEHLIO.             SERDAR S. POROINEANO.
C. D. BUTCULESCO.             N. OPRAN.

# DEUXIÈME PARTIE

---

## INSURRECTION DE 1848

### HISTOIRE ET LÉGENDE

A SA HAUTESSE LE SULTAN (1).

« La vérité a été étouffée sous le mensonge, il faut que la vérité se fasse jour. »

**19 février 1849.**

Les membres du gouvernement provisoire de 1848 et délégués de l'émigration :

ÉLIADE, TELL, N. GOLESCO, MAGHIERO, Stefan GOLESCO, MAÏORESCO, J. VOINESCO, N. CREZOULESCO, N. BALCESCO, GRADISTEANO, ROSETTI, D. BRATIANO, J. BRATIANO, BOLIACO, A. G. GOLESCO, PLESOIANO, C. BALCESCO, J. PHILIPESCO, CHRISTOFI, THEOLOGO, BOLINTINIANO, THEOULESCO, Archimandrite SNAGOVEANO, IPATESCO, ARISTIA.

---

A LA NATION ROUMAINE

## La voici, la Vérité.

**Mai 1894.**

GEORGES BIBESCO.

---

(1) Voir, à l'Appendice, l'Adresse des membres du gouvernement provisoire de 1848 et délégués de l'émigration à Sa Hautesse le Sultan. (Pièces justificatives de la Révolution roumaine.)

# INSURRECTION DE 1848

## HISTOIRE ET LÉGENDE

---

## CHAPITRE PREMIER

Événements qui suivent en Valachie la révolution française. — Conseils de Kisseleff à Bibesco. — Duhamel à Bucarest. — Complots.
9/21 juin : Tentative d'assassinat contre Bibesco.
11/23 juin : Insurrection.
13/25 juin : Le Prince nomme un gouvernement provisoire ; il abdique, et passe
en Transylvanie. — Gouvernement illégal.
Résumé rapide de l'anarchie dans laquelle se débat le Pays du 13/25 juin 1848
au 25 septembre 1849.
Résultats de l'insurrection : l'invasion ; Balta-Liman.

La révolution qui avait éclaté en France le 24 février 1848
s'était rapidement propagée à travers le continent.

Après l'abdication du roi Louis-Philippe, la révolution fit son
apparition, au mois de mars, à Vienne, à Berlin, à Venise, à
Milan, dans le Holstein, en Bavière, où elle provoqua l'abdication
du Roi, à Parme, où elle détermina la retraite du Duc.

En avril elle était à Modène, en Sicile, dans le grand-duché de
Bade ; en mai, dans le duché de Posen, à Rome, à Naples, en
Hongrie, puis de nouveau à Vienne, que l'Empereur quitta pour
se rendre à Insprück. En juin elle envahit la Bohême (1)...

La révolution touchait, au mois de juin, aux frontières de la

---

(1) *Quelques mots sur la Valachie.* (Dentu, éditeur, Paris, 1857.)

Principauté, au sein de laquelle les exaltés, les ambitieux de tout rang, les meneurs allaient tenter de l'y acclimater.

Dès le 21 mars, Kisseleff, ancien gouverneur général des Principautés danubiennes, qui suivait de Saint-Pétersbourg les progrès du mouvement révolutionnaire en Europe, des agitations fomentées en Roumanie, des faits et gestes des Roumains installés à Paris, écrivait au Prince, au sujet *des désordres qui venaient de se produire en Europe, et dont le contre-coup pouvait aussi atteindre les Principautés,* en émettant l'espoir que *la raison et la prudence éclaireraient et guideraient les Valaques.* « *J'espère que cette avalanche qui passe sur l'Europe* », disait le général, « *et qui, tôt ou tard, aura sa réaction, n'atteindra pas Votre Pays, et que Votre vigilance, Mon Prince, la préservera du vertige qui s'est emparé de Vos voisins* (1). » Le 22 avril, nouvelle lettre de Kisseleff à Bibesco; mais déjà l'opinion du général s'était modifiée; son espoir avait fait place à la crainte *que des troubles ne vinssent éclater dans le beau et bon Pays roumain.* A son avis, *l'essentiel était de prévenir les désordres qui pouvaient et devaient amener des conséquences cruelles pour le Pays, en écartant du centre de la population les hommes qui rêvaient à des changements impossibles;* il n'admettait *ni paix ni transaction avec les fauteurs de troubles, et conseillait de ne point se confier à leurs promesses. L'incarcération et le renvoi au delà des frontières était,* aux yeux de Kisseleff, *le plus sûr moyen de se défendre contre leurs projets subversifs, et le maintien, pour tout le reste, du règlement, dans son esprit et dans sa lettre* (2).

Enfin le courrier du général expédié au Prince, de Pawlotsa, le 29 juin, engageait Son Altesse A NE PAS BATTRE EN RE- TRAITE (3) *devant les meneurs; de rester sur la brèche tant que*

(1) D'Andrinople à Balta Liman : *Règne de Bibesco,* t. I. Lettre de S. Exc. le général comte Kisseleff à S. A. S. le Prince Bibesco, p. 316 et 317.
(2) D'Andrinople à Balta-Liman : *Règne de Bibesco,* t. I. Le comte Kisseleff au Prince Bibesco, p. 320-323.
(3) *Idem,* p. 325 et 326. Ce conseil de Kisseleff à Bibesco et la date de la

*Ses forces le lui permettraient. La retraite des honnêtes gens,*
écrivait-il, *ferait bonne place aux mauvais drôles qui n'ont en vue*
*que désordres, bouleversements, le tout dans leur intérêt exclusif et*
*personnel.* A cette date du 29 juin, il y avait quatre jours déjà que
le mouvement insurrectionnel de Valachie était un fait accompli.

Pendant que Kisseleff donnait au Prince ces conseils, le gouvernement russe ne restait pas inactif. Voulant s'assurer le
moyen de diriger dans le sens de ses projets le mouvement
qui s'annonçait dans les Principautés, et préparer aux armées
impériales le passage en Hongrie, à travers le Pays roumain, —
en prévision de la nécessité où l'empereur d'Autriche pourrait se
trouver d'avoir besoin de leur appui pour réprimer la révolution
qui menaçait d'éclater parmi ses sujets maghyars, — il fit choix
du général Duhamel.

Le premier soin du représentant de l'empereur Nicolas, en
arrivant à Bucarest, fut de promettre tout son concours à Son
Altesse, dans l'œuvre de pacification qu'Elle poursuivait, et en
même temps de Lui conseiller d'y faire concourir quelques régiments de Cosaques, l'assurant que si Elle sollicitait du Czar ces
régiments, sa demande recevrait l'accueil le plus favorable. Mais
Bibesco ne se laissa pas convaincre, et se contenta de remercier
le général Duhamel d'une offre dans laquelle Il reconnaissait la
très haute sollicitude de l'Empereur.

Il ne se rendit pas davantage à l'insistance que S. Exc. l'envoyé russe mit à *demander l'exil d'Héliade,* — qu'elle accu-
sait de conspirer contre l'état de choses existant, — bien qu'Il
sût que le poète roumain était à la tête d'une conspiration. *Le*
*Prince répondit au général Duhamel que, s'il avait des preuves*
*contre Héliade, qu'il fût par conséquent certain de sa culpabilité,*

lettre infligent un démenti à tous ceux qui, à l'instar d'Héliade, ont porté contre
Son Altesse cette accusation ridicule et intéressée : *Le Prince a cédé aux injonc*
*tions du Consul de Russie...* (Voir au *Mémoire justificatif de la Révolution rou-*
*maine,* la protestation de Golesco Héliade et Tell à Sa Hautesse Abd-ul-Mejid,
p. 57-66.)

*Il le ferait mettre sous jugement pour qu'il fût puni confor-
mément aux lois, mais qu'Il ne pouvait pas l'exiler sans le juger;
qu'Il surexciterait plus encore les esprits et qu'Il commettrait
une injustice.* Et, *comme Son Excellence était fort irritée,* ajoute
· Grâdisteano (Grégoire), — dans ses Mémoires parus sous la signature de Zossima, — le Prince eut l'idée de parler raison et de
montrer les dangers qui menaçaient la Patrie, aux professeurs
marquants, comme Héliade, P. Poënar, Simon Marcovici et
autres, chargés d'éclairer et de diriger la jeunesse. Il les réunit
donc à dîner, fit appel à leur sagesse, à leur patriotisme, *pour que
le bon ordre, — que certains esprits s'acharnaient à troubler, —* fût
maintenu par leurs soins. Puis, prenant à part Héliade, Bibesco
le confessa et apprit de lui qu'en effet *il voulait faire un mouvement pour paralyser celui de Duhamel. Alors Son Altesse
l'engagea à se retirer du pays, pour quelque temps; et, — afin
que son départ ne fût pas pour Duhamel un sujet de triomphe,
— Il lui conseilla de demander à aller en Italie pour y faire des
recherches philologiques, lui promettant de lui fournir les moyens
nécessaires pour accomplir cette mission. Héliade fit cette demande
par écrit, mais au lieu d'aller en Italie il alla de l'autre côté de
l'Olto, où il s'entendit avec Maghiéro et d'autres, puis passa en
Transylvanie,* et de là, sous prétexte de maladie grave, revint
dans sa famille à Bucarest (1).

A Kisseleff, qui avait aussi conseillé au Prince une démarche
auprès de l'empereur Nicolas dans le but d'obtenir quelques régiments de Cosaques, Bibesco avait répondu par une fin de non-
recevoir, en affectant à l'égard de Son vieil ami, une sécurité qu'Il
n'avait pas et en basant Sa confiance, — pour la faire partager
sans doute, — sur ce fait que presque tous les officiers supérieurs placés à la tête des troupes roumaines étaient des instructeurs russes.

(1) Voir Russo Locusteano. Lettres d'exil d'Héliade, p. 730, dans l'appendice
intitulé : *Errare humanum est.* Fragment de la lettre H.

Il n'est pas besoin d'insister sur l'intérêt et l'importance que présente ce fait historique; et nous ne manquerions pas, — pour rester fidèle à la règle que nous avons suivie au cours de notre ouvrage, — de placer, en regard de nos affirmations, la correspondance échangée, à ce sujet, entre Kisseleff et le Prince, si elle n'avait disparu, avec d'autres pièces enfermées dans le buvard que Son Altesse avait oublié sur le bureau de Son cabinet de travail, au moment où, après Son abdication, Elle quitta Bucarest (1). Encore devons-nous nous estimer heureux de pouvoir suppléer à l'absence de ces pièces par la production d'une lettre de l'ancien aide de camp du Prince, qui fut aussi Son gendre, parfois Son secrétaire, — et à ce titre mieux que personne en état de nous renseigner, — notre ami et très regretté général Floresco, mort à Paris, le 21 mai dernier.

(1) Héliade écrit que M. Constantin Rosetti *s'empressa d'arracher le portefeuille du Domnu (du Prince) des mains des gardes nationaux qui s'en étaient emparés et de le remettre à Bibesco. S'il contenait,* ajoute-t-il, *des papiers dont la publicité* pouvait être utile au Pays et préjudiciable à la Russie, on en doit la non-divulgation à C. Rosetti. HÉLIADE, *Mémoires sur l'histoire de la régénération,* p. 101 et 102.

Mais si l'accusation portée par Héliade est vraie, comment expliquer que la correspondance — dont nous venons de parler, — entre Kisseleff et Bibesco, qui était aussi préjudiciable à la Russie qu'elle était à l'honneur de l'Élu de la Nation et de la Nation elle-même, n'ait pas été divulguée ? Toujours est-il que le portefeuille du Prince ne lui a jamais été rendu.

Voici comment Zossima, un des membres de l'insurrection, raconte cet incident dans sa biographie sur Gr. Gradisteano. — Gradisteano — membre du gouvernement *laissa la responsabilité de la garde du Palais à M. P. Ciocanelli, qui commandait la compagnie de la Garde Nationale de service chez le Prince. (Biographies politiques,* p. 20)... *Ciocanelli dit à Gradisteano que Bibesco, à son départ, avait oublié son portefeuille, que ce portefeuille il le prit au corps de garde ; que C. A. Rosetti le prit et le donna à Bibesco. Dans ce portefeuille était toute la correspondance de Bibesco avec le consul russe. De ce fait Ciocanelli a encore témoigné un soir à la confiserie Capsa.* (ZOSSIMA, p. 63.) Ciocanelli se trompe : le Prince n'a jamais revu son portefeuille; il l'a demandé à Gradisteano par un mot qu'il lui a adressé de la frontière, mais Gradisteano a vainement cherché à retrouver l'objet oublié.

M. *Jean Ghica* a rapporté, à propos de cette disparition, que Boléac aurait écrit à Héliade : *Rosetti ne pourra pas être reçu dans un comité avant de nous expliquer comment le portefeuille est sorti de nos mains.*          (*Souvenir d'exil,* p. 822.)

Voici cette lettre :

*M. le général Jean-Emmanuel Floresco, ancien président du Conseil, ancien président du Sénat, au Prince Georges Bibesco.*

TEXTE EN LANGUE FRANÇAISE.

Bucarest, le 20 mai 1892.

CHER PRINCE ET AMI,

Vous me demandez si je n'aurais pas, dans mes papiers, la réponse de S. A. S. le Prince Bibesco à une lettre que le général comte Kisseleff Lui a adressée de Carlsbad, en 1848, pour L'engager à solliciter du Czar quelques régiments de Cosaques, dans le but de-maintenir l'ordre en Valachie.

Non : pas plus que vous, je ne retrouve la copie de cette pièce importante, connue des personnes de mon temps ; mais, ayant eu l'honneur de servir souvent de secrétaire au Prince, et ayant eu, dans cette circonstance, la bonne fortune de recopier la réponse en question, je puis vous en donner le contenu avec une précision mathématique. Comment oublierait-on les termes d'un acte qui honore au plus haut degré l'homme qui l'a accompli et le pays qu'Il a gouverné ?

C'est de Carlsbad que le général Kisseleff écrivait au Prince, pour Lui demander de permettre à deux ou trois régiments de Cosaques d'entrer dans le pays, afin, disait-il, de le protéger contre tout mouvement populaire, l'esprit révolutionnaire ayant gagné les plus grandes capitales de l'Europe.

Le Prince, dans son patriotisme, ne pouvait pas accepter l'offre que Lui faisait le comte Kisseleff, et c'est dans ce sens qu'Il lui répondit, sans la moindre hésitation. Il ajouta encore que, fort de Sa conscience et de la connaissance qu'Il avait de Son peuple, Il ne pensait pas que chez nous une révolution pût avoir la moindre chance de succès, et qu'au surplus, si un mouvement révolutionnaire devait éclater, notre petite armée serait suffisante pour le réprimer. Le Prince faisait aussi valoir, dans cette même lettre, la confiance que Lui inspirait le commandement de l'armée, car toutes les grandes unités de l'armée étaient, à cette époque, commandées par des officiers russes, qui étaient censés connaître toute l'étendue de leur responsabilité.

Vous savez ce qui s'en est suivi : l'armée prit elle-même part au mouvement, et, chose caractéristique, celui qui était à sa tête fut le premier à ceindre l'écharpe tricolore, tant il jouissait de la confiance du gouvernement provisoire, dont il fit, d'ailleurs, partie. Vous connaissez du reste, cher Prince, la protestation que les officiers roumains déposèrent entre les mains du général Duhamel, qui se garda bien de lui donner une suite quelconque.

Recevez, cher Prince et ami, l'assurance de mes sentiments les plus dévoués.

*Signé :* J.-E. FLORESCO.

Le fait que nous venons de rapporter, bien que de notoriété publique, n'est mentionné dans aucune des publications d'Héliade ou des partisans du mouvement de 1848. Seul Zossima, dans sa biographie de Grégoire Grâdisteano, rapporte que Bibesco, en recevant Héliade, — après l'arrivée de Duhamel à Jassy, — lui dit *qu'au sujet de la proposition touchant la demande à faire à la Russie d'un corps d'armée russe, Il avait pris des mesures pour refuser d'adresser cette demande, et pour ne pas avoir besoin de recourir à des moyens extrêmes.*

Cependant, le général Duhamel ayant échoué dans ses tentatives auprès de Bibesco, — trop indépendant à son gré, — laissa marcher les événements; Héliade (1), Ubicini, et d'autres

(1) *Biographie de Grégoire Grâdisteano*, membre du gouvernement en 1848, par ZOSSIMA, un des auteurs du mouvement du 11/23 juin, ch. VI, p. 13.

accusent le général de les avoir précipités dans l'intérêt de la Russie.

Toujours est-il que le Prince, qui ne pouvait admettre que, dans leur folie, les conspirateurs se laissassent aller jusqu'à s'attaquer ouvertement à la Russie, — au lendemain des sages conseils qu'il avait donnés à Héliade, et après la vaine tentative de ce dernier pour déterminer la Sublime Porte à protéger plus efficacement les intérêts roumains contre la Puissance du Nord *qui prétendait nous imposer sa Souveraineté* (1), — chercha néanmoins, écrit Héliade, « *les moyens d'éviter l'invasion moscovite en se procurant des forces nationales pour défendre le Pays, au cas d'un mouvement de l'autre côté des Carpathes. Augmenter l'armée par la création d'un corps de Pandours fut sa première idée. Il fit appeler Maghiéro, qui était alors administrateur dans le district de Romanatzi, en petite Valachie, homme réputé par sa bravoure. Il lui dit* CONFIDENTIELLEMENT *qu'on soupçonnait un mouvement, dans la Transylvanie, de la part de quelques agitateurs qui auraient l'intention de passer en Valachie ; et pour que le gouvernement fût en état de résister sans recourir au secours étranger, Il le chargera de l'inspection de tous les dorobantzi* (2). *Il lui enjoignit d'aller s'informer auprès de chaque administrateur si leur nombre était complet, si leurs armes étaient en bon état, s'ils étaient bien organisés par caporalies. Puis Il lui manifesta l'intention qu'Il avait de lui confier ensuite la formation d'un corps de Pandours* (3).

*Sur ces entrefaites,* continue Héliade, *arrivèrent de Paris*

---

(1) *Mémoire sur l'histoire de la régénération roumaine,* par HÉLIADE RADULESCO, p. 49.

(2) Dorobantzi, troupes à cheval spécialement chargées de la police. Au dix-septième siècle ils formaient la milice nationale ; aujourd'hui ils constituent un corps d'armée. En Autriche, aux derniers siècles, il y avait la milice des Trabans croates.

(3) *Le Protectorat du Czar,* par HÉLIADE RADULESCO, p. 34 et 35. Le Protectorat est une des pièces destinées à justifier le mouvement de 1848. M. Élias Regnault, racontant les faits d'après les auteurs de l'insurrecti  trouve encore moyen de défigurer la vérité, p. 405.

*quelques jeunes gens,* — parmi lesquels les frères Bratiano, et
C. A. Rosetti, — *qui avaient été témoins de la proclamation de
la République française en février. Ils se pressèrent d'accourir
à Bucarest pour juger quels étaient les éléments de la Valachie
et quelles chances favorables s'y offraient pour entreprendre un
mouvement national vers une voie de progrès* (1), ou, comme l'a
écrit de son côté Bolintineano, — partisan de l'insurrection, —
*avec la résolution* D'IMITER *ce qu'ils avaient vu à Paris;* de
toutes façons *pour s'accorder sur l'emploi des moyens extrêmes.*

Dans la capitale, deux complots : l'un organisé par Héliade,
qui, se croyant mieux initié à la politique et plus patriote que
Bibesco, déclarait Son Altesse *aveugle sur l'état* (2) *dans lequel
la Russie avait plongé son Pays;... qui aimait à croire que le
langage de cet homme, quoique princier et quasi diplomatique,
cachait un certain sentiment de nationalité, mais* pour qui *la
patience du Prince à l'écouter, et Son ironie en même temps,
rendaient Sa conduite problématique* (3); — l'autre ourdi, —
toujours d'après l'auteur des « Mémoires sur l'histoire de la régénération roumaine », — dans la maison de Mavros contre le *Domnu*
(le Prince), *par Duhamel* (4), qui avait perdu l'espoir d'associer
Bibesco à sa politique, mais qui avait rallié, au dire de Zossima,
les frères Golesci (5).

Héliade et ses amis se préparaient en silence, mettant tout en
œuvre pour assurer le succès de l'insurrection, cherchant à

---

(1) *Mémoire sur l'histoire de la régénération roumaine,* par HÉLIADE RÀDU-
LESCO, p. 44. — *Le 11 février, ou Histoire de trois ans,* par D. BOLINTINEANO.
Typographie Radulesco, p. 28 et 29. — *Le Protectorat du Czar,* par HÉLIADE
RADULESCO, p. 338.

(2) Relire le discours du Prince à l'Assemblée générale et la réponse de cette
Assemblée, 1848. Voir p. 337 de ce volume.

(3) *Mémoire sur l'histoire de la régénération roumaine,* par HÉLIADE RADU-
LESCO, p. 37. (Texte en langue française.)

(4) *Idem,* p. 42 et 43.

(5) *Biographie politique des hommes du mouvement national de la Roumanie,*
par ZOSSIMA. Typographie Michalesco. Bucarest, 1884, éd., II. — Zossima, un
des auteurs de l'insurrection, est l'écho des souvenirs de Grégoire Grâdisteano,
dont il fait la biographie.

gagner à leur cause l'armée, et espérant forcer le Prince à Se mettre à la tête du mouvement; de son côté l'envoyé du Czar se tenait prêt à profiter des circonstances, donnant — prétend Héliade (1), — *des instructions à Odobesco, le chef de l'armée, et à Salomon, pour fermer les yeux et laisser endoctriner les autres officiers pour mieux cacher la source du complot.* L'armée aurait donc été, à ce compte, sollicitée par deux forces contraires cherchant, toutes les deux, à l'entraîner dans une voie qui n'était ni celle de la légalité, ni celle de l'honneur, puisque l'une et l'autre prêchaient comme un saint devoir l'oubli de la fidélité jurée au Souverain. Quoi qu'il en soit, après plusieurs entrevues difficiles à fixer, et qui eurent lieu entre Héliade, J. Ghica, les frères Golesci, Tell, le commandant de Giurgevo, Maghiéro, l'administrateur du district de Romanatzi, — qui avait toute l'affection et le confiance du Prince, — Grégoire Grâdisteano et autres membres du complot, les conjurés se réunirent au nombre de treize chez les frères Golesci.

On y nomma le comité insurrectionnel, composé de :

MM. Jean Ghica;
les deux frères Bratiano (Jean, et Démètre absent);
les deux frères Balcesci (Constantin et Nicolas);
Constantin A. Rosetti;
les quatre frères Golesti (Stéphan, Nicolas, Radu et Alexandre);
Jean-Héliade Radulesco;
Alexandre Golesco, le cousin (2).

Mais la nomination de ce comité n'eut pas pour résultat de faire naître chez les uns la bonne foi, chez les autres la confiance. Loin de là : on voit les conspirateurs se cacher les uns aux

---

(1) *Mémoire sur l'histoire de la régénération roumaine,* par HÉLIADE RADULESCO, p. 46.
(2) *Idem,* p. 54 et 55.

autres le fond de leur pensée, comme s'ils redoutaient de se trahir ou d'être trahis; tels membres sur lesquels on croyait pouvoir compter refusent tout à coup leur concours, se réservent et font concevoir toutes sortes d'appréhensions; tels autres, abordant audacieusement un certain ordre d'idées, font des propositions de nature à *dégrader et souiller le mouvement* (1).

On n'est qu'à l'aube de l'insurrection et on assiste déjà au choc des idées les plus opposées, des passions les plus violentes.

Héliade nous en donne, sans s'en douter, la meilleure de toutes les raisons : c'est que ce mouvement n'était pas l'élan de tout un peuple; que les uns ne le comprenaient pas, que d'autres le redoutaient aussi bien pour la tranquillité et le sort du Pays que pour leur Prince; que les audacieux escomptaient déjà l'avenir, acceptaient avec enthousiasme l'insurrection, résolus à la transformer en un bouleversement général à la faveur duquel ils pourraient s'emparer du pouvoir; que tous enfin, Héliade comme les autres, marchaient à l'aventure, préparant sur le sable une « ENTREPRISE IMPROVISÉE (2) ».

Les passages suivants, empruntés à la plume du poète roumain, qui n'a aucun intérêt à nous faire connaître le désarroi au milieu desquels s'agitent les conspirateurs, — car cette situation, loin de plaider en faveur de leur *entreprise,* évoque pour nous le mot cruel de Bolintineano, *le besoin d'imiter ce qu'ils avaient vu à*

---

(1) *Mémoire sur l'histoire de la régéneration roumaine,* par HÉLIADE RADU-LESCO, p. 56. « *Tell ne fut pas moins surpris de quelques mesures extrêmes proposées par C. Rosetti : elles ne faisaient que dégrader et souiller le mouvement.* »
*Il ne s'écoula pas un temps bien long,* écrit Zossima, *et l'on vit avec chagrin que quelques-uns des membres de ce comité,* cédant à l'influence de quelques âmes noires et infâmes, cherchaient à détourner le *mouvement de sa voie, pour le jeter dans une voie tout opposée. C'est ainsi que l'on proposa dans l'une des séances d'assassiner Bibesco et de s'emparer des caisses de l'État, de soulever les paysans contre les propriétaires...* etc. Héliade et les Golesti s'y opposèrent... ZOSSIMA, p. 15.
(2) Voir dans l'*Histoire de la régénération,* par HÉLIADE RADULESCO, la lettre adressée à S. A. S. le Prince Bibesco par les membres de l'insurrection, p. 80.

*Paris* (1), suffisent à nous éclairer sur les mésintelligences qui ont précédé l'insurrection.

TEXTE EN LANGUE FRANÇAISE.

« On se réunit chez les frères Golesti (2); treize membres
« étaient présents ; c'étaient ceux qui devaient composer le
« comité révolutionnaire. Héliade remarqua l'absence de Jean
« Voïnesco. Quelques-uns des conjurés lui répondirent que
« Voïnesco était suspect, car il fréquentait Duhamel. Héliade
« demeura pensif. Il ne savait ce qu'il devait blâmer davan-
« tage des relations de Voïnesco ou de la légèreté des con-
« jurés, qui traitaient en ami un tel homme dans de sembla-
« bles circonstances, ou qui, si leurs soupçons étaient injustes,
« jetaient sur lui un blâme qu'il ne méritait pas. Héliade ne
« voyait de ses amis, parmi les agissants, que les frères Golesti;
« tout le reste était composé d'anciens hétéristes (3) de l'affaire
« d'Ibraïla (4). Tell (5) était à Giurgevo, Maghiéro à Caracal,
« Grégoire Grâdisteano à Craïova, ceux de Bucarest, comme
« l'abbé Josaphat, Constantin Philippesco, le professeur Negulici
« et autres, n'avaient pas été trouvés dignes, par la *majorité de*
« *la coterie* de figurer dans le comité...

« Il y avait aussi parmi les invités un des Cretzulesci (Con-
« stantin); mais dès que celui-ci entendit qu'il s'agissait du mou-
« vement prochain, il demanda la permission de se retirer, en
« déclarant nettement qu'il n'y prendrait aucune part.

« Dans l'affaire de Théologo, dans l'éloignement de Voïnesco,
« dans la manière d'agir de Cretzulesco, dans les propos, la for-
« mation des partis et dans les chuchotements des divers

(1) *Le 11 février*, par BOLINTINEANO. Typographie Radulesco, p. 28 et 29.
(2) *Mémoires sur l'histoire de la régénération roumaine,* par HÉLIADE RADU-
LESCO, p. 54 à 57.
(3) Hétériste, ami de la propagande greco-bulgare en Roumanie.
(4) Complot tramé à Ibraïla par les hétéristes.
(5) « Il y avait, depuis longtemps, entente entre Héliade et Maghiéro. Plus
tard, celui-ci demanda que Tell fût admis en tiers. » ZOSSIMA, p. 15.

« membres entre eux, Héliade vit *une légèreté inexplicable ou*
« *une arrière-pensée d'exploiter ses moyens d'action*. Il se garda
« donc bien de prononcer les noms de Maghiéro et des autres
« chefs et officiers qui s'étaient entendus avec lui...

« On s'entretint du plan et de l'époque de l'explosion. Les
« *opinions étaient différentes*. Les uns proposaient de fixer le
« commencement de la révolution vers la fin d'août, d'autres
« exigeaient que le mouvement se fît dans les premiers jours de
« juin. Une commission de trois membres fut nommée, afin
« d'organiser le plan et de faire rentrer les fonds. Ces trois
« membres furent Jean Ghica, Nicolas Balcesco et Alexandre
« Golesco, le cousin...

« Les trois membres de la commission invitèrent Héliade à
« venir prendre part à leurs travaux. Cette déférence de leur
« part fut considérée par Héliade *comme un piège* qui lui était
« tendu pour lui arracher le secret de ses moyens d'action. — A
« l'arrivée de Tell à Bucarest, Héliade s'entendit avec lui, lui
« communiqua la proclamation et les articles de la constitution.
« Tell en fut satisfait, mais en s'abouchant avec les autres, *il*
« *découvrit dans quelques-uns des sentiments tout autres que*
« *fraternels* (1). Le plan tracé par la commission lui déplut,
« ainsi que l'époque désignée pour l'explosion aux premiers
« jours d'août. Il ne fut pas moins surpris de quelques mesures
« extrêmes proposées par Constantin Rosetti : elles ne faisaient
« que dégrader et souiller le mouvement. *Il vit que tout allait se*
« *trahir par le retard apporté dans l'action et par la divergence*
« *des opinions, ou que tout allait être dirigé en faveur des*
« *ennemis du pays*. Il se décida donc à passer outre. Il exigea
« que le programme lui fût confié, il fit un contre-projet qui
« n'obtint que la minorité. Mais son caractère fit prévaloir son
« opinion. On craignait d'ailleurs sa position militaire.

---

(1) Pourquoi donc, alors, avoir pactisé avec eux ? pourquoi n'avoir pas rompu
immédiatement ? Cette faute fut irréparable.

« La majorité disait qu'il fallait commencer le mouvement dans
« la capitale; l'opinion de Tell était au contraire de le commencer
« dans la province et dans plusieurs districts à la fois, tandis que
« la capitale se soulèverait par suite du contre-coup (1). »

Cependant on avait fini par tomber d'accord sur les points
suivants : le soin de préparer la proclamation incomberait à
Héliade (2); il devait se rendre avec Tell, — le commandant de
Giurgevo, — et Stephan Golesco dans le district de Romanatzi,
administré par Maghiéro, — *qui instruisait Héliade des ordres
qu'il recevait de Bibesco* (3), — et où le capitaine Plessoiano, qui
avait passé à l'insurrection, attendait avec sa compagnie. Nicolas
et Constantin Balcesco furent chargés de soutenir le mouvement, le premier dans le district de Prahova, le second dans le
district de Valcea. Démètre Bratiano fut envoyé comme délégué
auprès du gouvernement hongrois, et Jean Ghica se rendit à
Constantinople, afin de représenter le mouvement auprès de
S. M. le Sultan (4). Les autres membres, — parmi ceux-ci,
MM. C. Rosetti et J. Bratiano, — devaient attendre à Bucarest le mouvement du dehors et le faire éclater aussitôt dans la
capitale.

Telle était la situation à la date du 4 juin. Ce jour-là Héliade,
— que Bibesco honorait de sa bienveillance à cause de son talent,
et en dépit de son ancienne fonction de journaliste officieux du
Prince Alexandre Ghica, et qu'il avait chargé de faire en Italie
quelques recherches littéraires dans le but de le soustraire à la
persécution du général Duhamel, quitta en effet Bucarest — avec
Golesco Stéphan, mais pour se rendre à Islaz, où devait être donné

---

(1) *Mémoires sur l'histoire de la régénération roumaine,* par HÉLIADE RADU-
LESCO, p. 54.

(2) L'une et l'autre (la proclamation et la constitution) étaient déjà préparées par Héliade et ses amis, et il n'y eut besoin que de les lire dans la séance
suivante. Elles y furent approuvées à l'unanimité. (ZOSSIMA, p. 15.)

(3) *Mémoires sur l'histoire de la régénération roumaine,* par HÉLIADE RADU-
LESCO, p. 57.

(4) *Idem,* p. 58.

le signal de l'insurrection. Or, contrairement au programme arrêté, le signal partit de Bucarest.

Le 9 juin, six coups de feu furent tirés à bout portant sur Bibesco, qui se rendait en voiture à la promenade, par trois jeunes gens (1) que les théories socialistes et les excitations de quelques meneurs avaient fanatisés. L'épaulette du Prince lui sauva la vie.

Des arrestations furent ordonnées; on emprisonna plusieurs conspirateurs et parmi eux MM. Voïnesco et C. Rosetti. M. Jean Bratiano échappa aux recherches de la police.

Le même jour 9 juin, J. Héliade, Tell, — élevé au grade de colonel, — le capitaine Plessoiano, promu commandant par décision du gouvernement insurrectionnel, les capitaines Racota, Serrurius, Paraskivesco et Stéphan Golesco, réunis à Islaz, procédaient à une cérémonie religieuse destinée à frapper l'imagination des assistants, qui *s'interrogeaient pour comprendre le but de cette réunion* (2). Le prêtre Chapca dit la messe, adressa une prière au ciel, afin qu'il fût favorable à l'*entreprise*, et il bénit deux *étendards :* l'un fut remis par Héliade au peuple, qu'il harangua, — le peuple était représenté *par des négociants, des fermiers, des matelots qui étaient accourus poussés par la curiosité,* — l'autre fut confié par Tell aux cent ou deux cents soldats présents composant l'armée de la régénération. Après cette distribution d'étendards, Héliade lut la proclamation rédigée par lui, au nom du peuple roumain : elle promettait *le respect à la propriété et le respect aux personnes* (3); puis les insurgés présents se consti-

(1) ZOSSIMA, p. 62, note 13.

Ils sont morts tous trois; à deux d'entre eux, qui plus tard, repentants, se sont jetés aux pieds du Prince, Bibesco a pardonné; — le troisième, dont nous passons le nom sous silence parce que ce nom est celui d'une grande et honorable famille, est devenu général sous le gouvernement de MM. Rosetti et Bratiano.

C'est le même qui, sous le règne de Couza, pendant une émeute, recevant du général Floresco l'ordre de cerner les émeutiers, tira sur eux, sans ordre.

(2) *Mémoires sur l'histoire de la régénération roumaine,* par HÉLIADE RADULESCO, p. 62.

(3) *Idem,* p. 65.

tuèrent en gouvernement provisoire, *en s'adjoignant Maghiéro qui était absent, mais qui dans la nuit du 10 juin, vers dix heures, vint dans le camp pour se concerter avec ses collègues. Il leur montra une lettre qu'il venait de recevoir du Ministre de l'intérieur, lui prescrivant de s'assurer de S. Golesco et d'Héliade, et de les renvoyer à Bucarest sous bonne escorte, avec tous les égards convenables, et leur communiqua ensuite des circulaires, — timbrées du cachet rouge du Domnu* (1), — *qui venaient de paraître,...* et qui mettaient en garde les paysans contre les sollicitations dont ils allaient être l'objet.

Voici la composition du gouvernement provisoire nommé par le prêtre Chapca, Stéphan Golesco, Tell, G. Maghiéro, N. Plessoiano et J. Héliade Radulesco.

> Le prêtre CHAPCA.
> ST. GOLESCO.
> C. TELL.
> G. MAGHIÉRO.
> N. PLESSOIANO.
> J. HÉLIADE RADULESCO.

Quant à la proclamation (2) d'Héliade, faite dans un style à la fois religieux, mystique et révolutionnaire, elle porte le cachet très spécial aux harangues, manifestes, écrits parus à cette époque. En voici quelques extraits qui peuvent donner une idée de l'ensemble. D'abord l'épigraphe.

---

(1) *Mémoires sur l'histoire de la régénération roumaine,* par HÉLIADE RADULESCO, p. 65.

(2) *Idem,* p. 65-69.

Voici, à propos des *Mémoires,* le jugement porté par les Roumains exilés à Brousse : « Parler des hommes de la sorte, en faisant d'eux des personnages poétiques, et de son livre un roman, c'est une insulte à ses contemporains et surtout à ceux qui ont vu, de leurs propres yeux, et les hommes et les choses.

« Lorsqu'on écrit un roman, on choisit les héros parmi les trépassés et l'on se crée des personnages fictifs. » (Suite à l'*Histoire de Regnault,* par RUSSO L'ocusTEANO, p. 9.)

TEXTE EN LANGUE FRANÇAISE.

*Dieu seul est Seigneur et il s'est manifesté à nous ; béni soit celui qui vient au nom du Seigneur !*

Puis, après avoir ainsi présenté les membres du gouvernement provisoire comme les apôtres bénis du Seigneur, la proclamation débute par cette phrase :

*Le temps de notre délivrance est arrivé,* rappelant ce vers de la *Marseillaise :*

Le jour de gloire est arrivé;

et continue (1) :

« Le peuple roumain s'éveille au son de la trompette de l'ange
« du salut, et il reconnaît son droit de souverain. Paix à vous,
« car la liberté vous est annoncée... Tout Roumain est atome du
« corps souverain... chacun est fils de la patrie, et d'après notre
« croyance il est plus, il est fils de Dieu. Nous portons tous le
« nom de Roumains, et ce nom nous rend tous frères, il impose
« silence à tous les intérêts, il éteint toutes les haines. Ainsi
« paix à vous, liberté à vous! Ce réveil est pour le bien, pour le
« bonheur de toutes les classes de la société, sans dommage
« pour aucune d'elles, et même sans dommage réel pour per-
« sonne. Il ne convient pas non plus de sacrifier le plus grand
« nombre pour le plus petit, parce que cela est injuste. Il ne
« convient pas non plus de sacrifier le plus petit nombre pour
« le plus grand, car cela est violent. Le peuple roumain, en ce
« qui concerne l'extérieur, reste inoffensif, respecte les puis-
« sances, et demande que celles-ci respectent ses droits, stipulés
« par les traités...

« Le peuple roumain rejette un règlement qui est contraire à
« ses droits législatifs ainsi qu'aux traités qui reconnaissent son
« autonomie. Cette répudiation est même à l'avantage de la

(1) *Mémoires sur l'histoire de la régénération roumaine,* par HÉLIADE RADU-
LESCO, p. 65-79.

« Sublime Porte, qui en sera l'arbitre de concert avec la France,
« l'Allemagne, l'Angleterre, desquelles les Roumains réclament
« justice et secours en cas d'agression...

« Le peuple roumain veut une Patrie forte, mais par l'amour,
« composée de frères et non d'ennemis; en conséquence, il
« décrète, d'après ses anciennes coutumes, l'égalité des droits
« civils et politiques de tous les Roumains. Quiconque est contre
« cette loi est un ennemi du bonheur public, un Caïn fratricide,
« au sein de notre mère la Patrie...

« Le peuple roumain veut établir le règne de la justice, et la
« justice émane de Dieu...

« Le peuple roumain décrète la presse libre, la parole libre, les
« réunions libres...

« Le peuple roumain veut la paix, veut la force, veut la garantie
« des biens matériels, moraux et politiques; il décrète donc une
« garde nationale, donc tout Roumain naît soldat. Tout Rou-
« main est un gardien du bonheur public, un garant des libertés
« publiques. Cela ne peut nuire à personne, sinon à ceux qui
« conspirent contre les droits de la Patrie. — Le peuple roumain
« appelle toutes les classes au bonheur.

« ... Le peuple roumain, dans sa générosité et sa piété, rend
« hommage aux Lieux saints...

« Il reprend toutes les terres monastiques pour les soustraire
« à toutes les dilapidations. Le peuple roumain rend à Dieu ce
« qui est à Dieu et enlève aux pharisiens ce qui ne leur appar-
« tient pas, pour le donner au pauvre, qui est le frère du Sei-
« gneur. Ceci n'est pas préjudiciable aux Roumains, c'est au
« contraire pour leur salut et pour la gloire des Lieux saints...

« Le peuple roumain distribue la justice à tous également et
« avec prédilection aux pauvres...

« Le pouvoir souverain émane de Dieu et, dans chaque pays,
« il se trouve reflété quelque part.

« En Roumanie, il réside dans le peuple, qui a le droit de

« nommer un chef de la Patrie. Par conséquent, le peuple ayant
« le droit souverain peut en revêtir qui bon lui semble et pour
« le temps qu'il juge convenable. Il décrète donc que ce pouvoir
« (le Domniat) sera donné à l'élu pour cinq ans, afin de mettre
« un terme aux rivalités et aux haines prolongées, et d'exciter
« entre les citoyens l'émulation d'être bons, intègres, utiles à la
« Patrie pour attirer la confiance publique.

« Le peuple roumain rejette les titres que la corruption
« étrangère a introduits dans son sein, contrairement à ses
« anciennes coutumes...

« Le peuple ayant décrété les droits civils et politiques, dont
« le citoyen a toujours joui, déclare que tout Roumain est libre,
« que tout Roumain est noble, que tout Roumain est un Domnu...

« En résumé, le peuple roumain décrète les articles sui-
« vants (1)...
(Suivent les articles au nombre de vingt-deux.)

« Ces arrêtés expriment les vœux unanimes de la nation...

« La Sublime Porte les acceptera, autant dans sa générosité
« que dans son propre intérêt.

« Le rôle de la Russie est d'assurer nos droits, dans le cas où
« ils seraient foulés aux pieds par l'étranger...

« Le chef de l'Église bénira ces décisions, s'il est pasteur
« selon la loi de Christ; il signera le premier ce décret, s'il veut
« être notre pontife, s'il est pénétré de l'esprit de l'Évangile. Le
« chef de l'État ne peut être contraire aux volontés du peuple,
« puisqu'il est son élu; il ne peut s'opposer à un pareil acte sans
« devenir traître à la Patrie et rebelle envers la Sublime Porte.

« — Les Boyards ne peuvent être contraires à ces décisions,
« attendu qu'ils ne perdent rien, et par leur concours ils don-
« neront un témoignage des nobles sentiments qui doivent carac-
« tériser les principaux de la nation...

(1) Voir ch. IV.

« Les commerçants, les industriels, les paysans bénissent ces
« lois; ils les réclament, ils les exigent.

« Frères roumains, soldats qui êtes nos fils et nos frères,
« veillez à l'ordre public, puisque cela est votre devoir...

« Quand vous quitterez le fusil désormais, ce ne sont plus les
« corvées et les fouets des Dorobantzi qui vous attendent, c'est
« une Patrie qui vous invite au banquet fraternel de tous ses
« enfants.

« Officiers roumains, vos frères d'armes d'Europe vous ont
« donné l'exemple; l'Europe civilisée a les yeux sur vous. Vous
« avez ceint l'épée pour maintenir l'ordre et pour lutter contre
« les ennemis de la patrie. Veillez à l'ordre public. Vous con-
« naissez mieux que vos soldats les vrais ennemis de la patrie;
« tirez vos épées, faites les luire au soleil de la justice et de l'in-
« dépendance. La carrière la plus glorieuse dans les annales de
« la patrie s'ouvre devant vous. Félicitez-vous de vous trouver
« à la tête de vos frères d'armes dans ce grand jour, venu de
« Dieu, et qui entrant dans l'éternité se présentera devant Dieu
« avec sa mission accomplie, son front couronné de vos noms
« comme d'autant d'étoiles emblèmes du salut du peuple rou-
« main; mais si vos chefs vous commandaient des actes sacri-
« lèges contre vos frères, vous n'avez à écouter que le peuple
« souverain; brisez vos épées devant tout ordre fratricide : de
« tels commandements sont inspirés par le souffle de Satan.
« Celui-ci fut aussi chef dans les légions célestes, mais les anges
« de la paix et de l'amour lui arrachèrent les ailes. Arrachez de
« même les épaulettes à tout chef traître à la patrie, qui com-
« manderait de verser la moindre goutte du sang de vos frères (1).

« Pieux religieux, évêques, prêtres, c'est vous qui remplacez
« les apôtres, et c'est aujourd'hui que se proclament les lois
« basées sur l'Évangile. Il est de votre devoir de sortir la croix

(1) Le plus clair de ces principes, c'est qu'ils ont *démoralisé complètement
l'armée.* Voir lettre de Nicolas Balcesco à J. Ghica. (Voir note de la p. 381.)

« à la main et de sceller les canons et les armes meurtrières.

« Jésus-Christ est ressuscité! l'esclavage et la mort ont été

« terrassés...

« Citoyens, vous tous, prêtres, boyards, soldats, négociants,

« industriels, de quelque classe, de quelque nation, de quelque

« religion que vous soyez, étrangers qui vous trouvez dans la

« capitale et dans les villes, Français, Allemands, Serbes, Armé-

« niens, Bulgares, Israélites, armez-vous pour maintenir le bon

« ordre et concourir à ce grand acte. Notre patrie est la vôtre,

« s'il vous convient de rester chez nous; et la patrie vous reçoit.

« Le système déchu ne vous a pas appelés au banquet commun ;

« nous aurons désormais la même table; le même banquet de

« fraternité nous est préparé; nous aurons les mêmes droits. Et

« vous, bénis laboureurs, frères du Christ, le produit de vos

« sueurs se transforme en corps et en sang du Seigneur; vous

« êtes les fils du ciel, les fils de la paix et de la force; vous êtes

« nos nourrisseurs; vous avez pleuré et vous vous réjouirez;

« vous avez été altérés de justice et votre soif sera apaisée. C'est

« à vous que le Sauveur du monde a annoncé le bonheur. Vous

« serez heureux et dans ce monde et dans l'autre...

« Tout le monde vous accorde la justice, les mains pleines et

« les larmes aux yeux.

« Et toi, chef de l'État, élu du peuple! Le peuple regrette

« amèrement de ne te nommer que le dernier, et il dépendait de

« toi d'être le premier. La patrie t'a élu, elle t'a regardé comme

« son fils le plus cher, *ta conduite a été problématique ;* tu t'es

« montré aux yeux de la patrie et du monde comme l'enfant

« prodigue de l'Évangile. — Reviens au milieu du peuple, et la

« patrie mettra l'anneau de l'alliance à ton doigt et fera immoler

« le veau gras; nous ne *te demandons pas compte de tes actes,*

« car tu es notre frère, tu es Roumain, *tu en rendras compte*

« *devant ta conscience et devant Dieu. Nous ne savons si ce que*

« *tu as fait était volontaire ou forcé. Il est temps de démontrer*

« *au monde que tu es ce que tu as toujours été : Roumain; il est*
« *temps de* LAVER LE PASSÉ *et de ne pas léguer à tes enfants* UN
« NOM FLÉTRI. *La patrie te réclame pour son fils, elle déchire*
« *ses vêtements, elle se frappe la poitrine, elle cherche avec*
« *inquiétude, demandant qu'aucun de ses enfants ne périsse et*
« *qu'aucune goutte de sang roumain ne soit versé. La patrie*
« *oublie tout, sois à elle, car elle désire te voir présider ce grand*
« *acte d'aujourd'hui;* FAIS UNE BELLE PAGE A L'HISTOIRE ROU-
« MAINE, NE FAIS PAS ROUGIR DE LEUR PÈRE TES ENFANTS
« QUI SE TROUVENT AU SEIN DE LA FRANCE. NE LAISSE PAS
« DANS LES CIRCONSTANCES ACTUELLES LE PEUPLE SANS
« CHEF, LIVRÉ AUX INTRIGUES QUI POURRAIENT AMENER
« L'ANARCHIE; CAR ALORS MALHEUR A NOUS ET TROIS FOIS
« MALHEUR A TOI.

   « *Frères roumains, ne craignez aucune puissance barbare du*
« *dehors, car les temps de l'oppression et du droit du plus fort*
« *sont passés. Veillez à l'ordre public; armez-vous en gardes*
« *nationaux pour maintenir vos droits, pour former la croisade*
« *de la fraternisation des classes au dedans et pour prendre part*
« *au dehors à la croisade de la fraternisation des peuples.*

   « Nous planterons la croix sur nos frontières, et la Russie ne
« passera pas sur notre sol avant d'avoir foulé aux pieds la croix
« qu'elle adore. .   .   .   .   .   .   .   .   .   .   .   .   .   .

   « L'étranger en dernier lieu, si Dieu nous abandonne, ne
« pourra conquérir que la terre et non les hommes, PAS UN ROU-
« MAIN NE SURVIVRA A L'INDÉPENDANCE DE SA PATRIE.

   « Le Seigneur est avec vous, frères, levez-vous en son nom,
« et l'ange de justice céleste écrasera tout ennemi, il renversera
« le cavalier et son cheval; ses chars et ses armes seront réduits
« en poussière, ses projets seront dissipés comme la fumée (1). »
Ces quelques extraits de la proclamation, dont nous avons cru

---

(1) *Histoire de la régénération roumaine*, par HÉLIADE RADULESCO.

devoir souligner certains passages que M. Ubicini, enthousiasmé, déclare *magnifiques* (1), que Lesur qualifie de *proclamation ampoulée* (2), suffisent pour faire juger l'auteur. Tout commentaire est superflu. Rappelons seulement qu'Héliade était poète, grand poète même, et qu'il arrive aux poètes qui tentent d'escalader les cimes inaccessibles, de faire détonner la muse.

En même temps que cette proclamation était lancée, les membres constitués en gouvernement provisoire adressaient une lettre au Prince, et comme le nom de Maghiéro n'y figurait pas plus qu'au bas de la proclamation, ils jugèrent sage et prudent de charger ce dernier, — que Bibesco continuait à regarder comme son homme de confiance, — de la lui faire parvenir, *de l'avertir de ce qui venait de se passer et de lui demander des instructions sur ce qu'il devait faire. On avait pris cette mesure pour s'édifier sur les véritables sentiments du Domnu, au sujet de l'entreprise* (3).

Cette lettre, dont on trouvera le texte au chapitre suivant, faisait connaître à Bibesco que *l'arrivée du commissaire russe, toujours précurseur de troubles, avait déterminé un mouvement national de défense et de principes,...* ENTREPRISE IMPROVISÉE ET SPONTANÉE, œuvre d'Héliade. Les signataires y disaient que *Sa Grandeur n'étant plus en état de tenir les rênes du gouvernement, ils avaient dû se constituer, par intérim, en gouvernement provisoire.* Néanmoins *ils invitaient Sa Grandeur, au nom du peuple roumain,* à se mettre à la *tête de cette grande entreprise,* pour rassurer le peuple. En cas de réponse favorable, *le gouvernement provisoire cesserait de gouverner et s'estimerait heureux de recevoir ses ordres* (4).

Cette lettre était datée d'Islaz, 9 juin 1848, le jour même où l'on tentait, à Bucarest, d'assassiner Bibesco.

(1) *Provinces danubiennes,* par M. UBICINI, p. 174.
(2) *Annuaire historique,* par LESUR. Année 1848, p. 500.
(3) *Mémoires sur l'histoire de la régénération roumaine,* par HÉLIADE RADULESCO, p. 82.
(4) *Idem,* p. 80 et 81.

Deux jours plus tard, le 11-23 juin, pendant que les insurgés du camp d'Islaz prenaient la route de la capitale (d'abord bien reçus à Craïcova, ils durent bientôt l'abandonner devant l'attitude hostile des habitants), l'insurrection éclatait à Bucarest. Dès le matin, des jeunes gens, ayant à leur tête un certain Nitu (1) Maghiéro, neveu du commandant, parcoururent les faubourgs, lisant à haute voix et distribuant la proclamation d'Héliade; annonçant, en outre, que le Prince l'avait confirmée, et conjurant la foule de courir au palais pour remercier le Souverain et l'accla-mer. Ainsi fut-il fait. La foule envahit, à quatre heures, la cour du palais aux cris de : Vive Bibesco! Vive la Constitution! et le Prince ne tarda pas à se trouver entouré dans ses apparte-ments par les chefs du mouvement restés à Bucarest. Ceux-ci prièrent, supplièrent, PRESSÈRENT Son Altesse de signer la Constitution.

Seul, en présence de cette foule, en proie à la douleur que Lui causait, en cet instant suprême, la vision très nette de la tempête prochaine que l'insurrection allait déchaîner sur Son pays, comme aussi de l'anarchie immédiate et sanglante dans laquelle elle allait tomber, si le chef de l'État refusait d'acquiescer au prétendu vœu populaire, Bibesco, jugeant le péril du moment plus pressant que tout autre, signa la Constitution, mais en faisant précéder sa signature de ces mots : *cédant à la force* (2), et accepta comme ministres les chefs du mouvement : les deux frères Golesco

---

(1) Russo nous apprend que ce même Nitu Maghiéro essaya, en 1854, de sou-lever la petite Valachie, d'y déterminer un mouvement agraire parmi les paysans. Dans ce but, il répandit — au nom de son oncle — dans la petite Vala-chie des proclamations incendiaires. Russo cite cette phrase de la proclamation n° 16. « *Levez-vous, les uns avec des armes foudroyantes, les autres avec des armes tranchantes : sabres, piques, faux, haches, massues, le feu et la mort à la main. Massacrez tous les boyards, tous les ciocoï; incendiez, ravagez leurs mai-sons; assommez tous les Russes.* »

Ceci se passait au temps où M. C. Rosetti écrivait à B. Bâlcesco : « *Faites la révolution au plus tôt, Saint-Arnaud le commande.* » (Voir lettre d'Héliade à Grâ-disteano. *Lettres d'exil*, 14|20 novembre 1854, p. 73 et suivantes). — B. Bâlcesco, frère de Nicolas, est mort conservateur.

(2) *Quelques mots sur la Valachie*, p. 52.

(Nicolas et Stefan), Maghiéro, Nicolas Balcesco et C. Rosetti (1).

S'il faut en croire les mémoires justificatifs du mouvement de 1848 écrits par Héliade, Ubicini, E. Regnault et leurs amis, le Prince a signé, après un *mouvement d'hésitation, mais librement et de son plein gré* (2). *D'après ces messieurs, tout sembla dès lors terminé, et le premier acte de la révolution en aurait été le dernier, si le Prince avait eu foi dans le pays, autant que celui-ci avait foi en son chef.*

Sans insister ici sur les contradictions et les naïvetés d'Héliade, nous ferons observer que si le règne du Prince, si les progrès accomplis par Lui en si peu d'années, en dépit de toutes les difficultés rencontrées sur la route, justifiaient, en effet, la foi que le pays avait en Lui, il n'y avait aucune raison pour que les hommes qui prétendaient diriger les événements eussent un droit quelconque à la confiance de Son Altesse. Elle n'avait aucune confiance en eux et aucune influence sur eux. Aussi, n'ayant pas créé la situation faite au pays par l'insurrection, Bibesco n'entendit pas Se faire le complice des malheurs, — trop faciles à prévoir, — qui allaient fondre sur lui. Il abdiqua (3) laissant à la Valachie le gouvernement qu'Il avait dû accepter le 11-23 juin, *pour satisfaire un vœu populaire.*

Signalons en passant ce fait que tous ceux qui ont écrit sur les

(1) Zossima (qui était entré au Palais et avait été reçu par Bibesco) raconte ce qui suit : « Le Peuple demande l'acceptation de la Constitution, la nomination d'un nouveau ministère, et il propose (à S. A.) pour ministres, d'après le désir du peuple, N. Golesco à l'Intérieur, Et. Golesco à la Justice, Héliade à l'Instruction publique, Maghiéro aux Finances, Tell à la Guerre, et N. Balcesco aux Affaires étrangères. Le Prince accepte, mais Heresco arrive et obtient de Son Altesse qu'Elle remplace le nom de Tell par celui d'Odobesco. — Sur ces entrefaites survient N. Golesco, que Zossima avait envoyé chercher chez le consul anglais, qui l'avait caché. Malgré le conseil que Zossima donne à N. Golesco de ne pas proclamer le nom d'Odobesco et la même demande que Golesco dut faire au Prince, Odobesco figura sur la liste des ministres. » (ZOSSIMA, p. 63.)

(2) *Mémoires sur l'histoire de la régénération roumaine,* par HÉLIADE RADULESCO, p. 10.

(3) Voir la teneur de cet acte et les termes dans lesquels les membres du gouvernement provisoire le font connaître au Pays (chap. III de cette seconde partie).

Grâdisteano commet une erreur quand il écrit, dans la brochure de Zossima,

événements de 1848 ont cru devoir faire un mérite à l'insurrection de ce que *pas une goutte de sang* n'ait été versée le 11 juin.
Leur admiration ne se trompe-t-elle pas d'adresse? Que le Prince,
en effet, eût refusé de signer la Constitution, et l'on eût eu, le
jour même, l'anarchie à Bucarest.

L'abdication est du 14 juin, deux heures du matin. A cette
date même, le Prince passait en Transylvanie dans la voiture de
M. C. Rosetti, SON préfet de police, qui avait tout fait pour Le
déterminer à abdiquer et à quitter le pays et avait eu l'habileté
de faire accepter sa voiture à Son Altesse, dans la crainte que, si
Elle prenait une voiture de la cour, Elle ne fût reconnue par le
peuple, qui était opposé à Son départ, ou par les membres du gouvernement, qui *estimaient l'abdication de Bibesco à l'égal d'une
catastrophe* (1). Or, reconnu, le Prince était ramené triomphale-
ment au palais, et le plan de M. C. Rosetti n'aboutissait pas.

Le lendemain même du départ du Prince, les chefs du mouvement de Bucarest proclamèrent un gouvernement provisoire

que l'original de l'acte d'abdication a été remis à Bibesco par Rosetti. Cet acte a
été retrouvé par M. Mandrea, conseiller à la cour de cassation, — auquel nous
devons plus d'un précieux renseignement, — dans les papiers de N. Balcesco.

(1) Propres termes de feu Gr. Grâdisteano, membre du gouvernement provisoire, parlant à l'auteur de cet ouvrage.

Voici ce que Zossima raconte à propos de l'abdication du Prince : « Le bruit
s'étant répandu que le Prince voulait quitter le Pays, Grâdisteano, bien que
n'étant pas en très bons rapports avec Bibesco, demanda à Lui porter à signer les
décrets de nomination. Cela lui fut refusé. Il avait eu le malheur de dire qu'il
rassurerait Bibesco et qu'il promettait de Le faire renoncer à Son départ.
C. Russet — C.-A. Rosetti d'aujourd'hui (*sic*), — était préfet de police. »
(ZOSSIMA, p. 20.) Et, à la note 17, il a ajouté : « Bibesco n'était pas engagé à partir par ses amis seulement, il y était poussé par les bruits d'attentat à sa vie qui
circulaient, Lui disait-on, dans le Peuple. Toutes ces menaces étaient fausses ; le
Peuple ne voulait pas le départ de Bibesco et moins encore Sa mort. » (ZOSSIMA,
note 17.) M. Ulbach, un ami de C. Rosetti, appelé, il y a peu d'années, en
Roumanie par ce dernier, pour s'occuper disait-on, des ouvrages de la Reine, et
comblé par le gouvernement, ne crut pas pouvoir mieux témoigner sa reconnaissance qu'en faisant à Paris, — retour de Bucarest, — une conférence sur les événements de 1848, en présentant à son auditoire M. Rosetti comme un héros,
le Prince Bibesco comme un tyran, et en racontant que le héros avait caché
dans sa voiture le tyran pour le soustraire à la fureur du Peuple et lui faire gagner
la frontière. — N'avons-nous pas raison de dire que la fameuse légende n'a
manqué aucune occasion, depuis 1848, pour se perpétuer?

illégal, en remplacement du gouvernement légal institué par Bibesco. En voici la composition :

*Président :* S. S. le Métropolitain Néophyte;

*Membres :* MM. Héliade, St. Golesco, Tell, Maghiéro, Scurto;

*Secrétaires :* A.-G. Golesco, N. Balcesco, C. Rosetti, J. Bratiano;

*Ministres :* N. Golesco, J. Campineano, C. Philippesco, Odobesco, J. Héliade, J. Voïnesco, G. Nitzesco, M. Mossoiu.

Dès ce moment les événements se précipitent : la communication de M. le consul général de Russie au Prince Bibesco faisant connaître à Son Altesse qu'il cesse ses fonctions (12 juin); — la protestation adressée le 30 juin à S. S. le Métropolitain, par le consul général, contre les actes illégaux récemment accomplis; — la nouvelle « *que les troupes de S. M. l'Empereur* « *ont franchi le Pruth et se dirigent vers la frontière de Vala-* « *chie* »; — l'hostilité déclarée des consuls étrangers (à l'exception du consul anglais) contre le nouvel état de choses créé en Valachie; — une tentative, pour renverser le gouvernement du 13 juin, faite le 19 juin (1ᵉʳ juillet) par Odobesco (1), Salomon et Garbaski; — la panique des membres du gouvernement, qui croient que les Russes sont aux portes de Bucarest et qui prennent la fuite; — la constitution d'un nouveau gouvernement, le 29 juin (11 juillet), sous la présidence du même Métropolitain Néophyte, avec une caïmacamie composée du grand ban Th. Vacaresco, Em. Baleano, ancien président du Conseil, et Jean Philippesco; — le renversement de cette caïmacamie, le retour des fugitifs gouvernementaux, rassurés par la non-apparition des

(1) Voir sur cet incident, à l'Appendice, la lettre d'Héliade à Gr. Grådisteano, 10 juillet 1866, dans les *Lettres d'exil* d'Héliade, par LOCUSTEANU, p. 540.

Ce furent MM. J. Bratiano et B. Iscovesco le peintre qui furent chargés d'aller en reconnaissance à la frontière pour savoir si les Russes arrivaient. M. Rosetti aurait même assuré que le consul général Colghoun avait reçu une dépêche dans ce sens. — Le consulat protesta contre cette affirmation.

baïonnettes russes; — une proclamation du gouvernement, qui menace de livrer à la fureur du peuple tous ceux qui seront convaincus de nourrir des sentiments anti révolutionnaires, signée par S. S. le Métropolitain Néophyte, MM. Étienne Golesco, Maghiéro, Héliade, Tell et Rosetti; — des tentatives d'organisation condamnées à ne pas aboutir, par suite de l'anarchie qui règne parmi les membres du gouvernement et leurs amis, les uns à *la recherche du terrain légal,* tels Héliade, N. Balcesco et Tell, les autres prêcheurs violents de la révolution par le sang, tels les rédacteurs du *Pruncul roman* que dirige M. Rosetti (1); — des harangues au palais et sur les places publiques; — des notes aux gouvernements étrangers, qui n'y répondent pas; — la formation des cadres d'une garde nationale sous le commandement d'un officier traître à son serment et reconnu pour avoir tiré sur Bibesco; — l'arrivée à Roustchouk, le 25 juillet (6 août), d'Omer-pacha à la tête d'un corps d'armée turc; — une circulaire du comte de Nesselrode (31 juillet),

(1) AUJOURD'HUI NOUS N'AVONS DÉTRUIT QUE LEURS MAISONS, CAR ILS ONT SU CE QUI LES ATTENDAIT, ET ILS SE SONT ENFUIS DEVANT LA FUREUR POPULAIRE; AUTREMENT LEUR SANG INFAME AURAIT COULÉ DANS LES RUES DE BUCAREST, ET NOS CONCITOYENS AURAIENT ÉCRIT AVEC CE SANG, SUR TOUS LES CARREFOURS, LE MOT « VENGEANCE », EN LETTRES INEFFAÇABLES.

A LA TÊTE DE CETTE FOULE QUI S'EN ALLAIT DÉTRUIRE LES MAISONS DES BRIGANDS ET DES ARISTOCRATES, MARCHAIENT TROIS PRÊTRES, LA CROIX EN MAIN, ET AUPRÈS D'EUX UN ENFANT DE QUINZE ANS QUI CHANTAIT :...

CES MURS ET CES PALAIS
OU GISENT MILLE PÉCHÉS
ALLONS LES RENVERSER...

La tirade se termine ainsi :

IL EST DOUX, EN DÉFENDANT LA LIBERTÉ, DE GAGNER UN TOMBEAU!

*La vérité est qu'à la première alerte ils ont gagné... le large.*

Voir aux documents de la fin du volume l'article tout entier. — Voir le *Pruncul roman* (le Roumain dans les langes) du 8 juillet 1848, n° 10 : Directeur politique M. C. Rosetti, ancien préfet de police du Prince Bibesco; — du 11 au 13 juin 1848.

M. C. Rosetti a été nommé à la sollicitation de Heresco, ancien ministre de la guerre de Bibesco; cette affirmation de Gr. Grâdisteano est écrite de sa main dans l'exemplaire de la brochure Zossima qu'il a offerte, annotée par lui, à l'auteur de cet ouvrage. (Page 63.)

déclarant « la révolution comme étant *l'œuvre d'une minorité turbulente, dont les idées de gouvernement n'étaient qu'un plagiat emprunté à la propagande démocratique et sociale de l'Europe* », et annonçant que les troupes russes, conjointement avec un corps d'armée turc, allaient établir l'ordre en Valachie (1); — une supplique au Sultan signée par Héliade et Tell et qui, en dépit d'une humilité sans exemple, reste lettre morte pour Sa Hautesse (2); — le double passage du Danube à Braïla et à Giurgevo par les Turcs, sous les ordres de Rifat-Pacha, qui ne tient aucun compte des protestations du gouvernement de Bucarest; — une lettre de Suleyman (22 juillet 1848), à l'adresse des boyards et des notables de la capitale (3), « *exigeant la dissolution du gouvernement provisoire, qu'il déclare illégal*, et la nomination d'une caïmacamie ou lieutenance princière; puis, cette lieutenance ayant été formée de six membres, *exigeant* de nouveau *qu'elle ne soit composée* que de trois membres choisis parmi les ministres de Bibesco, conformément au règlement organique que les insurgés avaient brûlé dans la cour du consulat russe en dansant autour; — la démission du gouvernement provisoire; — la nomination d'une lieutenance princière formée par Héliade, N. Golesco, Tell, et reconnue par le Sultan; — la déclaration de la lieutenance (affichée à Sarindar) qui est *l'abdication des droits*

---

(1) Dans ses *Mémoires*, Héliade donne comme authentique la lettre suivante du général Duhamel au général Luders, qui se trouvait en Moldavie :

« Général,

« Le prétexte légal pour l'entrée des troupes de Sa Majesté en Valachie est déjà fourni par les Turcs. Le désordre est commis, le sang a coulé. Les Turcs sont entrés en barbares; nos armées doivent entrer en protectrices. Hâtez-vous, mon général, de passer la frontière; la Valachie est à nous. Voici le moment de posséder l'Orient et de menacer l'Occident. »

Héliade explique qu'on a eu connaissance de cette lettre parce que le courrier de Duhamel, qui en était porteur, fut arrêté par l'administrateur du district de Buzeo, Scarlat Voïnesco, et que celui-ci prit copie de la lettre avant de la rendre au courrier et de le relâcher. (*Mémoires sur l'histoire de la régénération roumaine*, par Héliade Radulesco, p. 348.) . . . . . . ?

(2) Voir cette lettre à l'Appendice.

(3) *Idem.*

*du pays* entre les mains de Sa Hautesse (1); — les fêtes données
à Suleyman, son discours aux boyards (2); — l'engagement pris
par les Boyards (3); — une vaine tentative de la lieutenance
pour faire voter, par une commission de délégués envoyés par les
paysans et par les propriétaires, l'article 13 de la Constitution
du 11/23 juin sur la propriété; — la dissolution de la commission
réunie à cet effet; le rappel de Suleyman (14 août) et son remplacement par Fuad-Effendi; — le refus de Rechid-Pacha et
d'Aali-Pacha de recevoir officiellement une députation roumaine
envoyée à Constantinople par la lieutenance princière; — une
nouvelle protestation de la commission, protestation restée sans
réponse comme toutes celles qui l'ont précédée depuis le 11 juin;
le mouvement en avant des troupes russes, déjà installées en
Moldavie, et l'arrivée d'Omer-Pacha à la tête de son corps
d'armée à Cotroceni, aux portes de Bucarest, le 22 septembre;
— des rassemblements au Champ de la Liberté, un appel aux
armes, de violents discours prononcés, l'espoir général de voir
marcher contre les Turcs la lieutenance princière et les révolutionnaires du 11 juin — qui avaient « décrété d'exil ceux qui seraient
« jamais cause de l'entrée des troupes étrangères sur le sol de la
« Patrie, et qui avaient juré de mourir pour Elle », — déçu; —
le renvoi dans la petite Valachie des troupes résidant à Bucarest,
à l'exception du corps des pompiers; — la convocation d'une
députation de notables de Bucarest chez Fuad-Effendi, qui leur
fait connaître les *volontés irrévocables* du Sultan, « *Mon maître et*
*le Vôtre* », écrit-il; — le choix d'une caïmacamie unique confiée
au logothète C. Cantacuzino (25 septembre), sous la tutelle des
fondés de pouvoir des deux Cours suzeraine et protectrice; — l'entrée des Turcs dans Bucarest, 12/23 septembre; le refus du corps
des pompiers, resté sans ordres, de livrer la caserne aux Turcs,

(1) Voir plus loin, p. 447.
(2) Voir à l'Appendice.
(3) *Idem.*

suivi d'une collision sanglante (1); — l'état de siège déclaré par
Omer-Pacha; — l'arrestation des insurgés; — le vide formé par
la Porte autour de la lieutenance princière; — la fuite d'Héliade
au consulat britannique; — le départ de Tell pour Cronstadt, de
N. Golesco pour Constantinople, des autres membres du mouvement du 11 juin 1848 pour d'autres destinations; — le licen-
ciement des troupes que Maghiéro avait réunies dans la montagne, — *troupes sans armes et complètement démoralisées*, de
l'aveu de Nicolas Balcesco (2), et qui, en dépit de la résolution
de leur chef de résister ou de périr, ne livrèrent aucun combat;
— le passage de la frontière par Maghiéro (3) : tel est en quelques mots le résumé complet, sans commentaires, de l'ENTRE-
PRISE IMPROVISÉE (4) du 11 juin 1848 en Valachie.

Nous nous sommes servi à dessein, pour résumer cette
période, des écrits destinés à justifier le mouvement de 1848.
En empruntant spécialement aux auteurs de l'insurrection toutes
nos citations, nous avons eu pour but d'augmenter les éléments
d'appréciation du lecteur, et de lui faciliter le jugement qu'il
portera sur les causes, les événements, et les conséquences de
cette *entreprise* malheureuse.

Le mouvement du mois de juin 1848 dura juste trois mois et
deux jours. Il a laissé au pays, outre le souvenir douloureux de

(1) Zaganescu et Dinca commandaient le régiment.
(2) « Notre pays n'a ni armes ni armée : celle-ci est complètement démora-
lisée. » (Nicolas Bâlcesco à M. J. Ghica.) Voir dans les *Relations littéraires* (Convorbiri litterare), du 1ᵉʳ avril 1893, p. 1024 (directeur M. M. J. Negruzzi), les
notes précieuses de M. Mandrea, conseiller à la Cour de cassation.
(3) Voir dans les *Relations littéraires* (Convorbiri litterare), du 1ᵉʳ avril 1893,
p. 1625. (Directeur M. M. J. Negruzzi.)
(4) Lettre d'Héliade et de Tell à S. A. S. le Prince Bibesco, le 9 juin 1848.

ces quatre-vingt-quinze jours d'angoisses, de misères, d'humilia-
tions, de sang versé, d'anarchie accrue par le passage des armées
étrangères foulant le sol roumain, une dette énorme (1) et la
convention de Balta-Liman, passée entre le Czar et la Sublime
Porte, le 1ᵉʳ mai 1849 (2), convention qui faisait reculer les
Principautés de vingt-trois ans.

(1) Voir plus loin, IIIᵉ partie, chap. 1.
(2) *Idem*.

# CHAPITRE II

Divers éléments de l'Insurrection. — Répartition des responsabilités. — La légende. — Ce qu'elle vaut. — Cause du mouvement de 1848. — Quels sont les hommes, les appuis, les ressources dont dispose l'insurrection ? — De toutes parts le néant. — C'est bien une *entreprise improvisée,* comme l'écrit Héliade. — Prévoyance du Prince : les événements du moment comme ceux de l'avenir justifient Sa politique.

Loin de nous la pensée de faire peser sur tous ceux qui ont pris part à l'insurrection de 1848 la responsabilité des malheurs qu'elle a déchaînés sur la Roumanie.

Il faudrait n'avoir jamais été jeune, ne pas savoir ce qu'il y a d'inexpérience, de bonne foi, d'enthousiasme chez la jeunesse, ignorer la sève qui gonfle les poitrines de vingt ans, enfièvre les artères, transporte l'être tout entier dans le domaine des illusions, lui fait escalader les montagnes à la poursuite de chimères, pour lui refuser le besoin irrésistible qu'elle éprouve de se dévouer, et l'élan généreux qui l'emporte, souvent trop loin ! Les jeunes gens enflammés uniquement par le souffle de la liberté, à l'heure grave que 1848 sonna pour l'Europe, ont pu rêver plus de libertés avec le Prince qui avait affranchi les esclaves (1), préparé l'union des deux Principautés (2) et l'émancipation des paysans (3), qui avait défendu avec une rare tenacité, — même contre la Russie, — la souveraineté de l'État dans la question des Saints Lieux (4), du Prince qui, de l'aveu d'un des plus violents révolutionnaires, *avait mis Son patriotisme au-dessus de tout* (5).

(1) Voir les lois sur l'abolition de l'esclavage, p. 27-36 et 293-298.
(2) Voir Xenopol, *Histoire des Roumains,* vol. VI, p. 181. Voir p. 252 de ce volume.
(3) Voir, dans ce volume, les lois relatives aux paysans, et dans M. Xénopol, les réformes en faveur des paysans, p. 182.
(4) Voir *Règne de Bibesco,* vol. I, p. 77-145.
(5) Voir, à l'Appendice, la *Trompette des Carpathes,* par Boleac, année 1873.

Ceux-là ont dû croire que le mouvement du 11 juin assurerait à la nation les réformes non moins souhaitées par le Prince que par Son peuple; ils ont certainement crié, ceux-là, sans arrière-pensée, *Vive Bibesco! Vive la Constitution!* et ils seraient morts à leur poste de combat auprès de leur Souverain, si Celui-ci leur avait demandé le sacrifice de leur vie.

Mais l'enthousiasme de la jeunesse ne doit pas être confondu avec les mobiles qui ont dirigé les autres membres de l'insurrection.

Sous un jour tout différent nous apparaît le groupe de ces patriotes remplis, sans doute, de bonnes intentions, mais coupables d'une légèreté greffée sur l'ambition de jouer, à tout prix, le rôle de *régénérateurs* et de profiter, en toute hâte, des événements survenus en France pour IMPROVISER (1) une insurrection en Valachie.

Un autre groupe encore, celui des socialistes, représente, au milieu des éléments disparates qui composent la phalange insurrectionnelle, l'anarchie. Il cache derrière le mot de *liberté* le dessein d'enchaîner la liberté des autres; il médite un bouleversement général (2), il rêve de s'emparer du pouvoir. Jeter leur nom aux masses, leur parler de droits, jamais de devoirs; les convier au pillage et à l'assassinat (3); se poser en avocats de leur

(1) Lettre du gouvernement insurrectionnel à Bibesco, 9 juin 1848. *Camp de la régénération.* Voir plus loin, p. 417.

(2) Russo Locusteanu écrit : « Quand les Golesco, les Rosetti, les Bratiano, arrivant de l'étranger avec la certitude d'y avoir appris que les mouvements sociaux ne s'opéraient point en douceur, — virent en tête du *Courrier roumain,* que rédigeait Héliade, cette épitaphe : « Je hais la tyrannie, je crains l'anarchie », ils se montrèrent hostiles à celui qui donnait à la Nation, courbée sous la tyrannie, l'avertissement de prendre garde à l'anarchie, car c'est par l'anarchie qu'ils comptaient inaugurer la révolution. Le mot d'ordre : respect aux personnes, respect aux propriétés, figurant en tête de la déclaration de principe de l'Insurrection, renversa leur plan, qui était de commencer le mouvement en soulevant les prolétaires et en faisant sortir les criminels des mines de sel. Ces personnes qualifiaient de faiblesse l'opposition d'Héliade à tout acte terroriste. » (Voir Russo LOCUSTEANU, *Lettres d'exil d'Héliade,* p. 686-687.)

(3) Voir le *Pruncul roman,* p. 380 de ce volume, et à l'Appendice.

cause, s'imposer à leur esprit par leur audace; déposer en terrain habilement préparé la semence de leurs projets, pour la faire lever à l'heure propice, voilà la politique des membres de cette association.

Ajoutons à ces éléments celui des roumano-fanariotes, amis inconsolables du régime déchu, les uns s'inspirant d'une politique de *statu quo* asservie à la volonté du consul russe (1), les autres poursuivant sous le masque de la démocratie, — afin d'attirer les .démocrates, — un but d'ambition de famille (2), et l'exécution du pacte conclu à Filaret en 1843, l'année même de l'élévation au trône du premier Prince ÉLU PAR LE PAYS, pour renverser ce Souverain. Ceux-là rusent, chevauchent entre les groupes, prêts à s'unir avec celui d'entre eux qui promettra le plus à leur ambition (3). Ils ont fait à Bibesco une opposition systématique; on les verra, en 1858 et 1859, s'unir avec les socialistes dans le seul but d'empêcher le retour au pouvoir de ce Prince.

Cependant, ces groupes, malgré leur divergence de vues et le rôle qu'ils ont joué, en dépit des accusations qu'ils devaient porter plus tard les uns contre les autres, ont trouvé un terrain d'entente, dans le besoin qu'ils ont senti d'échapper à la réprobation que les lamentables conséquences de l'insurrection de 1848 menaçaient de faire peser éternellement sur eux : ils se sont unis pour substituer la légende à l'histoire, le mensonge à la vérité. Dans ce but, ils ont inondé la presse européenne et roumaine d'écrits destinés à justifier leurs actes. En faveur de cette justification, — sorte d'introduction à la légende, — militent, à

(1) « Le Consulat de Russie est devenu le point de réunion et d'appui des ennemis personnels du Prince et des prétendants à sa succession politique. » M. de Nion à M. Guizot, lettre du 16 janvier 1848. (Archives du Ministère des affaires étrangères, Paris.)
(2) A. G. Golesco à M. John Ghica, lettre du 28 février 1849. (*Souvenirs d'exil,* note 4. Voir à l'Appendice.)
(3) Voir la lettre d'Héliade à Grâdisteano, du 22 décembre 1858. Russo LOCUSTEANO, *Lettres d'exil d'Héliade,* p. 617-618.

l'étranger, les Chainoi, les Billecoq, les Ubicini, les Élias Regnault, à l'intérieur Héliade, Jean Ghika, Bolintineano, et les
écrits, les pièces justificatives des membres du gouvernement
provisoire, ceux de la lieutenance princière et des émigrés. On
y voit l'aberration parler de sagesse, la négation du vrai s'afficher
sans vergogne, la calomnie contre le Souverain défier le document.

Puis les événements poussant, plus tard, une partie des acteurs
du drame au pouvoir, ceux-ci en profitent pour passer de la justification à la glorification de leurs actes et de leurs personnes,
pour faire écrire l'histoire de la période de 1842-1849 par des
plumes ignorantes ou serviles, pour transporter ainsi l'enseignement de la jeunesse roumaine dans le domaine de la fantaisie, et
la griser de hauts faits imaginaires dont ils se font les héros : —
c'est la légende. Elle n'a rien de commun avec l'histoire. Ceux
qui l'ont forgée ont eu l'habileté de la faire vivre pendant près
d'un demi-siècle : — ils en ont vécu.

Nous verrons, par la suite, ce que vaut cette légende, non plus
en ayant recours aux documents réunis dans les deux volumes
de notre ouvrage sur le règne de Bibesco, mais en continuant à
nous servir exclusivement des mémoires et des pièces justificatives adressés au peuple roumain et aux grandes puissances par
les auteurs de l'insurrection et par leurs partisans.

Quelles sont les causes du mouvement de 1848 en Valachie?
Dans quelles conditions s'est-il produit? Quels sont les hommes
qui l'ont dirigé? Sur quels appuis ont-ils cru pouvoir compter?
Pourquoi ont-ils calomnié Bibesco? Dans quel esprit et dans quel
but le projet de Constitution *laissé* par eux *à la postérité* a-t-il
été rédigé? à quel usage a-t-il servi plus tard? Quel jugement
l'histoire doit-elle porter sur le mouvement du 11 juin? Telles
sont les questions que nous allons examiner.

Au début, les raisons invoquées sont : l'immixtion de la Russie dans les affaires intérieures du pays roumain, son protectorat exclusif et ombrageux (1) et la nécessité de reviser le règlement organique.

L'insurrection n'a pas été faite contre Bibesco, *on ne voulait pas le détrôner*, a soin de répéter Héliade (2); *le peuple ne voulait pas laisser partir Bibesco, moins encore le tuer* (3), écrit Zossima, membre de l'insurrection : le mouvement a été dirigé contre le *protectorat de la Russie*. C'est donc un fait acquis à l'histoire. Mais ici une question se pose : dans les conditions de progrès (4) où se trouvait le pays roumain, en dépit de sa situation précaire; en présence de sa marche ascendante, progressive, libérale au point de déplaire à l'Autriche (5) et d'indisposer la Russie (6), devant les *empiétements de frontière poursuivis avec opiniâtreté par l'Autriche* (7) et l'attitude du nouveau consul russe, M. de Kotzebue, qui se *préparait à susciter, au besoin, de graves embarras au Prince* (8); en raison de la certitude acquise

(1) *Essai comparé sur les instructions et lois de la Roumanie,* par N. BLARAMBERG, p. 647.

(2) *Le Protectorat du Czar,* par H. RADULESCO, p. 42.

(3) *Biographies politiques,* par ZOSSIMA, p. 63, note 17.

(4) Voir les discours de Bibesco à l'Assemblée générale de 1846 et de 1848, et les réponses de l'Assemblée, p. 337 et 346.

(5) Voir la lettre confidentielle de M. Philippsborn, agent diplomatique du gouvernement roumain, à S. A. S. le Prince Bibesco, t. I, p. 225 de la *Correspondance générale.*

(6) Le comte Kisseleff au Prince Bibesco, t. I, p. 315 de la *Correspondance générale,* et M. de Nion à M. Guizot, lettre du 25 janvier 1847. (Archives du Ministère des affaires étrangères, Paris.)

(7) M. de Nion à M. Guizot, lettre du 22 juillet 1847. (Archives du Ministère des affaires étrangères, Paris.)
Parmi les paysans des montagnes témoins de ces empiétements est né ce dicton roumain qu'on emploie quand on veut faire allusion à un homme cupide : « *Ne serais-tu pas l'aigle allemand ? Dar nu esti pajera Nemteasca ?* »
Les bornes frontières du côté de l'Autriche portaient l'aigle.

(8) « La Russie, moins assurée chaque jour de trouver dans le Prince Bibesco un instrument toujours docile, observe d'un œil méfiant la direction de ses sympathies et se prépare à lui susciter au besoin de graves embarras, en fomentant sous main les mécontentements de la boyarie et du clergé.
« Déjà l'attitude du nouveau Consul laisse apercevoir des dispositions toutes

que la Porte était défavorable à toute manifestation qui serait dirigée contre la puissance du Nord (1), et que Bibesco, pressenti sur l'opportunité d'un pareil acte, le condamnait et refusait de s'y associer, enfin et surtout en face de la circulaire menaçante de la Russie, était-il politique, était-il patriotique de lancer, quand même, la Valachie dans un inconnu plein de périls?

Poser la question, c'est la résoudre.

Ce n'est pas à dire que le pays ne fût pas en droit de rêver une Constitution plus libérale que le Règlement organique, d'espérer une amélioration dans le sort qui lui était fait, — et, entre autres réformes, l'établissement de l'impôt pour le riche (2) comme pour le pauvre, et l'abolition de la claca, — qu'il ne sentît le besoin légitime d'être poussé dans la voie de la civilisation et du progrès. Mais, de quelle prudence, de quelle habileté ne fallait-il pas faire preuve pour éviter de compromettre la situation acquise, « pour laisser grandir l'arbre de liberté qui ne « donne des fruits féconds qu'à la condition de croître lentement (3)! » Avant tout il fallait être pénétré comme l'était le Chef de l'État des besoins du peuple, et comme Lui être préparé, par le labeur et l'expérience, à surmonter les difficultés qui s'opposaient à la réalisation immédiate de ses espérances.

Pour vaincre ces difficultés, Bibesco avait besoin de la confiance de la nation, et Il la possédait. Sa politique jusqu'à ce jour ne répondait-elle pas en effet de l'avenir? n'avait-elle pas laissé derrière Lui un lumineux sillage tracé par son patriotisme? La

différentes de celles qui animaient son prédécesseur. Rien dans le caractère et les antécédents de M. de Kotzebue n'autorise à attendre de lui les mêmes ménagements. » M. de Nion à M. Guizot. Lettre du 22 juillet 1847. (Archives du Ministère des affaires étrangères. Paris.) — M. de Kotzebue était parent par alliance de M. Jean Ghica.

(1) *Mémoires sur l'histoire de la régénération roumaine,* par H. RADULESCO.

(2) M. de Nion à M. Guizot, lettre du 25 octobre 1847. (Archives du Ministère des affaires étrangères, Paris.)

(3) Prince D. Ghica à M. Rosetti, Voir *Pruncul roman,* du 15 juillet 1848, et la lettre que nous reproduisons plus loin.

préoccupation du Prince d'affranchir peu à peu le pays roumain de la protection exclusive de la Russie, — sans blesser cette Puissance envers laquelle les Roumains étaient tenus à une profonde reconnaissance, par le souvenir de leurs malheurs disparus grâce à elle, — ne s'était-elle pas affirmée en toute occasion, soit à propos de l'éducation de ses fils, — que le Prince envoya en France, malgré l'opinion contraire du cabinet russe et les conseils du comte Kisseleff (1); — soit au sujet de la question de l'instruction publique, en créant à Bucarest, avec le concours du gouvernement du Roi Louis-Philippe, un collège français destiné à former la pépinière où la Roumanie trouverait plus tard son personnel d'enseignement, — bien que le gouvernement du Czar eût admis dans certaines conditions les jeunes gens roumains natifs des Principautés à suivre les cours de droit professés à l'école impériale de Saint-Pétersbourg, et que la création du collège français fût de nature à lui déplaire (2)? En 1846, ne s'était-il pas abstenu de consulter le cabinet de Saint-Pétersbourg (3) sur la modification qu'Il *introduisit* dans le mode de votation, lorsque, contrairement à l'esprit du règlement organique, Il abolit, de fait, le double vote que la grande boyarie s'était attribué (4), et en 1847, n'avait-Il pas ajourné une partie des améliorations réclamées par le pays pour échapper à l'obligation pénible (5) de demander l'adhésion préalable des Cours suzeraine et protectrice, obligation à laquelle était soumis le Prince, chaque fois qu'il y

(1) S. Exc. le comte Kisseleff à S. A. S. le Prince Bibesco, t. Ier, p. 315 de la *Correspondance générale.*

(2) « On s'est borné à insérer cette notification dans le journal officiel en y joignant quelques expressions de reconnaissance pour le nouveau bienfait de la Cour protectrice. » Lettre de M. de Nion à M. Guizot, du 25 janvier 1847. (Archives du Ministère des affaires étrangères, Paris.)

(3) M. de Nion à M. Guizot, lettre du 25 octobre 1847. (Archives du Ministère des affaires étrangères, Paris.)

(4) M. de Nion à M. Guizot, lettre du 25 novembre 1847. (Archives du Ministère des affaires étrangères, Paris.)

(5) M. de Nion à M. de Lamartine, Ministre des affaires étrangères de France. Lettre du 1er avril 1848. (Archives du Ministère des affaires étrangères, Paris.)

avait lieu d'apporter une modification dans le budget? Mais il y
avait d'autres considérations graves devant lesquelles le vrai
patriotisme eût désarmé : *une mésintelligence, qui n'était un
mystère pour personne, s'était manifestée, dès l'origine, entre
l'Hospodar et le nouveau consul russe, M. de Kotzebue, et s'élevait
de jour en jour aux proportions d'une hostilité ouverte...;* la
menace formulée par le gouvernement russe, au mois d'avril,
*d'occuper la Principauté, s'il s'y produisait aucune mesure ayant
pour but de modifier le régime politique sous lequel les Principautés étaient constituées,* était connue de la nation entière.

Voici ce document :

*Circulaire adressée par le Ministre des affaires étrangères
aux agents de la Russie dans les Principautés danubiennes* (1).

« Les événements qui viennent de se passer en France et
« dans le centre de l'Europe imposent plus que jamais à Sa
« Majesté Impériale le devoir de veiller au maintien de l'ordre
« et à la conservation des droits consacrés par les traités de 1814
« et 1815. La Russie ne prétend s'immiscer en rien dans les
« affaires intérieures de la France; elle la laissera tenter, sans
« obstacle et à ses risques et périls, l'expérience qui occupe en
« ce moment le peuple français; elle ne cherchera à exercer
« aucune influence sur sa solution. Elle agira de même avec les
« Puissances voisines et alliées, et se bornera à intervenir, si
« elles lui en font la demande, pour préserver de toute atteinte
« les circonscriptions territoriales établies par les traités (*sic*).

« C'est dans ce but qu'elle réunit sur sa frontière occidentale
« des forces imposantes et qu'elle se tient prête à tout évé-
« nement.

« La question n'est pas toutefois identique en ce qui concerne

(1) M. de Nion à M. Guizot, lettre du 11 avril 1848, n° 30. (Archives du
Ministère des affaires étrangères, Paris.)

« des pays que des relations spéciales attachent à la Russie,
« et particulièrement les Principautés du Danube, qui, placées
« sous la suzeraineté ottomane, le sont également sous la pro-
« tection de l'Empire russe.

« L'intention de l'Empereur EST DE N'Y TOLÉRER AUCUNE
« INNOVATION, tendant à relâcher les liens de la SUZERAINETÉ
« OU CEUX DU PROTECTORAT, AUCUN MOUVEMENT, AUCUNE
« MESURE AYANT POUR BUT DE MODIFIER LE RÉGIME POLI-
« TIQUE SOUS LEQUEL LES PRINCIPAUTÉS SONT CONSTITUÉES.

« CETTE VOLONTÉ EST IRRÉVOCABLE (*sic*) ET SERA SOU-
« TENUE AU BESOIN PAR L'EMPLOI DE TOUS LES MOYENS
« DONT LA RUSSIE DISPOSE. Les deux Hospodars doivent en
« être officiellement avertis et seconder de tout leur pouvoir les
« vues de la Cour protectrice. Ces vues ne doivent, au surplus,
« rester ignorées de personne, et les agents doivent y donner
« toute la publicité convenable (1). »


Voilà la menace; l'invasion certaine était au bout, et l'angoisse
étreignait toutes les âmes vraiment roumaines.

En présence de ce péril suprême, qui a trahi la cause nationale?
est-ce Bibesco en prenant la résolution d'ajourner les réformes,
en cherchant à détourner l'orage (2), en refusant aux armées
étrangères de leur laisser violer le territoire roumain? ou bien
est-ce l'insurrection qui, appréhendant (3) l'anarchie et sachant
les troupes russes prêtes à passer la frontière (4), n'a pas hésité à
livrer le pays à l'une et aux autres pour en arriver, comme

---

(1) M. de Nion à M. de Lamartine, lettre du 11 avril 1848. (Archives du
Ministère des affaires étrangères, Paris.)

(2) « *En laissant se calmer peu à peu les susceptibilités de ses hauts protecteurs
et le zèle ombrageux de ses surveillants.* » M. de Nion à M. Guizot, lettre du
16 janvier 1848. (Archives du Ministère des affaires étrangères, Paris.)

(3) Voir la proclamation, voir la lettre du gouvernement provisoire insurgé
à Bibesco, et tous les écrits d'Héliade.

(4) Voir ci-dessus la circulaire du gouvernement russe.

nons le prouverons, à faire litière des droits de la nation et à les
jeter sous les pieds du Sultan (1)?

Nous ne pensons pas qu'il soit nécessaire de répondre; toutefois, nous insisterons sur ce fait que, souvenir des réformes
accomplies et des progrès réalisés, conseils de prudence et de
sagesse suggérés par la situation difficile du Chef de l'État, et
du pays, autant en emporta le souffle insurrectionnel.

L'insurrection avait-elle du moins, à sa tête, des chefs politiques
de valeur, rompus aux affaires, connus, inspirant la confiance,
dignes et capables de commander, certains d'être obéis?

Les hommes qui ont eu le plus d'influence sur les événements
de 1848 sont : Héliade, Nicolas Bâlcesco, les officiers Maghiéro,
Tell et Plessoianu, Jean Ghica, Jean Voïnesco, Zalic, Grégoire
Grâdisteano, les frères Golesti (Nicolas, Étienne, Alexandre,
Raddu), leur cousin A.-G. Golescu, C. Rosetti, J. Bratiano, le
prêtre de Snagov (Josaphat.)

HÉLIADE, élève de Lazar, — le Roumain Transylvain qui, avec
la protection des boyards, a rétabli la langue roumaine dans les
écoles, — est le principal ouvrier de la proclamation du 11 juin.
Il ne faut pas le juger d'après cette pièce; Héliade est un grand
poète — bien qu'on ait nié son talent, — parce qu'on est grand
poète, quand on a écrit *Sburatorul* (*le Désir*), *Une nuit sur les
ruines de Tirgoviste*, l'*Ode à Schiller* et *les Amours d'Adam et
d'Ève,* dans le Poème de la création.

Journaliste officieux de l'ancien Prince Alexandre Ghica (2), il
était déjà en vogue sous le règne de Bibesco.

_____

(1) Voir cet acte, connu sous le nom d'« Affiche de Sarindar », deuxième
partie, fin du chap. IV du présent volume.

(2)             *Lettre d'Héliade au Prince Al. Ghica IX.*

    « MON PRINCE,

    « Pendant cinq ans j'ai souffert le martyre, la persécution, l'ironie; et la

Théoricien, il manque, comme homme de gouvernement, de sens pratique; ambitieux et personnel, il manque, comme historien, d'une qualité essentielle, l'indépendance, qui crée l'impartialité. Il raconte avec passion, il ne prouve pas. Héliade est un mélange de bien et de mal (1) : on le verra, dans tous ses écrits, calomnier Bibesco pour justifier le mouvement de 1848, et un jour, dans l'exil, il écrira ces mots qui sont touchants dans leur simplicité : « *J'ai maltraité dans mes écrits Bibesco et Stirbei; et eux se sont comportés en gens de cœur avec ma famille qui leur était étrangère et que le sort avait frappée. Il ne se passait pas de semaine sans qu'Ils s'enquissent de sa situation. Quand, en 1855, je me rendis à Bucarest, j'allai voir le Prince Ghica, rempli de la plus grande joie, et oubliant tout ce qu'il avait écrit sur moi de Vienne; il m'a reçu comme si j'étais un intendant, tandis que Bibesco, lorsqu'il me vit, me prit dans ses bras et pleura en m'embrassant (2).* »

NICOLAS BALCESCO, élevé dans l'admiration du passé glorieux de l'histoire roumaine, subit les effets d'un long contact, — créé par l'étude, — avec les héros des temps anciens. D'un caractère

cause de ma ruine et tout mon crime n'ont pas été autres que mon affection pour vous.

« Tout ce qui a été fait a été fait sans moi.

« Je n'ai rien fait, je ne me suis mêlé de quelque chose que *pour sauver le pays d'une anarchie certaine* et de ses suites. Le temps découvrira la vérité. J'ose dire que sans moi *il y aurait aujourd'hui des centaines de familles connues, dans le deuil.*

« *Signé :* J. HÉLIADE RADULESCO. »

7/19 juin 1849, Paris, rue Notre-Dame des Victoires. Hôtel National

(*Essai...* p. 334, par N. BLARAMBERG).

(1) Héliade a rendu à son pays l'alphabet latin; c'est un service signalé. On peut lui reprocher d'avoir trop voulu latiniser et italianiser la langue roumaine et l'orthographe roumaine. Il a échoué dans cette tâche. Il ne faut pas le regretter; la langue et l'orthographe sont une partie de l'histoire d'un peuple, surtout d'un peuple aussi éprouvé par les invasions que le fut le peuple roumain.

(2) *Lettres d'exil d'Héliade,* par RUSSO LOCUSTEANU. Lettre d'Héliade à Gr. Grâdisteano, du 8/20 mai 1857, p. 565.

loyal, d'un talent d'historien déjà reconnu (1), N. Bâlcesco, élève des Quinet, des Michelet, des Mickiewiez, croit à la fraternité des peuples. Pour lui tout Souverain est un tyran ; son démocratisme fait de lui un ennemi du trône.

Quelles que soient ses idées et ses erreurs, N. Bâlcesco est un convaincu. Forcé de marcher avec les membres de l'insurrection, sa sincérité ne sera pas longtemps dupe des *palinodies* (2) des uns et de la *fourberie* (3) des autres.

Après 1848, sa vie sera une courte agonie. Exilé, atteint d'une maladie qui ne pardonne pas, — la phtisie, — il opposera à la violence du mal une résistance désespérée, forcera l'ennemi à marquer le pas, et à lui accorder les quelques heures dont il aura besoin pour ajouter une page à sa remarquable histoire de Michel le Brave. Puis la plume lui tombera de la main : à trente-trois ans la mort le prendra.

MAGHIÉRO était connu par le courage dont il avait fait preuve dans ses luttes contre les brigands et contre les Turcs. Placé comme administrateur à la tête du district de Romanatzi par Bibesco, dont il possédait la confiance, Maghiéro reçut du Prince l'ordre confidentiel d'organiser le corps des Pandours, de compléter celui des Dorobantzi et d'en prendre le commandement. Héliade et Maghiéro étaient intimement liés.

TELL est également officier, il commande à Giurgévo. Sa qualité dominante est l'énergie ; il n'en fait malheureusement pas toujours un bon usage. Possédant peu d'instruction, il se laisse

---

(1) Bâlcesco avait publié à cette époque, avec Laurian, le *Magasin historique pour la Dacie.*

(2) Voir p. 248, 469 et 585, *Souvenirs d'exil.*

(3) Voici Bâlcesco jugé par lui-même : « Je n'étais pas appuyé, je n'avais pas assez de popularité, en outre j'étais trop fier pour la mendier, comme les autres, et pas assez comédien pour l'obtenir. » Bâlcesco à A.-G. Golesco, p. 472, *Souvenirs d'exil.*

égarer par les socialistes, au début du mouvement de 1848; mais il ne tarde pas à briser avec eux et à s'attacher à Héliade. Un jour viendra où il reconnaîtra publiquement ses erreurs : ce jour-là il s'écriera : « Je pleure ma pauvre patrie, je maudis le jour où j'ai fait cause commune avec des gens tels que J. Ghica (1). » Tell mourra conservateur.

La défection de ces deux membres de l'insurrection ne saurait assurément pas leur donner le prestige nécessaire au commandement.

JEAN GHICA : il est plus préoccupé de faire triompher sa politique (2) que de défendre les idées de ses collègues. Bâlcesco l'accuse d'*inconséquence* (3); Zossima rappelle qu'il figurait dans *l'opposition systématique contre Bibesco* (1844) et qu'il signa avec d'autres Ghica, avec Nicolas Golesco et A.-G. Golesco *une plainte* — adressée à la Russie **seule** (4) — *au sujet des tendances du Prince.*

M. John Ghica nous apprend lui-même qu'en exil il émit l'idée que l'émigration n'eut qu'un chef, et que ce chef fut, après

---

(1) RUSSO LOCUSTEANO, p. 42. *Lettres d'exil.*

(2) « Le gouvernement révolutionnaire devait par conséquent tomber nécessairement entre les mains de ces théoriciens incapables et exagérés dans leurs tendances, et prêter par là le flanc aux attaques dirigées contre lui. » — Phrase d'un *Mémoire* de M. J. Ghica au Sultan; elle se trouve dans une lettre de Bâlcesco à J. Ghica, p. 585 des *Souvenirs d'exil*, par le même J. GHICA. Bâlcesco reproche cette phrase à J. Ghica. HÉLIADE, p. 585 des *Lettres d'exil.*

(3) Bâlcesco à John Ghica, lettre du 26 mai 1851. *Souvenirs d'exil*, par JEAN GHICA, p. 585.

(4) « *Bibesco voulut mettre fin aux oppositions systématiques* et chercha à prendre quelques mesures. » (L'aveu, venant d'un acteur du mouvement de 1848, est précieux à recueillir.)

« L'Assemblée commença à crier, et l'opposition d'alors trouva bon (aflà de cuvintza) de protester contre les tendances du Prince et de demander à la Porte et à la Russie de les réprimer. » (Traduction littérale : de mettre un frein au Prince.) Le Consul de Russie insista pour que cette protestation ne fût adressée qu'à la Russie. « Voici le résultat des réunions qui eurent lieu : Grādisteano fut appelé chez le Prince (beizade) C. Ghica, fils de Grégoire IV Ghica VIII et frère du Prince Démètre Ghica. On l'invita à signer la pétition. Il insista pour la lire. La note 5, p. 61, nous donne les noms de ceux qui l'avaient déjà signée. Ce adoption des principes révolutionnaires de 1848 (1) — l'ancien prince Ghica, ou à son défaut N. Golesco, l'ami intime du Prince. L'un ou l'autre devait se proclamer, sans élection, chef de l'émigration.

Quoi qu'il en soit, « *dans le projet élaboré par lui avec Ubicini, il était stipulé que le centre de l'action et le siège de la direction aevraient être à Constantinople* », où lui, M. Jean Ghica, s'était fait envoyer pour représenter le Gouvernement provisoire ? Or, se trouver au *siège de la direction* pouvait bien conduire à devenir, au cas échéant, le chef de l'émigration et un jour peut-être Prince régnant ! S'il faut en croire un bruit très répandu, M. Jean Ghica aurait toujours ardemment ambitionné la couronne souveraine. Elle n'a pas daigné descendre jusqu'à lui.

Héliade prétend que M. J. Ghica a eu l'habileté *de se rendre possible au gouvernement en poussant les autres dans le fossé* (2).

JEAN VOINESCO et GRADISTEANO (Grégoire) se font remarquer par leurs idées un peu exaltées et par une profonde honorabilité. Grâdisteano, le plus influent des deux, a pris position contre Bibesco, par haine de la Russie, sans s'apercevoir que son attitude conspirait avec la politique du cabinet de Saint-Pétersbourg. Directeur de l'intérieur, il refusa tout salaire (3). Le prince a toujours tenu ce membre de l'opposition dans une estime particulière.

LES FRÈRES GOLESTI (4) : — à l'exception de Nicolas, général et ministre sous le règne d'A. Ghica et qui conserva dans la suite

sont : les Princes Constantin et Démètre Ghica, Nicolas Golesco, Alexandre G. Golesco, C. Cantacuzène, Jean Costesco, Jean Ghica, les frères Cocoresco et d'autres. Gradisteano s'indigna de voir que la pétition était adressée uniquement au Czar ; son opposition fit tomber le projet, mais ce ne fut pas sans une discussion dans laquelle M. John Ghica s'écria : « L'homme qui se noie s'accroche même à une épée. » ZOSSIMA, p. 60, 61, notes 4 et 5.

(1) *Souvenirs d'exil*, par M. John Ghica, p. 51 et 61.
(2) *Lettres d'exil*, p. 538.
(3) Voir ZOSSIMA, p. 19 et 33.
(4) Voir la page précédente.

avec ce Prince les relations les plus intimes (1), — les Golesti sont démocrates de parti pris et hostiles à Bibesco.

L'opinion de Bâlcesco sur le général n'est pas flatteuse. N. Golesco, dit-il, est des trois lieutenants princiers le meilleur, parce qu'il est le plus nul (2). Les Golesco payeront un jour de leur fortune, — comme bien d'autres, — les illusions qu'ils auront nourris sur leurs coreligionnaires politiques (3).

Le prêtre de Snagov, JOSAPHAT, qui sert les desseins d'Héliade, est fanatiquement résolu.

CONSTANTIN ROSETTI et les frères BRATIANO (Démètre et Jean) sont des inconnus. Jeunes gens sans fortune, arrivés récemment de France, où ils ont assisté à la révolution de Février, ils sont décidés à *imiter ce qu'ils ont vu à Paris* (4).

Ils figureront dans l'insurrection parmi les violents, et feront tout ce qui est nécessaire (entre autres actes, la cérémonie de la destruction du Règlement) pour justifier cette accusation, portée contre eux par les autres conspirateurs, qu'ils ont rendu inévitable et qu'ils ont précipité l'intervention de la Russie et l'invasion.

Cependant M. C. Rosetti, en dépit des articles du journal qu'il dirige, passe pour un excellent cœur.

Quant à M. Jean Bratiano, il devra, en 1845, à la bonté de ' Bibesco de rentrer dans l'armée et d'obtenir un congé pour aller en France achever ses études (5).

La violence de ces jeunes gens est un système, un moyen de fixer l'attention sur eux. Ils changeront quand ils seront au pouvoir.

(1) A. G. Golesco à M. John Ghica, lettre du 24 février 1849. *Souvenirs d'exil,* par M. J. GHICA, p. 205.
(2) Bâlcesco à John Ghica. *Souvenirs d'exil,* par JOHN GHICA, p. 248. (Voir aussi la p. 469.)
(3) Voir à l'appendice la lettre d'Omer-Pacha à M. A.-G. Golesco.
(4) Mot de Bolintineano.
(5) Voir Chronologie, année 1845, 29 juin.

Un homme encore qui, sans avoir d'influence sur les événements, y a été mêlé depuis le début de l'insurrection jusqu'à la
fin et y a joué le plus triste rôle, c'est le MétropolitainNÉOFITE :

Au lendemain de l'abdication du Prince Bibesco, il signe la
fameuse proclamation qui déclare que Son Altesse a abdiqué
*pour cause de maladie,* — argument inventé par les membres du
gouvernement provisoire, pour lui permettre de donner au Pays
une raison valable de l'abdication du Prince.

*Le 29 juin, le gouvernement s'étant retiré de la capitale* et
une caïmacamie s'étant constituée, le Métropolitain Néofite
traite de *rebelle* le gouvernement qu'Il vient de présider pendant
quinze jours. Il se reconnaît, lui-même *fauteur de troubles,* et se
déclare *prêt à travailler avec MM. les Boyards au rétablissement* (1) *de la paix publique?*

Mais la caïmacamie ne dure que quelques heures. Aussitôt,
Sa Sainteté se range du côté des nouveaux occupants : Elle
*renie* ce qu'Elle a acclamé la veille, Elle déclare non avenu ce
qui s'est passé, et Elle prête de nouveau LE SERMENT DE NE
**plus** VIOLER LA CONSTITUTION (2).

Le 6 septembre, le Métropolitain Néofite, revêtu de ses habits
sacerdotaux, prononce l'anathème contre le Règlement organique,
et assiste à son autodafé (3).

Puis, c'est le tour de l'insurrection : au bout de quatre-vingt-
quinze jours d'agonie elle expire, et Sa Sainteté la condamne,
après l'avoir bénite, — dans un discours prononcé dans l'église
« de Sarandaru. IL LA TRAITE DE FATALE, D'ŒUVRE ACCOM-
« PLIE PAR QUELQUES FACTIEUX DOMINÉS PAR DES IDÉES
« PERTURBATRICES ET ANARCHIQUES, DANS LA SEULE VUE
« DE LEUR INTÉRÊT PERSONNEL, ET QUI SONT PARVENUS,

---

(1) *Mémoires...* par HÉLIADE, p. 126, *Moniteur officiel,* n° 50.
(2) Voir le *Moniteur officiel,* n° 50, du 2 juillet 1848.
(3) *Mémoires...* par HÉLIADE, p. 298.

« PAR DES PROMESSES ET DES ESPÉRANCES TROMPEUSES, A
« ENTRAINER LES PLUS IGNORANTS. »

Les circonstances aidant (1), l'Esprit-Saint avait fini par avoir
raison des passions politiques du prélat.

Voilà les hommes qui sont à la tête du mouvement insurrectionnel : on en chercherait vainement d'autres. — L'insurrection,
de l'aveu de M. C. Rosetti, ne pouvait trouver ni un ministre des
finances, ni un ministre de la guerre, ni même dix-sept administrateurs (2) (préfets); elle ne découvrit pas davantage le chef
marquant capable de commander aux autres. Les hommes qui
composaient le gouvernement *avaient la capacité de détruire, non
celle de construire* (3); Héliade nous a démontré, en outre, que
ces *soldats de la régénération* n'avaient ni même pensée, ni
même élan, ni même but; que ni l'harmonie ni la confiance ne
régnaient au sein des éléments concourant à l'*entreprise*.

On pourrait croire qu'ils comptaient sur le concours d'une
puissance étrangère? sur l'armée? sur le peuple? sur le clergé?
sur les boyards? — Non : L'ENTREPRISE IMPROVISÉE, SPON-
TANÉE, — c'est le titre officiel reconnu à l'insurrection par le
gouvernement provisoire, — n'avait rien à espérer, même de
l'imprévu; elle était condamnée avant d'avoir vécu; son existence devait être une courte et navrante agonie.

(1) Voir t. I^er. Lettre de Kisseleff au Métropolitain en réponse à des accusations portées par ce prélat contre Bibesco. — Le discours auquel nous empruntons ce passage a été adressé au général Luders, dans l'église de Sarindaru, à
Bucarest, le 5 octobre 1848. — *Bull. off.* n° 72.
Il a été signé par Mgr Néofite, à la date du 3 octobre, et affiché dans la capitale.
(2) Cette pénurie d'hommes et l'impuissance dont l'Insurrection souffre est
constatée par M. C. Rosetti lui-même dans une lettre à M. Jean Ghica... « Nous
ne devons pas nous louer les uns les autres; mais nous sommes très pauvres en
hommes. Cherchez bien; pensez-y durant de longues journées, et vous ne trouverez pas que nous ayons ni un Ministre des finances, ni un Ministre de la
guerre; nous n'avons même pas dix-sept administrateurs. » M. C. Rosetti à
M. Jean Ghica, *Souvenirs d'exil,* p. 66.
(3) M. Rosetti à M. J. Ghica, Constantinople, 30 juillet/11 août 1848, p. 47.

Héliade, il est vrai, dans sa proclamation faite au nom du peuple, avait tout combiné : Dieu et la lumière divine, la fraternité et la justice devaient courber sous leur loi Turquie et Russie, armée et boyards, peuple et serviteurs du Tout-Puissant.

Mais la Turquie avait déjà déconseillé le mouvement contre la Russie; la France, qui était au contraire favorable à l'insurrection et l'encourageait, ne pouvait que faire des vœux pour son succès : elle était trop éloignée et trop occupée chez elle (1) pour s'occuper des autres. L'Angleterre (2), bien que représentée par M. Colqhon, son consul général, — personnellement acquis à toute action pouvant créer des embarras à Bibesco, par suite d'une vieille rancune qu'il gardait au Prince, — restait indifférente. L'Allemagne et l'Autriche étaient, chez elles, aux prises avec la révolution; elles n'auraient, en tout cas, pas tendu la main aux *Régénérateurs*. Restait la Russie, qui, tranquille, puissante, forte de la faiblesse et des angoisses des autres États, imposait sa loi en Orient. L'insurrection en Roumanie se trouvait donc isolée.

L'ARMÉE? — Si l'on considère la compagnie du capitaine Plesoiano, les officiers Tell et Maghiéro comme représentant l'armée, les conspirateurs de juin 1848 sont en droit de dire que l'armée était avec eux.

Mais Héliade n'avoue-t-il pas lui-même que « *le major Vladoïano, commandant le bataillon en garnison à Craïova, refusa de se soumettre aux ordres du gouvernement provisoire; qu'il menaça de faire mesurer sa troupe avec les soldats de la régénération; que, pour éviter de répandre le sang, il se retira vers le Nord*

---

(1) A la nouvelle de l'Insurrection des journées de juin, le général Aupick dit à M. J. Ghica : « La guerre civile est chez nous, mon pauvre Ghica, maintenant rien n'empêchera les Russes d'entrer dans votre Pays. » *Souvenirs d'exil,* par M. J. GHICA, p. 33.

(2) Sir Strafford Canning n'a pu aider les Roumains qu'en conseillant à la Porte de ne pas intervenir dans les Principautés. L'Angleterre refusa à la Turquie tout appui plus effectif, et celle-ci dut consentir aux exigences russes. *Souvenirs d'exil,* par M. J. GHICA, p. 29 et 50.

hison : elle aurait trompé l'attente générale, le jour où, pour la
première fois, la Patrie a eu besoin d'elle; elle est accusée d'avoir
été la cause de tous les malheurs que ce pays a subis.

« Votre Excellence est soldat et comprend, certainement, combien cruelle est, pour la milice roumaine, une pareille situation.
Comment pourra-t-elle mériter la haute confiance des deux Cours
Impériales, qui voudraient continuer à lui confier la défense des
institutions du pays, tant que le soupçon d'infamie pèsera
sur elle?

« Pourra-t-elle rétablir sa réputation aux yeux de ses compatriotes, et mériter encore leur confiance?

« Les soussignés prient chaleureusement Votre Excellence de
vouloir bien ordonner la formation d'une commission militaire
spéciale, et attendent de sa bonté et de sa justice qu'il soit fait
une enquête minutieuse, consciencieuse et sévère, pour que les
coupables soient découverts, traduits en justice et punis. Il ne
faut pas que leur infamie demeure une tache éternelle pour la
milice, qui, innocente et pénétrée des sacrifices qui lui sont imposés, décline toute responsabilité avec les coupables.

« Nous avons l'honneur de signer avec le plus profond respect :

> « *Colonels :* ENGHEL, FLORESCO, BANOF, VOÏNESCO, LAHOVARI.
> « *Major :* VLADOIANO.
> « *Capitaines :* COSTAFORO, GRECEANO, GHICA, VELCEA.
> « *Lieutenants :* CARAGEA, CORNESCO, BORANESCO, STEFANO-
> POLO, RACOVITZA, BURCHI.
> « *Sous-lieutenants :* CIOCAN, MALEANO, MOSCO, MAVROCORDAT,
> MAÏNESCO DAMBOVICEANO, PORUMBARO, NICULESCO, CALI-
> NESCO, RECHTIVAN, SOCOLEANO. »

« Je certifie conforme à l'original la protestation que j'ai été chargé, de la part
de mes camarades de 1848, de remettre au général Duhamel et au Caïmacam
Cantacuzène.

« *Signé :* J.-E. FLORESCO (1).

« 14 avril 1893. »

. (1) Note A. — La garnison de Bucarest avait un régiment d'infanterie; deux
autres étaient échelonnés le long du Danube. En dehors des officiers supérieurs

Et maintenant, officiers de 1848 dont je viens d'évoquer le témoignage et de rappeler les noms, officiers qui avez déposé avec une suprême dignité devant le tribunal de l'histoire et servirez d'exemple, dans la carrière, à vos cadets, vous pouvez désormais dormir en paix votre dernier sommeil : vous êtes vengés.

LES BOYARDS? — Les boyards, à peu d'exception près, furent hostiles au mouvement. Il nous suffira de citer quelques passages de la correspondance échangée entre M. Rosetti, directeur du *Pruncul roman*, et le Prince Démètre Ghica, pour donner une idée des sentiments dont la boyarie était animée, du jugement qu'elle portait sur les événements accomplis.

M. Rosetti cherchant à rallier à l'insurrection le Prince Démètre Ghica, fils du Prince Grégoire Ghica VIII, qui régna en Valachie de 1822-1828, lui adressa dans son journal l'appel suivant :

« Toi, Démètre Ghica, pourquoi nous avoir délaissés? Tu es
« parti pour quelques jours afin de te remettre d'une maladie?
« Pourquoi te laisses-tu égarer, à l'heure qu'il est, par ces pères
« trembleurs de la Roumanie? Viens, viens, bon Roumain, viens
« dans les bras de la belle Roumanie; viens, car elle a des droits
« sur toi qu'elle a élevé dans un berceau de soie; viens, car elle
« a besoin de lumière; viens, car notre cœur saigne de te voir uni
« à ce qui n'est roumain qu'aux jours de prospérité (1). »

A cet alléchant discours, le Prince Démètre Ghica répondit; mais sa réponse n'ayant pas été du goût du directeur du *Pruncul*,

---

qui étaient des instructeurs russes, la liste de ces vingt-sept officiers se trouve comprendre tous les officiers du régiment d'infanterie présents à Bucarest. (Note manuscrite du général Floresco.)

Note B. — En 1848, le nombre des officiers était d'environ deux cents, tous Roumains, car, contrairement à ce qui s'est passé en Bulgarie, ce ne sont que les officiers supérieurs, généraux et colonels, qui étaient Russes, la plupart à titre d'instructeurs. (Note manuscrite du général Floresco.)

(1) Le *Pruncul roman* (Le Roumain dans les langes) du 15 juillet 1848, n° 14. Voir BLARAMBERG, p. 330 et 331.

celui-ci lui demanda *à ne pas la publier pour le moment*. Toutefois, sur l'insistance du Prince, M. Rosetti s'exécuta (1).

« ... Je ne regarde pas, écrivait le Prince, le Règlement
« organique comme l'arche sainte que personne ne peut toucher
« sans commettre un sacrilège. Vous savez mieux que personne
« que j'ai, depuis longtemps, reconnu qu'en beaucoup de ses dis-
« positions il n'est nullement en harmonie avec les véritables
« progrès du siècle, et que le double sens de plusieurs de ses
« articles favorise les interprétations arbitraires.

« Si j'ai engagé quelques-uns de mes amis politiques à res-
« pecter le Règlement, c'est que *je craignais* précisément qu'en
« portant atteinte à un pacte donné à la Roumanie par les puis-
« sances suzeraines et protectrices, *on n'exposât le pays aux*
« *calamités d'une invasion étrangère.*

« Si cependant il nous est permis, comme semblent le per-
« mettre les circonstances, de modifier nos institutions dans le
« sens du progrès des temps et des vrais besoins du pays, *sans*
« *nous exposer à aucun danger du dehors,* je me déclare prêt à
« défendre de toute mon âme cette nouvelle constitution ; mais,
« je le répète, pour que ces institutions aient une valeur réelle
« à mes yeux, il faut qu'elles soient issues de la civilisation de
« la Roumanie, qu'elles soient pesées et discutées mûrement par
« l'Assemblée générale du pays, etc.

. . . . . . . . . . . . . . . . . . . . . . . . . .

« Ami politique et sage du progrès », — c'est de lui que le
Prince parle — « et ennemi de ces mouvements qui ébranlent
« les sociétés jusqu'en leurs fondements, en brisant en même
« temps tous les liens qui unissent les hommes entre eux, j'ai
« pensé, comme vous, qu'à la suite de la violente commotion de
« février il fallait, chez nous aussi, faire des réformes et extirper
« les abus, convaincu que c'était là le seul moyen d'empêcher les

(1) Le *Pruncul roman* (Le Roumain dans les langes) du 15 juillet 1848, n° 14.
Voir BLARAMBERG, p. 330 et 331.

« troubles qui auraient pu attirer sur nos têtes d'effroyables
« calamités *et nous pousser dans la voie des reculades honteuses*
« *plutôt que dans celle du progrès.*

.   .   .   .   .   .   .   .   .   .   .   .   .   .   .   .   .   .   .

« Dans ce même but, j'ai essayé, vous le savez, d'appeler
« l'attention du chef de l'État (1) sur la situation critique du
« pays et sur les mesures nécessaires à son amélioration. Mais
« vous savez aussi que les principes que j'ai essayé de faire pré-
« valoir parmi vous étaient le respect des traités, et que je me
« suis prononcé contre tout recours à la force brutale, car ce
« sont là des procédés révolutionnaires, et je n'ai jamais voulu
« m'écarter de la stricte légalité, *car je craignais autrement de*
« *provoquer une invasion étrangère ou d'attirer sur nous le*
« *terrible fléau de la guerre civile...*

« J'étais à peine ici (en Transylvanie) depuis huit jours, que
« de rapides nouvelles m'arrivèrent coup sur coup : l'attentat
« contre la vie du Prince Bibesco, la révolte triomphante, la
« proclamation de la Constitution, et enfin l'abdication du chef
« de l'État... *Vous et vos amis, dans un mouvement sans mesure,*
« *vous avez voulu franchir d'un saut l'intervalle de plusieurs*
« *siècles, sans prendre garde que vous alliez conduire le pays à*
« *l'abîme, au fond duquel il ne trouverait que discorde et misère.*

« En une pareille occurrence, je ne pouvais que rester à l'écart
« et prier pour le bonheur de mon pays, attendant avec une dou
« loureuse impatience l'issue des événements, d'autant plus que,
« d'après tous les rapports qui m'arrivent touchant la situation
« de notre pays, *je ne vois pas un homme doué de bon sens qui*
« *ne comprenne l'impossibilité de nous entendre sur les articles*
« *de la Constitution proclamée par la révolution.*

« Un avenir fort proche et digne d'amers regrets, surtout pour
« ceux qui n'ont pas craint d'en encourir la lourde responsabi-

---

(1) Suffisance commune à tous les personnages de ce temps, qui croient tous
qu'ils apprennent quelque chose au chef de l'État sur la situation du Pays.

« lité, montrera qui de nous a su prouver, je ne dis pas le patrio-
« tisme le plus ardent, mais le patriotisme le plus intelligent.

« Je crois, Messieurs, que l'arbre de la liberté ne donnera de
« fruits féconds qu'à la condition de croître lentement en enfon-
« çant profondément les racines dans le sol. S'il est transplanté
« hâtivement d'une terre étrangère sur la terre roumaine, fût-il
« arrosé de flots de sang humain, il ne produira que des fruits
« amers et des branches pourries, et comme il n'aura pas de
« racines dans le sol, le premier souffle de l'orage le brisera.

« Je pense, Messieurs, que cette profession de foi est la meil-
« leure réponse que je puisse faire à l'appel que vous faites à mon
« patriotisme. »

. . . . . . . . . . . . . . . . . . .

« Démètre GHICA. »

*(Pruncul roman,* 1848, n° 28.)

Nous ne pensons pas que cette leçon (1) laisse rien à désirer.
Le Prince D. Ghića et — par sa plume — les boyards ne pouvaient faire meilleure réponse.

LE PEUPLE? — C'est au nom du peuple, — qui n'a pas été consulté, mais auquel on prête l'idée révolutionnaire (2), — que les

(1) La fin de la lettre a trait à *certaines aménités* que le *Peuple souverain* du
21 juillet 1848 adresse au Prince D. Ghica en l'accusant *de porter un masque, de
jouer un rôle.* Le *Peuple souverain* était rédigé par M. Nicolas Bâlcesco. — A
propos des flatteries adressées au Prince D. Ghica par le *Pruncul roman* et des
termes agressifs du *Peuple souverain,* on ne peut s'empêcher de faire cette
remarque : le socialiste a foi dans le Prince ; le libéral se méfie de lui. Le Prince
Ghica a donné raison au premier : après avoir marché avec les conservateurs
pendant nombre d'années, le Prince D. Ghica est entré dans le parti Rosetti-
Bratiano, dont il a été une des principales chevilles ouvrières, pendant tout le
temps que l'influence allemande a pu maintenir ce parti au pouvoir, c'est-à-dire
pendant douze ans consécutifs.

(2) Le peuple était si peu dans le mouvement qu'il fallut *commencer* à préparer le peuple des villages par l'envoi de commissaires. Dans les villes il y avait
beaucoup de réactionnaires. Voir *Souvenirs d'exil,* par M. JEAN GHICA, p. 42.

« Le comité révolutionnaire mit en programme le sentiment du peuple ; il lui
prêta l'idée révolutionnaire. » Lettre de Bâlcesco. Voir les *Souvenirs d'exil,* par
JEAN GHICA, p. 477.

conspirateurs lancent leur proclamation, qu'ils adressent au Prince la fameuse lettre du 9 juin ; c'est au nom du peuple souverain qu'ils accomplissent leurs actes ; en son nom que les uns, avec Héliade, prêchent l'insurrection, en recommandant le *respect à la propriété et aux personnes,* que les autres, avec le *Pruncul roman,* que dirige M. C. Rosetti, font appel à tous les excès. Encore faut-il distinguer ; car, outre le *peuple souverain,* Héliade nous parle du *peuple des frères, qui marche avec lui,* et du *peuple* qui suit Odobesco et Salomon, et qui n'est plus son peuple.

Il est bien difficile de se reconnaître au milieu de ce gâchis ; mais un fait s'en dégage, c'est que le vrai peuple, la classe laborieuse des paysans, — car la population des villes était formée, en partie, de gens toujours prêts aux manifestations et au désordre, — était aussi hostile au mouvement de 1848 que les boyards, que l'armée, que le clergé. Lesur nous apprend que *de toutes parts les paysans valaques se levaient pour protester contre la direction donnée aux affaires de la Valachie par les chefs de l'insurrection dernière ;* et cette sortie du *Pruncul roman* contre les paysans confirme l'assertion de l'historien français :

« *Le parti réactionnaire,* s'écrie l'organe qui fait appel au pillage et à l'assassinat (1), *si courte qu'ait été sa vie, a cependant réussi, par toutes sortes de mensonges et de terreurs, à amener presque tous les paysans à nier les bienfaits obtenus par notre sainte Constitution et à embrasser de nouveau les chaînes dans lesquelles il gémissait depuis tant de siècles. Cela paraît incroyable, et cependant cela est la pure vérité. Ce n'est pas même assez ; le parti réactionnaire les amena jusqu'à leur faire* POURSUIVRE LEURS DÉFENSEURS ET CHASSER LES APOTRES DE LA LIBERTÉ, LES MEMBRES DU GOUVERNEMENT PROVISOIRE (2). »

(1) *Pruncul roman* du jeudi 8 juillet 1848, n° 10. Directeur politique, M. C. A. Rosetti.

(2) Même feuille, même numéro.

Cette franchise du *Pruncul* nous confond! Jamais nous n'eussions espéré trouver dans cette feuille des déclarations aussi catégoriques, aussi précieuses.

Assurément l'honorable directeur du *Pruncul* ne se doutait pas qu'un jour ces perles seraient recueillies et qu'elles serviraient à fixer l'histoire sur la répulsion causée au pays par le mouvement de 1848. Cette répulsion d'ailleurs est naturelle, bien qu'elle paraisse *incroyable* au *Pruncul*. En effet, si *les paysans ont nié les bienfaits de la sainte Constitution,* c'est que ces prétendus bienfaits leur ont apporté, avec l'anarchie, l'occupation du pays par les troupes étrangères et la misère; qu'en *hommes de bon sens* ils n'ont pas plus compris que le Prince Démètre *la possibilité de s'entendre sur cette Constitution;* s'ils *ont donné la chasse,* — ainsi que le rapporte le *Pruncul,* — aux *membres du gouvernement provisoire,* c'est que ces *apôtres de la liberté* s'étaient enfuis de la capitale à la nouvelle de l'arrivée des Russes — ce que le *Pruncul* omet de dire, — *laissant la capitale à la merci des événements,* comme le fait observer M. J. Ghica, au lieu d'y attendre leurs ennemis et de *mourir pour la patrie* (1), ainsi qu'ils s'y étaient engagés par serment dans toutes leurs proclamations; s'ils sont restés attachés au régime de la veille, c'est qu'ils se souvenaient que Bibesco n'avait cessé de les protéger contre les fermiers et les boyards (2), et qu'ils savaient que la première grande réforme du Prince serait de faire peser sur tous les citoyens l'impôt que payait seul le paysan pauvre (3).

Voilà tout le secret de l'hostilité des paysans.

(1) Grâdisteano, par la plume de Zossima, déclare que ce fut sur les instances de M. C. A. Rosetti que le gouvernement provisoire quitta la capitale, malgré Grâdisteano et E. Golesco, qui pleuraient de honte. Rosetti prétendait que l'on se défendrait mieux dans les montagnes et alla jusqu'à affirmer que le consul anglais avait reçu la nouvelle de l'entrée des Russes, — affirmation contre laquelle protesta le consul anglais. — M. Jean Ghica ne put s'empêcher de faire observer que les gouvernants laissaient les habitants de la capitale à la merci des événements. J. GHICA, *Souvenirs d'exil,* p. 28.

(2) Voir p. 108, 113, 127, 145, 171, 281, 309 de ce volume, et la Chronologie.

(3) M. de Nion à S. Exc. M. Guizot.

LE COMMERCE? « Le commerce, nous apprend M. de Nion (1),
« se plaint d'une stagnation complète. Il a fait parvenir au Prince
« l'expression de ses anxiétés et l'offre du concours personnel de
« tous ses membres, dans le cas où ce concours serait nécessaire
« au maintien de l'ordre public. »

LE CLERGÉ? Qu'il nous suffise de rappeler la loi libérale du
2 avril 1847, qui, en régularisant l'administration des biens
appartenant soit à la Métropole (2), soit aux évêchés, améliorait
le sort du clergé inférieur. En mettant un frein aux désordres
qui existaient dans la gestion des biens ecclésiastiques et dont
profitait, sous le règne antérieur, le haut clergé, — au détriment des établissements placés sous sa direction et du bas
clergé, — Bibesco s'était naturellement aliéné, par cette mesure
libérale, les prélats, mais il s'était assuré la reconnaissance (3) de
la masse du clergé inférieur.

Voilà en quelques mots et d'après les documents fournis par
les chefs mêmes de l'insurrection, dans quelles conditions a été
IMPROVISÉE l'aventure du 11 juin. Nous n'avons trouvé pour
l'excuser ni la *protestation* SOLENNELLE *contre le protectorat
exclusif et ombrageux de la Russie, ni l'explosion d'un mécontentement général contre le régime existant, ni l'expression des
aspirations du Pays dans le sens de la démocratie* (4).

Nous y avons trouvé le rêve de quelques cœurs ardents épris
de liberté.

Mais, ce qui nous a frappé, c'est la sérénité du gouvernement
provisoire de l'insurrection à abdiquer devant la Turquie l'autonomie du Pays, alors que Bibesco avait affirmé que, la *redevance
à la Turquie une fois payée, on ne lui devait plus rien* (5), et

---

(1) M. de Nion à M. Lamartine, lettre du 26 mars 1848.
(2) Le prêtre Josaphat est une exception.
(3) Voir lettre de M. de Nion à M. Guizot, du 2 avril 1847.
(4) *Essai comparé sur les institutions, les lois et les mœurs de la Roumanie,*
par M. A. NICOLAS BLARAMBERG. (Imp. du *Peuple roumain.* Bucarest, 1886, p. 647.
(5) M. de Nion à M. Guizot, 14 octobre 1846, t. I de cet ouvrage, p. 292.

cela, sans souci pour les traditions des Roumains ni pour leurs instincts. Or, « leurs traditions ne leur montrent les Turcs », écrit M. de Nion à M. Guizot, « *que comme* les oppresseurs de leur « patrie, les dévastateurs de leurs campagnes, les fondateurs du « servage sous lequel ils gémissent encore aujourd'hui. Leurs « instincts se refusent à y voir des missionnaires de philan- « thropie et de civilisation. La domination ottomane n'est et ne « sera de longtemps, à leurs yeux, que l'ennemie irréconciliable « de leur religion, de leur bien-être et de leur liberté. C'est par « ce côté que le Prince Bibesco doit être surtout considéré, à « mon sens, comme la personnification la plus élevée, la plus « fidèle, des sentiments du grand nombre.

« Malgré son instruction remarquable, malgré sa longue ini- « tiation aux idées et aux habitudes européennes, son tempé- « rament, son caractère, les impressions de ses premières « années le rapprochent bien plus qu'il ne le croit lui-même du « type primordial de la nationalité valaque. Le disciple de nos « écoles, l'hôte de nos salons laisse facilement apercevoir sous « cette enveloppe étrangère le fils des vieux Pandours, aux « mains durcies par la poignée du sabre et le soc de la charrue, « toujours prêts à la révolte ou au combat contre les sectateurs « de Mahomet. De là provient évidemment l'antipathie réci- « proque qui existe entre lui et la caste aristocratique, et princi- « palement la fraction de cette caste qui se compose des débris « du système phanariote (1). »

Bibesco personnifiait donc les sentiments du grand nombre ; c'est Lui, le natif du Dolj, — cette partie guerrière de la petite Valachie, — et non le comité insurrectionnel, qui était resté fidèle aux traditions du passé, au culte de la dignité nationale, et qui avait su lire dans l'avenir. L'histoire en fournit la preuve.

En 1848, contre qui le mouvement est-il dirigé ? Contre la

---

(1) M. de Nion à M. Guizot, lettre du 8 janvier 1847. (Archives du Ministère des affaires étrangères, Paris.)

Russie, qui avait affranchi les Roumains du joug séculaire des Turcs (1).

De qui l'insurrection implore-t-elle le secours? Du Sultan, dans une adresse mémorable (2) qui se traîne aux genoux de Sa Hautesse, humilie les hommes qui l'ont signée, blesse la Patrie au nom de laquelle ils parlent, qui détonne, qui navre.

En 1878, à qui le gouvernement roumain, — à la tête duquel se trouvent deux des chefs de l'insurrection de 1848, MM. Rosetti et Bratiano, — déclare-t-il la guerre?

A la Sublime Porte.

Avec l'aide de qui?

Avec l'appui des armées du Czar!

(1) Les *patriotes,* sous la conduite de M. Jean Bratiano, insultèrent la Russie en brûlant sur la place publique, le 6 septembre, le règlement organique dont Kisseleff et l'Assemblée roumaine avaient doté le Pays. « Le Métropolitain sortit pour bénir cet acte. M. Jean Bratiano, chef de police, prononça un discours qui, selon le *Pruncul,* démontra au peuple l'importance de l'acte que l'on allait faire. » Voir l'*Histoire de la régénération,* par H. RADULESCO, p. 296-299. Héliade ajoute ailleurs : « *Cet acte ne pouvait qu'entrer dans les vues de la Russie, déjà décidée à occuper les Principautés.* »

Voir le triste rôle joué par le Métropolitain Néofite, avant, pendant et après les évènements de 1848, dans la brochure intitulée : *Le Métropolitain Néofite jugé par ses actes et ses écrits,* par le prince G. BIBESCO. (Imp. Gôbl, Bucarest, — et Georg, Genève.)

(2) Voilà la péroraison de la protestation de la Lieutenance princière au Sultan :

« Proscrits de notre pays, nous ne saurions trouver un asile plus sûr, si ce n'est aux pieds du trône de Votre Majesté. Faites, ô magnanime Souverain, que les portes de Stamboul s'ouvrent devant nous, et que nous puissions y proclamer hautement notre dévouement, ainsi que celui du pays tout entier, à l'exception d'une faible minorité qui se trouve aujourd'hui à la tête des affaires, par la force, et qui trahit le pays et les intérêts de la Turquie !

« De Votre Majesté les plus soumis et les plus fidèles vassaux.

                                        « J. ÉLIADE, Ch. TELL. »

(Voir le journal : *Esprit, cœur, littérature,* n° 44.)

# CHAPITRE III

Ce qui déconcerte dans les inexactitudes, dans la malveillance et la mauvaise foi, qui abondent parmi les *pièces justificatives* de l'insurrection de 1848, c'est plus encore la maladresse, l'ingratitude, le manque de fierté nationale, que la calomnie, arme de prédilection des auteurs desdits écrits.

Avant tout autre acte, la proclamation du 11 juin (1) n'en offre-t-elle pas un exemple des plus saillants? Le gouvernement provisoire insurrectionnel prend le soin de faire connaître au Pays que *le chef de l'État, Élu et regardé par lui comme son fils le plus cher, doit présider au grand acte d'aujourd'hui : il L'invite à faire une belle page à l'histoire roumaine, il Le prie de ne pas laisser le peuple, dans les circonstances actuelles, sans chef, livré aux intrigues qui pourraient amener l'anarchie,* et en même temps il injurie ce chef, il cherche à l'abaisser, à le déconsidérer aux yeux de la nation, en laissant planer sur ses actes toutes sortes de soupçons : il le menace! Ta conduite *a été problématique,* lui disent les signataires de la proclamation; *nous ne te demandons pas compte de tes actes, tu en rendras compte devant ta conscience et devant Dieu... Nous ne savons pas si ce que tu as fait était volontaire ou forcé... il est temps de laver le passé et de ne pas laisser à tes fils un nom flétri. Ne laisse pas le peuple sans chef; car alors malheur à nous, et trois fois mal-*

(1) *Mémoires sur l'histoire de la régénération roumaine,* par HÉLIADE RADU-LESCO, p. 77.

*heur à toi* (1)... Singulier moyen de rehausser dans l'opinion publique le prestige du chef désigné pour concourir au *grand acte* et de déterminer ce chef à accepter la mission qu'on lui offre. Et quel langage! Que l'on ne s'attendît pas à trouver, dans le haut personnel de l'armée de la régénération, cette chevalerie ou simplement cette courtoisie, qui est la fleur de la distinction, cela se conçoit sans peine; mais un peu de savoir-vivre, pourtant, n'aurait choqué personne et n'aurait pas dépareillé le morceau d'éloquence du gouvernement provisoire insurrectionnel. D'ailleurs les incohérences par lesquelles il se distingue, ont leur explication. Les chefs de l'insurrection, pénétrés de leur impuissance et de la gravité de la situation qu'ils créaient au Pays, sentaient bien qu'ils ne pouvaient pas se passer de Bibesco, mais il ne leur convenait pas de l'avouer. Il ne fallait pas que le Pays pût croire qu'ils désiraient Son maintien à la tête du pouvoir, à cause des preuves qu'Il avait données — depuis Son avènement — de Son libéralisme éclairé (2) et de Sa résistance respectueuse envers le cabinet de Saint-Pétersbourg, car alors, « pourquoi l'insurrection »? se serait-on demandé. Le plan des *régénérateurs* était de faire la nuit sur le règne de ce Prince, tout en y laissant soupçonner des actes inavouables, et de paraître magnanimes à son égard en lui donnant l'occasion *de laver son passé et de ne pas léguer à ses enfants un nom flétri* (3).

Cette partie de la proclamation-sermon n'est pas sans mérite; elle n'approche pas, cependant, comme morceau de choix, de la lettre qui fut adressée au Prince, du Camp de la Régénération, le jour même où parut la proclamation.

---

(1) *Mémoires sur l'histoire de la régénération roumaine,* par HÉLIADE RADU-LESCO, p. 77.

(2) Voir lettre confidentielle de Philippsborn au Prince Bibesco. Voir t. I, *Correspondance générale,* p. 255.

(3) *Mémoires sur l'histoire de la régénération roumaine,* par HÉLIADE RADU-LESCO, p. 77.

Voici cette pièce (1) :

TEXTE EN LANGUE FRANÇAISE.

### JUSTICE — FRATERNITÉ

*Au nom du Peuple roumain, le Gouvernement provisoire.*

« Votre Grandeur,

« Le mouvement qui agite la France et l'Allemagne se fit
« sentir dans toute l'Europe, et ne tarda pas à inquiéter la
« Roumanie.

« Le Peuple roumain, exaspéré par ses longues souffrances,
« les habitants de la capitale, inquiétés par l'arrivée du commis-
« saire russe, toujours précurseur de troubles, et par un complot
« étranger et ténébreusement ourdi, afin de troubler le repos
« public dans l'ivresse des passions, se sont vus forcés de
« prendre part à un mouvement national de défense et de prin-
« cipes. L'ENTREPRISE fut IMPROVISÉE et SPONTANÉE; car
« Votre Grandeur, n'était plus en état d'inspirer la confiance, ni
« d'opposer la force et l'énergie nécessaires aux intrigues des
« étrangers.

« Les soussignés, redoutant que le mouvement ne dégénérât
« en anarchie, voyant que l'opinion publique se concentrait
« autour d'eux, se sont déterminés à se mettre à la tête d'un
« mouvement régénérateur dont le but est de maintenir l'ordre
« et de proclamer la volonté du peuple, par la proclamation
« ci-jointe. Elle appelle tout Roumain à prendre part à la grande
« œuvre de la régénération; elle n'exclut pas même Votre Gran-
« deur.

« Considérant que Vos mains affaiblies ne sont plus en état de
« tenir les rênes du gouvernement, et que Votre voix n'a plus

(1) Elle est rédigée par Héliade. *Lettres d'exil et Mémoires d'Héliade Radulesco*, p. 80.

« d'influence sur l'armée, les soussignés, dans le but de remplir
« leur mission, se sont vus dans l'inévitable nécessité de prendre,
« par intérim, une charge difficile, et se sont constitués en gou-
« vernement provisoire.

« Au nom du Peuple roumain, ils ont l'honneur de Vous com-
« muniquer la manifestation nationale, et la Constitution qui est
« basée sur nos anciennes lois et coutumes ; ils Vous invitent à
« obéir à la voix de la Patrie et à Vous mettre à la tête de cette
« grande entreprise.

« *Par le consentement* de Votre Grandeur, par Votre signature
« apposée sur la Constitution, *le peuple sera rassuré*, le crédit
« de Votre Grandeur rétabli et par conséquent *nos forces seront*
« *restaurées.*

« Les soussignés n'attendent que Votre réponse et, dès qu'ils
« recevront une nouvelle aussi heureuse et aussi désirée, dès
« qu'ils seront convaincus, par des preuves suffisantes, de la
« sincérité de Votre cœur, ils cesseront de gouverner et s'esti-
« meront heureux de recevoir Vos ordres. »

« *Les membres du Gouvernement provisoire :*

« L'Hiérée CHAPCA, J. HÉLIADE, Ch. TELL,
« St. GOLESCO, Nicolas PLESSOIANO,

« Islaz, du camp de la Régénération, 9 juin 1848 (1).

Ainsi, ce mouvement destiné à bouleverser les institutions du
Pays n'est autre chose qu'une ENTREPRISE IMPROVISÉE, SPONTA-
NÉE ; *les soussignés se mettent à la tête d'un mouvement régéné-
rateur dans le but de maintenir l'ordre...* qu'ils vont troubler.
Bien que *l'opinion publique se concentre autour d'eux,* qu'ils soient
l'écho de *la volonté du Peuple,* ils n'en REDOUTENT pas moins

(1) *Mémoires sur l'histoire de la régénération roumaine,* par HÉLIADE RADU-
LESCO, p. 81.

que *le mouvement* NE DÉGÉNÈRE EN ANARCHIE : mais cette crainte ne les arrête pas. Ils constatent que *les mains affaiblies du Prince ne sont plus en état de tenir les rênes du Gouvernement, que Sa voix n'a plus d'influence sur l'armée,* mais ils Le somment, quand même, *d'obéir à la voix de la Patrie et de Se mettre* à la tête de cette *grande entreprise.* Qu'il *signe* seulement *la Constitution,* c'est-à-dire qu'il légalise l'insurrection, et aussitôt, comme par enchantement, *le peuple sera rassuré, le crédit de Sa Grandeur sera rétabli, et les soussignés s'estimeront heureux de recevoir Ses ordres* (1).

Qu'on nous passe l'expression : c'est déjà du Rabagas. Car, de deux choses l'une : ou le Chef de l'État méritait la flétrissure que les membres du Gouvernement provisoire Lui ont libéralement infligée, et dès lors la morale ordonnait à ces derniers de Le renverser, ou bien le Prince était victime d'une spéculation politique, et, dans ce cas, on n'aura jamais assez de mépris pour ses calomniateurs (2).

Cependant, Bibesco abdique le 13 juin. Oh! alors la déception et la colère du Gouvernement provisoire n'ont plus de bornes (3), car l'abdication de Bibesco est la réponse à la proclamation et à

(1) *Mémoires sur l'histoire de la régénération roumaine,* par HÉLIADE RADULESCO, p. 81.

(2) On raconte que lorsque, après la crise, les insurgés furent arrivés à Ruschuck, le pacha de la ville leur demanda ce qu'ils avaient fait. Obedeanu répondit qu'ils avaient donné la liberté à leur pays. S'étant fait expliquer le sens de ces paroles, le pacha s'écria : « Ah! je comprends! vous êtes des *pehlivan-tacâm* (espèce de farceurs). » (Dans l'Inde, *Pahlawani* signifie lutteurs. — *Pehlivan,* homme qui se donne en spectacle; a deux sens : 1° homme sans consistance, méprisable; 2° artiste, homme retors.)

D'ailleurs les Turcs ont des reparties d'une grande finesse. Après le rétablissement de la paix entre la France, la Russie et la Porte, un ambassadeur ayant demandé au pacha désigné pour le poste d'ambassadeur en France, comment il traiterait les femmes de Paris, reçut cette réponse, qui était une leçon : « Les plus âgées comme ma mère, celles de mon âge comme ma sœur, les plus jeunes comme ma fille. »

(3) Voir au *Mémoire justificatif* — qualifié par Héliade d'incriminatif — des droits des Moldo-Valaques, la Requête adressée à Sa Hautesse le Sultan, et les calomnies dirigées contre Bibesco. Nous en avons fait justice au cours de cet ouvrage.

la lettre du 11 juin, elle est la condamnation du mouvement insurrectionnel. De là une grave préoccupation pour le Gouvernement : en quels termes fera-t-il connaître cet acte au Pays, pour qu'il n'en saisisse pas la portée? Après mûre réflexion, on décide de proclamer que Bibesco a abdiqué parce qu'il était MALADE.


### ABDICATION DU PRINCE

TRADUCTION.

Bucarest, 13/25 juin 1848.


*Au Conseil des Ministres.*

Comme je sens que mes forces ne sont pas en rapport avec ce que les circonstances actuelles exigeraient de moi, et ne voulant pas avoir le remords d'avoir compromis le sort de mon Pays en conservant plus qu'il ne m'est possible les rênes du Gouvernement, je les remets entre vos mains, et je rentre dans la vie privée, avec cette paix de l'âme que donne une conscience tranquille.

Georges-Démètre BIBESCO.


Retenons de ce document la bonté, la tristesse qui s'en dégagent, le sentiment de délicatesse de l'ouvrier qui sent son œuvre brutalement compromise par des maladroits et qui, pour n'accuser personne, dit simplement qu'*Il se retire parce que ses forces ne sont pas en rapport avec les circonstances.*

Rapprochons ce document de la proclamation annonçant au Pays l'abdication et le départ de Bibesco :

## PROCLAMATION

« L'ex-Prince Georges Bibesco, bien qu'Il ait consacré par son approbation les droits sacrés que les Roumains ont reconquis, se sentant *affaibli par la maladie,* et ne pouvant plus tenir les rênes du Gouvernement, vient d'abdiquer aujourd'hui, résiliant tous Ses pouvoirs.

« La patrie se trouvant donc, à cette heure, dans des *circonstances difficiles,* un Gouvernement provisoire a été constitué par les soussignés Roumains qui se sont déjà sacrifiés pour le pays (1) et jurent, aujourd'hui *encore, de mourir* (2) *pour lui.* »

*Le Gouvernement provisoire :*

*Président :* Sa Sainteté le Métropolitain NÉOFITE. — Jean HÉLIADE, Étienne GOLESCO, TELL, MAGHIÉRO, SCURTU.

*Les secrétaires :* C.-A. ROSETTI, N. BALCESCO, A.-G. GOLESCO, J.-C. BRATIANO.

*Ministre de l'intérieur :* Nicolas GOLESCO.

*Ministre de la justice :* J. CAMPINEANO.

*Ministre des affaires étrangères :* J. VOINESCO.

*Ministre des finances :* C.-N. FILIPESCO.

*Contrôleur général :* Georges NITZESCO.

*Ministre de la guerre :* Jean ODOBESCO.

*Ministre des cultes :* Jean HÉLIADE.

*Commandant provisoire de la garde nationale :* Charles CRETZULESCO.

*Président du conseil municipal :* Constantin CRETZULESCO.

*Chef de la police :* Margarit MOSOIV.

1848, 14 juin. (*Bull. off.,* n° 31 du 15 juin 1848.)

Pour les signataires de cette pièce, la bonté du Prince, le

---

(1) Où ? Quand ? De quelle manière ?

(2) Nous avons vu que ce serment répété n'engageait à rien.

mobile qui Lui fait préférer la perte de Sa couronne à une complicité coupable, le sentiment de Sa dignité, de l'honneur, pour tout
dire, est *une maladie*. — Il ne manque que le certificat du médecin : mais on ne saurait penser à tout.

Plus tard, ce ne sera plus la maladie qui aura déterminé le
départ du Prince; la lieutenance princière, dans sa protestation
lamentable à S. H. Abd-ul-Medjid, donnera une autre raison
à cette détermination : elle dénoncera le Prince comme *s'étant
laissé corrompre par l'étranger et ayant abandonné son Pays
comme un navire sans pilote au milieu de la tempête* (1), et
Héliade racontera dans ses Mémoires que *Duhamel s'empara de
l'esprit de Bibesco, et parvint à l'effrayer au point de lui faire
abdiquer le pouvoir et de le déterminer à se retirer en Transylvanie, lui promettant que, sous peu de jours, il serait rappelé et
reprendrait les rênes du gouvernement* (2).

Les signataires de la proclamation du 11 juin restent fidèles
à leur menace : *Trois fois malheur à toi si tu nous abandonnes !*
Ils calomnient, sans se préoccuper même de la vraisemblance de
leurs calomnies. Si Bibesco avait tenu à conserver Sa couronne,
il n'aurait eu qu'à accepter l'envoi des troupes russes que le
cabinet de Saint-Pétersbourg lui avait fait offrir, ou à passer en
Russie avant le 11 juin, et à revenir avec les armées du Czar,
dans les bonnes grâces duquel Il serait rentré.

Une preuve du mépris d'Héliade pour la vérité : le 9 juin, la
veille de l'insurrection, Bibesco, voulant calmer par sa présence
les inquiétudes qu'une certaine agitation avait fait naître en ville,
était sorti à la promenade, en voiture découverte, avec son
ministre Villara.

Une autre voiture venant de la ville rejoignait bientôt la

<hr>

(1) Protestation de la Lieutenance princière adressée au sultan Abd-ul-Medjid.
Voir le journal : *Esprit, cœur, littérature* (n° 4).

(2) *Mémoires sur l'histoire de la régénération roumaine,* par HÉLIADE RADU-
LESCO, p. 101. M. Xénopol s'élève contre cette calomnie des membres de l'Insurrection.

calèche du Prince et la dépassait rapidement. Elle était occupée par trois jeunes gens armés de fusils. Se rendre compte de la position que Son Altesse occupait dans Sa voiture, revenir sur leurs pas et décharger sur Elle leurs armes, à bout portant, fut pour les auteurs de l'attentat l'affaire de quelques secondes.

Une des balles atteignit le Prince à l'épaule, rencontra heureusement l'épaulette et y resta logée ; une autre entama le col de sa tunique ; une troisième traversa la capote de la voiture, à hauteur de la tête.

Tel est le fait dans sa triste simplicité. Il fut aussitôt connu dans ses moindres détails de la Roumanie entière. Laissons maintenant la parole à Héliade Radulesco : « *Tous les chefs du mouvement furent tentés de croire que cette nouvelle était fausse, ou au moins que l'attentat était factice et ordonné par Bibesco lui-même, ou le parti russe, afin de pouvoir incriminer le mouvement. On disait que six coups avaient été tirés ; cependant* AUCUNE BALLE N'AVAIT ATTEINT MÊME LA VOITURE ; *Bibesco d'ailleurs ne faisait aucune allusion à ce sujet dans sa lettre adressée à Maghiéro..... A la suite de la réponse que Maghiéro venait de recevoir, ainsi que de cette nouvelle* IMPUDEMMENT INVENTÉE, *les membres du gouvernement provisoire se décidèrent à considérer Bibesco comme ennemi et à le traiter comme tel. Ils se décidèrent donc à révolutionner toute la petite Valachie !.....* »

Ceux qui pourraient témoigner à propos de l'événement du 9 juin sont morts : pourtant deux témoins muets, mais d'une éloquence brutale dans leur mutisme, répondent à Héliade : l'un, est l'épaulette qui sauva la vie au Prince, l'autre, la balle qui faillit Lui donner la mort (1)..

Nous produisons ces témoins :

(1) *Mémoires sur l'histoire de la régénération roumaine,* par HÉLIADE RADULESCO, p. 89.

Épaulette portée par le Prince, le 9 juin 1848, jour de l'attentat contre Sa vie.
Trou et déchirure faits par le projectile.

La balle, avec les morceaux d'étoffe et les filigrammes d'or
qui y sont restés fixés.

Cependant, affirme Héliade, en **1851**, *aucune balle n'avait atteint même la voiture* (1).

Tout ce qui précède nous dispense d'insister sur ce fait que les membres du comité de l'insurrection jugèrent superflu d'adresser au Chef de l'État l'expression de leur indignation, — cela n'eût été, pourtant, qu'un acte d'honnêtes gens, — et qu'ils jugèrent politique, et prudent sans doute, de ne pas inquiéter les coupables qui avaient tenté d'assassiner le Prince, voire de les récompenser dans la personne de l'un d'eux, dont ils firent immédiatement le chef de la garde nationale (2).

Nous ne nous étendrons pas davantage sur l'intervention d'*un très petit bout de papier* que le Prince aurait adressé à Maghiéro pour lui prescrire de mettre à mort *cinq hommes et quatre-vingts individus révoltés* (3), accusation bouffonne à l'usage d'un certain public; en contradiction avec ces ordres émanés du gouvernement, à savoir : *de s'assurer de S. Golesco et d'Héliade et de les envoyer à Bucarest sous bonne escorte, avec tous les égards convenables.*

(1) C'est trois ans après l'attentat qu'Héliade a la simplicité d'imprimer cette déclaration.

(2) « *Le Prunco rédigé par Constantin Rosetti insulte ceux qui, parmi le peuple, avaient osé faire observer que, M. C... étant connu par ses antécédents (l'attentat), il n'était pas prudent de lui confier le commandement de la garde nationale.* — *Mémoires sur l'histoire de la régénération roumaine,* par Héliade Radulesco, p. 106. Ce même personnage fut élevé quelques années plus tard au grade de général, sous le gouvernement de MM. Rosetti-Bratiano. Ce passage que nous venons de citer du livre d'Héliade prouve que lui aussi connaissait les coupables; que lui aussi se trouvait avoir sa part de complicité dans le blanc-seing que le comité insurrectionnel leur avait donné. Et voilà dans quelle situation s'est placé cet homme qui avait mis en tête de la proclamation du 11 juin les mots : « Respect à la propriété, respect aux personnes »; auquel nous tenons à rendre cette justice, — à cause même des grandes fautes qu'il a commises, — qu'il empêcha bien des excès. Héliade allègue qu'il a été trompé. Soit; mais quelle indulgence peut-il attendre de l'histoire, lui qui a trompé sciemment, qui n'a pas écrit une ligne sans calomnier le Prince Bibesco, son bienfaiteur?

(3) *Mémoires sur l'histoire de la régénération roumaine,* par Héliade Radulesco, p. 88. — Voir aussi Ubicini et Élias Regnault. Le premier reproduit les mots « *mort à tous* », entre guillemets, comme s'il faisait une citation de pièce connue; le second s'arrange de manière que l'on croie qu'il donne la pièce même.

Ces ordres sont rapportés par Héliade lui-même (1), qui ne se souvient pas de nous les avoir fait connaître; ils jurent avec le caractère et les idées du Prince, ainsi qu'Héliade le reconnaîtra en 1856 (2), et ils furent imaginés, dans le but de fournir un prétexte au Comité, pour justifier sa conduite envers les auteurs de l'attentat.

C'était l'anarchie qui saluait l'insurrection à sa première étape !

(1) *Mémoires sur l'histoire de la régénération roumaine,* par HÉLIADE RADU-LESCO, p. 85. — Zossima écrit : « Bibesco lui répondit (à Maghiéro) *de s'emparer d'Héliade et de ceux qui étaient avec lui et de les envoyer à Bucarest* », p. 16.

(2) Le Prince Bibesco avait fait grâce aux condamnés de 1840, et Héliade pense que s'il avait réprimé l'Insurrection de 1848, il aurait également gracié les coupables. *Lettres d'exil d'Héliade Radulesco,* p. 494. — Constantinople, le 5 mai 1856.

# CHAPITRE IV

Nous nous sommes étendu sur les mémoires destinés à justifier le mouvement de 1848, nous y avons puisé largement, parce qu'il nous a paru utile de démontrer le côté puéril, inexact et odieux de ces écrits. Puéril, parce que toutes ces pièces émanant des intéressés, laborieusement préparées par eux pour justifier leurs actes, sont devenues, au contraire, avec le temps, — grâce aux révélations des acteurs mêmes de l'insurrection, — des pièces à charge; inexact, car les auteurs de ces pamphlets les ont écrits avec le parti pris de mettre un bâillon à la vérité historique; odieux, parce que pour atteindre leur but ils ont choisi comme victime expiatoire de leurs péchés l'homme qui avait droit à leur reconnaissance, à leur respect, l'Élu de 1842, Bibesco, auquel la nation devait offrir de nouveau la couronne en 1858-1859 (1) et dont les hommes de 1848, et leurs alliés les Ghica, surent empêcher l'élection en jetant la terreur parmi les députés.

Il nous reste, pour terminer cette étude sommaire, à faire connaître le *programme* de 1848, ce cheval de bataille que les hommes du 11 juin *ont légué à la postérité*, et sur lequel leurs ombres traversent encore, parfois, les rangs des jeunes générations croyantes, comme pour leur rappeler ces mots d'Héliade :
*Voilà les actes de la révolution : à défaut de ce qu'elle a fait, jugez ce qu'elle a voulu faire* (2).

(1) Voir Xénopol. Voir à la troisième partie pièce inédite trouvée dans les papiers du Prince.
(2) *Mémoire sur la Révolution roumaine,* par Héliade Radulesco, p. 1.

Soit, examinons ce plan de réformes *dans les exigences duquel* Lesur (1) *retrouve les caractères ordinaires des révolutions démocratiques et reconnaît cet esprit de spoliation qui se cache derrière le grand mot de fraternité, cette jalouse haine de la hiérarchie qui cherche à rendre tout pouvoir impossible.*

Les articles de ce programme ou projet de constitution, copiés en partie sur la Constitution française, en partie sur la Constitution belge, sont au nombre de vingt-deux.

*Le peuple roumain* est-il dit dans la proclamation du 11 juin 1848, *décrète* (2) *les articles suivants* (3) :

ARTICLE 1^er — INDÉPENDANCE ADMINISTRATIVE ET LÉGIS-
LATIVE FONDÉE SUR LES TRAITÉS DE MIRCEA ET DE
WLAD V; NON-INTERVENTION DES PUISSANCES DANS LES
AFFAIRES DU PAYS.

La proclamation a le tort de débuter par une affirmation en tous points contraire à la vérité : le peuple n'avait rien décrété; le peuple — M. C. Rosetti, dans le *Pruncul* du 8 juillet 1848, nous a aidé à le prouver — fut hostile à l'insurrection.

Le règlement organique, voté en 1831, avait reconnu au pays l'indépendance administrative et législative.

Ce règlement, préparé par des commissions nationales (4), fut, il est vrai, soumis au Czar et au Sultan, mais il le fut avant le vote des Chambres extraordinaires. Il donna lieu à divers amendements, et il fut voté en toute liberté (5).

On pourrait faire un reproche à ce règlement : l'insuffisance

---

(1) *Annuaire historique,* par LESUR, année 1848, p. 500.

(2) Le peuple roumain ne décréta rien, par cette bonne raison qu'il fut hostile à l'Insurrection. — Voir le *Pruncul roman* (le Roumain dans les langes) du 8 juillet 1848, n° 10.

(3) *Règne de Bibesco,* t. I, p. 8 à 32. — *Histoire de la régénération roumaine,* par HÉLIADE RADULESCO, p. 72 et 73.

(4) Voir *Règne de Bibesco,* t. I, p. 8 à 32.

(5) Voir les *Annales parlementaires,* t. I.

des pouvoirs dévolus au chef de l'État. Ce reproche se trouverait justifié par l'opposition systématique (1) de la Chambre de 1843-1844 aux projets de loi (2) du gouvernement ; par l'état précaire du pays, qui demandait pour guider ses destinées, une main ferme dans la direction des affaires, *l'honnêteté, l'intégrité à toute épreuve, l'esprit juste et éclairé* (3) que les gens impartiaux reconnaissaient à Bibesco (4) ; par les lettres de Kisseleff, qui, tout en expliquant le but que la Commission réglementaire avait voulu atteindre, partageait cette manière de voir.

M. de Nion, consul général de France, en nous initiant aux artifices auxquels le Prince était obligé de recourir pour obtenir même des Chambres de 1846 et 1847 un vote favorable aux projets de loi les plus urgents, fournit sur ce sujet le meilleur des arguments (5).

La deuxième partie de l'article 1ᵉʳ est ainsi conçue : *Non-intervention des puissances étrangères dans les affaires du pays.* On

---

(1) Kisseleff à Bibesco. Lettre du 14 avril 1844. Voir t. I, p. 229. — Ce mot « opposition systématique », qui caractérise l'attitude antipatriotique de la Chambre de 1843-1844, se retrouve sous la plume de MM. Zossima, Xénopol, Ubicini, et même de M. Billecoq.

(2) Projets de loi repoussés par cette Chambre : Projets sur le bien dotal ; sur les mines ; sur l'augmentation de la milice, etc.

(3) Kisseleff à S. S. le Métropolitain de Hongro-Valachie. Lettre du 13 novembre 1844, t. I, p. 239.

(4) *Le but que la commission réglementaire a voulu atteindre a été d'affaiblir le pouvoir du chef de l'État par l'institution du Conseil et de l'Assemblée, afin de lui enlever la possibilité de revenir aux errements des Fanariotes.* Kisseleff estime que *le but a été atteint, et il le croit utile avec un mauvais Prince,* mais il reconnaît que, *dans le cas contraire, il a ses inconvénients et ses difficultés ;* et il ajoute que, *tout en préférant les inconvénients du règlement, le pouvoir absolu pourrait être confié au chef élu qui inspirerait, par ses principes, assez de confiance,* et que ce pouvoir, *personne ne le mériterait plus que le Prince Bibesco.* (Kisseleff à Bibesco, lettre du 1ᵉʳ mai 1844, t. I, p. 233.)

(5) *Malgré le bon accord qui règne entre l'Assemblée et le Prince, Son Altesse ne peut espérer d'obtenir l'assentiment des députés aux réformes même les plus modérées et les plus nécessaires, qu'en surprenant pour ainsi dire cet assentiment, à la faveur d'une proposition inattendue et d'une délibération sommaire qui ne laissent pas aux intérêts menacés le temps de concerter leur résistance. C'est ce qui a eu lieu l'an passé pour les lois relatives à l'affranchissement des Bohémiens.* M. de Nion à M. Guizot, lettre du 7 février 1848. (Archives du Ministère des affaires étrangères, Paris.)

se demande pourquoi il n'y est pas dit : dans les AFFAIRES INTÉ-
RIEURES DU PAYS (1).

Par la suppression du mot *intérieur,* la phrase prend un tout
autre sens. Il semble qu'on ait visé le protectorat de la Russie,
sans s'apercevoir que, du même coup, on portait atteinte à celui
de la Turquie, qu'on ait voulu déchirer les traités internationaux, seule garantie d'existence des Principautés, seule garantie
même contre les empiétements possibles de la Russie.

Que cette rédaction soit le résultat du hasard, ou qu'elle soit
intentionnelle, les Principautés en subiront les conséquences à
Balta-Liman.

ARTICLE 2. — ÉGALITÉ DES DROITS POLITIQUES ET CIVILS.

Le peuple, en 1848, étant très ignorant (2), le commerce peu
considérable et accaparé par les étrangers et les Juifs, la bourgeoisie n'étant pas encore constituée, à qui donc devait servir
cette égalité, et contre qui était-elle dirigée?

Elle devait servir à ceux qu'on appelait, dans ce temps, les
Ciocoï (intendants), *sorte de plats valets formant une classe intermédiaire entre la noblesse et le peuple, insolents envers leurs
inférieurs, serviles envers leurs supérieurs* (3). Ces gens corrom-

(1) Voir à l'Appendice la convention consulaire avec l'Allemagne.

(2) Si aujourd'hui, dans les meilleurs districts, l'école ne reçoit qu'un enfant
sur les trois qui devraient la fréquenter, on peut se faire une idée de ce qu'était
l'instruction à cette époque.

(3) Boyards et Ciocoï : Nous lisons dans l'*Essai comparé sur les institutions et
les lois de la Roumanie,* par M. N. BLARAMBERG, p. 382 et 383, les lignes intéres-
santes qui suivent :

« Ne confondons pas cependant les *boyards* avec les *ciocoï,* comme le font, et
pour cause, les détracteurs systématiques des anciens nobles Roumains. Le *ciocoï,*
mot intraduisible, était une sorte de plat valet formant une classe intermédiaire
entre la noblesse et le peuple, ou plutôt en dehors de l'une et de l'autre ; quelque
chose de semblable aux parasites de l'ancienne Rome ; insolents envers leurs
inférieurs (si de tels gens pouvaient avoir des inférieurs), et serviles envers leurs
supérieurs ; se vengeant sur les uns de l'injure qu'ils subissaient de la part des
autres. »

« Les boyards, dit quelque part Niculcea, parlant du Prince Constantin Mavrocordat, il les honorait fort ; quant aux *ciocoï,* ils eurent une triste vie dans les

pus, pour la plupart, par la domesticité, enrichis par le vol, s'introduisirent dans les fonctions subalternes, conçurent l'ambition de remplacer, un jour, les grands boyards, et devinrent, pour ceux d'entre les habiles de 1848 qui devaient manger les marrons tirés du feu par leurs compagnons, une classe dirigeable n'ayant rien à perdre, ayant tout à gagner, prête à tout par conséquent.

L'article 2 était donc dirigé contre les grands boyards, élément qui, à cette époque, représentait la richesse et l'intelligence.

Mais, si ces derniers méritaient d'être atteints dans certains de leurs privilèges à cause même de leur résistance aux réformes libérales de Bibesco, il ne fallait cependant pas oublier les services que leurs pères et leurs aïeux avaient rendus aux pays. Ce sont les boyards qui l'avaient défendu, sauvé et constitué (1).

jours de son règne ». (Voir le t. II des *Chroniques moldaves,* recueillies par M. COGALNICEANO). Feu M. C.-A. Rosetti, ancien directeur et fondateur du *Romanu,* écrivait en 1848, dans le *Pruncul roman* (le Romain dans les langes), les lignes suivantes : « Le *ciocoï,* depuis l'âge de quinze ans jusqu'à la vieillesse la plus avancée, était contraint de servir jour et nuit le *boyard* et de lui rendre les services les plus abjects et les plus vils ; il devait porter nuit et jour un masque conforme aux dispositions de son maître; il devait se courber corps et âme devant sa volonté, être une machine méprisée devant le maître et une bête féroce devant le paysan. L'ancien *ciocoi* est maintenant le Roumain libre et noble, le frère de tous et par conséquent prêt à mourir pour la défense de la Constitution. » (*Pruncul roman,* 1848, p. 14.)

S'il nous fallait à cet égard d'autres détails et d'autres preuves encore, ajoute M. N. Blaramberg, nous n'aurions qu'à emprunter à l'immortel Héliade les pages éloquentes qu'il a consacrées à cette même distinction dans *Issachar et le Conservatorul.*

(1) M. B. Floresco, traducteur de cet ouvrage et neveu du général Floresco, mort en 1893, raconte l'anecdote suivante, dans un article qu'il a publié dans l'*Opinca* en 1886, intitulé : « Les sans patrie » (Cei fàrà patrie) : « M. Ubicini, lisant un jour le *Romanul* en présence de M. B. Floresco, s'aperçoit que M. Rosetti attaque les boyards, et ne comprenant pas que c'était pour le directeur du *Romanul* un moyen d'attaquer les propriétaires, il s'écrie en s'adressant à M. Floresco : « *Pourquoi attaquer les boyards? Ils ne possèdent plus de privilèges, et la vérité est qu'ils ont su, sans armée, empêcher de prescrire les droits de votre pays.* » Rien de plus juste. Mais au gré de M. C. Rosetti la faute des boyards était d'être trop indépendants, et lorsqu'après la guerre on procéda à la revision de la Constitution de 1866, MM. Rosetti, Bratiano et leurs amis, parvinrent à faire abaisser le cens du premier collège, celui des grands propriétaires, — naturellement le plus indépendant, — sous le prétexte qu'il manquait d'indépendance. Réunir le deuxième collège au premier, c'était se réserver dans les élections une action plus certaine. Les intérêts du pays n'avaient rien à voir dans la question.

De toutes façons, le peuple ne devait pas payer les erreurs des législateurs de 1848.

Mais en est-il un d'entre eux qui se soit soucié du danger de reconnaître aux Juifs les droits politiques et civils? Tout au contraire : Héliade les appelle *au banquet de la fraternité, auquel le système déchu ne les avait pas conviés. Même table, mêmes droits,* dit-il.

Les Juifs de Valachie n'étaient pas, il est vrai, bien nombreux en 1848; mais peut-on excuser une aussi lourde faute que celle de n'avoir pas prévu que les institutions de la Valachie s'étendraient certainement à la Moldavie, que ces deux pays de même race, — dont Bibesco avait préparé l'union (1), — finiraient par ne former qu'une même nation, et de n'avoir pas vu que, pour la Moldavie, l'égalité des droits accordés aux Juifs était déjà un danger?

## ART. 3. — CONTRIBUTION GÉNÉRALE.

C'est l'égalité devant l'impôt.

Incontestablement cette loi était la meilleure qu'on pût présenter, parce qu'elle était la plus juste, la plus impérieusement réclamée. Mais l'insurrection de 1848 n'a fait qu'en reculer l'application. En effet, M. de Nion nous fait connaître que le Prince *comptait employer cette année même,* 1848, — *à propos de l'institution proposée par Lui d'un droit d'enregistrement et de timbre et d'un remaniement de la loi des patentes,* — *la marche qui lui avait servie,* l'année précédente, à vaincre les résistances de la Chambre dans la question de l'affranchissement des esclaves. D'après le projet de Son Altesse, les *boyards qui exerçaient la profession de négociants devaient être désormais assujettis à en supporter les charges.*

(1) Voir XÉNOPOL, p. 186 de l'*Histoire des Roumains,* et dans le présent volume, les pages 217 et 242.

*En me communiquant ses vues à cet égard, le Prince Bibesco me disait,* ajoute M. de Nion, *que s'il réussissait à les faire adopter par l'Assemblée générale, il considérerait ce résultat comme d'une grande importance, non dans l'intérêt du fisc, qui ne peut en espérer qu'un faible accroissement de recettes, mais, surtout et avant tout,* PARCE QUE CE SERAIT UN ACHEMINE-MENT VERS LE PRINCIPE DE L'ÉGALITÉ DEVANT LA LOI (1).

Depuis longtemps Bibesco était résolu à amener la boyarie à supporter une part des charges publiques; et s'il a reculé, à chaque session, devant les dangers de présenter à la Chambre cette réforme urgente, c'est que son projet fournissait à ses ennemis leur plus puissant moyen d'action contre l'autorité et la personne du chef de l'État (2).

Avec un peu de patience et d'habileté, le Prince eût fait passer la loi sur l'impôt, malgré les boyards, comme il avait obtenu de la Chambre la loi sur la réforme de l'administration des biens du clergé et la loi de l'affranchissement des esclaves, malgré l'opposition du Métropolitain et des Évêques (3).

ART. 4. — ASSEMBLÉE NATIONALE, COMPOSÉE DE REPRÉSEN-TANTS PRIS DANS TOUTES LES CLASSES DE LA SOCIÉTÉ.

Quelle portée avait cet article?

D'après les explications du poète Héliade, c'était *l'élection large, libre, juste, dans laquelle la capacité, la conduite, la vertu, la confiance publique seraient les seuls titres pour être élu.* — Espérait-on ressusciter l'âge d'or? Non; l'ambition était autre : créer un élément qu'on enrégimenterait pour les élections,

---

(1) M. de Nion à M. Guizot, lettre du 2 avril 1847. (Archives du Ministère des affaires étrangères, Paris.)

(2) M. de Nion à M. Guizot, lettre du 25 octobre 1847. (Archives du Minis-tère des affaires étrangères, Paris.)

(3) M. de Nion à M. Guizot, lettre du 7 février 1848. (Archives du Ministère des affaires étrangères, Paris.)

dont le gouvernement userait à sa guise, et qui lui assurerait à la Chambre un nombre important de députés : voilà quel était le but.

Seulement, les auteurs de l'article n'ont pas songé que cette arme leur échapperait des mains le jour où ils tomberaient du pouvoir, et qu'elle deviendrait, pour leurs successeurs, un instrument dont ils feraient le même usage.

Aujourd'hui, en 1893, quel que soit le gouvernement sous lequel aient lieu les élections, les délégués du collège des paysans, — il est à deux degrés (1), — vont aux urnes, — cela est exact pour la presque unanimité des districts, — conduits par les autorités, et ils votent pour le candidat du gouvernement.

En 1848, dans l'état peu avancé du Pays, l'article du projet de constitution n'avait d'autre but que de jeter de la poudre aux yeux.

## ART. 5. — LE CHEF DE L'ÉTAT RESPONSABLE, ÉLU POUR CINQ ANS, PRIS DANS TOUTES LES CLASSES DE LA SOCIÉTÉ.

En d'autres termes, à la garantie qu'un Prince élu à vie donnait à la Nation on préférait substituer l'ancien régime des princes temporaires, révocables, à la disposition de la Turquie et de la Russie, qui ruinaient le Pays pour s'éterniser au pouvoir et y faire régner en permanence le désordre. Un chef responsable n'avait qu'à se soumettre aveuglément à la Porte et à la ·Russie pour créer l'absolutisme.

Où donc était le progrès? Si tel n'était pas le but de l'article, telle pouvait en être la conséquence.

En outre, la fixation du règne des Princes à cinq ans était le renoncement au DROIT SOUVERAIN, conquis par le Pays, — au prix de tant de sacrifices, — d'élire ses Princes à vie.

(1) Les paysans de chaque district élisent leurs délégués, et ceux-ci votent pour l'élection du député.

Ce soi-disant progrès était un recul, au delà même du traité d'Ackermann (1826), qui avait fixé la durée du règne des Hospodars à sept ans : il n'était pas, en tout cas, une manifestation de fierté nationale.

Au demeurant, les auteurs dudit projet nous donneront eux-mêmes la mesure de leurs convictions : ils brûleront en 1859 ce qu'ils auront adoré en 1848, en élisant *à vie* le Prince Couza, avec la condition pourtant qu'il quittera le pouvoir, le jour où on pourra le remplacer par un Prince étranger; et en 1866, ils abjureront hardiment leurs principes en proclamant le chef de l'État *irresponsable,* le trône *à vie héréditaire;* et en allant chercher le Souverain, qui *devait être choisi dans toutes les classes de la société,* à l'étranger, en *Allemagne.*

Enfin en 1881 on verra M. Rosetti et Bratiano (Jean), devenus de fervents dynastiques, obtenir de l'Autriche d'abord, — on sait à quelles tristes conditions (1), — de l'Europe ensuite, la reconnaissance de la royauté, qui venait d'être proclamée par les Chambres roumaines.


## ART. 6. — DIMINUTION DE LA LISTE CIVILE; TOUT MOYEN DE CORRUPTION ENLEVÉ.

Il eût été plus juste de dire : tout moyen de faire le bien retiré au Prince.

Il suffit, pour prouver la puérilité de cet article, de rappeler les dons nombreux faits par Bibesco à l'occasion des inondations ou des incendies qui ont marqué son règne. Pour parer aux malheurs causés par l'incendie de Bucarest en 1847, ne donna-t-il pas le quart de sa liste civile (2), dix mille piastres à l'occa-

---

(1) L'obtention de la couronne royale a été un troc dans lequel le gouvernement a compromis le Danube roumain. (Voir à l'Appendice la lettre à Mme Adam, publiée dans le livre : *Politique, Religion, Duel,* par le Prince G. BIBESCO. — (Plon, édit., Paris.)

(2) M. de Nion à M. Guizot, 7 février 1848, et *Bull. off.* nos 30 et 79 de 1843.

sion de l'incendie de Iassi, 6,000 piastres en faveur des victimes de celui de Plovesti, etc.?

Il est superflu d'insister, mais il n'est pas sans intérêt de rappeler que ceux qui voulaient diminuer en 1848 la modeste liste civile du Prince (1), — MM. Rosetti et Bratiano, — furent les mêmes qui firent voter au roi Charles, par les Chambres de 1881, — en violation de la Constitution, — un apanage composé de douze terres choisies parmi les plus belles du pays (2).

Il est vrai que ces messieurs, — farouches révolutionnaires de 1848, — ne se doutaient pas qu'un jour ils seraient les serviteurs très humbles d'un Roi, ni que les Souverains, qui n'étaient alors que des tyrans, deviendraient, à leurs yeux, *un objet de culte* (3).

ART. 7. — RESPONSABILITÉ DES MINISTRES ET DE TOUS LES FONCTIONNAIRES PUBLICS.

La responsabilité des ministres rendait inutile celle du chef de l'État; demander l'une et l'autre, c'était dévoiler le but poursuivi, à savoir, l'affaiblissement du pouvoir central, l'inauguration du règne de l'intrigue et du désordre.

Encore ne faut-il pas croire que, dans l'esprit de tous ceux qui ont accepté cet article, cette égalité dût être égale pour tous les

---

(1) La liste civile du Prince oscillait entre 700,000 et 1,200,000 piastres, soit environ 400,000 francs. — La générosité du Prince était telle, sa fortune personnelle si modeste, que la Chambre de 1848 lui vota un supplément de 150,000 piastres. — Voir M. de Nion.

(2) La loi fut violée en cette occasion : l'apanage est l'œuvre du parti Rosetti-Bratiano. Les terres qui le constituent avaient été données par leurs premiers propriétaires aux Monastères, c'est-à-dire affectées à un tout autre but. L'État ayant sécularisé les biens ecclésiastiques, le gouvernement s'est cru en droit de disposer de ces terres.

Le Sénat a voté la loi — séance de nuit — sous la pression du peuple officiel, sans avoir recours au scrutin. Un homme, l'ancien maire de Campu-lung, — parent de M. Bratiano (Jean), — M. Nicolau, a eu le courage de s'opposer énergiquement au vote de la loi.

(3) M. C. Rosetti n'a-t-il pas écrit dans le *Romanul* : « Le trône est un autel » (Tronul e altar) ?

partis. M. Jean Bratiano et ses amis, par exemple, avaient plutôt
en vue la responsabilité des autres : et ils l'ont prouvé. En 1876,
le premier acte du ministère, dont ils font partie, est de demander
à la Chambre la mise en accusation du ministère renversé, dont
M. Lascar Catargi était le chef. Aussitôt, l'ancien président du
Conseil de réclamer sa mise en jugement, ainsi que celle de ses
collègues. Mais ce fut en vain ! Les puissants du jour ne consen-
tirent pas à donner au ministère de la veille le triomphe certain
d'un acquittement. Leur but n'avait été autre que le scandale
d'une mise en accusation.

En 1888, la scène change : M. Bratiano tombe sous la réprobation générale, et il est forcé de céder la place à un ministère
conservateur. On demande sa mise en accusation et celle de ses
collègues, et la Chambre ordonne l'enquête sur les actes de leur
administration. Mais, contrairement à la conduite des ministres
de 1876, les amis de M. Bratiano luttent avec la dernière énergie
pour empêcher l'enquête d'aboutir, puis pour faire repousser la
mise en jugement.

Pour avoir la crâne attitude du ministère Catargi en 1876, il
n'aurait pas fallu qu'ils fussent hantés par les aveux faits par
leur chef à la Chambre, le 8 avril 1884 (1).

Quant à la responsabilité des fonctionnaires, qui était une
mesure excellente, elle existait. Tous les actes du règne de
Bibesco témoignent de sa lutte contre les abus des fonctionnaires ; et M. Billecoq lui-même, en se faisant une arme contre le
Prince de certaines réprimandes adressées publiquement à un
fonctionnaire, confirme le fait (2).

---

(1) « Vous avez vu, Messieurs, que, malgré les désordres commis, les assassinats, les procès scandaleux, j'ai gardé le silence, et j'ai pris toute la responsabilité, dans le seul espoir que la revision serait faite. » — Séance de la Chambre
du 8 avril 1884. — Voir *Politique, Religion, Duel,* par le Prince G. BIBESCO
(Plon, édit.).

(2) Voir le *Règne de Bibesco,* t. I, p. 257, et *infrà* la chronologie du règne
de Bibesco, qui termine ce volume.

Entendait-on parler de la responsabilité civile? Mais le recours au Prince, à la Chambre, était chose admise pour toute personne lésée, ayant à faire valoir une réclamation.

## ART. 8. — LIBERTÉ ABSOLUE DE LA PRESSE.

Je ne crois pas qu'un esprit éclairé repousse cette liberté, si par liberté de la presse on entend la liberté de contrôler, de discuter *honnêtement* les actes du gouvernement ou les grandes questions politiques et sociales, le droit de faire appel au Chef de l'État ou à la charité publique en faveur de grandes infortunes.

Mais si la liberté de la presse doit être une liberté sans limites, sans garantie, si elle doit dégénérer en licence, n'en déplaise au poète Héliade, qui assure que la liberté de la presse ne peut nuire qu'*aux enfants des ténèbres* (1), il n'est pas un esprit sensé qui, à notre avis, l'acceptera.

Le gouvernement provisoire de 1848 n'a, d'ailleurs, pas été long à faire l'expérience de cette liberté absolue. La lecture du n° 10 du *Pruncul roman* a dû suffire à l'éclairer sur les bienfaits de cette liberté sans limites (2).

Toujours conséquents avec eux-mêmes, dans cette question comme dans les autres, ce sont encore des membres de l'insurrection de 1848 qui, plus tard, ont fait adopter — en violant leur programme — une restriction à cette liberté, en ce qui touche le Roi et les familles régnantes. Ce n'est pas que nous désapprouvions cette mesure, au contraire; nous regrettons seulement qu'elle ne s'étende pas aux particuliers, que les lois devraient protéger plus efficacement contre toute presse qui vit de scandales.

(1) *Histoire de la régénération roumaine,* par HÉLIADE RADULESCO, p. 68.
(2) Voir à l'Appendice le *Pruncul roman,* n° 10, 1848.

ART. 9. — TOUTE RÉCOMPENSE DÉCERNÉE AU NOM DE LA PATRIE PAR SES REPRÉSENTANTS ET NON PAR LE CHEF DE L'ÉTAT.

Cet article, comme les autres, confirme l'intention bien arrêtée d'affaiblir le pouvoir. — L'article 6 supprimait les droits de générosité du Prince, celui-ci veut lui enlever le droit de récompense. — Ce sont les représentants de la nation qui en seront les dispensateurs!

Eh bien! de la dépouille de cet article mort-né, le parti de MM. Rosetti-Bratiano (Jean) a su tirer une source de prospérité : l'introduction des récompenses nationales, dont l'abus a déséquilibré les budgets, mais dont le parti a largement profité.

La récompense nationale n'interdisait d'ailleurs pas qu'on tentât de se faire passer pour un Cincinnatus : on acceptait celle-ci, quitte à se faire porter au cimetière dans le char des pauvres.

ART. 10. — DROIT, POUR CHAQUE DISTRICT, DE CHOISIR LUI-MÊME SES FONCTIONNAIRES, DROIT QUI DÉCOULE DE CELUI QU'A LE PEUPLE ENTIER DE CHOISIR LE CHEF SUPRÊME.

Sans nous arrêter à la décentralisation, poursuivie à outrance, à la désorganisation du pays, au gâchis qui devait résulter de cet article, nous ferons observer que c'était livrer le district tout entier, y compris le paysan, aux grands propriétaires; que c'était établir subrepticement le plébiscite, dans le choix du Chef de l'État et dans le choix des fonctionnaires. Mais avec ce système, que devenait la doctrine démocratique qui condamne le plébiscite?

## ART. 11. — LA GARDE NATIONALE.

On lui donne un fusil *pour défendre les institutions établies, et au besoin pour les renverser* (1), conformément aux conseils du poète Héliade (2) et du journal *le Pruncul* (3).

## ART. 12. — ÉMANCIPATION DES MONASTÈRES DÉDIÉS AUX SAINTS LIEUX.

Comme les questions sont faciles à trancher sur le papier, et quel bon air vous a une grave loi décrétée en sept mots! Il n'en a pas fallu davantage aux législateurs de 1848 pour décréter l'émancipation des monastères dédiés aux Saints Lieux. Peine perdue; ce décret se heurtait à une question de politique internationale qu'il leur était interdit d'aborder. Personne ne l'ignorait. La question, d'ailleurs, n'était pas nouvelle; mais il convenait aux régénérateurs de 1848 d'oublier qu'il n'avait pas fallu à Bibesco moins de six années de lutte opiniâtre, tant contre les Saints Lieux que contre la Russie et la Turquie, — qui les soutenaient, — pour empêcher les intérêts de l'Église et du pays de sombrer, et pour sauvegarder les droits de l'État (4). Ce n'est que dix ans plus tard que le prince Couza parvint, à la faveur d'un coup ⌐d'État (5), — le pays jouissait d'une indépendance presque complète et de la sympathie de la majorité des grandes Puissances, — à trancher définitivement cette question des biens conventuels.

La loi de 1848 était donc sans objet, c'était un coup d'épée dans l'eau; les auteurs de l'article le savaient bien, mais leur but était de provoquer l'enthousiasme des ignorants, dans le présent et dans l'avenir.

(1) Voir les *Mémoires de Joseph Prud'homme,* par HENRI MONNIER.
(2) *Histoire de la régénération roumaine,* p. 77.
(3) *Pruncul roman,* n° 10.
(4) Voir la *Question des Saints Lieux,* t. I, p. 60-137.
(5) *Id.,* t. I, p. 83 et 84.

ART. 13. — ÉMANCIPATION DES PAYSANS DE LA CLACA (1),
QUI DEVIENNENT PROPRIÉTAIRES AU MOYEN DE L'INDEM-
NITÉ.

Voici enfin un vœu de progrès, il est l'écho d'un besoin réel,
on ne peut qu'y applaudir. Mais quelle légèreté et quelle impru-
dence de décréter ainsi cette émancipation avant d'avoir étudié
tous les côtés de cette grave question et avoir pris toutes les
mesures en vue de son application! Aussi est-il advenu de cette
question ce qui était facile à prévoir : la Lieutenance princière
a fait une tentative vaine pour faire voter cet article par une
commission de délégués envoyés par les paysans et les propriétaires (2).

(1) Claca, HÉLIADE, *Mémoires*, p. 398, note :

« Nous avons souvent parlé de la claca et des clacasi ; mais nous n'avons pas
encore classé les habitants de la Valachie dans leurs rapports vis-à-vis de la propriété! En Valachie, les habitants se divisent en véritables propriétaires, en *embaticaires,* en *clacasi,* en locataires ou prolétaires.

« Tout le monde connaît le sens attaché aux mots de *propriétaires,* de *locataires*
ou *prolétaires;* nous n'avons qu'à nous occuper des embaticaires et des clacasi.

« Les embaticaires sont les propriétaires d'une maison ou de plantations sur une
terre appartenant à autrui, et sur laquelle ils ont des droits à perpétuité, moyennant une minime redevance qui ne va pas à la dixième partie des intérêts de la
valeur du terrain.

« Les clacasi sont des paysans qui ont le droit de jouir, sur la terre où ils se
trouvent de neuf arpents de terrain, et pour lesquels ils ne doivent payer que
presque le quart de ce que payent ceux qui ne se trouvent pas du même village.

« Par conséquent les clacasi sont propriétaires des trois quarts ou de la moitié
du terrain qu'ils occupent. *Les soi-disant patriotes d'aujourd'hui veulent les
délivrer de leurs droits de clacasi pour les rendre complètement prolétaires, c'est-à-
dire ils veulent leur ravir les trois quarts de la propriété que la loi leur a reconnue.* »

(2) Vingt-huit ans plus tard, en 1876, le paysan était devenu propriétaire (loi
de mai 1864) ; deux des personnages marquants de l'insurrection du 11 juin,
MM. C. Rosetti et Bratiano (Jean), fidèles à leurs principes de 1848, pratiquèrent,
comme ministres en fonction du Prince Charles de Hohenzollern, l'excitation à
la haine des classes, en excitant le paysan qui cultive sa terre contre le proprié
taire qui la fait cultiver. Le gouvernement *libéral* de ces messieurs donna à cette
époque le spectacle inouï d'une bienveillante complicité, à l'occasion du vol de
sept cents hectares commis, à main armée, par des paysans sur un domaine voisin de leurs terres.

Voir lettre à M. E. Costinesco, Bucarest, 28 septembre 1885, p. 58. — Affaire
de Breaza; livre : *Politique, Religion, Duel,* par le Prince GEORGES BIBESCO
(Plon, édit.).

## ART. 14. — ABOLITION DE L'ESCLAVAGE DES TZIGANES PAR UNE INDEMNITÉ.

L'abolition de l'esclavage était déjà un fait accompli.

Dès 1843, un bon nombre de Tziganes appartenant aux pro-priétaires avaient été libérés contre indemnité, et l'émancipation de ceux non encore affranchis s'effectuait graduellement. Les Bohémiens de l'État avaient été également émancipés.

En 1847 (loi du 13 février)(1) « furent affranchis tous les Bohé-mies de la sainte Église Métropolitaine, ceux des évêques, et géné-ralement ceux de tous les monastères et couvents, comme aussi de tout établissement public, sans exception, se trouvant sur le territoire roumain ». Si Bibesco prit, à l'égard des Tziganes appar-tenant aux propriétaires et non encore affranchis, le parti de pro-céder graduellement à leur émancipation, c'est qu'il fut guidé par la préoccupation de ne pas créer au Trésor des embarras considé-rables, et à la société, le danger dont elle aurait été menacée, si une classe d'hommes eût été tout à coup jetée hors de sa condi-tion première.

Tel ne fut pas le souci des membres de l'insurrection; ils ne virent dans l'exécution précipitée de la loi Bibesco qu'un moyen de se créer des auxiliaires, et en même temps de conquérir l'admiration de l'Europe et de leurs concitoyens, en passant à leurs yeux pour les émancipateurs des esclaves.

En Roumanie, les générations qui ont suivi celle de 1848 se sont si bien laissé prendre à cet article 14 du programme, qu'en 1892, — cela paraît invraisemblable, — un organe roumain, en parlant des *Titans* (2) de 1848, publiait que l'abolition de l'escla-vage était leur œuvre, et il appelait sur ces demi-dieux l'admi-ration des contemporains.

Voilà comment on écrit l'histoire !

(1) Voir page 296 de ce volume.
(2) *Adeverul* du 12 juin 1892.

ART. 15. — UN REPRÉSENTANT DE LA NATION A CONSTAN-
TINOPLE, PRIS PARMI LES ROUMAINS.

La conduite des *Capuchechaïa* (1), lors de l'annexion de la
Bucovine et de la Bessarabie, justifie pleinement ce vœu; mais
ce n'est peut-être pas là, non plus, une cause suffisante d'insurrection.

ART. 16. — INSTRUCTION ÉGALE, COMPLÈTE ET GRATUITE,
POUR TOUS LES ROUMAINS DES DEUX SEXES.

Le Prince Bibesco venait de doter son pays d'une loi sur
l'instruction publique, en date du 2 mars 1847 (2), qui répondait certainement dans une large mesure à ses besoins.

Cette loi était entrée en vigueur, et le collège créé à Bucarest
avec le concours bienveillant du gouvernement français avait
ouvert ses cours dans des conditions inespérées, avec un éclat
dont la Principauté avait lieu d'être fière. Au lieu de continuer
l'œuvre commencée, — œuvre essentiellement patriotique, —
les envieux ont préféré la critiquer, la faire sombrer plutôt que
de chercher à y apporter une modification quelconque. La loi
n'émanait-elle pas de Bibesco, et le mot d'ordre n'était-il pas de
ne rien laisser debout de ce que ce Prince avait créé? La préoccupation n'était-elle pas de justifier le mouvement de 1848?

Pour en revenir à l'article 16, il était en 1848 une utopie.
Est-il plus raisonnable aujourd'hui? On ne sera dans le vrai,
pensons-nous, au sujet de l'instruction publique, que le jour où
on reviendra de cette fureur d'instruction *complète*, visant toutes
les classes de la société, sans en excepter les jeunes filles; le jour
où on aura diminué le nombre des lycées pour faire la part plus

(1) Titre officiel des représentants des États roumains à Constantinople.
(2) Voir t. I, p. 337-347, et dans ce volume, p. 209.

large aux écoles professionnelles. Ce jour-là, on aura moins de
fruits secs se croyant mûrs pour la députation, et plus de femmes
sachant tenir un ménage (1).

## ART. 17. — ABOLITION DES TITRES SANS FONCTION.

Cette loi nous paraît fausse dans un Pays dont le chef de l'État
est Prince ou Roi (2); illogique et perturbatrice en Roumanie, où
le premier venu usurpe votre nom, sans qu'il existe une loi pour
l'en empêcher; mauvaise, parce qu'à notre avis le sens aristocratique est un élément de vertu et de force dans la lutte de la vie,
que l'aristocratie est une force pour une Nation comme pour un
chef d'État, soit que ses membres appartiennent à l'histoire, à la
diplomatie ou à la presse, comme ce Jean Vacaresco, ministre du
Prince Bibesco, qui laissa, comme testament, cette phrase :
« Mes descendants Vacaresco, je vous laisse en héritage la culture de la langue roumaine et le culte du Pays. »

## ART. 18. — ABOLITION DES PEINES CORPORELLES
### ET DÉGRADANTES.

Article très moral, très humain; mais on n'a jamais plus usé
des peines corporelles que sous le régime de MM. Rosetti-
Bratiano (Jean), ex-membres du gouvernement de 1848 (3).

(1) Un maître d'institution, M. Velesco, a raconté, dans une conférence, que le
père d'un élève auquel on demandait s'il destinait son fils à la carrière des lettres
ou à celle des sciences répondit : « *Je n'en sais absolument rien; ce que je veux,
c'est que vous fassiez de mon fils un ministre.* »

(2) En Roumanie le fonctionnaire qui avait cessé ses fonctions plaçait devant
son ancien titre le mot *ex* : ainsi le grand Vestiar (trésorier), *Vel Vestiar*, ex-
grand Vestiar : *bi Vel Vestiar*. La Constitution a supprimé les titres nobiliaires :
les fils des Princes régnants étaient appelés jadis Domnisori, diminutif de
Domnu, le Seigneur, le Prince. Les Princes étant nommés et non élus, étant
révocables et non élus à vie, ne constituant par conséquent pas une souveraineté, il s'ensuivait que le titre s'arrêtait aux fils, autrement dit qu'il ne passait pas aux petits-fils. — Sous le régime du Fanar, les fils de Prince étaient
appelés Beizade.

(3) M. J. Bratiano a fait à la Chambre des aveux complets sur sa manière de
gouverner. Nous les avons rappelés p. 437 de ce volume.

## ART. 19. — ABOLITION DE LA PEINE DE MORT EN SENTENCE ET EN FAIT.

L'abolition de la peine de mort *existait en fait*. Il y a eu deux condamnations à mort sous le règne de Bibesco, et on n'a exécuté aucun des coupables (1).

## ART. 20. — ÉTABLISSEMENT PÉNITENTIAIRE OU LES CRIMINELS EXPIERONT LEURS PÉCHÉS ET D'OU ILS SORTIRONT AMÉLIORÉS.

Ces améliorations avaient déjà été proposées par E. Floresco, ministre du Prince Bibesco; elles n'avaient donc pas le mérite d'être nouvelles (2).

## ART. 21. — ÉMANCIPATION DES ISRAÉLITES ET ÉGALITÉ DES DROITS POLITIQUES POUR TOUS LES CITOYENS DE TOUTES LES RELIGIONS.

Si cet article avait figuré dans un autre programme que celui de 1848, ses auteurs auraient été depuis longtemps voués à l'exécration des générations futures. Le sentiment national s'est, en effet, toujours manifesté violemment contre l'émancipation et l'égalité demandées par les auteurs de l'insurrection de 1848, parce que les Israélites sont en Roumanie au nombre de près de quatre cent mille pour une population totale de moins de six millions d'âmes, et que cette race est — en raison même de son nombre et de ses qualités commerciales incontestables — extrêmement absorbante (3). — En 1867, M. C. Rosetti, en osant présenter à

(1) Fidèles à leur système de calomnie, les membres de la Lieutenance princière accusent Bibesco de n'avoir jamais su qu'aggraver les peines au lieu de les rendre plus légères. (Requête au Sultan en date du 3/5 août 1848. *Mémoires justificatifs,* p. 56.) — Voir la chronologie, à la fin de ce volume.

(2) Voir *Essai,* par M. N. BLARAMBERG.

(3) Il y a quatre districts, en Roumanie, où ils sont en majorité.

la Chambre M. Montefiore, a provoqué une émeute. Le peuple s'est porté sur la synagogue pour la saccager.

Art. 22. — Convocation immédiate d'une assemblée générale constituante élue pour représenter toutes les classes de la société, et qui sera chargée de rédiger la constitution sur les bases de ces vingt-deux articles décrétés par le peuple roumain.

L'Assemblée n'a jamais été convoquée. Nicolas Bâlcesco nous en donne les raisons, que confirment les renseignements de MM. C. Rosetti et Héliade.

« *Le gouvernement,* écrit Bâlcesco (1), *ne pouvait plus rien réclamer au nom de la révolution, il ne pouvait plus parler au nom du droit révolutionnaire; il s'était soumis, il devait tout attendre de la bonne volonté du Sultan. La Lieutenance le savait bien, quand elle n'a pas voulu convoquer la Constituante avant d'obtenir* l'autorisation de Constantinople. »

En d'autres termes, les droits, les privilèges séculaires dans lesquels les Roumains étaient rentrés après le traité d'Andrinople (1829), la souveraineté de l'État que Bibesco avait sauvegardée au prix d'années de luttes, étaient retombées aux mains des Turcs! Par quelle fatalité ?

Les lettres de MM. C. Rosetti, Héliade et Bâlcesco vont nous le dire.

### M. C. Rosetti à M. J. Ghica.

Texte en langue française.

« 30 juillet/12 août 1848 (2).

« Après dix jours, sinon plus, d'insistance de la part des Turcs,

---

(1) Bâlcesco à A. Golesco, lettre du 4 mars 1850. (*Souvenirs d'exil,* par M. J. Ghica, p. 486.)

(2) M. C. Rosetti à M. J. Ghica. *Souvenirs d'exil,* par J. Ghica, p. 48.

« un gouvernement de six membres a été élu sous le nom de
« Lieutenance princière; laissons de côté le fait que, dans cette
« question, il y a eu escamotage. Ce gouvernement (de la Lieute-
« nance), aussitôt après que Tinghir-Effendi, envoyé de Soley-
« man-pacha, eut su profiter de la poltronnerie d'Héliade et triom-
« pher des autres membres, — pour en obtenir une déclaration
« au Sultan, — a fait une publication ainsi conçue :

« LES NOUVELLES INSTITUTIONS DEMANDÉES *par le peuple*
« *valaque ne seront en vigueur* QU'APRÈS L'APPROBATION *de*
« *S. Exc. Souleyman-pacha et* LA SANCTION *de S. M. le Sultan.*

« Que dèvions-nous faire? les renverser et les mettre sous
« jugement? Il y aurait eu un beau tapage au champ de Filaret !
« Mais *en rassemblant, d'après notre habitude, quelque six à*
« *sept mille hommes,* nous leur fîmes comprendre de quoi il était
« question, et les amenâmes à protester contre la proclamation.
« Ensuite Soleyman-pacha ayant demandé que la Lieutenance
« ne fût composée que de trois membres, et que ces membres ne
« fussent pris que parmi les ministres, on élut aussitôt N. Go-
« lesco, Héliade et Tell, et le peuple vint au palais pour leur
« dire : « Vous n'avez aucun pouvoir pour aliéner un seul de nos
« droits. Si vous le faites, nous protesterons et nous ne reconnaî-
« trons pas votre œuvre. »

« Quelques heures plus tard, ce nouveau gouvernement
« publiait, de nouveau, cette maudite proclamation, mais rien
« qu'en six exemplaires.

« Pour ne pas perdre ce que nous avons de plus cher, nous
« cherchons maintenant à faire une protestation, signée par le
« peuple, qui annule CE FATAL PAPIER.

« Tel est, mon cher, le triste état dans lequel nous nous trou-
« vons. Toi, au moins, efforce-toi de sauver le pauvre pays, car
« NOUS, NOUS SOMMES LES DERNIERS DES MISÉRABLES. »

## Lettre d'Héliade à Negulici.

TEXTE EN LANGUE FRANÇAISE.

15/27 mars 1851.

« J'aborde l'arrivée de M. Tînghir (Thinghiroglo) dans la
« capitale, la transformation du Gouvernement provisoire en
« Lieutenance et l'acte que M. Tînghir a demandé à la lieute-
« nance de publier, savoir, que *les nouvelles lois n'entreront en*
« *vigueur qu'après l'approbation de S. M. le Sultan.*

« Ici, j'expose les faits comme ils se sont passés : LA MAJORITÉ
« DU COMITÉ RÉVOLUTIONNAIRE, QUI ÉTAIT LE VÉRITABLE
« GOUVERNEMENT, a trouvé bon d'accepter, de publier cette
« note en trois exemplaires et DE NE PAS L'ENREGISTRER. Un
« exemplaire a été apposé à l'église de Sarandar, où il ne resta
« même pas une heure; un autre a été donné à M. Tînghir pour
« l'envoyer à Souleyman-pacha, et le troisième a été conservé
« par la Lieutenance, car *le coupable, ce n'était pas elle, mais la*
« *majorité du comité révolutionnaire.* Cela est d'autant plus vrai
« que M. Tell avait voté contre l'acceptation de la déclaration
« demandée par M. Tînghir. M. Rosetti, qui faisait partie du
« comité qui gouvernait, et savait qui devait, à bon droit, être
« rendu responsable de l'acceptation de cet acte, incrimine direc-
« tement dans le *Pruncul* la Lieutenance, alors que M. Tell
« était complètement innocent (1). »

## Lettre de N. Bâlcesco à A. Golesco (2).

TEXTE EN LANGUE FRANÇAISE.

4 mars 1850.

Nicolas Bâlcesco fait aussi connaître ses impressions sur cet
événement, dans une lettre qu'il adresse à A. Golesco.

(1) *Lettres d'exil d'Héliade,* par LOCUSTEANO, p. 90.
(2) *Souvenirs d'exil,* par JEAN GHICA, p. 486.

« *La Lieutenance inaugura son avènement en* SACRIFIANT, *par*
« *un acte public remis à Souleyman,* L'AUTONOMIE DU PAYS,
« *malgré l'opposition que nous lui fîmes.* Tes frères ont trempé
« aussi dans cette malheureuse action. Depuis lors, la révolution
« politique fut sacrifiée et abandonnée, comme l'avait été déjà
« la révolution sociale; car, je vous l'ai dit, notre droit de faire
« la révolution n'était que celui d'autonomie. Quelques jours
« après, je me trouvai à Constantinople et, parlant avec Cor (1),
« j'ai prononcé le mot de *révolution :* « *Vous ne pouvez plus récla-*
« *mer,* me dit-il, *au nom de la révolution. Maintenant vous vous*
« *êtes soumis, vous ne pouvez plus parler au nom du droit révo-*
« *lutionnaire.* »

« Vous devez tout attendre, selon la déclaration de votre Gou-
« vernement, de la bonne volonté du Sultan. Il avait raison.
« Ainsi c'est Souleyman-pacha, c'est la Lieutenance, ce n'est pas
« Fuat qui a renversé la révolution. Celui-ci n'a fait que substi-
« tuer un Caïmacam aux trois lieutenants. La révolution n'exis-
« tait plus. La Lieutenance le savait bien, avant d'obtenir l'au-
« torisation de Constantinople... »

Ainsi, CETTE FATALITÉ, c'était l'insurrection de 1848, et les
auteurs du prétendu MOUVEMENT RÉGÉNÉRATEUR étaient les
mêmes qui avaient livré à la Sublime Porte l'autonomie du pays,
la Souveraineté de l'État.

Quelle fin lamentable pour ces personnages et quel spectacle
ils nous offrent! C. Rosetti accuse Héliade; Héliade à son tour
accuse Rosetti et la majorité du comité révolutionnaire; il cherche à innocenter Tell sans parvenir à se disculper lui-même.

Enfin Bálcesco accuse les Golesco (2).

(1) Premier drogman de la Porte.
(2) N. Golesco composait avec Héliade et Tell la Lieutenance princière.

Et, fait plein d'enseignement, aucun de ces hommes ne songe à se démettre de ses fonctions en motivant sa démission, pas même M. C. Rosetti, qui pourtant a ameuté le peuple, *d'après notre habitude,* comme il l'écrit et l'a amené à protester contre cette trahison.

En aucune circonstance, peut-être, le cri de Tacite n'aura été plus vrai : *Omnia serviliter pro dominatione.*

Et le servilisme a si bien passé, pour ces malheureux, à l'état d'habitude, leur soif de conserver le pouvoir est si ardente, qu'ils n'ont plus conscience de ce qu'ils font. Souleyman-pacha entre-t-il à Bucarest, ils font crier au peuple de la capitale : Vive le Sultan NOTRE SOUVERAIN ! cri auquel Fuad-pacha saura répondre le 13-25 septembre, du quartier général de Bucarest, quand il fera connaître au pays la volonté de Sa Hautesse, en accentuant ces mots : « *Le Sultan mon Maître* ET LE VÔTRE (1). » Le représentant du Sultan annonce-t-il l'entrée des troupes sur le territoire roumain ; la Lieutenance, dans son affaissement, ne trouve d'autres paroles de consolation à donner à la nation, dans sa proclamation incolore du 29 juillet, que les suivantes : *Les armées impériales entrent, non avec une intention hostile, mais* PRESQUE *dans l'unique but de protéger les anciens droits et les anciennes institutions du pays;...* le gouvernement vous invite à ne pas oublier *que la Sublime Porte a, pour les Roumains, des sentiments paternels* (2)! A Souleyman-pacha, la Lieutenance *exprime son* REGRET (3) *pour la violation du territoire.* Et c'est tout. Pas un mot d'indignation, pas un sentiment de fierté nationale; toujours le pouvoir au prix du servilisme.

Plus tard, ces douleurs, ces hontes, ces calamités infligées au

(1) *Mémoire justificatif de la révolution roumaine,* p. 23. Voir à l'Appendice.
(2) *Mémoires,* par HÉLIADE RADULESCO, p. 218 et 219. (Texte en langue française.)
(3) *Mémoires,* par HÉLIADE RADULESCO, p. 218 et 219. (Texte en langue française.)

pays ont-elles inspiré un sentiment de regret à ceux qui les ont causées? Non, Héliade le dit nettement :

« *Nous n'avons pas à nous plaindre de la perte du mouvement, mais des intrigues intestines. Si nous nous sommes décidés à en parler, c'est pour éclairer nos frères, et pour ne pas les laisser livrés aux mêmes intrigues qui, venant de l'extérieur, s'étendent jusque dans les entrailles de la Nation, jusque dans ses parties les plus nobles et les plus vitales, jusque dans la jeunesse. Et voici comment la Russie, par son consul, travaille Mavros, Odobesco et consorts; Mavros entraîne son gendre Ion Ghica, et Campineano; Odobesco, Campineano et Ion Ghica entraînent les Cretzulesco, Rosetti Bratiano et autres; ces derniers, avec les premiers, entraînent une partie de la jeunesse, et la jeunesse inexpérimentée et pleine d'ardeur commet des fautes irréparables. C'est-à-dire, entraînés les uns par les autres, nous avons fini, comme tous les peuples, à faire à notre insu les affaires de nos ennemis* (1).

Cependant, en dépit de cet effondrement, on entend des ignorants, admirateurs quand même, de la *légende*, affirmer que le mouvement de 1848 a jeté les germes de l'avenir de la Roumanie!

L'insurrection n'a produit, hélas! que Balta-Liman. Ceux qui ont enrichi à dessein leur légende de cet anachronisme ont trouvé bon — fidèles à leurs principes — de faire abstraction de l'Histoire. Nous leur rappellerons, en passant, que personne ne pouvait prévoir, le 11-23 juin 1848, que le prince Louis-Napoléon deviendrait Empereur, et que c'est à lui que la Roumanie *devrait son existence* (2) comme État libre. Mieux encore, personne ne voudra admettre que celui des insurgés roumains de 1848 qui, en 1853, a été compromis dans la tentative de l'Opéra-Comique

(1) *Mémoires sur l'Histoire de la régénération roumaine ou sur les événements de 1848 accomplis en Valachie,* par J. Héliade Radulesco, p. 396. Paris, Librairie de la propagande démocratique et sociale européenne, 1, rue des Bons-Enfants, 1851.

(2) Dervis-pacha à Héliade, en 1854. — Voir *Lettres d'exil,* p. 301.

dirigée contre la vie de Napoléon III, pouvait deviner ce que l'Empereur ferait en 1856 en faveur de la Roumanie (1). Certes, ce n'est pas leur faute, si la Roumanie a dû son salut, en 1856, à Napoléon et à la France (2).

(1) Voir Rousso Locusteano, note 29, *Lettres d'exil*. « C'est à la France que nous devons notre salut ».

*Lettre d'Héliade à Gradisteano.*

« Chio, 27/9 juin 1853.

« J'ai regret de tout ce que vous m'écrivez de Bratiano, non à cause de sa personne, mais parce que c'est un Roumain, et je n'aurais pas voulu que les Roumains figurassent dans des causes si pourries. Je ne sais que dire de ces gens. Lorsque dans le pays, en 1848, les Russes voulaient nous faire passer pour démagogues, socialistes, communistes, ils faisaient tous leurs efforts pour se montrer tels que voulaient les dépeindre les calomnies russes : et, depuis, jusqu'en 1853, leurs actions ont le même esprit de suite et les mêmes conséquences. Que les Russes ou le Czar veuillent aujourd'hui susciter des troubles en France, pour empêcher Napoléon de leur résister en Orient, vous voyez ces gens se jeter dans des intrigues et complots de cette nature. Sont-ils aveugles ? et s'ils ne le sont pas, est-ce un système chez eux ? » *Lettres d'exil d'Héliade.* — Voir Rousso Locusteano, p. 229.

(2) Note 31 de Russo Locusteano, *Lettres d'exil*, p. 674.

« L'Empereur se préparait alors à faire la guerre à la Russie, pour la chasser de notre pays, qu'elle avait occupé le 30 juin, avec la volonté de n'en plus sortir : et lorsque la vie d'un potentat qui venait sauver notre pays et notre nationalité devait nous être chère, *il se trouvait des Roumains* pour *attenter aux jours de celui* de qui *dépendait notre existence* comme Nation libre, et faire les affaires du colosse du Nord. C'étaient les mêmes hommes qui, en 1848, servaient inconsciemment la Russie, dans le pays, en complotant de remplacer Héliade et Tell, au gouvernement, par Odobesco et Solomon, instruments du Czar : et ce sont encore eux qui continuaient à rendre, loin de leur pays, les mêmes services à l'Empire, envahisseur des peuples et destructeur des nationalités, en donnant à notre candide mouvement une couleur de sang ; et toujours sans se rendre compte des conséquences, sans savoir ce qu'ils faisaient. »

# CHAPITRE V

Le mouvement de 1848, en dehors de la part que nous avons déjà faite à l'enthousiasme et à la sincérité, a une cause moins noble que_celle dont ses auteurs se prévalent aux yeux de la postérité. Un esprit clairvoyant la découvrira, en parcourant cet ouvrage, dans le patriotisme et l'excès même de libéralisme du premier Élu de la nation.

Nous nous expliquons :

De même qu'à Vienne, « tout en rendant justice aux qua-« lités distinguées du Prince », — écrivait *confidentiellement* M. Philippsborn à Son Altesse, — « à Ses sentiments élevés; « tout en faisant passer au creuset de la critique le désir qu'Il « avait annoncé, à Son avènement, de marcher droit à la réforme, « de ne pas dévier de cette voie, quand même, et qu'en y tenant « avec une rare persévérance Il n'avait pris conseil que de Ses « inspirations généreuses,... on inclinait à croire que le Prince « s'était trop hâté (1); » de même que pour le cabinet de Saint-Pétersbourg, « Bibesco n'était pas assez docile, Ses réformes devenaient un sujet de méfiance (2) », de même, pour les régénérateurs, l'Élu de 1843 tendait trop à régénérer..... sans eux.

Ils ne songèrent pas à le renverser, mais à faire servir à leurs

---

(1) Lettre de M. Philippsborn, agent du Prince Bibesco auprès du gouvernement de l'Autriche, à Son Altesse. (Voir la *Correspondance générale diplomatique,* t. I, p. 255.

(2) M. de Nion à M. Guizot, lettre du 22 juillet 1847. (Archives du Ministère des affaires étrangères, Paris.)

desseins Son expérience, Ses lumières et le prestige (1) dont Il jouissait à l'étranger. Le moment leur parut favorable pour se hisser au pouvoir par un coup d'audace, pour enlever au Prince la gloire des réformes déjà accomplies, — telle l'abolition de l'esclavage, — ou des réformes prêtes à être soumises à la Chambre, — tel l'impôt général, — et pour s'assurer un avenir politique en se créant un droit à la reconnaissance du Pays.

Déçus dans leurs espérances, exilés, ils conçurent avec une rare audace le plan de faire servir à leur ambition les malheurs mêmes que leur folie et leurs trahisons avaient provoqués. Du projet à l'exécution, il y avait un abîme : l'effronterie et la calomnie le comblèrent. Pour atteindre ce but, il fallait envoûter le Prince et Son règne. Cette nouvelle *entreprise* réussit; — elle aura eu une existence de près d'un demi-siècle.

Si cette manœuvre contre Bibesco n'était pas uniquement le résultat de calculs inavouables; si les accusations portées contre Lui étaient vraies, l'histoire n'aurait pas assez de sévérités pour juger les hommes du 11 juin qui, tout en accusant Bibesco de méfaits imaginaires, le supplièrent de ne pas les abandonner et de conserver le pouvoir.

Pour l'honneur même des membres de l'insurrection, il est heureux que nos documents, leurs actes, leurs aveux, aient prouvé que leurs accusations ne sont que des calomnies.

Il n'en est pas moins intéressant de voir Boléac ajouter une preuve à toutes celles déjà produites; Boléac, un des membres les plus violents de l'insurrection, ennemi déclaré du Prince, qu'il a calomnié dans ses écrits avec une passion et un esprit de parti dont il nous a été d'autant plus facile de faire justice (2), qu'ils étaient moins mesurés. Or ce même Boléac (3), assagi par le

---

(1) « Ils réussirent à renverser ce Prince (Bibesco) entouré de prestige. » HÉLIADE, *Lettres d'exil*, p. 263.

(2) *Règne de Bibesco*, p. 138-141, t. I.

(3) Boléac est un des signataires de la protestation adressée en février 1849

temps, instruit par l'étude, brisa avec ses coreligionnaires politiques, alla s'agenouiller, en 1873, sur la tombe du Prince défunt et y confessa loyalement ses erreurs et son repentir.

« Que la terre Lui soit légère et Son souvenir impérissable dans l'histoire de la Patrie, à Celui qui a placé son patriotisme au-dessus de tout; qui a fait revivre l'image de Michel le Brave sur le trône de Roumanie; qui a relevé le monument de la gloire de nos aïeux; qui, autre Justinien, aussi grand orateur de la Chambre roumaine que grand Prince sur le trône de Roumanie, a fait honneur à Sa patrie par Son savoir, Son talent, Son éloquence et Ses largesses.

« Gloire au nom du Prince Bibesco (1)! »

De nos jours, nous le constatons avec joie, un écrivain, M. Xénopol, membre de l'Académie roumaine, n'a pas craint de faire preuve d'un sentiment de fierté nationale qui a manqué à tant d'autres.

Historien par sa science, par l'indépendance de sa plume, par la conscience de ses recherches, par la hauteur de ses vues, M. Xénopol a compris que le bien qu'un Prince fait à son pays demeure le patrimoine de la Nation, qu'il enrichit son histoire, qu'il est un héritage que personne n'a le droit de lui dérober. Lui aussi, il a jugé le règne de Bibesco d'après les actes; il a pensé qu'il fallait considérer davantage les réformes déjà introduites, ou à la veille de l'être, et moins celles qui restaient à accomplir quand le Prince quitta le pouvoir; qu'il était juste de tenir compte de l'état peu avancé de la civilisation des Principautés roumaines à l'aube de 1843; des obstacles sans cesse élevés contre tout progrès, par la routine, l'intrigue, la calomnie; de la nécessité de ménager une foule de prétentions et de suscep-

par les auteurs de l'insurrection du 11 juin 1848 à la Sublime Porte, à l'Angleterre, à l'Autriche, à la France et à la Prusse.

(1) Voir la *Trompette des Carpathes*. — Voir encore à l'Appendice un résumé de la vie du Prince par Boléac dans la *Trompette des Carpathes*.

tibilités; du devoir de ne pas indisposer les Puissances suzeraine et protectrice, au point de leur donner un prétexte à une intervention armée; de faire grande la part du labeur et des luttes de chaque jour, de chaque heure, de ce Prince libéral, qui les dépeint lui-même à Kisseleff dans une lettre empreinte d'un sentiment de profonde amertume (1). *L'accusation est facile,* écrit le Prince, *s'il ne faut que mettre en évidence, en les exagérant, les plaies d'une société, — et quelle est celle qui n'ait pas les siennes? — pour en faire un crime au gouvernement, sans tenir compte ni des améliorations qu'il y aura apportées, ni des peines et des sacrifices qu'elles lui auront coûté, ni de la limite des ressources dont il aura pu disposer* (2).

En résumé : 1° Le mouvement de 1848, accompli dans les conditions que nous venons d'étudier, et qui s'est effondré à Balta-Liman après une agonie de quatre-vingt-quinze jours, est une insigne folie (3);

2° En livrant sciemment (4) le pays à l'anarchie, en abdiquant

---

(1) Bibesco à Kisseleff. Bréaza, 16 août 1847, t. I, p. 310-313.

(2) Même lettre. « *C'est de ce point qu'il faudra partir,* écrit le Prince, si l'on veut être juste pour prononcer sur mon administration, et si, nonobstant les difficultés de cette position, je suis parvenu à mettre un certain frein aux penchants vicieux, de sorte qu'on n'ose plus s'y livrer avec l'impudence d'autrefois; si, au milieu de cette corruption dont on nous accuse, j'ai su faire respecter le pouvoir en le conservant, je ne dirai pas seulement pur de toute souillure, mais à l'abri de tout soupçon; si, malgré l'obligation des ménagements que j'ai signalés plus haut, je me suis toujours tenu dans une limite convenable, de manière que personne ne doutât qu'en cas de délit patent, parvenu à ma connaissance, aucune considération ne m'empêcherait de faire ce que le devoir exige; si, avec des moyens minimes, naguère improductifs, j'ai pu créer de nouvelles sources de bien-être et obtenir des résultats auxquels on a encore peine à croire, je pense qu'on ne saurait se refuser, sans injustice, à reconnaître qu'il y a un peu de mérite à tout cela. »

(3) Voir toutes les citations empruntées par nous à MM. Héliade, D. Ghica, N. Bâlcesco, C. Rosetti, Jean Ghica, Locusteano, Zossima, Gr. Gradisteano. A. P. Golesco, membres de l'insurrection de 1848.

(4) Voir p. 413 de ce volume.

l'AUTONOMIE, la SOUVERAINETÉ DE L'ÉTAT *aux mains du Sultan* (1), en ouvrant les portes de nos frontières à l'invasion (2), en se rendant coupable du sang roumain répandu (3), l'insurrection a commis un crime de lèse-Patrie (4).

Les coupables, pour se justifier, ont faussé l'histoire; nous avons rétabli, par documents, la vérité historique.

(1) Voir p. 446-451, ch. IV, deuxième partie de ce volume.
(2) Voir dans ce volume la deuxième partie du chap. Iᵉʳ. — Voir l'*Histoire de la régénération,* p. 296-299 et p. 381.
(3). Voir p. 383, ch. I, deuxième partie de ce volume.
(4) La protestation du soi-disant peuple roumain au Champ de la Liberté, 20 juillet /1ᵉʳ août 1848, est une provocation à la Porte. (Voir cette pièce à l'Appendice.) — Retenons-en ici l'article 5, qui dit textuellement ce qui suit : « Tout Roumain qui intriguerait OU CONTRIBUERAIT A AMENER DES ARMÉES ÉTRANGÈRES DANS LE PAYS, OU QUI RETIENDRAIT PLUS LONGTEMPS CELLES QUI S'Y TROUVENT DÉJA, PERDRA SES DROITS DE ROUMAIN ET EST DÉCLARÉ ENNEMI DE LA SOCIÉTÉ ET PAR CONSÉQUENT MIS HORS LA LOI. »
Les insurgés de 1848 prononçaient eux-mêmes, dans cet article, la peine qui devait être appliquée à ce crime de lèse-Patrie.

# TROISIÈME PARTIE

## DE 1849 A 1859

———

### RÉSUMÉ SUCCINCT

# CHAPITRE PREMIER

Résultats de l'insurrection de 1848. — Clauses de la convention de Balta-Liman, 1ᵉʳ mai 1849.

Nouveaux Princes nommés par la Porte et la Russie : B. Stirbei en Valachie, Grégoire Ghica en Moldavie.

Guerre de Crimée. — Les Russes occupent de nouveau les Principautés (3 juillet 1853). — Stirbei et Ghica quittent Bucarest et Iassy et rentrent dans leur capitale après le départ des troupes du Czar. — Occupation autrichienne et turque.

Prise de Malakoff (8 septembre 1855), reddition de Sébastopol. — Congrès de Paris. — Réorganisation de la Valachie et de la Moldavie devenue nécessaire. — Nomination d'une commission européenne qui ira dans les Principautés s'éclairer sur les vœux de leurs populations concernant leur organisation définitive.

Conseils donnés par le prince Bibesco à son gendre le colonel Floresco, en vue de la conduite à tenir, des vœux à formuler. — A l'expiration des pouvoirs des Princes Stirbei et Gr. Ghica, la Porte nomme Caïmacam, en Valachie, le Prince Ghica déposé en 1842, et en Moldavie, M. Vogorides. — Arrivée des commissaires. — A Paris, le Prince use de son influence auprès de l'Empereur Napoléon et de ses ministres en faveur de Son pays. — Droits des Roumains. — Réponse de Jean Floresco au Prince (8/20 janvier 1857). — Lettre sur la situation de l'Europe et des Principautés (9 août 1857). — Lettre du Prince Bibesco au Comte Walewski (30 septembre 1857). — Le Prince part pour Bucarest. — Ses discours à Craïova et à Bucarest. — Son discours au Divan *ad hoc* convoqué pour le 30 septembre 1857 : Il y exprime les vœux principaux à adresser au Congrès européen.

L'insurrection (1) de 1848 avait eu pour conséquences une anarchie de quatre-vingt-quinze jours, la double invasion étrangère (2), la convention de Balta-Liman (3), qui ramenait la Valachie à vingt-trois ans en arrière, la perte de son autonomie livrée à la Porte par le gouvernement insurrectionnel (4), et une dette de 22,063,749 créée à la nation, sans compter les sommes trou-

(1) Voir le chapitre 1ᵉʳ de la deuxième partie de ce volume.
(2) *Idem.*
(3) *Idem.*
(4) Voir le chapitre iv de la deuxième partie de ce volume.

vées dans ses caisses après le départ du Prince Bibesco, et les pertes occasionnées par l'occupation étrangère, pendant les années 1850 et 1851 (1).

Cette convention, signée le 1ᵉʳ mai 1849 entre l'Empereur de Russie et la Sublime Porte, enlevait à la Nation roumaine son droit souverain, — reconnu par le traité d'Andrinople, — d'élire ses Princes à vie ; les Cours impériales convinrent que S. M. le Sultan *les nommerait d'après un mode spécial, concerté pour cette fois entre les deux Cours, et pour sept années seulement. Les assemblées ordinaires et extraordinaires de boyards étaient suspendues, pour avoir donné, plus d'une fois, lieu à des conflits déplorables, pour s'être livrées à des actes d'insubordination ouverte. Leurs fonctions délibératives étaient provisoirement confiées à des conseils ou Divans* ad hoc, *formés des boyards les*

(1) Dette de 19,066,040 piastres, dette créée à la Vestiairie par l'insurrection.
3,000,000 — payés par le Prince Stirbei à la Russie.
Soit : 22,066,040 piastres (*Bul off.* de 1856, n° 17; *Bul. off.* de 1856, n° 81), auxquels il faudrait ajouter les économies laissées par le Prince Bibesco dans les caisses de l'État, « *qui avaient été vidées par le gouvernement de l'insurrection de 1848* ». (Voir *État de l'administration et des services publics de la Principauté de Valachie en juin* 1852, p. 2. — Voir également p. 345 de ce volume.) C'est environ 26 ou 27 millions que l'insurrection aura coûté au pays, si on ajoute aux sommes précédentes les pertes occasionnées par l'occupation étrangère, pendant les années 1850 et 1851.

M. Constantin Bâlcesco reconnaît dans la *Romania Viitoare* (1850) que la dette de l'État est d'environ 18 millions. Mais il n'impute au compte du gouvernement provisoire que 1,126,675 piastres 4 paras, à savoir : 777,610 piastres 30 paras prises aux caisses communales, et 349,064 piastres 37 paras prises au Trésor. Il invoque, à l'appui de ces calculs, cette raison que les autres dépenses et frais d'occupation doivent incomber à la *réaction,* tout comme si l'insurrection n'avait pas été la cause de l'invasion étrangère et des malheurs qui ont suivi.

Les personnes les plus honnêtes d'entre celles qui ont été mêlées à l'insurrection ne sauraient parler avec autorité des finances, par cette raison qu'il a existé dans les comptes du gouvernement d'alors la même *anarchie* que dans la politique. M. Jean Ghica nous apprend qu'il y avait de l'argent du gouvernement chez le consul d'Angleterre, M. Colghun; qu'il en avait lui-même; que M. C. Bâlcesco avait remis 3,000 ducats à Héliade, étant à Sibiu; M. N. Mandrea écrit, que des sommes furent confiées à A. Golesco, Voinesco, Jean Bratiano; qu'on prit l'argent des fonds publics *à titre d'aide pour la propagande* » (*Convorbiri,* p. 899 et année 913, année XXVI); et M. Bâlcesco avoue que l'on donnait une rétribution mensuelle à des centaines de commissaires envoyés dans les provinces pour soulever le peuple...

alliés et Russes rivalisèrent de vaillance, dans maintes batailles meurtrières, qu'on les appelle Alma, Balaclava, Inkerman, Tchernaïa, le Mamelon-Vert ou Malakoff (1).

L'Empereur Nicolas n'avait pas assisté à l'agonie de la résistance de Sébastopol; quelques mois auparavant, les revers de ses armées l'avaient frappé au cœur. Son successeur, Alexandre II, demanda la paix, qui lui fut accordée, et dont, peu de temps après, un Congrès réuni à Paris, détermina les conditions.

Le coup le plus sensible porté à la Russie, par le traité de Paris, fut celui qui interdit à cette puissance d'entretenir une flotte de guerre dans la mer Noire, et la priva de toute action sur les bouches du Danube, en lui enlevant la Bessarabie méridionale et en plaçant le Danube sous la garantie de neutralité et de liberté édictée en 1815 par le Congrès de Vienne (2).

Cependant, en supprimant le protectorat de la Russie, le traité de Paris rendit indispensable la réorganisation de la Valachie et de la Moldavie. Comme ces Provinces se trouvaient placées par ledit traité sous la protection des Puissances européennes ayant pris part à la guerre, c'est-à-dire de la France, de l'Angleterre, de l'Italie, de la Russie, de la Turquie, et en outre de l'Autriche

(1) Consulter l'*Histoire de la guerre de Crimée,* par CAMILLE ROUSSET, le meilleur écrivain politique et militaire de la France. (Hachette, édit.)

(2) *Histoire d'une frontière,* par le Prince G. BIBESCO, p. 146 et suiv. (Plon, édit.)

La Russie subira ces conditions, pendant quinze ans, dans un recueillement plein de dignité et profitera, en 1870, du trouble dans lequel l'écroulement de la puissance militaire de la France jettera l'Europe, pour faire convoquer à Londres, le 30 octobre de la même année, une conférence des grandes Puissances, et y faire décider qu'il serait mis un terme à *la neutralisation de la mer Noire.* En obtenant l'abolition de l'article 1er du traité de 1856, la Russie ne ressaisira pas le droit de protection qu'elle exerçait depuis tant d'années sur les Provinces roumaines, et dont l'article 3 dudit traité l'a dépouillée; mais elle aura l'habileté de se faire rendre la Bessarabie, en 1878, au traité de Berlin, et de rentrer en possession de l'embouchure et du bras de Kilia, — qu'elle avait possédé depuis le traité de Bucarest de 1812, — par le traité de Londres élaboré du 8 février au 7 mars 1881. — Voir *Politique, Religion, Duel,* par le Prince G. BIBESCO, p. 118 et 119. (Plon, édit.)

et de la Prusse, cette mission incomba naturellement à ces Puissances.

Pour aplanir les difficultés qu'une pareille tâche offrait, le Congrès décida qu'une commission, composée de délégués représentant les sept Puissances européennes, serait envoyée dans les Principautés, pour s'éclairer *sur les vœux des populations concernant leur organisation définitive*, et que, dans ce but, elle convoquerait, dans chaque Principauté, un divan *ad hoc* qui aurait pour mission de faire connaître l'expression de ces vœux. (Art. 23 et 24 du traité de Paris ; Prot. n° 14 ; — année 1856.)

Le Prince n'attend pas que MM. les commissaires arrivent dans les Principautés, pour tracer à ses amis les grandes lignes de la politique à suivre par son pays, et insister sur les vœux à adresser aux grandes puissances.

*Copie d'une lettre du Prince à son gendre, le colonel J. Floresco.*

« L'heureuse issue des dernières conférences de Paris nous fait espérer que l'arrivée des commissaires dans les Principautés ne se fera pas longtemps attendre, et que nous pourrons ainsi sortir bientôt de l'état intolérable de tiraillements et d'inquiétudes dans lequel nous nous trouvons depuis plus de trois ans.

« Néanmoins, malgré toutes ces apparences encourageantes, nous ne devons pas nous laisser enivrer par des illusions trompeuses, car il est à craindre qu'avant d'arriver au port nous aurons à subir encore bien des orages, à courir bien des dangers.

« La Sublime Porte, dont les prétentions extraordinaires et intempestives sur notre pays avaient jeté l'alarme parmi nous, mieux conseillée aujourd'hui, paraît avoir cédé aux sentiments de justice qui animent la plupart des autres cabinets et à l'esprit de conciliation qui doit guider, désormais, sa politique ; mais il y a malheureusement d'autres intérêts en opposition avec les nôtres et dont nous ne manquerons pas de ressentir la funeste influence. La main invisible de l'intrigue fera jouer, nous le prévoyons d'avance, mille ressorts pour semer le trouble et la discorde parmi nous.

« Elle profitera, nous en sommes sûr, de l'importance du sens, pour nous pousser à des démarches compromettantes, afin de nous faire déprécier aux yeux des Puissances qui nous veulent sincèrement du bien; elle se servira de l'esprit stationnaire et rétrograde des autres, pour empêcher tout progrès, nous rejeter même dans notre triste passé, si cela lui est possible. Or, pour nous mettre en garde contre de si ténébreuses machinations, nous devons nous armer de prudence et de fermeté, nous serrer les uns contre les autres, nous consulter ensemble sans distinction de condition, d'âge ni d'opinion, faire le sacrifice de nos principes outrés, nous dépouiller de tout esprit de parti et de tout intérêt personnel, et nous donner loyalement la main.

« Le ferons-nous? Saurons-nous être grands en face de si graves événements? Il le faut. Il le faut, car nous sommes seuls et faibles en présence d'ennemis forts et nombreux.

« Toute scission nous affaiblirait davantage et, par conséquent, nous perdrait sans retour.

« Du reste, quelle pourrait être la cause d'une mésintelligence entre nous, aujourd'hui? *Chercherons-nous à nous occuper des détails de notre législation intérieure? Nous conjurons nos compatriotes de n'en rien faire.* Ce serait nous engager dans un dédale de discussions qui ne feraient que compliquer et envenimer la situation; ce serait livrer nos dernières libertés à des mains étrangères et donner à nos ennemis des armes contre nous (1).

(1) M. Jean Bratiano proposera au divan *ad hoc* la réorganisation intérieure du Pays. — L'Assemblée rejettera cette proposition sur les observations de MM. A. E. Floresco et Jean Marghiloman. L'Assemblée adoptera la proposition de M. A. E. Floresco de suspendre ses travaux jusqu'à ce que le Congrès se soit prononcé sur les vœux des Roumains.

« La question principale, la seule dont nous devons nous préoccuper avant tout, c'est la question de nos droits politiques.

« Cette question est simple, et elle aurait pu l'être davantage, si on l'avait traitée avec plus de précision dès le début; on peut la résumer dans ces trois phrases :

« Quels sont les droits des Moldo-Valaques?

« Sur quoi s'appuient-ils pour les réclamer?

« Jusqu'à quel point peuvent-ils exercer ces droits, sans porter atteinte à l'intégrité de l'Empire ottoman?

« Ces quelques mots si clairs ont fourni cependant des sujets de discussions et de controverses à perte de vue.

« Nous demandons pardon aux hommes d'État et aux publicistes qui s'en sont occupés, si nous allons leur dire que c'est en posant mal la question qu'ils ont donné lieu à tant de débats oiseux et inutiles.

« En effet, si, *au lieu de demander quels sont les droits des Roumains et sur quoi ils les appuient, on avait demandé au gouvernement ottoman* QUELS SONT SES DROITS A LUI SUR LES PRINCIPAUTÉS, ET SUR QUOI IL LES BASE POUR LES SOUTENIR, toute difficulté, tout malentendu aurait disparu.

« Poser la question ainsi, c'eût été la résoudre; et ce point une fois éclairci, tout s'éclairait, tout devenait simple et net.

« Les Roumains, peuple ou nation distincte, par sa religion, sa langue, ses mœurs et ses lois, ne peut avoir ni plus ni moins de droits que tout autre peuple ou nation se trouvant dans des conditions identiques. En déduisant donc, pour ainsi dire, de la totalité de leurs droits, la seule partie qui revient légalement à la Turquie, les Moldo-Valaques doivent jouir de toutes les autres, sans en déduire aucune.

« Mais, nous objectera-t-on peut-être, la Sublime Porte, ayant déjà déclaré ne reconnaître aucun des traités conclus avec les Princes Roumains, a répondu d'avance à toute objection nouvelle. Selon elle, les libertés dont jouissent aujourd'hui les Moldo-

Valaques ne sont que des actes émanés de la générosité des Sultans et, comme tels, révocables à volonté, ou bien des concessions faites à la Russie dans les traités conclus à différentes époques avec cette Puissance, mais que la dernière guerre a mis à néant; que, par conséquent, les droits de cette dernière Puissance sur les Principautés sont illégitimes, et pour preuve la Turquie pourrait rappeler la longue série d'empiétements que la Russie aurait faits sur les droits de ces pays. Mais est-ce bien la Turquie qui parlerait ainsi? Ne serait-ce pas là, plutôt, le raisonnement d'un esprit machiavélique qui l'aura inspiré au cabinet ottoman?

« Les hommes d'État actuels de la Sublime Porte sont trop justes et trop éclairés pour se prévaloir des actes d'usurpation et de violence commis jadis, sous un régime despotique et barbare. Le grand argument de ceux qui craignent de voir les Principautés dans un état prospère, consiste à montrer les Roumains devenant trop forts et pouvant, un jour, abuser de leur force au point de menacer l'intégrité de l'Empire ottoman et le repos des autres Puissances limitrophes. A cela nous répondons avec confiance qu'aucun esprit sérieux ne se laissera effrayer par de pareils fantômes, et pourvu qu'il se trouve à la tête du gouvernement turc un seul homme éclairé pour savoir reconnaître la différence entre une politique large et loyale et la politique méticuleuse, mesquine et étroite (qu'on y a suivie jusqu'à présent), il comprendra, sans la moindre difficulté, que les Principautés Danubiennes, qui, — vu leur état précaire et mal défini, — n'ont été, jusqu'ici qu'un embarras pour la Sublime Porte et un avantage pour ses ennemis, deviendraient — une fois fortement constituées — pour l'Empire ottoman une forteresse imprenable qui couvrirait la frontière de la Turquie sur une étendue de plus de deux cents lieues. Sa principale force ne serait d'abord, il est vrai, que dans son droit garanti par l'Europe. Mais il viendra un temps où les baïonnettes et les cœurs des Valaques, constamment tournés contre tout ennemi du dehors, défendront les abords de cet Empire tout en se défendant.

« Comment croire, en effet, que les Roumains, qui ne désirent qu'un peu de repos et de sécurité, qui n'aspirent qu'au bonheur de pouvoir s'occuper tranquillement de l'amélioration matérielle et morale de leur pays et de jouir des fruits de la paix, à l'ombre de la protection bienveillante de l'Europe; comment croire qu'ils seraient assez insensés pour provoquer, par des démarches directes ou indirectes, la juste aversion de leurs puissants voisins, et attirer sur leur patrie les calamités d'une nouvelle occupation étrangère? Éventualité inévitable, qui pourrait devenir fatale à leur existence politique.

« L'exemple de Cracovie, sinon leur propre sagesse, suffit pour les rendre plus raisonnables, plus circonspects.

« Mais tous nos efforts pour tranquilliser ces craintes puériles, toutes nos assurances, toutes nos protestations pourraient paraître vagues et insuffisants; un programme succinct qui indiquera en quelques lignes les vœux des Roumains en dira plus que des volumes de phrases.

« Le programme, le voici :

1856. — *Principes généraux que les Moldo-Valaques désire-raient voir servir de base à la réorganisation future de leur pays.*

« I. — La Sublime Porte continuera, comme par le passé, à « exercer les droits de suzeraineté qu'elle s'est légitimement « acquis sur les principautés roumaines, et qui consistent :

« *a*) En la reconnaissance des Princes ou Prince élu par la « nation ;

« *b*) En la perception du tribut qu'elle s'est assigné elle-même « lors de la promulgation du Règlement organique.

« II. — En dehors de ces prérogatives reconnues et assurées « de la Turquie, les Roumains entrent dans la jouissance pleine

« et entière du droit. politique et du droit des gens, en vertu de
« quoi ils émettent les vœux suivants :

« 1° Pour des raisons d'économie et de force, la réunion des deux
« Principautés sous un seul Prince élu librement par la nation;

« 2° Dans l'intérêt de paix intérieure et de stabilité pour leur
« gouvernement, l'hérédité du Prince dans la ligne droite et
« masculine de ses descendants;

« 3° Neutralité absolue de leur pays, sous la garantie col-
« lective des Puissances signataires du traité de Paris, sans
« ingérence aucune de leur part dans leurs affaires intérieures;

« 4° Faculté absolue de s'occuper du développement matériel
« et moral de leur pays, conformément à leurs besoins réels et
« au degré de leur état de civilisation;

« 5° Faculté d'établir leurs relations commerciales selon les
« intérêts du pays;

« 6° Jouissance de la liberté de navigation sur le Danube, aux
« mêmes conditions que les autres Puissances riveraines, ainsi
« que dans les mers de la Turquie;

« 7° Respect absolu, de leur part, pour les institutions des États
« voisins, dans quelque circonstance que ce soit et dans toutes
« les positions où se trouveraient les affaires de l'Europe;

« 8° Droit de prendre pour la défense du territoire et la sécu-
« rité intérieure, par la voie légale, telles mesures jugées néces-
« saires;

« 9° Respect absolu de la propriété et des personnes : c'est là
« la clef de voûte de toutes les sociétés sages et honnêtes du
« monde connu;

« 10° Égalité absolue devant la loi civile et criminelle, sans
« distinction de classe;

« 11° Admission de tous les Valaques, ayant la capacité néces-
« saire, à tous les emplois du pays;

« 12° Contribution générale aux charges du pays dans des
« proportions justes et sages;

« 13° Liberté de conscience pour toutes les religions exis-
« tantes ;

« 14° Droit accordé à tout étranger professant la religion
« chrétienne de devenir propriétaire dans le pays ;

« 15° Admission, dans la famille roumaine, de tous les étran-
« gers qui auraient acquis des propriétés foncières dans le pays,
« ou qui auraient donné des preuves d'une conduite irrépro-
« chable pendant un long séjour dans les Principautés et s'y
« seraient rendus utiles par l'exercice de quelque industrie ou de
« quelque profession honnête ;

« 16° Soumission de tous les étrangers aux lois du pays.

« Tels sont, en peu de mots les vœux, des Roumains.

« Tels sont les droits qu'ils réclament et les avantages qu'ils
« veulent en tirer.

« Nous demandons maintenant à tout homme impartial s'il y
trouve l'ombre d'une arrière-pensée qui pourrait menacer le repos
d'un État quel qu'il soit?

« Espérons donc que les quelques lignes que nous venons
de tracer dans toute la sincérité de notre cœur suffiront pour
détruire, à jamais, la méfiance injuste dont nous avons été jusqu'à présent l'objet, et qu'elles nous concilieront les sympathies
de toutes les Puissances qui ont pris notre cause en main.

« Espérons aussi, et ce n'est pas le moindre de nos vœux,
qu'aucun de nos compatriotes n'y verra le moindre privilège
réservé à une classe, au détriment d'une autre classe, et
qu'ainsi ce programme, cette profession de foi de tous les
Moldo-Valaques deviendra le drapeau de ralliement de tous les
hommes sages et bien intentionnés de notre pays, et que tel
sera l'acte, solennellement accepté par tous, avec lequel les
Roumains se présenteront aux commissaires, dont l'arrivée est
attendue avec une fiévreuse impatience. »

Quand la commission arriva dans les Provinces Danubiennes, elle y trouva installés comme caïmacami (gouverneurs) : en Moldavie, Michel Vogoridès (1), et en Valachie, Alexandre Ghica (2), l'ancien Prince déposé par la Porte en 1842. — Ces deux nominations avaient été faites par la Turquie après l'expiration des sept ans de règne des Princes Stirbei et Grégoire Ghica, le 1ᵉʳ juillet 1856 (3).

Opposée à l'union des deux Principautés avec un Souverain unique, but de toutes les aspirations roumaines, la Turquie, d'accord avec l'Autriche, combattit les dispositions bienveillantes de Napoléon III et mit tout en œuvre, comme nous le verrons par une lettre publiée plus loin, pour que les vœux des Roumains ne fussent pas exaucés.

Entre temps, un homme fixé à Paris avec sa famille, bien vu de l'Empereur, qui prenait plaisir à causer avec Lui du pays roumain, vers lequel allaient ses sympathies, intime avec Drouyn de Lhuys et Walewski, s'occupait avec ardeur de Son pays et usait de toute Son influence pour faire adopter l'idée d'union à laquelle, pendant Son règne, Il avait travaillé sans relâche et avait fait faire le premier pas (4). Cet homme était le Prince Bibesco.

Les apôtres de 1848 et les fidèles de la légende ont imaginé que l'Empereur avait soutenu, — au Congrès de Paris, — l'idée de l'union des Principautés avec un Prince étranger, parce que *cette idée avait été répandue en France par les exilés*. Mais est-il admis-

---

(1) N. Vogorides avait succédé à Th. Balche, qui avait remplacé comme caïmacam le Prince régnant Grégoire Ghica, et qui était mort trois mois après.

(2) Le firman de nomination du caïmacam est du 3 juillet 1856. (*Bull. off.* n° 56, 17 juillet.)

(3) L'office par lequel le Prince Stirbei remet ses pouvoirs au conseil administratif est signé de Pitesti, 25 juin/7 juillet 1856.

(4) Voir dans ce volume, p. 136, 216 et 240.

sible que Napoléon III ait attaché une importance quelconque à l'opinion des insurgés roumains de 1848 réfugiés à Paris, après l'invasion de la Moldo-Valachie par les armées russo-turques? ou qu'Il ait pu porter quelque intérêt aux idées des coreligionnaires politiques de celui qui avait été compromis dans l'attentat de l'Opéra-Comique? Non (1); c'est ailleurs qu'il faut chercher les causes de la bienveillance du gouvernement français pour les Roumains, et il ne faut pas perdre de vue que les trois fils du Prince avaient passé par les écoles militaires de France, et que deux d'entre eux étaient encore sous ses drapeaux.

En ce qui concerne le Prince Bibesco, on vient de voir avec quelle sollicitude Il suivait les phases que traversait son pays, bien qu'Il en fût éloigné, et avec quelle clairvoyance Il traçait à ses amis et à ses partisans, le programme auquel Il les engageait tous à se rallier pour le bien et la grandeur futurs de la nation roumaine. En voici un nouveau témoignage; celui-ci est postérieur à l'arrivée de MM. les commissaires dans les Principautés.

### *S. A. S. le Prince Bibesco à M. Jean Floresco, son gendre.*

TEXTE EN LANGUE FRANÇAISE.
                                            « Baden-Baden, 5 septembre 1856.

« J'ai reçu, mon cher Jean, votre lettre, et j'ai vu avec plaisir que vous jugez parfaitement la situation du pays.

« Elle est, en effet, des plus critiques. Il pourra résulter beaucoup de bien des circonstances présentes, et tant de mal aussi, qu'en fin de compte nous perdions jusqu'à notre nationalité. Nous avons vu des peuples, autrement organisés que le nôtre, disparaître au milieu de tempêtes soulevées par les dissensions

---

(1) « La méfiance napoléonienne pour M. Jean Bratiano *s'est seulement accrue* », écrit le Prince Charles-Antoine, en 1868, à son fils le Prince Charles de Hohenzollern. (Notes sur la vie du Roi Charles de Roumanie. Voir l'*Indépendance* du 19 février/3 mars 1894.) Cette méfiance avait donc toujours été en éveil.

intestines. Le bien comme le mal dépendra de l'esprit qui animera ceux qui seront appelés à exprimer les vœux du pays. Quels seront ces hommes? Je l'ignore. On ne les prendra pas toutefois hors du pays. C'est pourquoi il est urgent que tous les hommes sensés et de bien s'entendent par avance et arrêtent leurs idées, pour pouvoir lutter avec avantage contre toutes les utopies et toutes les passions qui se heurteront au moment où le sort du pays sera mis en question.

« A cet effet, je croirais indispensable de former, dans la capitale, un comité qui eût des affiliations dans tous les districts. Il serait composé de cinq à six membres au plus, pris parmi tout ce qu'il y a de plus intelligent et de plus influent. Le but serait d'enrôler, sous le même drapeau, tous ceux qui auraient la même manière de voir, sans distinction de religion ni de nationalité, pourvu qu'ils offrissent la garantie d'une position tant soit peu influente, de sorte qu'au moment voulu, toutes ces opinions, réunies en faisceau, pesassent d'un poids considérable dans la balance où devront être pesées les destinées du pays. Isolées, elles seraient nulles, alors même qu'elles formeraient la grande majorité. Il faudrait tâcher de grouper autour de vous le plus de jeunesse possible. C'est là surtout que sont le dévouement et les sentiments généreux, alors qu'ils n'ont pas été faussés par une mauvaise direction.

« Votre programme pourrait contenir les bases suivantes :

« UNION, — Si elle est populaire dans le pays.

« HÉRÉDITÉ, — En cas ou le Prince devra être pris parmi les indigènes, droit absolu d'élection, tel qu'il a déjà été reconnu et pratiqué.

« NEUTRALITÉ, — Sous la garantie effective de toutes les Grandes Puissances, sans ingérence de la part d'aucune dans les affaires d'administration intérieure. — Faculté pleine et entière accordée au pays de se développer matériellement et moralement, selon ses ressources et ses besoins. — Faculté de prendre, pour sa défense intérieure, toutes les mesures

QU'IL JUGERAIT NÉCESSAIRES. — FACULTÉ D'ÉTABLIR SES RELATIONS COMMERCIALES SELON SES INTÉRÊTS. — SOUMISSION DE TOUS LES ÉTRANGERS AUX LOIS DU PAYS. — JOUISSANCE DE LA LIBERTÉ DE NAVIGATION SUR LE DANUBE, AUX MÊMES CONDITIONS QUE LES AUTRES PUISSANCES.

« Voilà ce que vous devrez demander aux Puissances et ce qu'elles devront vous accorder, si elles veulent sérieusement vous accorder quelque chose.

« Pour ce qui est de l'organisation intérieure, si elles s'en mêlaient trop, il en résulterait un habit d'Arlequin qui néanmoins pourrait contenir dans ses plis plus d'un sujet de secousse et de commotion.

« Je crois donc qu'il faudra se grouper autour du Règlement organique, pour en sauver tout ce qu'il contient de bon. Ce n'est pas faute de bonnes lois qu'aucun germe de bien n'a pu prendre sur notre sol sans cesse remué! Combien nous serions loin aujourd'hui, si les malheureux événements de 1848 et tout ce qui s'en est suivi n'étaient pas venus nous arrêter dans notre course, pour nous faire reculer de trente ans en arrière! C'èst ce qu'il faudrait faire sentir aux commissaires, — pour EMPÊCHER QUE LA FORME EMPORTE LE FOND, ET ÉVITER QU'EN SE PERDANT DANS DES DÉTAILS INTÉRIEURS ON NE PERDE DE VUE L'ESSENTIEL, C'EST-A-DIRE LES GARANTIES DE STABILITÉ.

« En attendant, voici quelques principes qui pourront faire partie de votre programme :

« 1° ÉGALITÉ DEVANT LA LOI CIVILE ET CRIMINELLE, SANS DISTINCTION DE CLASSE NI DE CONDITION.

« 2° CONTRIBUTION DE TOUS AUX CHARGES DE L'ÉTAT, PAR CONSÉQUENT, L'IMPÔT FONCIER.

« 3° ADMISSIBILITÉ DE TOUS LES VALAQUES AYANT LA CAPACITÉ NÉCESSAIRE, A TOUS LES EMPLOIS DU PAYS.

« 4° FUSION DANS LA GRANDE FAMILLE ROUMAINE DE TOUS LES ÉTRANGERS QUI, PAR UN LONG SÉJOUR DANS LE PAYS, PAR UNE CONDUITE HONORABLE, ET PAR L'EXERCICE D'UNE INDUSTRIE OU D'UNE PROFESSION UTILE, POURRAIENT ÊTRE ADMIS A RÉCLAMER LE DROIT

DE CITÉ, A LA CONDITION QU'ILS RENONCERAIENT A TOUTE PROTECTION ÉTRANGÈRE. — C'EST DE LA QUE SORTIRAIT NOTRE BOURGEOISIE.

« 5° RESPECT DE LA PROPRIÉTÉ. C'EST LA PIERRE ANGULAIRE QU'ON NE SAURAIT ÉBRANLER SANS ÉBRANLER TOUT L'ÉDIFICE SOCIAL.

« Méfiez-vous des formes par trop constitutionnelles. Elles ne sont pas faites pour des peuples encore dans l'enfance comme le nôtre, et qui ont le malheur d'être infestés de tous les vices d'une civilisation avancée, *moins la civilisation*. — Pour mon compte, je voudrais voir à la tête du gouvernement de mon pays un homme au bras de fer, mais au cœur d'or. Dans l'état de démoralisation et de désorganisation où il se trouve, ce serait son unique salut.

« Je vous ai parlé de l'*Union*, je l'appelle et l'ai appelée de tous mes vœux; mais je ne crois pas qu'on nous la donne, vu les grands intérêts étrangers qui s'y opposent.

« Voilà, mon cher Jean, ce que j'avais à vous dire; votre beau-frère Grégoire suppléera à ce que j'aurai oublié; j'ai pu lui communiquer longuement mes idées.

« Mille amitiés pour vous et pour tous les vôtres.

« *Signé* : G. BIBESCO. »

Ce document est trop éloquent dans sa concision, il donne trop bien la mesure de l'amour du Prince pour Son Pays et de la connaissance qu'Il avait de ses besoins, pour qu'il soit utile d'ajouter aucun commentaire.

Toutefois, les appréciations du Prince sur les droits des Roumains, dont l'indépendance administrative et législative était, *ab antiquo*, fondée sur les traités des Princes roumains Mircea et Vlad V avec la Sublime Porte (1), nous suggèrent les réflexions suivantes :

(1) Voir t. Ier, p. 59, le traité de 1392. — Voir à l'Appendice de ce volume celui de 1460.

Considérés au point de vue du droit public, les traités entre la
Russie et la Porte n'auraient jamais dû engager la nation roumaine, attendu que ces deux Puissances ne pouvaient pas disposer d'un bien qui ne leur appartenait pas. D'après les Capitulations, la Porte n'était pas notre Suzeraine ; nous payions un impôt,
c'est vrai, mais en droit public, argent ne constitue pas vassalité ;
et, comme le Prince Bibesco l'écrivait en 1843 au Cabinet de Saint-
Pétersbourg à propos de la question commerciale, « le Pays rou-
« main occupait dans le droit public de l'Europe une place distincte
« des autres provinces de l'Empire ottoman (1) » ; et, comme il
l'affirmait nettement à M. de Nion, « quand nous avons payé le
« tribut annuel à la Porte, nous ne lui devons plus rien (2) ».

Or, une décision européenne au congrès de Paris a, pour la
première fois, déclaré les Roumains vassaux de la Porte (3).

A ce point de vue, le traité de Paris nous a amoindris. La
Turquie n'ignorait pas que *le fait* fût en contradiction avec *le
droit*, et elle sut, comme au traité de Carlovitz (1699), se servir
dans ses heures difficiles de l'argument : « Je ne peux pas céder
ce qui ne m'appartient pas. » La Russie, de son côté, qui reconnaissait la valeur de cet argument et qui ne voulait pas qu'on pût
le lui opposer le jour où elle demanderait à garder la Bessarabie,
consentit à la cession de la Bucovine à l'Autriche (1776-1777).

Cependant, aux conseils du Prince Bibesco le colonel Floresco
répondait :

« Bucarest, ce mardi 8/20 janvier 1857.

« MONSEIGNEUR,

« Depuis la dernière lettre que j'ai eu l'honneur d'adresser à
Votre Altesse à Constantinople, j'ai pu enregistrer les faits sui-

(1) Voir t. Ier, p. 149.
(2) Voir t. Ier, p. 292.
(3) Em. Kuinezu protesta seul alors. Ce fut, du reste, l'argument de droit
invoqué lors de la proclamation de l'indépendance.

vants qui, dans les circonstances actuelles, méritent quelque attention : le Caïmacam vient de s'installer à l'ancien Palais, comme pour mieux faire sentir la solidité de sa position. A l'occasion du jour dé l'an, avec les mutations et les nominations qu'Il a faites dans l'ordre judiciaire, Il a accordé en même temps, à titre de gratification, les appointements pour trois mois aux officiers de tout grade, ainsi qu'à d'autres personnes dont les unes ne comptent même pas parmi les fonctionnaires publics; le tout, montant au chiffre d'environ *600,000* piastres (1). On dit que le Caïmacam va continuer ce système de largesses, ét que bientôt Il doit accorder à tous les fonctionnaires civils trois mois d'appointements, au-dessous de cinq cents piastres. Ces traits de générosité, ou plutôt de prodigalité, dans un moment où Il déclare lui-même les finances dans un état absolu de détresse (2), ont ceci d'alarmant qu'ils prouvent jusqu'à l'évidence l'intention dans laquelle ils sont faits. C'est triste que, contrairement à l'esprit même du traité de Paris, on ait donné à un gouvernement provisoire de tels moyens de séduction, sans parler de la liste civile, qui est encore un levier puissant entre les mains d'un homme qui ne vise qu'à se ménager un parti, pour sortir victorieux de la lutte.qui se prépare.

« Pour ma part, je ne crois pas un seul instant au succès d'un homme qui était déjà connu, et qui s'est porté un dernier coup par ses propres actes, pendant les quelques mois de sa Caïmacamie. Mais, en même temps, on ne comprend pas comment les hommes d'État qui s'occupent de notre future organisation ne sentent pas l'inconvénient, l'injustice, le scandale même, d'un tel état de choses. Aussi toutes les personnes sérieuses pensent chez nous que les pouvoirs de la Caïmacamie devraient cesser (3),

---

(1) Le décret n° 1 du *Bull. off.* n° 2 de l'année 1857 porte la somme de 346,189 lei 10, pour gratifications à l'armée.

(2) Voir plus loin la note sur les finances, p. 489.

(3) Voir la lettre du Prince au comte Walewski.

ou du moins être considérablement limités, à l'époque de l'arrivée des commissaires à Bucarest. Sans quoi, à en juger par ce qui arrive, dans les pays même les plus éclairés de l'Europe, on doit s'attendre à ce que tout soit faussé chez nous, avant les élections.

« Tous ces messieurs, que je n'ai pas besoin de nommer ici, m'engagent à écrire à Votre Altesse pour lui signaler ce danger, afin qu'Elle tâche, par tous les moyens de fixer l'attention de qui de droit, sur une question aussi importante.

« Un des derniers traits du Caïmacam, qui n'est certes pas fait pour combler le vide qui se fait chaque jour dans les rangs de son parti, est le suivant : Il vient de nommer à la censure, au secrétariat d'État, un certain *Caliarchi*, tout à fait étranger au pays. C'est un jeune homme de Constantinople qui accompagnait Kiamil-bey, porteur du firman d'installation de la Caïmacamie. Cette nomination, qui nous ramène aux temps des Phanariotes, a provoqué dans tous les partis une véritable indignation.

« Relativement à Votre Altesse, je dirai, sans crainte de m'abuser, que l'opinion Lui est de plus en plus favorable. On dirait que les sympathies augmentent pour Votre Altesse en raison des insinuations malveillantes que l'on se plaît à répandre sur Son compte.

. . . . . . . . . . . . . . . . . . . . .

« Plusieurs jeunes gens, que j'évitais plutôt que je ne fréquentais, — de ces jeunes gens qui se croient seuls patriotes et qui ont fait dernièrement encore le malheur du pays, — sont venus à moi pour me parler de Votre Altesse de la manière la plus avantageuse. Malgré la défiance qu'ils pouvaient m'inspirer, j'ai été loin de les repousser, et, grâce à certains conseils que j'ai puisés dans Votre dernière lettre (1), j'ai pu leur rappeler que nous nous trouvions à une époque où tout homme qui

(1) Voir p. 470 à 473 de ce volume.

aime son pays doit faire abstraction des personnes, comme aussi doit éviter de toucher aux questions. de détail, ces questions étant les seules sur lesquelles il nous était permis de différer d'opinion. Que, pour le moment, nous ne devions nous occuper que des bases fondamentales de l'organisation du pays, et qu'à cet égard Votre Altesse avait bien voulu me tracer quelques principes, que j'ai pensé pouvoir leur communiquer. Ils admirèrent l'esprit patriotique et désintéressé qui les ont dictés et déclarèrent que ce programme serait le leur, comme aussi que nous devions nous entendre pour le faire comprendre et adopter par le plus grand nombre.

« Cet incident me donna l'idée (M. Catargi fut de cet avis) de faire publier ledit programme, précédé d'un petit préambule renfermant des conseils à nos compatriotes, sur la ligne de conduite que chacun devait tenir, au moment où le travail de réorganisation serait entrepris. J'expose ce fait à Votre Altesse, afin que si le temps le Lui permet, et qu'Elle le juge convenable, Elle veuille bien m'éclairer, à cet égard, par quelques nouveaux conseils.

« J'ai l'honneur d'être, Monseigneur, avec le plus profond respect, de Votre Altesse le très humble et très dévoué

J.-E. FLORESCO.

P.-S. — « J'oubliais, Monseigneur, une question des plus importantes, celle de la composition du Divan. On la dit déjà résolue d'une manière regrettable, car le bruit court que la première classe des Boyards, — c'est-à-dire celle qui est composée, à peu d'exceptions près, de personnes rompues aux affaires, connaissant le mieux l'état du pays et ne partageant pas les idées subversives qui, malheureusement, s'emparent depuis quelque temps de notre jeunesse, et paraissent gagner le petit propriétaire et surtout notre clergé (les plus ignorants étant naturellement aussi les plus dangereux), cette première classe, dit-on, ne sera pas représentée directement, mais elle sera comprise dans la masse des propriétaires qui doivent fournir deux députés par district. Dans ce cas, j'affirme, et c'est l'avis des personnes les plus sensées, qu'aucun homme de poids n'arrivera au Divan, car il y a contre eux, non seulement l'antipathie des petits propriétaires, mais encore le fait que ces derniers forment la grande majorité. C'est pourquoi je viens, au nom des personnes animées des meilleurs sentiments, prier Votre Altesse, s'il en est temps encore, d'intervenir pour que la première classe soit représentée par un nombre de députés dont le minimum devrait être dix-sept (celui des districts). . . . . . . . . . . . . . . . . . »

C'est ici la place de jeter un coup d'œil sur la carte de l'Europe, de se rendre compte de ce qui se passait chez les grandes Puissances, et de ce qui s'était passé dans les Principautés depuis la nomination d'office des caïmacams de Valachie et de Moldavie.

Aucun résumé ne saurait valoir la lettre pleine de science diplomatique, d'esprit et d'humour (1) que nous avons trouvée dans les papiers du Prince Bibesco et que nous publions ci-dessous :

« Bucarest, 9 août 1857.

« MONSIEUR,

« Je vous disais dans ma dernière lettre : une grave nouvelle circule, celle du renvoi de Reschid-pacha. Nous en avons, depuis, appris bien d'autres : la note des quatre ambassadeurs, celle de M. de Prokesch et de lord Redcliffe, les fermes paroles de

_____

(1) Cette lettre, datée de Bucarest le 9 août 1857, est sans adresse et sans signature. Elle aura été adressée à un ami du Prince qui la Lui aura fait parvenir en Le priant de la lui renvoyer après copie. D'ailleurs, le manque de signature n'ôte à cette pièce curieuse rien de sa valeur ni de son esprit, rien non plus de son exactitude historique, ainsi qu'on peut le constater en consultant le *Bulletin des lois*. Toutes ses affirmations, tous les offices cités se retrouvent au *Bulletin officiel*. Nous les avons corroborés et nous renvoyons le lecteur à l'année et à la page du *Bulletin* où figure l'office cité.

M. Thouvenel, les pavillons amenés, la rupture possible de l'alliance anglo-française, etc. Mais, quoique toutes ces grosses choses fussent arrivées à propos de nous, et que notre existence même fût l'enjeu placé sur le tapis vert, si fort tiraillé pour le moment en sens contraire, qu'il semblait prêt à craquer, je me disais avec le poète favori de lord Palmerston : « *Much ado about nothing*, beaucoup de bruit pour rien » ; ce dernier mot, entendons-nous bien, ne se rapportant pas à la cause malheureusement trop sérieuse du conflit, mais au conflit lui-même. Il ne me semblait pas possible, en effet, que l'Autriche et l'Angleterre, après avoir poussé les ministres ottomans dans cette fondrière, fussent disposées à s'y mettre avec eux, jusqu'aux épaules, pour les en tirer.

« L'Autriche ressemble fort à cette bonne vieille de soixante-quinze ans que j'ai vue à Paris, un jour de grande fête, traverser le Champ de Mars sur une corde tendue d'un talus à l'autre. Elle avait casque et cuirasse, bonne épée et rondache formidable, et, si elle eût été à terre, elle aurait eu, ma foi, l'aspect le plus terrible du monde ; mais elle était à cent pieds en l'air, les mains fort embarrassées d'un immense balancier qu'elle penchait tantôt à droite, tantôt à gauche, et elle marchait, la bonne dame, mais bien doucement, au-dessus de l'abîme.

« Pour John Bull, c'est autre chose ; il a les épaules larges et les poings vigoureux, et il est, du moins chez lui, carrément posé sur un terrain solide. Mais il sait compter ; c'est même le talent qu'il exerce le mieux ; et il a remis ses affaires à quelqu'un qui a toujours parfaitement orienté sa voile, et la tourne à propos du côté d'où souffle le vent.

« Je n'ai donc pas été surpris quand le télégraphe est venu nous apprendre qu'à Osborne tout s'était arrangé. Autour de moi j'entends dire : « *Oui, on s'est arrangé, mais à nos dépens. La France aura payé une concession par une autre.* » Je n'en crois rien. J'en vois d'autres qui s'imaginent que l'Europe impatientée va s'occuper de nous, sans nous ; que, par conséquent, il n'y aura plus de

Divans, plus d'élections, plus de vœux du pays. — Pas davantage. Et d'abord, l'Europe est trop grande dame pour montrer de
l'impatience. De plus, elle s'est engagée à nous donner audience ;
elle tiendra parole.

« Mais savez-vous, Monsieur, pourquoi cette singulière pensée
a pu naître ici, dans des esprits pourtant sérieux ? C'est qu'ici la
défiance est générale et profonde. On dit peut-être en ce moment à
Bruxelles, à Paris, que la conversation d'Osborne a tout terminé ;
n'en croyez rien. On a mal joué, on jouera mieux : voilà tout.

« Dans la question de nos Provinces, il se trouve quatre intérêts en présence : l'intérêt turc et l'intérêt autrichien, d'une
part ; celui des Principautés et celui de l'Europe, de l'autre.

« L'Europe veut n'être pas troublée tous les dix ans par quelque bruit de guerre s'élevant de nos frontières.

« Nous aussi, nous voudrions bien vivre en paix. Je laisse les
cokney de Londres et les badauds de tous les pays répéter que
nous souhaitons d'être Russes. Oui, comme les Belges veulent
être Français et les Suisses Prussiens. Pourquoi donc s'obstiner
à ne pas admettre que nous désirons rester nous-mêmes, au lieu
d'être cette chose sans nom que tous se disputent et mettent en
pièces ? Notre existence, jusqu'ici, a été pleine d'agitations sté-
riles ; nous aspirons au repos, à l'ordre, à la stabilité. Notre
malheureux pays a été comme le caravansérail de l'Orient ; les
peuples, les armées y sont venus des quatre points de l'horizon
et l'ont, sans relâche, foulé aux pieds. Nous demandons qu'on
nous donne notre place au soleil et notre part dans le grand travail de la civilisation. Nous demandons qu'on nous laisse ouvrir
nos sillons et semer les moissons dont l'Europe a besoin ; qu'on
nous laisse garder pour elle le plus beau de ses fleuves.

« En étant cela pour nous et pour l'Europe, nous serons encore
pour la Turquie un boulevard, et, au besoin, un poste avancé, la
grand'garde de son Empire. Malheureusement, elle se refuse à le
comprendre, et exploitant la déclaration du traité de Paris relative

à l'intégrité de son territoire, elle ne songe qu'à ramener nos Provinces à la condition d'un pachalik, en faisant litière de nos vieux droits, comme si elle devait se trouver bien plus forte avec la haine qu'avec le dévouement de quatre millions d'hommes.

« L'Autriche, elle, a très crûment montré sa pensée ; elle ne veut pas qu'il y ait ici rien de viable, rien de fort. Elle n'attaque pas, dit-elle, elle se défend. C'est assez d'un Piémont à l'Ouest, elle n'en veut pas un second à l'Est. Et pour réussir, elle fait flèche de tout bois ; elle use de toutes armes. Cette politique est claire, tout le monde l'a comprise. Mais ce que tout le monde ne sait pas aussi bien, c'est l'ardente convoitise que cachent ces paroles d'apparence si modeste. Aujourd'hui, notre ennemi le plus à craindre n'est plus à Saint-Pétersbourg, mais à Vienne. J'ai longtemps combattu l'influence russe. Je ne vous serai donc pas suspect en vous disant qu'en ce moment je ne la redoute pas et que je crois, par les raisons que je vais vous soumettre, à la sincérité de la politique nouvelle du Czar.

« Tant que les Russes ont pu faire entrer dans leurs plans l'assentiment de l'Autriche à l'occupation de Constantinople, ils ont songé à prendre, en passant, nos Provinces. Elles étaient une route militaire, une base d'opérations nécessaire, Jassi, Bucarest, devant servir d'étapes vers Schumla et Andrinople. Mais aujourd'hui que Sébastopol et la flotte de la mer Noire n'existent plus, aujourd'hui que les bouches du Danube sont libres et que les avenues de Byzance sont fermées, la Russie n'a plus besoin de nous, et l'on nous donnerait à elle, que je gage qu'elle n'accepterait pas. Je désire qu'on ne l'expose point à cette tentation. Mais elle aurait de bien bonnes raisons pour ne pas vouloir de nous, car l'adjonction de nos deux Provinces serait pour elle un affaiblissement, loin d'être une force.

« Jetez les yeux sur une carte : voyez cette courbure des Carpathes qui nous enveloppent depuis New-Orsova jusqu'à Botochany. A qui appartient le revers septentrional de ces

montagnes ? A qui sont Hermanstadt, Bistritza, Soutchava et
Czernovitz, nos vieilles capitales ; Tarnopol et les bassins supérieurs du Séreth, du Pruth et du Dniester ?

« Dans la Galicie, et sans sortir de chez eux, les Autrichiens
ont une armée à soixante-dix lieues de Kiew, à quatre-vingts
d'Odessa, et prolongeant pendant cent soixante lieues le flanc
des Russes qui seraient à Craïova et à Bucarest, ils pourraient
en deux marches s'établir sur leur ligne de retraite et couper
leurs communications. Stratégiquement, l'occupation de la Moldo-
Valachie par les Russes est impossible sans la connivence de
l'Autriche ; et la Russie, si difficilement vulnérable chez elle, le
serait beaucoup chez nous. La dernière guerre l'a montré.

« Mais comme la Moldo-Valachie finirait admirablement l'empire
autrichien, le mettant sur la mer Noire, lui donnant le Danube, lui
livrant toute la péninsule orientale qu'il enserrerait de ses deux
bras, depuis le golfe de Cattaro jusqu'à la passe de la Soulina ! Ce
n'est pas moi qui dis tout cela, c'est quelque chose qui n'a d'affection ni de haine pour personne, c'est la géographie qui nous
crie, et qui crie aussi à Constantinople : Voilà maintenant l'ennemi !

« Et remarquez que l'Allemagne, qui rêve beaucoup, s'est mise
à rêver que le Danube est et doit être un fleuve allemand. Trieste
les a mis en goût de la mer ; Vienne a une porte sur l'Adriatique,
elle en veut une autre sur l'Euxin. — La Russie le sait, et voilà
tout le secret de sa politique nouvelle. En politique, il est bon de
consulter d'abord les intérêts, ensuite les déclarations ; car il faut
dire avec M. Thiers qu'un diplomate ne ment pas nécessairement.
L'intérêt de la Russie dans cette affaire est si évident, et le *sic
vos non vobis* lui plaît si peu, qu'il est tout simple de la voir se
refuser à ce qu'un autre recueille ce qu'elle avait semé. Je la crois
donc très sincère dans ses démonstrations en notre faveur, parce
que je la crois très intéressée, maintenant, à museler du côté de
l'Orient cette ambition éhontée que la France est obligée de tenir
en bride à l'Occident.

« La Porte, aveuglée sur ses plus évidents intérêts, ne voit rien de ce nouveau péril, et les deux ambitions turque et autrichienne se sont entendues pour nous perdre, sauf à se disputer plus tard notre cadavre. L'Angleterre, jalouse du rôle joué par la France en Crimée, et du rang pris par cette Puissance en Europe, a oublié ses propres paroles au Congrès de Paris et est entrée dans le complot autrichien. Alors, à Constantinople on a cru n'avoir plus rien à craindre, ayant pour soi lord Stratford et le baron de Prokesch. On s'est laissé prendre à l'ambition des conquêtes, et ces Turcs qui craignent les chrétiens, mais qui les haïssent pour le moins autant qu'ils les redoutent, se sont dit que ce serait d'une habileté à réjouir Mahomet jusque dans le sein d'Abraham, si, après avoir fait sauver le Croissant par la Croix, on se faisait aider par deux nations chrétiennes à en réduire une troisième. C'était tirer deux moutures du même sac, et d'un sac où soi-même on n'avait pas mis grand'chose. Il n'y en avait que plus de mérite, et les vieux Turcs, qui ne se sont pas encore mis à la mode d'Europe, en riaient d'autant mieux dans leur barbe.

« On se met à l'œuvre sans vergogne :

« L'Europe avait dit : Je veux savoir les vœux de ce peuple. La Porte accepte, signe des deux mains, promet d'exécuter tout ce qu'on lui demande, et expédie, le 15 zilkadé de l'an de l'hégire 1242, le plus beau firman du mois de..... « Nous voulons maintenir et consolider les privilèges accordés *ab antiquo* aux Principautés..... Il est de la plus grande importance que, pendant le cours des délibérations qui vont avoir lieu, l'administration du pays conserve une position entièrement impartiale, etc., etc..... » Mais, en même temps, violant la loi constitutive des Caïmacamies, qui remet (art. 18) ces pouvoirs intérimaires à trois fonctionnaires et non à un seul, elle envoie à Bucarest et à Iassi deux dictateurs qui ont mission de ne tenir compte, ni des institutions, ni des lois, ni des convenances.

« De ces deux personnages, l'Europe en connaît un aujourd'hui.

Les élections de Moldavie ont montré quel respect de la légalité on devait attendre d'un fonctionnaire turc expédié tout exprès pour ne respecter rien. Puis nous avons cette bonne fortune de pouvoir lire la correspondance de famille de Vogoridès-bey.....

« Pour nous, à Bucarest, le spectacle a été moins divertissant : au lieu de ce jeune et aventureux bey, animé d'une si compromettante audace, nous avons eu un vieillard qui, arrivé jusqu'au terme ordinaire de la vie, n'a pas trouvé, à cet âge, des sentiments calmes et désintéressés, une bonne pensée pour son pays et pour lui-même. Au lieu d'honorer la fin de sa carrière en s'associant franchement à la régénération d'un peuple, il n'a songé qu'à satisfaire une ambition sénile. Il n'a pas regardé autour de lui, mais à Constantinople, et il a agi comme ces fonctionnaires turcs qui, ayant toujours vécu sous l'autorité absolue d'un maître, sont tout dépaysés là où existent des institutions et des droits. Cette loi gênante n'est pour eux qu'un morceau de papier; le déchirer et en jeter les morceaux au nez des gens est le procédé de M. Vogoridès; le plier et le mettre tout doucement dans sa poche est celui du prince Ghica. Le résultat est le même; la différence des âges fait seule la différence des manières. Mais l'Europe, attirée par le bruit, n'a regardé qu'à Iassi; elle n'a point vu que le même travail se faisait à Bucarest (1).

(1) Héliade (*Lettres d'exil*, p. 617), à la date du 22 décembre 1858, écrira : « A. Ghica travaille de toutes ses forces pour que, s'il ne peut se faire élire, tous « ses partisans aillent à N. Golesco; par suite, il fait cause commune (comme il « dit) avec ceux de 1848. Et ceux-ci qui, dès 1840, criaient contre lui et le déchi- « raient pour les qualités et les vertus qu'il avait alors, disent maintenant « qu'ils voient bien que nous avions raison, et ils lui reconnaissent présentement « des vertus. Comment ont-ils trouvé leur chemin de Damas? Qui a opéré ce « miracle? Leur grand aveuglement. Alors, — et depuis jusqu'en 1856, — ils « avaient été aveuglés par la haine; ils le sont maintenant par l'intérêt. Voici « que les qualités et les vertus d'Al. Ghica brillent maintenant au grand soleil, « *depuis le jour où il s'est décidé à leur livrer le pays.* En parlant d'*aveu-* « *glement*, je me suis mal exprimé : alors, comme aujourd'hui, ils savaient « parfaitement ce qu'ils faisaient. A cette époque Ghica n'était plus possible, et « ces messieurs, voulant sauvegarder leurs intérêts, conserver de bonnes rela- « tions avec la Russie, avec l'Autriche et avec Bibesco, déchiraient Ghica;

« Ainsi, d'après nos lois, d'après le firman même de la Porte qui a installé des Caïmacams, la nouvelle administration devait *conserver une position entièrement impartiale* (1). Le Caïmacam, en effet, n'étant qu'un tuteur temporaire, n'a d'autorité que pour faire des actes conservateurs. Voyez ce qu'il a conservé.

« L'article 18 de la loi de 1831 lui interdit, pendant la durée de ses pouvoirs intérimaires, de destituer un fonctionnaire à moins de délits avérés.

« Il a destitué par divers offices les chefs de section attachés aux départements, ainsi qu'un très grand nombre d'employés inférieurs (2).

« Il a destitué en masse par l'office n° 113 (3) tous les membres de la Cour suprême et ceux de toutes les cours d'appel.

« Il a destitué au ministère des finances la section de comptabilité (4), ce qui a provoqué la démission du receveur géné-

« aujourd'hui Ghica leur donne la pâtée, et Bibesco peut la leur enlever. Ghica
« est donc excellentissime. »

(1) Textuel. Voir le firman du 3/15 juillet 1856. (*Bull. off.* n° 56, du 17 juillet 1856.)

(2) Voir page 497 de ce volume le texte de cet article. — Le premier acte du Prince Al. Ghica est de remplacer, par décret du 9 juillet, le Prince Georges Stirbei, dans le poste de Spathar (chef de la Milice), par Jean Odobesco. (Voir *Lettres d'exil* d'HÉLIADE, p. 540.) Le même jour on nommait Al. Dimitresco secrétaire d'État à la place d'Al. Plagino, gendre du Prince Stirbei. — Les nominations des ministres et des directeurs de ministères se trouvent au *Bull. off.* n° 64, du 13 août 1856. Le 31 août 1856 (n° 69 du *Bull. off.*), un chef de section est remplacé au ministère de la justice. Le Prince Al. Ghica s'arrogea, pendant toute sa Caïmacamie, le droit de nommer des fonctionnaires. (Voir *Bull. off.* n° 76, 24 septembre 1856; n° 83, 19 octobre 1856.)

(3) Le décret du 13 septembre 1856 (*Bull. off.* n° 73, 14 septembre 1856) porte le n° 119. Il est complété par le décret n° 122 du 15 septembre (*Bull. off.* n° 74, 17 septembre 1856). Ce même numéro contient le décret n° 123, dont il est parlé plus loin, et qui nomme membres de la curatelle des orphelins : MM. Paschall Tamaschesco, Matache Coadà, Nicolas Nestor.

(4) DES FINANCES DE LA VALACHIE DE 1847 A 1856.
*Combien l'insurrection de 1848, l'occupation de 1848 à 1851, et celle de 1853 ont-elles coûté à la Valachie?*
On a pu constater l'état prospère des finances à la fin du règne de Bibesco, au moment où éclata l'insurrection de 1848 (1). Les membres de ce mouvement ont prétendu, toutefois, n'avoir trouvé dans les caisses communales, au moment du

(1) Voir p. 344 et 3ᵉ partie de ce volume.

ral, de plusieurs chefs de section et de tous les receveurs
de district, et mis la question financière, restée sans con-

départ du Prince, que 777,000 piastres : ils n'avouent avoir trouvé, en outre,
dans la caisse du Trésor, que 349,064 piastres 37 paras. Nous n'avons pas à les
suivre dans les accusations de dilapidations qu'ils portent les uns contre les
autres ; notre but est simplement de faire connaître ce que l'insurrection a coûté
financièrement à la Valachie. Pertes insignifiantes, dit *la légende :* pertes considérables, répondent les chiffres inexorables du *Moniteur*.

La situation financière justifiée par le Prince Bibesco en 1847 (1), et celle de
1848 (2), accusaient, d'une part, l'absence de toute dette, d'autre part, des excédents dans la caisse du Trésor, dans celles des différentes institutions publiques,
et dans les caisses communales. Que sont devenues toutes ces sommes ? Il est
répondu à cette question dans le travail remarquable intitulé : *État de l'administration et des services publics de la Principauté de Valachie en juin 1856*, — travail dû au Prince Stirbei, — par ces mots : « LES CAISSES COMMUNALES AVAIENT
ÉTÉ, ON LE SAIT, VIDÉES PAR LE GOUVERNEMENT INSURRECTIONNEL DE 1848. »

Il reste à établir le chiffre des dépenses occasionnées par l'insurrection de 1848.
Les actes émanant du Prince Stirbei et du Caïmacam Prince A. Ghica nous
édifient sur cette question. Le rapport du Divan de 1856, rappelant le rapport
de 1851, n° 347, constate que la dette du Pays, RÉSULTANT DES ÉVÉNEMENTS
DE 1848 ET CONSTATÉE A LA FIN DE 1849, ÉTAIT DE 19,063,749 PIASTRES (3).
Ce chiffre représente la dette laissée par l'insurrection. Nous verrons plus
loin l'ensemble des dépenses qu'elle a occasionnées.

Si on ouvre le *Bulletin officiel* de 1856, n°s 2 et 17, on se rend compte des
difficultés énormes contre lesquelles le Prince Stirbei, en prenant le pouvoir, a
eu à lutter. En 1855, par suite de l'occupation, les prévisions du budget, au
point de vue des dépenses, sont dépassées de plus de quatre millions. Toutefois
l'exercice n'offre qu'un déficit de 2,256,748 piastres 29 paras. — Le budget de
1856 couvre ce déficit et fait espérer un excédent de 2,738,580 piastres.

En dépit de difficultés de toute nature, et d'un payement à la Russie de trois
millions pour l'occupation de 1848-1851, le Prince Stirbei se trouve avoir payé
au commencement de 1855, — sur la dette occasionnée par l'insurrection
de 1848, soit 19,063,749 piastres, — la somme de 14,430,536 piastres, et n'avoir
plus à éteindre que la somme de 4,633,213 piastres. Malheureusement l'occupation de 1853 avait greffé une autre dette de 25,988,459 piastres sur la précédente.

Comment Stirbei avait-il réussi à payer plus de 2,256,748 piastres en 1855, et
comment espérait-il réaliser pour 1856 un excédent supérieur encore à cette
somme ? Est-ce par un emprunt ? Non ; de même que Michel Stourza de Moldavie (4), il préféra attendre tout de l'avenir. D'une part, il rétablit l'ordre et
l'économie dans les finances, augmenta ainsi ses ressources, mit, pour cause de
guerre, un impôt de deux dixièmes additionnels à percevoir pendant quatre ans
sur les propriétaires et les paysans ; d'autre part, pour faire face aux nécessités présentes, il fit, — avec le concours du Divan, — un emprunt aux caisses

(1) Voir p. 344 et 3e partie de ce volume.
(2) Voir p. 344 et 347 de ce volume.
(3) Voir « Rapport de 1851, n° 347 », et « État de l'administration et des services
publics de la Principauté de Valachie en juin 1856 ».
(4) Voir t. Ier de cet ouvrage.

trôle, dans le même désordre que l'administration civile (1).....

« Il a destitué les conseils municipaux, en violant l'article 2 de la loi de 1831 qui a donné à ces conseils une durée de deux ans, et en faisant procéder, avant l'expiration du terme de leur existence légale, à des élections nouvelles faites sous son influence (2).....

« Il a destitué par l'office n° 123 (3) les membres de la curatelle des orphelins qui en surveillent et administrent la fortune.

« En même temps :

publiques, dont l'avoir ne se montait pas à moins de 24,239,478 piastres. Il emprunta également les dépôts remis au Trésor par les particuliers.

Le 12 octobre 1856 (*Bull. off.* n° 81), le Caïmacam constate que l'État doit :

Aux caisses publiques.............. 21,871,307 piastres 28 paras.
Plus les dépôts des particuliers...... 5,343,236 — 5 —

27,214,543 piastres 33 paras.

Si bien que ces caisses n'avaient plus en numéraire à la fin d'août, déduction faite de leurs dépenses, qu'un million et demi de piastres. Le 21 août 1856, en défalquant l'argent des dépôts du numéraire qui se trouvait au Trésor, celui-ci ne pouvait plus disposer que de 230,158 piastres 30 paras. En outre, de l'excédent prévu par le Prince Stirbei pour 1856 il fallait retrancher 418,972 piastres 20 paras, prévus en trop au fonds des Bohémiens, et qui ne pouvaient entrer dans la caisse de ces derniers, en raison de leur émancipation graduelle. Il faut ajouter que les dépenses pour 1856 ont dépassé de 8,389,016 piastres 30 paras les prévisions budgétaires. Devant cette situation, le Caïmacam Prince Ghica continua les mesures arrêtées par le Prince Stirbei, et jugea même utile de suspendre le travail des chaussées. (Voir à l'Appendice *Les finances de 1856 à 1859.*)

L'occupation de 1853 a été incontestablement une des causes du trouble jeté dans les finances, et on n'en saurait faire remonter la responsabilité jusqu'aux auteurs du mouvement du 11 juin ; mais il est de toute justice de reconnaître qu'ayant été la cause de l'occupation, qui a duré de 1848 à 1851, c'est à eux qu'incombe le premier déficit de 19,063,749 piastres.

A ce déficit de 19,063,749, il faut ajouter les 3,000,000 que le Prince Stirbei a payés à la Russie pour l'occupation de la Principauté, ce qui porte à 22,066,040 le déficit occasionné à la caisse de l'État, sans compter les frais d'occupation des années 1850 et 1851 et les sommes laissées par Bibesco, qui peuvent s'élever ensemble à 3 ou 4 millions. En résumé, l'insurrection de 1848 aura coûté au Pays, au bas mot, 26 millions (1).

(1) Voir *Bull. off.* n° 73, 14 septembre 1856.

(2) Parmi les différentes nominations de magistrats (maires), citons le décret n° 1 du 4 janvier 1857.

(3) Voir la note 3 de la page 489.

(1) État de l'Administration... en juin 1856, p. 2 de cette brochure.

« Il nomme à toutes ces places, qu'il a rendues vacantes, des hommes étrangers à l'administration et qui y amènent le désordre et l'incurie, mais qui, lui devant leur place, lui doivent leur zèle et leur dévouement. . . . . . . . . . . . . . .

. . . . . . . . . . . . . . . . . . . . .

« Le ridicule le dispute parfois à l'odieux. Par l'office n° 122, le Caïmacam nomme procureur à la Cour d'appel, section civile, un certain Jean Gretchiano. A la réception du pli ministériel, maître Jean s'étonne, mais comme une place et un traitement sont toujours bons à prendre, il s'exécute et court chez le ministre, qui lui prodigue les avis, les conseils. Le lendemain, il se rend au tribunal, prête serment et s'installe dans ses fonctions. Cependant, les membres de la Cour trouvent à leur nouveau collègue d'étranges façons. On s'enquiert de ce qu'il a été, et l'on constate qu'il appartient à la domesticité. La magistrature s'indigne, la ville se scandalise. Le gouvernement ne s'émeut pas, et pour réparer cette injure faite à tout le corps judiciaire, il se contente d'émettre un nouvel office, sous le n° 188, qui annule le premier, et explique qu'on s'est trompé, que la place était pour un autre Jean Gretchiano, *major*, et habitant à Craïova. Puis, comme l'habitant de Craïova ne se trouve pas à Bucarest, au lieu de Jean, on écrit Nicolas sur le brevet, qui trouve enfin l'adresse de son nouveau titulaire. Quant au pauvre diable de Jean, qui était fort innocent de tout cela, on le condamne à la prison comme usurpateur de titre (1).

« Voilà comment nos affaires sont menées, quand elles ne le sont pas comme je vous le disais plus haut.

« Et maintenant, en ajoutant à cette lettre les innombrables

(1) Le décret n° 122, dont l'auteur parle plus bas, contient en effet le nom de Jean Gretchiano nommé procureur à la Cour d'appel, première section. — Quant au décret n° 188, il se trouve bien au *Bull. off.*, mais sous le n° 148. Par ce décret Jean Gretchiano est condamné à la prison pour usurpation de fonctions, attendu que la nomination était destinée au major Gretchiano; mais ce dernier est, à son tour, remplacé par Nicolas Gretchiano.

abus (1) dont je ne puis vous entretenir, ne trouvez-vous pas, Monsieur, qu'on fait en vérité trop d'honneur à M. Vogoridès, en ne songeant qu'à lui dans la presse et les conférences diplomati-

(1) Voici quelques preuves d'abus de pouvoir.

(1856, 7 septembre 1871 ; voir au *Bull. off.*).

### ORDRE A L'ARMÉE.

Vu le rapport du chef de l'armée, n° 2288, indiquant que dans les registres se trouvent passés des officiers supérieurs et inférieurs qui n'ont jamais fait le **service réel** dans le pays, et nommément :

*Capitaines :*

1° Prince Grégoire Bibesco Brancovano ;
2° Prince Alexandre Stirbei.

*Paroutchiks :*

1° Prince Nicolas Bibesco ;
2° Prince Démètre Stirbei.

*Praportchiks :*

1° Prince Georges Bibesco.

*Iunkers :*

1° Michel Ghica ;
2° Georges Sachelarie ;
3° Georges Filipesco ;
4° Grégoire Aristarhi.

Nous ordonnons qu'ils soient rayés des registres.

(Signature de Son Altesse.)

N° 46, 1er septembre 1856.

*Observation :* Le Prince Nicolas Bibesco, élève de l'École polytechnique, sorti de l'École d'état-major avec le n° 1, avait obtenu du gouvernement français la faveur d'aller compléter son éducation militaire en Afrique. Les Princes Georges Bibesco et Alexandre Stirbei étaient encore à l'école de Saint-Cyr. Comment aurait-on pu exiger d'eux qu'ils eussent fait un *service réel en Valachie ?* Et pourquoi leur avoir refusé le bénéfice dont ont joui, de tout temps, les Roumains admis dans les écoles militaires étrangères, à savoir, que le temps passé dans ces écoles leur comptât comme service actif dans l'armée roumaine ?

Cette mesure pourrait bien passer pour une persécution contre les familles Bibesco-Stirbei, attendu que, sur neuf membres qu'elle atteint, il y en a six appartenant à la famille de ces deux Princes, et trois à des familles qui leur étaient dévouées.

Les amis du Prince Caïmacam ont beaucoup vanté son libéralisme. Mais le libéralisme du Prince semble avoir eu bien des intermittences, car il est difficile d'admettre, par exemple, que la suppression du journal *Timpul,* puni pour avoir reproduit un article de l'*Estafette,* soit un acte libéral. (Voir *Bull. off.* n° 22, du 18 mars 1857.) — Il en est de même de la liberté de la parole ; le Caïmacam n'autorisa pas l'impression du discours que le Prince Bibesco prononça à Bucarest,

ques? Ne pensez-vous pas que notre Caïmacam mérite, quoique
le jeu soit différent, un peu de l'attention si largement donnée à
son jeune collègue? Ne croyez-vous pas que le Prince Ghica a
fort habilement, si de telles choses sont de l'habileté, saisi sans
bruit toutes les forces vives du pays, tous ses moyens d'action,
afin de pouvoir, à un moment donné, le faire parler ou agir suivant le besoin?

« Un dernier trait pour achever le tableau. Des clubs, dits
patriotes, se forment; le Caïmacam les encourage; il se fait envoyer bruyamment des adresses pour l'union et semble se tourner
tout entier de ce côté. Mais, au même moment, les autorités
renouvelées recevaient confidentiellement des ordres circulaires
leur enjoignant de comprimer par des menaces de répression
toute tentative qui serait faite pour se réunir et s'entendre sur
les vœux à exprimer aux commissaires européens; et copie de
ces ordres, soigneusement soustraits à la publicité, était envoyée
à la Porte et remise à l'agent d'Autriche.

« Avais-je tort de vous parler tout à l'heure du complot autrichien et de la dictature installée chez nous pour tromper la bonne
foi de l'Europe et sa bonne volonté pour nous?

« En résumé, malgré les nouvelles qui viennent de nous arriver,
nous sommes encore dans la situation suivante :

« Nous avons peur de la Turquie.

« Nous avons peur de l'Autriche.

« Nous avons peur surtout de nos Caïmacams.

« Mais nous avons confiance dans l'Europe, qui vient de nous

---

sans qu'il eût passé à la *censure;* et le discours ayant été lithographié quand
même, le Caïmacam livra ce procédé « *au mépris public* ». Moyen violent et qui
produisit l'effet contraire à l'effet attendu. (*Bull. off.* n° 35, du 6 mai 1857.)

Le Prince Bibesco se montra plus juste à l'égard de son prédécesseur, car si,
le 10 septembre 1845, il donnait raison aux paysans du Prince Ghica contre
l'intendant de ce Prince (*Bull. off.* n° 86 de 1845), dans l'affaire du Prince
Ghica avec les syndics de la faillite Moscou, il destitua le tribunal de commerce
qui avait rendu, contre ce même Prince, un jugement inique. (*Bull. off.* n° 15,
20 février 1847.)

donner une preuve nouvelle de sa bienveillance. Les affaires de Moldavie, la vue de nos désordres intérieurs doivent lui donner un avertissement salutaire. Que ses commissaires veillent attentivement, et s'ils dédaignent, avec raison, la force ouverte comme elle s'est montrée à Jassi, qu'ils se défient de la ruse comme elle a agi et agira encore à Bucarest.

« *P.-S.* — En relisant ma lettre, je m'aperçois que je ne vous ai pas parlé des listes électorales qui viennent de paraître. Et vraiment, après tout ce que j'en ai dit, ce n'était point la peine. Le personnage étant connu, ces listes sont ce qu'elles devaient être; voilà pourquoi j'ai tenu à vous bien renseigner sur Lui. Le triage a été fait avec un tel soin que notre corps électoral peut être considéré comme n'étant qu'un rouage de plus dans l'Administration. En Moldavie, ce manège a eu lieu, du moins, en vue d'une question politique : l'union ou la séparation. *Ici, on ne s'est occupé que de la question personnelle, et les électeurs ont été admis, non point parce qu'ils étaient* POUR OU CONTRE L'UNION, *mais* POUR LE PRINCE GHICA ET CONTRE SES ADVERSAIRES.

« On a fait descendre ce grand acte à n'être qu'une misérable intrigue. »

C'est vers la même époque que le Prince Bibesco appelait l'attention du gouvernement français sur les projets du Caïmacam de Valachie.

*A Monsieur le Comte Walewski.*

30 septembre 1857.

MONSIEUR LE COMTE,

Connaissant votre sollicitude pour le sort de mon Pays, je ne crains pas d'abuser de votre complaisance en vous priant de m'accorder, aujourd'hui encore, quelques moments d'attention.

J'ose me flatter que Votre Excellence, quand elle m'aura lu jusqu'au bout, excusera la liberté que je prends de venir la déranger
dans ses importantes occupations.

Votre sagesse, Monsieur le Comte, a compris que la sincère
expression des vœux des Principautés, pendant l'élection pro
chaine de leurs Princes, serait gravement compromise, si l'on
conservait aux Caïmacams actuels l'autorité, qu'ils exercent
depuis trente mois, d'une manière si peu scrupuleuse, dans le
but de se créer un parti intéressé à perpétuer leur pouvoir. Je
sais que, grâce à votre bienveillante initiative, le Congrès a décidé
que cette autorité cessera de droit et de fait au moment où le
temps sera venu de procéder aux élections, pour faire place aux
trois Caïmacams prévus par la Loi organique, et qu'en conséquence les hauts dignitaires qui, à l'expiration des pouvoirs des
Princes Stirbei et feu Gr. Ghica, remplissaient en Valachie et
en Moldavie les fonctions de ministres de l'intérieur et de la
justice, et celles de président du Divan princier, seront appelés à
composer la Caïmacamie dans les deux pays. Au milieu de la
divergence d'opinions qui divisait les membres de la Conférence,
cette résolution, qu'il me soit permis de le dire, était la plus sage
et la plus légitime en même temps ; car les Caïmacams actuels,
auxquels leurs attributions ne laissaient le droit de rien changer
au personnel qu'ils avaient trouvé, s'étaient arrogé celui de tout
bouleverser de fond en comble (1).

Cependant toutes les lettres qui m'arrivent de Bucarest et de
Constantinople s'accordent à dire que le Prince Ghica remue
ciel et terre, auprès de la Porte, pour se soustraire à la décision de
la Conférence. Il ne veut rien moins que faire refuser aux membres de la Caïmacamie réglementaire les fonctions de ministres, qui
leur appartiennent de droit, en les conservant à ses créatures et

_____

(1) Voir, dans cette troisième partie, les notes des pages 489 et suivantes sur
les destitutions que le Caïmacam Prince Al. Ghica s'est permises, et notamment le décret du 9 juillet 1856 ; — le n° 64 du *Bull. off.* du 13 août 1856 ;

en éliminant de cette Caïmacamie le membre le plus intelligent et le plus actif, Jean Mano, qui serait supplanté par son prédécesseur dans la présidence du Divan, Constantin Ghica, neveu du Caïmacam. — J'ignore les prétextes qu'il invoque à l'appui de la première de ces prétentions. S'il était possible de l'expliquer, ce ne serait que par la hardiesse qui caractérise tous ses actes; car le Règlement organique est aussi formel à ce sujet que le texte

— le n° 69, du 31 août 1856; — le n° 73, du 14 septembre 1856 (décret du 13 septembre, n° 119); — le n° 74, du 17 septembre. 1856 (décret du 15 septembre, n° 122); — le décret n° 1 du 4 janvier 1857.

La nomination du Prince A. Ghica par la Porte comme Caïmacam violait déjà l'art. 18 du Règlement organique de 1831.

Cet article est ainsi conçu :

SECTION II. — *Du gouvernement provisoire.*

. . . . . . . . . . . . . . . . . . . . . . .

ART. 18. — A la fin de tout règne, en cas de vacance du trône, trois Caïmacams prendront aussitôt en main le gouvernement.

Les Caïmacams légaux sont :

Le Président du haut Divan, le ministre de l'intérieur, le Grand Logothète ou ministre de la justice, qui se trouveraient en fonction lorsque se produirait la vacance au trône.

Ces trois fonctionnaires régleront ensemble toutes les affaires de la Principauté, jusqu'à l'avènement du nouveau Prince, et réuniront aussitôt l'Assemblée générale pour appliquer les mesures prévues à l'art. 28.

LES CAÏMACAMS, TANT QUE DURERONT LEUR POUVOIR, NE POURRONT CONFÉRER DES TITRES DE NOBLESSE, NI JUGER SANS APPEL, NI RETIRER AUX FONCTIONNAIRES LEURS EMPLOIS, SI CE N'EST POUR FAUTE AVÉRÉE; ET, MÊME S'IL ARRIVE QU'UNE FONCTION N'AIT POINT DE TITULAIRE, ILS N'Y POURRONT NOMMER QU'UN CHARGÉ DU SERVICE.

ART. 19. — *Des listes.*

. . . . . . . . . . . . . . . . . . . . . . .

ART. 20. — *Des protestations contre les listes.*

. . . . . . . . . . . . . . . . . . . . . . .

ART. 21. — *De la publication des listes.*

. . . . . . . . . . . . . . . . . . . . . . .

ART. 22-25. — *Mesures relatives aux élections.*

D'après ces articles, les Caïmacams ont, du jour de leur installation, cinq jours pour faire les listes, et les élections doivent être faites dans les quarante jours suivants.

SECTION III. — *De l'élection du Prince.*

. . . . . . . . . . . . . . . . . . . . . . .

ART. 44. — Jusqu'à la confirmation du Prince par la Porte, les Caïmacams ne cessent point de gouverner le pays, et ils ont l'obligation, après l'avènement du Prince, de rendre compte de leur gouvernement, et compte des revenus et des dépenses du Pays, au Prince ainsi qu'à l'Assemblée générale ordinaire.

II. 32

même de la récente convention signée par les sept puissances;
et si le Règlement de 1831, en appelant les ministres à portefeuille à la haute direction du Gouvernement, pendant les inter-
règnes, a vu dans cette combinaison une condition fondamentale
de force et d'unité pour une administration provisoire, Son
Excellence comprend combien il est plus urgent de la faire respecter aujourd'hui, au milieu des éléments de démoralisation et
de troubles que le pouvoir actuel a eu pour principe d'encourager.

« Quant à l'espérance que nourrit le Prince Ghica de faire entrer
son neveu dans la Caïmacamie nouvelle, elle se fonderait, d'après
ce que Fuad-pacha m'a assuré, sur ce que M. Jean Mano, n'ayant
pas le rang de Ban, qui seul donnerait droit à la présidence du
Haut Divan, ne doit pas être considéré comme ayant exercé effectivement cette présidence et ne saurait être conservé à ce titre
au rang des trois Caïmacams. Or, je puis affirmer que, si les
Princes avaient coutume de prendre parmi les Bans les présidents de cette cour, aucun article du Règlement ne les obligeait
à le faire, et pour ne citer qu'un seul exemple, Georges Philippesco, qui, en 1842, à la déchéance du Prince Ghika, a rempli
les fonctions de Caïmacam, en sa qualité de président du Divan
princier, — dans les circonstances où la Valachie fut appelée
pour la première fois à s'élire un Souverain, — n'avait point la
dignité de Ban.

« Il me paraît superflu, Monsieur le Comte, d'insister davantage;
Son Excellence a déjà senti que les intrigues dont je veux parler ne
tendent qu'à rendre illusoire la seule mesure qui promette quelque liberté aux élections. — J'en trouve un nouveau témoignage
dans une lettre que je reçois à l'instant de Bucarest, à la date du
23 septembre; elle m'apprend que le Prince Ghica vient de donner les commandements importants de la milice aux hommes de
1848, et de changer tous ceux de ses employés auxquels il ne
reconnaissait plus un zèle capable d'une obéissance aveugle. Ces-

sant même de dissimuler son intention de violer les décisions du
Congrès, il cherche à abuser encore les esprits en faisant proclamer hautement, par des émissaires répandus dans les districts,
que la prochaine Assemblée aura pour devoir de se refuser à l'élection d'un Prince, et de protester contre une convention qui n'a
pas tenu compte des vœux nationaux en faveur de l'union ; dans
l'espoir enfin de remplir la Chambre future de ses adhérents, il
excite insidieusement les électeurs à ne prendre leurs députés
que parmi les vrais patriotes qui auront le courage de s'engager,
par avance et sous serment, à cette protestation.

« Il appartient à l'Empereur, notre plus noble protecteur, de
mettre au plus tôt un frein à ces excès. Il vous appartient à vous,
Monsieur le Comte, son digne représentant et le généreux insti-
gateur des garanties qui nous sont octroyées, de veiller à leur
stricte exécution, en empêchant la Caïmacamie réglementaire
d'être altérée dans son essence, ou dépouillée de ses prérogatives.
— Lui refuser les moyens d'action énergiques, ce serait lui rendre
la position insoutenable et en faire un élément nouveau d'anarchie ; il lui faut, plus que jamais, des pouvoirs sérieux et étendus
pour briser la chaîne dangereuse qui lie les agents de l'administration actuelle.

« Si l'on pensait à objecter que la future Caïmacamie, munie de
pareils pouvoirs, offrirait les inconvénients qu'on a voulu combattre en l'instituant, il serait facile de répondre que le temps
lui manquera pour nouer une chaîne aussi étroite que celle de la
présente administration, et qu'elle trouvera un contrôle tout
établi dans le système auquel elle sera substituée, système dont
elle aura tant à faire pour paralyser les effets, que je crains même
de ne pas lui voir la force de détruire les funestes entraves.

« Les sentiments de touchant intérêt à la cause de nos Principautés que vous m'avez souvent témoignés, Monsieur le Comte,
et la gravité d'une situation qui tend à compromettre non seulement le bien dans le présent, mais le succès dans l'avenir, des

*vues larges et généreuses que le gouvernement français doit regretter de n'avoir pu, cette fois, complètement réaliser à notre égard,* justifieront à vos yeux, j'ose le croire, ma nouvelle démarche auprès de Votre Excellence. — Aujourd'hui, d'ailleurs, avec le peu d'intérêt personnel que je puis avoir à l'heureuse gestion des affaires par une Caïmacamie, composée des ministres d'un pouvoir autre que le mien, je me suis trouvé d'autant plus à l'aise pour élever simplement la voix au nom des amis de l'ordre de mon pays.

« Je saisis avec empressement cette occasion, etc... »

Lorsqu'on fut sur le point de procéder aux élections des membres devant siéger au Divan *ad hoc,* les anciens Princes régnants, Georges-D. Bibesco et Barbo Stirbei, appelés par leurs compatriotes, considérèrent comme un devoir de se rendre au milieu d'eux, dans les graves circonstances que traversait la nation roumaine, *pour mettre à leur disposition un dévouement qui ne s'était pas affaibli, et une expérience qui s'était peut-être accrue* (1).

Un enthousiasme indescriptible présida à l'entrée à Craïova de l'Élu de 1843. Le Prince Bibesco y prononça le discours suivant :

« MESSIEURS,

« L'accueil affectueux que vous me faites n'a rien d'extraordinaire pour moi. Vous m'y avez habitué dès longtemps. Chaque fois que je suis venu au milieu de vous, vous avez reçu votre ancien compagnon d'enfance (2) avec les mêmes manifestations de joie et de vive cordialité. Cependant différentes circonstances se réunissent qui me rendent aujourd'hui ces manifestations encore plus chères. Il plut un jour à mon pays, lorsqu'après des

_____

(1) Voir plus loin, p. 503, le discours du Prince à Bucarest.
(2) Le Prince est né dans la petite Valachie, dont Craïova est la capitale.

siècles il fut réintégré dans son droit d'élire son Prince, de me revêtir de cette dignité souveraine, comme il plut au sort, quelques années plus tard, de détruire son ouvrage. Or, vous ne savez peut-être pas qu'un des malheurs attachés à la souveraineté, c'est de convertir souvent en ennemis les amis de la veille, en altérant les sentiments même les plus affectueux. Vous pouvez donc juger du bonheur que j'éprouve à vous retrouver, après six années de règne et huit années d'exil, tels que je vous ai connus autrefois.

« J'en suis d'autant plus touché que je sais tout ce qui a été fait, promesses et menaces, pour changer vos dispositions (1). Recevez donc l'expression de ma très vive gratitude, et pardonnons aux auteurs de ces indignes manœuvres ; ils ne sont pas faits pour comprendre les liens qui nous unissent.

« J'ai pensé répondre à vos désirs en quittant ma retraite, et en venant me mettre à votre disposition. Les temps sont, en effet, trop critiques pour que chacun de nous ne regarde pas comme un devoir d'apporter à la patrie le faible tribut de ses services.

« Il va être bientôt prononcé sur notre avenir; et l'arrêt sera favorable ou contraire, selon que notre conduite sera sage ou imprudente. Comment parviendrons-nous à nous rendre cet arrêt propice? Vous savez que les moyens les plus simples sont toujours les meilleurs; dans les circonstances actuelles, ils sont seuls efficaces.

« Pour arriver à la solution des grandes questions qui nous occupent, nous avons deux choses à faire (2) : d'abord nous former en collèges électoraux pour nommer nos représentants, ensuite obtenir la prompte convocation de ces représentants en

(1) « Tous les moyens d'intimidation avaient été employés par le gouvernement pour entraver la manifestation que les habitants ont faite. Des fonctionnaires ont été destitués pour s'être seulement présentés chez l'ancien Prince du pays, qui peut-être avait commencé leur carrière. »

(2) « On répandait alors dans les districts, entre autres doctrines, celle qu'il fallait que les assemblées électorales imposassent à leurs élus un mandat impératif. »

Assemblée générale, avec la mission d'énoncer les vœux du pays dans la limite du droit et des convenances.

« Il y a donc deux opérations distinctes; pour que chacune puisse se bien faire, il ne faut pas qu'elles soient confondues. Pour le moment, nous ne sommes qu'électeurs; laissons à ceux qui seront nos élus la tâche, qui leur est dévolue, de poser les bases sur lesquelles reposera notre avenir. Sans trop nous préoccuper, pour l'instant, de la manière dont ils devront s'acquitter de leur mission, donnons tous nos soins à bien remplir la nôtre. Notre affaire présente est d'envoyer au Divan des hommes de probité et d'expérience, je veux dire des hommes qui, d'un côté, soient incapables de sacrifier les intérêts généraux à des intérêts particuliers, qui, de l'autre, unissent à la connaissance du pays cet esprit pratique que les exagérations effrayent parce qu'elles compromettent les meilleures causes.

« Une première garantie d'un bon choix, c'est de commencer par faire abstraction de soi-même. L'intérêt personnel une fois mis de côté, les yeux verront plus clair, la main sera plus sûre pour trouver et montrer celui qui méritera d'être élu.

« Méfiez-vous de ceux qui prétendraient avoir le monopole du patriotisme et de l'intelligence; le vrai patriotisme n'a point tant d'orgueil et la capacité est modeste.

« Gardez-vous de croire qui que ce soit sur parole; jugez chacun par ses antécédents, par la conduite qu'il a tenue dans les diverses phases de sa vie, enfin par les services qu'il aura rendus au pays.

« Ne vous laissez pas abuser par les promesses, ni intimider par les menaces qu'on pourrait employer pour vous faire servir d'instrument à telle ou telle ambition. Les unes seraient aussi fallacieuses que les autres seraient impuissantes.

« Vous serez bien forts, en vous retranchant dans le cercle qui vous a été tracé par le traité de Paris et par le firman de la Sublime Porte. Vous le serez bien plus encore, et vous assurerez le salut du pays, en apportant dans l'examen des droits qui vous sont reconnus cette modération qui donne à la raison le temps de se faire écouter et de vaincre (1). »

La réception faite au Prince à Bucarest ne fut pas moins touchante que celle de Craïova.

### Discours de Bucarest.

« MES BIEN-AIMÉS COMPATRIOTES ET AMIS,

« Les paroles me manquent pour exprimer le bonheur que j'éprouve en me trouvant, de nouveau, au milieu de vous et en recevant, comme autrefois, les marques flatteuses d'une affection qui a toujours été l'objet de mes vœux les plus ardents. Tout ce que je puis vous dire, c'est que, dans ce moment, je me sens consolé de tout ce que j'ai souffert.

« Depuis que la tourmente de 1848 nous a séparés, condamné à vivre loin de mon pays, je n'en ai jamais été plus près par la pensée et par le cœur, souffrant de ses douleurs, ne négligeant aucune occasion d'émettre une bonne parole en sa faveur, partout où ma voix pouvait se faire entendre; mais surtout priant sans

---

(1) Ce discours et celui de Bucarest sont précédés, dans la brochure où nous les avons trouvés imprimés, de la note suivante :

« *Le gouvernement valaque ayant interdit la publication de ces deux discours, nous sommes réduits à les faire imprimer à l'étranger* (1). *Les voici tels que les souvenirs de plusieurs auditeurs ont permis de les rétablir.*

« *Nous ne demanderons pas comment les ministres du Prince Ghica en sont venus à penser que la publicité donnée à de telles paroles serait un danger public; nous ne ferons qu'une seule remarque, c'est qu'au moment où elles furent prononcées, il y avait une très grande effervescence dans le pays. Nous n'avons pas en vain du sang italien dans les veines. Les têtes s'exaltaient; les doctrines les plus extrêmes étaient répandues. Au lieu de se mettre à la remorque des passions du moment, le Prince Bibesco fit tête contre elles, dès ses premiers pas dans notre province. Il pensait, avec raison, que le plus grand service à rendre, pour l'instant, au pays, c'était de le rappeler au calme et à la prudence. Personne alors ne les lui enseignait, si ce n'est les membres de la Commission européenne, qui, avec la puissante autorité de leur position, nous recommandaient aussi cette modération toujours utile et qui seule, à cette heure, pouvait nous sauver.* »

(1) Imprimé par Henri et Charles Noblet, rue Saint-Dominique, 56.

cesse le ciel de lui envoyer un avenir plus calme et plus stable. C'était, hélas! tout ce que je pouvais faire pour lui.

« Mais aujourd'hui que la Providence semble vouloir exaucer mes vœux, en attirant sur notre pays l'attention des grandes Puissances, aujourd'hui que nous voilà appelés à établir les bases d'une nouvelle organisation qui pourra nous donner enfin cet avenir tant désiré, j'ai cru de mon devoir de venir mettre à votre disposition un dévouement qui ne s'est pas affaibli et une expérience qui s'est peut-être accrue.

« Je n'ai pas besoin d'ajouter pour vous, Messieurs, qui me connaissez, que ce n'est ni l'intérêt particulier, ni un sentiment d'ambition personnelle qui me ramènent parmi vous. Car vous savez que, dans toute circonstance, mes intérêts se sont confondus avec ceux de l'État. A ceux qui ne me connaîtraient pas, je dirais que mon ambition, eût-elle été grande, se serait trouvée largement satisfaite le jour où, appelés pour la première fois depuis plusieurs siècles à élire leur chef, les représentants du pays ont réuni leurs suffrages sur moi.

« Celui qui a reçu une telle marque de confiance et d'honneur ne pouvait, sous peine d'ingratitude, rester loin, quand un appel est fait à tous les enfants de nos provinces pour travailler à leur réorganisation. C'est donc un devoir sacré de reconnaissance que je viens remplir, en apportant à ma patrie le tribut d'un zèle sans bornes comme sans calcul. Quelque poste qui me soit assigné, je l'accepte et j'y combats en soldat dévoué.

« Mais soyons bien tous pénétrés de la gravité des circonstances actuelles, ainsi que de la sagesse qu'elles réclament de nous. Si, d'un côté, elles promettent une amélioration à notre état social, elles peuvent aussi produire le résultat contraire, selon que nous saurons les faire tourner à notre avantage ou à notre détriment.

« Nous sommes comme le voyageur qui, avant d'être arrivé aux lieux où le repos et le bonheur l'attendent, aurait à parcourir des sentiers bordés de précipices, au fond desquels il roulerait inévitablement s'il se laissait prendre par le vertige. Les mêmes périls nous menacent; mesurons donc chacun de nos pas, et, à force de prudence et de sage résolution, éloignons de nous la dangereuse ivresse qui nous perdrait.

« Mais pourquoi les circonstances seraient-elles plus difficiles que celles par lesquelles a déjà passé notre pays? S'il a pu, en d'autres temps, se donner de nouvelles lois et améliorer son organisation intérieure, combien le peut-il mieux aujourd'hui?

« Reconnaissons-le toutefois, il n'a jamais eu à se concerter sur des intérêts et des droits qui touchassent de si près à des intérêts et à des droits étrangers à côté desquels nous devons marcher, en évitant de leur porter atteinte et même de leur donner le moindre ombrage, si nous voulons assurer et consolider les nôtres. Reconnaissons aussi que l'état des esprits n'a jamais présenté moins que maintenant le calme et l'entente qu'exigent des circonstances aussi graves.

« Comment donc vaincre les difficultés de la position et conjurer les dangers qu'elle présente? Je suis certain que vous vous êtes tous posé cette question, et que tous vous vous êtes répondu : Le moyen de sortir victorieux de cette épreuve, c'est de nous serrer étroitement les uns contre les autres, et, loin d'irriter nos plaies de nos propres mains, de nous montrer à ces grandes Puissances qui veulent bien s'intéresser à notre sort, unis dans un seul et même désir : celui du bien public.

« Pour mériter leur intérêt, présentons-nous à elles avec les allures qui nous sont naturelles; je veux dire avec cette simplicité et cette modestie qui conviennent à un peuple faible et longtemps éprouvé, dont le salut dépend des sympathies qu'il saura inspirer; et n'affectons pas des allures étrangères empruntées à des nations géantes auxquelles nous ne saurions nous comparer.

« Une autre condition de succès non moins essentielle, c'est de nous pénétrer de l'esprit du traité de Paris et de rester dans ses limites, afin de marcher sans crainte et sans hésitation sur un terrain solide. Le pied nous manquerait si nous en sortions.

« Vous voyez, mes chers compatriotes, que, malgré notre longue séparation, je n'ai pas perdu l'habitude de vous parler à cœur ouvert. Vous ferez de moi tout ce que vous voudrez ; je n'ai qu'un désir : voir ma patrie heureuse, et je m'estimerai déjà amplement récompensé si je puis emporter, dans ma retraite, la douce consolation d'avoir contribué encore, en cette conjoncture, ne fût-ce que faiblement, à lui assurer un avenir meilleur, stable et prospère (1). »

Élu au Divan *ad hoc* qui fut convoqué pour le 30 septembre (2) 1857, le Prince s'y rendit pour remplir son mandat, et Il y prit la parole.

*Discours prononcé par S. A. S. le Prince Bibesco au Divan* ad hoc *de Valachie.*

Le Prince expose en quelques mots les vœux que, selon Lui, le Divan doit adresser aux grandes Puissances. Ces vœux se peuvent résumer dans cette phrase : UNION DES PRINCIPAUTÉS, ENTOURÉE DE TOUTES LES GARANTIES POSSIBLES D'AUTONOMIE, AVEC UN PRINCE HÉRÉDITAIRE, PRINCE ÉTRANGER.

TRADUCTION.

« Je vois, Messieurs, qu'il y a ici une sorte de méfiance qui plane sur nos délibérations, et que nous ne nous entendrons jamais tant qu'elle durera. Je me vois donc obligé de demander à

(1) « *L'Europe trouvera, peut-être, ces paroles singulières. Les candidats dans* « *les États représentatifs tiennent à leurs électeurs un langage différent. Mais* « *d'abord le Prince Bibesco ne sollicite rien, et il est bien plus préoccupé du sort* « *du Pays que du sien propre. Ensuite, nos populations gardent encore quelques* « *traditions de l'âge patriarcal. Elles ont un grand respect pour ceux qui ont paru* « *dignement à leur tête ; et comme elles sentent le besoin d'être éclairées, elles* « *acceptent volontiers les conseils de ceux à qui elles reconnaissent le droit d'en* « *donner, et qui n'en usent que dans l'intérêt général.* » (Note de l'imprimé.) *Remarque.* — Le Caïmacam traita ce discours *de prétentieux.* (Voir *Bull. off.* n° 35, du 6 mai 1857.)

(2) En Moldavie, le Divan *ad hoc* avait été ouvert le 27 du même mois.

l'honorable Assemblée la permission de luï adresser quelques mots, avant de passer au vote de l'article qui est en discussion.

« Je commencerai, Messieurs, par vous dire que j'ai vu, dès le principe, avec regret, le Divan scindé en cinq parties de classes différentes, ce qui nous place en quelque sorte en cinq camps opposés, alors que notre convocation, ici, n'a d'autre but que d'exprimer les vœux généraux du pays, c'est-à-dire ceux que la mère commune peut faire pour la prospérité de tous ses enfants, et pour lesquels il serait bien malheureux qu'il n'existât pas, entre nous, un accord parfait. Cependant, cette division par classes a été arrêtée par le firman impérial (1), et nous ne pouvons que nous y soumettre, en tâchant néanmoins d'éviter le danger qu'elle présente.

« Le moyen m'en paraît facile; c'est de nous pénétrer de cette vérité qu'aucune des classes qui composent cette Assemblée n'est ici pour elle. seule, mais que chacune est pour toutes et toutes pour chacune; que notre mission ne consiste pas à entrer dans des questions de détail qui pourraient nous faire perdre de vue le but véritable pour lequel nous sommes réunis, mais de nous grouper tous autour de quelques principes généraux, propres à nous garantir un avenir plus stable et plus heureux.

« Mais quels sont ces principes fondamentaux sur lesquels on pourrait élever notre édifice social, de sorte qu'il ne menaçât plus de crouler à chaque instant? A quels signes les reconnaître sans crainte de s'y tromper? C'est une question que je me suis souvent adressée et que vous devez, je n'en doute pas, vous être tous faite.

« Je me suis demandé quel a été l'obstacle qui s'est opposé, chez nous autres Roumains, ainsi que chez nos frères les Moldaves, à

(1) Le firman du 1er octobre 1856 avait arrêté, dans ses instructions aux Caïmacams, que le Divan ad hoc se composerait de : 17 membres pris dans le clergé; 17 membres parmi les grands boyards; 17 membres parmi les grands propriétaires; 17 membres parmi les artisans; 17 membres parmi les paysans.

ce que notre prospérité matérielle et notre vie morale se déve-
loppassent au niveau de celles d'autres peuples de deuxième et
de troisième ordre — qui se trouvent aujourd'hui très avancés
sous ces deux rapports, — sans être mieux dotés que nous, ni
quant à la population et à l'intelligence, ni quant à l'étendue et à
la richesse de leur territoire.

« Seraient-ce les lois ? Il est vrai qu'il nous en manque beaucoup
de bonnes, mais nous en avons aussi qui ne sont pas plus mau-
vaises que celles de ces peuples dont je viens de parler, et qui
auraient donné chez nous des résultats également salutaires, si
leur action bienfaisante n'avait été arrêtée, à chaque instant, par
des circonstances malheureuses qu'elles ne pouvaient ni prévenir
ni surmonter. Serait-ce le manque d'hommes ? Je ne le dirai pas,
Messieurs ; non pas que je ne sois le premier à reconnaître qu'on
ne saurait trouver chez nous ces grandes vertus civiques qui ne
naissent et ne croissent que sur des terres entièrement indépendantes. Cependant si, en remontant le cours des temps, on voulait bien chercher avec impartialité, on trouverait chez nous
aussi des hommes qui ont eu l'amour du bien public et qui ont
tâché de laisser après eux des traces honorables.

« Quels peuvent donc être les obstacles contre lesquels sont
venus se briser, et les efforts de ces hommes, et l'action de nos
institutions ? Quelle fut la cause qui fit que tout bien jeté sur
notre sol n'a pu prendre racine ?

« Cette cause, nous la trouvons dans le manque des deux conditions essentielles à la prospérité de tout peuple : de la *force*, qui
garantit contre les bouleversements continuels auxquels nos pays
ont été sujets depuis des siècles, et de la *stabilité*, qui permet que
le fruit du jour puisse être ajouté au fruit de la veille et à celui
du lendemain.

« Cette cause est sentie et appréciée aujourd'hui d'un bout à
l'autre des deux Principautés ; aussi nous n'entendons sortir de
toutes les bouches qu'un seul et même cri : union des Prin-

cipautés avec un Prince héréditaire et un Prince étranger.

« L'*union*, car elle nous promet la *force* ; l'*hérédité*, car elle garantit la *stabilité*.

« Mais pourquoi un Prince étranger et pas un Prince indigène? Pourquoi le Moldave et le Valaque, hier encore si jaloux de prendre leurs Princes dans leur sein, se montrent-ils aujourd'hui si faciles à céder ce droit de leurs ancêtres? Pourquoi? Parce qu'une sorte d'instinct, un pressentiment secret nous dit à nous que le temps et que la vie vont bientôt nous échapper, si, en cette grande occasion, — comme il ne s'en présentera plus, — des mesures sérieuses ne sont pas prises pour nous procurer un avenir meilleur, en l'établissant sur des bases solides et stables ; parce qu'au milieu de cette confusion générale de tous les principes, de ce relâchement de tous les liens qui tiennent les membres d'une société étroitement unis les uns aux autres, nous sentons qu'il nous faut une main forte et puissante pour nous arrêter et nous empêcher de tomber dans le gouffre, sur la pente rapide duquel nous nous trouvons, et cette main, nous ne la voyons que chez un étranger.

. « Lui seul pourra nous apporter, avec la force matérielle nécessaire, cette force morale que lui donneront ses alliances et ses rapports avec des têtes couronnées. Lui seul pourra nous sauver de ces haines, de ces rivalités que la convoitise de la première place fait naître et entretient parmi nous, rivalités que, sans lui, l'union ne fera qu'augmenter et qui, menaçant de se propager jusque dans les dernières classes, finiront par faire de ce malheureux pays une vaste arène où toutes ses forces s'épuiseront, où toute sa vitalité s'éteindra dans des luttes de partis et de factions.

« Voilà, Messieurs, les raisons pour lesquelles, avec l'union, tout le monde désire un prince étranger, comme la garantie indispensable de cette union.

« Ainsi donc, pour me résumer : l'union des Principautés avec un Prince étranger et héréditaire, entouré de toutes les garanties que peut offrir le droit d'autonomie; tels sont ces principes généraux, ces grandes bases que les comités ne devront pas perdre de vue, pour éviter le danger que nous aurions à craindre du mode de leur formation.

« Je ne veux pas dire que ces principes soient l'édifice tout entier. Ce sont pourtant les piliers de l'édifice sans lesquels tout ce que nous aurons édifié devra s'écrouler, et que ne pouvant nous donner nous-mêmes, nous devons implorer et attendre de la haute générosité des augustes Puissances qui daignent s'intéresser, aujourd'hui, à notre sort. »

Qu'on cherche la pensée du Prince dans ses lettres intimes au colonel Jean Floresco son gendre, ou dans ses conseils au Divan *ad hoc*, on la trouve toujours empreinte de ce souci dominant : l'obtention pour son pays de l'*union, qui promet la force, de l'hérédité, qui garantit la stabilité.*

Les conclusions du Divan *ad hoc*, dans sa séance du 21 octobre 1857, ne furent pas autres que celles du Prince Bibesco. Voici les vœux du Divan adressés, dans son Mémorandum, aux grandes Puissances :

1º Autonomie des pays roumains, conformément aux capitulations conclues avec la Porte, et neutralité de leur territoire;

2º Union de la Valachie et de la Moldavie en un seul État, sous le nom de Roumanie;

3º Prince étranger appartenant à une dynastie régnante de l'Europe;

4º Gouvernement constitutionnel et représentatif (1).

Une proposition tendant à faire prendre en main, par le Divan, la réorganisation du pays, fut repoussée.

_____

(1) Ces quatre points adoptés par le Divan *ad hoc* de Valachie se trouvent tous reproduits dans les huit points adoptés par celui de Moldavie.

Nous avons expliqué, dans notre étude sur 1848, pourquoi les membres de l'insurrection du 11/23 juin, se voyant livrés à eux-mêmes par l'abdication du Prince, et se sentant incapables d'empêcher l'anarchie qu'ils avaient provoquée, conçurent le projet de donner le change sur cette période lamentable de l'histoire de la Valachie, et, dans ce but, de choisir le Prince Bibesco comme victime expiatoire de leurs crimes envers la patrie. C'était pour eux le moyen de ne pas tomber sous la réprobation à laquelle la vérité historique, — si elle eût été propagée, — les eût fatalement exposés. De là la légende qu'ils ont créée, qui s'est perpétuée, et sur laquelle ils n'ont cessé de veiller comme sur l'arche sainte, continuant à organiser autour des actes du règne de Bibesco tantôt la calomnie, tantôt le silence.

Leurs écrits sur les discussions du Divan *ad hoc* nous fournissent une nouvelle preuve de cette vérité. Ici c'est la conspiration du silence. En effet, dans l'acte ou procès-verbal ayant pour titre : « *Déclaration des vœux de la Diète de Valachie votée à l'unani-* « *mité dans la séance du 21 octobre 1857* (1) », on rapporte le nom de tous ceux qui ont pris la parole dans le Divan, on résume leurs discours,... mais il n'est pas dit un mot de celui du Prince, dont le nom n'est même pas prononcé! Et il devait en être ainsi, étant donné que les élections pour le Divan avaient été faites sous le gouvernement du Caïmacam Prince Alexandre Ghica, ligué depuis longtemps avec les membres de l'insurrection de 1848, et qui s'était arrangé pour leur faire jouer dans l'Assemblée un premier rôle (2).

La raison? c'est que le discours du Prince Bibesco avait été

(1). Archives diplomatiques. Principautés unies, 1854-1866, p. 87.)

(2) Aali-pacha déplore l'*indulgence dont l'esprit révolutionnaire a été l'objet de la part de l'élément conservateur avant, pendant et après les élections.* Lettre au Prince Bibesco, adressée à Paris, le 23 décembre 1857. (Constantinople.) (Cette pièce est dans notre dossier : Pièces du Prince.)

*Rem. :* A qui la faute ? Pourquoi la Porte avait-elle confié la Caïmacamie au Prince Al. Ghica?

prononcé avant que le travail de la commission fût prêt, et que
ce discours établissait les quatre points que Bibesco engageait
le Divan à adopter, et qu'il adopta. Or, il importait, *pour la
légende* (1), qu'il fût établi que tout ce qui avait été fait au
Divan *ad hoc* avait été l'œuvre des prétendus patriotes de 1848.

Est-il nécessaire de rappeler que c'est M. J. Bratiano qui a
demandé au Divan de prendre en main la réorganisation intérieure
du pays, — faute que le Prince avait exhorté ses partisans à ne
pas commettre, — que M. Alexandre E. Floresco a combattu
cette proposition, et que l'Assemblée l'a repoussée comme n'étant
pas de son ressort? A quoi bon? Notons seulement que le document dont nous parlons ne mentionne pas cette motion : c'est
plutôt un document de parti qu'un document historique.

Rendons cette justice à M. N. Blaramberg que, bien qu'appartenant par la Princesse Ghica, sa mère, à cette dernière famille, il
n'a pas goûté ce procédé mesquin, et a publié la majeure partie du
discours du Prince Bibesco dans son ouvrage : « *Essai comparé
sur les institutions, les lois et les mœurs de la Roumanie* (p. 308).

----

(1) On a pu se rendre compte, à propos du voyage en Roumanie de M. Ulbach,
ami de M. C. Rosetti, et de sa conférence à Paris, — retour de Bucarest, — du
soin que les membres de l'insurrection de 1848 mettaient à entretenir leur
légende.

Il nous a été donné, depuis, de constater les énormités, que chaque jour, le
mensonge, en matière d'histoire, fait écrire à l'ignorance, en lisant un paragraphe des « *Notes sur la vie du Roi Charles* » publiées par l'*Indépendance
roumaine* le 13/25 octobre dernier. — *Les derniers des Hospodars installés,*
y est-il raconté, *n'agirent en rien autrement que les plus détestables des Princes
phanariotes envoyés de Constantinople. Ils poursuivaient de la même haine qu'eux
le réveil de l'esprit national, et étouffaient par la force brutale toutes les tentatives de régénération d'un peuple foulé aux pieds, etc... La révolution de 1848
survint... l'Hospodar de Valachie, le Prince Bibesco, fut déposé, etc.*

Autant de mots, autant de grossières erreurs publiées d'ailleurs avec insouciance à Bucarest même, sans qu'aucun Roumain, par fierté nationale ou par
amour de la vérité, songeât à relever l'ignorance ou la mauvaise foi du rédacteur de la *Deustche Revue.*

Nous y avons répondu de Genève, dans un opuscule intitulé : « *Ignorance ou
mauvaise foi.* » L'ouvrage que nous publions complète notre courte réponse
de 1893.

# CHAPITRE II

Le Divan *ad hoc* saisit la commission européenne des vœux exprimés par les Rou-, mains et il s'ajourne. La Porte et l'Autriche s'opposent à l'union. L'empereur Napoléon cède à regret.

Constitution bizarre donnée aux Provinces-Unies. Les Caïmacams font place à la Caïmacamie réglementaire de trois Caïmacams : 21 octobre 1858. — Chambres nouvelles qui devront élire les nouveaux Princes.

La Moldavie élit Prince le colonel Couza, le 5 janvier 1859. En Valachie, une imposante majorité se groupe autour du Prince Bibesco pour le porter de nouveau au pouvoir.

Résumé succinct des événements qui précèdent et suivent l'ouverture de l'Assemblée générale. — Le 24 janvier, le Prince Couza est élu Prince de Valachie. L'union est faite.

Après que l'Assemblée de Valachie eut terminé ses travaux, elle saisit la commission européenne des vœux exprimés par les Roumains, et, sa mission terminée, elle s'ajourna — dans la séance du 28 décembre 1857 — au 1ᵉʳ février 1858. Le Prince rejoignit sa famille à l'étranger.

Quand la question roumaine fut soumise de nouveau au tribunal des sept puissances avec les mémorandums des Divans *ad hoc*, la Porte et l'Autriche se montrèrent énergiquement hostiles à l'union des deux Principautés. Vainement l'empereur Napoléon exerça-t-il une pression sur le cabinet de Constantinople, pour le déterminer à accepter cette union ; il dut céder, dans la crainte de compliquer la situation des Principautés. Comme conséquence : *deux Princes*, l'un à Bucarest, l'autre à Jassy ; *deux Chambres, une commission centrale*, — composée d'un nombre égal de Valaques et de Moldaves, et installée à Focksani avec la mission d'élaborer les lois d'intérêt commun concernant le code civil, le code pénal, l'unité des mesures et des monnaies ; — enfin une *armée* organisée sur un pied tel que — en cas de besoin — elle pût être réunie en un seul corps, n'ayant, pour la circonstance, qu'un drapeau unique, — voilà la constitution qui sortit, pour les Roumains, de la boîte à surprises de la convention de Paris (1).

Les Principautés durent se soumettre; mais, assurées de la haute bienveillance de l'empereur Napoléon, qui regrettait de n'avoir pas pu satisfaire toutes leurs légitimes aspirations, elles attendirent l'heure d'échanger le manteau d'arlequin qu'on leur avait taillé, contre le manteau de Michel le Brave. En dehors de toutes prévisions, cette heure était proche.

Toujours est-il qu'en Moldavie, une Caïmacamie réglementaire, représentée par MM. Anasthase Panu, V. Stourdza et Stefan Catargi, avait succédé au Caïmacam Vogoridès. Dans cette Principauté, les chances pour l'obtention de la couronne se partageaient entre l'ancien Prince régnant Michel Stourdza, son fils le Prince Grégoire, Lascar Catargi et Mavrojeni. Negri, qui était très populaire, avait déclaré, dans une lettre adressée à Alexandri (2), qu'il n'accepterait jamais la couronne si on la lui offrait.

Or, au moment de l'élection, faute d'entente entre les partisans du Prince Stourdza et ceux de son fils Grégoire, comme entre les partisans de Catargi (Lascar) et ceux de Mavrojeni, le nom du colonel Couza sortit de l'urne.

Le Prince de Moldavie fut élu le 5 janvier 1859.

En Valachie, le Caïmacam Prince A. Ghica avait été remplacé, le 21 octobre 1858 (3), par une Caïmacamie légale de trois membres : MM. Jean Mano, E. Baleano, Jean Filipesco, et on avait procédé aux élections sous ce dernier gouvernement. Ces élections avaient donné *une imposante majorité en faveur de l'élection de Bibesco* (4) *au trône de Valachie.*

(1) Conférences de Paris, 22 mai au 19 août 1858. Prot. 1, Prot. 17.
(2) Alexandri, un des poètes éminents de la Roumanie, a été ministre plénipotentiaire du gouvernement roumain en France. Il est mort en 1890 (septembre).
(3) Voir *Bull. off.*, 1858, p. 84.
(4) *Histoire des Roumains,* par M. XÉNOPOL, t. VI, p. 185.

Le pays roumain, en dépit des plus basses calomnies dirigées depuis 1848 contre le Prince, n'avait pas perdu le souvenir des réformes civilisatrices accomplies par Bibesco au cours de son règne (1), de sa sollicitude incessante pour le paysan, pour les humbles et les faibles; dans sa sagesse, il reconnaissait, comme M. Xénopol *n'hésite pas à le reconnaître* lui-même, que *Bibesco avait été l'un des agents les plus puissants du progrès de la Roumanie* (2), et il venait d'en donner la preuve solennelle, en envoyant au Divan une majorité imposante pour réélire Celui qu'ils avaient appelé, en 1843, à les gouverner.

Mais les membres de l'insurrection de 1848, représentés à la Chambre élective, étaient gens à faire flèche de tout bois, à essayer de tous les moyens, pour empêcher l'élection du Prince. Bibesco, pour eux, c'était l'ombre de Banco. Ils songeaient avec terreur que, remonté au pouvoir, le Prince leur demanderait compte, peut-être, du calme, de la prospérité et du progrès qui régnaient dans le pays (3) avant l'insurrection de 1848, et auxquels ils avaient substitué l'anarchie (4); compte des sympathies dont la Principauté était l'objet de la part des grandes Puissances, et que le mouvement du 11/23 juin avait transformées, — dès le lendemain, — en indifférence ou en hostilité (5); compte de la double invasion étrangère à laquelle ils avaient ouvert les portes roumaines (6); compte du massacre du vaillant corps des pompiers par la mitraille turque (7); compte des droits de l'État, défendus par Bibesco contre la Russie, aux risques de sa couronne, et

---

(1) Voir le présent volume. — *Lois et décrets.*

(2) *Histoire des Roumains*, par M. XÉNOPOL, t. VI.

(3) Voir dans ce volume les lois et décrets du règne. — Voir l'adresse de la Chambre de 1848 au Prince, p. 346.

(4) Voir dans ce volume, deuxième partie, le chapitre sur l'insurrection de 1848, p. 354-384.

(5) Voir dans ce volume, deuxième partie, la Circulaire du gouvernement russe, p. 392, 393, 401.

(6) *Id.,* p. 382, 447, 448, 449.

(7) *Id.,* p. 382.

livrés par eux à la Porte (1); compte de l'argent dépensé pendant les quatre-vingt-quinze jours d'anarchie, et de la dette publique créée par eux et se chiffrant par la somme de 22,063,749 piastres, sans compter l'argent laissé dans les caisses par Bibesco, et les pertes occasionnées au pays par l'occupation étrangère pendant les années 1850 et 1851 (2); compte de la dignité du drapeau national, symbole sacré de l'honneur et de la patrie sur lequel, au combat, l'âme du soldat veille comme sur le dépôt le plus précieux, pour lequel des armées entières ont donné leur vie, et dont ils avaient fait litière en le jetant sous les pieds du Sultan (3); compte enfin de la situation humiliante — leur ouvrage — faite à la nation par la convention de Balta-Liman (4)!.....

Il importait d'empêcher le retour à ces souvenirs historiques importuns, sur lesquels, déjà, la légende était parvenue, au prix de bien des sacrifices d'argent, de bien des calomnies, à répandre l'oubli; il fallait à tout prix échapper à une pareille éventualité, il fallait, coûte que coûte, s'opposer à l'élection de Bibesco et éviter un nouveau règne qui eût été l'écroulement de la légende.

Comment, pour atteindre leur but, les ennemis du Prince procédèrent-ils? L'exposé suivant, trouvé dans les papiers de Son Altesse, écrit à Bucarest les 30 janvier/12 février, presque au lendemain des événements, nous l'explique. — Cet exposé nous a été déclaré conforme à la vérité, par tous les membres de la majorité du Divan — constitué à l'effet d'élire le Prince — que nous avons eu, depuis vingt ans, l'occasion de consulter.

(1) Voir p. 447, 448, 449 de ce tome.
(2) Quand Bibesco abdiqua, l'État valaque n'avait pas une dette, et les caisses communales étaient riches. — La dette de 19,063,749 représente la dette envers l'État, à laquelle il faut ajouter les 3,000,000 que le Prince Stirbei paya à la Russie. Total : 22,063,749. En faisant le relevé approximatif de toutes les sommes dépensées, l'insurrection a coûté au pays 26 à 27,000,000 de piastres. (Voir p. 462, troisième partie de ce volume, et p. 490, 491.)
(3) Voir la deuxième partie de ce volume, p. 447-450.
(4) Voir la première page de la troisième partie, dans le présent volume.

## EXPOSÉ SUCCINCT DES ÉVÉNEMENTS

QUI ONT PRÉCÉDÉ ET SUIVI L'OUVERTURE DE L'ASSEMBLÉE A BUCAREST.

TEXTE EN LANGUE FRANÇAISE.

« La Caïmacamie réglementaire établie par la convention de Paris avait une rude tâche à remplir : celle de préparer, en peu de temps, le pays, qu'elle enlevait aux mains d'un gouvernement démoralisateur, et à procéder librement au choix du chef de la Nation. Il lui fallait pour cette tâche, non pas seulement du zèle, du patriotisme et de l'énergie, mais avant tout l'union entre ses membres. Cette union avait fait défaut dès l'abord ; quand il s'était agi de modifier le personnel administratif, composé en entier des créatures du Prince Ghica, un des Caïmacams opposa son *veto;* après plusieurs jours de lutte, les deux autres avaient pris sous leur responsabilité de nommer trois ministres et quelques préfets nouveaux. La Porte, sollicitée par des protestations diverses, avait cru tout concilier en approuvant les modifications faites et en interdisant les changements pour l'avenir. Les deux plus précieux instruments d'un gouvernement en temps de trouble et d'agitation, la police et l'armée, se trouvèrent ainsi conserver pour chefs ceux que le Prince Ghica leur avait donnés.

« Malgré cette impuissance du pouvoir, malgré les menées incessantes du parti révolutionnaire, qui faisait cause commune avec le parti Ghica, le parti avide de tranquillité avait eu la sagesse d'envoyer les partisans de l'ordre en majorité à l'Assemblée. L'apparition de cette majorité, qui devait mettre les intrigues des révolutionnaires à néant, les décida à tout oser pour enlever, par la violence, un succès qu'ils ne pouvaient plus espérer, même par une apparente légalité. Là est toute l'explication des tristes journées des 3, 4 et 5 février (1), dont voici brièvement l'histoire.

(1) 22, 23 et 24 janvier.

« *Le 3 février|22 janvier,* jour de l'ouverture de l'Assemblée, la foule encombre les abords de la Chambre, elle y pénètre avec les députés et couvre de ses huées les Caïmacams qui se retirent. — Qu'était cette foule? Un amas de paysans que le Prince Ghica avait appelés de ses terres, et d'ouvriers turbulents arrachés à leur ouvrage par l'appât d'une solde journalière qui allait jusqu'à sept zwanzigs, et se payait sur les millions enlevés aux caisses publiques par l'administration du Prince Ghica. L'évacuation de la salle est demandée à plusieurs reprises. La faiblesse du président, l'inaction de la police, l'absence de la troupe la rendent impossible. Le Métropolitain propose de procéder à la vérification des pouvoirs, avant de commencer toute discussion : la minorité, qui se refuse obstinément à suivre aucune règle, s'empare de la parole, augmente le tumulte et excite la populace. Comme première concession, les partisans de l'ordre consentent à ce que les députés non élus à la majorité des suffrages exprimés soient exclus de l'Assemblée sans qu'une commission ait été nommée pour vérifier les pouvoirs. On se sépare dans la plus grande agitation.

« *Le 4 février|23 janvier,* la salle des séances est plus envahie que le jour précédent. Le système d'intimidation continue contre une majorité qu'on n'a pu encore diviser, et qui ne demande que la constitution régulière de la Chambre pour procéder à l'élection princière. Encouragés par la concession qu'ils avaient obtenue la veille, les révolutionnaires réclament des éliminations nouvelles et arbitraires, parmi les membres de la majorité, qui résiste. La populace du dehors devient alors de plus en plus violente ; elle se pose en juge de la validité des pouvoirs, et chaque fois que la majorité défend un de ses membres dont on veut encore la dépouiller, la foule profère des menaces de mort. Tout était merveilleusement combiné par les agitateurs pour le cas où la troupe se souviendrait de ses devoirs : la populace avait reçu l'ordre de s'armer ; s'il y avait conflit, les révolutionnaires se reconnaîtraient dans l'Assemblée à une cocarde rouge, et les élèves des écoles seraient mis au premier rang de la foule, pour imposer à la troupe.

« A l'apparition d'un peloton d'infanterie, les meneurs crient qu'ils ne peuvent plus répondre de rien, si on ne renvoie pas la troupe ; *qu'elle se retire, et ils promettent de faire retirer le peuple.* Mais la retraite des soldats donne plus de courage encore à la multitude, qui refuse de se disperser. La séance interrompue, puis rouverte, se clôt enfin, dans le plus grand trouble, par le départ précipité d'une partie considérable des députés.|

« Les consuls avaient regardé cette scène sans rien faire pour la calmer, comme ils n'avaient rien fait pour l'empêcher. Le soir, toutefois, trois d'entre eux essayent d'attirer sur celui des Caïmacams qui avait fait de l'opposition à ses deux collègues les voix des révolutionnaires et quelques voix de la majorité ; triste choix, moins propre qu'aucun autre à opérer une fusion. Les révolutionnaires et les Ghica passent *une partie de la nuit* à se chercher parmi eux un candidat ; ils ne peuvent tomber d'accord. C'est en désespoir de cause alors qu'ils songent au Prince Couza, pour les sauver d'un Prince valaque qui ne serait pas un homme à eux. C'est sous une pareille pression que la majorité se laisse entraîner à un vote unanime en faveur du Prince Couza. . . . . . »

Complétons ce résumé. Dans la nuit du 23 au 24, il y eut réunion des membres de la coalition révolutionnaire à la Concordia. M. B. Boeresco qui, à cette époque, était un indépendant, se rendit à la réunion et y proposa la candidature du Prince Couza. Personne ne s'était encore arrêté à cette solution, depuis que les Puissances avaient prononcé leur arrêt contre l'élection d'un Prince unique pour les deux États. Aussi, il y eut bien des doutes sur le succès que l'élection de Couza pourrait obtenir au congrès, même avec le concours de la France ; mais comme cette proposition, qui se présentait sous les auspices du patriotisme, était un moyen inespéré et le seul de nature à faire échouer l'élection de Bibesco, la coalition s'en empara avec enthousiasme.

On se demandera qui suggéra à M. B. Boeresco l'idée de faire cette proposition. Elle lui vint de la diplomatie française. D'ailleurs il ne fut pas le seul dans le secret; Barbo Catargi, futur beau-père de M. Béclard, consul de France à Bucarest, s'était laissé rallier, au dernier moment, à cette combinaison, convaincu que l'empereur Napoléon soutiendrait le fait accompli (1).

Et, en effet, le lendemain matin 24 janvier, à la réunion de la majorité chez Ottétéléchano (2), — où quelques jours auparavant les partisans des Princes Bibesco et Stirbei s'étaient réunis pour fixer leur choix sur celui des deux frères qu'ils devraient élire, — Barbo Catargi combattit la proposition faite par Alex.-E. Floresco de ne pas se rendre à la Chambre ce jour-là — 24 janvier. M. A.-E. Floresco faisait valoir deux raisons : d'après la convention, disait-il, on dispose encore de quatre jours avant le terme fixé pour l'élection du Souverain; « et », ajoutait-il, « je pense que « nous devrions attendre que les esprits se calment. Peut-être, « les paysans appelés du dehors et les ouvriers enlevés à leur « travail vont-ils se lasser, et les fonds de la coalition qui fait « les frais de l'émeute, s'épuiser. »

(1) M..XÉNOPOL écrit, p. 41 de son ouvrage sur l'*Histoire des Roumains,* que c'est Négri qui suggéra cette idée aux Valaques, lorsqu'il passa par Bucarest pour se rendre à Constantinople, comme envoyé du Prince Couza, chargé de porter l'élection du Prince de Moldavie à la connaissance du Sultan. Voici une autre version : dans une réunion intime, à Bucarest, à laquelle Négri était convié, une des personnes présentes ayant demandé « ce qui arriverait si on élisait Couza en Valachie », « Ne faites *pas cela,* se serait écrié Négri, vous feriez casser notre élection. » Si Négri a eu ces craintes, il faut reconnaître que la décision du Congrès les justifiait. Il a fallu la volonté de l'Empereur Napoléon pour sauver la double élection.

(2) M. A. Em. Floresco, un des rares survivants de cette Chambre, était directeur au Ministère de l'intérieur. Prévenu de la réunion qui avait eu lieu à la Concordia, sachant qu'on y avait pris une décision, mais ignorant laquelle, il fit prier tous les membres de la majorité de se réunir le matin du 24, chez M. Ottétéléchano. Nous tenons ces détails de M. Al.-Em. Floresco, frère de feu le général Jean-Em. Floresco.

La majorité, néanmoins, céda à Barbo Catargi et se rendit à la Chambre. Là, en séance secrète, — la foule armée et brandissant ses armes vociférait au dehors, — M. Boeresco prit la parole et rappelant que, devant le Divan *ad hoc*, le *Prince Bibesco avait été le défenseur le plus éloquent et le plus ardent de l'union* (1), il fit appel à la concorde et proposa l'élection de Couza.

Le Prince moldave fut élu à l'unanimité.

Que résulte-t-il de ce qui précède?

Il résulte :

1° Que le 22 et le 23 janvier il n'a pas été question de la candidature de Couza en Valachie; la preuve en est que l'émeute, qui recevait le mot d'ordre des révolutionnaires de la Chambre, n'a pas fait entendre une seule fois, pendant ces journées, le nom de Couza ni le mot d'*union*;

2° Que cette candidature n'a surgi qu'après la séance du 23, dans la nuit du 23 au 24, lorsque la coalition révolutionnaire, dont les chefs étaient MM. Bratiano, Rosetti et Alexandre Ghica, l'ancien Prince régnant, se fut convaincue que, malgré toutes les menaces, l'élection de Bibesco restait certaine;

3° Que la candidature de Couza a été une candidature *in extremis*, destinée à empêcher l'élection de Bibesco. S'il en avait été autrement, la coalition aurait proclamé la candidature de Couza dès le 22, et elle n'aurait pas vainement cherché pendant ces trois jours et ces trois nuits un autre candidat que Nicolas Golesco à opposer au Prince;

4° Que si la majorité de la Chambre a été livrée à l'émeute, c'est que le ministre de la guerre Vladoiano et le préfet de police Caraja, hommes dévoués à l'ancien Prince A. Ghica, « *étaient aussi favorables à l'union* (2) ». C'est la métaphore ingénieuse

(1) Voir le *Constitutionnel* du 8 février 1894.
(2) Voir la brochure intitulée : *Union des Principautés roumaines,* 1859, p. 52.

employée par un professeur d'histoire roumain, propagateur de la légende, pour expliquer la défection de ces deux hauts fonctionnaires.

D'ailleurs, l'aveu du général, ministre de la guerre, nous suffit. Dans sa lettre du 11 mars 1867, ce haut fonctionnaire du Gouvernement de la Caïmacamie reconnaît qu'il obéissait à l'émeute et non aux Caïmacams, ses chefs : « LE PRINCE GHICA », écrit-il, « ÉTAIT NOTRE CAPITAINE (1). » Et, dans cette même lettre à M. N. Blaramberg, il donne des détails sur le rôle qu'il a joué pendant les journées des 22, 23 et 24 janvier 1859 (2).

A quelque temps de là, le général racontant au Prince Couza, à Bucarest, au palais, en présence du colonel Rosnovano, alors major, actuellement député, comment s'était faite l'élection de Son Altesse à Bucarest, et comment il y avait contribué, le Prince lui répondit : « Général, si j'avais été Caïmacam, je vous aurais fait fusiller comme un chien (3). »

5° Que le mérite, l'honneur de l'union des deux Principautés sœurs avec un Souverain unique revient d'abord à l'Empereur Napoléon; ensuite à la majorité compacte formée autour de Bibesco et dont la résistance à la coalition révolutionnaire comme

---

(1) Voir p. 112 de la brochure : *Union des Principautés roumaines,* 1859. (Bucarest, Typ. moderne. Gr. Luis, Str. Académie 24.) — Lettre de M. Vladoiano, ex-ministre de la guerre, à M. N. Blaramberg.

(2) « Il est vrai que le premier qui me proposa l'Union fut M. César Bolliac, qui vint un matin chez moi et me dit : « Je sais que vous pouvez m'envoyer d'ici directement à la prison, mais voici la proposition que j'ai à vous faire : *Élisons le Prince de Moldavie!* » Je fus frappé et je répondis que lorsqu'un homme a de si grandes idées, il n'a pas à craindre la prison. Je consultai ensuite le Prince Ghica, et *il fut entièrement de cet avis.*

« Plus tard, ou le lendemain, eut lieu mon entrevue avec M. Bratiano, — comme il l'a fidèlement relatée à la salle Slatineano, — et je lui demandai alors : « Que voulez-vous de moi? Quel est votre candidat? Est-ce Golesco? — Non, me répondit-il: élisons le Prince de Moldavie. » Je lui donnai alors la main en signe que nous marcherions ensemble... » — (Même lettre de M. l'ex-ministre Vladoiano.)

(3) Conforme à la lettre du colonel Rosnovano, 5 mars 1894, au Prince G. Bibesco. « Les personnes présentes », ajoute le colonel, « étaient, autant que je peux me le rappeler, B. Alesandri, C. Rolla, N. Docan, le général Milecescu, le colonel Rosetti, frère du Prince. » Le colonel Rosnovano excepté, ils sont tous morts.

aussi l'impuissance de cette coalition à faire élire son candidat, ont amené la candidature et l'élection du Prince Couza;

6° Que, s'il y a eu abnégation de la' part d'un parti, c'est à la majorité seule qu'il appartient de s'en faire gloire, parce que seule elle a fait un 'sacrifice dans la personne de son candidat.

Cela dit, — nous venons de faire la part de l'histoire, — comment doit-on apprécier l'élection du 24 janvier 1859? Comme un grand acte pour la Roumanie, parce que l'élection du Prince moldave assurait l'union. — L'union, c'était la force, la grandeur future de la nation roumaine : à ce double titre, le vote du 24 janvier 1859 devait être acclamé avec joie par tous les Roumains(1).

(1) Dans l'élection du Prince Couza, il n'y a à réprouver que le procédé révolutionnaire employé dans cette circonstance, autrement dit, le fait d'avoir ameuté la population des faubourgs,·et d'avoir détourné de leur devoir les chefs de l'armée et de la police.

Ce procédé a été inauguré par l'insurrection de 1848, et glorifié par ses auteurs dans la personne d'un des trois coupables de tentative d'assassinat contre le Prince Bibesco, coupable qu'ils nommèrent chef de la garde nationale et dont, plus tard, sous le ministère de M. Jean Bratiano, — règne du prince Charles, — ils firent un général !

Les insurgés de 1848 ont renouvelé ledit procédé en 1859, — nous venons de le voir, — en élevant Couza au trône de Valachie pour empêcher l'élection de Bibesco ; ils l'emploieront le 11 février 1866 pour renverser ce Prince.

On retrouve ce travail de désorganisation de l'armée au cours même du règne de Couza, — avant le jour mémorable où les révolutionnaires (les insurgés de 1848 sont toujours à leur tête) parvinrent à faire mettre l'armée sur pied pour obtenir l'abdication de ce Prince, — à l'occasion des démissions collectives qui se produisirent. Mais Couza, considérant la conduite des officiers démissionnaires comme un acte de suprême indiscipline, comme une atteinte grave à la loi militaire, n'hésita pas à mettre les coupables en jugement. La discipline étant le palladium de l'armée, le Prince aurait cru manquer à son mandat de Chef de l'armée si, au lieu de rappeler les officiers au respect de la loi, il avait eu recours à des compromis. Il paya plus tard de sa couronne son acte de patriotique énergie.

Même spectacle de désorganisation en 1871, quand M. John Ghica, alors président du conseil des ministres, déclara au Prince Charles « *qu'il ne répondait pas de l'ordre* », et que Son Altesse royale abdiqua et se disposa à quitter le pays ; puis en 1887 lors de l'incident des douze colonels qui furent obligés de s'unir pour contraindre M. Jean Bratiano, président du conseil, à faire son devoir et à débarrasser l'armée d'officiers indignes ; enfin en 1894, lorsqu'un certain

Quant au Prince Bibesco, il y avait de quoi le consoler de
toutes les amertumes subies depuis 1848, dans le triomphe de
l'union des Principautés, but vers lequel avaient tendu tous ses
efforts, son règne durant (1), et, plus tard, pendant la réunion du
Congrès de Paris (2). Il pouvait donc rentrer dans la vie privée,
heureux et fier de son pays qui, dix ans après son abdication,
lui avait de nouveau offert la couronne.

nombre d'officiers de cavalerie renouvelèrent le système de démissions collectives tenté sous le règne de Couza.

Ce procédé d'encouragement à la révolte (1) et au mépris du serment qui
enchaîne l'officier à son devoir, à l'honneur, sera l'arme des agitateurs libéraux,
— sans libéralisme, — chaque fois qu'ils croiront le moment venu de s'emparer
du pouvoir.

(1) Souscription en faveur des incendiés de Jassi, *preuve de fraternelle compassion.* Le Prince souscrit pour dix mille piastres. (Décret du 10/22 août 1844.
— Voir p. 136 du présent volume.)

Union des douanes entre la Valachie et la Moldavie, acte à la suite duquel les
deux Principautés prennent pour la première fois, dans les questions commerciales, la dénomination de *Principautés unies.* (Décret du 31 mars 1847, p. 240
de ce volume.)

Naturalisation accordée aux Moldaves sur leur simple demande au Souverain
de Valachie, acte fait pour rapprocher les Roumains des deux côtés du Milcov.
(Décret.)

En outre, le Prince ne perdit pas une occasion d'affirmer ce commencement
d'union, à telles enseignes, qu'il fait insérer au *Bull. off.* de Valachie les principaux actes contenus dans celui de Moldavie, à partir du n° 4 de 1845.

(2) Voir les lettres du Prince à Jean Floresco, p. 466-473 et 474-477 du présent volume.

Voir le discours du Prince au Divan *ad hoc*, p. 506-510 du présent volume.
On sait avec quel chaleur, quel succès Bibesco plaida la cause roumaine auprès
de l'empereur Napoléon et de son gouvernement. — *Le Prince Bibesco a été
le défenseur le plus éloquent et le plus ardent de l'union. (Union des Principautés roumaines,* 1859, p. 52. Discours de B. Boeresco à l'Assemblée élective
du 24 janvier 1859, séance n° III.)

(1) Voir les organes libéraux-nationaux : on y lira ces encouragements à la révolte
adressés aux officiers qui, en 1894, ont donné collectivement leur démission.

# QUATRIÈME PARTIE

---

QUEL ENSEIGNEMENT LE RÈGNE DE BIBESCO OFFRE-T-IL, AU POINT DE VUE POLITIQUE?

QUELLE A ÉTÉ LA POLITIQUE SUIVIE PAR LE GOUVERNEMENT ROUMAIN DEPUIS 1878?

QUELLE SERAIT LA SITUATION DE LA ROUMANIE EN CAS DE CONFLIT EUROPÉEN?

QUEL ENSEIGNEMENT LE RÈGNE DE BIBESCO OFFRE-T-IL,
AU POINT DE VUE POLITIQUE?

QUELLE A ÉTÉ LA POLITIQUE SUIVIE PAR LE GOUVERNE-
MENT ROUMAIN DEPUIS 1878?

QUELLE SERAIT LA SITUATION DE LA ROUMANIE EN CAS DE
CONFLIT EUROPÉEN?

La politique adoptée par le premier Élu de la nation roumaine
ne nous enseigne-t-elle pas quelle devait être l'attitude de la
Roumanie à l'égard des grandes Puissances?

Le catéchisme politique de cette nation, — tracé en quelque
sorte par sa position géographique et l'étendue de son territoire,
— ne se retrouve-t-il pas dans les actes de ce règne, et, peut-on,
sans danger, le résumer en d'autres termes que les suivants :
« Une égale et loyale déférence envers tous les grands États »?
Nous ne le pensons pas.

Cependant, on ne l'a pas respectée cette sage ligne de conduite
suivie par la Principauté au temps difficile de la suzeraineté de
la Porte et du protectorat de la Russie, consacrée par les années,
par le patriotisme, et qui s'imposait à la Roumanie, devenue
Royaume indépendant.

Depuis le jour, à jamais regrettable pour le repos du monde,
où la France blessée descendit du piédestal forgé durant des
siècles pour l'immortalité, par la religion, le génie et la victoire,
la Roumanie n'a pas cessé de graviter dans l'orbite de l'Allemagne. Habileté de la part du prince de Bismarck, faute grave du
côté des gouvernants roumains, qui n'ont pas su résister à l'at-

traction de la Puissance victorieuse, n'ont pas consulté les véritables intérêts du pays, n'ont pas songé à réserver l'avenir.

Il est aisé de comprendre que l'Allemagne, à laquelle le puissant esprit politique de son grand Chancelier a valu la triple
alliance, ait tenu à s'assurer de la presqu'île des Balkans; et nous
aurions mauvaise grâce à ne pas admirer sa prévoyance et sa
ténacité pour arriver à isoler la France. Ce travail se manifeste,
en effet, dès 1866, par la liberté laissée au prince Charles de
Hohenzollern d'accepter la couronne de Roumanie, où il devient
Prince régnant, puis Roi; il se poursuit en 1878, lors du traité
de Berlin, par la mission donnée à l'Autriche de pénétrer dans
l'Herzégovine et la Bosnie, armée de cette formule toute diplomatique : *pour maintenir le bon ordre au nom de l'Europe,* —
formule qui d'ailleurs dépouille, chaque jour, son enveloppe mystérieuse pour revêtir, au grand jour, la forme nouvelle d'une
annexion pure et simple; — il se retrouve dans la question des
chemins de fer serbes, qui ouvrent à l'Autriche le chemin de
Salonique, port dont la possession comblerait les vœux de l'alliée
de l'Allemagne; il s'affirme au lendemain de la chute du Prince
de Battenberg, quand, après la prise de possession de la couronne de Bulgarie par le Prince Ferdinand, l'Autriche-Hongrie
assoit son influence dans ce pays; il triomphe enfin par l'entrée
de l'Italie dans l'alliance formée par l'Allemagne et l'Autriche-
Hongrie contre la France. Si le Monténégro garde son indépendance, si la Serbie résiste au travail d'absorption de l'Autriche,
si les efforts de l'Allemagne n'ont pas eu, en Grèce, les résultats
attendus, et si son prestige y a perdu de son éclat, il reste, — il
faut bien le reconnaître, — à la triple alliance, le dévouement
du gouvernement roumain.

Au point de vue de la triple alliance, le concours de ce gouvernement a une importance incontestable : en cas de guerre il serait
une sécurité pour la frontière sud-est de l'Autriche-Hongrie et un
appui pour la Bulgarie. Mais, au point de vue roumain, nous

cherchons en vain quels sont les intérêts de la Roumanie à suivre la politique des Puissances du Centre et à s'aliéner, par son attitude, la Russie.

N'est-on pas en droit de se demander si l'Allemagne n'est pas arrivée à l'apogée de sa grandeur ; si l'Autriche-Hongrie ne présente pas de graves symptômes de désagrégation ; si la guerre civile et la banqueroute ne montent pas la garde aux portes de l'Italie ; si la Russie, longtemps désignée comme « le Colosse aux pieds d'argile », n'est pas à la veille de devenir le Colosse aux pieds d'airain ? Et, si d'un examen consciencieux de la situation de ces grands États il restait constant que, arrivées au faîte, les Puissances du Centre ont atteint la limite du développement de leurs forces, tandis que l'Empire des Czars est dans un mouvement ascensionnel formidable, serait-ce faire acte de politique nationale que de servir les intérêts allemands et austro-hongrois sans souci de blesser notre grande voisine ?

Or, qui pourrait affirmer que tel ne sera pas, demain, l'horizon politique de l'Europe ? Encore s'il s'agissait, pour la Roumanie, de payer une dette de reconnaissance ; mais que doit la Roumanie à l'Allemagne ? Ses fortifications, dont une partie sont déjà condamnées, et qui lui ont coûté beaucoup d'argent (1).

_(1) Quoiqu'il en soit, le cabinet Catargi, actuellement au pouvoir, a su faire à la Roumanie une situation financière digne d'inspirer confiance aux marchés européens. L'éminent ministre des finances, M. Ménélas Ghermani, a fait disparaître, en moins de cinq ans, l'agio qui s'était élevé jusqu'à 20 et 22 fr. pour 100, sous le gouvernement de Jean Bratiano ; il a établi les évaluations budgétaires avec une telle prudence, que trois exercices successifs ont donné un ensemble d'excédents de 25 millions ; et il a diminué les impôts : celui qui porte sur les boissons spiritueuses a été réduit de 8 centimes, par degrés, à 5 centimes ; celui sur la Tzuica (eau-de-vie de prunes) a été remplacé par un impôt minime par hectare, et la taxe de 5 pour 100 établie sur les appointements des fonctionnaires, depuis la guerre de 1877, supprimée.

La rente roumaine est aujourd'hui (27 mars) cotée à la Bourse de Paris 85 à 86 le 4 pour 100 et 96 à 97 le 5 pour 100.

M. Grégoire Mano, secrétaire général du ministère des finances, qui dirige, en même temps, la Régie des monopoles de l'État, que le ministre a confiée à sa haute capacité et à sa maîtresse initiative, a su, — tout en secondant M. Ghermani dans sa tâche difficile, — donner un développement considérable à cette branche

Que doit-elle à l'Autriche? Le souvenir douloureux de tout
ce que cette Puissance lui a pris, sans rien lui donner : les quatre
millions de Roumains, de Transylvanie, de Bucovine et du
Banat, dont une partie subit en dépit de ses droits (1) les iniqui-
tés du chauvinisme hongrois.

Que devons-nous à la Russie? Nos chaînes brisées en 1829 ;
l'organisation des Principautés danubiennes par Kisseleff, leur
union en faveur de laquelle la diplomatie du Czar a combattu,
en 1858, de concert avec la France (2), contre l'Autriche et la
Porte ; nous lui devons d'avoir pu montrer à l'Europe, en 1877,
aux côtés de ses soldats, la vaillance des descendants des légions
trajanes, et d'avoir été pour elle, — souvenir auquel se mêle
un légitime orgueil, — des auxiliaires utiles, des alliés fidèles.

A la vérité, la Russie a repris la Bessarabie méridionale, dont
le traité de Paris l'avait dépossédée ; elle a permis que le Congrès
de Berlin fît à la Roumanie, de l'acceptation de la Dobroutcha, —

de l'État (tabacs, sel, allumettes), et augmenter son revenu, en l'espace de six
ans, de six millions. — Il a créé en outre une flottille commerciale qui fait participer la Roumanie d'une façon effective à la souveraineté du Danube.

(1) Voir le remarquable mémoire (la Réplique) des Roumains de Transylvanie.

(2) « Le comte Kisseleff, représentant de la Russie, dit que les Divans ont été
convoqués pour exprimer les vœux des populations et qu'ils se sont acquittés de
ce soin en se prononçant à la presque unanimité en faveur de la réunion des
Principautés sous un Prince étranger ; il croit ces vœux rationnels, légitimes, et
il considère leur réalisation comme nécessaire pour assurer le bien-être futur des
populations moldo-valaques. Il ajoute qu'il l'a cru autrefois, qu'il le croit encore,
et que son gouvernement est prêt d'adhérer à la réunion, si la conférence veut
l'adopter. » — Prot. n° 1, séance du 22 mai 1858.

Nous ne saurions choisir meilleure occasion pour rappeler le très intéressant
chapitre VIII du Règlement organique dans quelques-uns de ses articles.

CHAPITRE VIII. — SECTION V (p. 338).

*Commencement d'une plus grande union entre les deux Principautés.*

Art. 371. — « L'identité de l'origine, de la religion, des usages et de la langue
des habitants des deux Principautés et leurs besoins communs sont des éléments
suffisants d'une union qui a été jusqu'ici empêchée et retardée par les événements
seuls ; les résultats favorables produits par les événements, et les conséquences
heureuses dues au rapprochement de ces deux peuples, ne peuvent pas être mis
en doute. *Les commencements de cette réunion sont indiqués par l'établissement
d'une administration uniforme dans les deux pays.* »

Suivent huit articles faisant partie de ce chapitre.

offerte en compensation de la Bessarabie, — une condition de son indépendance ; qu'il ne lui donnât pas Silistrie et ses positions, — c'est-à-dire les clefs de la Dobroutcha, — et qu'il lui refusât une frontière stratégique, tandis qu'il avait assuré avec une sollicitude marquée celles de la Bulgarie, de la Roumélie, de la Serbie et du Monténégro (1).

Nous avons, à cette époque, énergiquement protesté par la plume, au nom du Pays roumain, contre les décisions du Congrès (2). Mais, si la Russie a retiré ses sympathies à la Roumanie après la guerre, à qui la faute ? Pourquoi le Cabinet roumain n'a-t-il pas protesté, avant la guerre, contre la volonté exprimée par l'empereur Alexandre de reprendre la Bessarabie ? Le général Ignatief n'était-il pas parti en mission, avant le commencement des hostilités, dans le but de pressentir les grandes Puissances sur le désir de Sa Majesté ? Ce projet n'était-il pas de notoriété publique ? M. J. Bratiano pouvait-il l'ignorer ? L'ignora-t-il ? Non. — Et au Congrès de Berlin, pourquoi a-t-il pris la parole malgré les avertissements du prince de Bismarck qui ne lui avait pas caché que le Czar faisait de la reprise de la Bessarabie *une question d'honneur* pour la Russie, que toute protestation de la part du gouvernement du Prince Charles, devant le Congrès, serait blessante pour le Czar et nuisible à la cause roumaine, tandis qu'une entente avec son ancienne Alliée vaudrait à la Principauté des compensations inespérées ? A quel mobile les hommes d'État roumains ont-ils cédé en prenant, quand même, une attitude fatalement compromettante pour les intérêts de leur pays dans le présent et dans l'avenir ?

Notre diplomatie avait assurément le devoir de mettre tout en

(1) Voir l'*Histoire d'une frontière,* par le Prince Georges BIBESCO, pages 127, 128, 129 et 130. — Plon, édit. Paris.

(2) *Histoire d'une frontière,* page 123 et de la page 130 à la page 140, par l'auteur du présent ouvrage. Voir *Politique, Religion, Duel,* du même auteur, aux pages 49 et 50, les Lettres adressées au Prince de Bismarck, à M. Challemel-Lacour, ministre des affaires étrangères de France, et à lord Granville. — Voir à l'Appendice.

œuvre pour conserver ce cher lambeau de notre territoire, perdu en 1812 et recouvré en 1856. Mais, du moment que le cabinet Bratiano avait acquis la conviction que la Russie ne céderait rien de ses prétentions, et qu'il ne pouvait se faire aucune illusion sur les dispositions des autres Puissances, il aurait agi plus sagement en ne se plaçant pas sur le terrain des protestations à outrance, — qui cachaient mal sa préoccupation de ne pas compromettre sa popularité, — et en traitant avec notre grande Alliée. En adoptant cette politique, il eût, du moins, fait servir aux intérêts de la Patrie le sang de dix mille Roumains, braves tombés sur les champs de bataille de la Bulgarie; il eût fait preuve d'un sens politique élevé, d'une prudence qui n'excluait ni le courage ni le patriotisme. Cavour n'hésita pas à céder à la France Nice et la Savoie, berceau de la Maison souveraine; et, l'heure venue, il descendit du pouvoir grandi par le sacrifice même. Mais, c'était Cavour !

Eh bien, depuis ces événements, au cours desquels le gouvernement roumain a perdu l'amitié précieuse de la Russie, — de cette Puissance qui met un corps d'armée sur pied, pendant que tel autre grand État crée un régiment, — a-t-il fait ce qu'il fallait pour se rapprocher d'elle? Non, son attitude et ses actes n'ont pas rendu meilleure la situation de notre pays, et si la guerre venait à éclater demain, il nous faudrait envisager l'avenir avec la plus anxieuse angoisse. Et cependant, tous les ministres qui se sont succédé au pouvoir ont passé dans ce même sillon politique que traça le Roi Charles en arrivant à Bucarest, comme Prince de Hohenzollern. Aveuglés par l'éclat de la puissance de l'Allemagne, leurs yeux ont pris l'habitude de se régler sur le sabre du jour, sans oser, ou sans vouloir regarder au delà. Ils ont cru à une guerre à brève échéance; ils ont escompté l'inconnu, qui n'a pas répondu à leur attente.

Moins préoccupés du présent, ils eussent arrêté leur pensée sur cette vérité que, victorieuse, la Triple Alliance ne pouvait rendre à la Roumanie que la Bessarabie, tandis que, victorieuse, la Russie serait libre d'unir en un faisceau les Roumains des Carpathes, soit dix millions de Roumains. Plus préoccupés de l'avenir, ils eussent été amenés à prévoir que la France, après avoir subi une éclipse momentanée, reparaîtrait à l'Occident, fortifiée par le souvenir de ses malheurs, par le travail et la volonté de redevenir la France d'autrefois; que la Russie, après des siècles de labeur, finirait par émerger à l'Orient, plus redoutable qu'aucune autre Puissance, par le nombre discipliné autant que par le courage de ses armées; et que l'amitié de ces deux grands combattants, cimentée aujourd'hui pour assurer la paix, pourrait, demain, enchaîner la victoire.

Pour avoir déserté la politique nationale, faute de n'avoir pas prévu Cronstadt, Toulon et leurs conséquences possibles, il est à craindre que les hommes politiques de la Roumanie n'aient créé à leur pays une situation des plus graves.

Serait-il temps d'améliorer cette situation? Il est bien tard; encore faudrait-il le vouloir sincèrement et résolument. S'il était vrai, comme le bruit en a couru, que la Roumanie se rapprochât de la France, on devrait se réjouir d'un pareil événement, précurseur d'une détente dans les relations entre le Royaume danubien et sa puissante Voisine.

En effet, quel sort ferait, au Royaume danubien, en cas de conflagration européenne le triomphe définitif de la Russie et de la France? Le Royaume serait, en quelque sorte, en dépit de la bravoure de son armée, à la merci de la Russie. Certainement la clairvoyance du Czar ne confondrait pas les sentiments de la nation roumaine avec la politique de ses gouvernants, et l'Empereur n'oublierait pas que cette nation est Fille, comme Il est Lui-même Fils, de la religion orthodoxe. Toujours est-il que notre espoir serait que la France se souvînt de ce peuple latin des Carpathes, isolé en Orient, vers lequel sont allées, jadis, toutes ses sympathies, dont plus d'un enfant est venu, — à l'heure cruelle de l'invasion, — partager ses périls, ses angoisses, ses malheurs, et qu'elle ne l'abandonnât pas.

Voilà l'espoir qui chante au fond de notre âme et nous soutient!

Et, maintenant, si en face de ces sombres éventualités il est permis aux hommes de mon âge de faire un vœu, c'est de vivre assez pour aider les vaillants à sauver la Patrie.

# CHRONOLOGIE

DE LA VIE ET DES ACTES DE

# GEORGES-DÉMÈTRE BIBESCO

PRINCE SOUVERAIN DE VALACHIE

# CHRONOLOGIE

## DE LA VIE ET DES ACTES DE

# GEORGES-DÉMÈTRE BIBESCO

### PRINCE SOUVERAIN DE VALACHIE

*Élu à vie par la Nation le 20 décembre 1842|1ᵉʳ janvier 1843.*

---

*1802 (avril).* — Georges-Démètre Bibesco est né en 1802 (1). Son père est le grand Vornic Démètre Bibesco (1772-1831); sa mère, Catherine Vacaresco, est l'arrière-petite-fille du Prince de Valachie Constantin Bassaraba-Brancovan, décapité à Constantinople en 1714.

*1817.* — Envoyé à Paris, il en revient docteur en droit. Kisseleff le nomme secrétaire d'État au département de la Justice. (T. I, p. 34.)

*1825.* — Il épouse Zoé (Mavrocordato) de Bassaraba-Brancovan.

*1831.* — Il est élu, à l'Assemblée extraordinaire, par la ville de Craïova.

*1831.* — Son rapport à Kisseleff sur les questions relatives à la refonte du règlement. (T. II, p. 5.)

*1833.* — Il signe le journal du 22 juin 1835 relatif à la question des Saints Lieux. (T. I, p. 76.)

Kisseleff nomme Bibesco chef du secrétariat d'État. (T. I, p. 34.)

---

(1) Et non en 1804, comme il est dit, par erreur, t. I, p. 33.

*1834.* — Sous le Prince Alexandre Ghica, Bibesco se retire
du gouvernement.

*1842.* — Après la déchéance du Prince Alexandre Ghica IX,
le pays, usant pour la première fois depuis 1714 du droit d'élire
son Prince, élit à vie, Souverain de toute la Valachie, Georges-
Démètre Bibesco. (T. I, p. 41-44; t. II, p. 110-112.)

Bibesco, effacé de la liste des candidats au trône, y avait été
rétabli par l'Assemblée. (*Bull. off.*, 1842, n° 90, p. 267; n° 98,
p. 298.) Élection. (*Bull. off.* n° 105, p. 418-421.)

## 1843

*12 janvier.* — S. Exc. le comte de Nesselrode, vice-chan-
celier de l'Empire russe, invite M. Daschkoff, consul de Russie à
Bucarest, à transmettre les félicitations de la Cour protectrice
à l'occasion de l'élection de Georges Bibesco comme Prince de
Valachie. (T. I, p. 177.)

Le comte de Nesselrode charge M. Daschkoff de remercier le
Métropolitain Néophyte pour l'ordre qui a présidé à l'élection du
Prince Georges Bibesco. (T. I, p. 180.)

*26 janvier.* — Le comte de Nesselrode félicite le Prince de
son *élection éclatante et si bien méritée*. (T. I, p. 181.)

*27 janvier.* — Le Firman d'investiture est publié. (*Bull. off.*
n° 6.) Le nouveau Prince prend en main le pouvoir (décrets 1
et 2) et en décharge les Caïmacams, auxquels il adresse ses
remerciements. Le Prince choisit pour aides de camp Banov,
Grammont, Balaceano (ces deux derniers, aides de camp de son
prédécesseur le Prince A. Ghica), Jean Floresco et Bibesco.
(*Bull. off.* n° 9.)

*28 janvier.* — Le général Kisseleff félicite Son Altesse de
son élévation au trône, *et la Valachie du choix qu'elle a fait*.
(T. I, p. 185.)

*30 janvier.* — Le secrétaire d'État Constantin Soutzo a fait, par ordre du Prince, une adresse au Ministre de l'intérieur, décidant que les pétitions, pour affaires d'ordre administratif, seraient adressées aux préfets, et celles d'ordre judiciaire à l'autorité judiciaire compétente, et non plus directement au Prince ; que les réclamations contre l'administration ou les juges seraient envoyées au ministre compétent, auquel seraient également réservées les reclamations du ressort de son ministère. Le secrétariat d'État recevra les pétitions contre les Ministres, les appels et les plaintes contre les décisions du Haut Divan. L'audience publique du Prince est fixée au jeudi, de midi à trois heures de l'après-midi. L'adresse se termine par l'ordre impératif donné aux préfets d'observer rigoureusement les lois. (*Bull. off.* n° 7.) Décret n° 8 fixant la date de quelques élections complémentaires.

Proclamations du Prince au conseil administratif extraordinaire (décret n° 9) et aux habitants des villes, bourgs et villages. (Décret n° 11, *Bull. off.* n° 8, t. II, p. 16 et 17.)

*5 février.* — Nominations de juges et d'autres fonctionnaires. (Décret n° 55, *Bull. off.* n° 9.)

*14 février.* — Proclamation à l'armée. (*Bull. off.* n° 12, t. II, p. 19.) Discours du Prince à l'occasion de son avènement. (T. I, p. 20).

*15 février.* — Le Prince fixe au 18 la réouverture de l'Assemblée. (Décret n° 97 et 98, *Bull. off.* n° 13.)

Le Prince défend de légaliser un acte de vente où il est dit que le prix n'est pas intégralement payé; il reste au vendeur non remboursé le droit de première hypothèque. (Décret n° 64.)

*18 février.* — Discours du Prince à l'ouverture de l'Assemblée générale ordinaire. (*Bull. off.* n° 14, t. II, p. 20.)

*21 février.* — Le Prince gracie les condamnés pour le complot jugé sous le règne du Prince A. Ghica, nommément : *Marin Serghiesco, Sotir Tzerano, Const. Telejesco, Grég. Radoschan,*

*Const. Boranesco, Const. Camaraschesco, Dém. Filipesco* et *Michel Molojesco. (Bull. off.* n° 16, décret n° 136.)

*22 février.* — Les instituteurs de village sont chargés de faire le recensement des enfants et des jeunes gens. (Décret n° 137.)

*2 mars.* — Le Prince Bibesco écrit au Prince Stourdza de Moldavie qu'il n'a rien de plus à cœur que de voir s'établir entre la Valachie et la Moldavie des rapports de bon voisinage et d'harmonie. (T. I, p. 187.)

*8 mars.* — Le Prince confirme une sentence contre des violateurs de la loi sur les quarantaines, et, tout en réduisant les peines pour qu'il n'y ait pas d'exécution capitale, il fait observer aux juges qu'ils ont été trop indulgents pour les gardiens des piquets, coupables, cette fois, non pas de négligence, mais de connivence. (*Bull. off.* n° 27, décret n° 832.) Même date (décret n° 827) : — Le Prince, tout en réduisant les peines dans une affaire de brigandage, invite les Divans à ne pas se montrer aussi indulgents avec les dorobantzi (gendarmes), qui sont des fonctionnaires publics.

Création de la fonction de Président du conseil administratif extraordinaire. (T. II, p. 101.)

*11 mars.* — Le Prince destitue le préfet de Jalomita, Const. Filipesco, pour avoir battu des administrés, et il rappelle en même temps à chacun le respect dû à l'autorité. (*Bull. off.* n° 23, Décret n° 207.)

Requête de Trandafiloff. Le Prince recommande la requête au conseil administratif extraordinaire. (T. II, p. 45 et 46.)

*18 mars.* — Comme c'est le moment du travail des champs, le Prince défend aux paysans de venir Lui présenter des pétitions avant le 10 mai. (*Bull. off.* n° 25, Décret n° 229.)

*19 mars.* — Le Prince rappelle aux juges leurs devoirs d'impartialité et les menace de les punir s'ils y manquent. (*Bull. off.* n° 30, Décret n° 951.)

*22 mars*. — Le Prince ordonne aux juges de ne pas chercher à interpréter les ordonnances princières qui confirment un jugement définitif, mais de les appliquer immédiatement, sous peine d'être responsables de dommages envers les parties lésées.

Le Prince, rappelant que le 2 mars, par Son ordre du jour n° 43, Il s'est montré mécontent de la première inspection qu'Il a faite, pendant la nuit, à l'infanterie, Se déclare satisfait de celle qu'Il a passée dans la nuit du 21 au 22. (*Bull. off.* n° 28, Décret n° 52.)

Loi sur l'affranchissement des Bohémiens de l'État. (Décret n° 233, t. II, p. 27-34.)

Suppression temporaire de trois escadrons de cavalerie. (T. II, p. 102.)

*29 mars*. — Adresse du Prince à l'Assemblée au sujet de l'incendie de Ploiesti. Son Altesse ouvre une souscription. Il se rendra sur les lieux et nommera une commission, choisie parmi les habitants de la ville, pour la distribution des secours. (*Bull. off.* n° 30, Décret n° 269.)

Le Prince rappelle à leurs devoirs les avocats et les chargés d'affaires, et Il les menace de procès criminels au cas où ils léseraient, par négligence ou par mauvaise foi, les intérêts de leurs clients. (*Bull. off.* n° 30, Décret n° 1101.)

Le Prince refuse d'examiner un procès devenu définitif, en vertu de la sanction donnée par le Prince Ghica à la sentence du Haut Divan. (*Bull. off.* n° 30, Décret n° 1147.)

*31 mars*. — Des spéculateurs inondant le pays de pièces de *petites paras* pour en soutirer l'or, il est décrété qu'à partir du 1er juin la *petite para* ne vaudra que la moitié d'une para. (*Bull. off.* n° 30, Décret n° 673.)

Le comte de Nesselrode félicite directement le Métropolitain pour l'ordre qui a présidé à l'élection du Prince G. Bibesco. Il l'informe que M. Daschkoff lui offrira, de la part de l'Empereur, une image enrichie de diamants. (T. I, p. 188.)

*3 avril.* — Défense aux juges de délivrer l'argent déposé en garantie par les concurrents à une licitation, avant que la licitation ait été confirmée par le Prince. (*Bull. off.* n° 31, Décret n° 1201.)

(N° 1185.) Le Prince s'élève contre l'abus que les juges font de la prestation du serment, qui ne doit être exigée que lorsque la justice n'a plus d'autre moyen de connaître la vérité. « Celui « qui garde dans son cœur la crainte de Dieu, se résoudra diffi-« cilement et à grand'peine à invoquer Son nom en témoignage, « même s'il a le bon droit pour lui; et celui dont l'âme égarée « a perdu cette crainte, prêtera serment sans hésiter, même en « faveur des questions les moins justes. Le serment est et a « toujours été le moyen le moins sûr de connaître la vérité. « La loi l'admet; il est laissé à la sagesse des juges d'en user « avec mesure. » (*Bull. off.* n° 31, Décret n° 1185.)

*5 avril.* — Le Prince exige, avant tout, que les propriétaires appliquent le règlement avec impartialité. (T. II, p. 108.)

Le Prince propose à l'Assemblée d'élever une statue au général Kisseleff. (*Bull. off.* n° 32, message n° 299; t. II, p. 109.)

Sanction de la loi sur l'organisation de la police de Braïla. (Décret n° 314.)

*6 avril.* — L'Assemblée approuve le projet de loi pour élever une statue à Kisseleff. (*Bull. off.* n° 32, adresse n° 190.)

*14 avril.* — Destitution d'un sous-préfet pour abus. (*Bull. off.* n° 34, Décret n° 323.)

*16 avril.* — Création de sources de revenus qui viennent s'ajouter aux revenus des municipalités. (*Bull. off.* n° 33, Décret de sanction n° 315, t. II, p. 111.)

*16 avril.* — L'éphorie des Écoles remercie Jean-Alexandre Filipesco, qui a donné au collège de Saint-Sabba sa collection d'instruments et de livres de physique. Le *Bulletin des lois* (p. 131) s'exprime ainsi : « Si les autres patriotes qui ont autant de moyens imitaient l'action de ce généreux jeune homme, on pourrait créer, bientôt, dans notre patrie une Université, — comme cela a eu lieu en Grèce, — uniquement avec les dons de ceux qui veulent voir répandre les lumières.»

*19 avril*. — Publication d'un projet de loi qui, conformément à l'art. 65 du Règlement, oblige de nouveau le Trésor à verser chaque année 310,000 piastres aux caisses de bienfaisance et d'utilité publique. (*Bull. off.* n° 35.)

Message du Prince à l'Assemblée, interprétant la sanction n° 77 de l'ex-Prince Ghica, relativement à la même question des caisses de bienfaisance, et (comme faisant partie de cette question) à la soumission de quatre monastères aux prescriptions de la loi de 1834. (*Bull. off.* n° 39. La date du 3 février est inexacte, l'Assemblée ne s'étant ouverte que le 18.)

*21 avril*. — Grâce accordée à des condamnés. (*Bull. off.* n° 37, Décret n° 93.)

*24 avril*. — Le général Duhamel félicite le Prince de son élection. Il y voit un gage de prospérité et de bonheur pour la Valachie. (T. I, p. 190.)

*29 avril*. — Destitution d'un sous-préfet pour abus. (*Bull. off.* n° 38, Décret n° 359.)

*1er mai*. — Le général Kisseleff assure le Prince qu'il n'a jamais ajouté foi aux accusations de ses adversaires, et il Le prie de disposer de lui en toute confiance. (T. I, p. 191.)

*5 mai*. — Destitution de tout le tribunal de Jalomitsa coupable de n'avoir pas poursuivi énergiquement les voleurs de bestiaux. (*Bull. off.* n° 41, Décret n° 101.)

*6 mai*. — Dém. Druganesco, président de la 1re section du tribunal civil d'Ilfov, est destitué. (*Bull. off.* n° 41, Décret n° 102.)

*9 mai*. — C. Petresco, nommé président, et E. Ogradeano et Tîmpeano, membres de la Curatelle ou Épitropie publique des mineurs. (*Bull. off.* n° 43, Décret n° 409.)

*13 mai*. — Loi de la corvée : tout paysan consacrera six jours de corvée à l'entretien des chemins. (T. II, p. 112-114.)

*15 mai*. — Loi des règles à observer pour les cessions de terrains à faire par les monastères dédiés ou non dédiés, ou par les prieurés libres, sous la réserve d'un droit d'emphytéose. (T. II, p. 114 et 115.)

*19 mai*. — Le Prince ferme la session de l'Assemblée. (*Bull. off.* n° 45, Décret n° 443.)

*20 mai*. — Le Prince, dans une lettre au comte de Nesselrode, sollicite pour son pays la haute protection de la Russie, dans le différend qui existe entre le gouvernement valaque et les Saints Lieux (t. I, p. 86), et Il lui envoie en même temps un mémorandum sur l'état des monastères avant le règlement organique. (T. I, p. 89.)

*26 mai*. — Le Prince destitue pour abus et met en jugement devant la 1re section du Haut Divan le président du tribunal de Dîmbovitsa. (*Bull. off.* n° 48, Décret n° 147.)

*29 mai*. — Le Prince sanctionne la loi sur l'augmentation du nombre des employés et des ressources de la Curatelle publique des mineurs. (*Bull. off.* n° 49, Décret n° 401.)

*7 juin*. — Le général Kisseleff s'excuse de ne pouvoir pas accepter qu'on lui érige un monument, et il émet le vœu que les fonds votés puissent être affectés à une œuvre d'utilité publique. (T. I, p. 192.)

A propos d'un procès de curatelle, le Prince défend aux juges d'étendre, par leurs sentences, les attributions de la Curatelle des mineurs; ces attributions doivent se borner aux mineurs laissés sans tuteurs légitimes désignés par testament. (*Bull. off.* n° 50, Décret n° 2063.)

Le Prince attire l'attention des juges sur l'erreur qu'ils commettraient en donnant au code Caragea un effet rétroactif. Le Prince appelle l'attention des autorités sur la réduction des sentences, question négligée et qui cause une perte de temps. (*Bull. off.* n° 50, n° 2064.)

*12 juin*. — Le Prince, voyant qu'un incendiaire n'a été condamné qu'à une amende, confirme la sentence, mais il en exprime son indignation. (*Bull. off.* n° 55, Décret n° 180.)

*13 juin.* — Le Prince envoie Jean Mano au-devant du Prince Albert, frère du roi de Prusse, qui ne fera que trois jours de quarantaine. (*Bull. off.* n° 53, Décret n° 496.) Le Prince élève la durée de la quarantaine, à Sévérin, pour les personnes venant de Serbie, à sept jours au lieu de vingt-quatre heures.

*14 juin.* — Le général Kisseleff expose, dans une lettre au Prince, sa manière de voir sur le prétendu changement de destination de M. Daschkoff ; Il parle de l'envoi de jeunes Roumains dans les écoles militaires russes ; de la nomination de Stirbei au poste de l'Intérieur, etc. (T. I, p. 194.)

*17 juin.* — Le Prince attire l'attention des juges sur ce fait que, le procureur ayant seul le droit de poursuivre au criminel, ils ne doivent pas, sur la seule plainte d'une partie, transformer un procès civil en procès criminel. (*Bull. off.* n° 57, Décret n° 2315.)

*29 juin.* — Le Prince donne le titre de Grand Ban au Vornic Théodore Vacaresco et au Vornic Al. Filipesco, et celui de Grand Vornic à l'exc. Logothète de la justice Barbou Stirbei. (*Bull. off.* n° 58, Décret n° 516.)

Le Prince Bibesco, qui jusqu'ici avait gardé les Ministres qu'il avait trouvés en fonction, nomme par le Décret n° 517 (*Bull. off.* n° 58) : Georges Filipesco, président du Conseil administratif extraordinaire ; Barbu Stirbei, Ministre de l'intérieur ; Alex. Vilara, Ministre de la justice ; Em. Floresco, Ministre des cultes ; Jean Filipesco, Ministre des finances ; Jean Mano, préfet de police. Const. Ghica continue à être Grand Spathar (Ministre de la guerre).

*Juillet.* — Le Prince Michel Stourdza répond au Prince G. Bibesco qu'il Se tient à Sa disposition pour une entrevue à Galatz ou à Focsani, le jour qu'Il arrêtera. (T. I, p. 199.)

*1er juillet.* — Un unter-officier noble est renvoyé de l'armée pour mauvaise conduite. (*Bull. off.* n° 61, Décret n° 117.)

*3 juillet.* — Le Grand Clucer Jean Bibesco (frère du Prince), est honoré du titre de Grand Postelnic, et le Caminar Manuel Serghiadis du titre d'Aga (*Bull. off.* n° 60, Décret n° 541). Jean Bibesco est nommé préfet de Dolj (Décret n° 545). Nominations de directeurs de ministères, parmi lesquels Barbou Catarji à la justice. Mutations dans l'armée nécessitées par la suppression de trois escadrons de cavalerie. (*Bull. off.* n° 60, Décrets nᵒˢ 111, 112.)

Le Prince punit de trois jours de prison un individu qui avait insulté la Cour d'appel commerciale. (*Bull. off.* n° 61, Décret n° 118.)

*9 juillet.* — Instructions de S. Exc. le Ministre Stirbei aux sous-préfets, concernant la préparation des listes des personnes pouvant élire les sous-préfets. (*Bull. off.* n° 63, Décret n° 4389.)

*15 juillet.* — Le Prince défend de mettre le séquestre sur le traitement des fonctionnaires, ce traitement étant argent public. (*Bull. off.* n° 65, Décret n° 127.)

*18 juillet.* — Circulaire de S. Exc. le Ministre Stirbei à propos des dettes entre fermiers et paysans. Que les fermiers règlent les comptes à la Saint-Georges et à la Saint-Démètre, sans quoi il ne sera pas tenu compte de leurs réclamations. (*Bull. off.* n° 65, Décret n° 4578.)

*19 juillet.* — Le Prince nomme une Commission pour la création du théâtre de Bucarest. (*Bull. off.* n° 65, Décret n° 565 ; t. II, p. 137 et 138.)

Le Prince rend les juges responsables des suites que pourrait avoir la non-observance des formalités pour les licitations (*Bull. off.* n° 65). Même date (*Bull. off.* n° 66) : circulaire de S. Exc. le Ministre Stirbei autorisant les préfets à confirmer les contrats entre paysans et propriétaires, en arrêtant : 1° que les journées de travail ne dépassent pas douze par an, que le prix soit fixé pour le paysan sans chariots ; 2° que la dîme du foin soit, pour les trois pogones, du cinquième, et qu'elle soit payée en nature ;

3° que la dîme du blé de ces trois pogones soit du dixième de la récolte réelle. Pour les autres pogones, les contrats seront faits en avril et en octobre. Si le propriétaire veut imposer aux paysans des conditions qu'ils repoussent, le sous-préfet doit avertir les paysans, en avril, afin qu'ils cherchent à passer un contrat avec d'autres propriétaires. Les conditions mises pour le pâturage ne concernent que les bestiaux qui dépassent le nombre réglementaire auquel la loi accorde le droit de pâtis. La dîme doit être prélevée à temps.

*24 juillet.* — Nomination d'Héliade, collaborateur à l'Éphorie des Écoles, au poste de directeur des Archives (*Bull. off.* n° 67, Décret n° 569). Circulaire de S. Exc. le Ministre Stirbei au sujet du prochain recensement. Le Ministre oblige ceux qui réclameraient contre un paysan ayant émigré de son village, sans prévenir, à indiquer sa nouvelle demeure et à prouver que leur réclamation a été faite à temps. Cette mesure, excessivement libérale, mettait, le plus souvent, le paysan à l'abri d'exigences outrées de certains propriétaires. (*Bull. off.* n° 67, Circulaire n° 1813.)

Cost. Bobesco, ex-directeur des Archives, nommé à la Curatelle. (*Bull. off.* n° 68, Décret n° 7.)

*1ᵉʳ août.* — Nomination de magistrats. (*Bull. off.* n° 69, Décret n° 275.)

Le Gouvernement de Saint-Pétersbourg adresse un mémoire touchant la question des couvents dédiés (biens conventuels) des Principautés roumaines. (T. I, p. 93.)

*5 août.* — Mesures pour le développement du port de Braïla. (T. II, p. 116.)

*12 août.* — Le Prince annonce, pour le 16, son départ pour Constantinople, et Il confie le gouvernement aux Ministres. (*Bull. off.* n° 73, Décret n° 597.)

*14 août.* — Le comte Kisseleff refusant le monument qu'on devait lui élever, l'on créera, outre le théâtre, des fontaines publiques. (*Bull. off.* n° 74, Décrets n°ˢ 611 et 631; t. II, p. 162.)

*15 août*. — Rapport de la commission du théâtre et sanction du Prince. (*Bull. off.* nº 77, Rapport nº 1 ; t. II, p. 139-142.)

*17 août*. — Rescrit du Prince nº 618, donné de Giurgevo, concernant un entrepôt à fonder à Braïla. « Les résultats », dit le Prince, « se feront sentir dans tout le pays. » Son Altesse promet de s'occuper, à Constantinople, de la question des douanes, et loue le commerce de Braïla du soin qu'il met à faire progresser cette ville. (*Bull. off.* nº 76.)

*19 août*. — Procès-verbal du conseil administratif dans l'affaire Trandafiloff. (T. II, p. 47.)

*28 août*. — Mesures relatives aux Bohémiens vagabonds. (*Bull. off.* nº 80, Décret nº 2075 ; t. II, p. 34.)

*29 août|10 septembre*. — S. A. R. le Prince Albert de Prusse remercie le Prince Bibesco de l'accueil qu'Elle a reçu pendant Son séjour en Valachie, et transmet à Son Altesse les remerciements du Roi Frédéric-Guillaume, Son frère. (T. I, p. 200.)

*30 août*. — Liste de souscription pour les incendiés de Ploiesti; le Prince est inscrit en tête pour 6,000 piastres (1,980 fr.). (*Bull. off.* nº 79.)

*7|19 septembre*. — Le Roi de Prusse témoigne Sa reconnaissance au Prince Bibesco pour l'accueil fait, en Valachie, à Son bien-aimé frère le Prince Albert. (T. I, p. 201.)

*20 septembre*. — Le Prince fait connaître au comte Nesselrode les observations du Métropolitain dans la question des biens conventuels, et déclare s'y associer. (T. I, p. 98.) La lettre est suivie d'un mémoire que le Prince adresse, de Constantinople, au cabinet de Saint-Pétersbourg. (T. I, p. 101.)

*26 septembre*. — Le mémoire du Gouvernement de Saint-Pétersbourg au sujet des biens conventuels ou couvents dédiés cause, dans le monde diplomatique, une émotion à laquelle n'échappe pas M. le Consul général de France. (T. I, p. 108.)

M. Billecoq expose à M. Guizot les principales dispositions du mémoire de Saint-Pétersbourg, en date du 1<sup>er</sup> mai, au sujet des couvents dédiés. (T. I, p. 109.)

*1<sup>er</sup> octobre*. — S. Exc. le Ministre Stirbei donne aux propriétaires de Giurgevo deux ans pour bâtir, sous peine d'expropriation. (*Bull. off.* n° 89, Décret n° 6589.)

*11/23 octobre*. — M. Guizot voit dans la sollicitude extraordinaire de la Russie un travail persévérant pour se concilier, en les protégeant, les populations grecques de la Turquie. (T. I, p. 111.)

*14 octobre*. — Programme pour la réception du Prince. (*Bull. off.* n° 92.)

*15 octobre*. — Le Prince donne aux employés de la quarantaine de Giurgevo, à titre de gratification, leur paye pour six mois. (*Bull. off.* n° 95, Décret n° 638.)

*19 octobre*. — Le Prince Bibesco appelle l'attention du Prince de Moldavie sur l'hétairie bulgare. Son Altesse Le félicite du résultat de Son entretien avec M. Daschkoff. (T. I, p. 205.)

*21 octobre*. — Adresse du Prince au Département de l'intérieur approuvant le procès-verbal du Conseil. (Décret n° 653 ; t. II, p. 48.)

*28 octobre*. — Le Prince remercie le Conseil administratif extraordinaire de la manière dont il a gouverné. (*Bull. off.* n° 79, Décret n° 666.) Remerciements à Stirbei, surtout à cause des événements de Braïla, à Jean Mano, préfet de police, et à Jacobson, préfet de Braïla. (Décret n° 667.) |Il félicite le public d'avoir su résister aux excitations des malveillants.

A la suite de la faillite d'Étienne Moscu, le Prince a obtenu, durant son voyage à Constantinople, de quatre créanciers, le règlement de leurs créances à 42 pour 100. Il ordonne au syndicat de prendre possession de la fortune de Moscu et de régler les autres créanciers étrangers ou roumains — réserve faite pour les droits de l'État — au prorata et au plus tôt. (*Bull. off.* n° 98, Rescrit n° 326.)

*29 octobre*. — Ordre de publier le Firman qui reconnaît aux douanes valaques le droit de percevoir 5 pour 100, au lieu de 3 pour 100, sur toute marchandise entrant dans les Principautés. (T. II, p. 120-122.)

Décret n° 187 : ordre du jour louant la conduite du colonel Garbatski et du major Paznaski dans les événements de Braïla.

*1er novembre*. — Réorganisation de la gendarmerie des Dorobantzi, et formation d'une commission pour fixer l'uniforme et veiller à l'amélioration de leur sort. Les soldats renvoyés dans leurs foyers forment ce corps. (*Bull. off*. n° 98, Décret n° 685.)

*3 novembre*. — A propos d'un procès d'empiétement de terrain, le Prince décide qu'on ne pourra réclamer les revenus que du jour de la demande en revendication, et ordonne au Grand Logothète de faire un projet de loi sur la prescription en matière d'empiétement. (Loi faite en 1847; voy. t. II, p. 236, Décret n° 327.)

*5 novembre*. — Tout document émané des Saints Lieux devra, pour être pris en considération, avoir été légalisé par l'agence de Constantinople. (*Bull. off*. n° 103, Décret n° 7558.)

*8 novembre*. — Ordre ministériel duquel il ressort que N. Golesco était un employé à la Vornicie, ayant la signature pour le Grand Vornic. (*Bull. off*. n° 100.)

M. Philippsborn, agent du Gouvernement valaque auprès du Gouvernement autrichien, écrit à S. A. le Prince Bibesco à propos d'une ordonnance rendue par le Gouvernement sur l'emploi de la langue hongroise, que les Hongrois avaient espéré voir proclamer langue diplomatique. (T. I, p. 208.)

*9|21 novembre*. — M. Philippsborn écrit au Prince, à propos de la démarche du cabinet de Berlin faite à la suite des événements survenus en Grèce et qui ont compromis la situation du Roi Othon. (T. I, p. 209.)

*10 novembre*. — Les Serbes, étant des rayas, sont justiciables des tribunaux du pays, et non de la juridiction consulaire. Bien que le consul de Russie ait le droit de protection sur les Serbes, l'ordre est donné au Divan, qui s'était récusé dans un cas soumis à sa juridiction, de revenir sur sa récusation. (*Bull. off.* n° 103, Décret n° 7703.)

*11 novembre.* — Gratifications au préfet, à la police, aux gendarmes de Braïla, à l'occasion de la répression des troubles. (*Bull. off.* n° 106, Décret n° 719.)

*19 novembre.* — Le Prince sanctionne le rapport annuel de la municipalité de Bucarest. « Tous les travaux s'étant exécutés », dit le Prince, « sous Notre œil, et par suite de la connaissance que Nous en avions. » Il témoigne sa satisfaction de voir qu'*un million de dettes a été payé*. Analyse de ce document, dans ses traits principaux : dettes laissées par le Gouvernement précédent du Prince Al. Ghica : 1,033,494 piastres 5 paras. De cette dette, il ne reste plus à payer que 163,305 piastres 18 paras. Les revenus ont augmenté de 243,950 piastres. Des économies, représentées par la somme de 58,466 piastres 20 paras, ont été faites. (*Bull. off.* n°ˢ 107, 108, 109, Décret n° 726.)

S. Exc. Rifaat-Pacha félicite le Prince Bibesco d'être parvenu à surmonter les difficultés de la situation. Il fait savoir à Son Altesse que la Porte a envoyé en Bulgarie et en Albanie des commissaires chargés de missions importantes. (T. I, p. 211.)

*3 décembre.* — Décret pour des élections complémentaires à la Chambre, en remplacement des députés nommés Ministres. (*Bull. off.* n° 111, Décrets n°ˢ 740, 741, 736.)

*5 décembre.* — A l'occasion de la fête de l'Empereur de Russie, le Prince gracie des condamnés. (*Bull. off.* n° 112, Décret n°ˢ 366, 367, 368.)

*6 décembre.* — Le Prince gracie et rétablit dans leurs fonctions les frères Ipatesco, coupables de rébellion contre la police. (Même n° du *Bull. off.*, Décret n° 746.) Le Ban Georges Filipesco est honoré du titre de *Premier Boyard,* le plus haut titre de noblesse (premier gentilhomme de Valachie). (*Bull. off.* n° 113,

Décret n° 755.) Le titre de Grand Vornic donné à l'ex-Grand Logothète de la justice Étienne Balaceano (n° 756), et celui de Grand Logothète des cultes à l'ex-Aga Étienne Bibesco. (Décret n° 752.) Autres titres nobiliaires. (Décrets n° 748, 749, 750.) En faisant certains avancements, le Prince rappelle que, en dehors des cas de mauvaise conduite et d'incapacité, l'ancienneté et le mérite doivent régler les avancements dans l'armée. (Décret n° 211.)

Le Nischam-Iftikar est donné à des évêques, des boyards, des officiers, des hommes éminents (*Bull. off.* n° 114, Décrets n° 751, 753 et 754). Gratifications. (Décrets n° 743, 747.)

*7 décembre.* — Le Prince écrit au général Kisseleff dans la question des couvents dédiés. (La lettre est perdue. T. I, p. 117.)

*8 décembre.* — Le Prince commue en peine des travaux aux salines la peine de mort prononcée contre trois assassins. (*Bull. off.* n° 116, Décret n° 388.)

*14 décembre.* — Circulaire de Son Exc. le Ministre B. Stirbei pour faire observer la loi sur les magasins de réserve. (*Bull. off.* n° 117, Circulaire n° 8389.)

M. Timony, consul général d'Autriche, assure le Prince des dispositions bienveillantes de son Gouvernement. (T. I, p. 162.)

*15 décembre.* — Circulaire de S. Exc. Em. Floresco au sujet de l'asile des enfants trouvés, recommandant à l'Éphorie de veiller sur les nourrices. (*Bull off.* n° 118, Circulaire n° 16.)

*22 décembre.* — Le Prince ordonne la destitution et l'inscription au *Livre noir* d'un agent de police qui, pour de l'argent, a laissé échapper un coupable. (*Bull. off.* n° 119, Décret n° 423.)

*23 décembre.* — Convocation de l'Assemblée pour le 10 janvier. (*Bull. off.* n° 118, Décrets n° 975, 976.)

*24 décembre.* — Gratifications de 12,000 piastres à Siméon Marcovici, homme de lettres, et de 2,500 à Carcalechi, le journaliste officieux. (*Bull. off.* n° 119, Décrets n° 797, 800.)

*28 décembre*. — Le comte de Nesselrode écrit à M. Daschkoff sur la question des couvents dédiés, et lui déclare que le désir du Gouvernement Impérial est de conserver tout Son caractère de réserve. (T. I, p. 113.)

Le Prince fait connaître à S. M. le Sultan l'atteinte portée aux droits de commerce de la Valachie. (T. I, p. 157.)

*29 décembre*. — Le Prince envoie aux mines de sel un employé voleur. (*Bull. off.* n° 120, Décret n° 805.)

Circulaire de S. Exc. le Ministre Stirbei au sujet de la chasse aux loups à organiser par les villages. (Circulaire n° 2929.)

## 1844

*2 janvier*. — Le Prince Bibesco recommande au Prince M. Stourdza, d'une façon toute spéciale, M. Piccolo, membre correspondant de l'Université de Moldavie. (T. I, p. 207.)

*4 janvier*. — Ordre de vendre à l'encan les biens de Moscu, pour pouvoir payer ses créanciers. (*Bull. off.* n° 1, Décret n° 40.)

*6/18 janvier*. — M. de Titoff, ambassadeur de Russie à Constantinople, demande à M. Daschkoff des éclaircissements à propos des sollicitations des Bulgares émigrés en Roumanie, et des explications sur les projets de « *réémigration* » attribués à quelques-unes des familles bulgares. M. de Titoff déplore les symptômes d'opposition qui commencent à se manifester en Roumanie. (T. I, p. 215.)

*9 janvier*. — Le Prince Bibesco informe le Prince de Moldavie qu'un nouveau complot est tramé à Galatz par l'hétairie bulgaro-serbe, et que la propagande grecque cherche à en diriger les efforts dans l'intérêt de ses vues d'agrandissement. (T. I, p. 214.)

*10 janvier*. — Ouverture de l'Assemblée. (*Bull. off.* n° 3.)

*14 janvier.* — Le Prince écrit à Kisseleff au sujet de la question des couvents dédiés. (La lettre est perdue. T. I, p. 117.)

*28 janvier.* — Le Prince blâme les Procureurs pour n'avoir pas fait appel contre une sentence qui condamne des *brigands* comme simples *voleurs*. (*Bull. off.* n° 10, Décret n° 366.)

*Février.* — Projet de loi sur l'augmentation de la milice. (T. II, p. 125 et 126.)

*6 février.* — Adresse de l'Assemblée au Prince. L'Assemblée se montre hostile à l'entreprise de Trandafiloff. (Décret n° 166, t. II, p. 51.)

*8 février.* — Règlement sur les quarantaines. (*Bull. off.* n°ˢ 12 et 13.) Décret sur ce règlement. (*Bull. off.* n° 14, Décret n° 276.)

*14 février.* — Le Prince ordonne de publier toutes les pièces relatives à la requête de Trandafiloff. (*Bull. off.* n° 16, Décret n° 151; T. II, p. 53.)

*16 février.* — Loi sur le Divan de Craïova. (*Bull. off.* n° 17.)

*18 février.* — On faisait courir le bruit que le prix du sel allait être augmenté. Annonce contraire de S. Exc. le Ministre Stirbei. (Circulaire n° 991.)

*21 février.* — Conseil communal : règlement sur les fabriques d'alcools. (*Bull. off.* n° 19.)

Dispositions au sujet des contrats entre propriétaires et paysans. (*Bull. off.* n°ˢ 20 et 21, Décret n° 990.)

*24 février.* — Le Prince retire à l'Assemblée les projets de loi non encore discutés. (T. II, p. 126 et 127.)

Adresse de l'Assemblée qui cherche à expliquer son attitude et qui porte une sorte de défi à Son Altesse. (N° 205, T. II, p. 56.)

*28 février|12 mars.* — Le Prince Albert de Prusse se montre profondément touché d'une attention que le Prince Bibesco a eue pour Son Altesse. (T. I, p. 203.)

*4 mars.* — Fermeture de l'Assemblée. (*Bull. off.* n° 22, Décret n° 300.)

*16 mars.* — Décret sur les foires. (*Bull. off.* n° 27, Décret n° 221.)

*25 mars.* — Loi sur les poids et mesures. (*Bull. off.* n° 29, Décret n° 1040.)

*27 mars/8 avril.* — M. Philippsborn prévient Son Altesse que « la déclaration faite par Elle, lors de son avènement, de marcher droit à la réforme, et sa généreuse persévérance dans cette voie, inquiètent ». Il lui fait savoir que certaines personnes « conspirent pour changer la face des choses dans la Principauté ». (T. I, p. 225.)

*Avril.* — Mémoire du Prince sur les monastères dédiés. (T. I, p. 118.)

*7 avril.* — Augmentation des employés de la Division des travaux publics. (*Bull. off.* n°ˢ 31 et 234.)

*14 avril.* — Le général Kisseleff donne au Prince l'assurance que M. de Titoff ne laissera pas léser les intérêts du pays roumain dans la question des biens ecclésiastiques, dont il connaît l'importance pour la Roumanie. (T. I, p. 117, Décret n° 221.)

Le comte Kisseleff engage M. Cantacuzène et les boyards à prêter tout leur concours au Prince Élu par la presque unanimité des suffrages — et dont le patriotisme et le désintéressement ne sauraient être mis en doute, — au lieu de L'entraver dans la voie des réformes qu'Il poursuit. (T. I, p. 229.)

*26 avril.* — Le Prince se montre content de la revue du 22. (*Bull. off.* n° 38.)

Condamnation des fauteurs du complot de Braïla, de septembre 1843. (*Bull. off.* n° 45, Décret n° 144.)

*1er mai.* — Le général Kisseleff indique au Prince les moyens qu'il estime être les plus sûrs pour arriver à surmonter les difficultés. (T. I, p. 132.)

*2 mai.* — Le comte de Nesselrode approuve le Prince d'avoir prononcé la clôture de la Chambre, et il lui promet l'appui de la

Russie dans ses efforts pour surmonter les embarras que l'*opposition systématique* crée à son administration. (T. I, p. 235.)

*3 mai.* — Le Vornic A. N. Filipesco est élevé au rang de Logothète des cultes. (*Bull. off.* n° 41.)

*4 mai.* — Instructions pour le recensement. (*Bull. off.* n° 42.)

*9 mai.* — Le Nicham est conféré à Michel Filipesco. (*Bull. off.* n° 45, Décret n° 271.)

*21 mai.* — S. Exc. le comte de Stürmer fait connaître au Prince Bibesco les démarches qu'il a faites, lui aussi, auprès de la Sublime Porte, touchant la question des douanes, et dans le même sens que M. Timony. (T. I, p. 164.)

*22 mai.* — Circulaire de Vilara. Un *séquestre* ne peut être mis avant le procès qu'à cause d'une dette basée sur un titre. Les juges n'ont point à demander au débiteur s'il reconnaît sa signature. (*Bull. off.* n° 34 de 1846, Circulaire n° 4277.)

*27 mai.* — Destitution d'un procureur et d'un greffier, pour fait de corruption. (*Bull. off.* n° 59, Décret n° 216.)

*30 mai.* — Le Prince Bibesco attire de nouveau l'attention du Prince Stourdza sur les Bulgares de Galatz, qui s'agiteraient de nouveau et dont un certain Kazaco, qui est sous la protection autrichienne, serait le chef. (T. I, p. 217.)

*5 juin.* — Rapport et décret qui rappellent la Cour de revision à la stricte observation de ses attributions. (*Bull. off.* n° 63, Décret n° 254.)

Rapport du Conseil municipal sur les cartes à jouer.

*9 juin.* — Rapport du Conseil municipal sur le pavage des rues. (*Bull. off.* n° 64, Circulaire 2035.)

*10 juin.* — Le Prince est content de la revue du 9 juillet, faite dans la nuit. (*Bull. off.* n° 66, Décret n° 78.)

*24 juin.* — Décret pénal sur les quarantaines. (*Bull. off.* n° 73, Décret n° 340.)

Les commissions de recensement doivent noter ceux qui ne

payent pas l'impôt personnel, *bir.* (*Bull. off.* n° 74, Décret n° 1959.)

*8 juillet.* — Le Nicham obtenu pour Const. Balaceano. (*Bull. off.* n° 80, Décret n° 352.)

*10 juillet.* — Le Prince se plaint que les Divans ne punissent pas assez sévèrement les incendiaires. (*Bull. off.* n° 82, Circulaire n° 2718.)

*17 juillet.* — Le général Kisseleff, dans une lettre au Prince, se félicite d'avoir ramené M. Cantacuzène à d'autres sentiments. Il espère que certains mécontents reviendront à la majorité. (T. I, p. 237.)

*9 août.* — Récompense accordée à Cotzofeano, unter-officier, pour sa belle conduite lors de la révolte des condamnés de Telega. (*Bull. off.* n° 94, Décret n° 96.)

*10 août.* — On ouvre une souscription en faveur des incendiés de Jassy. Le Prince donne 10,000 piastres sur sa cassette. (*Bull. off.* n° 92, Décret n° 374; t. II, p. 136 et 137.)

*19 août.* — Assassinat de Démètre Vernesco. Le Bohémien Constantin sin Stoite condamné à mort. Le Prince confirme. (*Bull. off.* n° 99, Décret n° 367.)

*22 août.* — Le Prince Bibesco démontre au Prince Stourdza que l'intention des hétairistes de Braïla et de Galatz est de révolutionner les Principautés. Le Prince espère pouvoir Se rencontrer bientôt à Focsani avec le Prince Stourdza. (T. I, p. 218.)

*30 août.* — Note de S. Exc. Stirbei au Conseil municipal sur l'alignement et la réparation des maisons. (*Bull. off.* n° 105, Circulaire n° 3282.)

*9 septembre.* — Jean Bibesco nommé Grand Logothète. (*Bull. off.* n° 107, Décret n° 418.)

*23 septembre.* — Le Prince attire l'attention du conseil sur ce fait que les condamnés ne doivent pas être traités tous de la même manière; Il attire son attention, d'une façon générale, sur le régime des prisons. (*Bull. off.* n° 112, Décret n° 448.)

*6 octobre.* — Mesures sur les caisses des villages. (*Bull.* off. n° 118, t. II, p. 145-150.)

*8/20 octobre.* — S. A. R. le Prince Albert de Prusse revient sur les souvenirs de l'accueil qu'Elle a reçu de S. A. S. le Prince Bibesco pendant son séjour à Bucarest. (T. I, p. 202.)

*11 octobre.* — Rapport et décret relatif aux personnes qui ne sont pas soumises à payer le *bir* (l'impôt personnel). (*Bull. off.* n° 122, Décret n° 470.)

*12 octobre.* — Chaleureux remerciements à Stirbei au sujet de la fin des travaux de recensement. (*Bull. off.* n° 123, Décret n° 474.)

*22 octobre.* — Firman du Sultan. Discours du Prince à l'Assemblée, qu'Il proroge pour un temps indéfini. (*Bull. off.* n° 129, t. II, p. 150-153.)

*30 octobre.* — Le général Kisseleff écrit au Prince à propos des difficultés signalées par le ministère. (T. I, p. 239.)

*13 novembre.* — Le général Kisseleff, dans une lettre au Métropolitain Néophyte, lui témoigne sa joie de voir enfin la Valachie gouvernée par *un honnête homme.* Il compte sur Son Éminence pour donner l'exemple de la soumission et pour prêcher la concorde, l'obéissance et le dévouement au chef de l'autorité temporelle. (T. I, p. 240.)

*14 novembre.* — Le Prince a nommé une commission qui a prouvé que les juges de Craïova avaient déclaré innocents des coupables. Il ne punit pas ces derniers puisqu'ils ont été acquittés, mais Il réprimande les juges et les oblige à payer l'argent volé. (*Bull. off.* n° 139, Décret n° 492.)

*17 novembre.* — Circulaire de Vilara. Les juges auxquels on demande des informations, au sujet d'hypothèques ou de feuilles dotales, n'ont pas à s'adresser au préfet, mais à consulter des documents, et, à leur défaut, le préfet n'a à constater que le fait de possession. (N° 2952, *Bull. off.* n° 34 de 1846.) Circulaire de

S. Exc. Vilara. En cas d'hypothèque, le juge n'a pas à demander à la femme si elle a à faire valoir des prétentions dotales. (N° 9258.)

Institution de la curatelle de la Princesse Zoé. (*Bull. off.* n° 140, décret n° 496.)

*24 novembre.* — Le Prince annonce au peuple le mariage de la princesse Élise, qui épouse A. Filipesco. (*Bull. off.* n° 143, décret n° 544.)

*29 novembre.* — Décret destiné à empêcher qu'on ne vole aux condamnés le prix de leur travail, et que tous les condamnés soient ensemble. (*Bull. off.* n° 144, Décret n° 549.)

Ordres sévères interdisant de jeter les ordures dans la Dimbovitza. (*Bull. off.* n° 144.)

*30 novembre.* — Réduction de peines à l'occasion du mariage de la Princesse Élise. (*Bull. off.* n° 145, Décret n° 509.)

*4 décembre.* — Circulaire de S. Exc. Vilara. Aux enchères, le prix de mise en vente d'un objet doit être indiqué avant la licitation. (*Bull. off.* n° 34 de 1846.)

*7 décembre.* — Le fils de Vilara reçu par exception, dans l'armée, avec le grade qu'il avait en Moldavie. (*Bull. off.* n° 150, Décret n° 131.)

*10 décembre.* — Décret du Prince touchant la propriété de la ville. (*Bull. off.* n° 152.)

*14 décembre.* — Mesures de police au sujet des poêles et des incendies. (*Bull. off.* n° 154, Circulaire n° 13196.)

*22 décembre.* — Le district Saac est supprimé depuis le 1er janvier 1844. (*Bull. off.* n°ˢ 155 et 6704.)

*24 décembre.* — Mémorandum adressé par S. A. S. le Prince Bibesco au cabinet de Saint-Pétersbourg sur la question des biens conventuels ou monastères dédiés. (T. I, p. 123.)

*27 décembre.* — Le Prince porte à la connaissance de tous les mesures préservatrices à prendre pour les héritiers mineurs. (*Bull. off.* n° 9 de 1845, Décret n° 552.)

*29 décembre*. — Circulaire de Vilara. Toutes les fois qu'une demande de séquestre aura été approuvée par les juges, ou toutes les fois qu'un séquestre aura été levé, les juges doivent en avertir le ministère. (N° 10339, *Bull. off.* n° 34 de 1846.)

*31 décembre*. — Le Prince règle l'uniforme de la police. (*Bull. off.* n° 1 de 1845, Décret n° 600.)

# 1845

*4 janvier*. — Pour mettre un terme à l'abus de la production ès cours et tribunaux de certificats médicaux écrits en langue étrangère, le Prince exige que le certificat soit autant que possible en roumain ; Il impose des formalités et menace de poursuites en dommages-intérêts les médecins qui donneraient des certificats de complaisance. (N° 1, *Bull. off.* n° 6.)

*5 janvier*. — Le Prince supprime les marchés d'échange des Bouches de la Jalomitza et de Bechet, et décide que, sur la réserve du fonds des quarantaines, 63,000 piastres serviront au payement des trois CANONNIÈRES qui arriveront au printemps ; 107,520 piastres seront attribuées annuellement à l'achat de neuf autres canonnières et à leur entretien.

*7 janvier*. — Le Prince recommande à l'étude du Conseil administratif extraordinaire le projet de M. Marsillon pour l'établissement des fontaines dans la capitale. (N° 18, *Bull. off.* n° 45.)

*11/23 janvier*. — Le Prince écrit à S. Exc. M. de Titow, représentant de la Russie auprès de la Sublime Porte, au sujet des douanes roumaines. (T. I, p. 166.)

Le Prince fait connaître que la Russie a supprimé les quarantaines sur le Pruth, ce qui fait l'éloge des pays roumains. (N° 26, *Bull. off.* n° 8.)

*12 janvier*. — Circulaire de Vilara : comme les étrangers ne peuvent posséder, dans le pays, des biens immeubles, il n'est pas permis aux tribunaux de légaliser le transfert de la propriété d'un indigène à un étranger, sous prétexte qu'il va de soi que l'étranger aura le devoir de l'aliéner. (N° 226, *Bull. off.* BS. 1846.)

*15 janvier.* — Les Princes Grégoire et Nicolas ayant commencé leurs études militaires à Paris, sont inscrits dans l'armée en qualité de *iunkers.* (N° 2, *Bull. off.* n° 11.)

*18 janvier.* — Suppression de la soi-disant Épitropie des Saints Lieux. (N° 4, *Bull. off.* n° 13; t. II, p. 158.)

*28 janvier.* — Ordre pour l'installation de fontaines à Bucarest. (T. II, p. 162-164.)

Décret sur l'établissement des fontaines. (N° 47, *Bull. off.* n° 16.) Démètre Villiers est nommé *Pitar* pour avoir introduit dans le pays la méthode lancastérienne. (N° 43, même *Bulletin.*)

*31 janvier.* — Baleano invite les membres des municipalités à ne pas signer des actes établis à la suite de décisions prises dans les maisons particulières; de ne tenir compte que des décisions prises dans la salle du conseil.

*1er février.* — Le Prince nomme une commission pour rechercher les abus qui auraient pu être commis dans la question de recrutement. (*Bull. off.* n° 18, Décret n° 53.) Le Prince n'admet pas que les ingénieurs arpenteurs soient payés plus cher par les monastères que par les particuliers. (*Bull. off.* n° 19, Décret n° 5.)

*2 février.* — Renvoi de deux hégoumènes. (*Bull off.* n° 19, Décret n° 6; t. II, p. 158 et 159.)

*3 février.* — Le Prince nomme une commission pour la réorganisation de l'hôpital des aliénés.

*6 février.* — Le Prince sanctionne le décret sur le chœur de l'église de Curtea-Veche. (N° 11, *Bull. off.* n° 20.)

*8 février.* — Le Prince autorise les personnes riches à se faire remplacer au service, conformément au règlement (titre III, art, 16), à leurs frais et sous leur responsabilité. (N° 21, *Bull. off.* n° 22.)

*15 février.* — Décret relatif aux propriétaires qui auraient des droits sur les marais et terrains de Cisméjiu. (*Bull. off.* n° 23, Décret n° 71.)

La demande du chevalier Jancovesco est repoussée. (T. II, p. 58.)

Décret pour le desséchement des marais de Cisméjiu. (T. II, p. 165-167.)

*16 février.* — Le Prince fait connaître le mariage (fixé au 22) de sa fille la Princesse Catherine avec Jean Floresco, capitaine aide de camp du Prince. (*Bull. off.* n° 23, Décret n° 72.)

*17 février.* — Le Prince écrit au comte de Nesselrode au sujet des rapports commerciaux de la Russie avec la Valachie. (T. II, p. 168.)

*21 février.* — Grâces accordées aux condamnés à l'occasion du mariage de la Princesse Catherine. (*Bull. off.* n° 25, Décret n° 69.)

*27 février.* — Décret pour l'exécution des ponts et chaussées dans toute l'étendue de la Valachie. (T. II, p. 167-169; *Bull. off.* n° 26, Décret n° 79.)

*1er mars.* — Rapport du Métropolitain Néophyte et du ministre des cultes, Em. Floresco, au sujet de la nomination de nouveaux hégoumènes à la place des hégoumènes renvoyés. (N° 525, *Bull. off.* n° 32.) (Fait important au point de vue de la revendication des droits de la couronne.)

*2 mars.* — Punitions infligées aux fonctionnaires reconnus coupables par la commission nommée pour rechercher les abus commis, lors du recrutement. (N° 81, *Bull. off.* n° 27.)

*3 mars.* — Le Prince déclare que le Règlement reconnaît le paysan comme homme libre; que, par suite, il ne saurait approuver que, sur les terres restées indivises, les propriétaires répartissent les paysans et les y établissent à leur guise. Comme, cependant, le nombre des paysans d'une terre est un facteur de sa valeur, le Conseil administratif extraordinaire s'adjoindra les Présidents des sections des Hauts Divans et soumettra au Prince un projet à l'effet d'empêcher que l'un des propriétaires en indivision ne se trouve lésé dans ses intérêts par le refus légitime du paysan de changer de demeure. (N° 94, *Bull. off.* n° 29.)

*16 mars.* — Projet de loi sur le régime dotal. (T. II, p. 79-97.)

*19 mars.* — Le Prince Bibesco félicite le Prince M. Stourdza, par l'intermédiaire de M. le Logothète Al. Vilara, d'avoir su, avec bonheur écarter certaines difficultés qui semblaient devoir amener des complications graves. (T. II, p. 220.)

*20 mars.* — Le Prince, approuvant le rapport du 1ᵉʳ mars de Néophyte et de Floresco, consent à fermer les yeux, pour cette fois, sur l'irrégularité du mode de présentation des candidats à la place d'hégoumène, et Il nomme ceux qui ont été présentés. (N° 21, *Bull. off.* n° 32.)

*30 mars.* — Le comte de Nesselrode répond au Prince que l'Empereur appuie, à Constantinople, les efforts du Prince de Valachie pour obtenir, en faveur de la Principauté roumaine, l'augmentation des droits de douane, et que celle-ci va être consacrée par la convention commerciale avec la Porte. (T. II, p. 168.)

*2 avril.* — Destitution de fonctionnaires pour abus. (*Bull. off.* n° 36, Décret n° 1433.)

*10 avril.* — Circulaire : le propriétaire sur la terre duquel a été installée une foire n'a rien à réclamer à ceux qui y amènent des bestiaux pour les vendre; mais si, le temps de la foire passé, les bestiaux s'attardent sur le marché, le propriétaire leur fournira un pâtis spécial, au sujet duquel il fera un arrangement avec le maître du bétail. (*Bull. off.* n° 39.)

*11 avril.* — Circulaire de Manu pour défendre qu'aux fêtes

on ne tire des coups de fusil pour s'amuser. (N° 3499, *Bull. off.* n° 40.) Circulaire obligeant la police à insister pour qu'à ces fêtes de Pâques chacun fasse le nettoyage de sa maison.

*15 avril.* — Parmi les titres de noblesse conférés en ce jour, on remarque Siméon Marcovici, qui de Paharnic devient Clucer (Décret n° 131); le docteur Nicolas Cretulesco, qui de Pitar devient Serdar (n° 132, *Bull. off.* n° 41); le Serdar Jean Al. Filipesco, gendre du Prince, qui devient Paharnic (n° 136); le rédacteur officieux du *Vestitor*, Carcalechi, qui est nommé Pitar. (N° 134, *Bull. off.* n° 42.)

*21 avril.* — Le Prince nomme son gendre Filipesco procureur du Haut Divan. (N° 136, *Bull. off.* n° 43.)

*23 avril.* — Le Prince nomme major son gendre le capitaine Jean Floresco. (N° 50, *Bull. off.* n° 44.) Le Prince, ayant passé en revue une partie de la cavalerie et de l'artillerie, exprime à ces troupes sa satisfaction. (N° 51.)

Le Prince nomme son fils, le Prince Georges, qui se prépare à la carrière militaire, Junker du 3ᵉ régiment, sur la demande de ce régiment. (N° 52.)

*30 avril.* — Charles N. Ghica nommé président du tribunal de commerce de Bucarest. (N° 154, *Bull. off.* n° 46.)

*18 mai.* — Dépêche du comte de Nesselrode à M. de Daschkoff; « la résistance du Prince a porté ses fruits : ses mémoires ont été mûrement examinés. Le comte espère qu'une transaction équitable interviendra entre les Saints Lieux et les Gouvernements des deux Principautés ». (T. II, p. 121.)

*20 juin.* — Publication du divorce du Prince. (*Bull. off.* n° 63, Décret n° 44.)

*22 juin.* — La classe des *Boeri-de-Neam*, c'est-à-dire des descendants d'anciens boyards, était exempte d'impôts; on prouvait sa descendance par des chrysobulles que l'on renouvelait à chaque nouveau règne. De là de nombreux abus, car il était aisé de falsifier les actes. Le conseil extraordinaire ayant demandé que tous les actes fussent retirés et qu'un diplôme fût donné à chaque intéressé, après vérification des pièces, — qu'un registre de ces diplômes fût gardé à la Trésorerie, — que d'autres mesures fussent prises pour assurer les droits des enfants, — le Prince approuva ces mesures, ainsi que l'acquittement de 160 piastres pour chaque diplôme, et Il ordonna que 14,000 ducats, résultant de cette taxe, fussent attribués aux dépenses concernant les fontaines, 2,000 à celles du jardin de la chaussée Kisseleff, et le reste à celles du jardin Cismejiu. (N° 229, *Bull. off.* n° 59.)

*25 juin.* — L'Autriche supprime la quarantaine de vingt et un jours rendue nécessaire par l'épizootie. (N° 2263, *Bull. off.* n° 61.)

Rapport à Son Altesse Sérénissime : question du séquestre. (T. II, p. 169-171.)

*28 juin.* — Le Prince sanctionne, par le décret 236, le rapport de Stirbei n° 3241 (t. II, p. 171), tendant à empêcher que l'on ne séquestre les bestiaux nécessaires au labour. (*Bull. off.* n° 62.)

Mesures relatives au séquestre. (T. II, p. 171 et 172.)

*29 juin.* — Le praportsic Jean Bratiano, qui était sorti de l'armée, obtient de la bonté du Prince d'y être de nouveau admis, dans l'artillerie, et d'avoir un congé pour aller étudier en France. Le Prince fait cette observation que sa rentrée dans l'armée ne lui sera utile que s'il prouve qu'il a appris quelque chose à l'étranger. (N° 92, *Bull. off.* n° 63.)

*11 juillet.* — Le Spatar Constantin Ghica donne sa démission; le colonel Odobesco est chargé des fonctions de spatar *ad interim.* (*Bull. off.* n° 68, Décret n° 104.)

*13/25 juillet.* — Le Prince écrit à M. le comte de Nesselrode à propos des monastères dédiés.

*16 juillet.* — Décret approuvant les travaux de la commission concernant les propriétaires avoisinant le Cismejiu. (*Bull. off.* n° 70, Décret n° 56.)

Les hôpitaux pour maladies vénériennes ont été établis dans chaque ville principale des départements. (*Bull. off.* n° 71, Décret n° 3819.) Le caïmacam Alexandre Ghica les transformera en hôpitaux ordinaires.

*20 juillet.* — Le Président du tribunal de Slatina, Nicolas Isvorano, est destitué pour avoir insulté l'officier chargé de la récusation. (N° 4773, *Bull. off.* n° 69.)

*23 juillet.* — Table des droits douaniers à la frontière russe. (*Bull. off.* n°ˢ 75, 3517.)

Le Prince prend différentes mesures pour la bonne organisation de la police de la capitale. (N° 236, *Bull. off.* n° 72.)

*26 juillet.* — Le Prince nomme une commission qui étudie une nouvelle organisation des prisons *plus conforme aux nouvelles lois*, à la nature du délit, et en même temps à l'humanité, et il insiste sur la nécessité de séparer les accusés des condamnés, et ceux qui ont été condamnés pour des délits, des brigands et des assassins. (N° 269.) Disposition du Ministère de l'intérieur pour le travail des chaussées conformément au décret 263 de 1845). (*Bull. off.* n° 73.)

Le Prince allant à Breaza ne trouve pas de chevaux de poste. Destitutions et punitions. (N° 270, *Bull. off.* n° 74.)

*4 août.* — Incendie de Bucarest. Remerciements du Prince à Mano, Odobesco, Garbatsky, à la police et aux pompiers, pour leur conduite à l'occasion de cet incendie.

*14 août.* — Le Prince annule une sentence du Haut Divan, 2ᵉ section, par laquelle des mineurs avaient été lésés, et Il destitue tous les membres du Divan (N° 279, *Bull. off.* n° 79), à la place desquels il en nomme d'autres le 14 août. (N° 780, *Bull. off.* n° 80.)

Pour une pétition insolente, un employé Mustakoff est, par ordre du Prince, destitué et enfermé huit jours à la police. (N° 780, *Bull. off.* n° 81.)

*22 août.* — Le Prince fait connaître son futur mariage avec Marie Vacaresco. (N° 294 et 295, *Bull. off.* n° 82.) La cérémonie aura lieu le 9 septembre à Focsani, chez le Prince de Moldavie, qui fera le mariage.

*25 août.* — Le Prince désigne les personnes qui devront aller recevoir, à Braïla, la future Princesse. (*Bull. off.* 84, n° 52.)

*28 août.* — De la publication (n° 3785) du conseil municipal de Bucarest il résulte, que le 9, on a servi un repas public et gratuit sur les places, à quinze cents personnes, à l'occasion du mariage du Prince. (*Bull. off.* n° 75.) Grégoire Grâdisteano -est nommé chef de la section roumaine de la chancellerie du secrétariat d'État, et Alexandre Floresco le remplace comme chef de bureau. (N° 304.)

*1ᵉʳ septembre.* — (N° 53.) Emmanuel Floresco crée la chaire de langue allemande à Saint-Sava, et en charge provisoirement Carol Schreder, pour une année, aux appointements de 400 piastres par mois. Il veut s'assurer qu'il occupera bien sa fonction. (*Bull. off.* n° 86.)

*3 septembre.* — (N° 6686.) Vilara fait connaître le décret du Prince (313, du 28 août) aux termes duquel il prend la défense des paysans de la terre de Ghiculasa (Braïla) contre l'intendant de l'ex-Prince, Alexandre Ghica, et il établit le principe que les dettes contractées par le paysan pendant une année doivent, — sous peine de déchéance, — être réclamées durant l'année qui suit. Le même *Bulletin* publie le programme des fêtes du mariage princier.

A l'occasion de son mariage, le Prince gracie des condamnés. (*Bull. off.* n° 86, décret n° 325.)

*9 septembre.* — Entre autres avancements dans l'armée, les Princes Grégoire et Nicolas Bibesco sont nommés praportchiks. (*Bull. off.* n° 94, décret n° 114.)

Par différents décrets datés de Focsani, le Prince fait connaître que le Sultan a accordé le Nicham Efticar à Michel Cornesco, à Constantin et à Jean Filippesco, à l'archimandrite de Horez et au paharnic *Jean Eliade, pour les sacrifices faits, les fatigues éprouvées et les succès obtenus dans l'œuvre du progrès cultural de la langue et de la littérature roumaines.*

*10 septembre.* — (N° 6836.) Le Prince ne permet pas aux filles de Nicolas Ghica de ne pas tenir compte du testament de leur père qui leur défendait de vendre les Bohémiens esclaves. (*Bull. off.* n° 88.)

*22 septembre.* — A la suite de plusieurs plaintes formées contre Nicolas Alexandresco, le Prince, prenant connaissance de celle du logothète Cornesco, qui accuse Alexandresco d'être un usurier, de lui porter en compte des sommes dont il n'avait point connaissance, et voulant acquérir la preuve que cet Alexandresco est un usurier, nomme une commission pour étudier l'affaire. Devant cette commission, Alexandresco consent à une réduction de la dette. La preuve acquise, le Prince décide, par décret, qu'Il n'a plus à se mêler de cette affaire privée ; mais, comme la preuve est faite qu'Alexandresco est un usurier, tout acte qu'il présentera à l'avenir et dont la date sera postérieure à celle du décret princier, sera nul et non avenu. (N° 2315, *Bull. off.* n° 91.) Dans une plainte qu'il adresse à Kisseleff contre le Prince, le Métropolitain Néophyte, se faisant le défenseur du *pauvre Alexandresco*, accuse le Prince d'avoir menacé celui-ci des travaux forcés.

*4 octobre.* — Le Prince approuve, par le décret n° 354, le rapport du conseil administratif extraordinaire, en date du 23 août, touchant une réforme sur le mode de payement des sommes à délivrer aux soldats congédiés. Cette réforme est favorable aux soldats et aux villages. (*Bull. off.* n° 95.)

*8 octobre.* — Circulaire de Vilara. En matière commerciale, toute demande de séquestre doit être tranchée immédiatement, pour que le créancier ne perde pas ses droits à cause des retards occasionnés par les tribunaux ; et, si ces retards se produisent après que la demande aura été faite en temps voulu, le séquestre sera sensé avoir été mis le jour de la demande. (N° 7051, *Bull. off.* n° 35 de 1846.)

*18/30 octobre*. — M. Billecoq intercède en faveur de M. Vaillant, qui avait été renvoyé de Valachie. (T. I, p. 241.)

*26 octobre*. — Circulaire de Vilara. En cas d'empiétement, on doit sans retard faire un descente sur les lieux. (*Bull. off.* n° 35 de 1846, n° 7892.)

*30 octobre*. — Le Prince a envoyé des musiciens militaires apprendre les sonneries russes, et il désigne ceux qui doivent suivre les cours. (N° 125, *Bull. off.* n° 104.)

*9 novembre*. — Le Prince recommande, en ce qui regarde les empiétements, de ne rien ajouter aux sévérités de la loi et de ne calculer les dommages et intérêts que du jour où a été faite la plainte en justice. (N° 379, *Bull. off.* n° 107.)

*15 novembre*. — Le Prince adresse des remerciements à son frère, Jean Bibesco, qui s'est contenté de la préfecture de Dolj, d'où il a extirpé le brigandage. Il le recommande aux cinq districts de l'Olténie comme l'intermédiaire naturel entre eux et le trône. (N° 404, *Bull. off.* n° 106.) Autre décret donnant des récompenses à cause des résultats acquis contre les brigands.

*16 novembre*. — Le Prince déclare que si un juge meurt ou est transféré, la sentence rendue demeure valable, même si elle n'a pas été enregistrée. (N° 3926, même *Bulletin*.)

*20 novembre*. — Le Nicham Eftikar est donné aux majors Pajnovtsky et Tell, au capitaine Vilara, aide de camp du Prince, et au parstchik Calinesco. (N° 139, *Bull. off.* n° 111.)

*23 novembre*. — (N°ˢ 137 et 138.) Le Prince ordonne qu'on ne reçoive comme Junkers que ceux qui pourront passer un examen, d'après un programme rédigé, en attendant la création d'une école militaire. En ce qui concerne ceux qui sont dans l'armée, Son Altesse nomme une commission composée des colonels Odobesco, Banov, Voinesco et du major Floresco, et Il la charge d'étudier les moyens de faire des cours à ces Junkers. (*Bull. off.* n° 109.)

*25 novembre*. — Le général comte Kisseleff a remis le mémorandum du Prince. Il donne à Son Altesse l'assurance qu'en toute occasion il ne trouvera à Saint-Pétersbourg, pour Son pays comme pour Lui-même, que de cordiales dispositions. (T. I, p. 131.)

*1er décembre*. — Grégoire Grâdisteano démissionnant du poste de chef de la 1re section du secrétariat d'État, Grégoire Alexandresco (le poète) est nommé à sa place. (N° 417, *Bull. off.* n° 110.)

*5 décembre*. — Grâces accordées à des condamnés, à l'occasion de l'anniversaire du Tsar. (N° 423, *Bull. off.* n° 112.)

*15 décembre*. — Les villageois devant six jours de corvée par an pour les chaussées, le Prince, par son décret n° 435, fait remise des jours de corvée non accomplis en 1844 ; quant aux villages qui n'auraient accompli aucun jour de travail pendant l'année écoulée, ils devront en fournir trois en dehors de ceux de l'année. Le Prince fixe les prix de rachat de la corvée ; le travail sera principalement consacré au pont sur l'Oltu, et l'argent dudit rachat affecté aux dépenses de ce même travail. (*Bull. off.* n° 115.)

*28 décembre*. — Commission des docteurs. Question des pharmacies et des médicaments. (N° 7019, *Bull. off.* n° 1 de 1846.)

*31 décembre*. — Le Prince déclare l'exportation des grains libre. Il ajoute à la taxe d'exportation, — et cela jusqu'à la fin d'août 1848, — un zwenzig et demi pour 4,000 kilos sur tous produits. Cette somme servira à l'approvisionnement de la capitale. (N° 445, *Bull. off.* n° 1 de 1846.)

# 1846

*30 janvier*. — Inauguration des fontaines de Bucarest. (T. II, p. 164 et 165.)

*2 février*. — A l'occasion d'un procès, le Prince a interdit aux employés d'une instance officielle de servir à l'une des parties d'ingénieurs arpenteurs, et Il appelle l'attention des juges sur ce fait que les considérants doivent être rédigés de telle manière qu'il ne soit plus nécessaire de les refaire lors de la rédaction de la sentence définitive. (N° 50, *Bull. off.* n° 9.)

*22 février/6 mars.* — M. Philippsborn a reçu du Prince Bibesco des instructions au sujet de la question douanière; il espère mener à bonne fin avec S. A. le Prince de Metternich la négociation qui lui a été confiée. (T. I, p. 169.)

*19/31 mars.* — M. Philippsborn rapporte au Prince Bibesco que S. A. le Prince de Metternich a été frappée des renseignements nouveaux que Son Altesse lui a fait parvenir sur la question des douanes roumaines. (T. I, p. 171.)

*3 avril.* — Au sujet des appels contre les décisions princières que la loi permettait d'adresser au nouveau Prince. Voyant que bien des abus s'étaient introduits à ce sujet, le Prince décrète que toute décision d'un Prince dont on n'aurait pas fait appel à son successeur conservera toute son autorité; qu'en vertu de l'art. 324, qui défend tout appel contre une décision homologuée par le Haut Divan, par la Cour de revision, et munie de la sanction princière, toutes les décisions prises par Kisseleff resteront en vigueur; que toute décision princière non exécutée durant trente ans demeurera nulle et non avenue; qu'il ne restera à juger que les décisions du Prince Grégoire IV, Ghica VIII, non confirmatives des décisions princières antérieures et pour lesquelles l'intéressé a fait appel au Prince Alexandre Ghica. Quant aux appels de l'exécution d'une sentence, ils seront pris en considération, s'ils sont faits au cours de cette exécution et non après qu'elle sera devenue un fait accompli. (N° 113, *Bull. off.* n° 23.)

*13 avril.* — Le Prince, par égard pour Mavros et Constantin Cantacuzène, donne à Jean Cantacuzène le rang de Pitar. (N° 90, *Bull. off.* n° 24.)

*17 avril.* — Aline, fille de B. Stirbei, ayant épousé l'aga de Moldavie, Alexandre Plagino, celui-ci devient boyard valaque et reçoit le titre de Palvarnic. (N° 101, *Bull. off.* n° 24.)

*20 avril.* — Le Prince nomme les commandants des trois canonnières. (*Bull. off.* n° 29, Décret n° 28.)

*23 avril.* — En raison de leurs bonnes études, les Princes Grégoire Brancovan et Nicolas Bibesco sont nommés Paroutchiks, et le Prince Georges Bibesco, ainsi que Georges Stirbei, sont nommés Prapoutchiks. (N° 32, *Bull. off.* n° 26.)

Le Prince exprime sa satisfaction au sujet des progrès accomplis dans l'étude des sonneries. (N° 36, même *Bulletin.*) Jean Ghica et Constantin Racovitza sont nommés aides de camp du Prince (n° 31). Parmi les avancements faits dans la Boyarie, à cette même date, on remarque les suivants : le titre de Logothète de la justice est donné au Logothète des cultes, Emmanuel Floresco ; celui de Paharnic, à Nicolas Creztulesco ; celui de Serdar, à César Bolleac ; celui de Paharnic, à Grégoire Alexandresco. (*Bull. off.* n° 27.)

*30 avril.* — Le Tribunal de commerce ayant déclaré le baron Testa en faillite, sous prétexte qu'il était l'associé de gens mis en faillite, sans qu'il y eût association commerciale qui rendît ce Testa responsable envers le public, le Prince casse cette décision. (N° 2930, *Bull. off.* n° 29.)

Le Prince Grégoire Bibesco s'appellera dorénavant le Prince Grégoire Bibesco Brancovan. (N° 48, *Bull. off.* n° 30.)

*6 mai.* — Le Prince écrit à M. Guizot au sujet du rapport de M. Billecoq et de la conduite de ce consul général, le 1ᵉʳ mai, jour de la Saint-Philippe. (T. I, p. 276.)

*9 mai.* — En l'absence de Blaramberg, qui est en congé, le major Floresco le remplace par intérim à la vornicia des prisons. (N° 131, *Bull. off.* n° 32.)

*10 mai.* — Acte qui fait connaître que Nicolas Golesco avait la signature pour le Grand Vornic. (*Bull. off.* n° 35.)

*15 mai.* — M. de Nion expose à M. Guizot la situation qui lui est faite par le départ subit de M. Billecoq. (T. I, p. 277.)

*20 mai.* — Aucun ordre ne doit être donné, aucune demande ne peut être faite aux municipalités des villages sans un acte officiel; de même que le ministère ne transmet ses ordres que par les préfets, de même les préfets ne doivent faire parvenir les leurs que par les sous-préfets. (N° 2819, *Bull. off.* n° 38.)

*21 mai.* — Lettre de M. de Nion à M. Guizot, relative à la situation créée au premier par la rupture des relations du consulat de France avec le Gouvernement valaque. (T. I, p. 280.)

*30 mai.* — Le Prince nomme Pitar un négociant de Giurgevo. (*Bull. off.* n° 36, Décret n° 155.)

*13 juin.* — M. de Nion demande à présenter ses lettres de créance au Prince. (T. I, p. 288.)

*19 juin.* — Journal du Conseil administratif extraordinaire décrétant les mesures à prendre contre l'épizootie. Le village où elle apparaît est isolé. Pas une tête de bétail ne peut en sortir ni y entrer; et s'il faut absolument que les bestiaux le traversent, un gardien doit veiller à ce qu'ils n'y boivent pas. Tous les bestiaux malades sont rassemblés à un seul endroit. Tout propriétaire de bêtes malades doit immédiatement déclarer le fait aux notables. Un autre pâtis doit être désigné pour les bestiaux non malades, ainsi qu'un autre abreuvoir. Si les bêtes doivent boire au ruisseau, les bêtes malades doivent boire en aval. Les bêtes mortes seront brûlées et leurs peaux enterrées. Le pâtis des bêtes malades sera gratuit. Une commission sera nommée pour chaque localité infectée; elle prendra les mesures nécessaires et veillera à leur exécution. (*Bull. off.* n° 43.)

Michel Pencovici est nommé, à partir du 1er août, directeur des postes par contrat. (*Bull. off.* n° 54, Décret n° 185.)

*21 juin.* — Le Prince assure M. Guizot que rien ne sera négligé de Sa part pour rendre facile et agréable la tâche de M. de Nion. (T. I, p. 289.)

*26 juin*. — Le Prince supprime la taxe d'un zwanzig et demi sur 400 okos exportés. (N° 198, *Bull. off.* n° 44.)

*30 juin*. — La démission de S. Exc. Barbet Stirbei, comme ministre de l'intérieur, est acceptée. Il est élevé au rang de Grand Ban et remplacé au ministère par Georges Filippesco (n° 201). Par suite de la mort de Vladimir Blaramberg, le major Floresco devient titulaire de la vornicia des prisons. (N° 202, *Bull. off.* n° 45.)

Le baron Borotsin est nommé chef de la section des ingénieurs à la place de Blaramberg. (N° 203, *Bull. off.* n° 46.)

*2 juillet*. — Le Prince, qui quitte la capitale, donne à Emmanuel Baleano le droit de mettre des résolutions sur les demandes adressées au chef de l'État. (N° 215, *Bull. off.* n° 46.)

*3 juillet*. — M. de Nion explique comment s'est terminé l'incident du 1ᵉʳ mai. (T. I, p. 282.)

*4 juillet*. — Le ministère de l'intérieur, qui, de concert avec le Conseil municipal, a pris plusieurs fois des mesures concernant l'alignement des rues, dans le but de conserver aux voies la largeur réglementaire, défend, cette fois, que l'on construise très près du lit de la Dambovita. (N° 4302, *Bull. off.* n° 61.)

*5 juillet*. — Le ministre Floresco rappelle les décisions de 1833 de Kisseleff, et celles du Prince régnant (1845, n° 12), aux termes desquelles une terre des monastères ne peut être louée que pour trois ans, et un fermage d'une année seulement peut être touché, sous peine d'annulation du contrat, de destitution de l'hégoumène et, au besoin, d'une condamnation pécuniaire contre ce dernier. (N° 2596, *Bull. off.* n° 48.)

*9 juillet*. — Circulaire de Vilara. Attendu que les courtiers, dans le but de tirer plus d'argent de ceux qu'ils exploitent, prétendent qu'ils ont à payer des fonctionnaires, le ministre rappelle aux fonctionnaires qui commettraient une faute, qu'ils courraient le risque d'être destitués et en outre d'être sévèrement punis; puis il prévient les courtiers qu'il leur serait interdit de faire leur métier, sans compter les sévères punitions qu'ils encourraient. (N° 4710, *Bull. off.* n° 48.)

*16 juillet.* — A la suite du rapport du Conseil administratif extraordinaire, le Prince consent à ce que, toutes les précautions nécessaires prises, on laisse aux malheureux paysans les peaux des bêtes mortes de maladie. Un nouveau règlement touchant les commissions de surveillance sera fait. (*Bull. off.* n° 50, Décret n° 223.)

*31 juillet.* — Le Prince n'ayant pas trouvé, à son retour à Bucarest, des chevaux de poste, ordonne la destitution des coupables. (*Bull. off.* n° 54, Décret n° 240.)

*5 août.* — Georges Filippesco, comme nouveau ministre, adresse une circulaire aux préfets. (*Bull. off.* n° 55.)

*6 août.* — Le Prince témoigne au colonel Odobesco sa satisfaction pour la manière dont il a rempli par intérim les fonctions de chef de la milice, en lui faisant délivrer les appointements affectés à cette fonction depuis le jour de sa nomination. (N° 68, *Bull. off.* n° 58.)

*9 août.* — Le Prince approuve les conditions d'exportation des produits vendus par licitation durant l'année qui comptera à partir du 1ᵉʳ septembre 1846. (N° 249, *Bull. off.* n° 57.)

*16 août.* — Le Prince ordonne la fermeture des abattoirs où les règles de la propreté et de l'hygiène n'auraient pas été observées. (N° 4311, *Bull. off.* n° 59.)

*17 août.* — Le Prince approuve le rapport du Conseil administratif extraordinaire sur les mesures à prendre pour introduire le bon ordre dans la Vornicia de la ville ; Il veut que l'on sépare les vrais paysans soumis à la corvée de six jours en nature, des industriels et domestiques qui n'en doivent que le prix ; les comptes trimestriels qui ne concordent pas doivent être tirés au clair ; ils sont la preuve du peu de soin que les employés ont mis à les faire. Ces derniers doivent tous être destitués et leur avoir séquestré jusqu'à l'apurement des comptes. Les employés qui seront chargés de ce travail seront rétribués au compte des délinquants. (N° 253, *Bull. off.* n° 59.)

*28 août.* — Le Prince, devant partir pour l'Olténie, exige du Ministère qu'il ait toujours des chevaux de poste disponibles. Il défend qu'on fasse aucune dépense pour sa réception. (N° 274, *Bull. off.* n° 63.)

Procès des villageois de Telega contre le monastère de Margineni. Les villageois ne sont pas corvéables du monastère. En ce qui touche leurs prétentions comme propriétaires, le Prince, approuvant le procès-verbal du Conseil administratif extraordinaire, les renvoie aux tribunaux. (N° 280, *Bull. off.* n° 67.)

*3 septembre.* — Aristide Ghica, gendre du ministre Filippesco, est honoré du rang de Pitar, comme ayant encouragé les jeunes gens qui ont profité de leur séjour à l'étranger (n° 296). Durant l'absence du Prince et de S. Exc. Vilara, Emmanuel Baleano fera l'intérim de la justice et aura l'autorisation de mettre des résolutions au bas des pétitions adressées au Prince. (N° 294-295, *Bull. off.* n° 66.)

*4 septembre.* — Le Prince ordonne que chaque régiment ait sa fête religieuse et donne à chacun un icone. (N° 77, *Bull. off.* n° 67.)

*16/28 septembre.* — Le Prince Albert de Prusse envoie au Prince Bibesco, comme marque de son amitié et du souvenir reconnaissant qu'il conserve pour les bontés de Son Altesse, quelques échantillons de l'équipement de l'armée prussienne et un mémoire à l'appui. (T. I, p. 208.)

*18/30 septembre.* — Le Prince Albert de Prusse répond par une gracieuseté au souvenir que lui a fait parvenir la Princesse Bibesco. (T. I, p. 203.)

*11 octobre.* — Des fauteurs de troubles ayant tenté de se soulever à Closani, le Prince fait enfermer l'un des auteurs, le prêtre Dinu, au monastère de Tismana, et met ses complices sous la surveillance de la police, après les avoir changés de district. (N° 323, *Bull. off.* n° 76.)

*12 octobre*. — M. de Nion fait part à S. Exc. M. Guizot d'une conversation intime qu'il a eue avec le Prince Bibesco. (T. I, p. 290.)

*15 octobre*. — Le Prince approuve le procès-verbal du Conseil administratif extraordinaire constatant que l'épizootie diminue ; mesures prises pour détruire le fléau. (*Bull. off.* n° 78.)

*17 octobre*. — Mesures en vue des prochaines élections. Conformément au règlement, Son Altesse ne reconnaît comme électeurs dans le district que les boyards et fils de boyards y résidant. (N° 330, *Bull. off.* n° 79.)

*24 octobre*. — A l'occasion de promotions parmi les boyards, Jean Maioresco reçoit le titre de Serdar. (N° 329, *Bull. off.* n° 80.)

*25 octobre*. — La publication au *Bulletin des Lois* de la mise sous séquestre et de la levée du séquestre coûtant 20 francs pour l'une comme pour l'autre, le ministre Vilara ordonne que l'inscription de la levée du séquestre soit faite gratis. (N° 7288, *Bull. off.* n° 81.)

*27 octobre*. — Le comte Kisseleff prévient le Prince Bibesco qu'Il est à la veille d'une épreuve sérieuse ; il désire de tout cœur qu'elle Lui soit fovorable. (T. I, p. 296.)

Le comte transmet au Prince les remerciements de S. M. l'Empereur, pour l'offrande qu'il a prié la grande-duchesse Olga de daigner accepter. (T. I, p. 297.)

Décrets, question électorale. (T. II, p. 175-185.)

*31 octobre*. — Le Prince fait connaître qu'Il a obtenu de la Turquie le droit pour les habitants de la Principauté d'avoir des bâtiments à eux ; Il reconnaît que ce succès est dû à Aristarchi. (*Bull. off.* n° 81.)

*9 décembre*. — Son Altesse porte à la connaissance de tous que le Tsar autorise les jeunes nobles valaques et moldaves à aller étudier le droit à Saint-Pétersbourg. (N° 439, *Bull. off.* n° 93.)

*12 décembre.* — Réponse de l'Assemblée générale au message du Prince. (T. II, p. 194-197.)

*27 décembre.* — Le contrat passé avec Éliade pour l'impression du *Bulletin* venant à expirer le 4 février 1847, et Carcalechi offrant des conditions bien plus avantageuses, cette concession est faite à ce dernier pour six années. (N° 490, *Bull. off.* n° 94.)

Approbation des comptes de 1844. (Décret n° 474 ; t. II, p. 35.)

1847

*1er janvier.* — Le colonel Simitch et le major Misu se présentant pour affermer le produit des salines, le Prince envoie (n° 14) le projet à l'Assemblée, qui, le 2, dans son adresse n° 250, dit avoir voté ce projet avec certaines modifications. Le Prince lui donne sa sanction (n° 27) le 3 janvier (*Bull. off.* n° 2). L'affermage se fait pour neuf ans, à partir du 1er janvier 1847 ; et bien que les contractants s'obligent à ne point faire d'exportation en Turquie durant les deux premières années, et que, par suite, ils ne puissent payer pour ces années que 2,472,500 piastres par an, le prix de l'affermage, pour les années suivantes, n'en sera pas moins de 4,000,000 par an. La Trésorerie, durant ces deux premières années, empruntera aux caisses publiques 1,000,000 par an, qu'elle payera dans les quatre années suivantes. Les contractants s'entendront avec les fermiers du sel en Moldavie, pour qu'eux aussi ne fassent pas d'exportation en Turquie durant les deux premières années.

*12 janvier.* — Le Nicham Eftichar est donné à Jean Ottelesano et à Jean Slatineano. (*Bull. off.* n° 7.)

*26 janvier.* — Circulaire de Vilara. Défense a été faite aux autorités administratives de légaliser les compromis entre les personnes qui sont en procès. (N° 404, *Bull. off.* n° 7.)

*2 février.* — Le comte de Kisseleff nie que des préventions défavorables aient pu lui avoir été inspirées contre le Prince. Il parle de la situation politique de la Valachie, reconnaît les difficultés de la position du Prince et encourage Son Altesse. (T. I, p. 305.)

*3 février.* — Pour être avocat ou arpenteur, le Prince décrète qu'on en demandera l'autorisation au ministère de la justice. L'avocat obtiendra cette autorisation en prouvant qu'il a fait ses études à l'école nationale ou à l'étranger, ou qu'il a occupé, au moins pendant cinq ans, les fonctions de chef de bureau au ministère de la justice, de greffier au tribunal, d'aide-greffier auprès des Divans (Cours). L'ingénieur devra montrer des connaissances juridiques et mathématiques et une pratique de trois années au moins passées sous les ordres d'un arpenteur. Aucun étranger ne peut être reçu avocat ou arpenteur. Il est donné quatre mois au ministère de la justice pour dresser, sur ces bases, la liste (on la publiera) des ayants droit à l'exercice de ces fonctions. Défense sera faite aux autres de les exercer. Ceux qui, dans l'exercice de ces fonctions, commettraient des fautes contre leur devoir se verraient exposés à des dommages et intérêts et à la suppression de la jouissance de leur droit. (N° 16, *Bull. off.* n° 11.)

*8 férrier.* — (N° 130.) Le Prince envoie à l'Assemblée le projet de loi sur l'émancipation des paysans ecclésiastiques ; l'Assemblée l'approuve (11 février, n° 361) et le Prince le sanctionne. (13 février, n° 143, t. II, p. 293-298 ; *Bull. off.* n° 13.)

*14 février.* — Circulaire de Vilara. Lors des ventes de biens meubles, les tribunaux n'ont pas à s'inquiéter des demandes en garantie de dots. (N° 994, *Bull. off.* n° 13.)

*15 février.* — Attendu que le tribunal de commerce, dans l'affaire contre l'ex-Prince Alexandre Ghica et le syndicat de la faillite Moscu, a violé la loi en ne tenant pas compte de l'accord valablement intervenu entre les deux parties, le Prince annule la sentence du tribunal, destitue les membres qui le composent et ordonne au ministre de la justice de considérer comme bon l'accord, afin de terminer un procès qui dure depuis dix ans, au grand dommage des familles. (N° 33, *Bull. off.* n° 15.)

*17 février.* — Décret au sujet de l'épizootie. (*Bull. off.* n° 14, Décret n° 157.)

Circulaire de Vilara enjoignant aux tribunaux de ne pas juger d'après le Code civil, mais d'après le Code commercial, les marchés pour grains entre spéculateurs d'un côté, propriétaires ou fermiers de l'autre. (N° 1070, *Bull. off.* n° 14.)

Dispositions pour les emprunts faits par les armateurs sous pavillon roumain. (*Bull. off.* n° 34, Décret n° 158.)

*21 février.* — Les Bohémiens libérés par la loi du 13 février seront établis sur les terres ecclésiastiques et, pendant trois ans, ne payeront que la dîme; en ce qui concerne ceux qui sont prévus dans les contrats d'affermage, ces trois ans commencent à courir à partir de l'expiration du contrat; au bout de ce temps, ils passeront dans la classe des paysans (n° 144). Ordre est donné pour que ces mesures soient prévues dans les contrats d'affermage. (N° 165, *Bull. off.* n° 16.)

Projet de loi sur les cartes à jouer : — Article premier. Fixation du prix des qualités du jeu de 52, du jeu de 32 cartes et des trois qualités de cartomanciens. — Art. 2. L'entrepreneur a seul le droit de vendre; tout jeu saisi qui n'aurait pas la marque de l'entrepreneur entraînera une amende d'un ducat, moitié pour l'entrepreneur, moitié pour le dénonciateur. — Art. 3. Mesures décrétées pour le passage en transit d'autres cartes à jouer. — Art. 4. L'entrepreneur doit avoir des jeux en quantité suffisante et de la qualité indiquée, sous peine d'un ducat pour chaque jeu qui n'aurait pas la qualité voulue. En ce qui concerne les jeux de cartes qui lui resteront à l'expiration de son contrat, il n'aura rien à réclamer. — Art. 5. La loi entrera en vigueur six mois après qu'elle aura été promulguée. — Art. 6. Comme les municipalités perdent par là un certain revenu, le prix payé par l'entrepreneur sera partagé au prorata entre les municipalités. (*Bull. off.* n° 16.)

Le Prince sanctionne la loi sur l'instruction publique que l'Assemblée a votée. (N°ˢ 443, 169, *Bull. off.* n° 17 ; t. I, p. 344 ; t. II, p. 203-212.)

*28 février.* — Le prix élevé du maïs durant le mois de février ayant amené tout le monde à manger du pain, comme il menace de manquer, la ville emprunte — jusqu'à l'hiver — aux magasins de réserve des villages environnants 2,000 chilés de maïs, qu'elle vend au-dessous du prix. (N° 999, *Bull. off.* n° 17.)

L'Assemblée (n° 459) a adopté les deux lois qui lui ont été envoyées par le Prince (n° 61), et que Son Altesse confirme (n° 181), à savoir : l'une relative à la suppression de la Cour de revision ; l'autre, à l'augmentation de la taxe concernant les procès. (*Bull. off.* n° 19 ; t. II, p. 230-238.)

*28 février.* — Loi sur la grande et la petite naturalisation. (T. II, p. 215-217.)

Rapport de l'Assemblée à Son Altesse Sérénissime. Question des monastères dédiés. (T. II, p. 222-225.)

*8 mars.* — La loi sur le clergé, adoptée par l'Assemblée (n° 474), est sanctionnée par le Décret n° 197. (*Bull. off.* n° 22 ; t. II, p. 258-266.)

L'Assemblée (n° 475) fait connaître qu'elle a voté la loi pour l'augmentation des salaires des employés de la chancellerie du ministère de la justice. Le Prince confirme la loi par le Décret n° 202. (*Bull. off.* n° 27.)

La loi sur la prescription et la possession de bonne foi, que l'Assemblée adopte par son adresse n° 472, est sanctionnée par le Prince. (*Bull. off.* n° 29, Décret n° 195.)

*11 mars.* — Le Prince prononce la clôture de l'Assemblée. (*Bull. off.* n° 21, Décret n° 212 ; t. II, p. 269 et 270.)

*13 mars.* — Mesures prises pour l'exécution de la loi sur l'augmentation des taxes. (N° 1736, *Bull. off.* n° 23.) Trente jours sont accordés pour payer les taxes d'appel, à partir du jour de leur publication dans la feuille du village. (*Bull. off.* n° 23.)

*23 mars.* — Incendie de Bucarest.

*26 mars.* — (N° 236.) Décret du Prince pour la souscription en faveur des incendiés. Son Altesse donne deux cent mille piastres sur sa cassette, plus 30,000 francs. (T. II, p. 273-278.) — (N° 238.) Institution de la commission. — (N° 237.) Interdiction aux maçons et aux vendeurs de matériaux de construction d'augmenter leurs prix. — (N° 235.) Comme l'on a essayé de mettre le feu au monastère de Zlataru, la peine de mort est prononcée contre les incendiaires ; elle sera exécutée aussitôt. — (N° 234.) Tous ceux qui auraient pris quelque chose ont quatre jours pour déposer les objets à la police, sous peine d'être traités comme voleurs. (*Bull. off.* n° 24.)

*30 mars.* — (N° 247.) Le prix du pain conservera en avril le même taux qu'en mars ; l'État dédommagera les boulangers. (*Bull. off.* n° 25.)

*31 mars.* — (N° 243.) Remerciements à Jean Mano, à la police et aux pompiers pour la façon dont ils ont rempli leurs devoirs. (*Bull. off.* n° 25.)

Le Prince confirme le traité avec la Moldavie. Suppression des douanes et des frontières entre la Valachie et la Moldavie, qui deviennent *Principautés unies*. (*Bull. off.* n° 49 ; t. II, p. 241-253.)

*1er avril.* — En conformité de la nouvelle loi, nominations de juges par les décrets n°s 70 et 71. (*Bull. off.* n° 25.)

*5 avril.* — Prolongation du délai de payement des taxes d'appel, porté à six semaines en conformité de la nouvelle loi. (N° 89, *Bull. off.* n° 27.)

*8 avril.* — (N° 88.) Le Prince règle le mode à suivre par la Haute Cour pour arriver plus vite à juger les appels, conformément à la nouvelle loi. (*Bull. off.* n° 27.)

*13 avril.* — Rapport de Banov à Son Altesse Sérénissime. Construction de nouveaux piquets le long du Danube. (*Bull. off.* n° 30, n° 42; t. II, p. 279-281.)

*16 avril.* — Voyant que bien des séminaristes refusent de se faire prêtres, le Prince décrète que, hors le cas d'empêchement prévu par la loi religieuse, ils ne pourront être reçus dans aucune autre fonction publique et devront rembourser l'argent que leur instruction aura coûté. Les boursiers particuliers ne sont pas exempts de l'obligation de se faire prêtres. Dans les séminaires sont, avant tous autres, reçus les fils de prêtres, les fils de chantres, de sacristains et d'instituteurs. (*Bull. off.* n° 28, Décret n° 5.)

*22 avril.* — Le Prince félicite l'armée pour les inspections qu'Il a passées le 19 et le 21 avril, et il recommande aux chefs de l'armée de présenter, pour devenir sous-officiers, les pompiers qui ont le mieux servi. (*Bull. off.* n° 30, Décret n° 21.)

*29 avril.* — Son Altesse approuve (n° 288) le rapport de la commission nommée pour étudier les moyens propres à embellir la ville, à la suite de l'incendie du 23 mars. Les rues, à part quelques-unes de celles qui avoisinent Saint-Georges, conserveront la même direction, mais l'alignement sera rectifié; mesures prises en faveur des propriétaires. (*Bull. off.* n° 32.)

*30 avril.* — Le Prince approuve l'interprétation favorable au public de la loi sur l'augmention des taxes. (N° 2780, *Bull. off.* n° 33.)

*30 avril et 1er mai.* — (N° 289.) Changement de ministère. Georges Filippesco, Emmanuel Floresco, Jean Filippesco reçoivent les remerciements du Prince. La justice est confiée à Emmanuel Baleano ; l'intérieur, à Alexandre Vilara; les cultes, à Constantin Cornesco; les finances, à Constantin Heresco. Constantin Filippesco devient secrétaire d'État. Le directeur de l'intérieur Nicolas Golesco est remplacé par Nicolas Mano. (Décrets n°s 288, 289, 295, 296, 297, *Bull. off.* n° 31.)

*1er mai.* — Le Prince approuve le rapport de la commission de secours aux incendiés. La somme distribuée par elle est de 2,648,000 piastres. (N° 300, *Bull. off.* n° 31.)

*Mai.* — Le comte Kisseleff, dans une lettre au Prince, constate avec joie que, grâce à l'active et généreuse intervention du Prince à l'occasion de l'incendie de Bucarest, les malheureux ont trouvé de prompts secours. Son Excellence l'informe que l'Empereur a daigné venir en aide aux plus nécessiteux et qu'Il a fait ouvrir une souscription volontaire en Russie. L'Empereur souhaiterait voir reconstruire la ville de Bucarest d'après un plan plus rationnel. (T. I, p. 308.)

*8 mai.* — (N° 729.) Le Prince a approuvé la mise en licitation des douanes des *Principautés unies* de Valachie et de Moldavie ; cette licitation aura lieu à Jassy les 10, 15 et 20 novembre. (*Bull. off.* n° 34.)

*10 mai.* — Le Prince (n° 196) défend aux juges de rendre des sentences (au lieu de simples procès-verbaux) sur les mesures préparatoires des jugements, les parties se croyant en droit de faire appel sans que le fond soit jugé. (Circulaire de S. Exc. Baleano, n° 939 du 19 mai.) (*Bull. off.* n° 37.)

Décision de la municipalité au sujet de l'alignement des rues. (*Bull. off.* n° 35, Circulaire n° 1449.)

*11 mai.* — Baleano et Vilara créés grands Vornics.' (*Bull. off.* n° 35, Décret n° 326.)

*14 mai.* — Le Prince expose à M. D..., professeur au collège Louis le Grand, son projet sur l'enseignement public en Valachie, et le prie de s'y associer. (T. I, p. 337.)

*20 mai.* — Circulaire de Vilara sur les élections de sous-préfets, fixées au 5 juin. (*Bull. off.* n° 36.)

*23 mai.* — Circulaire de Vilara (n° 2745) aux électeurs de sous-préfets. (*Bull. off.* n° 36.)

*30 mai.* — (N° 3511.) Nouveau délai accordé pour les appels soumis aux nouvelles taxes. — *2 juin* (n° 1536). Circulaire de Vilara, pour protéger les gens qui transportent des bestiaux contre les caprices des fermiers sur les terres desquels ils passent. *(Bull. off.* nº 40.)

*31 mai.* — Rappel des sous-administrateurs à l'application du règlement. (T. II, p. 281-283.)

*3 juin.* — Ceux qui aideront un contribuable à ne pas accepter sa contribution payeront la même somme, sans préjudice des acquittements de la contribution par celui qui la doit, et cette amende sera versée à la caisse du faubourg. *(Bull. off.* nº 41, Circulaire nº 2354.)

*4 juin.* — Le Prince décrète que les tribunaux de Craïova prendront leurs vacances en juillet et non en octobre. *(Bull. off.* nº 41, Décret nº 228.)

*5 juin.* — Dernier terme accordé jusqu'à la fin d'août pour les appels soumis aux nouvelles taxes. *(Bull. off.* nº 42, Décret nº 229.)

*6/18 juin.* — Le Roi Louis-Philippe écrit au Prince Bibesco relativement à l'entrée à l'École militaire de Saint-Cyr du Fils aîné du Prince qui, par une exception toute personnelle à Son Altesse, sera admis aux épreuves ordinaires du concours. (T. I, p. 303.)

*13 juin.* — Le Prince crée une École militaire à Bucarest. *(Bull. off.* nº 46, Décret nº 36; t. II, p. 283 et 288.)

Le Prince ordonne que la Trésorerie envoie 80,000 piastres à Jean Bibesco, pour être distribués aux incendiés de Rimnicu-Vilcea. *(Bull. off.* nº 43, Décret nº 2201.)

*20 juin.* — Le comte Kisseleff s'élève contre la guerre sourde faite aux Hospodars. Il rappelle au Métropolitain que son rôle est tout de paix et de conciliation, et il rend justice aux efforts faits dans ce sens par le prélat. (T. I, p. 318.)

*1er juillet.* — Ordres aux préfets des districts concernant les formalités et obligations qui incombent aux sous-préfets nouvellement élus. *(Bull. off.* nº 48; t. II, p. 289 et 290.)

*8 juillet.* — Le Prince Bibesco répond à la lettre du Roi Louis-Philippe datée du 6 juin. (T. I, p. 304.)

*14 juillet.* — Le Prince fixe à 28 paras (o fr. 25) l'oka (1 kil. 272) de viande de bœuf, et à 26 paras celle de mouton. (*Bull. off.* n° 54, Décret n° 2275.)

*23 juillet.* — Le Prince charge de ses affaires particulières Banov, Opran et Siméon Marcovici. (*Bull. off.* n° 54, Décret n° 411.)

*29 juillet.* — (N° 425). Décret sur la réunion des hôpitaux ; nomination comme épitropes du Prince Charles Ghica, Michel Racovita et Constantin Heresco. (*Bull. off* n° 55.)

(N° 426.) Règlement de l'argent qui entre au ministère des cultes.

(N° 424.) Le Prince approuve le rapport de la commission pour les incendiés et lui adresse ses remerciements. (*Bull. off.* n° 55.)

(N° 423.) Le Prince approuve les mesures pour l'alignement des rues. (*Bull. off.* n° 56.)

*4 août.* — Mesures contre l'épizootie. (*Bull. off.* n° 57, Circulaire n° 1917 ; t. II, p. 307-309.)

Alexandre Filippesco, Constantin Filippesco et Emmanuel Baleano sont nommés à l'Éphorie des Écoles. (*Bull. off.* n° 63.)

*6 août.* — Le comte de Kisseleff répond à une communication du Prince Bibesco au sujet de l'aîné de ses Fils, que Son Altesse a fait entrer à Saint-Cyr. Son Excellence porte à la connaissance du Prince des plaintes que les détracteurs de l'administration de Son Altesse adressent contre Elle au cabinet de Saint-Pétersbourg. (T I, p. 315.)

*14 août.* — Nouvelle circulaire de Vilara sur l'épizootie. (*Bull. off.* n° 58, Circulaire n° 2017.)

*16 août.* — Le Prince répond aux observations du cabinet impérial au sujet « de la tendance de la jeunesse roumaine à aller se former en France et de l'entrée de son Fils aîné à l'École spéciale militaire ». (T. I, p. 310.)

*1er septembre.* — Défense aux sous-préfets de faire partie de sociétés constituées en vue de l'affermage des terres dans les départements placés sous leur autorité. (*Bull. off.* n° 62, Circulaire n° 5130; t. II, p. 309 et 310.)

*4 septembre.* — Décret sur la réunion des chancelleries des hôpitaux. (*Bull. off.* n° 64, Décret n° 31.)

*7 septembre.* — Inauguration du pont sur l'Olt. Discours du Prince. (T. II, Appendice.)

*9 septembre.* — De la circulaire n° 3103 il résulte qu'on s'amusait à abîmer les fontaines. (*Bull. off.* n° 65.)

*22 septembre.* — C'est à l'administration et non aux juges à juger les démêlés entre les paysans vendeurs de prunes et les fermiers qui leur achètent la récolte, d'avance, à prix réduit. (*Bull. off.* n° 67, Circulaire n° 6668.)

*23 septembre.* — Destitution d'un hégoumène devenu fou (n° 34). Les hégoumènes ne peuvent choisir leurs arpenteurs et doivent les demander, non aux tribunaux, mais au ministre. (*Bull. off.* n° 68, Circulaire n° 6255.)

*25 septembre.* — Élections complémentaires fixées au 5 octobre. (*Bull. off.* n° 69, Décret n° 470.)

*29 septembre.* — Nouvelle organisation des travaux dans les salines. (*Bull. off.* n° 70, Rapport n° 5799; t. II, p. 310-316.)

*9 octobre.* — Le Prince fait connaître au comte de Salvandy, le ministre de l'instruction publique de France, son projet d'organiser les établissements d'instruction publique de Valachie. (T. I, p. 340.)

*18 octobre.* — Mesures favorables au public en ce qui regarde les taxes des procès. (N° 436, *Bull. off.* n° 73.) Celui qui fait la délimitation de sa terre paye la taxe, et toutes les causes issues de cette délimitation se jugent ensemble. L'arpenteur est obligé de produire la signature des voisins qu'ils n'ont rien à réclamer. Celui qui adressera une réclamation devra aussitôt intenter un procès et payer la taxe. Le président doit, outre la signature, donner l'autorisation à l'arpenteur de convoquer les voisins pour qu'ils déclarent qu'ils n'ont rien à réclamer. La première convocation est faite à deux mois; elle est suivie d'une autre à un mois, et, après cette dernière, le tribunal rend son jugement, tout droit d'opposition ou d'appel réservé.

*20 octobre.* — Le Prince approuve le rapport du Vornic J. Ottetèlèsano, président du Conseil municipal de Bucarest, sur l'activité du Conseil durant les deux dernières années. (*Bull. off.* n° 72.).

*14/26 novembre.* — S. Exc. M. de Salvandy promet au Prince tout son concours. (T. I, p. 341.)

*20 novembre.* — Défense aux hégoumènes d'affermer des terres avant le temps et de toucher plus d'un an de fermage. (N° 43, *Bull. off.* n° 78.)

*26 novembre.* — Le Prince approuve les comptes de la commission de secours aux incendiés. (N° 548, *Bull. off.* n° 80.)

(N° 4661.) Taxes à payer pour passer sur le pont de l'Olt.

*1ᵉʳ décembre.* — (N° 3575.) Circulaire de S. Exc. Baleano. Les appelants qui font acte de présence, puis disparaissent de la salle des séances, seront jugés par défaut. (*Bull. off.* n° 81.)

*8 décembre.* — Le Prince fait délivrer 30,000 piastres à l'église de l'Assomption. (N° 47, *Bull. off.* n° 82.)

A l'église princière de Curtea des Anges, le Prince fait remettre 3,000 piastres. (N° 48, *Bull. off.* n° 82.)

# 1848

*5 janvier.* — Circulaire de Baleano expliquant que, d'après la loi, les propriétaires ont une année pour réclamer contre les empiétements dont ils auraient à souffrir. (*Bull. off.* n° 3, Circulaire n° 101.)

*11 janvier.* — La réouverture de l'Assemblée est ajournée, parce que les députés des districts n'ont pas pu tous arriver. (*Bull. off.* n° 4, Décret n° 1.)

*15 janvier*. — Le Prince décrète la réouverture de l'Assemblée pour le 18. (*Bull. off.* n° 5, Décrets n° 16 et 17.)

*16 janvier*. — Baleano oblige les juges, dans leurs sentences de délimitation, à indiquer les sommes pour dommages-intérêts. (*Bull. off.* n° 6, Circulaire n° 76.)

*18 janvier*. — Ouverture de l'Assemblée.

*4 février*. — Adresse de la Chambre à Son Altesse Sérénissime. (T. II, p. 346-348.)

*7|19 février*. — Le Prince remercie S. Exc. le Ministre de l'instruction publique, M. le comte de Salvandy, de vouloir bien conserver leurs droits acquis dans l'Université de France aux membres de cette Université qui seraient autorisés à accepter des fonctions dans l'enseignement public de Valachie. (T. I, p. 343.)

*13 février*. — Banov est nommé directeur de l'école des *Junkers*. (*Bull. off.* n° 9, Décret n° 11.)

*28 février*. — Loi sur les passeports. (*Bull. off.* n° 15, Décret n° 171.)

*3 mars*. — Fixation du cours des monnaies. (*Bull. off.* n° 11, Décret n° 181.)

*6|18 mars*. — D'après Rechid-Pacha, les événements qui viennent de s'accomplir en Europe sont de nature à éveiller la plus vive attention des gouvernements. (T. II, p. 319.)

*17 mars*. — Loi sur les hôpitaux. (*Bull. off.* n° 23, Décret n° 224; t. II, p. 319-333.)

*18 mars*. — Les monastères *Dintr'un lemn* et *Surpatele* (fondation des Brancovan) réunis à celui d'Horez. (*Bull. off.* n° 14, Circulaire n° 659.)

*21 mars*. — Le comte Kisseleff, faisant allusion au mouvement de 1848, espère que « *cette avalanche qui passe sur l'Europe n'atteindra ni ne troublera les Principautés, dont la paix et la prospérité sont si bien assurées par la paix générale* ». (T. I, p. 316.)

*23 mars*. — Fermeture de l'Assemblée. (*Bull. off.* n° 15, Décret n° 501.)

*31 mars*. — Décret sur les contrats entre paysans et propriétaires : dans les cas douteux, le préfet décide. (*Bull. off.* n° 16, Décret n° 1452.)

*19 avril*. — Le major Bibesco est nommé commandant de la cavalerie. (*Bull. off.* n° 21, Décret n° 23.)

*22 avril*. — Le général Kisseleff envisage avec crainte les troubles qui peuvent éclater dans le pays roumain. (T. I, p. 320.)

*23 avril*. — Son Altesse, sur la demande du Prince Démètre Ghica d'obtenir un rang civil, l'élève au rang de *Pitar*. (*Bull. off.* n° 21, Décret n° 341.) Le major Jean Floresco est nommé colonel. (Décret n° 40.) Le Prince Grégoire Bibesco nommé capitaine. (Décret n° 29.). L'ordre du Nicham accordé au colonel Voïnesco. (*Bull. off.* n° 27, Décret n° 50.)

*3 mai*. — Dispositions pour le pavage des rues. (*Bull. off.* n° 24, Circulaire n° 1302.)

*9/21 mai*. — S. Exc. Rechid-Pacha répond à une lettre à lui adressée par le Prince Bibesco à l'occasion de son remplacement dans le poste de Grand Vizir. (T. I, p. 323.)

*18/30 mai*. — Rifat-Pacha fait savoir au Prince que Telat-Effendi, membre du Conseil suprême de justice, se rend dans les Principautés, chargé d'une mission. (T. I, p. 324.)

*29 mai*. — Le choléra amène la fermeture des tribunaux. (*Bull. off.* n° 28.)

*9 juin*. — Tentative d'assassinat contre Bibesco. (T. II, 2ᵉ partie.)

*11 juin*. — Insurrection. (T. II, 2ᵉ partie.)

*12 juin*. — M. C. de Kotzebue, consul général de Russie, dans une communication quelque peu relâchée dans sa forme, proteste, au nom de son gouvernement, contre les innovations qui viennent d'être introduites, et il annonce au Prince de Valachie que, étant données les circonstances actuelles, le Consulat général de l'Empereur de toutes les Russies doit cesser ses fonctions. (T. I, p. 326.)

*13 juin.* — Le Prince nomme un gouvernement provisoire ; Il abdique (*Bull. off.* n° 31) et passe en Transylvanie. Nouveau gouvernement, — illégal.


## APRÈS LE RÈGNE


*29 juin.* — Le général Kisseleff engage le Prince à ne pas battre en retraite devant les meneurs, et à rester sur la brèche tant que ses forces le lui permettront. (T. I, p. 325.) — (*Cette lettre est arrivée après l'abdication et le départ du Prince.*)

*8 juillet.* — M. de Kotzebue écrit au Prince Bibesco que l'Empereur est indisposé contre l'ingratitude et le manque d'égards des Valaques restés sourds à toutes les exhortations du Gouvernement impérial. Il fait savoir à Son Altesse que les troupes russes, entrées en Moldavie pour y maintenir l'ordre, vont céder la place aux troupes turques. Sa Majesté abandonne à la Porte ottomane le soin de rétablir l'ordre en Valachie. (T. I, p. 327.)

*12 juillet.* — Héliade supprime la taxe des élèves à l'Académie. (*Bull. off.* n° 35.)

*25 septembre.* — La Turquie proscrit vingt-deux personnes. (*Bull. off.* n° 42.)

*10 et 13 septembre.* — Proclamations de Fouad-Pacha. (*Bull. off.* n° 43.)

*13 septembre.* — Proclamations d'Omer-Pacha et du Caïmacam Constantin Cantacuzène. (*Bull. off.* n° 43.)

*19 octobre.* — Une publication prouve que Raïf-Effendi, qui a accompagné à Constantinople la députation du Gouvernement provisoire, lui a emprunté 1,000 ducats. (*Bull. off.* n° 57.)

*13 novembre.* — Malgré l'article 438 du règlement, Jean-

Emmanuel Floresco est reçu de nouveau dans l'armée, sur la recommandation du général Liders. (*Bull. off.* n° 61.)

*17 décembre.* — Le comte de Nesselrode, dans une lettre au Prince Bibesco, donne à entendre que la Russie préfère que Son Altesse ne reprenne pas le pouvoir. (Le Prince s'est évidemment montré trop libéral.) (T. I, p. 328.)

# APPENDICE

# APPENDICE

Supplément au *Vestiţorul Roumănesc* (Courrier roumain) du 20 décembre 1842/1er janvier 1843.

TRADUCTION.

POÉSIE FAITE A L'OCCASION DE L'ÉLECTION DU PRINCE BIBESCO, PAR C.-C. ARISTIA.

Une douce lumière sourit à la nature, — et le soleil monte dans sa gloire, en faisant pâlir les étoiles, comme au jour où Dieu, se révélant, — dans son profond amour, — aux richesses du Ciel, imprima le premier mouvement.

Le Roumain qui souffrait voit enfin se dissiper les ténèbres où il était plongé ; — quelle que soit son impatience, c'est dans le Ciel qu'il met son espoir, des décrets de Dieu qu'il attend son sort. De là-haut il attend sa félicité — ou son malheur !

Dans la Sainte Métropole, sur la célèbre colline, une seule âme anime tous les corps, et la ruche ne forme qu'un seul essaim, — troupe animée d'un même amour maternel pour le Pays, pénétrée d'un sentiment unique, d'une affection semblable. L'Assemblée chrétienne élit aujourd'hui son Prince.

L'Assemblée générale, l'élite du pays, est appelée aujourd'hui à l'autel, levant le Christ, — pour prêter chrétiennement le grand et terrible serment de rendre l'avenir du pays plus doux, plus lumineux !

Les sons que du haut de ses clochers élevés, — traversant la voûte majestueuse de l'édifice antique, citadelle (1) de la religion, — l'airain lance au dehors, ont de douces vibrations pour le cœur des Roumains, — et emplissent l'air d'une impression de joie et aussi d'anxiété.

Est-ce l'heure du désastre? Est-ce la trompette de la mort? Est-ce le cri

(1) Les monastères étaient des forteresses ; les collines de la Métropole sont œuvre des hommes, de même la colline de l'église *Radu-voda*. Ici, citadelle est au figuré, la Métropole ayant à défendre la religion.

de la vie que lance la voix de l'airain? — Les portes de l'autel s'ou
vrent!... La religion est puissante sur les âmes : — le chef de la religion (1), animé d'un profond amour pour ses ouailles, apparaît.

Autour de lui se presse une véritable armée chrétienne de nobles, de
patriciens, ses frères en religion. — L'intrigue se tait, on chasse toute
pensée coupable. — Heureux sont, en ce jour, les gens vertueux; malheur aux méchants!

Aussi juste que le jugement dernier est celui de ce jour! — Tous
jurent sur les Saints Évangiles, — se liant par ce serment, — de ne former de tous les Roumains chrétiens, qui renaissent à une vie nouvelle,
qu'un seul troupeau conduit par un seul pasteur.

Ils élisent un Prince, celui que Dieu lui-même a choisi, Dieu qui, —
— en un moment, peut perdre à jamais l'homme, — ou, dans son profond amour, élever et porter au pinacle le chrétien juste, pieux, humain
et humble.

Le voici, l'Élu de tous; c'est l'homme savant, jeune encore, mais d'un
esprit mûr! Dans les Assemblées, c'est le Cicéron de la Roumanie!
C'est l'homme, le Prince plein de vertus, qui, dès ce jour, devient notre
Pilote.

Longue Vie et bonheur à Georges Bibesco! — Que ses jours coulent
comme les eaux de l'Olt. — Roumains, chantez et redites : « Qu'en
pleine gloire régnera la Science (2) couronnée, durant l'ère qui s'ouvre
pour nous! »

## INCENDIE DE BUCAREST

Nous avons renoncé à publier la traduction de la poésie d'Anton
Panu, ayant donné à la page 278 de ce volume le passage concernant le
Prince Bibesco.

A L'OCCASION DE LA FÊTE DE S. A. LE PRINCE GEORGES-D. BIBESCO,
LE 23 AVRIL 1843, PAR C.-C. ARISTIA.

TRADUCTION.

Tu as enfin aperçu la lumière, ô Pays si longtemps éprouvé par le
sort! — Que de fois tes ennemis ont creusé ta tombe! — Que de fois les

(1) Le Métropolitain.
(2) C'est-à-dire le Prince.

cruels, menaçant nos frontières, se tenaient prêts à lancer sur nous leurs foudres.

Mais l'Être qui commande à tout, — qui peut élever et abaisser l'homme, — sut te sauver du danger. Tu subis les vicissitudes du sort, passant, dans ta vie, tantôt des ténèbres à l'éclat de la lumière, tantôt de la lumière aux ténèbres.

Si l'Olt nous disait combien de fois le sang répandu par de cruels ennemis a rougi ses flots, — si les bois nous disaient combien de mères, en pleurs, ont vu leurs souffrances abrégées par la violence; — si les Carpathes pouvaient parler, que de choses ils raconteraient! Si les Roumains songeaint aux siècles qui se sont écoulés, — ils sauraient vénérer, — comme une vivante image, — la poussière de Radu, de Mircea, leurs anciens Princes.

Nous avons eu des époques difficiles; nous avons été punis pour nos péchés; — les infidèles ont infesté cette terre bénie de Dieu. — Les Roumains désarmés gémissaient sous leur joug, — quand un héros, Michel, apparut pour leur salut.

Mais les vices et les vertus des hommes sont des causes incessantes de changements. — Si du ciel lumineux une étoile disparaît, l'ombre prend sa place; si l'on voit périr un homme au nom retentissant, un héros par l'éclat de ses actions et de sa parole, il se passe des siècles avant qu'un autre prenne sa place.

Tu as enfin aperçu la lumière, ô Pays éprouvé par le sort! — Sur ton trône, que sûrement la bonté divine voulut conserver, — un autre Michel règne, et sa main porte l'épée; — son esprit est fait pour gouverner; Il est né pour régner.

Michel a su briser l'ennemi, si fort qu'il fût; — il a su porter nos frontières bien au delà des Carpathes; — Bibesco saura lui aussi dompter le lion; — il saura faire rendre justice aux opprimés.

Son patron, saint Georges, sut, à cheval, la lance en main, — mettre à mort le dragon et triompher de l'infidèle; — son client, Georges, porte sur la tête une couronne — que Minerve a tressée de ses plus belles fleurs.

Il étouffe l'ignorance, disssipe les ténèbres, — Il réveille de leur sommeil les fils de Romulus! — Sa droite tient le sceptre. Il ressuscite le droit ; Sa gauche tient le livre de la loi : il est à la fois législateur et Prince.

Chassée par nos crimes, Astrée s'était enfuie; — je la vois accourir aujourd'hui près du trône de Roumanie; — grâce à elle Saturne régnait, jadis, paisiblement sur le Latium; — Bibesco régnera de même, sans jamais se séparer d'elle.

C'est en Lui, Roumains, c'est en Lui que vous devez, tous, mettre votre espoir! — Priez le Seigneur de Le prendre sous sa garde! — C'est le ciel qui L'a choisi, c'est Dieu qui L'a appelé à régner. — Criez tous : Qu'il vive à jamais heureux, le Prince Bibesco.

## ARTICLE 57 DU RÈGLEMENT.

TRADUCTION.

L'Assemblée générale ordinaire aura à examiner et à adopter les projets de contrat pour toutes sortes d'entreprises ; elle veillera à ce que la propriété des biens publics soit respectée, à ce que les gens s'appliquent aux travaux de la terre et des métiers.

Elle s'occupera, de concert avec le Prince, de tout ce qui est de nature à animer et faciliter le commerce du pays, tant intérieur qu'extérieur, à unifier les poids et mesures dans tout le pays, à établir et faire prospérer des écoles, des hôpitaux et autres établissements de bienfaisance, à établir également des fontaines, des chaussées, des quarantaines, des propriétés ecclésiastiques, à armer une troupe de gendarmes nationaux, etc.

En un mot, cette Assemblée continuera à être comme auparavant, conformément à l'expression des lois constitutionnelles du Pays, la gardienne des droits de ses compatriotes et la source de leur bonheur.

## TRADUCTION LITTÉRALE DU PRINCIPAL ACTE DE FONDATION DE L'HOPITAL SAINT-PANTÉLÉIMON ÉMIS EN 1767 PAR LE PRINCE ALEXANDRE GHICA (1).

*Nous, Alexandre Ghica, Prince de Valachie,*

Le très haut et tout-puissant Seigneur qui est glorifié en la sainte Trinité, l'éternel, l'incompréhensible, le merveilleux dans Ses œuvres, terrible dans Sa puissance, source intarissable de bien, profondeur inépuisable de charité, trésor de richesses infinies, dont tout bien dérive, Seigneur des Seigneurs, au nom duquel les Rois règnent sur la terre, et qui est la bonté, la sagesse et la puissance suprêmes, dans Sa miséricorde infinie pour le salut du genre humain, mit à notre disposition de nombreux

(1) Ce document fait partie des papiers du Prince Bibesco ; nous l'avons trouvé traduit en langue française.

moyens de faire le bien pour le salut de notre âme, qu'il promet à tous ceux qui en désirent l'héritage. Grande fut la gloire de toute vertu auprès du Père céleste, et les auteurs de bonne œuvre obtinrent de Lui la grâce éternelle. Mais la plus sublime, la plus efficace des vertus est la charité, dont la source de bien est puissante et intarissable, ainsi que la Sainte Écriture, par les prophètes, les apôtres et les saints Pères, nous le démontre. C'est par la charité que nous pouvons nous rendre dignes de la miséricorde de Dieu, la charité qui nourrit les pauvres et soigne les malades et les infirmes.

Conduits par la Providence sur cette voie de salut, plusieurs Princes qui ont régné en Valachie, des temps les plus reculés jusqu'à nos jours, ont fait des œuvres pieuses de diverses manières; les uns édifiant des monastères et des églises pour la gloire et à la louange de Dieu, et *les dotant avec des revenus domaniaux, en terres, vignes, étangs, lacs et autres biens meubles et immeubles;* d'autres animés du désir de participer à l'œuvre pieuse des fondateurs de pareils établissements, *y ont ajouté des privilèges et immunités et leur ont augmenté les revenus sur les biens domaniaux;* d'autres encore ont orné les églises de vases sacrés et de vêtements sacerdotaux, ou bien ont donné plus d'étendue aux édifices des monastères, et les ont décorés ainsi qu'on les voit aujourd'hui.

De même feu notre grand-père, d'heureuse mémoire, Prince Grégoire Ghica II, qui, mû par son zèle religieux, et par le sentiment d'humanité pour les soins des malades pauvres, fit bâtir pour la gloire de Dieu, et sous le patronage du grand martyr et tuteur des infirmes, Pantéléimon, une église et un hôpital sis au delà du monastère Markoutza, sur la rivière Kolentina, près de la fondation dite Baba. Son Altesse fit entourer cet établissement d'une clôture en muraille, orna l'église de belles peintures, et lui donna les vases sacrés et les vêtements sacerdotaux nécessaires. Dans l'hôpital Son Altesse fit établir douze lits de malades pour hommes et femmes de toute classe, avec tout ce qui est nécessaire à leur entretien, ayant leur pharmacie dans l'intérieur même de l'établissement.

Comme Son Altesse a voulu que ces constructions ne servissent que pour les maladies chroniques; elle en fit bâtir d'autres hors de l'enceinte dudit monastère, qu'elle destina au traitement des maladies aiguës, telles que la peste, le typhus. L'expérience que ce Prince avait acquise par son âge et par la pénétration de son esprit avait guidé sa piété dans la pratique de cette œuvre charitable. Il savait que la ville de Bucarest, pour les péchés des mortels, était bien souvent atteinte du fléau de la peste, soit pendant l'été, lorsque par les grandes chaleurs la contagion, devenant plus intense, faisait périr beaucoup de malheureux, soit pendant l'hiver, lorsque, le froid aggravant le mal, les souffrants mêmes qui eussent pu guérir périssaient de misère. D'un autre côté, la situa-

tion de la ville dans un bas-fond occasionnant des typhus très graves,
les malheureux, abandonnés de tout le monde, mouraient privés de la
sainte communion et même de sépulture, car, par crainte de la contagion, on évitait de les approcher.

Toutes les fois que le pays a été, depuis, atteint du fléau de la peste,
ou d'autres typhus contagieux, les malades ont été recueillis dans cet
hôpital séparé, et ils y ont trouvé l'abri et tous les soins nécessaires. Une
église ayant été également érigée par Son Altesse en cet endroit, à la
louange de Dieu, et sous le patronage de saint Bessarion, dont la grâce
est implorée par les fidèles pour les préserver de ce fléau, les souffrants
trouvaient auprès des desservants de cette église la consolation religieuse,
et si quelqu'un venait à succomber, il ne manquait pas au moins de
sépulture.

Ainsi, ce pieux Prince ayant édifié ces établissements de charité publique, et les ayant dotés de tous les moyens nécessaires à leur entretien,
lorsque la divine Providence nous eut confié le règne de ce pays, nous
trouvâmes qu'il était de notre devoir le plus sacré, autant comme
Prince que comme successeur du fondateur, de *reconnaître ces actes de
piété et de leur accorder toute la validité requise. En conséquence nous
confirmons par le présent testament toutes les donations faites auxdits
hôpitaux,* et en réglons le service ainsi qu'il suit :

Premièrement. — L'église *Pantéléimon,* où se trouve établi l'hôpital
pour douze lits, sera desservie par deux curés, un diacre et deux chantres,
qui y devront lire tous les jours la messe pour le salut de notre âme, de
celles de nos aïeux, ainsi que de tous ceux qui ont fait des donations à
l'hôpital de Saint-Pantéléimon sur leurs propres biens, et de ceux qui
voudront désormais en faire.

Le personnel suivant sera attaché à l'hôpital Pantéléimon, savoir : un
médecin pour les soins des malades, un pharmacien pour la préparation des médicaments, un herboriste pour cueillir dans les champs
les plantes nécessaires à la pharmacie, lequel herboriste, s'il venait à
mourir, sera remplacé par un autre individu (qui aurait les mêmes connaissances spéciales), au choix de l'*ispravnik* et de l'économe. Parmi les
domestiques de l'hôpital, deux femmes seront employées à laver le linge
des malades, balayer les salles, et entretenir le tout dans la plus grande
propreté. Un boulanger et un cuisinier prépareront la nourriture pour les
malades internes et externes, ainsi que pour les gens de service. Six
valets seront employés pour le service du dehors à tout ce que l'ispravnik
leur ordonnnera. Un sommelier soignera tout ce que l'économe confiera à
sa garde. Vingt autres gens serviront à tour de rôle dans l'intérieur de
l'hôpital. Nous indiquerons ci-après les traitements que chacun de ces gens
de service pourra avoir sur les revenus de l'hôpital Saint-Pantéléimon.

˙ De même, nous ordonnons qu'à l'église Saint-Bessarion il y ait deux curés qui devront lire la messe, dire des prières pour les malades, les confesser, les faire communier, et donner près de l'église la sépulture à ceux qui succomberaient. Vingt autres individus, hommes et femmes, avec un chef, seront affectés au service des malades comme gardiens. Ceux-ci seront exempts de toute redevance envers le gouvernement, afin qu'ils soient entièrement au service de l'hôpital. Ils auront à leur disposition une voiture attelée de deux chevaux, dont ils se serviront pour transporter les malades de la ville à l'hôpital.

Désirant que ces hôpitaux soient largement pourvus des moyens nécesraires à leur entretien, nous voulons non seulement que les dispositions des donateurs soient maintenues immuables, tant pour ce qui concerne la dotation que le Prince Grégoire Ghica II a constituée à ces établissements, que relativement aux donations que les boyards et autres fidèles, parmi les indigènes, y ont ajoutées sur leurs propres biens, ainsi que nous en avons fait l'énumération ci-après; mais nous ordonnons, de plus, que ces établissements *soient affranchis de toute contribution envers le trésor public,* ainsi que de toute autre redevance en argent ou en nature. Il est juste que cette institution de bienfaisance publique jouisse à tout jamais des immunités qui lui ont été accordées, et *nous espérons que les princes qui nous succéderont voudront bien les lui conserver, vu qu'avec le peu de revenus qui résulte de la dotation constituée par S. A. le Prince Grégoire Ghica, ainsi que par des grands boyards et autres indigènes, non seulement on pourvoit aux besoins des malades indigents qui sont soignés dans l'intérieur de cet établissement, mais on vient encore au secours des malades qui se trouvent dans les hôpitaux du dehors.* Cet établissement mérite d'ailleurs toute protection aussi par son beau site, qui offre aux habitants de Bucarest une des plus agréables promenades à proximité de la ville.

En énumérant ici les donations faites par S. A. le Prince Gr. Ghica et le Prince d'heureuse mémoire notre père, Charles Ghica, par le Prince Mathieu, notre oncle, et par d'autres Princes, ainsi que par de *grands boyards* et autres *personnes charitables, parmi les indigènes,* nous les sanctionnons par cet acte et les confirmons toutes, ainsi que nous les décrivons une à une.

1. La terre nommée *Obileska,* sur laquelle a été bâti cet hôpital et celui de Saint-Bessarion. — Cette terre fut d'abord une des propriétés du *monastère fondé par le Vornik Tchernica.* Elle appartint ensuite à la Métropole qui, en dernier lieu, en fit l'abandon à l'hôpital Saint-Pantéléimon, contre l'échange d'une partie de *la terre domaniale de la ville de Bucarest.* Une autre partie de 125 toises de la terre *Dobroesti,* ayant été achetée par S. A. le Prince Gr. Ghica, fut incorporée à la terre *Obileska.*

2. Le lac dit *Gretchi,* propriété *domaniale* située dans le district de Vlachca, avec le droit de pêche et autres revenus qui y sont attachés. — Ce lac s'affermait par-devant le *conseil* comme un revenu domanial; mais S. A. le Prince Gr. Ghika en fit don aux hôpitaux par la considération que *plusieurs Princes, parmi ses prédécesseurs, ont fait des donations et ont accordé des immunités à tel monastère qu'il leur a plu, en prenant sur les domaines de l'État des terres, des vignes, des lacs* ou autres revenus domaniaux, savoir : droit de douane, impôt sur les vins, le bétail et autres, sans qu'aucune loi ou coutume mît quelque restriction à la pratique de cette œuvre charitable. Car les biens que ces Princes ont donnés, appartenant au domaine public, n'ont pas été détournés dans des vues d'intérêt particulier, mais ils ont été affectés à des établissements publics de bienfaisance.

3. *La Kapitanie Hodivoïa,* propriété *domaniale* sise dans le district de Vlachka. — Le revenu de cette terre était jadis la jouissance du capitaine de l'arrondissement; mais comme S. A. le Prince Gr. Ghica trouva que ladite charge jouissait d'autres revenus assez considérables, elle jugea équitable de donner cette terre aux hôpitaux pour le soulagement de l'humanité souffrante.

4. Une partie de la terre *domaniale* de la ville de *Bucarest,* avec les 12 quartiers d'habitants qui ont des maisons sur cette terre, et qui sont tenus de payer un droit d'emphytéose pour leurs emplacements. — S. A. le Prince Gr. Ghica fit cette donation, se basant encore *sur le droit dont les Princes, ses prédécesseurs, ont usé en donnant* à des monastères comme celui de Radu Voda et de Saint-Georges, ainsi qu'à la Métropole, des emplacements sur la terre *domaniale* de la ville, avec l'obligation, pour ceux qui ont construit des maisons sur ces terrains, de payer un bail emphytéotique.

5. La terre *Klatestï,* de          toises (1), achetée par S. A. le Prince Gr. Ghica à Constantin Kokoresko.

5. La terre *Papeni,* de 600 toises, achetée également par Son Altesse.

7. Le droit de percevoir deux aspres par védro de vin dans les vignobles du district *Slam-Rimnik.*

8. *Idem.* — La taxe dont se trouvent imposés les cabarets du district de Dimbovitza et de la ville de Craïova, laquelle taxe faisait jusqu'ici partie de revenus princiers.

9. La terre *Douchani,* du district de Vlachka, donnée aux hôpitaux par feu le grand *Bano Vakaresko,* l'an 7209.

10. La terre *Dedouleski et Stâutzesti,* du district de Prahova, donnée par feu le grand *Bano Feresko.*

---

(1) Le nombre est en blanc dans la traduction que nous possédons.

11. La terre *Resmiresti,* de 500 toises, dans le district Vlachka, donnée par feu le Serdar Sando *Bouksanesko,* tuteur de cet hôpital.

12. Partie de la terre *Riosi,* 500 toises, dans le district de Vlachka, donnée par feu la *Princesse Balassa,* fille du Prince Constantin *Branko-vano,* épouse du grand Bano Emm. *Lambrino.*

13. Autre partie de la terre *Riosi,* 922 toises, achetée par l'intendant de l'hôpital Saint-Pantéléimon sur le produit de la vente de 200 toises d'une terre nommée Perietzi, qui avait été donnée aux hôpitaux par *Démètre Lekhlio,* camarasse des salines l'an 7259.

14. Les terres *Zgrébezile* et *Alexandra,* 3,359 toises, dans le district Téléorman, données par le Sloudgiar *Pana Contzesko,* qui, s'étant fait moine, passa le reste de sa vie dans le monastère Saint-Pantéléimon.

15. Deux tiers de la terre *Batatchou,* du district Téléorman, qui avait appartenu à l'aga *Constantin Balatchano,* et qui fut confisquée au profit des hôpitaux par ordre de S. A. le prince Gr. Ghica, parce que ledit Balatchano avait émigré en pays ennemi.

16. Le terre *Degesti,* 300 toises, dans le district d'Argisse, donnée par feu Sando Bouksanesko.

17. Les montagnes qui bordent la rivière Latro, données également par le susdit boyard.

18. La terre *Zadaricho,* — 155 toises, — dans le district de Vlachka, donnée par Constantin l'épicier.

19. Un emplacement de 50 toises, pour un moulin, sur le cours d'eau de Vede, donnée par le cloutchar Mathieu Ungouréo.

20. Un Égyptien (esclave), acheté par S. A. le Prince Gr. Ghica, sur sa cassette, et donné au service de l'hôpital Saint-Pantéléimon, l'an 7260.

21. La vigne de dix pogons (à peu près 20 hectares) (1), sur le coteau Skéi, district de Saka, donnée par le grand Logothète Constantin Brancovan, l'an 1754.

22. La vigne de dix pogons sur le coteau Negovani, donnée par le grand bano Étienne Vakaresko.

23. Une vigne sur le territoire de Pitesti, district de Moustzélo, qui avait été la propriété de l'aga Constantin Balatchano, et qui a été confisquée au profit des hôpitaux, par la raison indiquée ci-dessus au n° 15.

24. La vigne de sept pogons, sur le coteau Negovani, district de Saka, donnée par le sloudgiar Pana Contzesko, avec les terres énoncées au n° 14.

25. La vigne de six pogons, sur le coteau Skéi, district de Saka, donnée par Sando Tohaneano.

(1) C'est une erreur d'écriture, on a voulu dire cinq hectares.

26. Le droit de douane à la foire annuelle, que S. A. le Prince Gr. Ghica a instituée pour le monastère Saint-Pantéléimon au profit des hôpitaux.

- 27. La maison et les boutiques, en face de l'église Saint-Nicolas, construites aux frais du Métropolitain Néophyte, sur sa cassette privée, et données par lui aux hôpitaux.

Après tous ces legs de donations, S. A. le Prince Gr. Ghica, de concert avec feu le Métropolitain Néophyte et avec les boyards membres du Divan, prenant en considération qu'il y avait dans le pays certains prieurés dont *les uns étaient fondés et dotés par des Princes, d'autres par des boyards;* que ces établissements religieux ne relevaient d'aucun autre grand monastère, ni dans le pays ni à l'étranger, et que la plupart étant pauvres *et ne pouvant acquitter leur quote-part lorsque le trésor public faisait, comme de coutume, appel aux monastères en général pour quelque contribution,* ils étaient tous plus ou moins grevés de dettes, affranchit ces prieurés de toute redevance envers le trésor de l'État, et les annexa à l'hôpital Saint-Pantéléimon, comme succursales, avec une légère charge pour subvenir à l'entretien des malades. Ces prieurés sont :

1º Le monastère *Fédélesoï,* édifié par feu notre aïeul, d'heureuse mémoire, le prince Grégoire Ghica Iᵉʳ. Usant du droit de patronage qu'il avait sur ce monastère, comme descendant du premier fondateur de cet établissement, notre grand-père, le prince Grégoire Ghica II l'attacha à l'hôpital Saint-Pantéléimon avec toutes les terres et autres biens dont ce monastère était doté.

2º Le monastère *Brebo,* du district Prahova, institué par le prince Mathieu le vieux.

3º Le monastère *Poiana,* du district Prahova, institué par le grand Spathar Thomas Cantacuzène.

4º Le monastère *Gaisseni,* du district Dimbovitza, ancien établissement religieux fondé par des boyards.

5º Le monastère *Kobia,* du district Vlachka, également fondé par des boyards.

6º Le monastère *Korneto,* du district Argisse, également fondé par des boyards.

7º Le monastère *Tirgsorou,* du district Prahova, institué par le prince Antoine le Vieux.

8º Le monastère *Lespeai,* du district Prahova, fondé par le stolnik Pîrvo Cantacuzène, et donné à l'hôpital Saint-Pantéléimon par les héritiers mêmes du fondateur.

9º Le prieuré *Serbânesti,* du district Rommanatzi, fondé par Mathieu Morenglave, qui en fit lui-même donation à l'hôpital Saint-Pantéléimon.

10° Le prieuré *Titiritchou*, du district de Voulcha, qui fut fondé par le spatar Michel Cantacuzène, et qui, du consentement des neveux et héritiers du fondateur, fut donné à l'hôpital Saint-Pantéléimon.

11°. Le monastère *Maxinéni*, du district Slam-Rimnik, institué par le prince Mathieu le vieux.

Le monastère *Fédélesoï* excepté, dont tout le revenu est affecté au profit de l'hôpital Saint-Pantéléimon, la redevance des autres monastères envers cet hôpital est réglée ainsi qu'il suit :

. Le monastère Brebo, 25 piastres. — Kobia, 50. — Lespezi, 50. — Poiana, 150. — Korneto, 30. — Titiritchou, 15. — Gaiseni, 125. — Tirgsorou, 100. — Maxinéni, 100. — Serbanesti, 50 (1).

- L'hôpital Saint-Pantéléimon possédera en sus :

1. La part de la terre *Klatesti*, échangée contre les terres *Boudesti* et *Potchivaliste*, qui avaient été données à cet hôpital par les héritiers du sloudgiar C. Korbeano.

2. Le prieuré *Grasdana*, du district Bouzéo, fondé par l'archimandrite Kosma, et consacré par lui-même à l'hôpital Saint-Pantéléimon, en l'année 1755, avec la charge de payer sur ses revenus à cet hôpital 20 piastres par an.

3. La terre des *Grandes Salines*, où l'exploitation a lieu actuellement, et dont il revient à l'hôpital la dîme.

4. Le lac *Zimnitché, propriété domaniale*, et l'impôt sur les vignes de la terre *Klatesti*. Cette donation fut faite à l'hôpital, en l'année 1752, par notre père le Prince Charles Ghica, *qui usa ici de son droit de maître sur tout ce qui était du revenu domanial.*

5. L'emplacement pour un moulin sur la rivière Dimbovitza, acheté sur les fonds de l'hôpital Saint-Pantéléimon, au prix de 350 piastres.

6. La terre *Varesti*, avec l'étang, la maison et neuf Bohémiens qui ont été la propriété de Joikim le moine, et dont celui-ci a fait donation à l'hôpital, par testament.

7. Le droit de douane sur les foires de *Valé-Tencouloni* et des vignobles de *Pitesti*.

8. La terre *Floresti*, adjacente à celle du monastère Saint-Pantéléimon, qui a été achetée sur les fonds de l'hôpital en deux lots, dont l'un est de 300 toises en largeur, sur 500 en longueur ; l'autre de 700 toises en largeur.

9. Partie de la terre de *Kazaneska*, du district Téléorman, 900 toises,

(1) Le secours accordé par ces monastères ne se borne plus aux sommes indiquées. La plus grande partie de leurs revenus, qui, depuis, ont augmenté hors de toute proportion, est absorbée par l'hôpital et forme son principal revenu. (Cette note est au crayon dans notre manuscrit. Il y a lieu de croire qu'elle est du Prince Bibesco.)

qui fut achetée sur les fonds de l'hôpital et incorporée à l'autre partie du même nom que l'hôpital possédait déjà.

10. La terre *Zilisté et Hotzeaska*, sur la rivière Kilneo, district Bouzéo, 235 toises, achetée par l'intendant sur les fonds de l'hôpital.

11. La terre *Gologano*, du district Ilfov, donnée à l'hôpital par Malcho et par son épouse Hélène, l'an 1764.

12. Des vignes dans les vignobles de *Lipia*, district Bouzéo, données par Marie, épouse du capitaine Jean.

13. La terre *Soreska*, du district Bouzéo, donnée par l'épouse de Kîrlova.

14. Une maison dans le quartier Saint-Georges, bâtie sur *terrain domanial*, et donnée à l'hôpital par le médecin Fotake, l'an 1763.

15. Une maison dans le quartier *Skaonele*, donnée par le stégar Constantin, l'an 1765.

16. Le droit de percevoir deux aspres par paire de bœufs à la foire de Hodivoïa; immunité accordée à l'hôpital Saint-Pantéléimon par le Prince *Const. Mavrocordato.*

17. La terre *Resmiresti*, donné par Sando Bouksanesko, tuteur de l'hôpital.

Ainsi que nous avons inscrit toutes donations qui ont été faites par notre grand-père, le prince Gr. Ghica, par notre père, le Prince Charles Ghica, et par d'autres fidèles habitants de ce pays; de même tout legs et donation que d'autres personnes charitables voudront faire désormais pour le soulagement des malades malheureux, seront inscrits par devant les curateurs principaux (que nous nommerons ci-après) dans les registres de l'hôpital, ainsi que dans ceux de la Métropole qui sont confiés à la garde de S. Ém. le Métropolitain. Sur ces doubles registres sera apposé notre sceau, ou *celui du Prince qui nous succédera.* Les noms des donateurs seront, de plus, portés sur le memento de l'église Saint-Pantéléimon.

La gestion des biens de l'hôpital, ainsi que la surveillance du service dans l'intérieur de cet établissement, devant nécessairement être confiées à un ispravnik (intendant), nous confirmons la nomination que notre père, le Prince défunt, a faite à cette place, en la personne du second logothète Démètre, que nous avons trouvé aussi zélé et intelligent pour la prospérité de l'institution. — *Nous conformant également aux dispositions du Prince Gr. Ghica,* nous nommons grands curateurs de l'établissement Saint-Pantéléimon, *en les prenant parmi les premiers grands dignitaires de notre conseil, le grand logothète Pîrvo Cantacuzène et le grand vistiare Bade Stirbei* (QUI SERAIENT REMPLACÉS PAR CEUX QUI LEUR SUCCÉDERAIENT DANS LEURS CHARGES). Nous nommons *de plus président* de cette curatelle *S. Ém. le Métropolitain Grégoire,* qui, conjointement avec lesdits boyards, aura l'inspection sur toutes les affaires de l'établissement Saint-Pantéléimon.

# BIENS

## POSSÉDÉS EN 1767 PAR L'ÉPHORIE DE L'HOPITAL DE PANTÉLÉIMON.

### I

#### DONATIONS DE LA FAMILLE GHICA A L'ÉPHORIE DE PANTÉLÉIMON.

| | Toises. |
|---|---|
| 1. *Dobroesti* (terre) don de Ghica III incorporé à *Obileasca* | 125 |
| 2. *Clatesti* (terre), don de Ghica III. (V. col. III, n° 14; le chiffre des toises n'est pas indiqué.) | |
| 3. *Papeni* (terre), don de Ghica III | 500 |

4. *Monastère Fedelesoiu* (V. col. II, n° 3), fondation de Ghica II dont les épitropes sont soumis par Ghica III au Grand Épitrope de Pantéléimon, et qui, étant annexé avec ses terres et privilèges (1750) à Pantéléimon, cesse de ce fait d'avoir un hégoumène.

La Chrysobulle de 1767 ne dit point quelles sont les terres de Fedelesoiu.

| | |
|---|---|
| Total (en dehors des terres de *Clatesti* et de celles de *Fedelesoiu*) | 625 |

#### Principales donations de Famille.

*Des colonnes II et III on peut déduire les tableaux suivants :*

*1) La Famille* **Bucsanescu** *a donné :*

| | Toises |
|---|---|
| 1. La terre de *Resmiresti* (V. col. III, n° 5) | 500 |
| 2. La terre de *Degesti* (V. col. III, n° 10) | 300 |
| 3. Des montagnes (V. col. III, n° 11) | |
| Toises connues | 800 |

*2) La Famille* **Cantacuzène** *( avant l'annexion de Coltzea, 50e ……, n° 5) a donné :*

| | Piastres |
|---|---|
| 1. Le tribut du monastère *Lespesi* (V. col. III, n° 31) | 50 |
| 2. Celui du monastère *Tituriciu* | 45 |
| Total des tributs consentis | 95 |

3. Par autorité princière, tribut imposé au monastère *Poiana* (V. col. II, n° 17, fondé par les Cantacuzène) ..... 150

| | |
|---|---|
| Total des revenus provenant des Cantacuzène | 245 |

*3) Biens provenant des ancêtres du* **Prince Bibesco** :

##### I. — Terres.

| | Toises. |
|---|---|
| 1. *Riosi* (V. col. III, n° 6) | 500 |

##### II. — Vignobles.

| | Pogones. |
|---|---|
| 2. *Schei* (V. col. III, n° 23) | 10 |

##### III. — Monastères soumis au tribut par autorité princière.

| | Piastres. |
|---|---|
| 3. *Brebu* (V. col. 2, n° 16) | 25 |
| 4. *Tirsor* ( id. 21) | 100 |
| 5. *Maxineni* ( id. 22) | 100 |
| Total | 225 |

##### IV. — Droits de l'État concédés par ses ancêtres.

6. Deux aspri par paire de bœufs à la foire de *Hodivoia* (V. col. II, n° 15).

*4) La Famille* **Contzescu** *a donné :*

| | Toises. |
|---|---|
| 1. Deux terres (V. col III, n°s 8 et 9) | 3,559 |
| | Pogones. |
| 2. Une vigne (V. col. III, n° 25) | 10 |

*Nota.* — Valeur du pogone : 50 ares 12; l'aspru valait environ 40 paras, et parfois jusqu'à 60, c'est-à-dire une piastre ou une piastre et demie.

### II

#### BIENS DE L'ÉTAT DONNÉS A L'ÉPHORIE DE PANTÉLÉIMON.

##### I. — Terres.

1. *Obileasca* (terre sur laquelle ont été bâtis les hôpitaux de Pantéléimon et de Saint-Bessarion), don du Vornic Cernica. Cette terre, possédée plus tard par la Métropole, a été par celle-ci cédée à Pantéléimon contre une partie du domaine de Bucarest.

2. Deux tiers de *Bataciu* (Téleorman) confisqués à Const. Balaceanu, rebelle, par Ghica III, et donnés au monastère au lieu d'entrer dans le domaine de l'État.

3. Le monastère de *Fedelesoiu*, bâti par Ghica II, donné avec ses terres et ses droits par Ghica III. (Il est mis ici parce que, donné à Pantéléimon, ce monastère n'avait plus affaire avec l'État.)

4. La terre *Capitania Hodivia* (Vlasca) dont le revenu était perçu par le capitaine de Vlasca, donnée par Ghica III.

##### II. — Vignobles.

5. Vigne de *Balaczanu* (V. n° 2) du district de Muscel (à Pitesti), donnée par Ghica III.

##### III. — Droits.

6. Le lac de *Greci* (Vlasca), droit de pêche et autres revenus; don de Ghica III.

7. Partie du domaine de Bucarest qui depuis paya au monastère un droit d'emphytéose. Par suite d'échange (V. n° 1) il ne restait en 1767 au monastère que 12 faubourgs (mahala).

8. Deux aspri par vadre de vin sur les vignobles de *Slam-Rimnic*.

9. …… y …… vadre …… du district …… et du district de *Dimbovitza*.

10. Le droit de douane à la foire annuelle établie par Ghica III au bénéfice de l'hôpital.

11. La dîme sur la terre de *Ornele-Mari*.

12. Le lac de *Zimnicea*, droits de pêche et autres revenus; don de Charles Ghica V (1752).

13. Le droit sur les vignobles de *Clatesti*; don de Charles Ghica V (1752).

14. Droits de douane à la foire de la *Valea Tenculesi* et à celle des vignobles de *Pitesti*.

15. Deux aspri par paire de bœufs amenés à la foire de *Hodivoia*; don de Const. Mavrocordat. (V. aussi col. I, n° 15.)

##### IV. — Monastères vassaux.

| | Piastres. |
|---|---|
| 16. Monastère de *Brebu* (Prahova), bâti par Mathieu Basaraba, soumis par Ghica III à donner | 25 |
| 17. Monastère de *Poiana* (Prahova), bâti par le spathar Toma Cantacuzène, soumis par Ghica III (sans porter témoignage du consentement de la famille) à donner | 125 |
| 18. Monastère de *Gaiseni*, fondé par des boyards, soumis par Ghica III à donner | 125 |
| 19. Monastère de *Cobia* (Vlasca), fondé par des boyards, soumis par Ghica III à donner | 50 |
| 20. Monastère de *Cornetu* (Argesh), fondé par des boyards, soumis par Ghica III à donner | 30 |
| 21. Monastère de *Tirsoru* ou *Tirgusoru*, fondé par le Voivode Antoine de Popesti, soumis par Ghica III à donner | 100 |
| 22. Monastère de *Maxineni*, fondé par Mathieu Basaraba, soumis par Ghica III à donner | 100 |
| Total (des tributs des monastères vassaux soumis au tribut par la seule autorité princière, sans le consentement des familles) | 580 |

### III

#### BIENS DONNÉS A L'ÉPHORIE DE PANTÉLÉIMON ET ACQUISITIONS FAITES PAR CETTE ÉPHORIE.

##### I. — Terres.

| | Toises. |
|---|---|
| 1. *Obileasca* (terre), don du Vornic Cernica, fondateur du monastère (V. col. II, n° 1). | |
| 2. *Dusani* (terre) (Vlasca); don du Grand Ban Vacarescu (7259). | |
| 3. *Dodulesti* (Prahova) et | |
| 4. *Stautaesti* (idem); don du Grand Ban Ferescu. | |
| 5. *Resmiresti* (Vlasca); don du Serdar Sandu Bucsenescu, ex-épitrope du monastère | 500 |
| 6. *Riosi* (Vlasca); don de la princesse Balasa Lambrino (née Brancovano), femme du Grand Ban Em. Lambrino. | 500 |
| 7. *Perieti*; don (7259) de Dem. Lehlio, camaras des Salines. Du prix de la vente de cette terre l'hôpital a acheté le reste de Riosi (V. 6), c'est-à-dire.. | 922 |
| 8. *Zgreabesila* } don du sluger Pana Contzescu, | |
| 9. *Alesandra* } comprenant à elles deux | 3,559 |
| 10. *Degesti* (Argech) ; don de Sandu Bucsenescu (V. n° 5) | 300 |
| 11. Montagnes de la rivière *Latru*; don du même | |
| 12. *Zadarici* (Vlasca); don de l'épicier Constantin | 155 |
| 13. Emplacement pour un moulin sur la rivière de *Vede*; don de Matei Ungureu. | |
| 14. *Budesti* et *Pocilavesti*; don du sluger Const. Corbeano. Échangés par l'hôpital contre une partie de *Clatesti* (V. col. I, n° 2). | |
| 15. Emplacement d'un moulin sur la Dimbovitza, acquisition de l'hôpital pour 350 piastres. | |
| 16. *Elovaci*; acquisition de l'hôpital. | |
| Deux parties, l'une ayant en largeur | 300 |
| sur 500 de longueur, | |
| l'autre ayant en largeur | 700 |
| 17. Partie de *Casanaesca*, acquisition de l'hôpital, réunie à l'autre partie de la terre du même nom possédé par l'hôpital. | 900 |
| 18. *Varesti* (avec étang, maison et 9 Bohémiens); don du moine Ioachim. | |
| 19. Les terres de *Zilistea* et de | |
| 20. *Hoteasca*, sur le Cilneu (acquisition de l'hôpital), à elles deux | 235 |
| 21. *Gologanu* (Ilfov); don de Marcu et de sa femme Hélène (1764). | |
| 22. *Soreasca* (Buzeu); don de la femme Cirlova. | |
| Total des toises connues | 7,921 |

##### II. — Vignobles.

| | Pogones. |
|---|---|
| 23. *Schei* (Saca); don du grand Logothète Const. Brancovanu (1754) | 10 |
| 24. *Negovani* (Saca); don du Grand Ban Étienne Vacarescu | 10 |
| 25. *Negovani* (Saca); don de Pana Contzescu (V. n°s 8 et 9) | 10 |
| 26. *Schei* (Saca); don de Sandu Tohaneanu | 6 |
| 27. *Lipia* (Buzeu); don de Maria, femme du capitaine Iancu. | |
| Total des pogones connus | 36 |

##### III. — Maisons.

28. Maisons et boutique d'en face de Saint-Nicolas; don du Métropolitain Néophyte.

29. Maison dans le faubourg Saint-Georges, bâtie sur le terrain de l'État; don (1763) du médecin Fotake.

30. Maison de la rue Scaune; don (1765) du sluger Constantin.

##### IV. — Monastères rendus vassaux par les Familles.

| | Piastres |
|---|---|
| 31. Monastère de *Lespezi* (Prahova), bâti par le Stolnic Pirvu Cantacuzène et soumis à | 50 |
| 32. Monastère de *Tituriciu* (Vulcea), bâti par le Spathar Michel Cantacuzène, soumis par la famille à un tribut de | 45 |
| 33. Monastère de *Serbanesti* (Romanatzi), soumis par son fondateur, Mathieu Morenglave, à un tribut de | 50 |
| 34. Monastère de *Grajdana* (Buzeu), soumis par son fondateur, l'Archimandrite Cosma, en 1755, à un tribut de | 20 |
| Total de ces tributs | 165 |

A la fin de chaque année, l'intendant soumettra à cette curatelle les comptes des revenus et les dépenses de l'hôpital, afin qu'ils soient revisés et sanctionnés dans les dues formes.

Le service des membres de cette curatelle étant gratuit, leurs noms seront inscrits dans le memento de l'église Saint-Pantéléimon.

Après le décès de l'*intendant* actuel (épitrope), *S. Ém. le Métropolitain*, de concert avec les autres membres de la curatelle, éliront, toujours parmi les boyards, un homme également digne de cette confiance, et ce choix sera soumis à l'approbation et confirmation du Prince régnant.

L'*économe*, de son côté, rendra compte annuellement à l'intendant de toutes les dépenses qu'il aura été chargé de faire. Cet *économe* sera également choisi par le *Métropolitain*, de concert avec les membres de la curatelle, et tout le mobilier de cet hôpital sera confié aux soins de cet employé, sous sa signature et responsabilité.

Lorsque l'intendant examinera les comptes que l'économe lui présentera, il devra en même temps confronter ceux de l'apothicaire avec les ordonnances des médecins, à l'effet de prévoir toute fraude.

Les registres des comptes que l'intendant aura rendus annuellement seront déposés dans une caisse avec tous les chrysobules princiers, les bulles des patriarches et autres documents que cet établissement possède, laquelle caisse sera confiée à la garde de S. Ém. le Métropolitain, en sa qualité de président de la curatelle, pour la conserver à la sainte Métropole.

Les vêtements sacerdotaux de grand prix, ainsi que les vases sacrés en argent, seront conservés dans une caisse en la garde de l'économe. Les ustensiles en cuivre, ainsi que tout le mobilier de l'hôpital, seront également aux soins de l'économe.

Les malades qui seraient atteints de maladies chroniques et voudraient se faire traiter à l'hôpital Saint-Pantéléimon, qui est principalement destiné à des maladies de ce genre, *n'auront qu'à adresser leur pétition au Prince*, qui l'apostillera au premier médecin, afin que celui-ci examine la maladie, et adresse le souffrant au médecin et à l'économe de l'hôpital, où l'un traitera sa maladie, l'autre pourvoira à ce qui sera nécessaire à ce traitement.

Le médecin de l'établissement tiendra des registres où il inscrira les malades entrés et sortis.

L'intendant veillera à ce que tous les employés ecclésiastiques ou laïques remplissent leurs fonctions avec toute l'exactitude requise, et lorsqu'il verra que quelqu'un s'écarte de son devoir, il pourra le congédier et en nommer un autre à sa place.

Après avoir ainsi posé les fondements de cette institution, voulant consolider ses bases et les rendre immuables, nous consacrons par le présent testament princier les dispositions ici énoncées et les confirmons dans toute leur teneur.

Ceux qui nous succéderont, en observant les dispositions établies par le Prince notre grand-père, ainsi qu'elles sont contenues dans ce testament, non seulement seront considérés eux-mêmes comme fondateurs de l'éta-blissement, mais ils se rendront aussi propice la bénédiction de saint Pantéléimon et de saint Bessarion, les patrons de ces hôpitaux. Si, au contraire, quelqu'un, par un motif quelconque, voulait détruire ce qui a été établi par le Prince notre grand-père, et que nous avons consacré par cet acte, en renversant la destination de cette institution sacrée, qu'un tel, qui que ce soit, ait pour accusateurs, au jugement dernier, les saints patrons de l'établissement, et que la colère de Dieu pèse sur lui et sur ses descendants.

En foi de quoi le présent testament a été signé par nous Alexandre Ghica, prince régnant, et par notre bien-aimé fils, Prince Grégoire, et revêtu de notre sceau princier, l'an de grâce 1767, septembre 15, en notre capitale Bucarest, la première année de notre règne.

Nous prenons pour témoins de cet acte tous nos honorables et fidèles premiers boyards du Divan : le grand Bano I. Crysoskoléo, le grand vornik Démètre *Racovitza,* le grand vornik Nicolas Dédoulesko, le grand spathar Démètre *Ghica,* le grand logothète Pîrvo *Catacuzène,* le grand vestiar Stirbey, le grand postelnik Ieanake, le grand cloucher Jean Vaka-resko, le grand paharnik Mathieu Kretzulesko, le grand comisse Jean Morouz, le grand stolnik Georges Karagé, l'ispravnik Pîrvo *Canta-cuzène.*

*Signé :* Alexandre GHICA, *Prince régnant* (1).

## INAUGURATION DU PONT SUR L'OLT.

*Le Moniteur roumain,* journal officieux, Bucarest (2).

TRADUCTION.

Slatina. — Le 7 courant, vers huit heures du soir, sont arrivées dans notre ville LL. AA. le Prince et la Princesse, — Nos Souverains atten-dus avec tant d'impatience, — pour l'inauguration du pont majestueux construit sur l'Olt. La nouvelle de la solennité fixée pour le jour de la Sainte-Marie, patronne des malheureux qui s'aventurent sur les flots, avait réuni dans cette ville pittoresque une foule immense de visiteurs de toutes les classes, de toutes les conditions, accourue de la capitale et des districts, pour prendre part à une fête nationale qui vivra longtemps dans le souvenir des Roumains. Les maisons de Slatina n'ont pu suffire

(1) Écrit par Popa Floré, maître d'école au monastère de Saint-Georges.
(2) N° 73, 11ᵉ année, 1847.

aux visiteurs curieux et enthousiastes, parmi lesquels un grand nombre, ne trouvant pas de logement, cherchèrent gaiement un abri dans des cabanes, comme dans un camp provisoire, en dehors de la ville.

Le lendemain matin, les rues de la ville offraient un mouvement inaccoutumé; hommes et femmes, citadins et étrangers, nobles et commerçants, emportés par un même désir, couraient et cherchaient à se dépasser les uns les autres pour avoir une meilleure place, dans le but d'être mieux placés au moment où aurait lieu la bénédiction du pont. Leurs Altesses, après avoir assisté au service divin et avoir reçu les hommages publics à l'occasion de l'anniversaire de notre gracieuse Princesse Marie, se rendirent vers deux heures au pont.

Là ils furent reçus par LL. Exc. les ministres, l'état-major princier et toute la noblesse ; puis par S. S. le Vicaire avec tout son clergé, à l'entrée du pavillon de feuillages grandiose qui occupait une partie du pont et au milieu duquel avait été élevé l'autel pour le service divin. Les coteaux des environs, la vallée de l'Olt, depuis la ville jusqu'au pont, la plus grande partie du pont, étaient occupés par une foule en mouvement, désireuse de jouir de ce spectacle unique. Chacun cherchait à être plus près, à mieux entendre. Un seul petit espace, situé en face de Leurs Altesses, était vide : il attirait la foule, que retenaient cependant le respect et la crainte.

Enfin les hymnes furent entonnées, et il se fit dans la foule un profond silence. Sur le pont, on n'entendait que la voix du pontife, et, à ses pieds, le grondement étouffé de l'Olt. Réveillé un moment dans ses profondeurs par ce bruit inaccoutumé, l'Olt bondit furieux contre l'obstacle opposé à sa rage ; mais reconnaissant bientôt les enfants de ses rives dans cette foule qui trouble son repos, il s'adoucit, secoue son humide chevelure, sourit et, devant la force, accepte le joug de la main qui le dompte.

Après la cérémonie, le professeur de l'École nationale prononça, au nom de la ville, un discours témoignant la reconnaissance des habitants de Slatina et de tous les Roumains, pour cette immortel bienfait depuis si longtemps attendu; œuvre difficile, qui avait été considérée, de tout temps, comme impossible, mais qui cependant avait été conduite à bonne fin par la volonté inébranlable de notre Prince. Alors Son Altesse, dont l'âme ardente se reflétait dans les yeux, pâle, sous l'empire d'une émotion profonde, — car les grandes joies et les grandes douleurs se manifestent souvent par des symptômes analogues, — répondit, autant que nous pouvons nous en souvenir, en ces termes :

« Messieurs,

« Nous apprécions avec la plus vive gratitude les sentiments que vous Nous témoignez; Nous comprenons la joie qui vous fait vous presser

autour de Nous. Un Roumain pourrait-il ne pas se sentir ému jusqu'au
fond de l'âme dans de pareilles circonstances ? Cette journée annonce aux
Roumains que nous avons fait en avant un nouveau pas qui nous permettra d'entreprendre des améliorations plus grandes encore. Les obstacles
qui empêchaient — en la rendant souvent dangereuse — la communication entre la Grande et la Petite Roumanie ont disparu ; c'est un résultat
qui, vous le savez, était, il y a deux ans à peine, regardé comme au-
dessus de nos forces.

« Une nouvelle source de bonheur est ouverte à Notre patrie, et principalement aux habitants de Slatina, Nous sommes donc venu au milieu
de vous, non comme Prince, mais comme Roumain, pour prendre part à
la joie générale, et Nous avons choisi le jour le plus heureux pour Nous,
jour où l'on célèbre l'anniversair de S. A. la Princesse, pour célébrer
avec vous tous la solennité de cette fête, destinée à marquer le commencement d'une nouvelle vie pour cette ville. Nous avons pensé que
Nous ne pouvions, Moi et S. A. la Princesse, vous donner une preuve
plus grande du bien que Nous avons la volonté de vous faire et de l'affection que Nous vous portons.

« Il est de Notre devoir de témoigner Notre gratitude à tous ceux dont
la collaboration Nous a permis d'atteindre cet heureux résultat, et tout
d'abord Nous remercions du plus profond de Notre cœur Notre bien-aimé
frère le Ban Barbu Stirbei, grâce à l'activité duquel a été préparé le
matériel et ont pu commencer les travaux. Nous remercions également
le *Premier Boyard,* le Grand Ban Georges Filippesco et le Vornic
A. Vilara, qui tous deux, l'un après l'autre, dans l'accomplissement de
leurs devoirs au Ministère de l'intérieur, ont mis à Notre service tout le
zèle, toute l'activité nécessaires à l'achèvement de cette œuvre difficile.
En ce qui concerne tous ceux qui ont travaillé, ont eu un rude labeur
pour mettre en place tous ces matériaux, Nous avons cru devoir, — en
signe de Notre particulière satisfaction, — suivre l'exemple que Nous
ont légué les anciens Romains qui, — sur tous les travaux de pareille
nature auxquels ils imprimaient le sceau de leur esprit de géants. — in-
scrivaient les noms des légions qui avaient pris part à leur exécution. On
élèvera donc deux colonnes aux deux têtes du pont, et on y inscrira les
noms de tous les villages qui ont contribué par leur travail à cette œuvre
grandiose, du jour où elle fut commencée jusqu'au jour où elle a été
achevée, afin que ces noms demeurent pour les générations futures un
éternel encouragement. »

Appelant ensuite M. Balzano, l'architecte chargé des travaux du
pont, le Prince le remercia dans un magnifique langage pour les peines
qu'il s'était données ; Il détacha de son cou la décoration qu'Il portait et

Il la remit à M. Balzano, que la récompense et la noble façon dont Son Altesse la lui décerna remplirent de reconnaissance.

Il est difficile de décrire l'impression laissée par le discours de Son Altesse. A peine eut-Elle prononcé Ses dernières paroles que des milliers d'acclamations retentirent; on vit des larmes de joie couler sur bien des visages qui pourtant demeurent impassibles jusque dans la douleur; les étrangers eux-mêmes, qui comprenaient à peine notre langue, étaient électrisés et montraient leurs sentiments par leurs larmes, tant cette éloquence parlait au cœur, tant elle était à la hauteur de la beauté du spectacle et de la magnificence de la solennité.

L'enthousiasme de la foule était arrivé au plus haut degré. Sur le pont, sur la route, dans les rues de la ville, on n'entendait que ces questions: « Avez-vous entendu le discours? Avez-vous entendu Son Altesse? Avez-vous vu la Princesse pleurer de joie? »

L'allégresse générale ne fut interrompue que par l'heure du repas du soir, quand Leurs Altesses retournèrent au pont où était dressée la table princière. Sur les bords de l'Olt, une autre immense table était préparée pour la foule considérable.

Les toasts portés à la santé de Leurs Altesses, à la prospérité de la ville et de la Roumanie, les cris de joie de la foule, le bruit des musiques militaires rappelant un passé glorieux, se mêlaient à la voix des canons placés sur les rives et se répercutèrent dans l'onde jusqu'au moment où le soleil, descendu sur l'horizon, fut remplacé par la lumière des feux d'artifice établis sur les deux rives. La lune inondant de sa lumière limpide les flots, la foule encombrant le pont et les environs, les feux de couleurs différentes s'allongeant et se croisant sur le miroir des eaux, les exclamations de joie et d'admiration de la multitude, la variété des cos tumes et des uniformes qui se confondaient sans cesse d'un bout à l'autre du pont, l'affabilité et la bonté de S. A. la Princesse, patronne de la solennité, qui était l'objet de l'adoration générale, tout fit de ce jour et de cette soirée l'une des fêtes nationales les plus dignes d'être mentionnées et des plus inoubliables.

*Discours prononcé par le professeur C. Stancovici, au nom des habitants de Slatina, en présence de Notre Souverain.*

Très puissant Prince,

« De même qu'à l'aube du jour, lorsqu'un père généreux se présente à ses enfants les mains pleines de bienfaits, toute créature tressaille de joie et de nouvelles espérances la font sortir du froid et de l'engourdissement de la nuit, de même les paisibles habitants de Slatina et du district des deux côtés de ce majestueux pont, sujets fidèles du trône sur lequel

Dieu a placé Votre Altesse pour la gloire et le bien du pays, attendaient
avec impatience l'heure où Votre Altesse paraîtrait à l'inauguration du
pont, comme ils ont eu la joie de La voir lors de la pose de la première
pierre.

« Aujourd'hui un charme puissant s'est emparé d'eux ; le bonheur éclate
sur leur visage, ils voient leurs espérances, conçues depuis tant d'années,
finalement réalisées, l'œuvre considérée jusqu'à ce jour comme problématique, — la création d'un pont sur l'Olt, — devenue un fait accompli,
une difficulté paraissant insurmontable vaincue grâce à la volonté inébranlable et au génie de Votre Altesse.

« Notre joie est à très juste titre immense, Très Puissant Prince, car
nous qui aimons notre patrie et Ceux qui la gouvernent, — ses bienfaiteurs, — nous avons toujours eu un sentiment plus tendre pour notre
district et notre ville, heureux du bien qu'on leur fait et des embellisse-
ments nouveaux dont ils sont l'objet. Et il n'en saurait être autrement,
parce que de tous les lieux, de toutes les villes que Dieu a dotés de
beautés et de dons particuliers, que le goût et l'art ont achevé de rendre
plus dignes d'être remarqués, aucune ne remplace, pour l'homme, la ville
ou le lieu où il a cueilli les premières fleurs, versé les premières larmes et
où, à l'aube de la vie, le rêve de la fantaisie lui a fait entrevoir un
avenir plein de séduction après lequel il soupire jusqu'à la tombe.

« Aussi la joie et l'espoir de nouveaux bienfaits, partagés avec le même
enthousiasme par toutes les classes et tous les âges, ont appelé autour de
Vos Altesses cette multitude ici assemblée, dont ma faible voix est chargée d'exprimer l'infinie reconnaissance qu'elle garde à ses souverains.
Cette foule prie le Dieu de miséricorde qu'il Vous protège jusqu'à Vos
derniers jours ; elle appelle sur Vous les bénédictions des augustes ombres
des grands hommes qui ont été les bienfaiteurs de l'humanité; elles
demandent à ce Dieu tout-puissant de longs et heureux jours pour
S. A. la Princesse, dont le brillant anniversaire est célébré au milieu
des circonstances les plus heureuses et qui resteront gravées dans la mémoire des Roumains comme un des souvenirs les plus imposants et les
plus doux.

« Les espérances qui nous ont souri à l'avènement heureux de Votre
Altesse se sont réalisées; elles vont chaque jour grandissant.

« Les mots sont superflus, les faits parlent aujourd'hui, et l'histoire
les dira à nos petits-fils.

« La facilité et la sécurité assurées aux habitants qui ont à traverser
ce dangereux torrent, à Slatina, à l'époque surtout des inondations, et ce
grand résultat d'avoir courbé l'Olt sous le joug de Votre Altesse ratta-
chera à sa mémoire les mêmes doux souvenirs que garde à Trajan le pont
sur le Danube, ce pont complètement détruit, mais au-dessus des ruines

duquel les flots du grand fleuve murmurent ce mot sacré : « Trajan ! Trajan ! »

« De toutes parts dans le pays croissent abondamment les lauriers dignes de tant de bienfaits. L'Olt lui-même, dans le grondement de ses ondes redoutables, qui se brisent contre les piles du pont géant, redira à jamais le nom de Votre Majesté ; et les habitants de Slatina, dans la mémoire desquels Vous vivrez de nombreux siècles, prient humblement Votre Altesse de vouloir bien accepter l'éternel hommage de leur reconnaissance. Ils prient avec ferveur le Dieu tout-puissant pour que Votre Altesse, ainsi que S. A. la Princesse, viviez jusqu'à l'extrême vieillesse, afin de pouvoir achever tout ce que le génie de Votre Altesse a rêvé pour le bien de la Patrie. »

---

*Les membres du gouvernement provisoire de 1848 et délégués de l'émigration, à Sa Hautesse le Sultan.*

SIRE,

« Au milieu des maux qui ont pesé sur notre patrie, maux rendus plus douloureux par la main qui les infligeait, nous avons su renfermer en nous l'amertume de nos plaintes et le cri de notre désespoir (1).

« A quelque épreuve que notre fidélité ait été mise, nous n'avons point dévié de la ligne de conduite que nous nous étions tracée, nous sommes restés jusqu'au dernier moment et nous restons encore les fidèles vassaux de Votre Majesté (2).

« Votre Majesté nous rendra elle-même ce témoignage, qu'en ceci nous avons fait tout ce qui dépendait de nous pour déjouer les espérances de nos ennemis, et ouvrir à la Sublime Porte la voie d'une politique plus régulière, plus conforme à sa dignité et à ses intérêts (3).

« Nous espérions que, de son côté, la Sublime Porte, pour prix de notre fidélité, ne tolérerait sous aucun prétexte l'intervention armée de la Russie, intervention qui viole à la fois les droits des Principautés et les prérogatives de la Cour suzeraine, *seule arbitre dans la question* (4).

« Aujourd'hui, bien que l'occupation des Principautés soit un fait accom-

(1) Le pays n'est redevable *des maux qui ont pesé sur lui* qu'aux membres de l'insurrection de 1848 ; le cri de *leur désespoir* est légitime ; leurs plaintes sont vaines.

(2) Cette fidélité était insuffisante au bonheur de la Patrie.

(3) C'est donc en vue des intérêts et de la dignité de la Porte que les signataires de cette adresse ont bouleversé le pays ? Ce point de vue est aussi inattendu que digne d'attention.

(4) Cette intervention armée avait été annoncée ; elle était inévitable.

pli, *notre confiance dans le triomphe de nos droits* est la même, comme aussi l'espoir que nous plaçons dans l'appui de notre Auguste Suzerain. La justice a été violée; il faut que la justice recouvre ses droits.

« La vérité *a été étouffée sous le mensonge; il faut* que la vérité *se fasse jour* (1).

« Voilà pourquoi nous déposons aux pieds du trône de Votre Majesté Impériale le mémoire ci-joint, où se trouve retracé, avec un court exposé des droits des Principautés, l'historique de la révolution roumaine du 11/23 juin.

« Et, en même temps que nous accomplissons ce devoir sacré envers Votre Majesté Impériale, laquelle ne peut vouloir jeter le découragement dans l'âme de ses fidèles vassaux par un plus long oubli de leurs droits, nous remplissons un autre devoir non moins sacré envers notre patrie, en protestant une dernière fois en son nom, ainsi que nous le faisons par la présente (2) :

« Contre le fait même de l'occupation ;

Contre l'emprunt imposé récemment à la Valachie pour subvenir aux frais de cette occupation, qui tend à la priver à jamais de son indépendance (3). »

*Lettre d'Héliade à Grâdisteano, du 10 juillet 1856* (4).

« Odobesco aurait dit, sans ambages, au conseil, le soir du 18 juin : « Je ne concentre pas l'armée parce que cela déplaît à la Russie, et je ne puis travailler contre la Russie que j'ai servie.

« — Très bien, lui répondirent Tell et Héliade, vous êtes très sincère et loyal; mais, pour être plus loyal encore, donnez votre démission d'un gouvernement révolutionnaire qui vous impose une conduite qui déplairait à la Russie.

« — Je ne donne pas ma démission; qui pourrait me destituer? riposta Odobesco avec sang-froid, en mettant la main sur son épée, comme s'il voulait dire : Je ne donne pas ma démission, et c'est moi qui vous enchaînerai. »

(1) C'est un point sur lequel nous sommes d'accord avec MM. les signataires de l'adresse, voilà pourquoi nous avons fait l'historique de l'insurrection ; il est destiné à renverser une légende qui est l'œuvre de la calomnie.

(2) *Le devoir sacré* était de ne pas appeler sur le pays les fléaux qu'il a subis.

(3) Réclamer en faveur de l'indépendance du Pays Roumain c'est fort bien, mais il n'aurait pas fallu livrer les droits de l'État. (Voir p. 446 à 451 de ce volume.)

(4) Voir *Lettres d'exil d'Héliade Radulesco*, p. 540.

« Rien de plus naturel et de plus sincère de la part d'Odobesco. Il était fidèle à son maître, et ouvertement, loyalement, notre ennemi.

« Le lendemain, il nous arrêta et il voulut se faire proclamer du gouvernement avec Cîmpineano. — Rosetti, Bratiano et Mavrocordat, soutenus par Solomon, vinrent (?) proclamer Odobesco membre du gouvernement. Ne savaient-ils pas qu'Odobésco était Russe? N'avaient-ils pas entendu sa déclaration de leurs propres oreilles? »

*Héliade à Gr. Grâdisteano.*

8/20 mai 1857 (1).

« Je ne me suis jamais fait d'illusions, j'ai fait mon devoir; et faire son devoir sans illusions équivaut à dire du bien, même de celui que vous savez disposé à vous faire du mal. Si, parmi ceux qui ont régné chez nous, j'en avais trouvé un meilleur que lui (Alexandre Ghica IX), je l'aurais préféré, et par *bon* je n'entends pas bon pour moi, mais pour le pays, car, pour moi personnellement, Bibesco et Stirbey ont été beaucoup meilleurs que Ghica, mais mon cœur ne s'est pas attaché à eux. J'ai maltraité dans mes écrits et Bibesco et Stirbey, et eux, ils se sont comportés en gens de cœur avec ma famille, qui leur était étrangère, et que le sort avait frappée. Il ne se passait pas de semaine sans qu'ils s'enquissent de son état. Ghica, tout au contraire, est allé visiter tous ceux qui l'ont trahi, ma famille est la seule à laquelle il n'ait pas envoyé même un chien, de laquelle il ne se soit pas soucié. Lorsqu'il partit du pays en 1842, moi, qui n'ai jamais de la vie baisé la main qu'à mon père et au prêtre, je la lui ai baisée lors de son départ, et il me l'a tendue comme à un chien. Quand, en 1855, je me rendis à Bucarest, j'allai le voir, rempli de joie, oubliant tout ce que, de Vienne, il vous avait écrit et ainsi qu'à Nicolas, sur moi. — Il m'a reçu, comme si j'étais, à l'instar de Dobre, un intendant de cour, tandis que Bibesco, lorsqu'il me vit ici, m'a pris dans ses bras et pleurait en m'embrassant. »

Le *Pruncul roman* (Le Roumain dans les langes) du 8 juillet 1848 :

Que peuvent donc bien nous reprocher les tyrans pour exercer si promptement contre nous leurs cruautés? Ils ont fait détruire la statue

(1) *Lettres d'exil d'Héliade,* par Russo-Locusteano, p. 565.

érigée dans la cour de l'Administration, pour ce motif seul que le peuple la désignait sous le nom de Justice.

Pour quelle raison ne peuvent-ils souffrir la chose (*sic*) la plus belle et la plus innocente (*sic*) qui soit au monde?

La Justice a été l'unique mobile de toutes les révolutions ; c'est pour la Justice que l'on s'arme, citoyen contre citoyen, famille contre famille, race contre race ! Les monarques la chassent d'au milieu de nous, les tyrans prennent peur à sa vue, les aristocrates la connaissent et la cachent. Le peuple souffre et se tait. Mais le peuple ne veut plus souffrir ; il ne se tait plus. Malgré toutes les façons académiques de Bibesco, malgré maints obstacles, — car la tyrannie seule engendre l'ignorance et les ténèbres, — le peuple roumain s'est enfin réveillé. Il sait ce qu'exige sa dignité ; il estime ses amis et punit ses ennemis. Aujourd'hui, le peuple est grand et fort !

La dernière révolution des Roumains n'a eu d'autre effet que de séparer les bons d'avec les méchants (1) ; elle a montré aux aristocrates que si, par leurs intrigues, ils ont réussi à tromper deux ou trois individus, il ne leur est pas permis de se jouer de tout un peuple. Il fera le sacrifice de son sang (ce peuple) et, dans le pays, il ne restera plus vestige d'une aristocratie. L'on ne voit, dans cette foule soulevée à la voix de la liberté, que simples toques noires, des gens vêtus d'un gilet, sans même un paletot, et les bras nus. Les commerçants et le peuple du marché sont soulevés.

Je ne crois pas que cette Révolution soit simplement l'œuvre de deux ou trois philosophes et d'une vingtaine d'écoliers. Le jour où elle a éclaté, les habitants avaient fui, abandonnant la capitale. Pour quel motif ? je ne saurais le dire. Demandez-en la raison au Métropolitain. M. Héliade lui-même, malgré toute sa finesse en matière de révolution, malgré la faveur publique dont il jouit et qu'il apprécie parce qu'il est homme du peuple, n'aurait jamais fait, je le parie, plus belle révolution.

Ils se sont tous cachés dans quelque trou, les aristocrates qui, le jour où l'on nomma une Caïmacamie, pullulaient dans les rues de Bucarest, en leurs équipages. Il ne leur sera donné de revoir la lumière que le jour où ils feront cause commune avec le peuple. Pour les amener à nous jurer encore une fois fidélité, ne leur donnons pas le temps de respirer. Nous ne leur accorderons notre pardon et notre baiser de paix, que le jour où ils se seront signalés par de belles actions, et non pas seulement par de belles paroles.

Si cette Caïmacamie voulait consentir à remettre en vigueur le Règlement qu'elle a supprimé, elle devrait se rendre au Champ de Philarète

(1) Le texte roumain dit *caprele de oi*, les brebis des boucs.

ou au Marché, et faire jurer au peuple de sauvegarder son inviolabilité. Elle aurait dû faire célébrer le Service Divin devant la foule assemblée, et non devant deux ou trois aristocrates. Elle aurait vu alors si un seul de ces hommes qui maudissent la liberté et demandent le rétablissement de l'ancienne tyrannie, eût passé par les mains du peuple sans être écharpé. A L'HEURE QU'IL EST, L'ON N'A ENCORE DÉTRUIT·QUE LEURS MAISONS ! AVERTIS A TEMPS, ILS ONT RÉUSSI A PRENDRE LA FUITE DEVANT LA COLÈRE POPULAIRE. SANS QUOI, LEUR SANG INFAME EUT COULÉ DANS LES RUES DE BUCAREST ; ET, AVEC CE SANG, NOS CONCITOYENS EUSSENT ÉCRIT, AU COIN DE TOUS LES CARREFOURS, CE MOT : « VENGEANCE ! »

Dorénavant, il serait puéril de dire : « Ce que veut le boyard doit être chose accomplie » ; mais on dira : « On doit obéir au peuple, lorsque le peuple commande ». Le peuple, c'est la nation ! le peuple, c'est la loi et le pouvoir exécutif ! le peuple, c'est le gouvernement !

Il n'est pas digne de faire partie de la nation, celui qui ne descend pas jusqu'au peuple, il n'est point Roumain ! — et M. Bibesco n'a connu que trop tard son pays (1), s'il est vrai qu'à Sibiu il ait dit récemment :.« Le Roumain est désormais impossible à gouverner ! »

Le Roumain ne souffrira point d'être gouverné par le despotisme, Monsieur ! Mais il se laissera toujours gouverner par la démocratie.

A la tête de ceux qui allaient détruisant les maisons des brigands et des aristocrates, il y avait trois prêtres, la croix en main. Un enfant d'une quinzaine d'années les accompagnait, qui chantait ces vers :

Allons, frères, soyons tous unis ! — Notre pays se meurt ; — ces murs, ces palais, — qui recèlent tant de péchés, — allons les détruire !

N'entendez-vous point une rumeur dans la ville ? — Accourez, les armes à la main ; — car le soldat nous poursuit ; — sa baïonnette nous transperce ; — frappez ! s'il veut vous frapper.

Assez longtemps, les chaînes nous ont meurtris, — et l'esclavage nous a fait pleurer près de notre foyer ; — notre cœur s'endurcit ; — le fiel nous remplit d'amertume ; — mieux vaudrait être mort !

Quand le cri de douleur — de la patrie nous appelle, — plutôt qu'une longue vie — dans un esclavage honteux, — périssons, les armes à la main !

Frères, soyez sans pitié ! — frappez ceux qui nous violentent. — On nous enlève notre charrue, nos récoltes, — le bœuf même, dans notre sillon.

Leur droit ! c'est le nôtre ; — leur champ est à nous (2), — et l'Assemblée générale, — étant une maison roumaine, — est la maison de tous.

(1) Le décret 236, année 1845 (t. I. p. 171), prouve absolument le contraire.
(2) Ce principe a été mis en application par le gouvernement de M. Rosetti-

Allons! Roumain, ouvre la bouche; — fais toi-même tes lois; — vous, ciocoï (4), restez à la porte; — toi, Moscovite, sors du pays, — car c'est la volonté du peuple.

Que le tambour résonne sur la place; — que tous les Roumains se rassemblent! — que ce soit pour la vie et la mort! — Il est doux, au nom de la liberté, — de gagner une tombe.

Jean CATINA.

Le *Pruncul roman,* qui publiait ces strophes, ajoutait : « La dernière révolution roumaine n'a fait autre chose que de séparer les brebis des boucs, et prouver aux aristocrates que si, par leurs intrigues, ils peuvent tromper et trahir deux ou trois hommes, on ne se joue jamais d'un peuple entier. Il donnera son sang et il ne restera plus sur le sol roumain trace d'aristocrates. » — (*Pruncul roman* du 8 juillet 1848.) (Voir BLARAMBERG, *Essai.* — *La Révolution par le sang.*)

Heureusement qu'il y avait dans le gouvernement provisoire quelques hommes de bien, qui sauvèrent le pays des horreurs dont quelques énergumènes le menaçaient.

Le gouvernement réprouva les excès.

« En ce jour », disait-il dans une de ses proclamations, « en ce jour de la résurrection de nos droits (20 juin) que nous allions perdre de nouveau par les intrigues de nos ennemis, une partie du peuple, disons-nous, a envahi les maisons de quelques particuliers, y apportant l'épouvante et la terreur; ils ont brisé tout ce qu'ils ont trouvé, et ont fourni ainsi des armes aux malveillants qui assurent que les Roumains ne sont pas mûrs pour des institutions libres. » — Proclamation du Gouvernement provisoire, signée : NÉOPHYTE, J. HÉLIADE, J. CAMPINEANO, N. BALCESCO, N. MINCO. — (*Vestitorul roman,* 4 juillet 1848.)

M. Rosetti n'a pas signé cette proclamation.

————

LETTRE DE SOULEYMAN-PACHA

*Souleyman-Pacha aux Boyards et aux notables du pays.*

19/31 juillet 1848.

« Il est de notoriété publique que la Valachie, partie intégrante de l'Empire Ottoman, n'a jamais cessé de jouir de nombreux privilèges et

Bratiano. (Voir la lettre du Prince G. Bibesco à M. E. Costinesco, dans le livre *Politique, Religion, Duel,* p. 58. — Affaire de Bréaza.)

d'institutions avantageuses; les Valaques, au lieu de donner un témoignage de reconnaissance de ces bienfaits, au lieu de concourir avec empressement au maintien de l'ordre et de la tranquillité du pays, surtout dans les circonstances actuelles, se sont dernièrement permis de commettre des actes illégaux qui ont été très mal vus par la Sublime Porte.

« *Un certain nombre d'individus, se donnant le nom de Valaques, ont paru inopinément dans cette Principauté et, après avoir séduit la milice du pays et renversé le gouvernement, ils ont profité de cette occasion pour imposer au Prince, sous le nom d'institutions nouvelles, des conditions si inadmissibles* (sic), *que l'Hospodar, ne pouvant résister à la violence et se voyant dans une situation dangereuse, a été obligé, et même forcé* (sic) *de quitter sa résidence.* Alors, ces mêmes individus, saisissant cette nouvelle circonstance si favorable à leurs vues, ont eu l'audace de former une nouvelle administration illégale, sous le nom de Gouvernement provisoire, en remplacement de celui qui était légitimement constitué et confié aux soins du susdit Prince Bibesco par S. M. le Sultan. Ces actes sont, non seulement incompatibles avec les droits de la suzeraineté et avec les principes du gouvernement de la Sublime Porte, mais ils sont encore de nature à amener toutes sortes d'innovations contraires au maintien de l'ordre et de la tranquillité dans le pays; il est donc évident que cet état de choses ne peut donner lieu qu'à des désordres intestins dont l'issue serait inévitablement funeste au pays. S. M. le Sultan, notre auguste Souverain, toujours animé de sentiments paternels pour le bien-être de toutes les classes de ses sujets, et voulant en donner une preuve éclatante aux Valaques, avait précédemment envoyé dans cette Principauté un commissaire chargé spécialement d'aviser aux moyens de rétablir l'ordre et la tranquillité. Malheureusement les Valaques, sans attendre un heureux résultat des mesures que la Sublime Porte se proposait de prendre sur les rapports que le susdit commissaire lui devait faire, se sont laissé égarer d'une manière irréfléchie, et, ayant commis des actes de funeste conséquence, ont ainsi assumé une grave responsabilité. Pourtant Sa Majesté le Sultan, notre gracieux Souverain, dans l'unique but de donner encore une nouvelle preuve de sa clémence et de sa magnanimité bien connue, et pour ne pas jeter la masse de la population dans des inquiétudes à cause des troubles occasionnés par quelques esprits révolutionnaires, a jugé convenable de me charger spécialement de vous conseiller et de vous inviter d'abord à rentrer dans la voie de la soumission, et dans le cas contraire (*sic*), c'est-à-dire si ces moyens pacifiques rencontraient de l'opposition de votre part, d'employer avec un vif regret des mesures coercitives.

« L'objet principal de ma mission est de vous signifier que la continuation de l'état actuel des choses, établi contrairement aux droits de la suzeraineté et aux principes du gouvernement de S. M. le Sultan, n'étant point tolérable; le gouvernement provisoire, illégalement formé dans la Principauté, doit être immédiatement dissout; qu'une personne digne de confiance doit être nommée sans le moindre retard en qualité de Lieutenant, conformément aux dispositions du Règlement organique, au poste resté vacant par suite du départ du Prince Bibesco; que tout ce qui a été arbitrairement établi et promulgué dans le pays sous le nom de nouvelles institutions est considéré, dès à présent, comme nul et non avenu; qu'après avoir ainsi ramené le pays dans son état antérieur, on prendra en considération les griefs fondés que vous serez dans le cas d'exposer, comme, par exemple, des plaintes contre l'exécution incomplète du Règlement organique, contre l'administration de l'Hospodar, ou tout autre abus qui paraîtrait être contraire aux vues bienveillantes et aux sentiments de justice dont S. M. le Sultan n'a jamais cessé de donner des preuves à tous ceux qui ont su les mériter. Si une députation composée de quelques personnes de votre choix vient m'exprimer, au nom du Pays, des griefs de cette nature, et s'ils sont bien fondés, des mesures efficaces seront immédiatement prises à cet égard; si, au contraire, malgré tous ces moyens de modération que je viens de citer, vous persistez encore à tenir le pays dans cette position fausse et à suivre le système arbitraire, je ne saurai m'empêcher de marcher dans l'intérieur du pays, avec la force armée que j'ai à ma disposition, comme dernier moyen d'exécuter les ordres de Sa Majesté Impériale, et d'agir suivant la nécessité des circonstances. En vous expliquant donc, messieurs, les différents degrés de ma mission, je suis convaincu d'avance que la dernière résolution de Sa Majesté Impériale demeure tout à fait conforme aux principes de l'équité et de la modération, et que la prudence et la sagacité dont vous êtes doués, vous guideront indubitablement dans la voie de sagesse et de salut, et que vous suivrez ainsi avec une vive reconnaissance les conseils que je suis chargé de vous donner de la part de notre Auguste Souverain.

Il est donc de mon devoir de vous prévenir franchement de m'adresser, avant tout, une supplique signée par vous, contenant l'acte de votre soumission, pour qu'elle soit expédiée immédiatement à la Sublime Porte. Vous pouvez en même temps envoyer auprès de moi quelques personnes de considération, pour m'expliquer les griefs que vous croiriez justes et bien fondés, afin que je puisse les communiquer à la Porte.

SOULEYMAN-PACHA.

19/31 juillet, au camp impérial.

## DISCOURS DE SOULEYMAN, LORS DE SA RÉCEPTION A BUCAREST

*Moniteur roumain* du 14 août 1848, n° 10. — Le mardi 10 août, tous les boyards et notables du pays qui se trouvaient dans la capitale sont allés en grand cortège au palais habité par S. Exc. Souleyman-Pacha, pour déposer leurs hommages et féliciter Son Excellence d'être heureusement arrivée dans la capitale.

Après l'accomplissement de cette cérémonie, Son Excellence adressa à tous ceux qui étaient présents le discours suivant :

« MESSIEURS,

« Vous savez tous que, quels que soient les motifs qui aient fait que le 11 juin ait eu lieu dans le pays un événement fâcheux, ce qui est arrivé a fortement mécontenté S. M. le Sultan, et n'a pu être vu d'un bon œil par Son Gouvernement.

« Sa Majesté, dès qu'elle eut appris ces événements, m'a spécialement chargé de rétablir avant tout dans le pays l'ordre légal, et une armée fut mise dans ce but à ma disposition. Arrivé à Giurgiu, je me suis empressé d'adresser à tous les boyards et notables du pays une lettre par laquelle je leur faisais connaître que ce qui avait eu lieu avait été désapprouvé par la Sublime Porte, que l'administration qui existait alors, sous le nom de gouvernement provisoire, devait cesser, et à sa place être installée une Lieutenance Princière, et que tout ce que l'on avait fait devait être considéré comme nul et non avenu. Je ne cachais pas que, ces dispositions une fois prises, conformément au désir de Sa Majesté, je me montrerais complètement disposé à écouter les plaintes et les demandes que la Nation voudrait m'adresser, et je promettais formellement de les soumettre aux pieds du trône de Sa Majesté, si je les trouvais justes et conformes aux droits du pays.

« A la lecture de ma lettre, la Nation roumaine, dans un sentiment unanime de fidélité et de soumission envers son Suzerain, s'est hâtée de remplir les ordres de la Sublime Porte, en déclarant que le gouvernement provisoire avait cessé d'exister, et que tout ce qui avait été fait contrairement aux lois était considéré comme nul et non avenu. Mais la Lieutenance qu'elle nomma, composée de six membres, ne pouvant être acceptée, j'ai cru de mon devoir de protester contre ce mode d'agir. La Nation roumaine, pour donner une nouvelle preuve de soumission et de dévouement, n'a pas tardé à accepter de nommer une nouvelle Lieutenance, composée de trois membres.

« Voyant que cette nouvelle nomination ne contrevient point aux traités, et est conforme aux usages du pays, je n'ai pas tardé, moi aussi, à reconnaître, au nom de Sa Majesté, cette Lieutenance comme le gouvernement légal du pays, et, conformément à mes instructions et à mes promesses, j'ai envoyé aussitôt, pour être déposées aux pieds du trône de Sa Majesté, les demandes que la Nation m'adressa par une députation. Cette députation, recommandée et escortée par un de mes officiers, est partie il y a près d'une semaine. J'attends, avec un vif désir, la décision définitive de Sa Majesté, et je vous déclare, Messieurs, qu'il est de mon devoir et du vôtre de maintenir l'ordre et la tranquillité qui ont été rétablis dans le pays, jusqu'à ce que je reçoive de nouveaux ordres de la Sublime Porte, et, par suite, je vous recommande avec chaleur que, jusque-là, tout Roumain demeure tranquille, s'occupant de ses affaires, sans provoquer le trouble dans le sein de cette paix qui règne dans le pays.

« A mon arrivée, j'ai appris qu'un certain nombre de boyards et d'autres familles sont allées en province ou ont passé à l'étranger. Voyant que cet état de choses ne pouvait être conforme aux désirs de Sa Majesté qui, en promulguant le hatti-chérif de Gioulhanné dans toute l'étendue de son Empire, a assuré la vie, l'honneur et la propriété de chaque individu, il était de mon devoir de rappeler chacun chez soi, et de lui assurer l'inviolabilité de sa personne et de ses biens. J'apprends maintenant avec plaisir que la plupart des habitants sont retournés chez eux, un tout petit nombre excepté.

La seule pensée, Messieurs, qui m'a fait vous rassembler aujourd'hui auprès de moi, après que je vous ai exposé encore une fois les événements passés, est d'assurer formellement et les personnes présentes et vos compatriotes que personne n'aura à souffrir d'attentat ni à sa vie, ni à son honneur, ni à sa propriété, et de vous déclarer que si, par malheur, quelqu'un osait nuire à un autre dans son honneur, sa vie ou sa propriété, il sera considéré par moi, par le gouvernement et par le pays même, comme perturbateur, et qu'il sera puni publiquement et sévèrement.

« Je vous recommande donc, Messieurs, d'oublier tous le passé, et, pauvres et riches, vieillards et jeunes gens, de vous tendre tous la main comme un frère à son frère, comme un père à ses enfants ; que les vieillards pardonnent aux jeunes gens, et que les jeunes gens respectent les vieillards. Attendez en paix la réponse et les ordres de la Sublime Porte, et tout sera apaisé selon les désirs de tous et à leur plus grand contentement. J'ai la conviction que vous n'hésiterez pas à reconnaître la Lieutenance et à lui obéir, comme au gouvernement légal.

« SOULEYMAN-PACHA.

« 10 août 1848. »

Après ce discours, Son Excellence désirant savoir si les boyards qui étaient loin de la capitale reconnaissent comme gouvernement légal la Lieutenance Princière élue en leur absence, il a été rédigé le témoignage confirmatif suivant, qui a été signé par quatre-vingt-dix boyards. Mais, comme toutes les signatures n'ont pu être déchiffrées, l'on n'a imprimé que celles ci-dessous :

« Les soussignés, ayant pleine confiance dans le discours de ce jour de S. Exc. Souleyman-Pacha, nous reconnaissons la Caïmacamie (Lieutenance) actuelle comme le gouvernement légal, jusqu'à l'arrivée d'ordres nouveaux de la Sublime Porte. Et si l'un de nous ose provoquer le moindre trouble, il sera puni conformément aux lois.

| | |
|---|---|
| NÉOPHYTE, métropolitain de la Hongro-Valachie. | Grég. CARACAS. |
| J. ELIADE. | J.-J. PHILIPPESCO. |
| N. GOLESCO. | ARION. |
| Ch. TELL. | M. CIORANO. |
| Gr. GRADISTEANO. | C. SCORTEANO. |
| Philippe LINCHE. | C. J. ARION. |
| Jean PHILIPPESCO. | C. RALLI. |
| C. Gr. GHICA. | M. DARVARIS. |
| Alex. GHICA. | Radou GOLESCO. |
| Jean ROSETTI. | N. IPATESCO. |
| Georges DEDULESCO. | Grég. ZOSSIMA. |
| Alex. LINCHE. | Hillel MANOACH. |
| D. TOPLICEANO. | Alex. POLIZO. |
| Jean COSTESCO. | C. B. BALCESCO. |
| N. CRETULESCO. | G. IOANNIDI. |
| P. POENARO. | STERIADI. |

« Bucarest, 10 août 1848. »

Passage de la *Proclamation* adressée à Souleyman-Pacha par la Lieutenance Princière, en réponse à la lettre du 18 juillet 1848, par laquelle l'envoyé du Sultan fait savoir qu'il entre, avec l'armée impériale, sur le territoire roumain :

« Les Roumains ne se sont jamais dégradés à porter le masque de la duplicité. Aussi Dieu fut-il toujours avec eux. Nous n'hésitons pas à nous montrer, comme toujours, devant notre auguste *Souverain* avec un front pur et avec la foi dans le cœur : car il n'est pas un article dans notre Constitution qui lèse, en quoi que ce soit, les droits de suzeraineté de la Sublime Porte; il n'en est pas un que nous n'ayons le droit de faire et de mettre à exécution, s'il est un Dieu dans le ciel et une Justice sur la terre (1). »

(1) *Mémoires,* par HÉLIADE RADULESCO, p. 219.

## 1848. — APPEL DU GOUVERNEMENT PROVISOIRE
### AUX PROPRIÉTAIRES

« Et vous qui êtes à l'étranger, revenez dans le sein de votre patrie faire cause commune avec ceux qui veulent la sauver. — Celui qui a une fois senti le prix de la liberté, celui qui a compris la sublimité de notre Constitution, celui dont le cœur a palpité à la voix du peuple roumain, *c'est celui qui est le plus intelligent*, et c'est vous, propriétaires, qui avez eu, plus que personne, les moyens de cultiver votre intelligence. Vos FILS ONT BEAUCOUP FAIT POUR LES LIBERTÉS PUBLIQUES, et vous en saurez mieux jouir, ainsi que des bienfaits des nouvelles institutions. — *Le gouvernement serait ingrat envers vous*, s'il était cause que vous souffriez le moindre dommage. Le pays appartient aux Roumains, le gouvernement est à eux, et vous êtes LA PORTION LA PLUS INTELLIGENTE DU PAYS.

« *Une partie des propriétaires,* des négociants, et, en un mot, des habitants des villes, ont accepté et défendu la Constitution. Venez, propriétaires, nos frères ; n'abdiquez pas vos droits souverains, et *n'exposez pas le pays à périr, en le privant de votre expérience et de vos conseils.*

« *Signé :* NÉOPHYTE, Étienne GOLESCO, G. MAGHERO,
I. HÉLIADE, Ch. TELL, N. BALCESCO,
C.-A. ROSETTI, Jean BRATIANO. »

## A PROPOS DE L'ENTRÉE DES TROUPES TURQUES
### SUR LE TERRITOIRE ROUMAIN

JUSTICE. — FRATERNITÉ.

« Au nom du Peuple roumain, le Gouvernement provisoire :

« FRÈRES ROUMAINS,

« Malgré notre fidélité envers la Sublime Porte, malgré nos efforts pour soutenir l'ordre et démontrer l'urgence de se mettre sur la défensive contre les intrigues étrangères, les armées du Sultan se préparent à passer sur notre territoire.

« Nous savons que tout Roumain est prêt à mourir pour cette terre, sur laquelle et pour laquelle nos pères ont souffert tant de siècles, et c'est pour cela que nous vous avertissons que Son Excellence Souleym'an-Pacha nous dit que les armées impériales entrent, *non* avec une intention hostile, *mais presque* dans l'unique but de protéger les anciens droits et les anciennes institutions du Pays.

« Cependant, d'un côté, le Gouvernement provisoire, selon son devoir, a exprimé à S. Exc. Suleyman-Pacha *son regret* de voir lésé le droit d'inviolabilité de notre territoire, et, de l'autre, il vous invite à ne pas oublier que la Sublime Porte a, pour les Roumains, des sentiments paternels.

« Roumains, soyez calmes et fermes *dans votre tranquillité*. Soyez sûrs que tant que nous serons unis, tant que vous réclamerez vos droits avec cette force calme et imposante avec laquelle vous venez de les reconquérir, personne ne pourra les attaquer (1). »

(Les membres du Gouvernement provisoire.)

« Le 19 juillet 1848, n° 329. »

## PROCLAMATION DE FUAD-EFFENDI

### COMMISSAIRE IMPÉRIAL DANS LES PRINCIPAUTÉS

« Au quartier général de Bucarest, 13/25 septembre 1848.

« MESSIEURS,

« Une révolution inspirée par l'esprit du communisme, contre lequel toute l'Europe actuelle lutte et triomphe aujourd'hui, a éclaté chez vous. Elle a troublé la paisible sécurité que vous goûtiez au sein des institutions nationales que la Sublime Porte vous avait accordées.

« Les principes de cette révolution sont tout à fait contraires à la nature des institutions des autres provinces de l'Empire ottoman, et portent atteinte aux droits de Suzeraineté de notre Auguste Monarque, ainsi qu'aux liens politiques de la Porte avec la Russie, liens que Sa Hautesse désire conserver dans toute leur intégrité.

« *Vos législations ne pourront jamais acquérir d'améliorations tant qu'elles prendront leur source dans le désordre des révolutions et dans l'entraînement des passions.*

« Il faut donc que l'ordre légal soit rétabli tout d'abord et que la moindre trace de votre révolution soit effacée.

« Telle est la décision suprême et inébranlable de Sa Hautesse le Sultan, MON MAITRE ET LE VOTRE.

« En vous conformant à cette décision, vous mériterez Son auguste clémence, tandis qu'en persistant à méconnaître vos devoirs de sujets fidèles, vous attirerez sur vos têtes les effets de Sa juste colère !

(1) Traduction empruntée au livre d'HÉLIADE : *Mémoires.*

« Habitants de la- Valachie ! la voix paternelle de VOTRE SOUVERAIN vous parle en ce moment ; placez toute votre confiance dans Son amour pour vous, et ne prêtez plus l'oreille à des, promesses trompeuses, si vous voulez trouver le bonheur dont vous êtes privés dans l'état actuel de votre patrie.

« *Sa Hautesse* le Sultan, afin de donner la force nécessaire à l'administration de votre pays, *a décidé* de remplacer la Caïmacamie de trois membres, stipulée dans le Règlement organique, par une seule personne, qui remplira les fonctions de cette Caïmacamie. *A cet effet, j'ai choisi,* au nom du Sultan, le logothète Constantin Cantacuzène, lequel se recommande par la considération dont il jouit, et par son respect reconnu pour les institutions réglementaires.

« Celui-ci, aidé de mes conseils et de ceux du général Duhamel, chargé de pouvoirs de S. M. l'Empereur de Russie, nommera un ministère provisoire, composé des hommes les plus recommandables du pays, et exécutera fidèlement les ordres de VOTRE SULTAN. La présence de l'armée impériale, qui est venue en Valachie pour maintenir l'ordre légal, est une garantie suffisante pour la tranquillité intérieure. S. Exc. Omer-Pacha, général en chef de l'armée impériale, sera provisoirement gouverneur militaire de la ville de Bucarest. La police et la milice du pays seront également aux ordres de Son Excellence.

« Boyards ! rentrez dans vos foyers, accourez autour de moi, afin de m'aider à rétablir l'ordre et la tranquillité au sein du pays. C'est là l'œuvre que j'ai pour mission d'accomplir, l'œuvre que nous désirons tous de voir se réaliser.

« Prêtres ! serviteurs de Dieu ! votre devoir est de prêcher l'union et la soumission ! Efforcez-vous de remplir vos devoirs envers Dieu et envers les hommes.

« Négociants et vous artisans ! les lois du pays vous ont protégés jusqu'à présent, il est donc de votre devoir et de votre intérêt de donner l'exemple de la soumission envers l'ordre légal du pays.

« Habitants des campagnes ! retournez à vos champs pour vous remettre au travail de la terre, de cette terre qui a été pour vos pères et qui est, pour vous et pour vos enfants, une source de bonheur. Laissez aux mains paternelles du gouvernement, le soin d'alléger vos souffrances (1) ! »

« Signé : *Le référendaire du Divan impérial,*

« FUAD-EFFENDI,
« Commissaire impérial dans les Principautés. »

(1) *Mémoires,* par HÉLIADE, p. 22 et 23.

- *La Trompette des Carpathes,* nº 168, du 31 mai 1893 :

TRADUCTION.

« ..... Le Prince Bibesco est le seul Prince du temps du Règlement qui ait été élu selon toutes les formes et les règles établies par la loi.

« Une fois élu, le Prince Bibesco se montra fort peu démocrate, mais très national ; il prit l'habit de Michel le Brave, et fit dans tous ses actes sentir la politique nationale.

« Le premier mot qu'il fit entendre, en montant sur le trône, fut celui-ci : « *Jusqu'à présent, c'est moi qui ai parlé, désormais c'est aux lois de parler.* »

« Et pour faire triompher les lois et la justice, on le vit aller lui-même aux Cours et Tribunaux présider à certains jugements.

« Parmi ses actions les plus remarquables, il nous faut citer la création des pompiers, celle de la caserne Saint-Georges, la réparation des anciens Monastères, celle de la *Kindia* de Tirgoviste, le fait d'avoir commencé à bâtir une forteresse au défilé de Cozia, l'admirable chaussée de Séverin, le pont grandiose jeté sur l'Olt (1), le jardin qui est au bout du Podu-Mogosoaë (2), le jardin de Cismegiu qu'il commença à planter, le théâtre qu'il commença à élever, les fontaines et les jets d'eau.

« Il a, de plus, créé et introduit le chœur dans l'église, il a émancipé les Bohémiens des Monastères, et il a exprimé deux vœux : le premier, d'émanciper également les Bohémiens des particuliers (3) ; le second, de prendre au compte du gouvernement les revenus (4) des monastères, en créant des rétributions pour le Métropolitain, les Évêques et les Hégoumènes.

« Comme cela se passait également sous le Prince Alexandre Ghica, chaque élève des classes d'humanités et des classes complémentaires qui avait obtenu un prix avait droit, le jour de la Saint-Pierre, de s'asseoir à la table du Prince, et après dîner recevait une montre en or comme cadeau, de la main du Prince lui-même.

« La solennité de la distribution des prix était, sous le Prince Bibesco, la grande fête nationale. Tous les boyards s'y trouvaient présents, debout, dans leurs uniformes, et l'on distinguait parmi les boyards le Directeur des Écoles, Petrake (Pierre) Poenaro. — *Monsieur Poenaro* (5) était ce jour-là aussi fêté que le jour de sa fête.

(1) Voir la brochure intéressante de M. G. Lahovary, président de la Cour des comptes. (Conférence faite par lui à la Société de géographie.)
(2) Principale rue de Bucarest, — aujourd'hui rue de la Victoire, — terminée par la chaussée Kisseleff.
(3) Il avait déjà émancipé les Bohémiens de l'État et commencé l'émancipation graduelle des Bohémiens appartenant aux particuliers.
(4) Loi de 1843.
(5) Ce mot est en français dans le texte.

« Le Prince plaçait lui-même les couronnes sur la tête des élèves récompensés, et le Métropolitain donnait les cadeaux, au milieu des salves de la musique qui reprenaient à chaque nouveau nom.

« Et l'élève, la couronne en tête, ses cadeaux sous le bras, passait à travers les rangs des Boyards, qui lui faisaient place en lui criant : « Bravo ! » On aurait dit un poète couronné au Capitole.

« Et les enfants travaillaient à qui mieux mieux.

« Dans notre bureaucratie, dans la littérature, les arts, les professions libérales, dans les ministères, sur les bancs de la Représentation nationale, aucun flot si puissant ne s'est déversé depuis.

« En fait de paroles mémorables de Bibesco, l'on se souvient surtout de trois. Son exclamation douloureuse : « Le sort de ce pays est d'être toujours humilié ! » Une autre : « Que n'ai-je vingt mille baïonnettes ! » De la troisième se souvient toute la population de Bucarest, car elle a été prononcée au milieu du grand incendie, pendant lequel le Prince, toujours à cheval, ne cessa de paraître là où le feu était le plus violent, la voix éteinte à force d'encourager les pompiers et le peuple ; son cœur, plein de sentiments, jeta cette exclamation à ceux qui lui demandaient du secours :

« *Que puis-je vous faire ? Si vous croyez que vous pouvez avec ma personne éteindre l'incendie, prenez-moi et jetez-moi au feu.* »

« Voulons-nous voir un poète en lui ! Ses noces à Focsani, conformément aux us et coutumes des Princes et des Empereurs, sont restées dans la légende.

« Ces noces à la frontière, ces noces où deux Princes assistaient, et la suppression — oui, la suppression — des bureaux de douanes à Foscani, ont été *la première annonce de l'Union des deux Pays.*

« Il n'était pas démocrate, nous l'avons dit ; mais il aimait le peuple et le protégeait dans ses intérêts.

« Comme fait particulier, caractéristique de ce Prince aristocrate, je me souviens de la circonstance suivante : Il y avait un élève qui avait eu des prix deux ou trois années de suite ; mais il était dénué de tout, et sans souliers (ce n'est pas là une figure) ; il n'avait que ses braies, sa chemise et son habit paysan. Nous laisserons cette personne méritante, qui vit encore, se nommer elle-même. Le Prince, qui avait observé qu'il avait été récompensé deux années de suite, le fit appeler et l'interrogea :

« — *Que veux-tu devenir ?*

« — *Militaire,* répondit l'intelligent et laborieux élève.

« — *De qui es-tu fils ?*

« Il lui fut répondu par un nom très modeste, qui n'avait aucune place dans le livre d'or de l'aristocratie.

« Un tel garçon ne pouvait être soldat. Être soldat, dans ce temps-là, était un triste état, soumis à toute espèce de mauvais traitements ; le soldat devait mourir soldat, ou tout au plus sous-officier.

« Ce jeune homme, le Prince ne pouvait, c'était affaire de conscience, le recevoir dans l'armée que comme *junker* (sous-lieutenant) ; mais, pour que le jeune homme pût obtenir ce rang, son père devait avoir un titre, et il n'était qu'un simple industriel.

« Le Prince Bibesco nomma le père *copiste* (1), pour créer des droits au fils. Il le reçut dans l'armée au titre de *junker*, pour le créer bientôt officier, et cette personne n'a pas démenti la confiance du Prince : elle a su faire son chemin depuis.

« C'est ainsi que ce Prince aristocrate savait reconnaître la noblesse du mérite.

« Tous les professeurs de mérite, tous les artistes distingués, toutes les personnes qui s'étaient distinguées dans une profession libérale, ont été anoblis par le Prince Bibesco.

« Ce Prince était donc un précurseur de la grande réforme sociale, jusque par ses préjugés les plus intimes, jusque par les scrupules les plus tenaces.

« Le commerce et les diverses industries étaient protégés par le Prince Bibesco ; les corporations étaient purement roumaines, et fortes par leurs prérogatives.

« Celui qui en douterait n'aurait qu'à s'adresser à n'importe quel industriel, déjà d'un certain âge, et lui demander à quelle époque ses affaires ont été le plus prospères. — Je certifie d'avance qu'il répondra : « Sous le gouvernement du Prince Bibesco. »

« Ce Prince, grand et superbe dans toutes ses actions, a été généreux, s'est montré loyal et chevalier en toute circonstance. Nous avons pu oublier grand nombre de ses actions, mais nous défions n'importe qui de démentir ce que nous avons dit.

« — Mais pourquoi donc l'avez-vous renversé, vous autres, en 1848 ?... me diront ceux qui, tout en ne sachant pas les choses, en parlent néanmoins.

« La révolution de 1848 n'a pas été faite contre le Prince Bibesco, mais contre le Règlement organique et contre une Protection exclusive. De l'heure même où le Prince Bibesco signa la Constitution qui lui fut présentée, le gouvernement révolutionnaire d'au delà de l'Olt acclama le Prince Bibesco comme Prince constitutionnel du pays, et il vint se mettre sous ses ordres.

« Trompé, le Prince Bibesco, après avoir accepté la Constitution, après

(1) Autrefois, il n'y avait pas en Roumanie de noblesse de simples titres. Tout titre représentait une fonction. Le fait d'accorder un titre de fonction sans que la personne remplît cette fonction fut un abus des Grecs.

avoir travaillé trois jours avec le ministère constitutionnel, a été invité (1) à se retirer. S'il ne l'eût point fait, il serait resté Prince constitutionnel du pays, et... qui sait quelle marche auraient prise les événements?

« Que ceux qui l'ont induit en erreur et l'ont poussé à se retirer répondent si ce que nous disons n'est point la pure vérité...

« Le Prince Bibesco, quoique en exil, a su montrer beaucoup de dignité, et a été d'un puissant appui à son pays par ses *Mémoires,* ses relations, ses connaissances, son attitude auprès des Cercles Européens les plus haut placés.

« Voici ce que disent les journaux de Paris : ... »

(Suivent trois extraits du *Figaro.*)

---

### M. A.-G. Golesco à M. Ion Ghica.

« 24 février 1849.

« Peut-être par le prochain paquebot Nicolas pourra-t-il partir, je ne le pense cependant pas, car il ne compte trouver de l'argent qu'à Vienne, et il n'a pas encore de quoi aller jusqu'à Vienne. Encore n'est-il pas bien sûr d'en trouver à Vienne. Je crains que l'ex-Prince Ghica ne le retienne plusieurs semaines, en remettant d'un jour à l'autre pour lui donner 100 ♯ (2) qu'il lui écrit ne lui être pas facile de trouver. » (*Souvenirs d'exil,* p. 206).

L'ex-Prince Alexandre Ghica avait d'ailleurs conservé des rapports affectueux avec Ion Ghica. Dans le même livre, p. 51, ce dernier s'exprime ainsi : « Apprenant à Constantinople que N. Golesco était arrivé à Paris, je lui ai écrit une lettre où je lui exprimais l'idée que *l'émigration n'eût qu'un seul chef,* lequel, aidé des lumières et du dévouement des jeunes émigrés, travaillât au nom du pays pour un avenir plus ou moins éloigné, et je lui conseillais d'aller aussitôt trouver, à Vienne ou à Dresde, *l'ex-Prince Alexandre Ghica,* et de lui proposer de se déclarer le *chef de l'émigration,* en adoptant les principes du programme révolutionnaire de 1848. Je lui envoyais également une lettre adressée à l'ex-Prince, où je lui rappelais les conversations que nous avions eues à Vienne, en 1845 et 1846, alors que nous nous promenions la nuit, parcourant dix et quinze fois la distance d'entre l'hôtel de Stadt London et celui de Stadt Francfort. »

---

(1) Boléac se trompe ; le Prince est parti de sa propre initiative, ne voulant pas se faire le complice des malheurs qui allaient frapper son pays.

(2) Ce signe signifie *ducats* (le ducat valait 11 fr. 75).

## Omer-Pacha à Étienne Golesco (1).

« 9 mars 1854, Schumla.

« MONSIEUR,

« J'ai lu la lettre que vous m'avez adressée à la date du 8 mars. Il m'est douloureux de voir que vous persistiez à ne pas comprendre la nature des événements politiques, ni ma situation, ni vos propres intérêts.

« Vous parlez de calomnies à votre adresse, qui n'ont jamais existé ; s'il s'agit d'accusations, ce sont vos actes publics et même votre lettre qui vous accusent d'inconséquence.

« Même, vous avouez professer des principes contraires à ceux que le peuple roumain a manifestés, nuisibles à votre patrie, contraires à mon gouvernement et propres seulement à seconder les plans de l'ennemi commun.

« Toute idée devient mauvaise, quand elle n'est pas appliquée en temps et lieu ; elle devient par la suite une source de calamités, quand elle est adoptée comme principe, parce qu'il ne résulte des faux principes que des conséquences infiniment plus fausses et plus nuisibles les unes que les autres.

« J'aime votre pays, Monsieur, et, dans ces moments critiques, l'intérêt que je lui porte me fait désirer que l'harmonie existe parmi les hommes qui doivent le servir. C'est le même intérêt qui m'oblige à éloigner des affaires sérieuses les hommes qui ont commis des inconséquences nuisibles au pays.

« J'ai désiré l'union entre vous, et je n'ai vu, malheureusement, qu'une haine profonde et aveugle contre les hommes qui vous ont toujours donné de bons conseils.

« Parce que je ne puis pas travailler contre les intérêts de mon gouvernement, ni contre l'avenir qui attend votre patrie, je me fais un devoir sacré de prier tous ceux qui ne sont venus que pour embrouiller les affaires — n'écoutant que leurs passions et leurs propres intérêts — de bien vouloir respecter mes occupations et de se retirer où il leur plaira, en dehors, toutefois, de mon camp. Vous êtes, Messieurs, libres de partir ; je souhaite que votre patrie soit heureuse. »

---

## PROJET DE CONVENTION CONSULAIRE AVEC L'ALLEMAGNE

Qu'il nous soit permis de faire un rapprochement, — qui s'impose, — entre l'idée que l'Élu de 1843 se faisait de la dignité, de l'indépendance

---

(1) *Lettres d'exil*, n° 33, p. 676.

du Pays Roumain, et le point de vue sous lequel ces biens précieux ont été envisagés par M. Jean Bratiano.

On sait de quelle façon, en 1831, Georges D. Bibesco, secrétaire général au département de la Justice, empêcha que la loi ottomane ne fût substituée, dans certains cas, à la loi et aux juges du Pays Roumain (1). On se souvient, en outre, du refus énergique opposé par le Prince de céder sur la question des droits de l'État, à propos des Saints Lieux (2).

D'autre part, on a constaté qu'en 1848 ceux qui se disaient les patriotes — M. Jean Bratiano faisait partie de ces derniers — ont déterminé, en faisant l'insurrection, la double invasion du pays (3) ; et qu'en brûlant le Règlement organique sur la place publique et en dansant autour, — M. Jean Bratiano, nous rapportent ses amis, fut l'organisateur de cette cérémonie (4), — ils ont précipité l'entrée des troupes turques et russes sur le territoire roumain.

Eh bien, il est curieux de constater que le chef du parti qui a pris le nom de *national libéral* a clos sa carrière politique comme il l'avait commencée ; à cette différence près qu'avant sa chute définitive, ce ne fut plus à la Russie et à la Turquie qu'il ouvrit les portes du pays, mais à l'Allemagne.

Le plus énergique défenseur des droits des Roumains contre M. Jean Bratiano fut, dans cette circonstance, — comme dans bien d'autres, — son frère aîné, Démètre Bratiano, ancien président du conseil et, ce qui vaut mieux, honnête homme.

Nous sommes en 1886 ; M. Jean Bratiano, premier ministre, vient demander à la Chambre, — à la veille de la clôture de la session extraordinaire du mois de juin 1886, — « de vouloir bien voter le projet de « loi approuvant la convention consulaire *qui venait d'être conclue entre* « *la Roumanie et l'Allemagne* ».

Veut-on savoir ce que disait cette convention, ce qu'elle cachait, où elle tendait ? Qu'on la lise.

Toujours est-il que cette convention provoqua dans le pays une immense et violente protestation. Dans la réunion des libéraux conservateurs à la salle Unirea, M. DÉMÈTRE BRATIANO fit la déclaration suivante : « Aux termes de cette convention, nous n'aurons plus seuls le droit de « posséder la terre de nos aïeux. Ce droit, ce seront les Allemands qui « l'auront. Aux termes de cette convention, la Roumanie ne sera plus « la Roumanie, mais un pays inféodé à l'Allemagne, une sorte de pro-

(1) Voir p. 7 de ce volume.
(2) Lettre à Nesselrode, t. I, p. 130.
(3) Voir la deuxième partie de ce volume.
(4) Voir la deuxième partie de ce volume.

« vince prussienne. Nous avons le courage de dire la vérité : cette con-
« vention est un acte inique et illégal ; elle viole la Constitution (1). » Et
dans son journal *Natiunea* du 12 juin 1886, où il fait une étude de cette
convention, il cite, entre autres articles, l'article 23 qui est ainsi conçu :
« Les droits de succession ainsi que le partage des biens laissés par le
« défunt sont soumis, dans tous les cas, aux lois de son pays », c'est-
à-dire que « *l'héritage auquel aurait droit un Allemand résidant en*
« *Roumanie, ou même un protégé de l'Allemagne, sera soumis aux lois*
« *allemandes et aux tribunaux allemands. Et si un Roumain a quelque*
« *prétention sur un héritage, il devra s'adresser non aux tribunaux de*
« *son pays, mais aux autorités compétentes d'un pays qui lui est étran-*
« *ger. Ainsi que le dit un de nos confrères, ce sont les lois allemandes*
· « *qui auront à dire qui hérite des immeubles, de quoi hérite chacun, et*
« *à quelles conditions. Ce sont les tribunaux allemands qui auront à*
« *décider si le Roumain a droit à tel héritage. C'est au gouvernement*
« *allemand que seront payées les taxes de mutation de propriétés, et c'est*
« *le gouvernement allemand qui héritera des biens en déshérence. Et*
« *tout cela est accordé, non seulement aux Allemands, mais à tous les*
« *étrangers qui réclameront la protection allemande.*
« La convention consulaire avec l'Allemagne met le comble
« a tous les actes de servilité et d'asservissement du pays, qui
« caractérisent la politique extérieure de ce pays. »

M. Vernesco, ancien ministre de l'intérieur et jurisconsulte, prenant la
parole à la réunion publique de la Unirea, s'exprime ainsi : « Nous n'avons
« aucun intérêt à conclure une convention de ce genre avec l'Allemagne,
« puisque nous n'avons pas de nationaux en Allemagne. Cet Empire, au
« contraire, a le plus grand intérêt à obtenir de nous une convention con-
« sulaire, car très nombreux sont ses nationaux et ses protégés en Rou-
« manie. Oui nous sommes dupes dans ce marché, et ceux qui parlent
« de réciprocité ne disent pas la vérité.

« Il faut lutter contre ces vendeurs de leur patrie, ces marchands de
« notre honneur, qui veulent coloniser la Roumanie, la remplir d'Alle-
« mands, et donner à l'Allemagne tout ce que nous avons : le gouverne-
« ment de ce pays et le pays lui-même. » Et il ajoute : « La convention
« consulaire avec l'Allemâgne ne détruit pas seulement la Constitution ;
« elle s'attaque à nos lois ordinaires ; elle ne nous permet plus d'hériter

(1) Exposé des motifs du ministre des affaires étrangères devant la Chambre.
Discours prononcés à la réunion de la salle Unirea. Voir l'*Indépendance roumaine*
du 11/25 juin ; et pour le texte de la Convention pour la discussion, pour la comparaison avec la Convention de l'Allemagne et de l'Italie, les numéros de l'*Indépendance* des 10/22 et 11/23 juin. Voir aussi la *Romania*, l'*Epoca*, et les journaux
de toute nuance, à l'exception des feuilles gouvernementales.

« selon nos lois. Non ! un Allemand qui hérite d'un Roumain est mis en
« possession de son héritage par le consulat allemand. Si un Roumain
« est cohéritier, si dans les six mois il n'a pas fait valoir ses droits, l'hé-
« ritage est perdu pour lui. (Art. 18 et 23 de la convention.) Cette con-
« vention est une honte. Savez-vous ce que le gouvernement admet
« aujourd'hui dans la convention? Il donne à l'Allemagne le droit de
« police sur le Danube, notre fleuve, et, qui plus est, il se met à la dis-
« position de l'Allemagne, pour faire la police à sa place. Non seulement
« LE GOUVERNEMENT OUVRE LE PAYS, mais il s'en fait le geôlier pour le
« compte de l'Allemagne.

   « Tous, du premier jusqu'au dernier, TRAVAILLENT A L'ASSERVISSE-
« MENT DE CE PAYS à l'empire d'Allemagne. »

   Et M. LAHOVARY, ancien ministre des affaires étrangères et jurisconsulte, de déclarer que « jamais pareille convention n'a été conclue par un
« État civilisé ; qu'elle introduit dans un pays — ayant ses lois, sa juris-
« prudence, ses tribunaux — des lois, des tribunaux, une jurisprudence
« étrangers.

   « Si le gouvernement », dit l'orateur, « avait voulu faire une simple
« convention consulaire, il aurait copié celle que nous avons avec l'Italie,
« avec les États-Unis, avec la Belgique, et tout le monde aurait
« applaudi, tout le monde l'aurait approuvée, car on n'eût vu là qu'un
« désir d'étendre davantage nos relations avec l'étranger. Ce n'est pas là
« ce que le gouvernement a voulu faire. Il a voulu s'inféoder à l'Alle-
« magne, et il a pleinement réussi.

   « Le mot *inféoder* n'est pas trop fort. Mettre en effet un juge alle-
« mand à la place d'un juge roumain, N'EST-CE PAS ABAISSER AUX PIEDS
« DE L'ALLEMAGNE LE DRAPEAU DE LA ROUMANIE?... Les juges rou-
« mains ne seront plus que les huissiers des consulats allemands...

   « Voilà, messieurs, le cadeau d'adieu que le gouvernement de M. J. Bra-
« tiano entend nous faire. »

   Devant le soulèvement de l'indignation publique, le premier ministre
du Roi Charles jugea prudent de retirer son projet, sous prétexte de
prendre de plus amples informations à Berlin. Or, M. Jean Bratiano
est le même qui, en 1848, vint de Paris en Roumanie avec ses amis pour
faire l'insurrection du 11/23 juin au nom de la *Liberté*, de l'*Égalité*, de
la *Fraternité!* Expressions magiques, sentiments sublimes quand ils partent
du cœur et non des lèvres ; quand ils sont le mot d'ordre des intérêts de
tous, et non l'enseigne des intérêts de quelques ambitieux ; quand ils
expriment la liberté, non la licence ; qu'ils proclament l'égalité devant la
loi, la fraternité devant le sacrifice à la patrie ; quand ils sonnent le relève-
ment d'un peuple, non quand ils cachent son asservissement, non quand
ils doivent aboutir à mettre le drapeau de la nation aux pieds de l'étranger.

Pendant qu'il tentait ainsi de livrer de nouveau son pays à l'étranger, quelle politique M. Jean Bratiano menait-il à l'intérieur? Il a résumé lui-même, — dans un moment d'oubli et de colère contre sa propre Chambre qui lui résistait, — les actes de son administration. Nous lui laissons la parole :

« Vous avez vu, messieurs », — M. le ministre s'adresse à MM. les députés, — « que, malgré les désordres commis, les assassinats, « les procès scandaleux, j'ai gardé le silence et j'en ai pris « toute la responsabilité, dans le seul espoir que la revision « serait faite, car c'est une question d'avenir pour le pays.

> « Signé : Jean Bratiano, président du Conseil
> des ministres de Roumanie. »

(Séance de la Chambre du 8 avril 1884, Moniteur officiel du 9 avril 1884.)

Il n'entrait pas dans le cadre de notre second volume de parler de la convention commerciale proposée par M. Jean Bratiano, ni de la manière de gouverner de ce ministre. Mais on oublie si vite en Roumanie, et la légende se substitue si effrontément à l'histoire, que nous avons cru faire œuvre utile en rappelant, en quelques mots, ce qui précède. Il faut remarquer que ceux qui accusent M. Jean Bratiano sont : M. Jean Bratiano lui-même, libéral national, M. Demètre Bratiano, son frère, libéral, M. Vernesco, libéral conservateur, et M. Lahovary, conservateur; autrement dit, les chefs de tous les partis.

---

### Le Prince Georges Bibesco à Madame Adam.

« Bucarest, 1ᵉʳ mai 1883.

« Madame,

. . . . . . . . . . . . . . . . . . . . . .

« Je vous remercie de grand cœur pour vos appréciations. Elles n'ont pas, à mes yeux, moins de franchise que de bienveillance, et cela me les rend doublement précieuses.

« Mon Histoire d'une frontière présentait, en effet, un écueil : être vrai, sans blesser personne. Ai-je résolu le problème? Vous m'affirmez que oui, et je suis heureux de vous croire.

« Je viens répondre aujourd'hui aux trois questions que vous me posez : 1º au sujet de la Bessarabie; — 2º au sujet de la question du Danube : comment expliquer ce fait étrange que la Commission européenne de Galatz, après avoir rejeté l'avant-projet austro-hongrois, le 4 juin 1880, l'ait admis six mois plus tard, en janvier 1881, à une majorité de 7 voix contre 3 ? — 3° que penser du traité de Londres ?

« Je ne vous rappellerai pas, Madame, qu'au lendemain de la guerre entre la Turquie et la Russie, — dont la Roumanie avait été l'utile alliée, — mon pays sortait des rudes épreuves qu'il venait de traverser, grandi à ses propres yeux, confirmé dans le sentiment de sa valeur et rehaussé dans l'estime des nations par le baptême du sang, aux jours glorieux de Plewna. Il y avait de quoi réjouir une âme roumaine : la Nation savait désormais que les descendants de Trajan n'avaient pas dégénéré.

« Cependant, près de dix mille hommes fauchés, — la fleur de notre jeunesse, — des sacrifices considérables consentis, et la perte de la Bessarabie méridionale, garantie de notre nationalité, voilà ce que la guerre avait coûté à la Roumanie.

« Après tant d'épreuves, et devant la gloire attristée de la nation doublement en deuil, — de ses chers morts et de la Bessarabie, — le gouvernement n'était-il pas tenu de rechercher des dédommagements de nature, sinon à la consoler, du moins à assoupir sa grande douleur ?

« Poser la question, c'est la résoudre. — Or, vous allez voir comment le gouvernement roumain a compris son devoir.

« Tout le monde sait qu'avant de déclarer la guerre à la Turquie pour obtenir d'elle « qu'elle donnât satisfaction aux réclamations des chrétiens », la Russie avait fait connaître aux représentants des grandes nations à Londres, par l'intermédiaire du général Ignatief, les conditions qu'elle comptait imposer à son Ennemie, au cas où les armées du Tsar seraient victorieuses. Au nombre de ces conditions figurait la rétrocession de la Bessarabie, que le traité de Paris avait rendue à la Roumanie.

« On sait également que *presque* toutes les grandes Puissances acceptèrent les conditions imposées par le général Ignatief, conditions qui ne sont pas restées secrètes, que M. J. Bratiano a certainement connues à Livadia, et auxquelles il a acquiescé, tout en cherchant — mais vainement — à abriter sa responsabilité personnelle contre les éventualités de l'avenir.

« Cependant voici la guerre terminée ; — le congrès de Berlin est ouvert ; — les représentants de la Roumanie y sont admis. Que vient y faire M. Jean Bratiano ? Se plaindre de la Russie, et demander aux Puissances de s'opposer à la rétrocession de la Bessarabie. Et dans quelles conditions fait-il cette réclamation ? Après que le Prince de Bismarck a pris la peine de lui faire sentir l'*inutilité* et le *danger* de ses protestations, et de lui conseiller une attitude qui ne pourrait manquer de valoir à la Roumanie de larges compensations.

« Mais il y avait pour le président du conseil des ministres quelque chose qui parlait plus haut que la grandeur de la patrie; c'était un intérêt personnel se résumant en peu de mots : ne pas passer pour avoir cédé la Bessarabie, ne pas compromettre son pouvoir. Le moyen?

« Protester quand même, et faire ainsi effet de patriotisme.

« M. J. Bratiano protesta donc; la Roumanie ne conserva pas la Bessarabie, mais elle perdit tout ce qu'elle aurait gagné avec un ministère vraiment roumain.

« Tel fut l'effet de l'acte lu devant le Congrès, et qui n'a eu d'autre but que de pouvoir être invoqué plus tard par le gouvernement pour sa défense. Excès de précautions qui ne saurait pas plus nous donner le change que les phrases sonores et creuses des organes gouvernementaux, essayant de défendre la conduite du cabinet.

« Si M. Bratiano eût été vraiment pénétré de la gravité de la situation, s'il n'avait eu dans le cœur et sous les yeux que l'image de la patrie, il n'aurait pas pris la précaution de faire sanctionner à l'avance, par un vote des Chambres roumaines, le plan qu'il avait résolu d'examiner à Berlin; il aurait réclamé des pleins pouvoirs pour se diriger, suivant les circonstances, au mieux des intérêts de la Roumanie; et ces pouvoirs, il les aurait obtenus.

« Puis à Berlin, une fois convaincu de l'irrévocable résolution de la Russie et des sentiments de l'Europe, il aurait battu en retraite dignement, habilement, et il aurait fait payer à sa valeur, au cabinet de Saint-Pétersbourg, la Province qui nous était enlevée. Agir ainsi eût été agir en homme qui n'a rien à se reprocher; c'eût été bien servir le pays, car c'eût été lui assurer Silistrie et Medjidié-Tabia, — Medjidié, cette forteresse restée intacte, qui est située à moins de trente minutes de son arsenal et de sa caserne, c'est-à-dire de Silistrie; qui domine, du côté du nord et de l'est, Silistrie, le Danube et la Dobrutcha; du côté du midi, toutes les routes venant de l'intérieur; Medjidié, dont le nom ne figure ni dans les discussions du Congrès de Berlin, ni dans le traité, en dépit — d'autres disent à cause — de l'importance que lui donnent sa position et ses remparts. Cela eût été du même coup nous assurer une position stratégique, un pont sur le Danube entre Silistrie et la rive gauche, possible à construire seulement dans ces conditions; une Dobrutcha défendable, très probablement Widdin; une forte indemnité de guerre; l'amitié de la Russie, la sécurité enfin, au lieu d'une situation pleine de périls, c'est-à-dire tout ce que la Russie était prête à nous concéder et que M. Bratiano a sacrifié à ses calculs. Et si ce ministre, en revenant de Berlin, le front haut, la conscience tranquille, avait tenu à son pays ce langage : « J'ai eu la douleur de ne pouvoir sauver la Bessarabie, mais voici les compensations que j'ai obtenues; l'intérêt de la patrie a été mon seul guide : jugez-moi... », — le pays aurait approuvé sa conduite, comme l'Italie approuva le grand Cavour après qu'il eut cédé à la France Nice et la Savoie, berceau de la Maison souveraine.

« Cavour n'hésita pas, lui, quand l'heure sonna, à donner à son pays la grandeur et la puissance. Il imposa silence à sa douleur et, la cession faite, il descendit du pouvoir ; mais il en descendit grandi par le sacrifice.

« L'exemple était là : Cavour seul manquait à la Roumanie.

« Voilà, Madame, la vérité sur la question de la Bessarabie.

« Je passe au Danube.

« Vous avez sans doute remarqué qu'au Congrès de Berlin, il y a eu deux projets en présence sur la réglementation de la navigation du Danube : la proposition austro-hongroise, dont je vous rappelle les principes essentiels, à savoir : 1° neutralisation du Danube jusqu'aux Portes de Fer ; 2° permanence de la commission européenne ; 3° participation de la Roumanie aux travaux de cette commission ; 4° attribution à l'Autriche-Hongrie seule des travaux à accomplir aux Portes de Fer, — et la proposition russe.

« Bien que, dans la séance du 4 juillet 1878, on ait paru considérer le projet du cabinet de Saint-Pétersbourg comme *différant peu de celui des plénipotentiaires austro-hongrois,* en réalité il en diffère sensiblement.

« Cela est si vrai que, dans l'article premier du texte adopté par le Congrès, on ne retrouve plus la *déclaration de neutralité,* dont la Russie ne voulait pas ; que l'art. 2, la *permanence de la commission européenne,* contraire aux intentions de la Russie, a disparu ; que les art. 3 et 4 seuls ont été maintenus. La Russie se réservait sans doute d'accepter certaines de ces propositions, en échange d'avantages qu'elle songeait à se faire concéder à l'expiration des pouvoirs de la commission européenne.

« Le mot de *Kilia* n'avait pas encore été prononcé.

« Le combat diplomatique que la Russie et l'Autriche-Hongrie se livrent à propos de la question du Danube, au Congrès de Berlin, est plein d'enseignements. Vous y voyez l'Angleterre se refroidir sur la question du Danube ; l'Autriche-Hongrie faire disparaître définitivement, dans le traité de Berlin, l'art. 17 du traité de Paris relatif à la commission des riverains, article qu'elle avait eu l'habileté et le pouvoir d'éluder pendant vingt-deux ans ; la haute Assemblée ajouter ces mots : l'*Empire russe,* dans l'énumération des États riverains ; et la Roumanie obtenir d'être représentée dans la commission européenne.

« Il n'est pas sans intérêt de remarquer que la proposition de l'Autriche-Hongrie a quelque chose de large. Le cabinet de Vienne a-t-il pensé qu'un programme dans ces conditions ferait oublier plus facilement l'article du traité de Paris hardiment supprimé par lui ? S'est-il cru suffisamment assuré d'exercer son influence sur le Danube, s'il faisait adopter par le Congrès ce paragraphe : *un commissaire délégué par la commission européenne veillera à l'exécution de ces règlements*, et s'il obtenait que ce commissaire fût austro-hongrois? Ou bien a-t-il eu une arrière-pensée que ses projets d'annexion de la Bosnie et de l'Herzégovine lui ont interdit de laisser voir? Toujours est-il que le traité de Berlin ne contient rien qui justifie cette prétention, émise moins d'un an après par l'Autriche-Hongrie, de constituer une *commission mixte* dans les conditions que nous allons indiquer.

« C'est ici que les événements prennent une tournure aussi singulière qu'inattendue. Au mois de *décembre 1879*, on voit la commission européenne de Galatz, dans sa première séance, remettre aux délégués de l'Allemagne, de l'Autriche-Hongrie et de l'Italie, le soin de constituer la commission chargée d'élaborer le règlement prescrit par l'art. 55 du traité de Berlin.

« Au mois de mai 1880, cette sous-commission présente un projet ainsi conçu :

« 1° Il y aura une commission mixte qui aura les mêmes pouvoirs sur le Danube, des Portes de Fer à Galatz, que ceux que possède la commission européenne, de Galatz à la mer ;

« 2° L'Autriche, *quoique non riveraine*, fera partie de cette commission ;

« 3° L'Autriche en aura la présidence ;

« 4° En cas de divergence, l'Autriche aura une voix prépondérante.

« Cependant la majorité de la commission européenne repousse, dans la séance du 4 juin 1880, l'avant-projet de l'Autriche-Hongrie, *comme étant en contradiction avec le traité de 1878*.

« C'était là pour le gouvernement roumain un succès inespéré, facilement obtenu, et dont il était aisé de tirer un grand parti. Il fallait, avant tout, se maintenir sur le terrain circonscrit par les grandes puissances, et continuer à mériter leur haute protection. M. J. Bratiano fit tout le contraire.

« L'Autriche-Hongrie, battue dans la séance du 4 juin 1890, ne désespéra pas d'atteindre son but. Elle avait de bonnes raisons pour cela. D'abord cette grande Puissance possède une rare vertu, le « savoir vouloir et savoir attendre » ; puis il faut reconnaître que sa diplomatie compte des hommes très capables, sans cesse préoccupés de l'agrandissement et de la grandeur de leur pays, et sachant mettre à profit les côtés faibles des adversaires qu'ils combattent ou avec lesquels ils traitent.

« Le cabinet de Vienne ne fut pas long à trouver le défaut de la cuirasse de M. J. Bratiano. Il commença par chercher à le convaincre que son projet de commission mixte n'avait rien de menaçant pour la Roumanie, qu'il lui était au contraire favorable ; puis, abordant un genre de séduction propre à toucher le ministre roumain, il fit miroiter à ses yeux l'éclat de la Royauté, que M. J. Bratiano et ses amis pourraient se vanter d'avoir obtenu pour leur Souverain. L'Autriche se faisait forte de la faire reconnaître par l'Europe, et elle s'engageait à la reconnaître la première.

« L'hameçon était habilement lancé : M. J. Bratiano y fut pris. La vanité, le parti qu'on pourrait tirer de la proclamation de la Royauté reconnue d'avance par une des Puissances les plus intéressées dans la question ; l'espoir d'enchaîner encore davantage le Prince de Roumanie par la reconnaissance, et de s'ancrer au pouvoir, aveuglèrent M. Bratiano et ses amis, au point de leur faire tout oublier. Ils oublièrent, en effet, et la victoire inespérée de la veille, et la prudence imposée au cabinet roumain dans ses rapports avec l'Autriche-Hongrie, et le respect dû aux décisions récentes des grandes Puissances qui venaient de donner à la Roumanie un témoignage éclatant de sollicitude, et... j'allais dire le respect d'elles-mêmes. On se grisa si bien dans le camp gouvernemental, qu'on ne vit pas — je veux le croire — qu'on compromettait, qu'on livrait le vieux Danube, notre artère de vie, ni que l'Europe, mise au courant de la politique à deux faces du cabinet de Bucarest, se désintéressait de la Roumanie. Et cependant, les avertissements n'avaient pas manqué aux ministres roumains.

« Mais le sort en était jeté ; le marché fut conclu. En janvier 1881, la même commission européenne qui, le 4 juin 1880, avait rejeté le projet de l'Autriche-Hongrie, l'adopta à la presque unanimité. Le commissaire roumain, qui n'avait pas été mis au courant des spéculations de M. J. Bratiano, continua à défendre les intérêts de son pays, pendant que le représentant de l'Autriche-Hongrie assurait à ses collègues que le gouvernement roumain était parfaitement d'accord avec le cabinet de Vienne !

« Au mois de février 1881, le ministre des affaires étrangères quittait Bucarest pour se rendre à Vienne.

« Le 14 mars 1881, la Royauté était proclamée en Roumanie, et, le 24 du même mois, l'Autriche-Hongrie était la première à la reconnaître.

« Il semble qu'on ne puisse rien ajouter à l'éloquence d'un pareil enchaînement de dates et de faits. Voici pourtant deux aveux précieux à enregistrer : l'un émane de M. Rosetti, l'autre de M. Boerescu, ministre des affaires étrangères. A trois mois de là, M. Rosetti écrivait dans le *Romanul :* « Nous pouvons récapituler comme il suit les concessions faites conditionnellement par le gouvernement roumain *à la suite des demandes et sur l'insistance de tous les cabinets :*

« 1º Formation d'une commission mixte pour la surveillance de la navigation et des règlements de police fluviale entre Galatz et les Portes de Fer ;

« 2º Admission de l'Autriche-Hongrie dans la commission mixte ;

« 3º La présidence de la commission mixte appartiendra au délégué austro-hongrois. »

« Puis la feuille du parti ajoute : « Ceux qui savent faire des concessions *justes et à propos* marchent souvent plus sûrement vers leur but que ceux qui font étalage d'une opposition téméraire et bruyante. » Cette insinuation était à l'adresse de l'opposition.

« Et M. Boeresco d'avouer, plus tard, devant les Chambres, « qu'en effet le gouvernement roumain avait accordé à l'Autriche-Hongrie l'institution d'une commission mixte à laquelle elle participerait, et dont elle aurait la présidence ».

« Ne sont-ce pas là les preuves de ce que nous avons établi? Et lorsque M. Rosetti, pour essayer de sauver la situation du cabinet roumain, prétend que *les concessions faites par celui-ci l'ont été à la demande et sur l'insistance de tous les cabinets,* n'est-on pas en droit de répondre que les faits s'inscrivent en faux contre une pareille assertion, et n'est-il pas manifeste que l'Europe n'a passé, de l'intérêt témoigné à la Roumanie à l'indifférence, que lorsqu'elle a constaté le peu de cas que M. Bratiano faisait de ses décisions? — Quant au ministre des affaires étrangères, il reste muet sur les *avantages exceptionnels* pour prix desquels le pays se voyait imposer de pareils sacrifices. Était-il question d'enrichir la Roumanie d'une province? Non; mais d'une couronne qui devait forcément lui échoir à bref délai, et qu'elle pouvait attendre.

« Les agissements du gouvernement eurent pour effet de provoquer dans le pays une grande agitation. Devant les Chambres, le ministère a été attaqué avec éclat par MM. Kogalniceano et Lahovary; sa défense a été celle d'un accusé convaincu de calculs coupables et d'impéritie. D'ailleurs, l'événement important qui allait clore cette aventure politique devait justifier pleinement les accusations de l'opposition. En effet, les grandes Puissances se réunissaient bientôt en conférence à Londres. La Roumanie, dont on allait débattre les intérêts vitaux, demanda à y être admise; mais elle dut à la politique sans horizon et sans patriotisme du cabinet de Bucarest de rester à la porte de la conférence et d'être condamnée, sans avoir été entendue.

« En ce qui concerne le traité de Londres, il doit être considéré, pour nous, comme la confirmation aggravante de l'instrument du 13 juillet 1878. Je ne crois pas qu'il y en ait un autre, dans l'histoire de la diplomatie, pareil à celui qui s'est élaboré à Londres, du 8 février au 7 mars 1883, au sujet de la navigation du Danube.

« La conférence, d'après la lettre officielle de convocation (1), avait trois questions à résoudre :

(1) *Conférence et traité de Londres,* de février à mars 1883, publiés par le ministère des affaires étrangères de France dans ses documents diplomatiques relatifs à la navigation du Danube.

« L'une concernant la prolongation de l'existence de la commission européenne,

« L'autre, l'extension des pouvoirs de cette commission de Galatz à Braïla,

« La troisième, l'adoption du règlement de navigation formulé par la commission européenne en 1881.

« Mais cet innocent énoncé de questions à résoudre — innocent en apparence seulement — est devenu, grâce à ce qu'il recélait, et grâce à ce que l'on a su ajouter, un ensemble de résolutions aussi graves qu'inattendues.

« Ce qu'il recélait, c'était l'approbation de la commission mixte introduisant l'Autriche-Hongrie dans le gouvernement du bas Danube, bien qu'elle n'en soit pas riveraine, et lui donnant toute prééminence dans ce gouvernement.

« Ce que l'on a su ajouter au programme officiel des questions seules posées, seules à résoudre, seules prévues dans les instructions à découvert des plénipotentiaires, c'est :

« 1° Une des embouchures et un des bras du Danube à soustraire au régime des grands cours d'eau internationaux, édicté par le traité de Vienne 1815, et appliqué au Danube par le traité de Paris 1856, comme par le traité de Berlin 1878 ;

« 2° Les autres embouchures et bras du Danube à placer sous un régime dérogeant essentiellement au régime édicté, et étendu dans son application par les trois traités susindiqués.

« La première de ces deux dérogations était à établir, au profit exclusif de la Russie, à l'embouchure et sur le bras de Kilia.

« La seconde, au profit de l'Autriche-Hongrie, sur tous les autres bras et embouchures du Danube.

« Mais l'une et l'autre dérogation ne pouvaient être prononcées qu'au détriment des droits des divers États riverains, la Serbie, la Bulgarie, la Roumanie surtout.

« Les deux dérogations indiquées impliquaient, en somme, l'exclusion de la Serbie, de la Bulgarie, de la Roumanie, de leurs droits d'États riverains.

« Or, pour obtenir de ces trois États qu'ils se laissassent exclure de la possession et de l'exercice de ces droits, il n'y avait qu'un moyen ; c'était de ne pas les admettre à donner leur avis sur les dérogations et exclusions à prononcer. — Et c'est ce qui fut fait, tout d'abord, sur la demande directe de l'Autriche-Hongrie.

« Puis les puissances s'entendirent pour adopter le programme. — On sait le reste...

« Le gouvernement roumain a protesté ; il ne pouvait pas faire autrement; il protestera encore, il déclarera bien haut que jamais il ne se soumettra; et les mises en scène de M. J. Bratiano et de ses complices sont si bien lettre close pour la plus grande partie de l'Europe, — l'Europe occidentale surtout, — que ces hommes qui ont tout fait pour assurer le succès du projet autrichien naturalisé français — j'ai nommé le projet Barrère, — trouveront encore un public naïf pour les prendre au sérieux.

« Quant à l'Autriche-Hongrie, forte de l'arrêt rendu par les Puissances, elle s'en servira comme d'une arme sans cesse menaçante, et elle fera fléchir les velléités de résistance — s'il se permettait d'en avoir — de M. J. Bratiano.

« Voilà, Madame, quelques vérités qui ne sont pas encore sorties de leur puits, — sous cette forme, du moins, — pour tout le monde. Je ne sais pas si elles satisferont entièrement votre légitime curiosité, mais je puis vous affirmer qu'en ce qui me concerne, j'éprouve comme un soulagement d'avoir pu vous exposer sans réticences, avec la hardiesse de langage que je n'aurais pas employée dans un récit destiné à la publicité, les tristesses dont nous sommes redevables à ce régime.

« Plaignez-nous, et veuillez, Madame, me croire toujours votre ami. »

---

Pièce jointe à la dépêche politique n° 17 de M. Hory à M. Bastide, en date du 5 août 1848.

## PROTESTATION DU PEUPLE ROUMAIN
### AU CHAMP DE LA LIBERTÉ

TRADUCTION.

Le 20 juillet/1ᵉʳ août 1848.

Les Roumains, en vertu de leurs droits consacrés par tous les traités et en vertu du droit des nations, se sont soulevés unanimement le 23 juin pour renverser les institutions existantes. Une expérience de dix-sept années a prouvé qu'elles conduisaient la Nation roumaine à sa ruine; en même temps, les Roumains ont proclamé les principes d'une nouvelle Constitution : voici pour l'intérieur.

Quant à ses relations extérieures, la Nation les respecte religieusement et avec une louable modération. Les Roumains s'engagent à garantir et à respecter non seulement tous les droits de la Porte sur le Peuple roumain, mais encore ils promettent, ce que la Porte n'avait aucun droit d'exiger, de combattre pour la Turquie, lorsqu'elle sera en danger.

Après une pareille conduite, les Roumains avaient droit d'espérer que leur Suzerain respecterait non seulement leurs droits, mais, bien plus, que l'amour de Sa Hautesse pour le Peuple roumain croîtrait en proportion de son dévouement.

La Porte nous avait donné lieu de croire que nous ne nous étions pas trompés dans nos espérances.

Cependant, le 31 juillet, lorsque le pays se trouvait dans la plus grande tranquillité et le plus grand bonheur, les armées turques ont passé le Danube et se sont arrêtées sur le territoire roumain, sans aucun manifeste, sans aucun motif, contrairement à tous les traités, contrairement au droit des gens.

En conséquence, et quoique le gouvernement, qui est l'*expression du peuple*, ait protesté par la voie diplomatique, le Peuple pense cependant qu'il n'est point superflu de protester lui-même directement devant l'Europe entière contre l'entrée des troupes turques sur le territoire roumain ; bien plus encore, la Roumanie entière, à partir d'aujourd'hui et tant qu'il lui restera une seule voix libre, déclare :

1° Que si la Sublime Porte respecte les droits des Roumains et adhère à la Constitution qu'ils se sont donnée, et dont le résultat sera le bonheur du pays, alors les Roumains, reconnaissants envers leur Suzerain, non seulement lui jureront fidélité, amour et soumission, mais encore ils serviront de rempart à la ville de Constantinople ;

2° QUE SI LA SUBLIME PORTE NE RETIRE PAS SES TROUPES DU TERRITOIRE VALAQUE, et que si elle cherche à s'immiscer pas la force des armes dans les affaires intérieures du Pays, ALORS TOUS LES TRAITÉS EXISTANTS SERONT CONSIDÉRÉS COMME ÉTANT ANNULÉS PAR LA PORTE ;

3° QUE DANS CE CAS LA NATION ROUMAINE EST LIBÉRÉE DE TOUS SES DEVOIRS ENVERS LA SUBLIME PORTE.

4° Que, quelles que soient les lois et l'organisation imposées aux Roumains par l'étranger ou par l'influence d'armées étrangères, elles seront considérées comme illégales ; et, par conséquent, il est du devoir de tout Roumain de ne point s'y soumettre de bon gré ;

5° QUE TOUT ROUMAIN QUI INTRIGUERAIT OU CONTRIBUERAIT A AMENER DES ARMÉES ÉTRANGÈRES DANS LE PAYS, OU QUI RETIENDRAIT PLUS LONGTEMPS CELLES QUI S'Y TROUVENT DÉJA, PERDRA SES DROITS DE ROUMAIN, ET EST DÉCLARÉ ENNEMI DE LA SOCIÉTÉ, ET PAR CONSÉQUENT MIS HORS LA LOI.

Le PEUPLE ROUMAIN.

## TRAITÉ HATTI-HOUMAIOUM DU SULTAN MÉHÉMED II

### EN DATE DE 1460 APRÈS J.-C.

. . . . . . . . . . . . . . . . . . . . . . .

Cet acte, en sus des clauses contenues plus haut, ajoute ce qui suit :

« *Les Ottomans n'auront à s'immiscer en aucune façon dans les affaires du pays, ni posséder des propriétés, ni y circuler.* Pour ce qui est du tribut, un fonctionnaire impérial sera délégué, qui traversera le Danube avec l'autorisation du Prince, et qui ira à Tirgoviste. Accompagné de nouveau d'un officier princier jusqu'à Giurgevo, où la somme, qui doit monter à dix mille ducats sultanins, sera comptée et versée contre une quittance (*ilam*) de la part du *cadi*, sera passée à Roustchouk, où il sera donné de nouveau un *ilam*, afin que le pays soit à l'abri de toute nouvelle demande pour le cas où l'argent viendrait à se perdre en route (1).

« *Si un Turc a un procès avec un Roumain, que ce procès soit examiné par le Divan princier, selon les lois du pays, et que ce jugement soit exécutoire.*

« *Les négociants ottomans, quand ils voudront venir avec leur marchandise, le feront savoir au Prince* en déclarant d'où ils sont originaires; sans retard, ils auront à acheter et à liquider en gros leurs effets, et *ne continueront point à circuler,* à vendre et acheter dans des lieux privés.

« Il est défendu à ces Ottomans de prendre à leur service des Roumains ou des Roumaines, *ainsi que d'élever des minarets.*

« Il ne sera adressé d'*isgar firman* (sommation de comparaître) à aucun indigène, et personne ne sera arrêté dans le pays pour être conduit à Constantinople et jugé, pour quelque cause que ce soit. »

Ces conditions ont été stipulées aussi dans les firmans postérieurs, qui ont été envoyés à différentes époques au pays, à savoir :

« Firmans confirmatifs des privilèges du pays, selon les anciens *Hatti-Houmaïoums;*

« Les firmans qui citent constamment les anciennes traditions du pays et l'ordre primitif, avec une considération particulière et de nouvelles confirmations ;

« Les firmans dans lesquels il est stipulé, pour les Turcs, de n'exercer

---

(1) Et quoique plus tard la somme du tribut mentionnée plus haut ait été augmentée, la manière de l'expédier est restée la même jusqu'au règne du Voïvode Sherban Cantacuzène.

leur commerce que dans les marchés et non dans les lieux privés, et qu'ils aient à livrer leur marchandise en bloc et à la recevoir de même, avec terme fixe et à des jours déterminés, et non selon leur gré ;

« Les firmans qui prescrivent que les Roumains ne soient molestés, ni pour payement d'impôt, ni pour leurs costumes, durant leur séjour dans les provinces de l'Empire ;

« *Les firmans qui interdisent l'entrée du pays non seulement aux Turcs ordinaires, mais même aux pachas supérieurs;*

« Les firmans qui interdisent qu'un indigène soit saisi et conduit par-devant les tribunaux turcs, sis sur la rive opposée du Danube ;

« *Les firmans qui notifient que le Prince doit être élu par les boyards indigènes.* En outre, tous les firmans, jusqu'à ce jour, prescrivent pour les boyards l'obligation d'être soumis au Prince, et pour le Prince, celle de se montrer affectueux à l'égard des premiers, et *exigent que toute affaire du pays soit examinée et décidée sur leur conseil* (1). »

« La teneur de ce document », ajoute en note Photinos, « je l'ai trouvée dans un petit livre que m'a remis Alexandre Vacaresco, d'heureuse mémoire, qui le tenait de son père le Bano Enake Vacaresco, l'ornement de la boyarie du pays, l'honneur de la race et l'orgueil de la patrie, qui luimême avait fait tirer ces copies de registres impériaux, moyennant de fortes sommes (2).

---

*Comptes du Ministère des finances du Pays roumain pendant les années 1856, 1857 et 1858, vérifiés par le Ministère du contrôle, et soumis aux délibérations de la Chambre législative.* (Adresses n<sup>os</sup> 539/859, 1395/1860 et 1037/1861.

### ANNÉE 1856

#### a) Exercice budgétaire.

| | |
|---|---|
| Revenus encaissés . . . . . . . . . . . . . . . . piastres. | 26.114.115 99 |
| Dépenses effectuées. . . . . . . . . . . . . . . . . . . . . . . . | 28.389.434 11 |
| Déficit au 31 décembre 1856. . . . piastres. | 2.275.318 12 |

---

(1) Photinos, *Histoire de la Dacie*, t. III, p. 216-218. « *Ces deux pièces, pour plus d'exactitude, ont été collationnées sur l'original grec.* T. III. p. 370-373. »

(2) Blaramberg, p. 103 et 104, *Essai*. (Le Ban Enake Vacaresco fut poète, père et grand-père de poètes.)

### *b*) Compte de gestion.

| | |
|---|---|
| Numéraire en caisse au 1<sup>er</sup> janvier 1856 (d'après les comptes arrêtés par le Ministère du contrôle)... p. | 228.518 11 |
| Encaissements effectués (dans lesquels figurent les opérations de trésorerie, dépôts et emprunts)........ | 39.232.941 08 |
| Total.................... ... piastres. | 39.461.459 19 |
| Versements (y compris les opérations de trésorerie)... | 34.693.803 81 |
| Numéraire au 31 décembre 1856.......... piastres. | 4.767.655 38 |

### *c*) Bilan.

| | |
|---|---|
| Sommes restant à encaisser............. piastres. | 9.547.726 99 |
| Numéraire au 31 décembre 1856... .. ........ | 4.767.655 38 |
| Total : Actif............. .... piastres. | 14.315.382 37 |
| Dettes....................... | 16.590.701 12 |
| D'où il résulte au 31 décembre 1856 **un déficit** de............................ piastres. | 2.275.318 12 |

Ces comptes ont été envoyés au Président de la Chambre législative avec une Adresse du Ministre du contrôle. (6 juin 1859, n° 539.)

### ANNÉE 1857

#### *a*) Exercice budgétaire.

| | |
|---|---|
| Revenus encaissés................. ... piastres. | 25.551.893 16 |
| Dépenses effectuées (y compris le déficit de 1856).... | 31.058.990 29 |
| Déficit au 31 décembre 1857.... piastres. | 5.507.097 13 |

#### *b*) Compte de gestion.

| | |
|---|---|
| Numéraire en caisse au 1<sup>er</sup> janvier 1857 (d'après les comptes arrêtés par le Ministère du contrôle)... p. | 4.767.655 38 |
| Encaissements effectués (dans lesquels figurent les opérations de trésorerie, dépôts, emprunts).......... | 33.198.170 04 |
| Total.................... .. piastres. | 37.965.826 02 |
| Versements (y compris les opérations de trésorerie)... | 34.527.381 66 |
| Numéraire au 31 décembre 1857.... ... piastres. | 3.438 444 36 |

#### *c*) Bilan.

| | |
|---|---|
| Sommes restant à encaisser......... ..... piastres. | 6.035.670 66 |
| Numéraire au 31 décembre 1857, indiqué au compte de gestion .................... . ........ | 3.438.444 36 |
| Total : Actif......... . . piastres. | 9.474.115 02 |

Report.......... ........piastres    9 474.115 02
Dettes.......... .............     14.981.212 15

D'où il résulte au 31 décembre 1857 UN DÉFICIT
de...................... .... ..... piastres.    5.507.097 13

Ces comptes ont été envoyés au Président de la Chambre législative
avec une Adresse du Ministre du contrôle. (15 juillet 1860, n° 1395.)

### ANNÉE 1858

#### a) EXERCICE BUDGÉTAIRE.

Revenus encaissés................ ....... piastres.    27.938.265 83
Dépenses effectuées........... . .............    32.968.708 17

DÉFICIT au 31 décembre 1858.... piastres.    5.030.442 34

#### b) COMPTE DE GESTION.

Numéraire en caisse au 1er janvier 1858 (d'après les
comptes arrêtés par le Ministère du contrôle)... p.    3.438.444 06
Encaissements effectués (dans lesquels figurent les opérations de trésorerie, dépôts et emprunts)...... .    30 067.370 88

Total...................... piastres.    33 505.822 14

Versements (y compris les opérations de trésorerie)...    31.027.019 83

Numéraire au 31 décembre 1858.. . ...... piastres.    2.478.802 31

#### c) BILAN.

Sommes à encaisser.......... ...... .. piastres.    6.356.994 86
Numéraire au 31 décembre 1858... ... piastres.    2.478.802 31

Total : Actif....... .............. .    8.835.797 17
Dettes....... . ........... .    13.866.240 51

D'où il résulte au 31 décembre 1858 UN DÉFICIT
de......................... ....... piastres.    5.030.442 34

Ces comptes ont été envoyés au Président de la Chambre législative
avec une Adresse du Ministre du contrôle. (29 juillet 1861, n° 1037.)

*Le Prince Georges Bibesco à S. A. le Prince de Bismarck,*
*grand chancelier de l'Empire d'Allemagne.*

Mon Prince,

J'ai pris la liberté de vous faire adresser directement l'*Histoire d'une frontière*, étude que je viens de publier.

Votre Altesse a si bien enseigné au monde comment il fallait aimer et défendre son pays, qu'Elle comprendra, j'en suis certain, que j'aie tenté de défendre le mien dans la mesure de mes forces.

Je souhaite ardemment, mon Prince, que Votre Altesse ne fasse pas mauvais accueil à mon nouveau-né.

Agréez, mon Prince, etc.           G. Bibesco.

---

*Le Prince Georges Bibesco*
*à S. Exc. le Ministre des affaires étrangères de France,*
*M. Challemel-Lacour.*

Monsieur le Ministre,

Vous avez dû recevoir, dès le lendemain de sa publication, mon livre, l'*Histoire d'une frontière*.

Je m'estimerais heureux si le Ministre des affaires étrangères de France trouvait le temps de parcourir ce volume, où sont traitées les questions soumises actuellement à la Conférence de Londres.

En lisant l'*Histoire d une frontière*, Votre Excellence se convaincra aisément que la situation faite à la Roumanie en Orient est actuellement pleine de périls. Ce petit État est en l'air, sans défense contre les attaques que tout facilite. Doit-il donc cesser d'être le poste avancé du continent occidental, chargé de maintenir la liberté, la neutralité, la sûreté, — dans sa partie la plus essentielle, — de cette route commerciale du centre et du sud-est de l'Europe ?

Je sais que la politique a de terribles exigences ; mais si cela arrivait, l'Europe occidentale aurait certainement à le regretter un jour, trop tard peut-être !

Dans la situation où nous nous trouvons, Monsieur le Ministre, je conserve l'espoir que la France n'abandonnera pas mon pays. Il est, hélas ! bien isolé, mais il est bien vivant, il est vaillant, il est en état de rendre d'utiles services à l'Europe.

Agréez, etc.           G. Bibesco.

### Le Prince Georges Bibesco à lord Granville.

Milord,

J'ai eu l'honneur de vous faire adresser de Paris, où il vient d'être publié, mon livre, l'*Histoire d'une frontière*.

Les hommes d'État anglais ont défendu au Congrès de Berlin les légitimes espérances de la Roumanie avec une sympathie trop marquée, avec une hauteur de vues trop remarquable, pour que je ne sois pas autorisé à espérer, pour mon ouvrage, un accueil favorable de la part du chef éminent du département des affaires étrangères de la Grande-Bretagne.

Je m'estimerais heureux, Milord, si Votre Excellence trouvait un moment pour lire quelques-unes des pages de mon travail. Elles l'éclaireraient sur le but de sa publication.

Il n'est pas trop tard pour que les grandes Puissances de l'Occident veuillent bien prendre en considération la situation difficile et dangereuse créée à la Roumanie par le traité de Berlin, et chercher à conjurer les périls qui menacent l'Orient, et que l'état de faiblesse des frontières de mon pays rend plus graves.

Je recommande l'*Histoire d'une frontière* à la haute bienveillance de Votre Seigneurie, et je la prie d'agréer l'expression de ma très haute considération.

G. Bibesco.

### M. Bron, D. M.,
### à S. A. S. Georges-Démètre Bibesco, Prince régnant de Valachie.

M. Bron dénonce au Prince le factum Billecoq qui s'imprime à Bruxelles.

Bruxelles, 5 août 1847.

Monseigneur,

Je tiens dans mes mains, par une sorte de hasard providentiel, les fils d'une trame ourdie dans le but évident de Vous renverser de la haute position que vous occupez.

Voici de quoi il s'agit : en ce moment, il s'imprime mystérieusement, à Bruxelles, une brochure assez étendue, dont l'auteur (1) reste inconnu, même de l'imprimeur, et dont je suis parvenu à me procurer un assez

---

(1) L'auteur inconnu de ce factum était M. Billecoq. Nous avons fait justice, au cours de cet ouvrage, de cet écrit méprisable.

grand nombre d'épreuves. Dans ce factum on expose, sous le jour le plus partial et le plus odieux, tous les actes de votre administration, depuis votre avènement à la Principauté de Valachie jusqu'au moment actuel. Ce n'est pas tout ; toutes les malversations, tous les abus qui ont pu être commis sous votre règne vous sont injustement reprochés, et cela, sans tenir compte des difficultés de votre position et des habitudes enracinées de corruption que la domination ottomane a, depuis des siècles, infiltrées dans les mœurs comme dans presque toutes les branches de l'administration de ce pays.

Dans cette diatribe, l'indécence des attaques ne le cède qu'à la virulence du style. Rien n'y est respecté, ni votre caractère personnel, ni les détails intimes de votre vie privée.

Les faits vrais ou faux y abondent ; on y descend même jusqu'aux commérages les plus insignifiants, les plus vulgaires, mais toujours en les travestissant sous les couleurs les plus noires.

Ce pamphlet, Monseigneur, car ce n'est pas autre chose, ne peut être considéré comme une simple spéculation de librairie ; ce n'est évidemment qu'un acte de vengeance ou de rivalité, l'un et l'autre peut-être, destiné à ameuter contre Vous, non pas tant encore l'opinion publique que les Cours étrangères et particulièrement la Russie, à laquelle cette brochure est spécialement adressée. L'exagération passionnée et le ton constamment acrimonieux de cet écrit pourraient certes n'exciter en Vous que le mépris et le dégoût, si l'audace et l'importance des accusations n'étaient de nature à entraîner des conséquences graves. L'auteur paraît en effet opiniâtrément résolu à ne reculer devant aucune considération, devant aucun sacrifice. A la fin de sa brochure, il annonce l'intention de revenir à la charge tant que son but n'aura pas été atteint. C'est en un mot un duel à mort auquel il Vous provoque.

Sans avoir eu l'honneur d'être présenté à Votre Altesse, les relations amicales que j'ai nouées, pendant un séjour récent en Valachie, avec plusieurs boyards éclairés, et notamment avec le colonel Philippesco, m'ont mis à même d'apprécier les qualités éminentes de Votre Altesse ; d'un autre côté, l'étude que j'ai faite des mœurs du pays, des privilèges des boyards, des exigences politiques extérieures qui y dominent, m'ont donné la clef des difficultés de tout genre qui entravent l'action d'un Prince de Valachie, quel qu'il soit, chaque fois qu'il cherche à faire le bien. C'est en pesant ces raisons, et sous l'impression d'un sentiment d'indignation et de justice révoltée, que je me suis spontanément décidé à Vous avertir de ces menées ténébreuses et à amortir, si ce n'est à parer, le coup qu'on prétend Vous porter. Si, prenant ainsi sur moi et sans autorisation de Votre part la responsabilité d'une semblable démarche, j'encours le reproche d'indiscrétion, Vous aurez égard, Monseigneur, j'en suis persuadé, aux motifs qui me dirigent, et à l'urgence des circonstances qui, selon moi, ne permettent aucun retard, aucune hésitation.

Pour atteindre le but que je me propose, voici le plan que j'ai adopté : je réunis tout ce que je puis recueillir d'épreuves de la brochure; je les emporte avec moi; j'accélère mon départ pour Bucarest en m'embarquant, si possible, sur le bateau qui part de Vienne le 14 courant; puis, si Vous daignez m'accorder une audience, je Vous communiquerai ces matériaux, dont Vous ferez tel usage qui Vous conviendra.

En attendant, j'ai cru bien faire en avertissant M. votre fils, pour le cas où il serait actuellement à Paris, afin qu'il se rende immédiatement à Bruxelles et s'y concerte avec des personnes capables, discrètes et dignes de confiance, auxquelles je l'adresse. Là, ils aviseront ensemble aux moyens de retarder la publication de cet écrit. pour vous laisser le temps d'en préparer la réfutation. Ce sont des écrivains d'infiniment d'esprit et de talent, qui disposent d'une partie de la presse française et belge, et qui se chargent de foudroyer dans divers journaux cette production dès l'instant de son apparition, avec l'arme du ridicule d'abord (car elle y prête à plus d'un endroit), en attendant que Vous jugiez à propos de leur fournir, soit directement, soit par mon intermédiaire, des notes suffisantes pour une réfutation sérieuse et complète.

Au moment de terminer ma lettre, j'apprend que l'on a vu ici, les jours derniers, une personne qui habite Bucarest depuis plusieurs années et qui, si je ne me trompe, est chargée de donner ses soins à cette publication. Son nom, que je dirai de vive voix à Votre Altesse, si elle le désire, ne fait que convertir en certitude les conjectures que déjà j'avais faites *in petto,* et sur les auteurs, et sur le but de ce complot.

J'ai l'honneur d'être, avec le plus profond respect, Monseigneur, de Votre Altesse Sérénissime, le très humble et très obéissant serviteur,

Bron, D. M.

---

*S. A. S. le Prince Bibesco à S. Exc. le comte Kisseleff.*

. . . . . . . . . . . . . . . . . . . . . . . .

« Les dépenses que j'ai été obligé de faire à Constantinople sont en effet très considérables, personne ne le sent plus vivement que moi. Mais je puis aussi affirmer que tout autre, placé dans les mêmes circonstances, ne s'en serait pas tiré à meilleur prix.

« Le moyen, en effet, de se soustraire aux exigences, sans fin, qui commencent au premier maître et finissent au dernier des esclaves, alors surtout que l'on se trouve à leur discrétion? C'est un vice qui a passé dans les mœurs, et que les traités et les stipulations ne parviennent pas à détruire, aussi longtemps que durera l'Empire Ottoman. Résister plus que je ne l'ai fait, c'eût été m'exposer à être éconduit d'une manière fort peu agréable, ce qui aurait pu ne me toucher guère, si la bienveillance de la Porte était chose indifférente aux intérêts du pays et à la position du Prince. Mais celui-ci, pour s'épargner les mille et une tracasseries qu'on lui susciterait, est obligé non seulement de se rendre la Porte favorable pendant son séjour à Constantinople, mais encore d'entretenir par de nouveaux sacrifices, souvent réitérés, Ses bonnes dispositions ainsi que celles des pachas riverains. Sous ce rapport, et en considérant les avantages (1) qui en sont résultés pour le pays, je n'aurais qu'à me louer des sacrifices que j'ai faits, si ma position individuelle n'était devenue fort embarrassante.

« Le Prince Ghica, quoique arrivé au pouvoir dans d'autres circonstances, s'est pourtant trouvé dans de meilleures conditions, car alors, à Constantinople, il n'y avait qu'une seule volonté qui dirigeait tout, et lorsqu'on était parvenu à se La concilier, on pouvait sans inconvénient négliger le reste. Tandis qu'aujourd'hui, à côté de la volonté du Maître, il y en a cent autres non moins prétentieuses. Cependant, la somme dépensée par mon prédécesseur a été tout aussi forte, et la subvention qui lui a été accordée est montée à *145,000 ducats,* car il ne faut pas confondre les dixièmes additionnels consentis la première année de l'administration de ce Prince, pour suppléer à l'insuffisance des revenus de l'État, avec ceux accordés en 1838, à titre de subvention purement personnelle, qui ont fourni la somme de *120,000 ducats,* non y comprise celle de *25,000* qu'il avait déjà touchée à ce même titre sur la caisse de réserve.

Ne croyez pas, Monsieur le Comte, que je veuille me prévaloir ici des antécédents du Prince Ghica. Si je cite ces circonstances, c'est uniquement pour rétablir quelques faits. »

---

DISPOSITIF DU FIRMAN POUR LA CONVOCATION DES DIVANS (AD HOC) EN VALACHIE ET MOLDAVIE, ARRÊTÉ DANS LA SÉANCE DE LA COMMISSION D'ENQUÊTE DU 13 JANVIER 1857.

*A Alexandre Bey-Caïmacam de Valachie.*

De même que notre gouvernement s'est appliqué, en tout temps, à conserver entièrement les privilèges spéciaux octroyés *ab antiquo* par la

---

(1) Traité de commerce.

Porte Ottomane à chacune des Provinces de Valachie et de Moldavie qui font *partie intégrante* de notre Empire, et à mettre ses soins à augmenter et à étendre le bien-être des populations, nous avons aussi voulu, comme une marque de nos sentiments de haute équité pour tous les habitants de nos États en général, tout en conservant les anciens privilèges des habitants des deux Provinces, faire reviser et améliorer les règlements organiques *intérieurs* de chacune des deux Provinces, afin de compléter et d'assurer le bien-être de toutes les classes de leurs habitants. Attendu que, d'après les dispositions du traité de paix générale qui vient d'être heureusement conclu entre mon Gouvernement et les Hautes Puissances européennes, les droits sacrés de la Suzeraineté de la Sublime Porte ayant été confirmés et consolidés, et les anciens privilèges dont jouissaient les deux Provinces ayant été reconnus et maintenus *par notre gouvernement,* il a été stipulé qu'un Divan *ad hoc* sera *formé par nous* dans chacune des deux Provinces, pour connaître les vœux des populations, afin de modifier et améliorer les règlements *intérieurs* desdites deux *Provinces.* Ces Divans seront constitués dans une forme qui garantisse les intérêts de toutes les classes de la population. Le résultat des délibérations sera soumis à une commission composée d'un délégué nommé par nous et des délégués envoyés par les Hautes Puissances contractantes : après avoir été scrupuleusement examinée dans cette commission, l'affaire, sur le rapport des commissaires, sera discutée entre notre Sublime Porte et les Hautes Puissances. Comme il est stipulé dans le traité susmentionné que le Règlement organique, qui devra être dressé avec l'entente de notre Sublime Porte, sera donné à chacune des deux Provinces par un Hatti-Houmaïoum émanant de nous ; attendu que notre volonté impériale est d'obtenir le plus tôt possible les renseignements et informations nécessaires touchant les améliorations recherchées, en convoquant immédiatement ces Divans *ad hoc;* et que Méhémed Essad-Safet Moustéchar, conseiller au Grand Vizirat, l'un des dignitaires de notre gouvernement, a été désigné comme délégué de la Porte Ottomane ; et que, d'autre part, les délégués des Hautes Puissances ont été aussi désignés pour se joindre audit commissaire; ces Divans, afin d'être formés conformément au *principe que, le respect dû à l'autorité suzeraine étant la base de leurs opérations,* les réformes dont chacune des deux Provinces a besoin, quant *à ses règlements intérieurs,* puissent être conformes aux intérêts des différentes classes de la population, et qu'ils puissent connaître les vœux de chaque classe d'habitants, doivent être convoqués selon les règles suivantes :

I. — Outre le Métropolitain et les évêques de chaque Province, qui doivent être membres du Divan, les administrateurs des biens ecclésiastiques choisiront trois d'entre eux, et les prêtres, en dehors du Métropolitain et des évêques, choisiront également trois d'entre eux, pour être membres du Divan.

II. — Les Boyards de première classe se réuniront au siège du Gouvernement ; ils nommeront entre eux, parmi les personnes dont la noblesse remontera jusqu'au grand-père au moins, dix-sept membres pour faire partie du Divan.

III. — A l'exclusion des Boyards de première classe, et afin qu'il y ait un membre pour chaque district, tous les propriétaires dont les biens seront libres de toute hypothèque ou engagement quelconque, possesseurs de cinq cents falches (1) de terrain dans l'intérieur du district, se réuniront au chef-lieu pour y élire l'un d'entre eux. La classe des propriétaires sera représentée, de la sorte, par dix-sept membres dans le Divan.

IV. — Toutes les classes d'artisans et d'industriels devant nommer cinq membres dans la ville siège du Gouvernement, six autres membres dans les deux grandes villes de second ordre, et six dans les six villes de troisième ordre, les individus membres de chaque corporation absolument indigènes et ne relevant d'aucune nationalité ou protection étrangère (qui sont de premier et de deuxième ordre, et qui payent l'impôt de patente de première classe) choisiront parmi eux deux électeurs pour leur corporation. Les derniers se réuniront dans la ville où ils se trouvent, et choisiront parmi eux les membres qui seront nommés pour cette ville. Les corporations seront ainsi représentées par dix-sept membres au Divan.

V. — Afin qu'il soit aussi nommé dans chaque district un membre de la classe des paysans, ils éliront, dans chaque cercle subdivision du district cinq personnes parmi les possesseurs de terres rendant un revenu annuel de trois cent cinquante piastres au moins (115 fr. 50), lesquels propriétaires sont désignés dans le langage du pays sous le nom de *mochnéni;* s'il n'y a pas dans le cercle de propriétaires jouissant d'un tel revenu, on les prendra parmi ceux qui ont le plus fort revenu au-dessous de ce chiffre ; ces personnes ainsi élues se rendront au chef-lieu du district, et là, elles désigneront l'une d'entre elles pour représenter le district ; de la sorte les paysans seront représentés par dix-sept membres au Divan.

VI. — Il a été décidé que tous les membres en général devront être âgés de trente ans au moins et jouir de tous les droits civils.

Quant aux discussions, les membres de chaque classe se constituant *séparément* en comité dans le local consacré aux Divans, sont autorisés à discuter, tant sur la *généralité des règlements intérieurs* de la Province que sur les *vœux de leur propre classe;* seulement chaque comité exposera le résumé de ses discussions et de ses considérations à l'Assemblée générale des Divans. Ces Divans, étant chargés seulement d'exprimer des

(1) La falche vaut 1 hectare 431,295.

vœux qui seront examinés d'abord dans la commission composée du délégué de la Porte et des commissaires des Puissances signataires et discutés ensuite entre notre Sublime Porte et les cours alliées, et l'opinion et l'avis des Divans ne devant pas être dans la forme définitive, *tant les considérations qui seront exposées après discussion dans les comités des membres de chaque classe. que les résultats des discussions de l'ensemble*, seront présentés à la Commission par des exposés séparés.

Les membres de ces Divans n'*ayant* pas le *droit* de donner *isolément leurs avis aux membres de la Commission*, les rapports seront transmis officiellement par le président du Divan au président de la Commission. Telles devront être les relations entre la Commission et les Divans.

Chaque comité nommera dans son sein son président à la pluralité des voix.

*Le président du corps général du Divan sera nommé* parmi les membres par le *Caïmacam;* les secrétaires seront nommés sur *le choix du Caïmacam.*

L'état provisoire de l'administration de ces Provinces devant cesser dans peu de temps, les Divans doivent clore leurs discussions dans le terme extrême de six mois.

Si, contrairement à ce qu'on attend d'eux, les Divans se livraient à la discussion de matières contraires aux droits de Suzeraineté Auguste de la Sublime Porte Ottomane, ainsi qu'aux anciens *privilèges organiques* (?) des deux Provinces, le délégué ottoman est chargé de notifier ce fait à la Commission, et de faire à l'administration de la Province telles notifications qui seront nécessaires.

Si pareille chose avait lieu, *on devrait interdire* aux Divans tout acte de ce genre qui serait une contravention aux principes.

Toi donc, Caïmacam susdésigné, Ma volonté *souveraine* t'étant connue, tu t'appliqueras à agir en conformité de ce qui précède.

Sefer 1273 (1ᵉʳ octobre 1856.)

## FAMILLE BASSARABA-BRANCOVAN-BIBESCO

### SES ORIGINES.

D'après la tradition, l'origine de la famille Brancovan remonte à *Vick Brancovici*, frère du Despote de Serbie *Lazare Brancovici*.

Ce nom de *Brancovici* fut porté par le saint martyr de l'Orthodoxie, le Métropolitain *Sava Brancovici*, victime du zèle protestant et de la barbarie hongroise. Il est à présumer qu'il appartenait à une branche des *Brancovici* ou *Brancoveano*.

Le Prince *Mathieu Bassaraba* était *Brancovan* (1). Il s'appelait *Matei aga din Brancoveni*, lorsqu'il se révolta contre la Turquie.

Pour reprendre les choses de plus haut, la révolte de *Michel le Brave* eut cette conséquence que, le jour où il fut assassiné par les ordres de la Cour d'Autriche, les Roumains purent élire Prince *Radu-Serban-Bassaraba*, qui battit et tua le chef du parti hongrois de Transylvanie, *Moïk Szekely*.

Mais, dix ans après, les Turcs nommèrent à sa place *Radu-Mihnea*, et bientôt leur joug et celui des Grecs, leurs créatures, — qui se servaient de la puissance turque pour s'enrichir et enrichir leurs monastères, — devint si intolérable, qu'en 1633 *Mathieu Brancovan* dut faire une révolution.

Le Prince Mathieu mentionne toujours, dans ses actes, *l'oncle de Mon Altesse, le Vayvode Bassaraba*. Son père avait donc épousé une sœur de *Serban*.

Mathieu avait un frère, qui eut pour fils *Preda*, grand vornic, père du postelnic *Papa Brancovan*, père lui-même du Prince *Constantin Brancovan Bassaraba*, exécuté par les Turcs en 1714.

La chronique anonyme, connue aussi sous le nom de *Chronique du capitaine Constantin* (MAGAZIN HISTORIQUE, t. 1ᵉʳ), dit que *Preda Brancovano* a été tué dans la révolte contre les Grecs, qui désola les derniers jours de *Mathieu Bassaraba*. C'est là une erreur; *Papa* seul a été tué, sous *Constantin Serban Bassaraba*.

En effet, au *Monastère de Brancoveni*, qui était si riche en ornements et en livres précieux donnés par *Mathieu Bassaraba*, par *Constantin Serban Bassaraba* (bâtard de *Radu-Serban*) et par *Constantin Bassaraba Brancovan*, qui tous l'ont agrandi et embelli, se trouvent les tombes de *Barbu Brancovan* († 1694), de *Preda* et de *Papa Brancovan*, et de la femme de ce dernier.

Voici l'inscription relevée sur la tombe de *Preda* et de *Papa Brancovan :*

(1) Voir les nombreuses Chrysobulles de ce Prince.

« Ci reposent les os de ceux qui ont trépassé dans le Saint-Esprit, du
« bienheureux jupan *Preda Brancovan,* grand vornic, et de son fils le
« postelnic *Papa,* qui ont péri, d'abord le postelnic *Papa,* sous le règne
« du Vayvode *Constantin Serban,* alors que les trabans (dorobantzi) à
« cheval se sont, en vrais brigands, soulevés contre leur Prince et la
« classe des boyards. Ils ont tué alors le postelnic *Papa,* l'an 7163 (1655).
« Son père, le vornic *Preda,* a été tué par le prince *Mihnea le Méchant,*
« dans le palais princier de Tergoviste, innocent de tout mal, et cette
« pierre a été posée par Sa Seigneurie la jupânessa *Stanca Cantacuzène,*
« qui a été femme du postelnic *Papa,* au 4 du mois de juin de l'année
« 7176 (1668). »

Voici également l'inscription de la tombe de *Stanca Cantacuzène :*

« Sous ce marbre reposent les cendres de la jupânaessa *Stanca Canta-*
« *cuzène,* fille du jupan *Constantin,* ex-grand postelnic, — issu de l'an-
« cienne race des Empereurs *Cantacuzène,* — et de Seigneurie Ilinca
« (Hélène), fille de l'ancien Prince *Io Serban Bassaraba,* Vayvode. Elle
« fut femme du jupan *Papa Brancovan (ici une cassure de la pierre),* fils
« du jupan *Preda Brancovan,* ex-grand vornic, et mère du très béni
« Prince *Io Constantin Brancovan Bassaraba,* Vayvode; ayant vécu
« douée de la plus grande douceur et faisant force aumônes et beaucoup
« d'autres bonnes choses, elle a fini sa vie à l'âge de *(ici une cassure de la*
« *pierre)* ans, dont elle passa 44 dans le veuvage, privée de son mari
« *(ici une cassure de la pierre).* Et en bonne Chrétienne elle a rendu
« son âme l'an de la création 7207 et du salut 1699, au 1er février, la
« 11e année du règne de son fils le Vayvode *Io Constantin Brancovan*
« *Bassaraba,* qui avec grande pompe, et avec toutes les aumônes et ser-
« vices religieux chrétiens, l'ont amenée et ensevelie ici au *Monastère de*
« *Brancoveni,* où elle-même à sa mort a désiré reposer, près de son mari
« le postelnic *Papa,* et de son beau-père le vornic *Preda.* »

Il résulte de ces divers documents que les *Brancovan* ont, par deux
mariages successifs, du sang des *Bassaraba.*

Les *Bibesco* descendent par les femmes des *Brancovan,* et, par le
mariage du Prince *Georges-D. Bibesco,* ils sont en droit héritiers du nom.

L'élection de 1843 a consacré ce que l'on pourrait, en France, appeler
la légitimité (1).

_____

(1) La note et la traduction des deux inscriptions ci-dessus sont de M. Boniface Floresco, professeur à la faculté de Bucarest, licencié ès lettres de la
faculté de Rennes, neveu du regretté général J. Floresco.

M. Boniface Floresco, qui a traduit les deux volumes de cet ouvrage, a
apporté dans la recherche des documents dont j'ai eu besoin, en dehors de ceux
que je possédais, un dévouement dont je tiens à le remercier ici même.

# TABLEAU GÉNÉALOGIQUE
## DE LA MAISON BASARABA—BRANCOVAN—BIBESCO
### A PARTIR DE L'ALLIANCE DES BASARABA AVEC LES BRANCOVAN

La première dynastie des 8 rains de Valachie date de RADU NEGRU, RODOLPHE LE NOIR, appelé aussi TOMMUIR BASARAB, conquérant de la Valachie et chef de la famille (1290).

BAN BASARABA règne de 1602-1611 . . . . . . . . . . . . . . . . . . . . . . . une sœur qui épouse . . . . . . . . . . . . . . . . . . . . . . . BRANCOVAN Darcin

CONSTANTIN SERBAN BASARABA, bâtard, règne : 1654-1658. — bi fils, qui épouse Constantin Cantacuzène. — Mathieu Basaraba (1633-1654) — David Brancovan. † 1653. — Prada Brancovan. † 1655.

Droïnmit Thajar. (Famille Cantacuzène de Moldavie, dite Cesas.) — SERBAN CANTACUZÈNE règne 1678-1688. — Constantin Cantacuzène — Étienne CANTACUZÈNE règne 1714-1716. — Georges CANTACUZÈNE et ses frères. — STANCA . . . . . . . . . . . épouse . . . . . . . . . . . Papa Brancovan † 1655.

CONSTANTIN BASARABA BRANCOVAN épouse Maria, fille d'ANTONIE de Popesed, 1669-1672. règne de 1688-1714. † décapité à Constantinople.

(1) CONSTANTIN épouse 1706 Anita — (2) RADUCAN épouse 1698 † décapité à Constantinople — (3) MATÉI † décapité à Constantinople 1714. — (4) STANCA épouse 1692 Radu, fils du prince ILIAS (1610-1632). — (5) MARIE épouse Constantin Duca. — (6) ILINCA épouse 1698 Scarlat Maurocordatos. — (5) ANCUTA épouse 1704 Nicolas Roseti. — (6) BALASA épouse 1708 Manolo Audrei. — SMARANDA épouse 1712 le boyard Balan. — (4) SAFTA épouse 1700 . . . . . . . . . Georges CASTRIOLESCU — Constantin CANTACUZÈNE.

La famille Craiovesacus, qui se concentre aujourd'hui même en Valachie, a produit la branche des Bassarabia, issue de Nicolas, frère du Spathar IV Cantacuzène, mort en 1809. — Lupu Balche, † décapité à Constantinople 1714. — Cant ou Cana ephi — Constantin BASARABA-BRANCOVAN, † 1737.

Hél-âny (2e enfant) épouse Cantacuzène-Pascan. — NICOLAS, † 1801. — Emmanuel BASARABA-BRANCOVAN † 1807. — CATHERINE épouse Vacaresco. — JEAN BIBESCO — Son frère Barbu, 1730.

Th. VACARESCO — HARICLÉE épouse Ypsilanti. — SMARANDA épouse Michel Mano. — CATHERINE épouse de DÉMÉTRE — STEFAN épouse F. Stanci. — DINGA épouse Hélène Argentogene. — STEFAN.

Nicolas Manu BIBESCO, marié à colonel. Banov. — MARIE DÉMÉTRE (célibataire). — CATHERINE épouse Zimbreski.

Hél-âny épouse Cantacuzène-Pascan. — MARIE épouse BALÉANU. — régime BARANA-COVAN fils † en 1833, sa fille In. † 1839. — DÉMÉTRE Hibesco épouse le boyar Giegoveanu. — ELENA épouse le boyar par adoption Zoi Morotsimicoio.

ELISABETH STIRBEI — Zoé GHYKA. — Catherine Baleno (1), épouse d'Alexandre Maurocordaton.

dopté . . . . . . . . . ZOE (MAUROCORDATON) BASARABA-BRANCOVAN épouse. . . . . . . . . . Georges BIBESCO. (1er fils) Elle par la nation à vie, règne de 1842 à 1848, † 1er juin 1873. . . . . . . . . Marie ou secondes noces à Marie Vacaresco. — JEAN (2e fils) † 1279, épouse Anna Floresco. — BARBU, Sticrbeï, † 1869, règne de 1849 à 1856, épouse Elisabeth Cantacuzène, † 1876. — ELISABETH — DAMAN.
† 4 juin 1892.

GRÉGOIRE. GEORGES. ALEXANDRE. DÉMÉTRE. FRNARDTE. ALEXANDRINE.

GRÉGOIRE par adoption BASARABA-BRANCOVAN, † 15 oct. 1886, épouse Rachel Mussurus. — NICOLAS 1er juin 1890 épouse Hélène née d'Eichthal † juillet 1893. — GEORGES épouse Valentine de Riquet, Caraman-Chimay. — ALEXANDRE épouse Hélène, née Epureanu. — ELISE mariée à Philippesco, † août 1863. — CATHERINE † 6 oct. 1860 mariée au général Jean Floresco † 10 mai 1893. — ZOÉ — MARIE mariée à Odon, comte de Montesquiou-Fezensac. † 1880r — HÉLÈNE † 8 oct. 1883, mariée à Victor, baron de Courval, 1891.

(1) Voir ci-contre la note relative à la généalogie de la Maison Balche (Büli) (Notro) qui descend à branche Serbo-Albanaise des Baux.

# TABLEAU GÉNÉALOGIQUE

## DE LA FAMILLE RÉGNANTE DES MAUROCORDATOS

De laquelle est issue la Princesse ZOÉ, adoptée par le Prince Grégoire BASARABA-BRANCOVAN et mariée à GEORGES-DÉMÈTRE BIBESCO,
Élu à vie par la Nation,
Règne de 1842 à 1848.

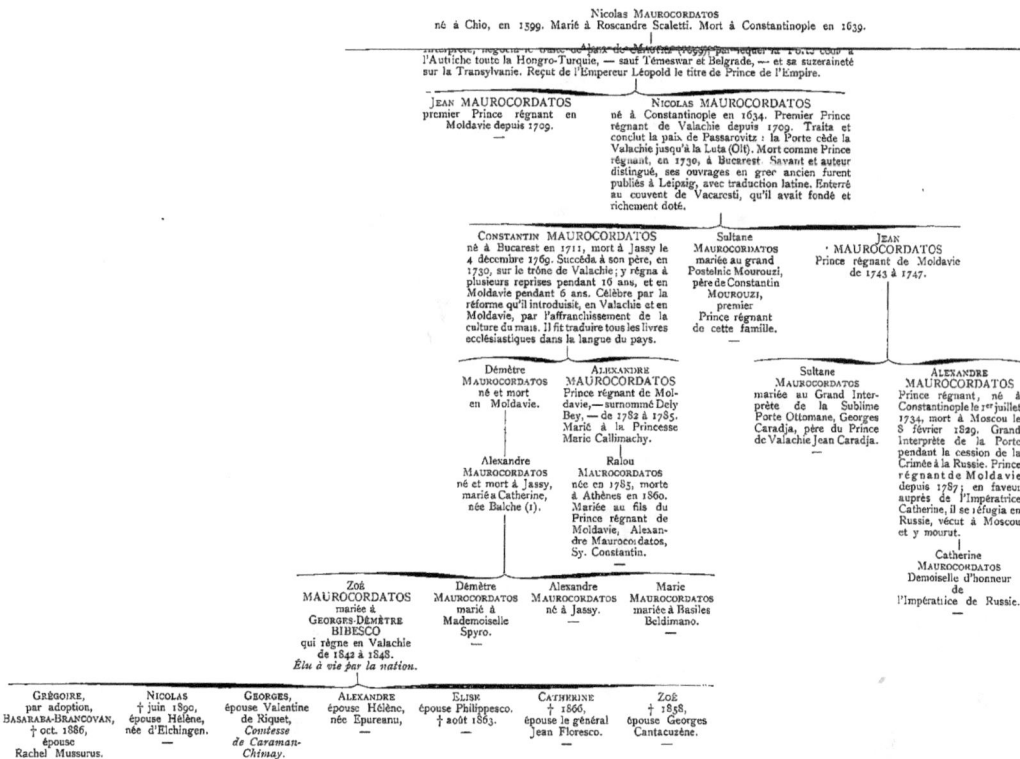

---

**Nicolas MAUROCORDATOS**
né à Chio, en 1599. Marié à Roscandre Scaletti. Mort à Constantinople en 1639.

interprète, négocia le traité de Carlowitz (1699) par lequel la Porte cède à l'Autriche toute la Hongro-Turquie, — sauf Témeswar et Belgrade, — et sa suzeraineté sur la Transylvanie. Reçut de l'Empereur Léopold le titre de Prince de l'Empire.

**JEAN MAUROCORDATOS**
premier Prince régnant en Moldavie depuis 1709.

**NICOLAS MAUROCORDATOS**
né à Constantinople en 1634. Premier Prince régnant de Valachie depuis 1709. Traita et conclut la paix de Passarovitz : la Porte cède la Valachie jusqu'à la Luta (Olt). Mort comme Prince régnant, en 1730, à Bucarest. Savant et auteur distingué, ses ouvrages en grec ancien furent publiés à Leipzig, avec traduction latine. Enterré au couvent de Vacaresti, qu'il avait fondé et richement doté.

**CONSTANTIN MAUROCORDATOS**
né à Bucarest en 1711, mort à Jassy le 4 décembre 1769. Succéda à son père, en 1730, sur le trône de Valachie ; y régna à plusieurs reprises pendant 16 ans, et en Moldavie pendant 6 ans. Célèbre par la réforme qu'il y introduisit, en Valachie et en Moldavie, par l'affranchissement de la culture du maïs. Il fit traduire tous les livres ecclésiastiques dans la langue du pays.

**Sultane MAUROCORDATOS**
mariée au grand Postelnic Mourouzi, père de Constantin MOUROUZI, premier Prince régnant de cette famille.

**JEAN MAUROCORDATOS**
Prince régnant de Moldavie de 1743 à 1747.

**Démètre MAUROCORDATOS**
né et mort en Moldavie.

**ALEXANDRE MAUROCORDATOS**
Prince régnant de Moldavie, — surnommé Dely Bey, — de 1782 à 1785. Marié à la Princesse Marie Callimachy.

**Sultane MAUROCORDATOS**
mariée au Grand Interprète de la Sublime Porte Ottomane, Georges Caradja, père du Prince de Valachie Jean Caradja.

**ALEXANDRE MAUROCORDATOS**
Prince régnant, né à Constantinople le 1er juillet 1734, mort à Moscou le 8 février 1829. Grand Interprète de la Porte pendant la cession de la Crimée à la Russie. Prince régnant de Moldavie depuis 1787 ; en faveur auprès de l'Impératrice Catherine, il se réfugia en Russie, vécut à Moscou et y mourut.

**Alexandre MAUROCORDATOS**
né et mort à Jassy, mariée Catherine, née Balche (1).

**Ralou MAUROCORDATOS**
née en 1785, morte à Athènes en 1860. Mariée au fils du Prince régnant de Moldavie, Alexandre Maurocordatos, Sy. Constantin.

**Catherine MAUROCORDATOS**
Demoiselle d'honneur de l'Impératrice de Russie.
—

**Zoé MAUROCORDATOS**
mariée à GEORGES-DÉMÈTRE BIBESCO
qui règne en Valachie de 1842 à 1848.
*Élu à vie par la nation.*

**Démètre MAUROCORDATOS**
marié à Mademoiselle Spyro.
—

**Alexandre MAUROCORDATOS**
né à Jassy.
—

**Marie MAUROCORDATOS**
mariée à Basiles Beldimano.
—

| GRÉGOIRE, par adoption, BASARABA-BRANCOVAN, † oct. 1886, épouse Rachel Mussurus. | NICOLAS † juin 1890, épouse Hélène, née d'Elchingen. | GEORGES, épouse Valentine de Riquet, *Comtesse de Caraman-Chimay.* | ALEXANDRE épouse Hélène, née Epureanu, | ELISE épouse Philippesco, † août 1863. | CATHERINE † 1866, épouse le général Jean Floresco. | ZOÉ † 1848, épouse Georges Cantacuzène. |

---

(1) Voir au tableau qui suit les origines de la Maison Balche.

## ORIGINES DE LA MAISON BALCHE (BALS) (1)

Dans son Étude généalogique sur la famille française « Les Seigneurs
LES BAUX », S. Exc. M. Chedomie Mijatovich (ex-ministre serbe des
affaires étrangères) écrit ce qui suit :

. . . . . . . . . . . . . . . . . . . . . . . . . .

« Bien des Maisons françaises, jadis célèbres, sont aujourd'hui oubliées.
Parmi ces Maisons se trouve celle des Seigneurs LES BAUX, à laquelle
aucune autre, peut-être, ne saurait être comparée.

« LES BAUX CARACTÉRISÈRENT LE TYPE DE LA NOBLESSE FÉODALE.
« ILS GUERROYÈRENT SANS RELACHE CONTRE LES COURS DE PROVENCE,
« LES ARCHEVÊQUES ET LES BOURGEOIS D'ARLES, LES REINES DE NAPLES
« ET LES ROIS D'ARAGON.

« Cependant la France méridionale n'est qu'une des parties de l'immense horizon qu'ont occupé les BAUX dans l'histoire politique de l'Europe. Ce sont les descendants des BAUX qui ont fait l'histoire de l'Albanie
et du Monténégro de 1310 à 1421.

« Les BAUX, quittant l'Albanie, se réfugièrent à la cour des Princes
moldaves et occupèrent en Moldavie, aux dix-septième et dix-huitième
siècles, sous le nom de Boyars BALSHA, de hautes situations dans la diplomatie et dans l'armée.

« La branche roumaine des Seigneurs LES BAUX existe encore, et le
sang des vieux BAUX provençaux, napolitains, albanais, coule dans les
veines du roi ALEXANDRE Ier, car la grand'mère maternelle de l'ex-roi
MILAN et la grand'mère maternelle de la reine Nathalie furent toutes les
deux filles de la maison des BALSHA, descendants authentiques des anciens
Seigneurs LES BAUX (2).

« La branche existante des BALSHA roumains ne peut être que cette
même branche serbe établie sur le sol roumain. En effet, non seulement
la branche roumaine porte ce même nom de BALSHA que portait la branche
serbe, mais les armoiries actuelles de la famille sont : l'étoile d'or sur
champ de gueules, et les plus anciens documents officiels — en langue
roumaine — leur donnent le titre de KNIAZI, du mot serbe qui signifie
Princes.

« Un document officiel, daté de l'année 1493, dit d'une façon précise

(1) BALTES chez les Visigoths; LES BAUX en Provence (France); BALSA et
DEL BALZO à Naples (Italie); BALCHA en Albanie, au Monténégro, en Serbie;
BALSHA ou BALCHE (BALS) en Valachie et en Moldavie.

(2) La grand'mère du roi Milan et S. A. S. la Princesse Zoé Brancovano
Bibesco étaient cousines issues de germains. (Voir ci-contre le tableau généalogique.)

que les « Kniazi Balcha viennent en Moldavie du pays serbe après
« avoir passé les eaux ».

« La famille des Balsha roumains possède dans ses archives deux
lettres écrites en 1490 par l'empereur Frédéric III qui, *à la requête du
doge de Venise,* recommande à l'amitié de nos gouvernants de Moldavie
et de Valachie *les Princes serbes Théodore et Ivan Balsha* (1).

« En 1813, l'Assemblée nationale de Moldavie nomme une commission
spéciale à cette fin d'examiner tous les documents ayant trait à la famille
des Balsha. La commission soumet à l'Assemblée, — après un certain
temps de travail, — un rapport qui est adopté par ses membres, à
l'unanimité. La conclusion de ce rapport est que la branche roumaine
des Balsha descend de la famille serbe des Balsha, Princes régnants
de la Zeta (Monténégro) et d'Albanie.

« Le grand et savant historien de l'Empire byzantin, Du Cange
(*Illyricum vetus et novum*), a dit qu'il était « très-probable » que les
Balsha serbes fussent une branche de la famille des seigneurs Les Baux,
qui, dans le royaume de Naples, portaient et portent encore le nom de
« Balxo » ou « Balsa ».

« De nos jours, Lenormant (*Turcs et Monténégrins*) a soutenu la même
hypothèse sans toutefois apporter beaucoup d'éclaircissement dans cette
question.

« Notre propre conviction que les Balsha serbes (2) sont une branche
de la famille française Les Baux, est basée sur les considérations et les
arguments suivants :

« 1º C'est un fait établi qu'il n'est pas fait mention des Balsha dans
les annales serbes, avant l'apparition des Baux français dans l'Italie
méridionale. Dans les documents serbes, nous découvrons le nom de
Balsha en l'année 1307, pour la première fois. La conquête de Naples par
les Français avait eu lieu en 1262 ;

« 2º Ce fait que les Balsha apparaissent d'abord sur la côte adriatique de l'Albanie septentrionale qui, précisément vers la fin du treizième
siècle, entretenait d'actives relations politiques et commerciales avec la
côte d'Apulie du royaume de Naples, est très significatif. En outre, le premier Balsha dont il soit fait mention semble remplir le rôle d'agent confidentiel auprès de la reine serbe Hélène, qui était une princesse de Courtenay et une parente de Charles d'Anjou, avec lequel plusieurs « Les
Baux » vinrent de France à Naples. La reine Hélène résidait le plus
souvent à Skadar (Scodra ou Scutari d'Albanie) et était en très
active correspondance avec la cour française à Naples, comme le

(1) Voir la plus importante de ces deux lettres à la fin de ce résumé.
(2) Et roumains.

prouve le nombre de ses lettres conservées dans les archives de Naples ;

« 3º Il y a une frappante analogie de nom. Le nom de famille le plus ancien, — à orthographe gothique, — était Balti ; en latin provençal, Bautio ; en provençal pur, Bauz ; en français du moyen âge, Baulz ; en français moderne, Baux ; en italien de Naples, Balza ou Balzo ; dans la langue de Venise, Balsa ; en serbe, Balsha ou Badsha ; en roumain, Balsha ou Bals ;

« 4º Les armes de la maison des Balsha serbes (1) portent la même étoile d'or sur champ de gueules : *Stella aurea in campo rubeo,* comme dit Du Cange ;

« 5º Dans la « ville-château » des Baux, comme l'appelle M. Symonds, la tradition a persisté, jusqu'à nos jours, que le patron du château et de la famille des Baux était saint Laurent. Les pièces d'argent des Balsha serbes portent l'effigie du même saint ;

« 6º Lenormant, *Revue de Numismatique.* — Le noble Albanais, Giavanni Mussachi, despote de l'Épire, qui était lui-même un proche parent des Balsha serbes, rapporte dans ses *Mémoires* (écrits en 1530) sur leurs origines les traditions mêmes que nous voyons mentionnées par les historiens français à propos des Baux français et des Italiens Balsa ;

« 7º Le pape Martin, dans une *Bulle* de 1369, dit que les trois frères Balsa, de l'Albanie du Nord, prétendent descendre de « sang royal ». Vers le milieu du dix-septième siècle, le duc della Guardia, parlant des seigneurs napolitains del Balzo, dit qu'ils avaient coutume de se vanter d'être de descendance royale et impériale ;

« 8º Les plus anciens auteurs français et italiens savaient déjà vaguement que les seigneurs Les Baux s'étaient rendus célèbres non seulement en France et en Italie, mais encore *en d'autres contrées.* Signor Carlo de Lellis (2654) dit, en parlant de la famille del Balzo : *Famiglia assai chiara e illustre per esser in quello stato il Reame d'Arli col principato d'*Orange, *e presso d'infinii altri titoli e dignita ottenuta cosi nella Francia, como nel regno nostri di Napoli e in altri ancora ;*

« 9º Le despote Mussachi, dans les *Mémoires* que nous avons mentionnés, parle de sa cousine Marie, comtesse de Muro (sœur de Théodore et d'Ivan), comme étant la fille du Prince serbe Coyco (Georges) Balsha, dépossédé de ses États par les Turcs. Le duc della Guardia, parlant de la même comtesse, dit qu'elle est la nièce de Giacomo del Balzo, Prince de Tarente. Ces deux auteurs indépendants et bien informés montrent d'une façon indirecte les relations intimes qui ont existé entre les Balsha d'Albanie et les Balza de l'Ivalie méridionale. Le duc della Guardia fournit d'autres détails sur ce sujet.

(1) Et roumains.

MARIE BALSHA fut amenée d'ALBANIE à NAPLES alors qu'elle n'était qu'une enfant de sept ans ; elle fut reçue et élevée à la cour de la reine ISABELLE (femme du roi FERRANTE Iᵉʳ) *qui, étant elle-même une del* BALZO, *accueillit la petite* MARIE *comme sa propre parente;*

« 10° Ce même duc della GUARDIA, rappelant les traditions de sa propre famille, mentionne comme important ce fait que l'un des BALZA napolitains fut forcé de fuir d'ITALIE en ALBANIE, *où il laissa un fils qui devint* DESPOTE *de Serbie;*

« 11° Un autre savant historien, Joseph Baptiste l'HERMITE, appelé TRISTAN, dans son ouvrage : *Naples française* (Paris, 1663), dit, en toutes lettres, que l'*un des* BALZA *napolitains passa en* ALBANIE (1);

« 12° Certaines vieilles chroniques serbes qui sont citées dans les *Mémoires du Despote* MUSSACHI, font coïncider le début de la carrière politique des BALSHA, en ALBANIE, avec le règne du Roi serbe MI-LUTIN.

« Or MILUTIN, l'un des Rois les plus habiles qu'aient eus les Serbes, était fils de la Princesse française HÉLÈNE DE COURTENAY. Il entretint une correspondance suivie avec les ANJOU à NAPLES, et en 1308 signa un traité secret avec CHARLES DE VALOIS.

« Il est tout à fait vraisemblable que l'un des BALZA napolitains ait trouvé un refuge à la Cour de la Reine française de Serbie, ou qu'il y soit venu simplement en mission politique. Il a pu produire, par la suite, une si excellente impression qu'il a été agréé comme époux de l'une des Princesses serbes. Les chroniqueurs serbes sont tous d'accord sur ce point que l'ancêtre de la maison princière des BALSHA épousa une fille appartenant à la branche cadette de la maison royale de NEMANYICH, obtenant avec la main de son épouse, comme apanage, une partie de la ZETA supérieure (maintenant MONTÉNÉGRO) et de la ZETA inférieure (ALBANIE du Nord).

« Il est un autre point de ressemblance entre les BAUX français, les BALZA italiens et les BALSHA serbes. Chez tous les trois se trouvent réunies les mêmes hautes qualités personnelles. Les BALSHA d'Albanie sont aussi beaux de leur personne, aussi braves, aussi chevaleresques, aussi brillamment doués au point de vue politique, — non sans qu'ils aient en eux une certaine dose d'astuce, — que les BALSA de Naples et les BAUX de Provence. On le verra d'ailleurs clairement, je l'espère, aux grandes lignes de leur histoire, que nous nous proposons d'offrir à nos lecteurs. »

(1) C'était FRANÇOIS V, qui se réfugia à RAGUSE et fut père de BALSA Iᵉʳ, prince de la ZETA et marié à une NEMANYICH.

## LETTRE ORIGINALE

ADRESSÉE PAR L'EMPEREUR FRÉDÉRIC III (1477) AUX PRINCES VLAD DE
VALACHIE ET ÉTIENNE DE MOLDAVIE, POUR LEUR RECOMMANDER LES
PRINCES THÉODORE ET JEAN DE BALSA, QUI ÉTAIENT SOUS LE PROTEC-
TORAT DE LA RÉPUBLIQUE DE VENISE.

Nos Fridericus III, Dei gratia electus Romanorum, Imperator semper
Augustus, Archidux Austriæ, Dux Burgundiæ, Brabantiæ, Styriæ, Ca-
rinthiæ, Carnioliæ, Marco Moraviæ, Comes Habspurgi, Dux Lunem-
burgæ, ac superioris et inferioris Silesiæ, Wurtembergæ et Thenæ, Prin-
ceps Suaviæ, Comes Tirolis, Ferretis, Koburgi et Gontiæ, Langravus
Alsatiæ, Marchio Sacri romani imperii, Supra Anasum Burgoviæ ac
superioris et inferioris Lusatiæ, dominus marchiæ Slavonicæ, Portus
Naonis et Salinarum, etc., memoriæ commendamus, tenere presentum
significantes, quibus expedit universis.

Illustrissime Domine Vlad Bassarab, dominus Vlahiæ ac illustrissime
Domine Stephanus, dominus Moldaviæ.

Pugnas bellaque ab Albanis ac Serbis sicut etiam Regibus eorumque
principibus gesta fuisse contra Turcos ad terras et religionem christianam
defendendas jam constat; in memorabili vero pugna juxta Casanova in
merularum campo facta tantæ sunt clades acceptæ ut complures principes
ac dignitates suas terras relinquere coati essent. Illustris Dux, noster
amicus, illustrissimæ Venetorum Reipublicæ, magis omnibus frenos
adhibens Muhamedonorum adversus christianam religionem viribus,
apud Nostram Majestatem se interposuit ac Nos rogare sibi placuit pro
his miseris principibus civibusque, qui tam forte animo depugnaverunt
adversus Turcos, terras bonaque in possessione sua appetentes ita ut
cum liberis ac mulieribus in exilium ire coacti essent. Itaque Nos quoque
Dei gratia Imperator Sacri Imperii Romani et défensor Christianorum
scribimus hortamusque Vos, Illustrissime ac Clementissime Domine, ut
tuamini atque in sinu vestro *hos Serborum principes Knazibus Serbiæ
Theodorum ac Joanem Balsa* accipiatis, simulque apud vos considere
sinatis, si apud vos asylum invenire potuerint. Famæ ac fidelitati vestræ
concredimus, Christianis et Sacro Imperio Romano habitæ, pro quibus
etiam cum hoste christianæ regionis dimicatis.

Quod nostrum diploma imperiale *his duobus principibus Knazibus
Serbiæ Theodoro ac Joani Balsa* instante nobis Illustri principe Illustris-
simæ Reipublicæ Venetæ, ad vos dedimus Illustrissime ac Clementissime
Domine Vlahiæ et Moldaviæ.

Datum in nostra urbe Vindebona anno Regni millesimo quadringente-
simo septuagesimo septimo.

(S. :) FRIDERIK III.

(L. S.)

M. comes Wolfburg

Ad mandatum Sacræ Cæsaræ Regiæque majestati proprium.

And. STRATMAN.

Diplomatorum Viennensis archivæ rubri IV diploma Imperiale Sacri Imperii
Romani n° 19. Duplicatum deliberavit Domino Joani Balsa ex ordine Imperiali.

# GÉNÉALOGIE DES BALŞ

## AUTORITÉS HISTORIQUES

Pour les premiers personnages de cette généalogie, jusqu'à Raymond I, Seigneur de Tripoli, etc. : Inventaire chronologique et analytique des Chartes de la Maison de Baux, par le Dr L. Barthélemy (1882, Marseille). — Viguier, Chronica Burgundiæ, du fol.

Pour les personnages qui suivent Raymond I, jusqu'à Bertrand ou Italia I, Prince de Briz, le même Barthélemy; et H. Papon, Histoire générale de Provence, t. I, 172; Nostradamus, Chroniques de Provence; 173. Bouche, Histoire de Provence, I, 312, 273; Aubert de la Chesnay-des-Bois, Recueil des généalogies, p. 242; Justin du Metz-Couret-Lyon, La vie des plus anciens poètes provençaux, 1575, p. 18; Fleuret-de l'Olivelet, Histoire de Provence, Lyon, 1867; Abbé d'Expilly, Dictionnaire historique, politique et géographique des Gaules et de la France, Paris, 1761, t. II, p. 484; Fabre, Histoire de Provence, t. II, p. 19.

Relativement pour les Princes d'Orange, de la Maison des Baux, outre les ouvrages déjà cités : Sécurité, Histoire nouvelle de la principauté d'Orange, Avignon, 1542; Joseph Laplat, Histoire de la ville et principauté d'Orange, La Haye, 1640, t. II; Duchesne, Histoire de la Maison de Luxembourg, 1617, et Wijnonnchit, Annotations of the House of Orange, dans le Bouton et Western Realms, 1895, vol. II, nos I, 2, 3.

Pour les Italia de Naples, très spécialement : Jean-Baptiste Thiene, dit l'Ancien, Notice française sur les seigneurs provençaux qui ont accompagné Charles d'Anjou, 1903, p. 42; Signoli ancien, par Camp-Sampigny; abrégé chronologique de l'histoire d'Anjou, que le même Tabouillot, p. 192; Car. de Perlin, Le troisième siècle dans les Alpes, Turin, 1889; Musée de Carmentelle, Histoire de l'abbaye de Montmoer, 6, 1796; Amiranto, Delle famiglie nobili napolitane, 1581; Giorgio del Giudice, Codice diplomatico di Charles d'Anjou, 1863; Pierre Malouhon, Dizionario Arbici; Tom Brennan dalle Memorie della Guardia, Memorii delle famiglie militari appartenenti colla casa della Morea, 1841; Napoli, Siglas Brilo natio, Rosigni della Casa d'Antelline, 1896; Tommi Campanla, Stati secoli, avec l'ouvrage del Nobili, 1878, Napoli, Standard Surgicas, etc., etc., cf. Wijnonnchit, op. cit.

Pour les Balsi de la forte et de l'Albanie, très spécialement : Charles Hopf, Chroniques gréco-romanes, p. 292-341; Maimellini, Historia e Genealogia della Casa Ghiantelde-Lunanvel, Turin et Venetia, 1680, t. I et le même, Breve De numismatique, nouvelle série, II; Mare-Adam Du Congo, Répertoire série et mortiere, 1638; Pignanti, Histoire de Mantenberg, 1879; Paulo Labariski, Histoire nouvelle des Balsi; Mustamli, Epsicerites Historica Serbica; Daducndas, Histoire de Congo-Contvari, p. 382; cf. Wijnonnchit, op. cit.

Pour les Balsi de Roumanie, depuis Theodore Le Vieux et leur Balse 1335, voir : Linchari, Monumenta spectantia historiam Slavorum meridionalium, Agram, 1874, vol. IV, p. 42; Cantemir, Descriptio Moldaviae; Ulianene, Historia de l'Empire Ottoman, t. II, p. 244, 372; Monumenta de la classique a-de-barreaux, qui s'emmerde l'Académie roumaine; Lettres patentes de 1421, 1437, 1450, 1456, 1490; 1495 et 1496, qui se trouvent à l'Académie roumaine, et aux Archives de Roumanie, nos 806, mammut; mur lettre du Mord, etc. Duroni brûlant à la Valachique de Bolomis, rien sales d'Orion et Pevatille; J'hun d'un matéria mui suit lui Italia du Prince Alexandre; Irène Sure, ar 13, dont un duplicata a été déliré à Jean Baly, Crystallide de Vigid, Marechal de Valachie, 40, 1481 pour des arbres de requêtes spiritué à la bibliothèque de Belgrade; Lettres patentes de l'Assemblée générale de Moldavie du Février 1817 et confirmée par le Prince Charles Alexandre Kalimaky et dont l'original se trouve dans la famille Baly; Diverse inscriptions tombales des Monastère de Bastra (Balsa etc.)

Pour les Rosetto-Ravonano-Ribesca : l'Arbre généalogique de la famille Baly, établi en 1813, et brun en règle d'après, qui se trouve dans les archives de la famille; Notice sur les Princes Ravonano de Bosra; écrites par la même Académie de Poros, 1881; Cartes généalogiques de la famille Ravonano-Abra, Jean l'ouvrage du prince Georges Bibesco, Règne de Bibesco, correspondance et documents, Paris, 1893, tome I.

L'authenticité du document généalogique établi à Jean Baly a été reconnue par les expositeurs venus et confirmée, le 13 septembre 1817.

C'est au l'original même qui a été faite, cette déclaration noutée de la signature et du sceau des expositeurs, trois vents et valorébles. L'original se trouve dans les archives de la famille Bucarest; et bas de document on lit la mention identique suivante :

« Royale patrichienne et celle du second général de livre, celui-ci d'être fidèle son incontestable.
« Royale patrichienne et celle du second général de livre, celui-ci d'être faite à la consécration du l'original de la famille en
» lien, j'ai rédigé cette copie, vue pour voit, et elle est entièrement conforme à l'original de la famille des
« Boyards Baly, meublé par la légitime du Divan, ordonnée et inscrit de sorte présente, ainsi que concerne
« l'Agence Impériale et Royale, et par l'assemblée centrale générale de l'Empire de Boraïa.
                                        « Vigyif : Constantin Luistrach, Secrétaire et Scribe de l'État,
                                          chancelier du Divan et conseiller intime. »

# INDEX

---

FIN DE L'INDEX.

# TABLE DES MATIÈRES

## PREMIÈRE PARTIE

### 1847-1848.

# DEUXIÈME PARTIE

INSURRECTION DE 1848. — HISTOIRE ET LÉGENDE.

## CHAPITRE PREMIER

## CHAPITRE II

# CORRECTIONS ET ADDITIONS

————

Page    51, ligne 4, *au lieu de :* Rosmitra, *lire :* Rotmistra.
—    56, ligne 9, *au lieu de :* 8 mars, *lire :* 7 mars.
—    59, ligne 29, *au lieu de :* 1844, *lire :* 1845.
—    64, ligne 21, *au lieu de :* 8 mars, *lire :* 7 mars.
—    66, note 2, *au lieu de :* 1, *lire :* 241.
—    74, ligne 17, *au lieu de :* de la création d'un établissement de bains, *lire :* de la recherche des mines.
—    120, ligne 13, *au lieu de ;* les Principautés, *lire :* la Principauté.
—    122, note, *au lieu de :* p. 180 et 181, *lire :* p. 165 et 181.
—    126, note (1), *au lieu de :* 24 février/9 mars, *lire :* 24 février/7 mars.
—    139, ligne 5, *au lieu de :* 13/25 août, *lire :* 15/27 août.
—    157, ligne 25, *au lieu de :* 1846, *lire :* 1856.
—    164, ligne 27, *au lieu de :* 1845, *lire :* 1846.
—    177 et 178, *partout où il y a :* § 13, *lire :* § B.
—    185, ligne 23, *au lieu de :* Texte en langue française, *lire :* Traduction.
—    204, note (2), *au lieu de :* 239, *lire :* 339.
—    225, ligne 12, *au lieu de :* Poroinepno, *lire :* Poroineano.
—    246, ligne 7, *au lieu de :* on ne prendra cette mesure qu'à l'égard, *lire :* on ne se contentera pas de prendre cette mesure à l'égard.
—    298, note (2), *au lieu de :* 6/12, *lire :* 6/18.
—    299, ligne 1 et 666 ligne 7, *au lieu de :* 1847, *lire :* 1844.
—    311, ligne 4, *au lieu de :* grandes Salines, *lire :* Grandes Salines.
—    322, note, *au lieu de :* Tîrgu Magurele R. Vâlcea, *lire :* Turnu Mâgurele R. Valcii.
—    337, ligne 3, *au lieu de :* Texte, *lire :* Traduction.
—    344, ligne 22, *au lieu de :* p. 3, 4, 5, *lire :* § 3, 4, 5.
—    347, ligne 19, *au lieu de :* texte, *lire :* traduction.
—    384, note (3), *au lieu de :* p. 42, *lire :* p. 378.
—    308, ligne 6, *au lieu de :* 4 août 1847, n° 1917, *lire :* 14 août 1847, n° 2017.
—    308, ligne 7, *au lieu de :* n° 57, du 11 août, *lire :* n° 58, du 14 août.
—    353, ligne 11, *au lieu de :* 25 septembre 1849, *lire :* 25 septembre 1848.
—    356, ligne 5, *au lieu de :* Parus sous la signature de Zossima, *lire :* Inédits, dont un fragment nous est donné par Ruso-Locusteano.
—    359, note, effacer chap. VI.

Page 362 et 379, lignes 5 et 19, *au lieu de* : Salomon : *lire* : Solomon.

— 363, ligne 22, *au lieu de* : desquels, *lire* : duquel.

— 369, ligne 1, *au lieu de* : Texte en langue française, *lire* : Traduction.

— 373, ligne 16, *au lieu de* : de la paix et de la force, *lire* : de la paix et du pays.

— 373, ligne 24, *au lieu de* : il dépendait, *lire* : il dépend.

— 376, note 11, *au lieu de* : 14/20, *lire* : 14/26.

— 378, note (2), *au lieu de* : Conseiller, *lire* : Président de section.

— 379, note (5), et 462, note 1, *au lieu de* : Colghoun, *lire* : Colqhoun.

— 382, ligne 11, *au lieu de* : Commission, *lire* : Lieutenance.

— 400, ligne 25, *au lieu de* : bénite, *lire* : bénie.

— 401, note 3, *au de lieu* : Constantinople, *lire* : à Constantinople.

— 403, note 3, *au lieu de* : le second des trois fils : *lire* : l'aîné des deux fils.

— 404, note, ligne 22, *au lieu de* : pourtant, *lire* : partant.

— 404, note, ligne 22, *au lieu de* : des actes particulièrement, *lire* : des actes, de ce Prince particulièrement.

— 407, note, *au lieu de* : du 15 juillet, n° 14, *lire* : du 14 août n° 27.

— 422, note 1, *au lieu de* : n° 4, *lire* : n° 44.

— 523, ligne 39, *au lieu de* : abdique et se dispose à quitter, *lire* : voulut abdiquer et quitter.

— 552, ligne 12, *au lieu de* : dans la question, *lire* : au sujet de la question.

— 576, ligne 20, *au lieu de* : un icone, *lire* : une icoane.

— 608, *au lieu de* : *Moniteur roumain*, *lire* : *Vestitor* (messager) *roumain*.

PARIS

TYPOGRAPHIE DE E. PLON, NOURRIT ET C$^{ie}$

Rue Garancière, 8.

## PARIS

TYPOGRAPHIE DE E. PLON, NOURRIT et Cie

RUE GARANCIÈRE, 8

www.ingramcontent.com/pod-product-compliance
Lightning Source LLC
Chambersburg PA
CBHW061956220326
41599CB00015BA/2017